SILVA PEREIRA

RESPONSABILIDADE CIVIL

288

O GEN | Grupo Editorial Nacional – maior plataforma editorial brasileira no segmento científico, técnico e profissional – publica conteúdos nas áreas de concursos, ciências jurídicas, humanas, exatas, da saúde e sociais aplicadas, além de prover serviços direcionados à educação continuada.

As editoras que integram o GEN, das mais respeitadas no mercado editorial, construíram catálogos inigualáveis, com obras decisivas para a formação acadêmica e o aperfeiçoamento de várias gerações de profissionais e estudantes, tendo se tornado sinônimo de qualidade e seriedade.

A missão do GEN e dos núcleos de conteúdo que o compõem é prover a melhor informação científica e distribuí-la de maneira flexível e conveniente, a preços justos, gerando benefícios e servindo a autores, docentes, livreiros, funcionários, colaboradores e acionistas.

Nosso comportamento ético incondicional e nossa responsabilidade social e ambiental são reforçados pela natureza educacional de nossa atividade e dão sustentabilidade ao crescimento contínuo e à rentabilidade do grupo.

CAIO MÁRIO DA SILVA PEREIRA

RESPONSABILIDADE CIVIL

Atualizador
Gustavo Tepedino

13ª revista,
edição atualizada
e ampliada

■ O autor deste livro e a editora empenharam seus melhores esforços para assegurar que as informações e os procedimentos apresentados no texto estejam em acordo com os padrões aceitos à época da publicação, e todos os dados foram atualizados pelo autor até a data de fechamento do livro. Entretanto, tendo em conta a evolução das ciências, as atualizações legislativas, as mudanças regulamentares governamentais e o constante fluxo de novas informações sobre os temas que constam do livro, recomendamos enfaticamente que os leitores consultem sempre outras fontes fidedignas, de modo a se certificarem de que as informações contidas no texto estão corretas e de que não houve alterações nas recomendações ou na legislação regulamentadora.

■ Fechamento desta edição: *03.03.2022*

■ O Autor e a editora se empenharam para citar adequadamente e dar o devido crédito a todos os detentores de direitos autorais de qualquer material utilizado neste livro, dispondo-se a possíveis acertos posteriores caso, inadvertida e involuntariamente, a identificação de algum deles tenha sido omitida.

■ **Atendimento ao cliente: (11) 5080-0751 | faleconosco@grupogen.com.br**

■ Direitos exclusivos para a língua portuguesa
Copyright © 2022 by
Editora Forense Ltda.
Uma editora integrante do GEN | Grupo Editorial Nacional
Travessa do Ouvidor, 11 – Térreo e 6º andar
Rio de Janeiro – RJ – 20040-040
www.grupogen.com.br

■ Reservados todos os direitos. É proibida a duplicação ou reprodução deste volume, no todo ou em parte, em quaisquer formas ou por quaisquer meios (eletrônico, mecânico, gravação, fotocópia, distribuição pela Internet ou outros), sem permissão, por escrito, da Editora Forense Ltda.

■ Capa: Fabricio Vale

■ **CIP – BRASIL. CATALOGAÇÃO NA FONTE.**
SINDICATO NACIONAL DOS EDITORES DE LIVROS, RJ.

P49r
Pereira, Caio Mário da Silva

Responsabilidade civil / Caio Mário da Silva Pereira; Gustavo Tepedino. – 13. ed., – Rio de Janeiro: Forense, 2022.

Inclui bibliografia e índice
ISBN 978-65-5964-491-9

1. Direito civil – Brasil. 2. Responsabilidade civil (Direito). 3. Responsabilidade social. I. Tepedino, Gustavo. II. Título.

22-76381　　　　　　　　　　　　　　　　　　　　　　　　　　　　　CDU: 347(81)

Gabriela Faray Ferreira Lopes – Bibliotecária – CRB-7/6643

Dedico este livro a três Mestres
da Responsabilidade Civil:
Raymond Saleilles
Louis Josserand
José de Aguiar Dias

Prefácio à 13ª Edição

Mais uma vez recebo a honrosa missão de atualizar esta obra extraordinária do Professor Caio Mário da Silva Pereira. Esta nova edição, revista, atualizada e ampliada, traduz trabalho coletivo, com mãos preciosas dos professores Gisela Sampaio da Cruz Guedes, Francisco de Assis Viégas, Rodrigo da Guia Silva e Danielle Tavares Peçanha. Trata-se de construção coletiva, que traz ao leitor os temas mais atuais da responsabilidade civil preservando-se, ao máximo, as lições eternas e insuperáveis do autor.

Como nas edições anteriores, conservaram-se intactos os trechos originais do Professor Caio Mário, acrescentando-se, em tipo gráfico diferenciado, o trabalho de atualização, para que o leitor tenha, a um só tempo, a obra original e as inserções que asseguram a sua atualidade.

Em tal perspectiva, o leitor encontrará nesta 13ª edição um capítulo inteiramente dedicado à Responsabilidade Civil e Novas Tecnologias, abrangendo os danos causados por provedores de aplicação e decorrentes da circulação e tratamento de dados pessoais – a partir da incidência do Marco Civil da Internet e da Lei Geral de Proteção de Dados. Incluíram-se também nesta obra trechos dedicados aos chamados novos danos – ao dano estético, à privação do uso, ao desvio produtivo de tempo, à violência obstétrica e à perda de uma chance. Na mesma perspectiva, introduziram-se novas questões relativas aos danos morais e à sua (im)prescritibilidade.

Por tudo isso, ao renovar-se, o volume mantém a sua vocação esclarecedora e analítica, voltada a estudantes e profissionais do direito, rigorosamente fiel aos elementos essenciais da responsabilidade civil, apresentados de modo objetivo e elegante, como é próprio do Professor Caio Mário. O leitor tem em mãos, mais uma vez, obra belíssima, indispensável à biblioteca jurídica daqueles que se interessam, necessitam ou simplesmente são apaixonados pelo direito civil.

Gustavo Tepedino

Prefácio à 12ª Edição

Esta 12ª edição, revista, atualizada e ampliada, suscita múltipla celebração. Com ela renova-se, antes de mais nada, a palavra lúcida, densa e sempre viçosa do Professor Caio Mário da Silva Pereira, que congrega – com o talento próprio dos grandes juristas – profundidade e clareza, elegância de linguagem e precisão conceitual, a permitir compreensão abrangente dos temas tratados. Por outro lado, o grande interesse pela obra demonstra que, diante da frenética multiplicação de danos e da potencialidade danosa dos novos engenhos industriais, tecnológicos, de biodireito e de comunicação, o estudante e o estudioso do direito necessitam, mais do que nunca, dominar os fundamentos da responsabilidade civil, delineados, com maestria, pelo Professor Caio Mário.

O presente volume promove, portanto, o bom combate contra o inquietante sacrifício da técnica jurídica, apregoada por muitos, falsamente justificada em nome da efetividade da reparação, mediante expediente que implica por vezes a fuga dos pressupostos e requisitos do dever de reparar. Afinal, não há o dever de reparar sem a definição de critérios que permitam identificar o dano injusto, apartando os atos negativos para a sociedade daqueles que, ao contrário, não merecem reprovação social. Ao preservar a dogmática da responsabilidade civil, evita-se a utilização da responsabilidade civil para fins incompatíveis com a sua função primordial, destinada à reparação integral de danos. Finalmente, comemora-se também, do ponto de vista metodológico, a feliz sintonia entre a lição precursora do Professor Caio Mário e a metodologia civil-constitucional. Torna-se, assim, possível a constante renovação da obra, a partir de suas próprias premissas, à luz da tábua de valores do ordenamento, reafirmando-se a dogmática da responsabilidade como expressão da solidariedade social.

A elaboração desta 12ª edição não teria sido possível sem o concurso dedicado e talentoso de brilhantes colaboradores, aos quais agradeço muito sinceramente: Gisela Sampaio da Cruz Guedes, professora de Direito Civil da Faculdade de Direito da UERJ; nossos colegas do Programa de Pós-Graduação *stricto sensu* da UERJ, Francisco de Assis Viégas (Mestre em Direito Civil), Marcella Campinho Vaz (Mestranda em Direito Civil) e Rodrigo da Guia Silva (Mestre e Doutorando em Direito Civil); e as bolsistas de iniciação científica da UERJ, acadêmicas Danielle Tavares Peçanha e Giulia Lunardi.

Petrópolis, abril de 2018

Gustavo Tepedino

Prefácio à 11ª Edição

Professor Caio Mário da Silva Pereira:
para sempre o nosso Caio Mário.

O que mais impressiona neste extraordinário livro do Professor Caio Mário da Silva Pereira é a sua pungente atualidade. Já agora nesta 11ª edição, que tenho a honra e o privilégio de atualizar, a obra permanece pulsante, dedicada aos institutos indispensáveis ao tratamento da responsabilidade civil contemporânea. O mesmo Caio Mário a que todos os apaixonados pelo direito civil recorrem, arvorando compreensível familiaridade, em momentos de angústias, dúvidas, dificuldades, ou simples vontade de aprender.

E é bem fácil entender o porquê da significativa utilidade deste volume no momento atual. Na sociedade tecnológica, em constante evolução, em que se potencializam os empreendimentos, a atividade econômica, os riscos e os danos, infrutíferas têm se mostrado as tentativas de abrir mão dos fundamentos do direito privado, em busca de atalhos para se fazer justiça no caso concreto. Muito ao contrário, cada vez mais se torna necessário o aprofundamento dos elementos basilares da responsabilidade civil para a solução dos novos problemas. Por isso mesmo, mostra-se falacioso imaginar que, diante da fugacidade com que surgem e se diversificam os danos, se poderia abrir mão da dogmática em favor de soluções casuísticas desprovidas da densidade teórica. Se a técnica dos princípios e das cláusulas gerais reclama metodologia argumentativa, com a percepção do sistema aberto à historicidade e relatividade dos conceitos, certo é que, sem os fundamentos teóricos, há o risco de se sobrepor à solução da controvérsia a ideologia pessoal do intérprete, em estéril bravata retórica que acaba por fazer fenecer a segurança jurídica. A obra do saudosíssimo Professor Caio Mário da Silva Pereira enfrenta todos os fundamentos essenciais da responsabilidade civil subjetiva e objetiva: o dano; o ato ilícito; a alocação legal de riscos; a culpa e a imputação do dever de reparar; o nexo de causalidade.

Por outro lado, a inigualável elegância de estilo, o zelo em relação à estrutura didática da obra e a linguagem apurada tornam extremamente prazerosos o estudo e a pesquisa dos temas tratados. Eis aí fórmula própria do Professor Caio Mário da Silva Pereira para manter o nosso interesse e prender a nossa atenção com seu livro agora reapresentado ao público. Por conta da perfeição do texto, a atualização se apresentou como desafio (mais uma vez) minimalista, no âmbito do qual se procurou apenas rever e atualizar pontualmente os capítulos, sem alterar o conteúdo substantivo elaborado pelo autor. Para tal empreitada, foi indispensável a colaboração da Profa. Dra. Gisela Sampaio da Cruz Guedes (Professora de Direito Civil da Faculdade de Direito da Universidade do Estado do Rio de Janeiro – UERJ), da Profa. Fernanda Mynarski Martins-Costa (Mestre em Direito Civil pela Faculdade de Direito da UERJ) e dos mestrandos do mesmo Programa de Pós--Graduação, Drs. Francisco de Assis Viégas e Rodrigo da Guia Silva. A esse grupo acadêmico maravilhoso agradeço pelos debates, pela discussão e pelas pesquisas indispensáveis à presente edição.

Petrópolis, abril de 2016.

Gustavo Tepedino

PREFÁCIO À 10ª EDIÇÃO

A obra do saudoso Professor Caio Mário da Silva Pereira tem servido de norte doutrinário para sucessivas gerações de civilistas. Durante meus cinco anos de Graduação portava comigo, debaixo do braço, os antigos volumes vermelhos, de capa dura, anualmente reeditados, que me enchiam de orgulho e cuja leitura me atraiu, progressiva e definitivamente, para o direito civil. Portá-los, por si só, já representava àquela época um cartão de visita, em pretensiosa identificação do leitor, mediante discutível *vis atrativa*, com a elegância de estilo, a cultura humanista e a clareza inexcedíveis de seu autor favorito. A impressionante intimidade da comunidade jurídica com a obra acabou propiciando ordinária referência coloquial ao Professor Caio Mário da Silva Pereira, tratado difusamente, nas rodas acadêmicas e profissionais, sem qualquer cerimônia, simplesmente por Caio Mário.

Este volume de Responsabilidade Civil, escrito após as *Instituições*, representou marco indelével no panorama do direito privado brasileiro, logrando, como nenhum outro, sistematizar o direito de danos e captar a síntese de sua tormentosa evolução doutrinária e jurisprudencial, desde o direito antigo ao direito contemporâneo. A riqueza da obra e sua pujante utilidade para estudantes, estudiosos e profissionais do direito justificam amplamente sua publicação, agora revista e atualizada.

O minucioso trabalho de revisão e atualização preservou deliberadamente a metodologia, a doutrina, as ideias e o estilo do autor, limitando-se o atualizador a intervenções pontuais e indispensáveis, as quais foram editadas em tipo diferenciado, para que o leitor possa sempre perceber o itinerário evolutivo da obra. O cotejo do texto original com a cada vez mais complexa realidade normativa exigiu substancioso esforço de pesquisa. A Professora Gisela Sampaio da Cruz e a advogada, então estagiária, Maria Angélica Benetti Araújo realizaram preciosa pesquisa jurisprudencial e legislativa inserida no texto original, por mim conferida e utilizada com a incansável e cuidadosa colaboração dos pesquisadores do Instituto de Direito Civil, mestrandos Vivianne da Silveira Abilio e Eduardo Nunes de Souza. A todos eles, e à amiga Tania da Silva Pereira, que, em nome da família, confiou-me tão honrosa e emocionante missão de atualizar e manter vivo este meu livro de cabeceira, agradeço sinceramente.

Petrópolis, outubro de 2011.

Gustavo Tepedino

Apresentação

Como professor e como advogado, como examinador de teses para concursos e como parecerista, como conferencista e como "Autor de Anteprojeto de Código de Obrigações", tenho-me largamente defrontado com a *responsabilidade civil*. Dada sua frequência na problemática social e sua incidência no cotidiano das especulações, as minhas observações pessoais confirmam o que de muito mais alto enunciam os irmãos Mazeaud, em obra que se fez mundialmente clássica no direito moderno, segundo os quais a tendência absorvente da responsabilidade civil quase a torna "centro das atividades jurídicas"[1].

Noutros termos, B. Starck afirma que: "a reparação dos danos que a atividade dos homens causa aos outros homens constitui o problema central do Direito contemporâneo"[2].

Malaurie e Aynès, considerando a extensão e a transformação da responsabilidade como "consequência da sociedade industrial", proclamam que a "responsabilidade delitual ocupa na sociedade contemporânea um lugar de primeiro plano"[3].

Por outro lado, Alex Weill e François Terré, confirmando a importância sociojurídica da responsabilidade civil, assinalam que "mesmo quando repousa em textos de lei, sua tendência no curso dos anos tornou-se jurisprudencial", o que se explica, acrescentam eles, pela "evolução histórica"[4].

Não é sem razão que Gaston Morin sustentava que houve, quanto ao fundamento da responsabilidade civil, uma tão grande evolução, que não trepidou ele em incluir este tema entre os que enfeixou nos casos de "revolta do direito contra o Código", analisando o impacto da jurisprudência na interpretação dos artigos do Código Napoleão, referentes ao assunto[5].

---

[1] Mazeaud e Mazeaud. *Traité théorique et pratique de la responsabilité civile délictuelle et contractuelle.* Paris: Montchrestien, 1955. v. 1, p. 15.

[2] B. Starck. *Essai d'une théorie générale de la responsabilité civile, considérée en sa double fonction de garantie et de peine.* Paris: L. Rodstein, 1947.

[3] Philippe Malaurie *et* Laurent Aynès, *Cours de droit civil*: les obligations. Paris: Cujas, 1990. n. 10.

[4] Alex Weill *et* François Terré. *Droit civil*: les obligations. Paris: Dalloz, 1971. n. 579, p. 595.

[5] Gaston Morin. *La revolte du droit contre le code.* Paris: Sirey, 1945. p. 59 e segs.

XVI | RESPONSABILIDADE CIVIL – *Caio Mário da Silva Pereira*

Georges Ripert, um dos mais nobres espíritos que ao direito se tem consagrado neste século, descreve o drama gerado pela civilização material, exigindo o tributo dos sacrifícios humanos, e rebela-se contra o fato de que as vítimas sejam designadas pela fatalidade. Recorda que "um direito individualista admitiu sem dificuldade" acobertando-se sob o mando da impunidade sustentada pelo caso fortuito. Sustenta, entretanto, que "a sensibilidade democrática comove-se com esta injustiça nova que a civilização material ajunta a tantas outras". Tecendo considerações em torno do tratamento judicial das questões, proclama que o direito atual "tende a substituir pela ideia de reparação a ideia da responsabilidade"[6].

Estive muito tempo perplexo ante a ideia de escrever este livro, tratando-se de tema que tem sido abordado pelos mais insignes mestres. A leitura do volume escrito por Geneviève Viney, compondo o *Traité de droit civil,* sob a direção de Jacques Guestin foi, entretanto, decisiva. A autora, que já se consagrara com a publicação de outra obra de fôlego – *Le déclin de la responsabilité individuelle* (Paris, 1965) – confirma a mesma dúvida, ao confessar que também a ela pareceu supérfluo apresentar uma nova síntese da matéria que fora aprofundada pelos Mazeaud, reeditada com a colaboração de André Tunc e desenvolvida por Savatier, Esmein, Rodière, Marty *et* Raynaud, J. Carbonnier, A. Weill *et* F. Terré, B. Starck, N. Dejean de la Batie, P. Le Tourneau *et* J. L. Aubert. Não obstante, escreveu o livro animada do propósito de apresentar o direito positivo, bem como de projetar soluções atuais, que, muitas, pareceram-lhe superadas e inadaptadas, e propor certas orientações de reforma ("Prefácio" ao mencionado volume).

Reconhecendo, embora, que o tema já foi objeto das cogitações valiosíssimas de nossos civilistas e administrativistas, a começar da obra monumental de José Aguiar Dias, e sem perder de vista que a evolução jurídica neste terreno é tão grande, que inspirou Savatier, ao desenvolver o tema "*Comment répenser la conception française actuelle de la responsabilité civile*" (Paris: Dalloz), fortaleci-me na convicção de escrever este livro e, *si parva licet componere magnis,* trazer a minha modesta contribuição ao estudo do assunto[7]. Entendi, então, que realizaria trabalho de algum proveito ao compendiar esta polêmica e tormentosa matéria.

Não aspiro às galas de inovador, pois que em direito as construções vão-se alteando umas sobre as outras, sempre com amparo no que foi dito, explicado, legislado e decidido. Ninguém se abalança a efetuar um estudo qualquer, sem humildemente reportar-se ao que foi exposto pelos doutos e melhor dotados. O que especialmente me estimula nesta publicação é um conjunto de influências, de que sobressaem duas proposições básicas: por um lado, as questões se multiplicam

---

6   Ripert. *Le régime democratique et le droit civil moderne.* São Paulo: Saraiva, 1937.
7   José Aguiar Dias. *Da responsabilidade civil.* 9. ed. Rio de Janeiro: Forense, 1994. v. 1 e 2; Vergilio, *Georgicas.* 176, v. IV.

no dia a dia dos conflitos, sugerindo uma elaboração constante, em doutrina e no pretório; por outro lado, a circunstância, de certo modo paradoxal, de que a teoria da responsabilidade civil, à medida que recebe o contributo dos mais opinados mestres, torna-se mais e mais exigente, oferecendo campos cada vez mais variados e extensos, e tanto mais polêmica quanto mais estudada. E é certo que a teoria da responsabilidade civil não terminou a sua evolução. Outros rumos estão abertos à sua frente, a que não é estranha a ideia de um retorno à "responsabilidade coletiva" que vigeu na sua infância (Malaurie e Aynès), aliada à concepção crescente da seguridade, que assenta no "seguro de responsabilidade" cada vez mais desenvolvido (Wilson Melo da Silva e Silvio Rodrigues).

Ocorre ainda em nossos dias um ressurgimento da "teoria da culpa" desenvolvida por Philippe Le Tourneau, a que aludo no Capítulo XIX, *infra*[8].

Pretendo iniciar este estudo por uma singela pesquisa histórica, focalizando no primeiro plano a sabedoria romana, retomada pelos civilistas que ventilaram os princípios que, a partir do século XIX, a ciência romanista proclamou.

Proponho-me desenvolver, nos seus princípios básicos, a responsabilidade civil, expondo-a na linguagem dos que discutem as duas correntes que a dividem em "responsabilidade subjetiva" e "responsabilidade objetiva", e sua possível convivência nos monumentos legislativos. Cogito da responsabilidade contratual e extracontratual, por fato próprio e por fato alheio; pelo fato das coisas; o abuso de direito; o problema da responsabilidade civil do Estado, no seu tríplice aspecto, administrativo, legislativo e judiciário; responsabilidade anônima e pelas atividades atômicas para fins pacíficos ou não; responsabilidade do construtor, do empreiteiro e do incorporador; responsabilidade do fabricante e proteção dos interesses difusos; escusativas de responsabilidade; e, por fim, liquidação dos danos e ação de indenização. A orientação por mim adotada difere dos que desceram fundo na pesquisa e foram minuciosos na apresentação das soluções pretorianas. O que fundamentalmente está presente nesta modesta obra é assentar os princípios básicos, lastreados em opinados mestres, de tal modo que o leitor, aqui, encontrará o enunciado dos conceitos, permitindo-lhe avançar pela seara das controvérsias. Sem perder de vista que a responsabilidade civil muito deve à elaboração jurisprudencial, preferi permanecer no plano das contribuições doutrinárias, lembrando que as decisões dos tribunais variam e se contradizem, mas os princípios fundamentais permanecem. Não deixei, contudo, de penetrar na contribuição pretoriana, com referência às decisões básicas em complemento de cada Capítulo.

Como não podia deixar de ser, não me omito no propósito de oferecer um conceito de responsabilidade civil, dentro do qual *doctores certant* e não deserto de opinar quando os mestres divergem.

---

[8] Philippe Le Tourneau. *Revue trimestrielle de droit civil*. Paris: Dalloz, 1988. p. 505 e segs.

Como professor catedrático de Direito Civil Comparado (que fui por mais de vinte anos na Universidade de Minas Gerais), não posso esquecer que nenhum sistema jurídico atual pode permanecer estanque às influências dos direitos contemporâneos seus. A lição de Clóvis Beviláqua há de estar sempre presente em quem envereda por um estudo jurídico: "todo saber experimental, de qualquer natureza que seja, há de surgir necessariamente de uma comparação rápida ou morosa, consciente ou inconsciente, que as ideias, os juízos, mesmo as inferências imediatas, os raciocínios intuitivos resumem os resultados de um confronto, e que, portanto, a comparação é uma operação inicial da vida intelectiva, um princípio lógico que se encontra em todas as operações mentais, ou se revela claramente aos olhos do observador ou se envolve sob o tecido polimórfico de outros princípios lógicos de ordem mais complexa"[9].

Com esta apresentação, entrego este livro à crítica dos mais doutos, na convicção de que todas as fases da vida comportam a presença do pesquisador, e que os temas, ainda que complexos e difíceis, merecem a atenção de quem medita e expõe.

Rio de Janeiro, janeiro de 1989.

Caio Mário da Silva Pereira

---

[9] Clóvis Beviláqua. *Resumo das lições de legislação comparada sobre o direito privado.* Bahia, 1897. p. 19.

Sumário

Capítulo I
Responsabilidade Civil 1

Capítulo II
Responsabilidade Subjetiva e Eclosão da Responsabilidade Objetiva 21

Capítulo III
Responsabilidade Subjetiva ou Teoria da Culpa 39

Capítulo IV
Dano 53

Capítulo V
Culpa 95

Capítulo VI
Nexo de Causalidade 115

Capítulo VII
Responsabilidade por Fato de Terceiro 131

Capítulo VIII
Responsabilidade pelo Fato das Coisas 153

Capítulo IX
Responsabilidade Civil das Pessoas Jurídicas de Direito Privado... 173

Capítulo X
Responsabilidade Civil do Estado.. 187

Capítulo XI

Responsabilidade Médica... 213

Capítulo XII

Responsabilidades Especiais.. 233

Capítulo XIII

Responsabilidade Civil do Fabricante 263

Capítulo XIV

Responsabilidade Civil do Construtor... 287

Capítulo XV

Responsabilidade em Meios de Transporte................................. 299

Capítulo XVI

Responsabilidade Civil pelo Furto de Automóvel em Estabelecimentos Comerciais e Análogos.. 323

Capítulo XVII

Responsabilidade Aquiliana e Responsabilidade Contratual..... 341

Capítulo XVIII

Responsabilidade Objetiva.. 363

Capítulo XIX

Risco, um Conceito Genérico.. 387

Capítulo XX

Excludentes de Responsabilidade Civil....................................... 405

Capítulo XXI

Liquidação do Dano 425

Capítulo XXII

Ação de Indenização.. 449

Capítulo XXIII

Responsabilidade Civil e Novas Tecnologias.............................. 469

Capítulo I
Responsabilidade Civil

Sumário

Direito Romano. Surgimento da "culpa". Lei Aquilia. Responsabilidade civil no direito brasileiro pré-codificado. No Código Civil de 1916 e Código Civil de 2002. Conceito de responsabilidade civil. Princípio de ordem pública ou proteção de interesses privados.

Bibliografia

Aguiar Dias. *Da responsabilidade civil*. 9. ed. Rio de Janeiro: Forense, 1994. v. 1; Alex Weill *et* François Terré. *Droit civil*: les obligations. Paris: Dalloz, 1971; Aline de Miranda Valverde Terra; Gisela Sampaio da Cruz Guedes. "Considerações acerca do lucro ilícito do patrimônio do ofensor". *Revista da Faculdade de Direito-RFD-UERJ*, Rio de Janeiro, n. 28, dez. 2015; Alvino Lima. *Culpa e risco*. São Paulo: Revista dos Tribunais, 1938; André Edmond Victor Giffard. *Précis de droit romain*. Paris: Dalloz, 1934. v. 2; Antonio Junqueira de Azevedo. Cláusula cruzada de não indenizar (*cross-waiver of liability*), ou cláusula de não indenizar com eficácia para ambos os contratantes. Renúncia ao direito de indenização. Promessa de fato de terceiro. Estipulação em favor de terceiro. In: *Estudos e pareceres de Direito Privado*. São Paulo: Saraiva, 2004; Arangio Ruiz. *Responsabilité contractuelle en droit romain*. Napoli: Jovene, 1958; Atilio Anibal Alterini. *Responsabilidad civil*. Buenos Aires: Abeledo-Perrot, 1974; B. Starck. *Essai d'une théorie générale de la responsabilité civile considérée en sa double fonction de garantie et de peine privée*. Paris: L. Rodstein, 1947; Biondo Biondi. *Istituzioni di diritto romano*. Catania: Siciliana, 1929; Caio Mário da Silva Pereira. *Instituições de Direito Civil*. 20. ed. Rio de Janeiro: Forense, 2004. v. 1; Colin *et* Capitant. *Cours élémentaire de droit civil français*. Paris: Dalloz, 1915-19. v. 2; Demogue. *De la réparation civile des délits*: étude de droit et de législation. Paris: Librairie Nouvelle de Droit et de Jurisprudence. 1898; Demogue. *Obligations*. Paris: Rousseau, 1923-33. v. 5; Domat. *Les loix civiles dans leur ordre naturel.* Paris: Nyon Aine, 1777. v. II, tít. VIII, sect. IV; Edouard Cuq. *Manuel des institutions juridiques des romains.* Paris: Plon-Nourit, 1917; Emilio Betti. *Teoria generale delle obbligazione.* Madrid: Revista de Derecho Privado, 1969-70, v. 111; Filippo Serafini. *Istituzioni di diritto romano*: comparato col diritto civile patrio. 10. ed. Roma: Athenaeum, 1920-21, v. 11; Gabriel Marty *et* Pierre Raynaud. *Droit civil*: les obligations. Paris: Sirey, 1961. v. 1, tomo II; Genéviève Viney. La responsabilité civile. In: Jacques Ghestin (coord.). *Traité de droit civil.* Paris: Librairie Générale de Droit et de Jurisprudence, 1965; Giorgio Giorgi. *Teoria delle obbligazioni.* Torino: Ute, 1930. v. 5; Giovanni Pacchioni. *Dei delitii e quasi delitii, in diritto civile italiano.* Parte 2ª. Padova: A. Milani, 1935. v. 4; Gustavo Tepedino. "A evolução da responsabilidade civil no direito brasileiro e suas controvérsias na atividade estatal". In: *Temas de direito civil.* 4. ed. Rio de Janeiro: Renovar, 2008; Gustavo Tepedino. *Comentários ao Novo Código Civil.* Rio de Janeiro: Forense, 2008. vol. X; Gustavo Tepedino; Aline de Miranda Valverde Terra; Gisela Sampaio da Cruz Guedes. *Fundamentos do Direito Civil.* 2. ed. Rio de Janeiro: Forense, v. 4; Henri de Page. *Traité élémentaire de droit civil belge.* Bruxelles: E. Bruylant, 1974. v. 2; José Carlos Moreira Alves. *Direito romano.* Rio de Janeiro: Forense, 1972-78. v. 2; Josserand. *Cours de droit civil positif français.* Paris: Recueil Sirey, 1932. v. 2; Lalou. *Traité pratique de la responsabilité civile.* Paris: Dalloz, 1962; Leonardo A. Colombo. *Culpa aquiliana.* Buenos Aires: Tea, 1944; Ludovic Beauchet. *Histoire du droit privé de la République Athénienne.* Paris: Chevalier-Marescq & Cie., 1897. v. 4; Malaurie *et* Aynès. *Cours de droit civil*: les obligations. Paris: Cujas, 1990; Marcel Planiol. *Traité élémentaire de droit civil.* Paris: Libr. Générale de Droit et de Jurisprudence, 1948. v. 2; Maynz. *Cours de droit romain,* 5. ed. Bruxelles: Bruylant-Christophe, 1891. v. 2; Mazeaud *et* Mazeuad. *Responsabilité civile.* Paris: Montchrestien, 1955. v. 1; Mazeaud, Mazeaud *et* Mazeaud. *Leçons de droit civil.* Paris: Montchrestien, 1955. v. 2; Monier. *Manuel élémentaire de droit romain.* Paris: Domat-Montchrestien, 1944. v. 2; Paul Fréderic Girard. *Manuel élémentaire de droit romain.* 7. ed. Paris: A. Rousseau, 1911; Pietro Dei Francisci. *Sintesis histórica del derecho romano.* Madrid: Rev der Priv, 1954; Planiol, Ripert *et* Boulanger. *Traité élémentaire de droit civil.* Paris: R. Pichon *et* R. Durnad-Auzias, 1946. v. 2; Pontes de Miranda. *Tratado de direito privado.* Rio de Janeiro: Editor Borsoi, 1952. v. 53; Rene Foignet. *Manuel élémentaire de droit romain.* Paris: Librairie Arthur Rousseau, 1916; Rodrigo da Guia Silva, *Enriquecimento sem causa:* as obrigações restitutórias no direito civil. São Paulo: Revista dos Tribunais, 2018; Rudolph von Jhering. *L'esprit du droit romain.* Paris: Maresq, 1886. v. 1; Serpa Lopes. *Curso de direito civil.* Rio de Janeiro: Freitas

Bastos, 1964-71. v. 5; Silvio Rodrigues. *Direito civil*. São Paulo: Saraiva, 1973-75. v. 5; Sourdat. *Traité général de la responsabilité*. Paris: Marchal et Billard, 1902. v. 1; Teixeira de Freitas. *Consolidação das leis civis*. 3. ed. Rio de Janeiro: Garnier, 1896; Van Wetter. *Pandectes contenant l'histoire du droit romain et la legislation de Justinien*. 2.ed. Paris: Librairie Générale de Droit et de Jurisprudence, 1910. v. 4; Washington de Barros Monteiro. *Curso de direito civil*. São Paulo: Saraiva, 1952-76, v. 5.

1. Não chegou o Direito romano a construir uma teoria da responsabilidade civil, como, aliás, nunca se deteve na elaboração teórica de nenhum instituto. Foi todo ele construído no desenrolar de casos de espécie, decisões dos juízes e dos pretores, respostas dos jurisconsultos, constituições imperiais que os romanistas de todas as épocas, remontando às fontes e pesquisando os fragmentos, tiveram o cuidado de utilizar, extraindo-lhes os princípios e, desta sorte, sistematizando os conceitos. Nem por isto, todavia, é de se desprezar a evolução histórica da responsabilidade civil no direito romano. Em verdade, muito do que o direito moderno apresenta vai-se enraizar na elaboração romana. Até mesmo ao evidenciar os contrastes, as fontes prestam não despicienda contribuição.

É difícil, dizem Alex Weill e François Terré, "precisar o histórico da responsabilidade civil". Num período mais remoto, e que denominam eles responsabilidade arcaica, retém o "agente", aquele por cujo fato o prejuízo foi causado, antes que o "autor", aquele pela culpa do qual houve o dano[1].

Certo é, entretanto, que, nos mais antigos monumentos legislativos, que antecederam por centenas de anos a civilização mediterrânea, vestígios há de que o tema fora objeto de cogitações. Vem do ordenamento mesopotâmico, como do Código de Hamurabi, a ideia de punir o dano, instituindo contra o causador um sofrimento igual; não destoa o Código de Manu, nem difere essencialmente o antigo direito Hebreu[2]. Mais avançada, a civilização helênica legou o conceito de reparação do dano causado, com sentido puramente objetivo, e independentemente da afronta a uma norma predeterminada[3].

O estudo da responsabilidade civil não se detém nestes sistemas, porque, se historicamente todas as noções se entrecruzam, é o Direito romano que oferece subsídios a qualquer elaboração jurídica, porque, de um modo ou de outro, foi a sabedoria romana que permitiu a criação do substrato essencial da formação dos sistemas que, nestes dois mil anos de civilização cristã, vicejam no que se denomina civilização jurídica ocidental, que eu sempre qualifiquei de romano-cristã.

2. Nos primórdios do antigo Direito romano prevaleceu a noção básica do delito. Os *delicta* constituíram o fator genético da responsabilidade, com a caracterização de algumas figuras de delitos civis: *furtum, naxia et iniuria*[4].

Na origem, porém, a ideia predominante é a vingança privada, no que, aliás, não se distanciam as civilizações que o precederam[5].

---

[1]   Alex Weill *et* François Terré. *Droit civil*: les obligations. Paris: Dalloz, 1971. n. 580, p. 596.

[2]   Leonardo A. Colombo. *Culpa aquiliana*. Buenos Aires: TEA, 1944. n. 26 e segs.

[3]   Ludovic Beauchet. *Histoire du droit privé de la République Athénienne*. Paris: Chevalier-Marescq & Cie., 1897. v. 4, p. 387.

[4]   André Edmond Victor Giffard. *Précis de droit romain*. Paris: Dalloz, 1934. v. 2, n. 310.

[5]   Alvino Lima. *Culpa e risco*. São Paulo: Revista dos Tribunais, 1938. p. 20; Aguiar Dias. *Da responsabilidade civil*. 9. ed. Rio de Janeiro: Forense, 1994. v. 1, n. 10; Demogue. *De la*

Cap. I · RESPONSABILIDADE CIVIL | **5**

A esta fase, seguem-se a da composição voluntária, a das composições legais, a da reparação pelo Estado[6].

Remontando à *Lex XII Tabularum,* lá se encontram vestígios da vingança privada, marcada, todavia, pela intervenção do poder público, no propósito de discipliná-la de uma certa forma: *Tabula VIII,* lei 2ª, onde se lê: *si membrum rupsit, ni cum eo pacit, talio esto[7].* Nesta fase da *vindicta* não se podia cogitar da ideia de culpa, dada a relevância do fato mesmo de vingar[8]. Nesta fase, nenhuma diferença existe entre responsabilidade civil e responsabilidade penal[9].

Esta equivalência (*talio*) da punição do mal com o mal (*Lei de Talião*) esboça a perspectiva de uma composição entre a vítima e o ofensor, uma vez que ao membro quebrado se faça o mesmo no causador do dano (*talio esto*) na falta de um acordo (*ni cum eo pacit*). Aí já se apresenta uma composição voluntária, inserida na solução transacional: a vítima, ao invés de imposição de igual sofrimento ao agente, recebia, a título de *poena,* uma importância em dinheiro ou outros bens[10]. A ela segue-se a composição legal, em que, segundo Girard, puniam-se, um tanto timidamente, as ofensas físicas à pessoa da vítima: *membrum ruptum* (ruptura de um membro), os *fractum* (fratura de um osso), *iniuria* (ofensas ordinárias) como violências leves, bofetadas, golpes[11]. Não se encontra, portanto, na Lei das XII Tábuas, um princípio determinante da responsabilidade civil, senão a cogitação de casos concretos[12]. O último passo, segundo Girard, consiste em "considerar o Estado interessado não somente na repressão das infrações dirigidas contra ele, mas também dirigidas contra os particulares"[13]. Quando cogita do que é concedido ao particular ofendido, não vê propriamente uma reparação, porém uma *poena,* em dinheiro, destinada à vítima. À medida, entretanto, que a pena privada perde o caráter de punição, toma corpo a ideia correlata de reparação[14]. A partir

---

   reparation civile des délits: étude de droit et de legislation. Paris: Libr. Nouvelle de Droit et de Jurisprudence, 1898. p. 5; Colin et Capitant. *Cours élémentaire de droit civil français.* Paris: Dalloz, 1915-19. v. 2, n. 180; Malaurie *et* Aynès. *Cours de droit civil*: les obligations. Paris: Cujas, 1990. n. 12.

6   Paul Fréderic Girard. *Manuel élémentaire de droit romain.* 7. ed. Paris: A. Rousseau, 1911. pp. 419 e segs.

7   Paul Frédéric Girad. *Textes de droit romain,* Paris: Dalloz, 1967. p. 17.

8   Alvino Lima. *Culpa e risco.* Cit. p. 21.

9   Malaurie *et* Aynès. Loc. cit.

10   Girard. *Manuel.* Cit. p. 392.

11   Girard. *Manuel.* Cit. p. 419.

12   Alvino Lima. *Culpa e risco.* Cit. p. 22; Aguiar Dias. *Da responsabilidade civil.* Cit. v. 1, p. 21.

13   Girard. *Manuel...* Cit. p. 413.

14   Rudolph von Jhering. *L'esprit du droit romain.* Paris: Maresq, 1886. v. 1, n. 53; Fréderic Girard. *Manuel élémentaire de droit romain.* Cit., pp. 417 e segs.; Monier. *Manuel élémentaire de*

de quando a autoridade pública assegura a punição do culpado, "o aspecto civil se dissocia do penal"[15].

3. Com o desenvolvimento da civilização romana, as figuras delituais revelaram-se insuficientes para conter todas as espécies de reparações. Outras situações lhes foram aditadas, em que se não figurava um *delictum*, mas a este se assemelhavam, *como se se tratasse de delitos, quasi delicta: Positum et suspensum,* quando colocado um objeto em edifício havendo possibilidade de a coisa cair ou causar dano aos transeuntes; *effusum et deiectum,* que consistia em derramar líquido ou lançar uma coisa sobre a via pública; *si iuder litem suam facit,* que sujeitava o juiz que sentenciasse de má fé a ressarcir o dano; *receptum nautarum, cauponum, stabularum,* que impunha ao capitão do navio, ao dono da hospedaria ou do estábulo responder pelos danos e furtos praticados por seus prepostos quanto aos bens de seus clientes[16].

Não chegaram os jurisconsultos romanos a substituir totalmente a vingança privada por uma norma geral definidora da responsabilidade civil[17]. Jamais distinguiram completamente a pena da reparação, ou da ideia de punição e, conseguintemente, trataram como ideias consímiles a responsabilidade civil e a responsabilidade criminal[18]. O que estava na mira das considerações eram as figuras típicas dos *delicta,* a que se aditaram os *quasi delicta,* tal qual no direito germânico a vingança de sangue (Wehrgeld) ligada à enumeração dos diversos delitos que fora dominada pelo sentimento de solidariedade familial assume características de responsabilidade coletiva. Como observam Malaurie e Aynès, não se cogitava de satisfazer a vítima ou sua família, porém de atingir aquele que materialmente causou um dano.

4. Onde se realiza a maior revolução nos conceitos jus-romanísticos em termos de responsabilidade civil é com a *Lex Aquilia,* de data incerta, mas que se prende aos tempos da República[19]. Tão grande revolução que a ela se prende a denominação de *aquiliana* para designar-se a responsabilidade extracontratual em oposição à contratual. Foi um marco tão acentuado, que a ela se atribui a origem

---

    droit romain. Paris: Domat-Montchrestien, 1944, v. 2, n. 5 e segs.; Colin e Capitant. *Cours élémentaire de droit civil.* Cit., v. 2, n. 284; Mazeaud e Mazeuad. *Responsabilité civile.* Paris: Montchrestien, 1955. v. 1, n. 19 e segs.

[15]   Malaurie *et* Aynès. Loc. cit.

[16]   José Carlos Moreira Alves. *Direito romano.* Rio de Janeiro: Forense, 1972-78. v. 2, p. 233.

[17]   Raymond Monier. *Manuel élémentaire de droit romain.* Cit. v. 2, n. 41.

[18]   Geneviève Viney. *La responsabilité civile.* In: Jacques Ghestin (coord.). *Traité de droit civil.* Paris: Librairie Générale de Droit et de Jurisprudence, 1965, p. 5.

[19]   Leonardo Colombo. *Culpa aquiliana.* Cit. p. 107.

do elemento "culpa", como fundamental na reparação do dano. A *Lex Aquilia*, bem assim a consequente *actio ex lege Aquilia*, tem sido destacada pelos romanistas e pelos civilistas, em matéria atinente à responsabilidade civil.

Sem haver derrogado totalmente a legislação anterior, a Lei Aquilia é originária de um plebiscito proposto pelo tribuno Aquilio, conforme se vê de um texto de Ulpiano, *in Digesto*, Livro IX, Tít. II, fr. 1, § 1: *Quae lex Aquilia plebiscitum est, cum eam Aquilius tribunus plebis a plebe rogaverit*. Abre, em verdade, novos horizontes à responsabilidade civil, posto não haja enunciado um princípio geral. Seu maior valor consiste em substituir as multas fixas por uma pena proporcional ao dano causado[20]. Dividida em três capítulos, dos quais o segundo pouca significação oferece nela, ainda predomina a reparação de danos originários de fatos concretos (morte de um escravo ou de um animal do rebanho, quitação por parte do *adstipulator* em prejuízo do credor). O terceiro capítulo tinha em vista o *damnum iniuria datum*, conceito mais genérico que haveria de ser ampliado pela jurisprudência, a qual o estendeu do dano a uma coisa corpórea (*damnum corpore datum*) ao que atingia uma coisa incorpórea (*damnum non corpore datum*), esclarecendo Moreira Alves que no *damnum iniuria datum* considerava-se um dano a qualquer coisa alheia, animada ou inanimada[21]. Foi, portanto, obra do pretor e dos jurisconsultos ir além dos casos previstos no texto. Partindo da figura originária do *damnum*, foi alcançar a noção mais geral de prejuízo, assinalando os irmãos Mazeaud que "o dano que não causava prejuízo não dava lugar a indenização"[22]. Em verdade, a *Lex Aquilia* revogou todas as leis anteriores sobre o dano e seus efeitos: *Lex Aquilia omnibus legibus, quae ante se de damno iniuria locata sunt derogavit; sive XII tabularum sive alia quae sit*[23].

Não obstante a importância da Lei Aquilia, o Direito romano "permaneceu fiel às suas origens, somente intervindo o legislador para resolver os casos de espécie, admitindo-se a responsabilidade civil somente onde existem esses casos"[24]. Cumpre, todavia, "reconhecer" que a multiplicação dos casos particulares levou a admitir, "no último estágio do direito romano", a evolução que abrangia a maior parte dos prejuízos materiais, mas também os "prejuízos morais"[25]. Avança a necessidade de reparação mesmo que inexistisse um corpo lesado (*corpus laesum*), encontrando-se fora da Lei Aquilia solução mediante a utilização da *actio utilitatis causa*[26].

---

[20]   Raymond Monnier. *Manuel...* Cit. n. 41; Alvino Lima. *Culpa e risco*. Cit. p. 24.

[21]   Aguiar Dias. *Da responsabilidade civil*. Cit. v. 2, n. 10; José Carlos Moreira Alves. *Direito romano*. Cit. v. 2, p. 380.

[22]   Mazeaud e Mazeaud. *Responsabilité civile*. Cit. v. 1, n. 23.

[23]   Ulpiano. *Liber 18, ad Edictum*.

[24]   Mazeaud e Mazeaud. *Responsabilité civile*. Cit. v. 1, n. 26.

[25]   Mazeaud e Mazeaud. *Responsabilité civile*. Cit. v. 1, n. 26.

[26]   Leonardo Colombo. *Culpa aquiliana*. Cit. n. 39, p. 114.

5. Importante é determinar a ideia de "culpa" e como esta surgiu. Ao direito romano interessava, primitivamente, apurar a existência do *damnum*. Considerando, entretanto, os casos em que este era provocado por um louco ou um menor, em quem falta a razão, foi preciso introduzir no conceito de responsabilidade um novo fator: "se eles não são responsáveis por seus atos, não cometem falta nenhuma"[27]. Somente nos fins da República emergiu a concepção da culpa aquiliana, que é enunciada por Gaius, no texto adiante transcrito na sua integridade, concluindo os irmãos Mazeaud que "a palavra *iniuria* tornou-se sinônima de culpa" (n. 27).

Enorme controvérsia, contudo, divide os autores, assinalada com toda exatidão por Aguiar Dias: de um lado os que sustentam, com amparo nos textos, que a ideia de culpa era estranha à Lei Aquilia; de outro lado, os que defendem a sua presença como elementar na responsabilidade civil, repetindo a parêmia célebre (e possivelmente devida a uma interpolação): *In Lege Aquilia et levissima culpa venit*. Dentro dessa polêmica, acrescenta Aguiar Dias que o conceito de culpa não exerceu influência nos problemas da responsabilidade civil[28].

Ilustrando esta controvérsia, e meramente a título de amostragem, podem-se mencionar numerosos romanistas num e noutro campo adverso. Sustentando que a ideia de culpa é fundamental na reparação do dano, *in Lege Aquilia*, são de se lembrar: Edouard Cuq[29]; Filippo Serafini[30]; Van Wetter[31]; Biondo Biondi[32]; Maynz[33]; Rene Foignet[34]; Marcel Planiol[35].

No campo oposto, outros, não menos opinados, sustentam ser o conceito de culpa estranho à Lei Aquilia: Arangio Ruiz[36]; Emilio Betti[37]; Giovanni Pacchioni[38]; Pietro Dei Francisci[39].

---

[27] Mazeaud e Mazeaud. *Responsabilité civile*. Cit. v. 1, n. 27.

[28] José Aguiar Dias. *Da responsabilidade civil*. Cit. v. 2, n. 16.

[29] Edouard Cuq. *Manuel des institutions juridiques des romains*. Paris: Plon-Nourit, 1917. p. 570.

[30] Filippo Serafini. *Istituzioni di diritto romano*: comparato col diritto civile patrio. 10. ed. Roma: Athenaeum, 1920-21. v. 11, p. 185.

[31] Van Wetter. *Pandectes contenant l'histoire du droit romain et la legislation de Justinien*. 2. ed. Paris: Librairie Générale de Droit et de Jurisprudence, 1910. v. 4, § 491.

[32] Biondo Biondi. *Istituzioni di diritto romano*. Catania: Siciliana, 1929. p. 506.

[33] Maynz. *Cours de droit romain*. 5. ed. Bruxelles: Bruylant-Christophe, 189. v. 2, p. 466.

[34] Rene Foignet. *Manuel élémentaire de droit romain*. Paris: Librairie Arthur Rousseau, 1916. p. 168.

[35] Marcel Planiol. *Traité élémentaire de droit civil*. Paris: Librairie Générale de Droit et de Jurisprudence, 1948. v. 2, n. 863.

[36] Arangio Ruiz. *Responsabilité contractuelle en droit romain*. Napoli: Jovene, 1958. p. 226.

[37] Emilio Betti. *Teoria generale delle obbligazione*. Madrid: Revista de Derecho Privado, 1969-70. v. 111, n. 7.

[38] Giovanni Pacchioni. *Dei delitii e quasi delitii, in diritto civile italiano*. Padova: A. Milani, 1935. v. 4, parte 2ª, n. 3.

[39] Pietro Dei Francisci. *Sintesis histórica del derecho romano*. Madrid: Rev. Der. Priv., 1954. p. 501.

Apesar de autoridades respeitáveis considerarem que na *Lex Aquilia* não se inseria o elemento anímico da culpa, as *Institutas* de Gaio consideram-no em termos claros: *Is iniuria autem occidere intellegitur cuius dolo aut culpa occiderit; nec ulla lege damnum quod sine iniuria datur reprehenditur; itaque impunitus est qui sine culpa aut dolo malu casu quodam damnum committit*[40]. Na tradução: "Matar injustamente significa matar com dolo ou culpa; nenhuma outra lei pune o dano causado sem injustiça; resta então sem punição quem, sem culpa nem dolo mau, comete um dano." Destacando a parte final do texto – *impunitus est qui sine culpa et dolo malu casu quodam damnum committit*, conclui-se admitir que "o elemento subjetivo da culpa" foi introduzido, "contra o objetivismo do direito primitivo"[41]. Para que se configure o *damnum iniuria datum*, de acordo com a Lei Aquilia, era necessário determinar três elementos: I – *damnum*, ou lesão na coisa; II – *iniuria*, ou ato contrário a direito; III – *culpa*, quando o dano resultava de ato positivo do agente, praticado com dolo ou culpa[42].

Plantando suas raízes no direito romano, posto que timidamente, a ideia veio inserir-se no conceito de responsabilidade civil por toda a Idade Média. Consagrado no direito costumeiro, ingressou no direito moderno pelas mãos de dois civilistas de maior peso, Domat e Pothier. Vale transcrever, em sua literalidade, dispensando apenas na ortografia, as palavras de Domat: "*Toutes les pertes et tous les dommages qui peuvent arriver par le fait de quelque personne, soit imprudence, légereté, ignorance de ce qu'on doit savoir, ou autres fautes semblables, si legères qu'elles puissent être, doivent être reparées par celui dont l'imprudence ou autre faute y a donné lieu. Car c'est un tort qu'il a fait, quand même il n'aurait pas eu intention de nuire*"[43].

Dada sua influência na construção da doutrina francesa, pode-se dizer que a teoria da responsabilidade civil nos Códigos modernos deve muito ao Código Napoleão. Neste monumento legislativo de 1804, vai buscar inspiração o conceito de responsabilidade civil no século passado, notadamente o princípio enunciado no art. 1.382: *Tout fait quelconque de l'homme, qui cause à autrui un dommage, oblige celui par la faute duquel il est arrivé, à le réparer*. Afirma-se, mesmo, que a "reparação" se desvencilhou da exigência de "casos especiais" somente a partir do século XVIII, quando foi enunciado um *princípio geral*, "obrigando a reparar todos os danos que uma pessoa causar à outra por sua culpa"[44]. Isto não obstante, o Código Civil francês, depois de assentar a regra geral do art. 1.382 anteriormente

---

[40] Gaius. *Institutiones*. v. III, p. 211.

[41] Alvino Lima. *Culpa e risco*. Cit. p. 28.

[42] José Carlos Moreira Alves. *Direito romano*. Cit. v. 2, p. 280.

[43] Domat, *Les loix civiles dans leur ordre naturel*, Livro II, Tít. VIII, Sect. IV, Paris: Nyon Aine, 1777, p. 153.

[44] Malaurie e Aynès. Loc. cit.

transcrito, enumera nos arts. 1.384 a 1.386 casos particulares, de que a doutrina veio a desenvolver a responsabilidade civil fora do princípio subjetivo da culpa, como será apontado no Capítulo seguinte.

6. Nosso direito pré-codificado pode ser estudado em três fases distintas, no tocante à responsabilidade civil.

Na primeira, observa-se que as Ordenações do Reino tinham presente o direito romano, mandado aplicar como subsidiário do direito pátrio, por força da chamada *Lei da Boa Razão* (Lei de 18 de agosto de 1769), cujo art. 2° prescrevia "que o direito romano servisse de subsídio, nos casos omissos, não por autoridade própria, que não tinha, mas por serem muitas as suas disposições fundadas na boa razão".

A segunda fase inaugura-se com o Código Criminal de 1830, que esboça, no instituto da "satisfação", a ideia de ressarcimento, que encontra em Aguiar Dias apreciação encomiástica, ao dizer que as regras ali estabelecidas poderiam oferecer aos tribunais brasileiros, mesmo ainda hoje, "orientação segura para apreciar os casos de responsabilidade civil"[45].

A terceira fase inicia-se com Teixeira de Freitas, cuja genialidade nunca é demais encarecida. Opunha-se ele a que a responsabilidade civil estivesse geminada à criminal. Em nota ao art. 799 da *Consolidação das leis civis*, reporta-se à Lei de 3 de dezembro de 1841, que derrogou o Código Criminal, revogando-lhe o art. 31 e o § 5° do art. 269 do Código de Processo, estabeleceu, em consequência, que "a satisfação do dano causado pelo delito passou para o seu lugar próprio, que é a legislação civil"[46]. No art. 800 e segs. desenvolve o instituto, do qual se destacam algumas disposições orientadoras da reparação do dano *ex delicto*. Cogita da responsabilidade do delinquente (art. 798), estabelecendo a necessidade de ser pedida a indenização por via de ação cível, na qual o dano à pessoa e aos bens do ofendido será avaliado por árbitros (arts. 801 a 804). Estabelece a solidariedade dos codelinquentes (art. 806). Cogita da responsabilidade indireta (art. 808). Minudencia os diversos aspectos da reparação e liquidação do dano.

Torna ao assunto a *Nova consolidação das leis civis* de Carlos de Carvalho, 1898, e detidamente alude ao instituto da responsabilidade civil, que considera independente da criminal (art. 1.013). Fundamenta a responsabilidade civil no conceito de culpa (art. 1.014); desenvolve a doutrina da responsabilidade indireta (art. 1.015); alude à responsabilidade em caso de desmoronamento de edifícios e construções (art. 1.019), e, no de dano causado por coisas inanimadas, institui a presunção de culpa (art. 1.020). Desenvolve o princípio da responsabilidade dos funcionários

---

[45]   José Aguiar Dias. *Da responsabilidade civil.* Cit., v. 1, n. 13.

[46]   Teixeira de Freitas. *Consolidação das leis civis.* 3. ed. Rio de Janeiro: Garnier, 1896.

públicos (art. 1.021), mas exime a União de responder pelos danos provenientes de erros ou abusos de funcionários ou empregados públicos, ou pelos prejuízos sofridos por particulares em tempo de perturbações intestinas ou de guerra civil (art. 1.021). Concede ação regressiva à União e aos Estados, contra as autoridades e as partes interessadas que forem convencidas de culpa ou dolo (art. 1.022, § 4º).

Da influência dessas ideias, e particularmente do Código Civil francês, não se esquivou o Código Civil de 1916, que consagrou no art. 159 a *teoria da culpa*, a que retornarei em minúcia no Capítulo seguinte, embora tenha reconhecido casos especiais de responsabilidade sem culpa, como será mais adiante estudado.

Já o Código Civil de 2002, ao lado da cláusula geral de responsabilidade subjetiva, prevista no art. 186, introduziu também, no parágrafo único do art. 927, cláusula geral de responsabilidade objetiva. A inserção, a rigor, não representa exceção à teoria da culpa, mas a configuração de sistema dualista de responsabilidade[47].

7. Não chegam os autores a um acordo quando tentam enunciar o conceito de responsabilidade civil. Alguns incidem no defeito condenado pela lógica, de definir usando o mesmo vocábulo a ser definido, e dizem que a "responsabilidade" consiste em "responder", no que são criticados, com razão, por Aguiar Dias. Outros estabelecem na conceituação de responsabilidade a alusão a uma das causas do dever de reparação, atribuindo-a ao fato culposo do agente; outros, ainda, preferem não conceituar. Passando em revista algumas definições, procurarei salientar a sua essência. Washington de Barros Monteiro salienta a "importância da responsabilidade no direito moderno"[48]. Silvio Rodrigues enfatiza a afirmação segundo a qual o princípio informador de toda a teoria da responsabilidade é aquele que impõe "a quem causa dano o dever de reparar[49]. Na mesma linha de raciocínio inscreve-se Serpa Lopes, para quem a responsabilidade civil significa o dever de reparar o prejuízo[50].

Não é menor a dispersão na doutrina estrangeira. Razão existe para tal desencontro de opiniões, pois, como enunciam os irmãos Mazeaud, logo no pórtico de seu clássico *Traité théorique et pratique de la responsabilité civile*, a matéria é tão difícil de se definir, que na própria conceituação já se apresentam as divergências

---

[47] Nessa perspectiva, Gustavo Tepedino. A evolução da responsabilidade civil no direito brasileiro e suas controvérsias na atividade estatal. In: *Temas de direito civil*, 4. ed. Rio de Janeiro: Renovar, 2008. t. I, p. 196, que associa esse sistema dualista de responsabilidade ao princípio constitucional da solidariedade (art. 3º, III, CR).

[48] Washington de Barros Monteiro. *Curso de direito civil*. São Paulo: Saraiva, 1952-76. v. 5, p. 385.

[49] Silvio Rodrigues. *Direito civil*. São Paulo: Saraiva, 1973-75, v. 5, n. 7.

[50] Serpa Lopes. *Curso de direito civil*. Rio de Janeiro: Freitas Bastos, 1964-71. v. 5, n. 144, p. 188.

dos autores, nela despontando a luta que se travou entre a doutrina tradicional da culpa e a teoria objetivista do risco[51]. Desta mesma acusação não se exime Savatier, cuja obra sobre a responsabilidade civil Georges Ripert qualifica de "monumental". E, na verdade, Savatier apresenta uma definição, assentada na "obrigação que pode incumbir a uma pessoa de reparar o dano causado a outrem por um fato seu, ou pelo fato das pessoas ou das coisas dependentes dela"[52]. Em termos semelhantes é o conceito de Malaurie e Aynès: "A responsabilidade civil é a obrigação de reparar o dano que uma pessoa causa a uma outra"[53].

Num maior aprofundamento, Pontes de Miranda considera, no conceito de responsabilidade civil, um "aspecto da realidade social", enxergando nela "um processo de adaptação", que mais se corporifica nas sanções. No entanto, à indagação que ele mesmo formula – "Como então caracteriza-se a responsabilidade?" – responde que aí intervém o apriorismo que o leva a mudar a pergunta: "Cientificamente cumpria perguntar-se como se explica a reparação?" Desloca o raciocínio para o princípio geral da "proibição de ofender – *neminem laedere*, que sintetiza a realidade formal do direito". Incursiona pelos diversos sistemas jurídicos, consulta os Códigos, envereda pelo casuísmo dos diversos tipos concretos de responsabilidade, mas, a rigor, deixa sem resposta a indagação básica do *em que consiste a responsabilidade civil*[54].

Marty e Raynaud colocam-se num plano pragmático, discutindo se "uma pessoa que é vítima de um dano em sua integridade física, em seus sentimentos e em seus bens, deverá resignar-se a suportar o prejuízo ou poderá obter reparação de outra pessoa". E neste ângulo de visada raciocina que "a teoria da responsabilidade civil esforça-se em responder a esta questão e determinar em que condições uma pessoa pode ser considerada responsável pelo dano sofrido por outrem e obrigada a reparar este dano"[55].

Os grandes mestres da responsabilidade civil, em suas obras sistemáticas, procuram sintetizar o conceito, deslocando a noção abstrata da responsabilidade civil para a configuração concreta de quem seja responsável, dizendo que "uma pessoa é civilmente responsável quando está sujeita a reparar um dano sofrido por outrem"[56].

---

[51] Mazeaud e Mazeaud. *Traité...* Cit., v. 1, n. 1.

[52] René Savatier. *Traité de la responsabilité civile en droit français.* v. 1, n. 1.

[53] Malaurie e Aynès. *Cours de droit civil:* les obligations. Cit. n. 10.

[54] Pontes de Miranda. *Tratado de direito privado.* Rio de Janeiro: Editor Borsoi, 1952. v. 53, § 5.498, pp. 1 e segs.

[55] Gabriel Marty et Pierre Raynaud. *Droit civil:* les obligations. Paris: Sirey, 1961. v. 1, tomo II, n. 356.

[56] Mazeaud, Mazeaud e Mazeaud. *Leçons de droit civil.* Paris: Montchrestien, 1955. v. 2, n. 374.

De Page, depois de assinalar que "a deformação é proporcional ao uso" do vocábulo, observa que, em sentido técnico, alia-se mais ao "resultado" do que ao "fundamento" da instituição. Mas acrescenta que o elemento dominante, invariavelmente, sobressai na "obrigação de reparar o dano", independentemente de fundamentar e de justificar[57].

Planiol, Ripert e Boulanger, circunscritos ao Direito positivo, e tendo em vista o que dispõe o art. 1.382 do *Code Civil,* contentam-se em afirmar que a existência de uma "obrigação de reparar é uma obrigação legal que nasce da culpa cometida"[58].

Igualmente procurando o conceito no Direito positivo, e sofrendo, portanto, as influências da política legislativa, e as tendências do legislador por uma das teorias que se digladiam ao cuidarem do dever de reparação, Geneviève Viney ensina que a expressão "responsabilidade civil", na linguagem jurídica atual, "é o conjunto de regras que obrigam o autor de um dano causado a outrem a reparar este dano, oferecendo à vítima uma compensação"[59].

Levando, pois, em consideração as ponderações dos Mazeaud, que, por serem especialistas, maior autoridade revelam, é difícil conter em uma frase concisa a amplitude da responsabilidade civil. Sem se ater ao problema da responsabilidade moral, que iria desaguar na teoria subjetiva, e sem procurar isolar a responsabilidade civil, dentro do universo da responsabilidade como conceito geral, o jurista verifica que a tendência da doutrina é aliar a noção técnica da responsabilidade civil à obrigação de reparar o prejuízo sofrido por uma pessoa, independentemente de identificar a causalidade. Na ocorrência de um dano, seja material seja moral, a ordem jurídica procura determinar a quem compete a obrigação de reparar, e em torno desse dever enunciam-se os princípios que no seu conjunto formam a noção genérica da obrigação ressarcitória. Mas a indagação central – em que consiste a responsabilidade civil – resta irrespondida.

Assim é que Starck, no prólogo de sua obra, cogita do tema indiretamente, quando diz que "a reparação dos danos que a atividade dos homens causa aos outros homens constitui o problema central do direito contemporâneo"[60].

O clássico Sourdat, partindo do conceito geral de "responsabilidade" (obrigação de reparar o prejuízo resultante de um fato de que alguém é o autor direto ou indireto), e fazendo a distinção entre responsabilidade penal (reparação do prejuízo

---

[57] Henri de Page. *Traité élémentaire de droit civil belge.* Bruxelles: E. Bruylant, 1974. v. 2, n. 903.

[58] Planiol, Ripert e Boulanger. *Traité élémentaire de droit civil.* Paris: R. Pichon *et* R. Durnad-Auzias, 1946. v. 2, n. 892.

[59] Genéviève Viney. *La responsabilité civile.* In: Jacques Ghestin (coord.). *Traité de droit civil,* Paris: Librairie Générale de Droit et de Jurisprudence, 1965. n. 1.

[60] B. Starck. *Essai d'une théorie générale de la responsabilité civile considérée en sa double fonction de garantie et de peine privée.* Paris: L. Rodstein, 1947. p. 5.

causado à sociedade na ordem moral), assenta que a *responsabilidade civil* consiste em reparar, por meio de uma indenização pecuniária, o dano causado aos indivíduos[61].

Para Lalou a ideia de responsabilidade reporta-se às de obrigação e garantia. O problema abrange todas as matérias concernentes à atividade humana: em moral, nas relações internacionais, em direito público, em direito penal, em direito privado. Concentrando-se na *responsabilidade civil*, enxerga de um lado, "essencialmente a vítima de um dano e, de outro, uma pessoa obrigada a indenizar"[62]. Fixando um conceito, acrescenta: "Em todos os casos, a responsabilidade traduz-se por uma obrigação de indenizar" (p. 5).

Em sua obra clássica Giorgio Giorgi conceitua a responsabilidade civil como a "obrigação de reparar mediante indenização quase sempre pecuniária, o dano que o nosso fato ilícito causou a outrem"[63].

Alterini chega a uma conclusão mais ou menos análoga através de um raciocínio: "Todos são passíveis de sofrer um dano. Mas nem sempre esse dano é ressarcível. A ressarcibilidade do dano principia por pressupor que seja juridicamente atribuível a outro sujeito; e tem um limite objetivo que o circunscreve em quanto reparável"[64]. Partindo de tal raciocínio, e independentemente de se definir por uma das correntes, acrescenta: "A reparação civil consiste em uma prestação que se impõe ao responsável por um dano injusto" (n. 10, p. 23).

A responsabilidade civil dirige-se à proteção da vítima, visando a reparar integralmente o dano sofrido por ela, e não a retirar do agente ofensor os lucros ilegitimamente auferidos com a conduta lesiva a direitos alheios. No sistema brasileiro, a proibição do enriquecimento sem causa presta-se a desempenhar essa última função, e não a responsabilidade civil, para a qual não há que se averiguar a repercussão da ofensa na esfera patrimonial do ofensor. É a proibição do enriquecimento sem causa que permite remover do patrimônio do agente a transferência patrimonial desprovida de título justificativo[65].

---

[61] Sourdat. *Traité général de la responsabilité*, Paris: Marchal et Billard, 1902. v. 1, p. 1.

[62] Lalou. *Traité pratique de la responsabilité civile*, Paris: Dalloz, 1962. n. 1.

[63] Giorgio Giorgi. *Teoria delle obbligazioni*, Torino: Ute, 1930. v. 5, n. 143, p. 224.

[64] Atilio Anibal Alterini. *Responsabilidad civil*. Buenos Aires: Abeledo-Perrot, 1974. n. 7, p. 20.

[65] Para análise do enriquecimento sem causa, v. Gustavo Tepedino; Aline de Miranda Valverde Terra; Gisela Sampaio da Cruz Guedes. *Fundamentos do Direito Civil*. 2. ed. Rio de Janeiro: Forense, v. 4, p. 3. E ainda: Rodrigo da Guia Silva, *Enriquecimento sem causa*: as obrigações restitutórias no direito civil. São Paulo: Revista dos Tribunais, 2018; e Aline de Miranda Valverde Terra; Gisela Sampaio da Cruz Guedes. Considerações acerca do lucro ilícito do patrimônio do ofensor. *Revista da Faculdade de Direito-RFD-UERJ*, Rio de Janei-ro, n. 28, dez. 2015.

8. Em minhas *Instituições de direito civil*, observo que, enquanto a obrigação de reparar o mal permanece meramente abstrata ou teórica, não interessa senão à moral[66]. Mas, quando se tem em vista a efetiva reparação do dano, toma-a o direito a seu cuidado, e constrói a teoria da responsabilidade civil. Não é, portanto, a responsabilidade civil divorciada da responsabilidade moral, dentro da teoria subjetiva. Desprendida uma da outra é que o óbice cresce para encarar a matéria de modo mais geral.

Em termos assim genéricos, o conceito não assume nenhum compromisso com as duas correntes que disputam as preferências: a teoria subjetiva da culpa e a teoria objetiva da responsabilidade sem culpa. Uma noção abrangente não deve permanecer limitada. No desenvolvimento da matéria atinente à responsabilidade civil, não há motivo para que um conceito exclua qualquer delas. A rigor elas se completam e terão (ao menos durante algum tempo) de conviver uma ao lado da outra, visando ao mesmo objetivo que é a reparação do dano.

De quantos tentam conceituar a responsabilidade civil, emerge a ideia dualista de um *sentimento social e humano,* a sujeitar o causador de um mal a reparar a lesão. A variedade de conceitos revela a insatisfação do jurista em plantar-se nos termos de uma definição formal.

Como *sentimento social,* a ordem jurídica não se compadece com o fato de que uma pessoa possa causar mal a outra pessoa. Vendo no agente um fator de desequilíbrio, estende uma rede de punições com que procura atender às exigências do ordenamento jurídico. Esta satisfação social gera a responsabilidade criminal.

Como *sentimento humano,* além de social, a mesma ordem jurídica repugna que o agente reste incólume em face do prejuízo individual. O lesado não se contenta com a punição social do ofensor. Nasce daí a ideia de reparação, como estrutura de princípios de favorecimento à vítima e de instrumentos montados para ressarcir o mal sofrido. Na responsabilidade civil estará presente uma finalidade punitiva ao infrator aliada a uma necessidade que eu designo como pedagógica, a que não é estranha a ideia de garantia para a vítima, e de solidariedade que a sociedade humana lhe deve prestar.

Tendo em vista a *reparação*, a responsabilidade civil oferece um *plus* adicionado à reparação. Esta pressupõe a existência de um dano. Mas o dano permanece no plano abstrato se o direito positivo não identificar o sujeito a quem é atribuível. O sociólogo pode contentar-se com a configuração filosófica da responsabilidade. O jurista tem o dever de ir mais longe. Sente a necessidade de identificar o autor do dano, e oferecer ao ofendido a satisfação que, além de afirmar a existência da lesão, impõe sanções ao causador dela. E concretiza essas sanções.

---

[66] Caio Mário da Silva Pereira. *Instituições de Direito Civil*. 20. ed. Rio de Janeiro: Forense, 2004. v. 1, n. 115.

A *responsabilidade civil* consiste na efetivação da reparabilidade abstrata do dano em relação a um sujeito passivo da relação jurídica que se forma. Reparação e sujeito passivo compõem o binômio da *responsabilidade civil*, que então se enuncia como o *princípio que subordina a reparação à sua incidência na pessoa do causador do dano.*

Não importa se o fundamento é a culpa, ou se é independente desta. Em qualquer circunstância, onde houver a subordinação de um sujeito passivo à determinação de um dever de ressarcimento, aí estará a responsabilidade civil.

8-A. Além da responsabilidade objetiva, o século passado assistiu ainda à conquista da reparação do dano moral, que os primeiros intérpretes rejeitavam, e que só a custo triunfou a poder da elaboração da Constituição de 5 de outubro de 1988.

O desenvolvimento da teoria da responsabilidade civil consolidou a responsabilidade civil das pessoas jurídicas de direito privado, a do abuso de direito, a responsabilidade pelo dano ecológico, pelo dano atômico, pelo risco bancário; acompanhou de perto o progresso técnico para alcançar a informática e a responsabilidade consequente, culminando com a entrada em vigor do Marco Civil da Internet (Lei n. 12.965/2014). Enfim, cresceu enormemente.

Pode-se, resumidamente, dizer que assumiu caráter novo a teoria da responsabilidade civil, a tal ponto que a bem dizer não comporta o confronto com o que era essa teoria no começo do século passado. Foi bem à feição que recuei no tempo, até à *Consolidação das Leis Civis de Teixeira de Freitas.* Quem se deu ao trabalho de me acompanhar, e fizer o confronto entre o que fizeram os Codificadores de 1916, e o que reflete o instituto no final do século XX, possivelmente dirá que já chegou ao máximo a sua evolução.

Entendo que não. Ainda é pouco. O progresso da técnica e a ciência prometem maiores avanços, que, forçosamente exporão o homem a maiores e mais frequentes riscos, exigindo, por conseguinte, maior segurança. O progresso científico acelera exponencialmente a expansão de riscos e danos, ampliando consequentemente o dever de reparar. Assiste-se à proliferação dos chamados novos danos indenizáveis, como reflexo da identificação de novos interesses jurídicos reconhecidos como merecedores de tutela, assim como da configuração de novas situações lesivas (v. Capítulo IV, *infra*).

Quem acompanha a doutrina da responsabilidade civil, necessariamente observa a sua tendência crescente no sentido de aumentar as garantias oferecidas à vítima. Não é sem razão que insisti na evolução da teoria da culpa para o risco criado, mais democrático e mais humano, se considera a pessoa da vítima, cada vez mais necessitada de proteção em confronto com o desenvolvimento material, expondo os indivíduos a sofrer danos que escapam ao controle individual.

No sistema de reparação civil atual, a proteção à pessoa humana desempenha papel central. A responsabilidade civil desloca seu foco do agente causador para a vítima do dano injusto, alterando-se os critérios da reparação.

É nesse rumo que marchará a teoria da responsabilidade civil, com perspectiva de atingir a sua própria essência, a ponto de subverter os seus próprios fundamentos. Talvez seja um tanto paradoxal: tanto crescerá a necessidade de se garantir o ser humano dentro desse turbilhão evolutivo, que a ideia de responsabilidade civil se tornará insuficiente, e será substituída por novos conceitos, que atingirão a sua própria subsistência. A evolução do "seguro de responsabilidade civil" reflete bem essa tendência.[67]

9. Em relação ao Código Civil francês, divide-se a doutrina ao conceituar a responsabilidade civil: uns consideram-na *princípio de ordem pública*; outros, *proteção de interesses privados*.

Para os autores franceses, em geral, os preceitos do art. 1.382 e segs. consagram um princípio de ordem pública. Essas disposições estabelecem deveres legais inderrogáveis pela vontade das partes[68].

Para a jurisprudência belga, esses dispositivos do Código Napoleão "não regulamentam senão interesses privados e individuais, tendo por finalidade exclusiva salvaguardar um interesse geral. *Eles não são, portanto, de ordem pública*"[69].

As duas concepções – publicista e privatista – em torno das mesmas disposições de um mesmo Código revelam um nítido divórcio testemunhado por opinados autores, como Josserand[70-71].

A discussão não tem apenas interesse teórico. Reflete-se no plano prático, uma vez que, a prevalecer o caráter publicista, descaberia a "cláusula de não indenizar", que somente é admissível se se entenderem os citados preceitos como de ordem privada (v. Capítulo XVI, *infra*).

Entre nós, a caracterização privatística prevaleceu no art. 159 do Código Civil de 1916, mantendo-se no Código Civil de 2002 (art. 186). Estatuindo que está

---

[67] Para uma análise da aludida tendência, v., por todos, Anderson Schreiber. *Novos paradigmas da responsabilidade civil*. 6. ed. São Paulo: Atlas, 2015. pp. 219-246.

[68] Colin e Capitant. *Cours de droit civil français*. Paris: Dalloz, 1915-19. v. 2, n. 194, 4°; Marcel Planiol. *Traité élémentaire de droit civil*. Paris: Librairie Générale de Droit et de Jurisprudence, 1948. v. 2, n. 882; Baudry-Lacantinerie e Barde. *Obligations*. Paris: Sirey, 1906. v. 4, n. 2.869; Henri Lalou. *Responsabilité civile*. Paris: Dalloz, 1962. n. 506.

[69] Henri de Page. *Traité élémentaire*. Bruxelles: E. Bruylant, 1974. v. 2, n. 911.

[70] De Page. Loc. cit.

[71] Josserand. *Cours de droit civil positif français*. Paris: Recueil Sirey, 1932. v. 2, n. 474 e segs.; Demogue. *Obligations*. Paris: Rousseau, 1923-33. v. 5, n. 1.192 e segs.; Mazeaud e Mazeaud. *Responsabilité civile*. Paris: Montchrestien, 1955. v. 2, n. 2.571 e segs.

18 | RESPONSABILIDADE CIVIL – *Caio Mário da Silva Pereira*

sujeito a reparar o dano todo aquele que por ação ou omissão voluntária violar direito ou causar prejuízo a outrem, deixou, contudo, ao arbítrio do lesado postular o ressarcimento ou deixar de fazê-lo, bem como realizar composição com o ofensor, na pendência da lide que instaurar. A conceituação da responsabilidade civil, sem o caráter de ordem pública, predomina em a dogmática brasileira e reflete-se positivamente na jurisprudência. Assim sendo, é manifesta a legitimidade e eficácia da cláusula de não indenizar, o que será objeto de cogitação ao se tratar dos excludentes de responsabilidade (Capítulo XVI, *infra*).

De iure condendo, a mesma concepção privatística é de prevalecer, tendo em vista que o *Projeto de Código Civil de 1975* (Projeto 634-B), que deu origem ao Código Civil de 2002, conservou redação (salvo alteração de forma, não substancial) que se revela fiel ao critério advindo do art. 159 do Código Civil de 1916. Com efeito, segundo o disposto no art. 186 do aludido Projeto (correspondente ao art. 186 do Código Civil de 2002), a definição de ato ilícito assenta na ação ou omissão voluntária, negligência ou imprudência que venha a violar direito e causar dano a outrem. O art. 929 (art. 927 do Código Civil de 2002) estabelece que o agente do ilícito danoso é obrigado a reparar o dano. A redação do art. 929 parece conduzir a filosofia do Projeto para o campo da concepção publicista. Sua análise, porém, no contexto geral, revela que a reparação do dano é um direito do lesado, que pode exercê-lo ou deixar de o fazer, como pode, ainda, eximir o agente mediante cláusula expressa, ou transferir para um terceiro o dever ressarcitório mediante contrato de seguro.

Mantém-se o sistema brasileiro firme à concepção privatística, admitindo-se, em relações paritárias, a cláusula de não indenizar relativamente aos danos materiais. Em contrapartida, tal restrição não prevalece no tocante aos danos morais, tendo em conta o prestígio da proteção da pessoa humana na legalidade civil-constitucional[72].

9-A. Em todos os ramos de atividades, existe uma preocupação constante a propósito de como se adaptar à passagem do milênio. Mais de que em outros

---

[72] Sobre o ponto, v. Antonio Junqueira de Azevedo. "Cláusula cruzada de não indenizar (*cross-waiver of liability*), ou cláusula de não indenizar com eficácia para ambos os contratantes. Renúncia ao direito de indenização. Promessa de fato de terceiro. Estipulação em favor de terceiro". In: *Estudos e pareceres de direito privado.* São Paulo: Saraiva, 2004. p. 201. Confira-se, ainda: "Com efeito, se a dignidade da pessoa humana encerra princípio fundamental, tantas vezes reafirmado, não se pode admitir disposição contratual que mitigue o ressarcimento integral pelos danos morais ou materiais decorrentes de lesões à pessoa humana. A integridade psicofísica tutelada pela cláusula de incolumidade afigura-se, pois, indisponível, a impedir cláusula convencional ou critério interpretativo que a desconsidere" (Gustavo Tepedino. *Comentários ao Novo Código Civil.* Rio de Janeiro: Forense, 2008. v. X, p. 490).

setores do conhecimento, a indagação é frequente entre os homens do Direito e os que poderiam sofrer as influências deste. Alguns segmentos da Ciência Jurídica, mais que outros, são atropelados pela pergunta: como resistirá tal instituto ao novo milênio?

Nas minhas atividades, como nas minhas palestras e conferências tenho proclamado sempre as mutações do direito diante das transformações por que passa a sociedade. É muito comum acontecer que estas se antecipem com grande velocidade, de tal modo que em dado momento os quadros jurídicos não as comportam. Entre outros setores das atividades jurídicas, a teoria da responsabilidade civil foi das que mais se desenvolveram. Fiel à epígrafe deste Capítulo, acompanhei e descrevi a evolução da responsabilidade civil no último século, tomando como ponto de partida o Código Civil de 1916.

Assinalei os discursos, as propostas, as inovações sugeridas, e as correspondentes resistências dos espíritos mais conservadores, bem como as vitórias filoneístas, e sua transformação em *ius receptum*.

Tentarei, com esses elementos, arriscar alguns prognósticos. Do tempo em que me dedicava ao Direito Comparado, restou-me a lembrança de uma passagem de Clóvis Beviláqua, em seu livro *Lições de legislação comparada*: "a comparação no tempo será o estudo histórico do direito em gênero, ou de qualquer de seus institutos, desde sua gênese indefinida e incoerente até suas últimas especializações e abstrações desatadas à tona do pensamento moderno"[73].

Na trilha do mestre tomei o instituto da "Responsabilidade Civil" desde a sua gênese em nosso direito pré-codificado, e particularmente a partir do Código de 1916, e o acompanhei pelo período praticamente de um século, seguindo a sua evolução até chegar às mais modernas doutrinas.

Em verdade, a doutrina da reparação dos danos passou por várias fases, e atingiu o limiar da "mutualização dos riscos".

Nesta quadra, uma preocupação, neste, como em outros assuntos que despertam a atenção do jurista, surge a indagação de como será no milênio que se inaugura.

O que predomina é a inclinação para a socialização dos riscos, e com ela a da responsabilidade civil. A Constituição da República de 1988 consolidou tal perspectiva solidarista. Nessa direção, o art. 3º indica expressamente que constituem fundamentos da República "construir uma sociedade livre, justa e solidária" (inciso I) e "erradicar a pobreza e a marginalização e reduzir as desigualdades sociais e regionais" (inciso III). No seu entusiasmo e otimista, o Prof. Wilson Melo da Silva sustenta que "a socialização dos riscos, pois, ofe-

---

[73] Bahia: Livraria Magalhães. 1897. p. 22.

rece perspectivas promissoras. Não leva ao cerceamento da livre atividade e da iniciativa de ninguém, criando para a vítima possibilidade de uma indenização sempre garantida"[74].

Ninguém pode, com segurança, descrever as novas modalidades da responsabilidade civil. Ninguém pode afirmar como se comportará o "seguro de responsabilidade", cujo desenvolvimento permite antever sempre crescente.

O civilista do novo milênio já encontra a doutrina da "responsabilidade civil" plenamente desenvolvida, e se defrontará com a ideia que tenho sempre defendido como uma das características dominantes do nosso tempo – a realização da justiça social. Este será, sem dúvida, o rumo que há de seguir a teoria da responsabilidade civil. E o jurista do terceiro milênio há de encontrar instrumentos eficazes para levá-la a efeito, desembaraçando-se dos óbices materiais que lhe serviram de empecilho neste final de século.

---

[74] Wilson Melo da Silva. *Responsabilidade sem culpa.* Cit. p. 203.

CAPÍTULO II
RESPONSABILIDADE SUBJETIVA E ECLOSÃO DA RESPONSABILIDADE OBJETIVA

Sumário

Fundamento da responsabilidade civil. Doutrina objetiva. Doutrina subjetiva. Culpa. Risco.

Bibliografia

Alvino Lima. *Culpa e risco*. São Paulo: Revista dos Tribunais, 1963; Caio Mário da Silva Pereira. *Instituições de direito civil*. 20. ed., Rio de Janeiro: Forense, 2003. v. 2, n. 175; Demogue. *Traité des obligations en général*. Paris: Rousseau, 1923-33. v. 3; Enneccerus. *Tratado*. Parte general. Barcelona: Bosch, 1933-55. v. 2; Eugène Gaudemet. *Théorie générale des obligations*. Paris: Sirey, 1965; Gaston Morin. *La revolte du droit contre le code*. Paris: Sirey, 1945; Gustavo Tepedino. A evolução da responsabilidade civil no direito brasileiro e suas controvérsias na atividade estatal. In: *Temas de direito civil*. 4. ed., Rio de Janeiro: Renovar, 2008; Gustavo Tepedino. Os contratos de consumo no Brasil. In: *Temas de direito civil*. Rio de Janeiro: Renovar, 2005. t. II; Gustavo Tepedino. Premissas metodológicas para a constitucionalização do direito civil. In: *Temas de direito civil*. Rio de Janeiro: Renovar, 2008. 4. ed.; Jean Carbonnier. *Droit civil. Obligations*. Paris: Presses Universitaires de France, 1967. v. 4; José Aguiar Dias. *Da responsabilidade civil*. Rio de Janeiro: Forense, 1960; Josserand. Evolução da responsabilidade civil [1936]. In: *Revista Forense*, Rio de Janeiro: Forense, abr.-jun./1941. v. 86, n. 454/456, pp. 548-559; Josserand. *Cours de droit civil positif français*. Paris: Sirey, 1930; Karl Larenz. *Derecho de obligaciones*. Madrid: Revista de Derecho Privado, 1958. v. 2; Maria Alice Costa Hofmeister. *O dano pessoal na sociedade de risco*. Rio de Janeiro: Renovar, 2002; Maria Celina Bodin de Moraes. A constitucionalização do direito civil. In: *Revista brasileira* de direito comparado luso-brasileiro. Rio de Janeiro: Instituto de Direito Comparado, jul.-dez./1999. n. 7, pp. 76-89; Maria Celina Bodin de Moraes. Constituição e Direito Civil: tendências. In: *Direito, Estado e Sociedade*. Rio de Janeiro: Revista do Departamento de Ciências Jurídicas/PUC-Rio. ago.-dez./1999. n. 15, pp. 95-113; Maria Celina Bodin de Moraes. A caminho de um direito civil constitucional. In: *Revista de Direito Civil*: imobiliário, agrário e empresarial. São Paulo: Editora Revista dos Tribunais, jul.--set./1993. ano 17, n. 65, pp. 21-32,; Maria Celina Bodin de Moraes. *Danos à pessoa humana*: uma leitura civil-constitucional dos danos morais. Rio de Janeiro: Renovar, 2003; Marty e Raynaud. *Droit civil*. Paris: Sirey, 1961. t II, v. 1; Mazeaud e Mazeaud. *Traité théorique et pratique de la responsabilité civile*. Paris: Montchrestien, 1955. v. 1; Orozimbo Nonato. Aspectos do Modernismo Jurídico e o elemento moral na Culpa Objetiva. In: *Revista Forense*. Rio de Janeiro: Forense, 1931; Philippe Le Tourneau. *La responsabilité civile*. Paris: Dalloz, 1972. v. 1; Philippe Malaurie e Laurent Aynès. *Cours de droit civil*: les obligations. Paris: Cujas, 1990; Planiol, Ripert e Boulanger. *Traité élémentaire de droit civile*. Paris: R. Pichon Et R. Durnad-Auzias, 1946. v. 2; René Rodière. *La responsabilité civile*. Paris: Rousseau, 1952; Ripert. *La règle morale dans les obligalions civiles*. São Paulo: Saraiva, 1937; Ruggiero e Maroi. *Istituzioni di Diritto Privato*. Milano: Giuseppe Principato, 1937. v. 2; Saleilles. La responsabilité du fait des choses devant la Cour Supérieure du Canadá. In: *Revue trimestrielle de droit civil*. Paris: Dalloz, 1911; Saleilles. *Le régime démocratique et le droit civil moderne*. São Paulo: Saraiva, 1937; Saleilles. *Les accidents de travail et la responsabilité civile – Essai d'une théorie objective de la responsabilité délictuelle*; Starck. Domaine et fondement de la responsabilité sans faute. In: *Revue trimestrielle de droit civil*. Paris: Dalloz, 1958; Weill e Terré. *Droit civil*: les obligations. Paris: Dalloz, 1971; Wilson Melo da Silva. *Responsabilidade sem culpa*. São Paulo: Saraiva, 1974.

10. Pacífico é o direito e unânime a doutrina ao enunciar, em termos gerais, o princípio da responsabilidade, proclamando, sem contradita e sem rebuços, que a vítima de uma ofensa a seus direitos e interesses receberá *reparação* por parte do ofensor. Uma pesquisa histórica, por todos os sistemas jurídicos, naquilo que eu denomino *comparação vertical* (ver o que designo como "comparação vertical ou histórica" e "comparação horizontal ou direito comparado" em trabalho por mim publicado sob o título *Direito comparado e seu estudo*), revela a presença do princípio em todas as civilizações anteriores. Em outro sentido, que eu designo como *comparação horizontal*, ou direito comparado, confirma que todos os sistemas jurídicos na atualidade não deixam de enunciar este propósito, que se integra na civilização jurídica. Não importa, pois, a filiação histórica ou a concepção ideológica. Não tem maior significação tratar-se de "direito escrito", centrado na elaboração legislativa, ou de "direito não escrito", elaborado na diuturnidade da construção jurisprudencial, como ocorre nos sistemas de *Common Law*. Não importa se se trata de direito constitutivo da organização capitalista, ou se daqueles de inspiração socialista. Em todos, mais minuciosamente ou mais casuisticamente, o *princípio da responsabilidade civil* encontra larga ressonância como fonte obrigacional, respondendo pela reparação o causador de um dano à pessoa ou aos bens de outrem.

11. A mais profunda controvérsia e a mais viva polêmica vigem em torno da determinação do *fundamento da responsabilidade civil*. Se não padece dúvida a indagação *se o ofensor é responsável,* travam-se de razão os autores quando enfrentam esta outra questão: *por que é responsável o causador do dano?* Os escritores, de maneira geral, e os escritores brasileiros, em particular, agrupam-se em campos inimigos ao desenvolverem a fundamentação do princípio, distribuindo-se nas duas teorias que se combatem: de um lado, a *doutrina subjetiva* ou *teoria da culpa*, e, de outro lado, a *doutrina objetiva*, que faz abstração da culpa (responsabilidade sem culpa) e se concentra mais precisamente na *teoria do risco*.

Cumpro aqui o dever de expô-las, ambas. Cogito da *teoria da culpa* em seus elementos e em todos os seus aspectos, assinalando a evolução que a tem marcado no direito pátrio. E exponho a *doutrina do risco* nos seus impactos no direito positivo brasileiro e nas perspectivas de sua perfilhação. E concluirei por evidenciar a convivência das duas correntes dentro de um mesmo sistema.

No presente Capítulo, mostro a origem legal da *teoria da culpa* e como surgiu a *doutrina do risco* no plano doutrinário. Indico de que maneira conquistou os nossos civilistas, com a obrigatória menção da obra valiosíssima dos que se destacaram no seu surgimento. E, mais adiante, no Capítulo XV, desenvolvo os caracteres fundamentais da teoria objetiva.

12. Os autores discutem se no direito romano a responsabilidade civil fundava-se na culpa, ou era puramente objetiva. No Capítulo anterior examinei como apareceu o elemento subjetivo, com a *Lex Aquilia*, muito embora em determinados casos de *quasi delicta* continuasse imperando o dever de reparação independentemente da culpa (*effusum et deiectum, expositum et suspensum*). Aliás, se do ponto de vista histórico é interessante apurá-lo, a questão é irrelevante no que diz respeito à determinação do fundamento no direito moderno, conforme proclama Alvino Lima, e, com ele, Aguiar Dias e Wilson Melo da Silva[1-2-3].

13. A doutrina da culpa assume todas as veras de uma fundamentação ostensiva e franca com o Código Napoleão. No art. 1.382 ficou terminantemente explícita: *Tout fait quelconque de l'homme, qui cause à autrui un dommage, oblige celui par faute duquel il est arrivé, à le réparer.* Sobre este preceito a corrente exegética assentou que o fundamento da reparação do dano causado *é a culpa*. Os autores franceses desenvolveram-na em seus caracteres e construíram por todo o século passado, e ainda neste século, a doutrina subjetiva.

O mesmo aconteceu no direito brasileiro, assentado na disposição do art. 159 do Código Civil de 1916, e, mais recentemente, no art. 186 do Código Civil de 2002, o que desenvolverei pormenorizadamente no Capítulo seguinte. Em síntese, o sistema de responsabilidade civil fundado na teoria subjetiva centra-se no ato ilícito, com os seguintes pressupostos: conduta culposa por parte do agente, dano e nexo de causalidade entre a conduta e o dano.

Ocorre, assim, a base de raciocínio apontada na obra de Rodière, segundo o qual o "primeiro pensamento que hoje vem ao espírito é procurar o responsável, e entende-se por isto aquele cuja culpa causou o dano". No mesmo teor esclarece que "é acusado de incorrer em culpa aquele cujo ato ilícito, imoral ou descuidado aparece como o antecedente direto do dano; mesmo na ausência de um tal ato, contenta-se com uma negligência, uma abstenção culposa"[4].

Cumpre, entretanto, assinalar como teve surgimento no direito moderno a doutrina objetiva, ou da responsabilidade sem culpa. É difícil estabelecer um escalonamento cronológico dos argumentos que confluíram na sua construção. Não se pode, contudo, olvidar que "muito mais antiga é a ideia de ser uma reparação devida por aquele que materialmente se encontra na origem do dano"[5].

---

[1]   Alvino Lima. *Culpa e risco*. São Paulo: Revista dos Tribunais, 1963. p. 27.

[2]   José Aguiar Dias. *Da responsabilidade civil*. Rio de Janeiro: Forense, 1960. n. 16.

[3]   Wilson Melo da Silva. *Responsabilidade sem culpa*. São Paulo: Saraiva, 1974. n. 8, p. 19.

[4]   René Rodière. *La responsabilité civile*. Paris: Rousseau, 1952. n. 1.375, p. 6.

[5]   Rodière. Loc. cit.

Dentre os vários livros que escreveu Gaston Morin, mostrando de que maneira os fatos (e, em consequência, o direito) insurgiram-se contra o Código Civil francês de 1804, destaca-se o que teve por título *La revolte du droit contre le code*[6]. Nele, o decano da Faculdade de Direito de Montpellier expõe a desagregação do direito do contrato, discute as concepções doutrinárias opostas ao individualismo da propriedade e indica um caminho na direção da organização da responsabilidade. Sem repelir o princípio contido no art. 1.382, a jurisprudência tendeu a desgarrar-se do fundamento da culpa. O primeiro processo, diz Gaston Morin, foi a substituição, em certos casos, da *responsabilidade delitual*, que se funda na culpa, pela *responsabilidade contratual*. Exemplificando com o transporte, lembra que o viajante, vítima de um acidente, devia provar a culpa da companhia transportadora, para obter reparação. Por uma nova tendência da Corte de Cassação, passou-se a admitir que esse mesmo viajante, quando usa o veículo transportador, tem direito à segurança. Se lhe sobrevém um acidente, ao invés de ter de provar a culpa do transportador, encontrou na justiça a sustentação de que teria havido a infração do dever contratual de seguridade, e, desta sorte, a indenização se fundaria no rompimento do contrato, cabendo, portanto, à companhia, provar que o acidente se deveu "a uma causa estranha a ela não imputável: caso fortuito, força maior, ou culpa da vítima"[7]. Outro processo de extensão da responsabilidade, continua Gaston Morin, foi um sentido novo que se atribuiu ao art. 1.384, relativo à "guarda da coisa". Com esta interpretação, a Corte entendeu afirmada a "obrigação legal de não causar dano" (art. 64).

É, então, necessário acompanhar como tudo isto aconteceu.

14. Em termos mais amplos, e com argumentação de maior profundidade, o ataque desferido contra a teoria da culpa teve origem no século passado, no campo do direito criminal, e, neste século, implanta-se no direito francês, nascido na concepção arrojada de dois grandes civilistas: Saleilles e Josserand.

Karl Binding, no século passado, com a percuciência natural dos juristas alemães, teria tido a primazia, no estudo científico da responsabilidade criminal, aprofundando-se no fundamento teórico de sua projeção na responsabilidade civil. Em alusão ao Código prussiano de 1794 e ao Código austríaco de 1811, refere-se à reparação civil por efeito de atos que não se consideravam delitos criminais em razão da ausência de culpa, porém percutiam no cível. Em consequência, a responsabilidade civil dispensaria o elemento anímico para sujeitar o ofensor a reparar o dano. Opondo-se ao princípio da liberdade moral ou livre arbítrio, Binding considera o dano como uma realidade objetiva e, desta sorte, não há mister recorrer ao elemento vontade, quando se cogita de definir a responsabilidade civil.

---

[6]   Gaston Morin. *La revolte du droit contre le code*. Paris: Sirey, 1945.

[7]   Gaston Morin. *La revolte du droit contre le code*. Paris: Sirey, 1945. p. 62.

Aguiar Dias, que o resume, comenta que "não deixa de ter certa ironia o fato de haver sido um criminalista, Karl Binding, o primeiro a se ocupar com o exame científico das bases teóricas da responsabilidade civil"[8]. Amparado, entretanto, em Marton, refuta a tese, mostrando não ser autorizado, pela ciência penal alemã, opor ao delito "como lesão causada ao Estado", o conceito privatista de "lesão infligida ao indivíduo".

Isto não obstante, a teoria objetiva encontrou numerosos adeptos entre os civilistas germânicos, dentre os quais se pode apontar Karl Larenz[9]. Enneccerus adere em tese à doutrina, ressalvando, contudo, que o BGB não consagra o princípio da culpabilidade objetiva[10].

Tal qual na escola alemã, prosperou a ideia na doutrina italiana, com E. Orlando, Coviello, De Cupis, Ferrara, Leone. Informando sobre a existência das duas correntes, da responsabilidade sem culpa e da doutrina da culpa, Ruggiero e Maroi argumentam que "reconhecerem via de regra o princípio da responsabilidade sem culpa parece-lhes andar contra as regras da hermenêutica". E isto porque, salvo algumas situações especiais, que mencionam, a regra é a doutrina da culpa[11].

Costuma-se acentuar que a revolução industrial do século passado percutiu enormemente na responsabilidade civil. "A multiplicação dos acidentes, materiais ou corporais, gerados pelo desenvolvimento prodigioso dos maquinismos fixou a sua marca", dizem Weill e Terré, que ainda acrescentam: "Mas a experiência demonstrou rapidamente que a distinção dos danos causados pela culpa (reparados por seus autores) dos danos devidos aos golpes da sorte (assumidos pelas vítimas) convinha mal a estas novas situações"[12].

15. A origem, todavia, da *doutrina objetiva* vai plantar suas raízes na obra pioneira de Saleilles e Josserand.

O maior valor da doutrina sustentada por Raymond Saleilles, e que seria, por certo, a razão determinante da conquista de espaço em seu país e no mundo ocidental, foi ter engendrado a responsabilidade sem culpa, assentando-a em disposições do próprio Código Civil francês, que desenganadamente é partidário da teoria da culpa, proclamada por expresso no art. 1.382. Em esforço de interpretação do vocábulo *faute*, Saleilles argumenta com o art. 1.384, entendendo que

---

[8]   José Aguiar Dias. *Da responsabilidade civil.* v. 1, n. 22.

[9]   Karl Larenz. *Derecho de obligaciones.* Madrid: Revista de Derecho Privado, 1958. v. 2, p. 664.

[10]   Enneccerus. *Tratado.* Parte general, Barcelona: Bosch, 1933-55. v. 2, § 199.

[11]   Ruggiero e Maroi. *Istituzioni di diritto privato.* Milano: Giuseppe Principato, 1937. v. 2, § 127.

[12]   Weill e Terré. *Droit civil:* les obligations. Paris: Dalloz, 1971. n. 589.

foi empregado na acepção de *fait*, equivalendo à causa determinante de qualquer dano. A proposição originária surge em 1897, em estudo especializado[13].

Nesse estudo, Saleilles desenvolve a sua tese, argumentando: o art. 1.382 do Código Civil significa que "o que obriga à reparação é o fato do homem, constitutivo do dano". A relação de causalidade geradora da reparação reside em que o Código, ao falar em "culpa", toma esta palavra na acepção vulgar de "causa". Em termos do art. 1.383, teria em vista "a abstenção que se refere a uma causa material constitutiva do prejuízo que entra na esfera de atividade daquela que se absteve". Raciocinando, assim, em torno das disposições do Código Civil de 1804, Saleilles chega a uma conclusão diametralmente oposta à doutrina legal perfilhada pelos autores do Código; argumentando com preceitos que originariamente teriam em vista a responsabilidade *fundada na culpa,* desenvolve uma teoria em face da qual o dever de ressarcimento *independe da culpa.* O âmago de sua profissão de fé objetivista desponta quando diz que "a teoria objetiva é uma teoria social que considera o homem como fazendo parte de uma coletividade e que o trata como uma atividade em confronto com as individualidades que o cercam".

Não é sem razão que Demogue, subjetivista, considera a teoria de Saleilles "muito fora das concepções do Código, para poder ser aceita"[14]. De seu lado, Aguiar Dias, objetivista, qualifica-a de "mais radical que o sistema proposto por Josserand".

Mais tarde, em artigo publicado na *Revue trimestrielle de droit civil*, sob o título "La Responsabilité du fait des choses devant la Cour Supérieure du Canada", Saleilles reexamina o tema[15]. Depois de dizer que jamais sustentou que "não há responsabilidade por culpa subjetiva", defende o princípio que considera fundamental para a responsabilidade civil. Mais condescendente com as razões alheias (*chacun peut avoir ses raisons*), prognostica, todavia, que a responsabilidade, principalmente a do fato das coisas, conquistará uma unidade, graças à influência do direito comparado (em que ele foi um dos maiores mestres neste século), reduzindo as dissensões, e marchando para a identidade dos resultados. Polemizando com Marcel Planiol, chega Saleilles a dizer que ambos se exprimem diversamente, mas o que conta é o resultado positivo[16]. E termina, afirmando que a aproximação das jurisprudências francesa e canadense permite concluir: "As doutrinas que se

---

[13] Saleilles. *Les accidents de travail et la responsabilité civile – Essai d'une théorie objective de la responsabilité delictuelle.*

[14] Demogue. *Traité des obligations en général.* Paris: Rousseau, 1923-33. v. 3, n. 271, p. 452.

[15] Saleilles. La Responsabilité du fait des choses devant la Cour Supérieure du Canadá. In: *Revue trimestrielle de droit civil.* Paris: Dalloz, 1911. pp. 23 e segs.

[16] Saleilles. La Responsabilité du fait des choses devant la Cour Supérieure du Canadá. In: *Revue trimestrielle de droit civil.* Paris: Dalloz, 1911. pp. 23 e segs. e p. 56.

poderiam crer separadas por abismos não o são mais do que por escrúpulos de boa linguagem"[17].

16. Louis Josserand, o outro corifeu da doutrina objetiva, apresenta sua tese em conferência publicada sob o título *Evolutions et Actualités*, que foi publicada em português na tradução de Raul Lima[18]; depois a reproduz em *De la responsabilité du fait des choses*, e vai sintetizá-la em seu *Cours de droit civil positif français*[19]. Reportando-me essencialmente à conferência publicada na *Revista Forense*, exponho em seguida a doutrina de Josserand. Seguindo linha de raciocínio análoga à de Saleilles, por via de interpretação dos preceitos do Código Napoleão, insurge-se contra a hermenêutica literal, e propõe examiná-los sob o foco da "evolução", que atua sobre a responsabilidade civil, tornando-a mais consentânea com a ordem social. Neste sentido é que entende necessário pesquisar "a que se deve a evolução constante e acelerada da responsabilidade". E encontra razão na "multiplicidade dos acidentes, no caráter cada vez mais perigoso da vida contemporânea". Desprovido de segurança material, o indivíduo aspira, de mais a mais, à segurança jurídica. Nesse contexto, a vítima de um acidente, como de um dano qualquer, precisava, além de estabelecer que o sofrera, comprovar que seu adversário cometera um delito. Passando pela teoria do abuso de direito e da falta de culpa negativa, Josserand argumenta com os arts. 1.384, 1.385 e 1.386 do Código Civil, em que "as presunções legais abundam em matéria de responsabilidade". Fixando-se no art. 1.384, n. I, observa que sobre ele "a jurisprudência francesa considera com uma completa largueza de vistas: o guarda de uma coisa qualquer responde de pleno direito pelos danos que ela causa"[20]. Aderindo à concepção de Saleilles, acrescenta que naquela "visão profética encontrou numerosas soluções parciais de ordem legislativa". Conclui, dizendo que a responsabilidade revestiu-se de enorme amplitude; que o legislador, a jurisprudência e a doutrina procuraram vir em socorro das vítimas; que a responsabilidade tende a objetivar-se, opondo o risco à culpa, e a afastá-la da sua dianteira; que a evolução da responsabilidade foi sobretudo obra da jurisprudência, a qual, na França, na Bélgica e em outros países "tem sabido tirar partido maravilhoso dos textos". Finaliza a conferência proclamando que "a história da responsabilidade é a história e o triunfo da jurisprudência, e também, de alguma forma, da doutrina"[21].

---

[17] Saleilles. La Responsabilité du fait des choses devant la Cour Supérieure du Canadá. In: *Revue trimestrielle de droit civil*. Paris: Dalloz, 1911, pp. 23 e segs. e p. 59.

[18] Josserand. Evolução da responsabilidade civil [1936]. In: *Revista Forense*, Rio de Janeiro: Forense, abr.-jun./1941. v. 86, n. 454/456, pp. 548-559.

[19] Josserand. *Cours de droit civil positif français*. Paris: Recueil Sirey, 1932. v. 2.

[20] Josserand. *Cours de droit civil positif français*. Paris: Sirey, 1930, p. 555.

[21] Josserand. *Cours de droit civil positif français*. Cit. p. 559. v. 2.

Cap. II · ECLOSÃO DA RESPONSABILIDADE OBJETIVA | 29

17. Desprendendo-se do processo exegético-evolutivo de Saleilles e de Josserand, a doutrina do risco expande-se em busca de fundamentação autônoma. Lembra Georges Ripert que a regra da responsabilidade fundada na culpa já existia no Direito francês anterior, e foi acolhida no Código. Mas, diz ele, no Direito moderno foi pouco a pouco superada por novas regras. O Direito moderno "já não visa ao autor do ato, porém à vítima". Pelo art. 1.382 do Código Civil cabe a esta produzir a prova da culpabilidade, assim como a relação causal entre a falta e o dano. Não se compadecendo com o fato de que o caráter moral da responsabilidade não pode ser indiferente à vítima e que não basta que o Estado puna o ofensor, proclama, invocando Josserand, que o Direito contemporâneo se inclina para o lado da vítima e não do autor do dano. E, invocando Saleilles, enuncia que "o nosso direito atual tende a substituir pela ideia de reparação a ideia de responsabilidade"[22].

O mesmo Georges Ripert, no grande livro que é *La règle morale dans les obligations civiles*, recorda que no fim do século XIX procurou-se alargar o campo da responsabilidade civil[23]. A jurisprudência cedeu às exigências da doutrina e acolheu a interpretação ampliativa do art. 1.384, n. I, do Código Civil. Sem abandonar a ideia de culpa, os juristas enunciaram um princípio novo em que pudessem fundar o direito à reparação. E imaginaram a noção do risco profissional, do risco da propriedade, do *risco criado*. Manifesta sua adesão à nova doutrina do risco que prefere à expressão "responsabilidade objetiva".

Resume, então, a doutrina do risco, desvestida das restrições de ordem técnica, nesta fórmula: "Todo prejuízo deve ser atribuído ao seu autor e reparado por quem o causou". O fundamento será, então, este: todo problema de responsabilidade civil resolve-se num problema de causalidade. Todo fato do homem "obriga aquele que causou um prejuízo a outrem a repará-lo"[24]. Para dizer como Carbonnier, a responsabilidade objetiva "não importa em nenhum julgamento de valor sobre os atos do responsável. Basta que o dano se relacione materialmente com estes atos, porque aquele que exerce uma atividade deve-lhe assumir os riscos"[25].

18. O surgimento da teoria do risco, em todos os estágios, procura inspirar-se em razões de ordem prática e de ordem social. A teoria da culpa, escreve Eugène Gaudemet, é insuficiente na prática, porque impõe à vítima a prova da culpa

---

[22] Saleilles. *Le régime démocratique et le droit civil moderne*. São Paulo: Saraiva, 1937, n. 169.

[23] Ripert. *La règle morale dans les obligalions civiles*. São Paulo: Saraiva, 1937.

[24] Ripert. *La règle morale dans les obligalions civiles*. Cit. n. 115.

[25] Jean Carbonnier. *Droitcivil. Obligations*. Paris: Presses Universitaires de France, 1967. v. 4, n. 86, p. 292.

30 | RESPONSABILIDADE CIVIL – *Caio Mário da Silva Pereira*

do causador[26]. Marca o aparecimento, dizem os irmãos Mazeaud, subjetivistas, de, pela primeira vez, discutir um princípio que, até então, parecia intangível: a necessidade de uma culpa para engendrar a responsabilidade civil daquele cuja atividade causou um dano[27].

Na constatação de uma realidade fática, admitem Planiol, Ripert e Boulanger que, seguindo caminhos diversos, a jurisprudência em verdade deformou a ideia de culpa[28]. Marty e Raynaud, aludindo ao surgimento da doutrina do risco, dizem que, no último quartel do século passado, a doutrina da responsabilidade civil fundada na culpa "ia ser contestada por um movimento doutrinário considerável", seja no que diz respeito à responsabilidade contratual como na delitual. Quanto a esta última, a doutrina do risco sustenta que o autor do dano, aquele que o causou por um fato seu, deve suportar o dever da reparação: "É uma questão da causalidade material. *Responsável é aquele que materialmente causou o dano*"[29].

Partindo, pois, de um processo interpretativo de disposições do Código Civil, a doutrina francesa, que proclama no art. 1.382 o princípio da culpa, ganhou corpo e tomou forma a doutrina oposta da responsabilidade objetiva. Destarte, observam Malaurie e Aynès, a responsabilidade "retorna à posição objetiva inicial". A preocupação da ordem jurídica é obter a "reparação" do dano, estabelecendo-se que "cada um deve suportar os riscos de sua atividade". Mas é certo, também, que "cada problema de responsabilidade civil dá origem a um conflito entre duas tendências, a responsabilidade subjetiva e a responsabilidade objetiva"[30].

19. Através da elaboração doutrinária, ingressou em nosso direito a doutrina do risco.

Em notável conferência pronunciada no Instituto dos Advogados Brasileiros, e publicada na *Revista Forense* em 1931, v. 56, pp. 5 e segs., Orozimbo Nonato aborda os "Aspectos do Modernismo Jurídico e o elemento moral na Culpa Objetiva". Embora se revele partidário da teoria subjetiva, considerando perigoso "substituir o princípio central da culpa pelo da normalidade, ou da confiança, ou do risco, ou da causalidade objetiva", mostra a sua familiaridade com a doutrina objetiva, afirmando que "o ato ilícito existe não só quando se viola um dever imposto pela

---

[26] Eugène Gaudemet. *Théorie générale des obligations*. Paris: Sirey, 1965. p. 310.

[27] Mazeaud e Mazeaud. *Traité théorique et pratique de la responsabilité civile*. Paris: Montchrestien, 1955. v. 1, n. 67.

[28] Planiol, Ripert e Boulanger. *Traité élémentaire de droit civil*. Paris: R. Pichon Et R. Durnad--Auzias, 1946. v. 2, n. 919.

[29] Marty e Raynaud. *Droit civil*. Paris: Sirey, 1961. t. II, v. 1, n. 371.

[30] Philippe Malaurie e Laurent Aynès. *Cours de droit civil*: lesobligations. Paris: Cujas, 1990. n. 13.

lei, como quando se fere uma obrigação derivada da técnica normal da vida em sociedade, tal como existe e se desenvolve em dado tempo e em certo lugar"[31]. Vê-se bem que, na concepção do eminente civilista, a noção de culpa, como elemento central da responsabilidade civil, ganha maior elasticidade do que a sua definição no comum dos doutores.

Partidário da teoria subjetiva em direito privado, veio o eminente professor abraçar a doutrina do "risco integral" em matéria de responsabilidade civil do Estado (Capítulo IX, n. 104).

20. O ilustre professor Alvino Lima, em erudita tese (*Da culpa ao risco*), com que se apresentou em 1938 a concurso na Faculdade de Direito de São Paulo, estuda o processo evolutivo que, partindo da teoria subjetiva, marcha para a doutrina do risco. Reeditando-a sob novo título, mostra a penetração da teoria objetiva na doutrina, reexaminando o assunto e dando ao trabalho primitivo maior amplitude, como declara no Prefácio da nova apresentação[32].

Tomando como ponto de partida o "movimento inovador de Saleilles e Josserand", tem como objetivo de seu livro demonstrar "a verdade do conceito de Josserand" (p. 45). Remonta à culpa como elemento específico do ato ilícito, analisa os conceitos de culpa *in abstracto* e *in concreto*, passa pela "culpa objetiva dos irmãos Mazeaud", penetra no estudo da "presunção de culpa" como processo técnico de extensão de seu conceito, entra no problema da "teoria da culpa na guarda das coisas" e nos diversos aspectos da culpa especificamente considerada. Reportando-se ao trabalho exegético dos inovadores franceses em torno das disposições do Código Civil francês, notadamente do art. 1.384, n. I, refuta "as críticas à teoria do risco", e faz a defesa desta (n. 34, pp. 207 e segs.), argumentando que "tem raízes profundas nos mais elevados princípios de justiça e de equidade". Com base no Direito Comparado, proclama que "o princípio da responsabilidade sem culpa está concretizado em vários dispositivos dos Códigos Civis modernos, como na legislação especial" (p. 216).

Encarando o direito positivo brasileiro, mostra que a doutrina objetiva está presente em numerosas hipóteses, não obstante "o Código Civil brasileiro não se afastar da teoria da culpa, como princípio genérico regulador da responsabilidade extracontratual" (p. 300).

Ilustrando as suas proposições com os diversos incisos legais que abrigam a teoria do risco, inclina-se pelo "risco proveito", como técnica de amparo legal na "proteção da vítima".

---

[31] Orozimbo Nonato. Aspectos do Modernismo Jurídico e o elemento moral na culpa objetiva. In: *Revista Forense*. Rio de Janeiro: Forense, 1931. v. 56, p. 21.

[32] Alvino Lima. *Culpa e risco*. São Paulo: Revista dos Tribunais, 1963.

32 | RESPONSABILIDADE CIVIL – *Caio Mário da Silva Pereira*

Mas admite que nenhuma das duas correntes, subjetivista e objetivista, poderá:

> *levar os extremos de suas conclusões, porque, se a sociedade é uma realidade moral, como diz Georges Tasitch, não é menos verdade que o Direito não se alimenta só da Moral, mas recebe também uma boa parte de suas soluções da Economia, repousando na ideia do útil, pois, além do respeito à ordem jurídica, tende a realizar a ordem social (p. 348).*

21. É na obra profunda de José Aguiar Dias que a responsabilidade objetiva encontra, em nosso Direito, o maior defensor. Vai buscar o princípio da responsabilidade nas sociedades primitivas, e procede à sua percuciente análise no direito romano, afirmando que ali predominou, mesmo após o advento da *Lex Aquilia*, o princípio da responsabilidade objetiva (no que, com pesar, divirjo do eminente mestre como visto no item n. 5, *supra*).

Procede à classificação das teorias que se disputam as preferências no campo da responsabilidade civil, apontando Thomasius e Heineccius, Binding e Venezian como precursores da teoria do risco. Proclama os franceses Saleilles e Josserand como os lançadores da ideia do risco, procedendo à exposição e análise minuciosa dos argumentos com que a defenderam, e sua técnica assentada fundamentalmente na interpretação das disposições do Código Civil francês. Expõe os ataques desferidos pelos subjetivistas, como os irmãos Mazeaud. Menciona a receptividade da teoria objetiva nas legislações de vários países: Rússia, México, Espanha, Portugal, projeto de Código Civil húngaro. Indica, no direito positivo brasileiro, os dispositivos que, não obstante o sistema pátrio continuar filiado à doutrina subjetivista, acolhem a teoria objetiva[33].

Estudando a responsabilidade civil em todos os seus aspectos e ilustrando suas proposições com boas autoridades e com decisões judiciais pertinentes, Aguiar Dias pronuncia-se francamente pela concepção objetivista. O nosso direito, diz ele, "adota o princípio da culpa como fundamento da responsabilidade. Entretanto não se filiou, decisivamente, nem a um nem a outro dos sistemas já apreciados". Em seguida, em definição clara de sua posição doutrinária, acrescenta que:

> *o nosso legislador ficou extremamente aquém das conquistas do direito da responsabilidade. Nele, predomina o critério da culpa, e nas suas exigências retrógradas, porque as presunções que se admitem não alcançam a extensão com que, na maioria das legislações modernas, se procurou facilitar, aliás, pouco cientificamente, em proveito do prejudicado, a caracterização da culpa (v. 1, n. 19).*

---

[33] José Aguiar Dias. *Da responsabilidade civil*. Cit. v. 1, Capítulo II, n. 14-36.

Limitado o presente Capítulo ao *surgimento da teoria do risco,* deixarei para o lugar oportuno o desenvolvimento da doutrina, em suas linhas de estrutura e em seus aspectos fundamentais (Capítulo XV).

22. Wilson Melo da Silva, em tese para concurso na Faculdade de Direito da Universidade Federal de Minas Gerais, e no livro em que a reeditou, defende ardorosamente a responsabilidade objetiva, expondo-a em minúcia[34]. Apresentando a teoria subjetiva e criticando-a, aliás com certo exagero ao considerar que não há lugar mais, no mundo jurídico, para sua sobrevivência, expõe em linhas gerais os lineamentos da teoria objetiva através dos tempos. Sustenta a insuficiência do conceito tradicional da culpa e os processos técnicos de sua ampliação (n. 46 e segs.). Indica as objeções e críticas à teoria da responsabilidade sem culpa (n. 69 e segs.).

Na última parte de sua tese encaminha-se no rumo da "socialização do direito como um dos pressupostos da responsabilidade objetiva" (n. 104 e segs.).

Em sua conclusão, leva ao extremo a preocupação com a defesa da vítima e dos interesses desta. Repudiando a teoria da culpa, não se afina com a doutrina ortodoxa do risco, propendendo para a instituição do seguro, como técnica de socialização dos riscos, "que introduz no direito um critério mais equitativo de distribuição da justiça". Considerando que o dano "deixa de ser apenas da pessoa para se tornar um dano à própria coletividade", substitui o princípio da responsabilidade civil pelo da "socialização dos riscos", provendo "a um melhor entendimento entre os homens e a uma garantia maior de harmonia, de segurança e de paz social para todos" (p. 203).

Partidário da teoria objetiva, já que a epígrafe da sua obra revela sua posição adversa à teoria subjetiva, não se filia à concepção da teoria do risco na responsabilidade civil, ou na doutrina da causalidade objetiva, preferindo substituir o conceito pelo de seguridade social ampla[35].

Esta é, em verdade, uma nova fase da evolução da responsabilidade civil, preconizada por B. Starck, em obra que fez carreira, e a qual já se fez referência anteriormente: *Essai d'une théorie générale de la responsabilité civile considérée dans sa double fonction de garantie et de peine privée*[36]. Em resumo, Starck critica ambas as correntes (subjetiva e objetiva) partindo para nova tese, a da "teoria da garantia", argumentando: da mesma sorte que o homem tem direito à honra, à própria imagem e à intimidade de sua vida privada, tem igual direito à sua

---

[34] Wilson Melo da Silva. *Responsabilidade sem culpa.* São Paulo: Saraiva, 1974.

[35] Wilson Melo da Silva. *Responsabilidade sem culpa.* Cit.

[36] B. Starck. *Essai d'une théorie générale de la responsabilité civile, considérée en sa double fonction de garantie et de peine.* Cit.

seguridade pessoal. No propósito de assegurá-lo, cumpre oferecer à vítima uma "garantia objetiva", independentemente da apuração de culpa. Daí a necessidade de se estabelecer um sistema securitário, que sempre proteja a vítima, no só fato do dano. E tal será o seguro[37]. A ideia que não comporta extensão a toda espécie de danos encontra, todavia, receptividade no seguro obrigatório feito pela empresa, contra acidentes do trabalho; no seguro obrigatório dos veículos automotores contra danos pessoais. Starck chega mesmo a dizer que, se se der a qualificação da "culpa" a alguns fatos, os casos de responsabilidade sem culpa desapareceriam em grande parte, absorvidos na noção extensiva da culpabilidade civil (artigo citado na *Revue trimestrielle de droit civil*. Paris: Dalloz, 1958. p. 477).

23. Os autores, no desenvolvimento da doutrina objetiva, apaixonam-se pelo repúdio à teoria da culpa. Neste afã chegam a extremos. Detendo-se alguns no estudo da teoria objetiva, vão ao ponto de, ao defenderem a "responsabilidade sem culpa" (como procedeu Wilson Melo da Silva), inclinarem-se pelo princípio da socialização dos riscos, ou de lamentarem o declínio do princípio da responsabilidade. Foi o que, na França, fez Geneviève Viney. Na primeira parte de sua obra *Le déclin de la responsabilité individuelle*, ela desenvolve a teoria da coexistência da *responsabilidade individual e dos regimes de reparação coletiva*[38]. Ao declínio da responsabilidade civil alude também Philippe Le Tourneau, posto que, em termos sucintos, referindo-se à importância que a jurisprudência francesa deu à teoria do risco[39]. A substituição da reparação específica do dano pela generalização do seguro chegou a seduzir o professor Silvio Rodrigues, quando proclama que a reparação do dano "só pode ser alcançada ampla e adequadamente através do seguro de responsabilidade"[40]. Ao assunto voltarei, quando tratar da "socialização dos riscos", no Capítulo XIX, *infra*.

24. A doutrina do risco, cujo surgimento aqui é exposto, não penetrou no sistema anterior senão em incidências específicas. O Código Civil de 1916, guardando fidelidade temática à teoria da culpa, oferecia, contudo, disposições cuja exegese revela um entendimento coordenado com a teoria do risco. A responsabilidade pelo fato das coisas, nos arts. 1.519, 1.520, parágrafo único, 1.528 e 1.529, já encontrava notória conotação objetiva, o que se manteve nos arts. 929, 930, 937 e 938 da codificação atual, conforme se verá no lugar próprio (Capítulo VIII). Numerosas disposições contidas em leis especiais consagram a responsabilidade objetiva, podendo citar-se, em primeiro lugar, a legislação sobre acidentes no trabalho,

---

[37]   Ver, ainda, Starck. Domaine et fondement de la responsabilité sans faute. In: *Revue trimestrielle de droit civil*. Paris: Dalloz, 1958. pp. 475 e segs.

[38]   Genéviève Viney. *La responsabilité civile*. Cit. pp. 9 e segs.

[39]   Philippe Le Tourneau. *La responsabilité civile*. Paris: Dalloz, 1972. v. 1, n. 5.

[40]   Silvio Rodrigues. *Direito civil*. São Paulo: Saraiva, 1973-75. v. 4, n. 2.

inaugurada com o Decreto n. 3.724, de 15 de janeiro de 1919; substituído pelo Decreto n. 24.637, de 10 de julho de 1934, e depois pelo Decreto-Lei n. 7.036, de 10 de novembro de 1944; pela Lei n. 5.316/1967, e, finalmente, pela Lei n. 6.367, de 19 de outubro de 1976. Na mesma direção, informado pela teoria do risco, pode ser mencionado o Código Brasileiro do Ar, Decreto-Lei n. 483, de 8 de junho de 1938; revogado pelo Decreto-Lei n. 32, de 10 de novembro de 1966, e depois pelo Código Brasileiro de Aeronáutica (Lei n. 7.565, de 19 de dezembro de 1986).

Seguindo a marcha evolutiva revelada acima, a Lei n. 8.078, de 11 de setembro de 1990 (Código de Proteção e Defesa do Consumidor), abraça indisfarçavelmente a teoria objetiva, enunciando, em diversas disposições, a responsabilidade civil independente de culpa do causador do dano.

Autores e tribunais, manifestando franca tendência pela doutrina objetiva, reclamavam, contudo, contra a ausência de disposição genérica a permitir a afirmação de que ingressou, efetivamente, em nosso direito positivo. No plano puramente teórico, Rodière observa que o insucesso da doutrina do risco provém da ausência de um texto a sustentá-la, como ainda da "contradição irredutível entre o sentimento que sugere e os resultados que ela propõe"[41].

Quando fui incumbido de elaborar um Anteprojeto de Código de Obrigações que promovesse a unificação do direito obrigacional em nosso país, nele introduzi o princípio objetivista, sem repelir a teoria da culpa, antes com ela convivendo, tal como em minhas *Instituições de Direito Civil* sustento deva ocorrer[42]. Com efeito, "a ideia cristã de culpa moral domina, no curso de vinte séculos, todo o direito da responsabilidade, e não se trata de abandoná-la". O que convém é abraçar também a teoria do risco "como princípio de reparação subsidiária" quando se revela ineficaz a doutrina da culpa[43]. Foi, aliás, o que ocorreu em alguns sistemas jurídicos, de que é exemplo o alemão, em que o BGB concilia o conceito de culpa com a obrigação ressarcitória onde não pode esta ser caracterizada (arts. 827 a 829); o mesmo se dá no Código polonês de obrigações de 1934, como no Projeto franco-italiano de Código de Obrigações (art. 76). É ainda o que prescreve o Código Civil português que assenta no dolo ou na culpa a obrigação de indenizar, mas admite-a independentemente desta nos casos especificados em lei (art. 483).

O Projeto de Código de Obrigações de 1965 estabeleceu, então, no art. 855, a norma geral de subordinação da responsabilidade civil independentemente da culpa, nos casos previstos em lei. E o art. 872 perfilha abertamente a teoria do *risco criado*, nesses termos: *Aquele que, em razão de sua atividade ou profissão, cria um*

---

[41] René Rodière. *La responsabilité civile*. Cit. p. 2.
[42] Caio Mário da Silva Pereira. *Instituições de direito civil*. 20. ed. Rio de Janeiro: Forense, 2003. v. 2, n. 175.
[43] René Rodière. *La responsabilité civile*. Cit. n. 1.376.

perigo, está sujeito à reparação do dano que causar, salvo prova de haver adotado todas as medidas idôneas a evitá-lo. Com este enunciado, sem repelir a teoria da culpa, institui a presunção de risco, em decorrência da atividade ou profissão do causador do dano.

O projeto de Código Civil de 1975 (Projeto 634-B) absorveu a doutrina e estabeleceu, no art. 929, parágrafo único: *Todavia, haverá obrigação de reparar o dano, independentemente de culpa, nos casos especificados em lei, ou quando a atividade normalmente desenvolvida pelo autor do dano implicar, por sua natureza, risco para o direito de outrem.*

A tendência manifesta dos dois projetos de reformulação de nosso direito privado fazia prever que a teoria do risco encontraria abrigo em norma genérica de nosso direito positivo.

De fato, contém o Código Civil cláusula geral de responsabilidade objetiva, a qual convive com a cláusula geral de responsabilidade subjetiva consagrada no art. 186. Estabelece o parágrafo único do art. 927 que "haverá obrigação de reparar o dano, independentemente de culpa, nos casos especificados em lei, ou quando a atividade normalmente desenvolvida pelo autor do dano implicar, por sua natureza, risco para os direitos de outrem".

Assim, não mais se limita a teoria objetiva a hipóteses difusamente previstas em legislação específica, possibilitando-se ao intérprete invocá-la sempre que presentes seus três elementos: exercício habitual de determinada atividade – considerada capaz de, por natureza, gerar risco para terceiros –, dano e nexo causal entre o resultado danoso e a referida atividade[44].

25. Acompanhando a evolução da responsabilidade civil em nosso direito, passo, nos Capítulos seguintes, a desenvolver a doutrina subjetiva, mas sem perder de vista que se insere em nosso direito positivo a doutrina do risco, como visto no presente Capítulo.

Por esta razão, passo, nos Capítulos seguintes, à apresentação da doutrina subjetiva e, em consequência, acompanho os preceitos que ordenam em nossa atualidade jurídica, a responsabilidade civil.

Levando em conta a maior penetração da *teoria do risco*, dedico a esta última o Capítulo XV, no qual exponho os extremos da responsabilidade civil na doutrina objetiva e a conciliação ou convivência de ambas em nosso sistema jurídico.

---

[44] Sobre o tema, cf. Maria Celina Bodin de Moraes. Risco, solidariedade e responsabilidade objetiva. In: *Revista dos Tribunais*. São Paulo: Revista dos Tribunais, dez./2006. v. 854, pp. 11-37.

É certo que essa convivência foi fortemente combatida. Mas é certo, também, que uma obra com o objetivo de expor a doutrina da responsabilidade civil não é uma tese abstrata. Tem de atentar na realidade jurídica do sistema. Se este consagra o princípio geral da teoria da culpa, mas admite situações especiais da responsabilidade sem culpa, o doutrinador terá de desenvolver o estudo, cuja utilidade pragmática residirá em que, a par da teoria subjetiva, desenvolverá a teoria objetiva, agora prevista em cláusula geral (art. 927, parágrafo único, do Código Civil).

Colocado num plano puramente doutrinário, o jurista terá de admitir, como o proclama Rodière, que a teoria da culpa não será totalmente abandonada. "Considerada como *princípio único* do dever de reparação não mais satisfaz a todas as aspirações de justiça que desperta o espetáculo dos danos extracontratuais"[45].

Sempre entendi que a ideia de culpa nunca poderá ser totalmente abolida da problemática da responsabilidade civil. Contudo, ela é hoje insuficiente para abranger todo o plano da reparação. Mas não se justifica seja eliminada.

Na esteira dessas considerações, o Código Civil construiu sistema dualista em que as duas teorias – subjetiva (art. 186) e objetiva (art. 927, parágrafo único) – se complementam.

---

[45] René Rodière. *La responsabilité civile*. Cit. n. 1.375.

CAPÍTULO III
RESPONSABILIDADE SUBJETIVA OU TEORIA DA CULPA

Sumário

Elementos: dano, culpa, nexo de causalidade.

Bibliografia

Alberto Trabucchi. *Istituzioni di diritto civile*. Padova: Cedam, 1964; Alvino Lima. *Culpa e risco*. São Paulo: Revista dos Tribunais, 1963; Atilio Anibal Alterini. *Responsabilidad civil*. Buenos Aires: Abeledo-Perrot, 1974; Aubry e Rau. *Cours de droit français*. Paris: Librairie Générale de Jurisprudence, 1871. v. 6; Caio Mário da Silva Pereira. *Instituições de direito civil*, 20 ed. Rio de Janeiro: Forense, 2004. v. 1; Carlos de Carvalho. *Nova consolidação das leis civis*. 1898; Clóvis Bevilaqua. *Teoria geral de direito civil*. Rio de Janeiro: F. Alves, 1929; Colin e Capitant. *Cours élémentaire de droit civil français*. Paris: Dalloz, 1915-19. v. 2; Demogue. *Obligations*. Paris: Rousseau, 1923-33. v. 3; Domat. *La responsabilité civile*. Paris: Dalloz, 1972. v. 1; Edmond Picard. *Le droit pur*. Paris: Flammarion, 1920; Eduardo Espínola. *Breves anotações ao Código Civil brasileiro*. Rio de Janeiro: Casa Gráfica, 1929. v. 1; Eduardo Espínola. *Sistema do direito civil brasileiro*. Rio de Janeiro: Francisco Alves, 1917. v. 1; Enneccerus, Kipp & Wolff. *Tratado de derecho civil*. Parte general. Barcelona: Bosch, 1933-55. v. 1; Giorgio Giorgi. *Teoria delle obbligazioni*. Torino: Ute, 1930. v. 5; Gustavo Tepedino; Maria Celina Bodin de Moraes; Heloísa Helena Barboza et. al. (coord.). *Código Civil interpretado conforme a Constituição da República*. 2 ed. Rio de Janeiro: Renovar, 2007; Henoch D. Aguiar. *Hechos y actos jurídicos*. Buenos Aires: V. Abeledo, 1936. v. 1 e 2; João Luiz Alves. *Código Civil da República dos Estados Unidos do Brasil*. Comentário ao art. 159; Lacerda de Almeida. *Obrigações*. Porto Alegre: Typ.

C. Reinhardt, 1897; Marty e Raynaud. *Droit civil*. Paris: Sirey, 1961. t. II, v. 1; Mazeaud e Mazeaud. *Traité théorique et pratique de la responsabilité civile*. Paris: Montchrestien, 1955 v. 1; Orlando Gomes. *Introdução ao direito civil*. Rio de Janeiro: Forense, 1957; Paul Oertmann. *Introducción al derecho civil*. Barcelona: Labor, 1933; Planiol, Ripert e Boulanger. *Traité élémentaire de droit civil*. Paris: R. Pichon Et R. Durnad-Auzias, 1946. v. 2; René Rodière. *La responsabilité civile*. Paris: Rousseau, 1952; Ripert. *La régle morale dans les obligations civiles*. São Paulo: Saraiva, 1937; Roberto de Ruggiero. *Instituições de direito civil*. Tradução de Dr. Ary dos Santos. São Paulo: Saraiva, 1971-73. v. 3; Savigny. *Droit romain*. Paris: Librairie de Firmin Didot Frères, 1858. v. 3; Serpa Lopes. *Curso de Direito Civil*. Rio de Janeiro: Freitas Bastos, 1964-71. v. 2; Silvio Rodrigues. *Direito Civil*. São Paulo: Saraiva, 1973-75. v. 1; Sourdat. *Traité général de la responsabilité*. Paris: Marchal et Billard, 1902; Teixeira de Freitas. *Consolidação das leis civis*. Rio de Janeiro: Garnier, 1896; Washington de Barros Monteiro. *Curso de direito civil*. São Paulo: Saraiva, 1952-76. v. 1.

Cap. III • RESPONSABILIDADE SUBJETIVA OU TEORIA DA CULPA | 41

26. O fato como gerador do fenômeno jurídico é uma proclamação e uma realidade que em todos os tempos da civilização ocidental vem enunciado. Basta, como resenha, reportar-se alguém à parêmia *ex facto ius oritur*. O fato é o elemento gerador do direito subjetivo e, conseguintemente, da obrigação que lhe é correlata – *ius et obligatio correlata sunt*. Quando se diz que o direito nasce do fato, tem-se em vista que a norma jurídica define uma possibilidade. A coisa sem dono – *res nullius* – pertencerá ao que dela se apropriar. É um mero vir a ser. Para que se converta em propriedade – direito subjetivo – é necessária a ocorrência de um fato. O fato é, então, o pressuposto material da existência do direito, nos seus três momentos fundamentais: nascimento, modificação, extinção. Não é possível conceber o direito sem um fato que atue na sua vida integralmente. Este conceito do pressuposto material do direito foi desenvolvido pela ciência jurídica alemã no vocábulo *Tatbestand*, a princípio circulando na ciência penal, e ulteriormente deslocado para as relações jurídicas de direito privado, para mencionar as condições materiais que a ordem legal considera como determinantes dos efeitos jurídicos[1].

Procurando defini-lo, Henoch D. Aguiar entende o *fato* como um "fenômeno perceptível, resultante de uma atividade do homem ou da natureza ao agir sobre o mundo exterior". Não importa, acrescenta ele, que esta atividade seja "percebida por nossos sentidos"[2].

Na sua projeção material, os fatos se dizem *naturais* ou *jurídicos*. Fato natural é um acontecimento qualquer, a chuva que cai, a maré que sobe ou que baixa. Fato humano é o evento que conta com a participação do homem.

Fato jurídico, na definição de Savigny, é o *acontecimento em virtude do qual começam ou terminam as relações jurídicas*, a que se poderia ainda aditar a possibilidade de se destinar à conservação e à modificação dos direitos[3].

O *fato jurídico* – que Edmond Picard preferia denominar de *fato jurígeno*, tendo em vista que na raiz do vocábulo está ínsita a ideia de criação de relações jurídicas – decompõe-se em dois fatores constitutivos: de um lado, um acontecimento ou uma eventualidade que seria a causa determinante do nascimento, da modificação ou da extinção do direito; de outro lado, a norma ou a determinação da ordem jurídica, segundo a qual aquele evento pode produzir consequências jurídicas[4].

Considerado sob o aspecto da manifestação humana, a ordem jurídica leva em consideração o *fato humano voluntário*, sobre o qual repousa toda a construção

---

[1] Cf. minhas *Instituições de Direito Civil*. 20. ed. Rio de Janeiro: Forense, 2004. v. 1, n. 78, com amparo em Enneccerus, Kipp & Wolff. *Tratado de Derecho Civil*. Parte general. Barcelona: Bosch, 1933-55. v. 1, § 127; Henoch D. Aguiar. *Hechos y actos jurídicos*. Buenos Aires: V. Abeledo, 1936. v. 1, p. 3.

[2] Henoch D. Aguiar. *Hechos y actos jurídicos*. Cit. v. 1, n. 2, p. 7.

[3] Savigny. *Droit romain*. Paris: Librairie de Firmin Didot Frères, 1858. v. 3, § 103.

[4] Edmond Picard. *Le droit pur*. Paris: Flammarion, 1920. § 103.

dos efeitos jurídicos. Ao enfatizar este aspecto, não há cogitar da voluntariedade dos efeitos do ato, nem da consciência do resultado. O que sobreleva na caracterização do fato jurídico humano, como fator etiológico da iliceidade, não é qualquer "fator de ordem espiritual ou moral", como acentua Henoch D. Aguiar, porém "a relação puramente mecânica de causa e efeito, ou a materialidade da transgressão"[5].

27. Os fatos humanos compreendem especificamente o conceito genérico de "ato jurídico", que abrange todo comportamento apto a gerar efeitos jurídicos. De um lado situa-se a conduta individual em harmonia com os ditames da ordem jurídica, compondo a tipologia dos atos jurídicos lícitos, ou simplesmente *atos lícitos*. Em sua essência insere-se a declaração de vontade, ou exteriorização do querer do agente, com observância dos imperativos do direito positivo, e, conseguintemente, produzindo efeitos jurídicos. Dentro desse conceito amplo do *ato jurídico* encontram-se os que "determinam necessariamente consequências jurídicas *ex lege*, independentemente de serem, ou não, queridas pelo agente"[6]. A esta dá-se o qualificativo de "atos jurídicos *lato sensu*", porque compreendem toda espécie de declaração volitiva a que se atribui um efeito jurídico, independentemente de ser este efeito perseguido diretamente pelo agente. Dentro na categoria genérica dos atos jurídicos especifica-se a dos *negócios jurídicos* (*Rechtsgeschäft*), cujo elemento gerador é uma declaração de vontade, destinada a produzir efeitos jurídicos, com a peculiaridade de serem esses efeitos queridos diretamente pelo agente. Enquanto nos atos jurídicos *lato sensu* há uma declaração de vontade e um efeito jurídico independentemente de se dirigir a vontade no sentido de sua criação, no negócio jurídico a vontade é exteriorizada com a finalidade específica da criação daqueles efeitos, que são os perseguidos pelo agente. Esta declaração de vontade, "por si só ou em união com outras declarações de vontade, é reconhecida como base do efeito jurídico querido"[7].

No lado oposto dos atos lícitos encontram-se os atos jurídicos ilícitos, ou simplesmente atos ilícitos, que se concretizam em procedimentos em desconformidade com o ordenamento legal, ou ao arrepio dele, violando um mandamento ou uma proibição do direito[8].

Os *atos jurídicos,* em sentido lato ou estrito, dizem-se jurígenos, porque são aptos a gerar direitos ou deveres para o agente, na conformidade em que consista a finalidade contida na declaração de vontade. Reversamente, os *atos ilícitos*, por contravirem aos ditames da ordem jurídica, somente dão nascença a obrigações para

---

[5] Henoch D. Aguiar. *Hechos y actos jurídicos*. Buenos Aires: V. Abeledo, 1936. v. 2, n. 11.

[6] Enneccerus, Kipp & Wolff. *Tratado de Derecho Civil*. Parte general. Barcelona: Bosch, 1933-55. v. 2, § 128.

[7] Enneccerus, Kipp & Wolff. *Tratado de Derecho Civil*. Parte general. Cit. § 136; Paul Oertmann. *Introducción al Derecho Civil*. Barcelona: Labor, 1933. § 35.

[8] Enneccerus, Kipp & Wolff. *Tratado de Derecho Civil*. Parte general. Cit. § 195.

o agente. Ofendendo ou contrariando direitos ou interesses alheios, ou causando dano a outrem, atraem para o agente os rigores da lei. Transformando relações de direito já existentes, ou dando nascimento a novos direitos que se opõem ao agente, provocam, contra este, efeitos ou consequências jurídicas[9].

28. Tendo em vista a existência de um *fato*, a doutrina tradicional da responsabilidade civil, estruturada nas figuras do "delito" e do "quase delito", tinha em consideração o fato humano causador do dano. Assim é que Aubry e Rau diziam que "todo delito consiste em um fato do homem" e "engendra a obrigação de reparar o dano que resulta para outrem"[10]. E, mais adiante, "um quase delito é um fato, por ação, ou omissão, pelo qual alguém causa um prejuízo material ou moral a outrem mas sem ter a intenção de lesar"[11].

A distinção entre o *delito*, cujo pressuposto é o dolo do agente, e o *quase delito*, que deste se abstém adotando como fato gerador a *culpa,* desapareceu na moderna concepção da responsabilidade. Atualmente (dentro na doutrina subjetiva) concentra-se na ideia do ato ilícito. Não que o direito desconheça e despreze o comportamento doloso. Mas, se o dolo pode agravar a condição do agente, não constitui fator etiológico da responsabilidade civil a antiga dicotomização do fato danoso em delitual e quase delitual. O que importa é a conduta do agente.

29. Na teoria da responsabilidade subjetiva, o que sobressai no foco das considerações e dos conceitos é a figura do *ato ilícito*, como ente dotado de características próprias, e identificado na sua estrutura, nos seus requisitos, nos seus efeitos e nos seus elementos.

No desenvolvimento da noção genérica de responsabilidade civil, em todos os tempos, sobressai o dever de reparar o dano causado. Vige, ao propósito, pacificidade exemplar. Onde surge a divergência, originando as correntes que dividem os autores, é na fundamentação do dever ressarcitório, dando lugar à *teoria da culpa* ou responsabilidade subjetiva.

A essência da responsabilidade subjetiva vai assentar, fundamentalmente, na pesquisa ou indagação de como o comportamento contribui para o prejuízo sofrido pela vítima. Assim procedendo, não considera apto a gerar o efeito ressarcitório um fato humano qualquer. Somente será gerador daquele efeito uma determinada conduta que a ordem jurídica reveste de certos requisitos ou de certas características.

Assim considerando, a teoria da responsabilidade subjetiva erige em pressuposto da obrigação de indenizar, ou de reparar o dano, o *comportamento culposo*

---

9   Oertmann. *Introducción al Derecho Civil*. Cit. § 62.

10 Aubry e Rau. *Cours de droit français*. Paris: Librairie Générale de Jurisprudence, 1871. v. 6, §§ 444 e 445.

11 Aubry e Rau. *Cours de droit français*. Cit. § 446.

do agente, ou simplesmente a sua *culpa*, abrangendo no seu contexto a *culpa propriamente dita e o dolo do agente*.

Ao determinar o fundamento da responsabilidade civil na doutrina subjetiva, os autores como Demogue, Ripert, De Page a encaram sob ângulo sociológico. Nesta visada, cada um suportará os ganhos e as perdas de suas atividades, salvo se na origem do dano ocorrer uma "culpa". Esta teoria é baseada no princípio da "autonomia da vontade". Em consequência "ninguém deve nada a ninguém". Se ocorre um dano, a vítima, eleita pela sorte, sofrê-lo-á a seu cargo, "a menos que demonstre uma culpa, uma vez que a culpabilidade, não podendo ser presumida, deve ser provada. A doutrina contrasta com a do *risco*, que repousa exclusivamente sobre a ideia econômica do proveito"[12].

A redação do art. 186 do Código Civil, que reproduz com pequenas modificações o art. 159 do Código Civil de 1916, teve em vista a tradição de nosso direito e bem de perto os arts. 1.382 e 1.383 do Código Civil francês: "*Tout fait quelconque de Phomme, qui cause à autrui um dommage, oblige à celui par la faute duquel il estarrivé, à le réparer*" (art. 1.382). E ainda: "*Chacun est responsable du dommage qu'il a causé non seulement par son fait, mais encore par sa négligence ou par son imprudence*" (art. 1.383).

Assentada a responsabilidade civil sobre esse pressuposto, pode-se repetir, com De Page, que "*a irresponsabilidade é a regra; a responsabilidade, a exceção*. Não há responsabilidade na ausência de culpa, isto é, uma falta de destreza, de habilidade, de diligência, de prudência, cujo resultado nefasto podia ser previsto, ao menos implicitamente". Depois de assinalar que em teoria pura a responsabilidade é decorrente da culpabilidade do agente, aquilo que, na origem era totalmente subjetivo, "em nossos dias acha-se incontestavelmente objetivado" (n. 933 e nota 4).

Reportando-se à redação desses artigos, os irmãos Mazeaud, depois de lembrarem que os autores do Código sabiam perfeitamente o que queriam, analisam o contexto da disposição do art. 1.382, indicando que aí se declara que "uma culpa é necessária, mas uma culpa qualquer é suficiente". E, resumindo numa frase todo um conceito, e reportando-se ao "antigo direito", concluem que "os arts. 1.382 e 1.383, que contêm os princípios diretores da responsabilidade delitual e quase delitual do fato pessoal, exigem a culpa"[13].

---

[12] De Page. *Traité*. Bruxelles: E. Bruylant, 1974. v. 2, n. 930; Demogue. *Obligations*. Paris: Rousseau, 1923-33. v. 3, n. 277; Ripert. *La régle morale dans les obligations civiles*. São Paulo: Saraiva, 1937.

[13] Mazeaud e Mazeaud. *Traité théorique et pratique de la responsabilité civile*. Paris: Montchrestien, 1955. v. 1, n. 368-375.

Cap. III · RESPONSABILIDADE SUBJETIVA OU TEORIA DA CULPA 45

Aludindo Sourdat à complexidade das relações que se estabelecem em uma sociedade avançada em civilização, e à atividade mesma destas relações contribuindo para torná-las mais perigosas, fomenta uma propensão maior a demandar reparação dos menores prejuízos[14]. Definindo responsabilidade como "obrigação de reparar o prejuízo resultante de um fato de que alguém é o autor direto ou indireto, proclama que o princípio da responsabilidade civil é expresso da maneira mais geral no art. 1.382 do Código Civil"[15]. Remontando à responsabilidade criminal, diz ele que o princípio da responsabilidade penal foi colocado em "uma ofensa à moral que a consciência nos revela, ou à ordem social". A perturbação à ordem social "é um delito moral, pois que esta perturbação é uma violação de um dever do homem para com a sociedade". E acrescenta: "Esta ideia serve também de base à responsabilidade civil"[16].

Philippe Le Tourneau, no capítulo preliminar de sua obra, desenvolve o fundamento da responsabilidade civil, e diz: "O Código Civil, inspirando-se largamente na obra de Domat, faz repousar a responsabilidade civil sobre a ideia de culpa provada ou presumida. Nenhuma hesitação é permitida ao intérprete do Código: não há responsabilidade sem culpa provada ou legalmente presumida, tal é o princípio"[17].

René Rodière, cuidando dos elementos da responsabilidade, afirma: "O art. 1.382 constitui a base legislativa de nosso direito civil da responsabilidade"[18].

Planiol, Ripert e Boulanger ensinam que o Código Civil, ao mesmo tempo que edita a regra geral da reparação, indica o seu fundamento. O art. 1.382 visa a "qualquer fato do homem como suscetível de acarretar uma responsabilidade", mas acrescenta que somente é obrigado aquele por cuja culpa o dano aconteceu. Resumindo numa frase o conceito, sentencia: *"É a culpa que é a fonte da responsabilidade"*[19].

Colin e Capitant peremptoriamente enunciam: "O traço do Código Civil nesta matéria, sobre a qual importa sobretudo insistir... é que a responsabilidade delitual tem por base fundamental a noção de culpa, isto é, de ato culpável, ilícito"[20].

Marty e Raynaud ensinam que os jurisconsultos clássicos esforçaram-se para organizar, sobre o fundamento da ideia de culpa, o conjunto da responsabilidade civil[21].

---

[14] Sourdat. *Traité général de la responsabilité. Avant-propos.* Paris: Marchal et Billard, 1902. v. 1, p. IX.

[15] Sourdat. *Traité général de la responsabilité.* Cit. p. 2.

[16] Sourdat. *Traité général de la responsabilité.* Cit. 1902. p. 7.

[17] Domat. *La responsabilité civile.* Paris: Dalloz, 1972. v. 1, n. 1, p. 2.

[18] René Rodière. *La responsabilité civile.* Paris: Rousseau, 1952. p. 18.

[19] Planiol, Ripert e Boulanger. *Traité élémentaire de droit civil.* Paris: R. Pichon Et R. Durnad--Auzias, 1946. v. 2, n. 912.

[20] Colin e Capitant. *Cours élémentaire de droit civil français.* Paris: Dalloz, 1915-19. v. 2, n. 182.

[21] Marty e Raynaud. *Droit civil.* Paris: Sirey, 1961. t. II, v. 1, n. 370.

30. A responsabilidade civil ingressou no Código italiano de 1865 quase nos mesmos termos do art. 1.382 do Código Napoleão, rezando *in verbis* o art. 1.151: *Qualunque fatto dell'uomo che arreta danno ad altrui, obbliga quello per colpa del quale è avvenuto, a rissarcire il danno.*

Giorgio Giorgi, na sua obra clássica, define a responsabilidade civil sobre um conceito totalmente subjetivista, quando a considera uma obrigação de reparar o dano causado pelo fato ilícito, dentre cujos elementos menciona a culpa do agente[22].

Roberto de Ruggiero, no desenvolvimento da matéria, esclarece que "o fato lesivo deve ser voluntário e imputável". Abstraindo-se dos casos de responsabilidade objetiva ou *ex re*, é sempre "indispensável" na apuração da responsabilidade delitual ou quase delitual, "que a ação se ligue a uma livre determinação da vontade", consistindo em dolo ou culpa[23].

A reforma do direito civil italiano não importou abandono da doutrina da culpa. O Código Civil de 1942 estabeleceu no art. 2.043: *"Qualunque facto doloso o colposo, che cagiona ad altri un danno ingiusto, obbliga colui che ha commesso il falto a rissarcire il danno":*

Em sua exposição doutrinária, Alberto Trabucchi mostra que, em face do direito civil italiano, a responsabilidade civil deriva da atividade do sujeito, considerada como culpa ou dolo[24].

Ruggiero e Maroi, escrevendo sob o império do novo Código, explicam que "o pressuposto de todo dano ressarcível é a culpa compreendida no sentido mais lato e compreensivo" abrangendo o conceito de culpa propriamente dita, como ainda o comportamento doloso[25].

31. No direito brasileiro, a responsabilidade civil assentava no *princípio fundamental da culpa*, sem embargo de algumas disposições isoladas abrigarem a doutrina do risco. O preceito capital era o do art. 159 (art. 186 do Código Civil de 2002). O âmago da responsabilidade estava na pessoa do agente, e seu comportamento contrário a direito. A norma legal aludia ao dano causado, mas não a um dano qualquer, porém àquele que se ligava à conduta do ofensor.

Na sua interpretação do Código Civil de 1916, Clóvis Beviláqua acentua: tal como resulta dos termos do art. 159, *ato ilícito* é a violação do direito ou o dano

---

[22] Giorgio Giorgi. *Teoria delle obbligazioni.* Torino: Ute, 1930. v. 5, n. 143, p. 224.

[23] Roberto de Ruggiero. *Instituições de direito civil.* Tradução de Dr. Ary dos Santos. São Paulo: Saraiva, 1971-73. v. 3, § 126, p. 395.

[24] Alberto Trabucchi. *Istituzioni di diritto civile.* Padova: Cedam, 1964. n. 90.

[25] Ruggiero e Maroi. *Istituzioni di diritto privato.* Milano: Giuseppe Principato, 1937. v. 2, § 127.

Cap. III • RESPONSABILIDADE SUBJETIVA OU TEORIA DA CULPA | **47**

causado a outrem por dolo ou culpa. No *Comentário* ao art. 1.518 daquele diploma (art. 942 do Código Civil de 2002), acrescenta:

> *Na sistemática do Código, o ato ilícito é a causa geradora da obrigação, como o contrato e a declaração unilateral de vontade. O ato ilícito pressupõe culpa lato sensu do agente, isto é, a intenção de violar o direito alheio, de prejudicar outrem, ou a violação de direito, o prejuízo causado por negligência ou imprudência (Comentário ao art. 1.518 do Código Civil).*

A vítima tem direito à reparação do dano que sofreu, e, portanto, o ofensor tem o dever de repará-lo. Para a teoria subjetiva, entretanto, o ressarcimento do prejuízo não tem como fundamento um fato qualquer do homem; tem cabida quando o agente procede com culpa.

Alvino Lima, depois de examinar toda a conceptualística da culpa no Código Civil de 1916 e de ter adentrado na teoria da responsabilidade objetiva, enuncia esta noção que representa um diagnóstico: "O Código Civil brasileiro, seguindo a tradição de nosso direito, não se afastou da teoria da culpa, como princípio regulador da responsabilidade civil extracontratual"[26].

Aguiar Dias, batalhador da doutrina objetiva entre nós, que conceitua e desenvolve com a maior profundidade, proclamava, à luz do Código Civil de 1916, ao enfocar a então doutrina legal brasileira, que "o nosso direito, em tese, adota o princípio da culpa como fundamento da responsabilidade civil"[27].

Antes do Código Civil de 1916, como depois dele, a doutrina civilista sempre afirmou, com base no direito positivo, que a teoria da culpa era o fundamento da responsabilidade civil[28].

---

[26] Alvino Lima. *Culpa e risco*. São Paulo: Revista dos Tribunais, 1963. n. 58, p. 300.

[27] José Aguiar Dias. *Da responsabilidade civil*. Rio de Janeiro: Forense, 1994. v. 1, n. 19.

[28] Assim em Teixeira de Freitas. *Consolidação das leis civis*. Rio de Janeiro: Garnier, 1896. Art. 798 e segs.; Carlos de Carvalho. *Nova consolidação das leis civis*. 1898. Art. 1.014 e segs.; Lacerda de Almeida. *Obrigações*. Porto Alegre: Typ. C. Reinhardt, 1897. § 69, p. 324; Clóvis Beviláqua. *Teoria geral de direito civil*. Rio de Janeiro: Francisco Alves, 1929. § 71; João Luiz Alves. *Código Civil da República dos Estados Unidos do Brasil*. Comentário ao art. 159. p. 124; Eduardo Espínola. *Breves anotações ao Código Civil brasileiro*. Rio de Janeiro: Casa Gráfica, 1929. v. 1, p. 454; Eduardo Espínola. *Sistema do direito civil brasileiro*. Rio de Janeiro: Francisco Alves, 1917. v. 1, p. 508; Washington de Barros Monteiro. *Curso de direito civil*. São Paulo: Saraiva, 1952-76. v. 1, p. 274; Silvio Rodrigues. *Direito Civil*. São Paulo: Saraiva, 1973-75. v. 1, n. 144; Serpa Lopes. *Curso de direito civil*. Rio de Janeiro: Freitas Bastos, 1964-71. v. 2, p. 472; Orlando Gomes. *Introdução ao direito civil*. Rio de Janeiro: Forense, 1957. n. 28; Caio Mário da Silva Pereira. *Instituições de direito civil*. Cit. v. 1, n. 115.

48 | RESPONSABILIDADE CIVIL – *Caio Mário da Silva Pereira*

A jurisprudência assim entendia, na diuturnidade de seus arestos, desvinculando-a da ação penal (Tribunal de Justiça do Rio de Janeiro, na Apelação 6.701 da 7ª Câmara Cível; Tribunal de Justiça de São Paulo in: *Revista Forense*, vol. 269, p. 221. Mais recentemente, STJ, 2ª T, REsp 293771/PR, Rel.ª Min.ª Eliana Calmon, julgado em 13.11.2001, v.u., *DJ* 25.02.2002, p. 305).

32. Em face do art. 186 do Código Civil, o elemento subjetivo do ato ilícito, como gerador do dever de indenizar, está na imputabilidade da conduta à consciência do agente. Aquele que, por ação ou omissão voluntária, diz o artigo, a significar que o agente responde em razão de seu comportamento voluntário, seja por ação, seja por omissão. A responsabilidade é excluída no caso de resultar o evento danoso de um fato involuntário (caso fortuito ou de força maior), ou naqueles outros que envolvem a escusativa de responsabilidade (Capítulo XX).

A imputabilidade do ato ao agente liga-se, desta sorte, ao conceito mesmo de ato ilícito. Como se expressa Alterini, se toda gente é passível de sofrer um dano, nem todo dano é ressarcível. "A ressarcibilidade do dano principia por pressupor que seja juridicamente atribuível a outro sujeito e tem um limite objetivo que o circunscreve enquanto reparável"[29]. Esta circunstância de ser atribuível a alguém consiste então em poder referir-se a ação danosa "à atividade de uma pessoa", o que nem sempre importa determinar concretamente o dever ressarcitório[30]. Na imputabilidade há um vir-a-ser, que se converte em obrigação quando se lhe segue a comprovação dos elementos integrantes da responsabilidade. A imputabilidade do agente significa, desta sorte, a capacidade de entender e de querer, no momento em que for cometido o ato danoso[31].

A voluntariedade do ato não se confunde com a intenção de causar dano ou a consciência dele, que é elementar no dolo como, se verá no Capítulo n. V. Nem implica a imputabilidade do ato à consciência do agente isenção de reparar o dano, quando o fato é atribuível a um incapaz. O Código Civil desloca a reparação, nesses casos, para o plano da responsabilidade indireta, dos pais, tutores, curadores pelos atos dos filhos, pupilos, curatelados (art. 932) que respondem independentemente de culpa (art. 933).

O incapaz responde pelo dano que causar, se as pessoas por ele responsáveis não tiverem obrigação de o fazer ou não dispuserem de meios suficientes (art. 928).

33. No conceito genérico instituído no Código Civil de 1916 (art. 159), o elemento anímico era fundamental na obrigação de indenizar. Por isso, à unanimidade se dizia que, para o direito civil brasileiro, a doutrina dominante era a da culpa, ou da responsabilidade subjetiva.

---

[29] Atilio Anibal Alterini. *Responsabilidad civil*. Buenos Aires: Abeledo-Perrot, 1974. n. 7, p. 20.

[30] Alterini. *Responsabilidad civil*. Cit. p. 17.

[31] Alberto Trabucchi. *Istituzioni di diritto civile*. Padova: Cedam, 1964. n. 90.

Esta subjetividade tem subsistido nos movimentos de reforma no país. Três dos maiores civilistas do Brasil do último século, Orozimbo Nonato, Philadelpho Azevedo e Hahnemann Guimarães, aos quais foi confiada a tarefa de revisão do Código Civil de 1916, iniciaram-na pelo direito obrigacional, que a Comissão considerou mais urgente, elaborando um Anteprojeto de Código de Obrigações, publicado para conhecimento do país em 1941. Quanto à reparação civil, "foram reunidos preceitos sobre atos ilícitos que se achavam esparsos no Código Civil, na sua parte geral e na especial do livro de obrigações"[32].

Ao enfrentar o problema do seu fundamento, manteve-se o Anteprojeto fiel à doutrina subjetiva, expressa em seu art. 151: *Aquele que, por culpa, causa prejuízo a outrem, fica obrigado a reparar o dano.* Neste simples preceito, que, na época, constituiu uma tomada de posição, os seus autores manifestaram sua preferência pela teoria subjetiva. Desenvolvendo o conceito de culpa, o Anteprojeto de 1941 alude ao dano que resulte de violação da lei, como do procedimento contrário e prejudicial aos bons costumes e às normas do consórcio social (art. 152).

O Projeto de Código de Obrigações de 1965, posto que dando abrigo também à doutrina objetiva, que consagrou nos arts. 855 e 872, não abdicou da teoria da culpa, proclamada no art. 854: *Fica obrigado à reparação todo aquele que, por culpa, causar dano a outrem.* A par da responsabilidade objetiva que pela primeira vez teve ingresso em nosso direito como princípio genérico, o Projeto de 1965 manteve a responsabilidade subjetiva como regra geral.

Igual procedimento teve o Código Civil de 2002, que acompanha de perto o meu Projeto de Código de Obrigações de 1965. Aceitando também a responsabilidade objetiva, revela que não abre mão da teoria da culpa contida no art. 186: *Aquele que, por ação ou omissão voluntária, negligência ou imprudência, violar direito e causar dano a outrem, ainda que exclusivamente moral, comete ato ilícito.* Pretendendo reproduzir o art. 159 do Código Civil de 1916, deixou de fazê-lo em sua literalidade, ensejando com isto algumas observações. Quando diz que comete ato ilícito aquele que "viola direito e causa dano a outrem", realiza uma associação da violação do direito e o dano causado, diversamente do modelo de 1916 que dissocia as situações – "viola direito ou causa dano". Mais puro é o princípio do Código de 1916, pois que nem sempre o dano causado é resultante de violação de direito.

Em face do direito vigente, o princípio da responsabilidade civil subjetiva subsiste no direito brasileiro e continua sendo amplamente invocado pela jurisprudência[33]. O comportamento do agente continua como fator etiológico

---

[32] *Exposição de Motivos.* n. 6, p. 9.

[33] A exemplo do Recurso Especial 1.501.187/RJ, que considerou subjetiva a responsabilidade do provedor de internet em razão de ofensas inseridas por pessoa anônima em *site* de relacionamento (STJ, 4ª T., REsp 1.501.187/RJ, Rel. Min. Marco Buzzi, julgado em 16.12.2014, REPDJe 03.03.2015,

50 | RESPONSABILIDADE CIVIL – *Caio Mário da Silva Pereira*

da reparação do dano, não obstante a aceitação paralela da doutrina do risco. O prejuízo será indenizável não como dano em si mesmo, porém na razão de ter sido causado pelo comportamento do ofensor. Para a doutrina subjetiva, o ressarcimento do dano, seja material, seja moral, associa-se à apreciação da conduta do seu causador. Quando considerada *in concreto*, convertido o fato danoso no princípio de satisfação do ofendido, traduz-se o preceito abstrato em imposição da norma individualmente. No dizer de Alterini, "a reparação civil consiste em uma prestação que se impõe ao responsável de um dano injusto"[34].

Contemporaneamente, mesmo a teoria subjetiva da responsabilidade civil, fundada na culpa, tem se alterado para afastar-se do elemento intencional do agente e identificar-se com a denominada culpa normativa, aferida com base no padrão de comportamento esperado no caso concreto de um sujeito que estivesse sob as mesmas condições que o ofensor. Objetiva-se, assim, o elemento da culpa, no sentido de que se dispensam investigações de ordem moral atinentes à intenção do agente que comete o ato (v. Capítulo V, *infra*).

34. Do conceito de ato ilícito, fundamento da reparação do dano, tal como enunciado no art. 186 do Código Civil, pode-se enunciar a noção fundamental da responsabilidade civil, em termos consagrados, *mutatis mutandis*, na generalidade dos civilistas: *obrigação de reparar o dano, imposta àquele que, por ação ou omissão voluntária, negligência ou imprudência, violar direito e causar dano a outrem*.

Dizendo-o de outra maneira, é a obrigação de reparar o dano causado pela culpa do agente.

Reportando-se ao *ato ilícito*, Henoch D. Aguiar sintetiza os seus pressupostos: a) um dano consumado ou potencial; não é indispensável que o dano já esteja presente ou que venha a ser produzido; b) "uma relação de causa e efeito entre o

---

DJe 19.12.2014, *RSTJ*, vol. 236, p. 635, *Revista dos Tribunais*, vol. 447, p. 155). Nessa direção, a Lei n. 12.965/2014 regulamentou, em seu art. 19, a responsabilidade dos provedores de aplicações de internet por conteúdo gerado por terceiros, estabelecendo que "o provedor de aplicações de internet somente poderá ser responsabilizado civilmente por danos decorrentes de conteúdo gerado por terceiros se, após ordem judicial específica, não tomar as providências para, no âmbito e nos limites técnicos do seu serviço e dentro do prazo assinalado, tornar indisponível o conteúdo apontado como infringente, ressalvadas as disposições legais em contrário". O STJ, aplicando a norma do denominado Marco Civil da Internet, já se manifestou no sentido de que, "aos provedores de aplicação, aplica-se a tese da responsabilidade subjetiva, segundo a qual o provedor de aplicação torna-se responsável solidariamente com aquele que gerou o conteúdo ofensivo se, ao tomar conhecimento da lesão que determinada informação causa, não tomar as providências necessárias para a sua remoção" (STJ, 3ª T., REsp 1.641.133/MG, Rel. Min. Nancy Andrighi, julgado em 20.06.2017). Sobre o ponto, cfr. Capítulo XXXIII desta obra.

[34] Alterini. *Responsabilidad civil*. Cit. n. 10, p. 23.

Cap. III · RESPONSABILIDADE SUBJETIVA OU TEORIA DA CULPA | 51

fato e o dano, de tal maneira que este seja ou possa ser consequência daquele"; c) que o dano seja efetivo e imputável ao autor do ato voluntário[35].

Dos conceitos acima enunciados, extraem-se os elementos da responsabilidade civil, que na doutrina subjetiva são considerados conjuntamente, e que são outros tantos capítulos aqui subsequentes: 1) *um dano;* 2) *a culpa do agente;* 3) *o nexo de causalidade entre o dano e a culpa.*

---

[35] Henoch D. Aguiar. *Hechos y actos jurídicos.* Cit. v. 2, n. 15, p. 83.

Capítulo IV
Dano

Sumário

Conceito e extensão. Dano atual e futuro. Dano certo e hipotético. Dano indireto e em ricochete. Dano coletivo. Dano anônimo. Dano ecológico. Dano moral. Risco extraordinário. Risco atômico. Os chamados novos danos.

Bibliografia

Alberto Trabucchi. *Istituzioni di diritto civile*. Padova: Cedam, 1964; Alex Weill e François Terré. *Droit civil*: les obligations. Paris: Dalloz, 1971; Aline de Miranda Valverde Terra, Privação do uso: dano ou enriquecimento por intervenção? In: *Revista Eletrônica Direito e Política*. 2014. vol. 9; Anderson Schreiber. *Novos paradigmas da responsabilidade civil*. São Paulo: Atlas, 2007; Aparecida Amarante. *Responsabilidade civil por dano à honra*. Belo Horizonte: Del Rey, 1998; Atilio Anibal Alterini. *Responsabilidad civil*. Buenos Aires: Abeledo-Perrot, 1974; B. Stason, S. Estep, W. Pierce. *Atoms and the law*. Michigan: The Michigan Law School, 1954; Bruno Lewicki. *A privacidade da pessoa humana no ambiente de trabalho*. Rio de Janeiro: Renovar, 2003; Caio Mário da Silva Pereira. *Instituições de direito civil*. 20. ed. Rio de Janeiro: Forense, 2003. v. 2; Caio Mário da Silva Pereira. *Instituições de direito civil*. 18. ed. Rio de Janeiro: Forense, 2003. v. 4; Carlos Alberto Bittar. *Reparação civil por danos morais*. 3. ed. São Paulo: Revista dos Tribunais, 1998; Carlos Alberto Bittar. *Responsabilidade civil das atividades nucleares*. São Paulo: Revista dos Tribunais, 1985; Carlos Edison do Rêgo Monteiro Filho. *Elementos de responsabilidade civil por dano moral*. Rio de Janeiro: Renovar, 2000; Carlos Edison do Rêgo Monteiro Filho. Lesão ao tempo do consumidor no direito brasileiro. In: *Revista de Direito da Responsabilidade*, ano 2, 2020; Carlos Edison do Rêgo Monteiro Filho. *Responsabilidade contratual e extracontratual*: contrastes e convergências no direito civil contemporâneo. Rio de Janeiro: Editora Processo, 2016; Carlos Edison do Rêgo Monteiro Filho. Rumos cruzados do Direito Civil Pós-1988 e do Constitucionalismo de hoje. In: Gustavo Tepedino (org.). *Direito Civil Contemporâneo:* novos problemas à luz da legalidade constitucional. Rio de Janeiro: Renovar, 2008; Carlos Eduardo Pianovski Ruzyk. A responsabilidade civil por danos produzidos no curso de atividade econômica e a tutela da dignidade da pessoa humana: o critério do dano ineficiente. In: Gustavo Tepedino, Luiz Edson Fachin *et al.* (orgs.). *Diálogos sobre Direito Civil:* construindo uma racionalidade contemporânea. Rio de Janeiro: Renovar, 2002; Clóvis Beviláqua. *Comentários ao Código Civil.* Rio de Janeiro: 1976; Clóvis Beviláqua. *Direito das coisas.* Rio de Janeiro: Forense, 1956. v. 1; Clóvis Beviláqua. *Teoria geral de direito civil.* Rio de Janeiro: Francisco Alves, 1929; De Cupis. *Il danno.* Milano: Giuffrè, 1966; Eduardo Espínola. *Posse, propriedade, condomínio, direitos autorais.* Rio de Janeiro: Conquista, 1956; Enneccerus, Kipp & Wolff. *Tratado de Derecho Civil:* derecho de cosas. Barcelona: Bosch, 1933-55. v. 1; Fábio Siebeneichler de Andrade. A reparação de danos morais por dissolução de vínculo conjugal e por violação de deveres pessoais entre cônjuges. In: *Revista dos Tribunais.* São Paulo: Revista dos Tribunais, ago./2002. v. 91, n. 802; G.P. Chironi. *La colpa extracontrattuale.* Torino: Fratelli Bocca, 1903-06. v. 1 e 2; Gabriel Marty et Pierre Raynaud. *Droit civil:* les obligations. Paris: Sirey, 1961. t. II, v. 1; Genéviève Viney. *De la codification du droit de la responsabilité civile:* l'expérience française. Disponível em: http://www.cslf.gouv.qc.ca; Genéviève Viney. La responsabilité civile. In: Jacques Ghestin (coord.). *Traité de droit civil.* Paris: Librairie Générale de Droit et de Jurisprudence, 1965; Gisela Sampaio da Cruz Guedes. *Lucros cessantes: Do bom senso ao postulado normativo da razoabilidade.* São Paulo: RT, 2011; Guido Alpa. La responsabilité civile in Italie: problemes et perspectives. In: *Revue internationale de droit comparé.* Paris: RIE, 1986; Guido Alpa; Mario Bessone. Atipicità dell'illecito, Milão: Dott A. Giuffrè, 1980; Gustavo Tepedino. A tutela da personalidade no ordenamento civil-constitucional brasileiro. In: *Temas de Direito Civil.* 4. ed. Rio de Janeiro: Renovar, 2008. t. I; Gustavo Tepedino. Nexo de causalidade e o dano indireto no direito brasileiro. In: Fernanda Ivo Pires (org.), *Da estrutura à função da responsabilidade civil:* uma homenagem do Instituto Brasileiro de Estudos de Responsabilidade Civil (IBERC) ao Professor Renan Lotufo. São Paulo: Editora Foco, 2021; Gustavo Tepedino. O papel da culpa na separação e no divórcio. In: *Temas de direito civil.* 4. ed. Rio de Janeiro: Renovar, 2008; Gustavo Tepedino; Aline de Miranda Valverde Terra; Gisela Sampaio Guedes. *Fundamentos do Direito Civil.* 2. ed. Rio de Janeiro: Forense, 2021, vol. 4; Gustavo Tepedino; Rodrigo da

Guia Silva. Desafios atuais em matéria de dano moral. In: Gustavo Tepedino; Rodrigo da Guia Silva (orgs.). *Relações Patrimoniais:* contratos, titularidades e responsabilidade civil. São Paulo: Editora Fórum, 2021; **Hans Albrecht Fischer.** *A reparação dos danos em direito civil.* São Paulo: Acadêmica, 1938; Helita Barreira Custódio. *Responsabilidade civil por danos ao meio ambiente.* São Paulo: Edusp, 1983; Hely Lopes Meirelles. *Direito de construir.* São Paulo: Malheiros, 1994; Henri de Page. *Traité élémentaire de droit civil belge.* Bruxelles: E. Bruylant, 1974. v. 2; Henri Lalou. *Responsabilité civile.* Paris: Dalloz, 1962; Jaime Santos Briz. *La responsabilidad civil.* Madrid: Montecorvo, 1981; Jean Carbonnier. *Droit civil:* les obligations. Paris: Presses Universitaires de France, 1967. v. 4; Jean van Ryn. *Responsabilité aquilienne et contrais.* Paris: Recueil Sirey, 1932; Jean-Paul Piérard. *Responsabilité civile, énergie atomique et droit compare.* Bruxelles: Bruylant, 1963; José Aguiar Dias. *Da responsabilidade civil.* 9. ed. Rio de Janeiro: Forense, 1994. v. 2; José de Castro Bigi. Dano moral na separação e no divórcio. In: *Revista dos Tribunais.* São Paulo: Revista dos Tribunais, mai./1992. v. 81, n. 679; M. I. Carvalho de Mendonça. *Doutrina e prática das obrigações.* Rio de Janeiro: Freitas Bastos, 1938. v. 2; Marcos Dessaune. Teoria aprofundada do desvio produtivo do consumidor: o prejuízo do tempo desperdiçado e da vida alterada. 2ª ed. Vitória: Edição especial do autor, 2017; **Maria Celina Bodin de Moraes.** Danos morais em família? Conjugalidade, parentalidade e responsabilidade civil. In: *Obra em homenagem a Caio Mário da Silva Pereira.* Rio de Janeiro: Forense, no prelo; Maria Celina Bodin de Moraes. *Danos à pessoa humana*: uma leitura civil-constitucional dos danos morais. Rio de Janeiro: Renovar, 2003; Mário Moacir Porto. Algumas anotações sobre o dano moral. In: *Revista de Direito Civil.* São Paulo: Revista dos Tribunais, 1986. v. 37; Mazeaud e Mazeaud. *Traité théorique et pratique de la responsabilité civile.* Paris: Montchrestien, 1955. v. 1; Milena Donato Oliva. Dano moral e inadimplemento contratual nas relações de consumo. *Revista de Direito do Consumidor.* São Paulo: Revista dos Tribunais, mai./jun. 2014; **Orlando Gomes.** Responsabilidade civil na informática. In: *Revista Forense.* Rio de Janeiro: Forense, abr./jun. 1987, 1987. v. 298; Orlando Gomes. *Obrigações.* 15. ed. Rio de Janeiro: Forense, 2002; Philippe Malaurie e Laurent Aynès. *Droit civil:* les obligations. Paris: Cujas, 1990; Planiol, Ripert e Boulanger. *Traité élémentaire de droit civil.* Paris: R. Pichon Et R. Durnad-Auzias, 1946. v. 2; Rafael Peteffi da Silva. *Responsabilidade civil pela perda de uma chance.* 3. ed. São Paulo: Atlas, 2013; **Regina Beatriz Tavares da Silva Papa dos Santos.** *Reparação civil na separação e no divórcio.* São Paulo: Saraiva, 1999; René Demogue. *Traité des obligations en général.* Paris: Rousseau, 1923-33. v. 4; René Rodière. Responsabilité civile et risque atomique. In: *Revue Internationale de Droit Comparé*. Paris: RIE, 1959; René Rodière. *La responsabilité civile*. Paris: Rousseau, 1952; Ruggiero e Maroi. *Istituzioni di diritto privato*. Milano: Giuseppe Principato, 1937. v. 2; Ruy Rosado de Aguiar. Responsabilidade civil no direito de família. In: R. de Barros Monteiro Filho (org.). *Doutrina do Superior Tribunal de Justiça:* edição comemorativa – 15 anos. Brasília: Brasília Jurídica, 2005; S. D. Estep. Radiation injuries and statistics. The need for a new approach to injury litigation. In: *Michigan law review*. Michigan: The Michigan Law School, 1960. v. 59; San Tiago Dantas. *O conflito de vizinhança e sua composição*. Rio de Janeiro: Forense, 1972; Savatier. *Responsabilité civile*. Paris: Librairie Générale de Droit et de Jurisprudence, 1939. v. 2; Sergio Cavalieri Filho. *Programa de Responsabilidade Civil,* São Paulo: Atlas, 2014; Sérgio Savi. *Responsabilidade civil por perda de uma chance.* 3. ed. São Paulo: Atlas, 2012; Serpa Lopes. *Curso de Direito Civil*. Rio de Janeiro: Freitas Bastos, 1964-71. v. 2 e 6; Silvio Rodrigues. *Direito Civil*. São Paulo: Saraiva, 1973-75. v. 3 e 5; Sourdat. *Traité général de la responsabilité*. Paris: Marchal & Godde, 1911. v. 1; Teresa Ancona Lopez. *O dano estético*. São Paulo: Revista dos Tribunais, 1999; Tito Fulgêncio. *Direitos de vizinhança*. São Paulo: Livraria Acadêmica Saraiva, 1925; Ulderico Pires dos Santos. *A responsabilidade civil na doutrina e na jurisprudência*. Rio de Janeiro: Forense, 1984; Washington de Barros Monteiro. *Curso de Direito Civil*. São Paulo: Saraiva, 1952-76. v. 3 e 4; William Prosser. *Handbook of the law of torts*. St. Paul: West Publishing Co., 1941; Wilson Melo da Silva. *O dano moral e sua reparação*. 3. ed. Rio de Janeiro: Forense, 1983; Yussef Said Cahali. *Dano moral*. 2. ed. São Paulo: Revista dos Tribunais, 1998; Yves Chartier. *La réparation du préjudice dans la responsabilité civile*. Paris: Dalloz, 1983.

34-A. Por diversos meios a lei menciona os comportamentos antijurídicos – *iniuria*. Pode impor sanção penal, quando a conduta fere os interesses da sociedade: o direito penal arrola os atos atentatórios da ordem jurídica social, independentemente de como ofendem um bem jurídico da vítima, e estabelece as respectivas punições. Pode a ordem jurídica prescindir da responsabilidade criminal, contentando-se com a consideração se o fato humano lesa um interesse individual. Dá-se, então, a responsabilidade civil. E pode, ainda, cogitar de que o comportamento lesivo rompe o equilíbrio social e simultaneamente ofende um bem jurídico individual, ocorrendo a responsabilidade criminal associada à responsabilidade civil.

Partindo do princípio contido no art. 186 do Código Civil, inscreve-se o *dano* como circunstância elementar da responsabilidade civil. Por esse preceito fica estabelecido que a conduta antijurídica, imputável a uma pessoa, tem como consequência a obrigação de sujeitar o ofensor a reparar o mal causado. Existe uma obrigação de reparar o dano, imposta a quem quer que, por ação ou omissão voluntária, negligência ou imprudência, causar prejuízo a outrem. É neste sentido que Chironi situa o dano em "qualunque *modo col quale la violenza avvenga, o qualunque ne sia la entità, qualunque sia il diritto leso*". Desta observação, e, indo mais longe, acrescenta que não seria pressuposto do dano a omissão. Pela Lei Aquilia, Chironi acrescenta, excluía-se o *nonfare*; pelo direito moderno o *fare*, como também o *nonfare* pode importar em contradição ao direito alheio. Quem quer que podendo impedir a lesão, não o faça, deverá responder pelo dano causado[1].

Logo de plano ocorre assentar que o *dano* é elemento ou requisito essencial na etiologia da responsabilidade civil. Ao propósito, dizem os irmãos Mazeaud que, entre os elementos constitutivos da responsabilidade civil, o prejuízo é o que menos suscita discussões, a tal ponto que a imensa maioria da doutrina contenta--se com registrar a regra.

> *Pois que se trata de reparar, é preciso que haja alguma coisa a ser reparada. Eis por que, na essência, a responsabilidade civil se distingue da responsabilidade moral e da penal. A moral condena o pecado, sem se preocupar com o resultado. O direito penal, para conceituar a responsabilidade exige ao menos a exteriorização de um pensamento, que se traduza no domínio dos fatos, e que tenha havido o que se denomina um começo de execução[2].*

Na atualidade, o dano adquiriu papel central na responsabilidade civil. A consagração constitucional dos princípios da dignidade da pessoa humana e

---

[1]   G.P. Chironi. *La colpa extracontrattuale*. Torino: Fratelli Bocca, 1903-06. v. 1, n. 22 a 27.

[2]   Mazeaud e Mazeaud. *Traité théorique et pratique de la responsabilité civile*. Paris: Montchrestien, 1955. v. 1, n. 208.

58 | RESPONSABILIDADE CIVIL – *Caio Mário da Silva Pereira*

da solidariedade social, associada ao acelerado desenvolvimento tecnológico, deslocou a ênfase da conduta do agente para o dano ressarcível, assistindo-se ao surgimento de formidável tipologia de novos danos, na esteira do incremento de riscos e do potencial danoso trazido pelas novas invenções. Não parece exagerada, nesse cenário, a alusão à *era dos danos*[3].

Dito de outro modo, ampliam-se as modalidades de danos ressarcíveis, notadamente no que concerne à lesão a interesses extrapatrimoniais[4]. É o caso, por exemplo, das violações à integridade psicofísica e do chamado dano estético[5]. Paralelamente, multiplicam-se as demandas com base em direitos supraindividuais, tais como os relativos ao meio ambiente e a direitos coletivos dos consumidores[6] (v. item 51-A, *infra*).

Como elemento essencial da responsabilidade civil, Henri Lalou, em termos concisos e incisivos, proclama que não há responsabilidade civil onde não existe prejuízo: "*Pas de préjudice, pas de responsabilité civile*"[7]. Ou, como dizem

---

[3] A expressão alude ao difuso surgimento, no Brasil e alhures, de numerosas espécies de demandas ressarcitórias. Sobre o tema, Geneviève Viney. *De la codification du Droit de la responsabilité civile*: l'expérience Française. Disponível em http://www.cslf.gouv.qc.ca. Anderson Schreiber enumera interessantes hipóteses de danos reconhecidos por cortes europeias, tais como *danno da vacanza rovinata*, dano de *mobbing*, de *mass media*, de processo lento, entre outros (*Novos paradigmas da responsabilidade civil*. São Paulo: Atlas, 2007. pp. 88-90). V., também, sobre os danos decorrentes de violações ao direito à privacidade, Bruno Lewicki. *A privacidade da pessoa humana no ambiente de trabalho*. Rio de Janeiro: Renovar, 2003. Na esfera dos danos patrimoniais, cf. Gisela Sampaio da Cruz Guedes. *Lucros cessantes: Do bom senso ao postulado normativo da razoabilidade*. São Paulo: RT, 2011.

[4] Nesse processo, mostrou-se fundamental o reconhecimento da personalidade humana e seus atributos como bens jurídicos autônomos, passíveis de tutela jurídica para além da proteção meramente patrimonial (sobre o tema, v. Gustavo Tepedino. A tutela da personalidade no ordenamento civil--constitucional brasileiro. In: *Temas de Direito Civil*. 4. ed. Passim. Rio de Janeiro: Renovar, 2008. t. I).

[5] Atualmente, entende-se que o dano estético representa "qualquer modificação duradoura ou permanente na aparência externa de uma pessoa" (Teresa Ancona Lopez. *O dano estético*. São Paulo: Revista dos Tribunais, 1999. p. 38). Com razão, sustenta-se que o dano estético representa modalidade de dano moral, caracterizada pela lesão estética, que o singulariza (Carlos Edison do Rêgo Monteiro Filho. *Elementos de responsabilidade civil por dano moral*. Rio de Janeiro: Renovar, 2000. p. 51). Nada obstante, admite-se em jurisprudência a cumulação dessas indenizações, ao argumento de que o dano estético se vincula à lesão à integridade física sofrida, enquanto o dano moral dele decorrente relaciona-se ao sofrimento que esta alteração provoca (v. STJ, 4ª T., REsp 65.393, Rel. Min. Ruy Rosado de Aguiar Jr., julgado em 30.10.1995; STJ, 2ª T., REsp 1.678.855/SP, Rel. Min. Herman Benjamin, julgado em 15.08.2017). Tal possibilidade encontra-se consagrada na Súmula n. 387 do STJ, *in verbis*: "É lícita a cumulação das indenizações de dano estético e dano moral".

[6] O legislador brasileiro preocupou-se em estabelecer mecanismos de proteção aos direitos supraindividuais, entre os quais merecem destaque as Leis n. 7.347/1985 (Lei de Ação Civil Pública) e n. 8.078/1990 (Código de Defesa do Consumidor).

[7] Henri Lalou. *Responsabilité civile*. Paris: Dalloz, 1962. n. 135.

Ruggiero e Maroi, "a obrigação não nasce se falta o dano"[8]. Autores como De Page, Mazeaud, Barassi, Planiol, Ripert e Boulanger ilustram a proposição com um exemplo singelo: se um motorista dirige por uma estrada pela contramão, infringe uma norma legal; mas não se configura responsabilidade civil senão no momento em que sua conduta interfere com um bem jurídico alheio. Estará sempre sujeito à penalidade pela infração cometida. Mas a responsabilidade civil somente se caracteriza, obrigando o infrator à reparação, no caso de seu comportamento injurídico infligir a outrem um prejuízo. É neste sentido que Henri de Page define o "dano", dentro da teoria da responsabilidade civil, como *um prejuízo resultante de uma lesão a um direito*. Enquanto se não relaciona com uma lesão a um direito alheio, o prejuízo pode-se dizer "platônico". Relacionados ambos, lesão a direito e prejuízo, compõem a responsabilidade civil[9].

A noção de dano supõe, como esclarecem Marty e Raynaud, que a vítima seja atingida em "uma situação de que ela se beneficiava, lesada em uma vantagem que possuía". Para servir de base a uma ação de responsabilidade, indagam esses autores se é preciso que a vítima "fosse titular de um direito a esta situação ou a esta vantagem e seja atingida em um direito; ou será suficiente a ofensa a uma situação de fato e lesão a um simples interesse?"[10]. Com fundamento na jurisprudência respondem que a questão única a apreciar é se esta situação ou este interesse tinham "uma estabilidade ou promessa de duração suficiente para que o prejuízo, mesmo na ausência de um direito possa ser considerado como suficientemente certo"[11]. Ilustram esta assertiva com aresto que concedeu à concubina indenização pelo prejuízo a ela causado pela morte acidental de seu concubino. Também De Page, em alusão à jurisprudência da Corte de Cassação, registra a regra segundo a qual um *simples interesse é bastante para caracterizar o elemento "dano"*[12]. Alex Weill e François Terré acrescentam, todavia, que o interesse violado há que ser legítimo[13].

De tal sorte o dano está entrosado com a responsabilidade civil, que Aguiar Dias considera verdadeiro truísmo sustentar que não pode haver responsabilidade sem a existência de dano, porque, resultando a responsabilidade civil em obrigação de ressarcir, "logicamente não pode concretizar-se onde nada há que reparar"[14].

---

[8] Ruggiero e Maroi. *Istituzioni di diritto privato*. Milano: Giuseppe Principato, 1937. v. 2, § 186. No mesmo teor a lição de Jaime Santos Briz. *La responsabilidad civil*. Madrid: Montecorvo, 1981. p. 131; de Yves Chartier. *La réparation du préjudice dans la responsabilité civile*. Paris: Dalloz, 1983. n. 1.

[9] Henri de Page. *Traité élémentaire de droit civil belge*. Bruxelles: E. Bruylant, 1974. v. 2, n.948.

[10] Gabriel Marty et Pierre Raynaud. *Droit civil*: les obligations. v. 1, t. II, Paris: Sirey, 1961. t. II, v. 1, n. 378.

[11] Gabriel Marty et Pierre Raynaud. *Droit civil*: les obligations. Cit. t. II, v. 1, n. 378.

[12] Henri de Page. *Traité élémentaire de droit civil belge*. Cit. v. 2, n. 950.

[13] Alex Weill e François Terré. *Droit civil*: les obligations. Paris: Dalloz, 1971. n. 600, p. 617.

[14] Aguiar Dias. *Da responsabilidade civil*. 9. ed. Rio de Janeiro: Forense, 1994. v. 2, n. 224.

60 | RESPONSABILIDADE CIVIL – *Caio Mário da Silva Pereira*

Dentro da denominada "doutrina do interesse" predominante essencialmente em França e Itália, o dano material envolve a efetiva diminuição do patrimônio[15].

35. Como requisito do dever de reparação, no seu conceito não se insere o elemento quantitativo. Está sujeito a indenizar aquele que causa prejuízo em termos matematicamente reduzidos, da mesma forma aqueloutro que cause dano de elevadas proporções. É o que resulta dos princípios, e que é amparado na jurisprudência, nossa e alheia. A importância quantitativa do dano, de resto, é muito relativa. Cifra que para um indivíduo de elevada resistência econômica tem significação mínima, para outro, de minguados recursos, representa valor ponderável. O que orientará a justiça, no tocante ao dever ressarcitório, é a lesão ao direito ou interesse da vítima, e não a sua extensão pecuniária. Na ação de perdas e danos, a vítima procede para evitar o prejuízo e não para obter vantagem (*de damno vitando, non de lucro capiendo*) como tenho proclamado em minhas *Instituições de Direito Civil*, e que encontra eco em Jaime Santos Briz[16].

Nem por isso, todavia, é despicienda a valoração do prejuízo. Geneviève Viney, após proclamar a "unanimidade" em torno da "necessidade de um dano para fazer aparecer uma dívida de responsabilidade civil, seja delitual ou contratual", acrescenta que não é somente uma condição da responsabilidade civil. Ele goza igualmente de uma função essencial "para medir a reparação", no momento em que se tem de aplicar "princípio da reparação integral"[17].

O Código Civil consagra o princípio da reparação integral no art. 944, *caput*, o qual dispõe: "A indenização mede-se pela extensão do dano"[18]. Todavia, inovou o legislador ao estabelecer, no parágrafo único deste dispositivo, que "se houver excessiva desproporção entre a gravidade da culpa e o dano, poderá o juiz reduzir, equitativamente, a indenização" (v. item 59, *infra*).

---

[15] Jaime Santos Briz. *La responsabilidad civil.* Cit. p. 136.

[16] Jaime Santos Briz. *La responsabilidad civil.* Cit. p. 141.

[17] Geneviève Viney. La responsabilité civile. In: Jacques Ghestin (coord.). *Traité de droit civil.* Paris: Librairie Générale de Droit et de Jurisprudence. 1965. n. 247.

[18] Sobre o princípio da reparação integral, anota Carlos Edison do Rêgo Monteiro Filho: "o *caput* do art. 944 do CC prevê a regra da extensão do dano medida de indenização. Significa que a indenização deve cobrir o dano em toda a sua amplitude. Ou, por outras palavras, a reparação deve alcançar todo o dano. Precisa ser integral, pois" (O princípio da reparação integral e sua exceção no direito brasileiro. In: *Rumos contemporâneos do direito civil*: estudos em perspectiva civil-constitucional. Belo Horizonte: Fórum, 2017. pp. 107-108). Intensifica-se a importância desse princípio no sistema de reparação, pois, como se reconhece em doutrina, a "fixação do *quantum* indenizatório é um dos momentos em que a responsabilidade civil pode atuar como instrumento para efetivação do princípio da dignidade humana" (Carlos Eduardo Pianovski Ruzyk. A responsabilidade civil por danos produzidos no curso de atividade econômica e a tutela da dignidade da pessoa humana: o critério do dano ineficiente. In: Gustavo Tepedino, Luiz Edson Fachin *et al.* (orgs.). *Diálogos sobre Direito Civil*: construindo uma racionalidade contemporânea. Rio de Janeiro: Renovar, 2002. pp. 145 e segs.).

36. Nem todo dano é ressarcível, diz Alterini. Somente o é aquele que preencher certos requisitos: *certeza, atualidade e subsistência*[19].

A doutrina entende que o dano, como elemento da responsabilidade civil, há de ser *atual e certo*.

Diz-se atual o dano que já existe ou já existiu "no momento da ação de responsabilidade; certo, isto é, fundado sobre um fato preciso e não sobre hipótese"[20]. Em princípio, acrescenta Lalou, "um dano futuro não justifica uma ação de indenização"[21]. Mas ver-se-á que a regra não é absoluta como mais adiante ter-se-á ensejo de melhor examinar. É o próprio Lalou quem ressalva que uma ação de perdas e danos por um prejuízo futuro é possível, quando este prejuízo é a consequência de um "dano presente e que os tribunais tenham elementos de apreciação para avaliar o prejuízo futuro"[22].

Rodière, entretanto, adverte que a palavra "atual" pode prestar-se a alguma confusão. E lembra que os tribunais, em face de um acidente que causa uma enfermidade, "levam em conta a diminuição da capacidade de trabalho da vítima e fixam renda que, a cada ano, receberá ela do autor do dano"[23].

A reparação de um dano futuro não encontra objeção doutrinária, embora lhe falte aprovação unânime. Assim é que Planiol, Ripert e Esmein admitem possa ser ressarcido um prejuízo ainda não positivado, se a sua realização é desde logo previsível pelo fato da certeza do desenvolvimento atual, em evolução, mas incerto no que se refere à sua quantificação; ou, ainda, se consistir na sequência de um fato danoso atual, como seria o caso do dano causado a uma pessoa, implicando sua incapacidade para o trabalho. Pode ser objeto de reparação um prejuízo futuro, porém certo no sentido de que seja suscetível de avaliação na data do ajuizamento da ação de indenização[24].

Não se requer, portanto, que o prejuízo esteja inteiramente realizado, exigindo-se apenas que se tenha certeza de que se produzirá, ou possa ser apreciado por ocasião da sentença na ação respectiva[25]. Ou, como dizem Weill e Terré, "se sua avaliação judicial é possível"[26].

---

[19] Atilio Anibal Alterini. *Responsabilidad civil*. Buenos Aires: Abeledo-Perrot, 1974. n. 147, p. 124.

[20] Henri Lalou. *Traité pratique de la responsabilité civile*. Paris: Dalloz, 1962. n. 137.

[21] Henri Lalou. *Traité pratique de la responsabilité civile*. Cit. n. 139.

[22] Henri Lalou. *Traité pratique de la responsabilité civile*. Cit. n. 140.

[23] René Rodière. *La responsabilité civile*. Paris: Rousseau, 1952. n. 1.597.

[24] Mazeaud e Mazeaud. *Traité théorique et pratique de la responsabilité civile*. Cit. v. 1, n. 217.

[25] René Rodière. *La responsabilité civile*. Cit. n. 1.598; Yves Chartier. *La réparation du préjudice dans la responsabilité civile*. Cit. n. 17, p. 25.

[26] Alex Weill e François Terré. *Droit civil*: les obligations. Cit. n. 601.

62 | RESPONSABILIDADE CIVIL – *Caio Mário da Silva Pereira*

A estes elementos (certeza e atualidade) Alterini adita a *subsistência*, a dizer que não será ressarcível o dano que já tenha sido reparado pelo responsável[27]. Eu aderiria a este terceiro caráter do dano, se resultar provado que, com a conduta reparatória do agente, o dano terá sido totalmente apagado, quando a vítima ajuizou o pedido.

O problema da futuridade será em particular reexaminado, quando mais adiante se cogitar do *dano atômico* (n. 44, *infra*).

37. O outro requisito do dano é que seja *certo*. Não se compadece com o pedido de reparação um prejuízo meramente *eventual*. No momento em que se tenha um prejuízo conhecido, ele fundamenta a ação de perdas e danos, ainda que seja de consequências futuras, dizem os Mazeaud. A jurisprudência rejeita a ação de responsabilidade, se o dano de que a vítima se queixa é eventual[28].

Para Rodière a futuridade não seria, contudo, um requisito indispensável. A única exigência "é a certeza de que os danos se produzirão e que possam ser exatamente apreciados no dia da decisão judicial"[29].

Neste ensejo, é de se atentar para a circunstância de se determinar que a vítima tenha "uma receptividade excepcional ao dano em razão de seu estado de saúde". A hipótese discutida por Malaurie e Aynès comporta a distinção: "Se o resultado danoso encontrou a vítima com a sua capacidade já reduzida, somente o novo prejuízo é reparável; ao revés, se as aptidões do interessado não eram afetadas por seu estado, todo prejuízo deve ser reparado, sem que se leve em conta tal predisposição"[30].

Normalmente, a apuração da certeza vem ligada à *atualidade*. O que se exclui de reparação é o dano meramente *hipotético, eventual ou conjuntural*, isto é, aquele que pode não vir a concretizar-se.

O problema surge, notadamente, quando o demandante, por sua culpa, priva o defendente de realizar um ganho ou evitar uma perda. Figura-se o fato de uma situação que já é definitiva e que nada modificará; mas por um fato seu o defendente detém o desenvolvimento de uma série de acontecimentos que poderiam oferecer a chance de ganhar ou de perder. Foi o que decidiu a Corte de Cassação, afirmam os Mazeaud, dizendo que "o fato do qual depende o prejuízo está consumado". Formulando algumas hipóteses de chances de ganho ou de perda, o que se configura na categoria de "perda de uma chance" (*perte d'une chance*), discutem se há um dano reparável. E exemplificam:

---

[27]   Atilio Anibal Alterini. *Responsabilidad civil*. Cit. n. 150.

[28]   Confira-se, a título ilustrativo, acórdão proferido pelo STJ no AgRg no Ag 333.385, 4ª T., Rel. Min. Sálvio de Figueiredo Teixeira, julgado em 07.06.2001.

[29]   René Rodière. *La responsabilité civile*. Cit. n. 1.598.

[30]   Philippe Malaurie e Laurent Aynès. *Droit civil*: les obligations. Paris: Cujas, 1990. n. 52, p. 51.

vencer uma corrida de cavalos, ganhar um concurso, ser vitorioso numa demanda. Indagam os Mazeaud: "Como avaliar então um tal prejuízo?" Respondendo, dizem eles que decidir assim seria "raciocinar mal"[31]. Em face de situações desta sorte, Lalou entende que "o exame de cada espécie permitirá determinar se o prejuízo é certo"[32].

Sob esta mesma epígrafe que a relatividade se introduz em a noção de certeza do prejuízo, em face de eventualidades incertas, inseridas em suas repercussões que se podem considerar certas. Dizendo que a jurisprudência a princípio revelou-se reticente, citam inúmeras hipóteses que o juiz tem de enfrentar, como sejam: ganhar um concurso, realizar um negócio, receber um legado ou herança, celebrar um casamento já projetado, obter uma promoção no emprego, aumentar o médico a sua clientela[33]. Em minha atividade profissional, discuti pretensão ajuizada por um jovem que argumentava com sua inclinação pela carreira das armas e que, em razão do dano sofrido, tornara-se inabilitado. Raciocinava que, em razão de sua idade e de sua vida provável, poderia, dentro na previsão desta, atingir o generalato. Discuti a causa e o Tribunal de Minas acolheu a minha tese: a indenização não poderia ser concedida nestes termos, porque seria aceitar a tese do dano hipotético.

A doutrina moderna assenta bem os extremos: o que é significativo é que a chance perdida tenha algum valor, do qual a vítima se privou. Weill e Terré lembram, ainda, como exemplos, o caso da pessoa que deixou de adquirir um imóvel por culpa do notário ou de ganhar um processo pela falha do escrivão ou do advogado[34].

Neste terreno é que se levanta a questão se a morte do amante assegura à concubina direito à indenização fundada na "perda de uma chance de continuar a vida comum". Na França, o problema junto aos tribunais sofreu uma virada: partiu a jurisprudência da tese de que o concubinato é uma relação irregular em si mesma. Modificou-se posteriormente, entendendo que a relação concubinária torna ilegítimo o interesse de agir quando se trata da prática de adultério, desde que a mulher legítima não tenha apresentado queixa. Demais disso, não seria requisito a exigência de coabitação[35]. Ulderico Pires dos Santos registra decisão do Supremo Tribunal Federal, reconhecendo a legitimidade da companheira para pleitear indenização[36].

O entendimento se mantém no Superior Tribunal de Justiça, conforme se extrai das seguintes decisões: STJ, 3ª T., REsp 1.401.538/RJ, Rel. Min. Ricardo Villas

---

[31] Mazeaud e Mazeaud. *Traité théorique et pratique de la responsabilité civile*. Cit. v. 1, n. 219.

[32] Henri Lalou. *Traité pratique de la responsabilité civile*. Cit. n. 146.

[33] Philippe Malaurie e Laurent Aynès. *Droit civil*: les obligations. Cit. n. 377.

[34] Alex Weill e François Terré. *Droit civil*: les obligations. Cit. n. 602.

[35] Alex Weill e François Terré. *Droit civil*: les obligations. Cit. n. 605.

[36] Ulderico Pires dos Santos. *A responsabilidade civil na doutrina e na jurisprudência*. Rio de Janeiro: Forense, 1984. n. 88, p. 247.

Bôas Cueva, julgado em 04.08.2015; STJ, 4ª T., AgRg no REsp 1.206.371/AM, Rel. Min. Marco Buzzi, julgado em 02.06.2015; STJ, 3ª T., REsp 23.685/RJ, Rel. Min. Castro Filho, julgado em 02.04.2002.

É claro, então, que se a ação se fundar em mero dano hipotético, não cabe reparação. Mas esta será devida se se considerar, dentro na ideia de perda de uma oportunidade (*perte d'une chance*) e puder situar-se a *certeza do dano*. Daí dizer Yves Chartier que a reparação da perda de uma chance repousa em uma probabilidade e uma certeza; que a chance seria realizada, e que a vantagem perdida resultaria em prejuízo[37].

Por isso mesmo Marty e Raynaud inclinam-se pela relatividade, dizendo que a *certeza do prejuízo* "é tão grande quanto possível, quando o dano é *realizado, atual,* no momento em que os juízes são chamados a decidir, e notadamente quando se trata da destruição ou deterioração de uma coisa material, de custos e despesas já realizados". Assentados neste raciocínio entendem que um prejuízo atual não implica sempre "certeza absoluta". O que influirá na qualificação consiste em apurar se o prejuízo terá um desenvolvimento no futuro, aí intervindo "a distinção entre o dano eventual e o dano futuro"[38].

Na experiência brasileira, os Tribunais têm acolhido a teoria da perda de chance, admitindo a indenização pela oportunidade perdida[39]. Tornou-se notório caso em que o Superior Tribunal de Justiça, com base nessa teoria, concedeu indenização a participante de conhecido programa televisivo de perguntas e respostas ("Show do Milhão"). Na hipótese, entendeu o Tribunal que a incorreção da pergunta formulada pelo apresentador – que, a rigor, não poderia ser respondida – retirara da concorrente a chance de disputar o prêmio máximo[40]. A dificuldade de liquidação do dano, nesse caso, decorre do fato de que, diferentemente dos demais danos ressarcíveis, a vítima não perdeu aqui bem jurídico, senão a oportunidade de alcançá-lo. Em razão de tal circunstância, cabe ao intérprete

---

[37] Yves Chartier. *La réparation du préjudice dans la responsabilité civile.* Cit. n. 35.
[38] Marty e Raynaud. *Droit civil*: les obligations. Cit. t. II, v. 1, n. 377.
[39] Ilustrativamente, v. STJ, 4ª T., AgInt no REsp 1.643.566/PR, Rel. Min. Marco Buzzi, julgado em 27.06.2017; STJ, 3ª T., REsp 1.291.247/RJ, Rel. Min. Paulo de Tarso Sanseverino, julgado em 19.08.2014; STJ, 3ª T., REsp 1.383.437/SP, Rel. Min. Sidnei Beneti, julgado em 27.08.2013; STJ, 3ª T., REsp 821.004, Rel. Min. Sidnei Beneti, julgado em 19.08.2010; STJ, 3ª T., REsp 1.079.185/MG, Rel.ª Min.ª Nancy Andrighi, julgado em 11.11.2008; STJ, 3ª T., REsp 932.446, Rel.ª Min.ª Nancy Andrighi, julgado em 06.12.2007; TJRJ, 11ª C. C., Ap. Cív. 0119148-46.2013.8.19.0001, Rel. Des. Cesar Felipe Cury, julgado em 27.09.2017; TJRJ, 3ª C. Cív., Ap. Cív. 0002942-85.2009.8.19.0001, Rel. Des. Peterson Barroso Simão, julgado em 20.09.2017; TJRJ, 13ª CC, Ap. Cív. 0000758-41.2009.8.19.0007, Rel.ª Des.ª Ines da Trindade, julgado em 05.10.2010; TJRJ, 5ª CC, Ap. Cív. 2008.001.16814, Rel.ª Des.ª Suimei Meira Cavalieri, julgado em 13.05.2008.
[40] STJ, 4ª T., REsp 788.459, Rel. Min. Fernando Gonçalves, julgado em 08.11.2005.

estabelecer, com base na análise da probabilidade de auferimento pela vítima de certo benefício econômico, o *quantum* indenizatório que, necessariamente, haverá de ser inferior ao valor do bem jurídico almejado[41]. Precisamente por esse motivo tem-se defendido que a chance precisa ser séria e real, no sentido de resultar de uma probabilidade alta, significativa, relevante e estatisticamente indicada[42], devendo ser valorada segundo juízo prognóstico realiza-do *ex ante*, situando-se o julgador no momento do evento danoso.

38. Correlata à ideia de dano eventual é a identificação de *seu causador*. Como a ação exige se estabeleça com segurança a equação processual, e determinação dos *sujeitos ativo e passivo*, da lide, é necessário estabelecer quem deve ser responsabilizado e quem tem direito a reclamar a indenização. A questão, embora não ventilada na maioria dos autores que tratam da responsabilidade civil, é relevante. Cumpre indicar com precisão o responsável, e caracterizar o credor das perdas e danos.

39. Merece consideração especial o dano reflexo ou *dano em ricochete*. Não se trata da *responsabilidade indireta*, que compreende responsabilidade por fato de terceiro. A situação aqui examinada é a de uma pessoa que sofre o "reflexo" de um dano causado a outra pessoa. Pode ocorrer, por exemplo, quando uma pessoa, que presta alimentos a outra pessoa, vem a perecer em consequência de um fato que atingiu o alimentante, privando o alimentado do benefício. Seria o caso do ex-marido que deve à ex-mulher ou aos filhos uma pensão em consequência de uma separação ou divórcio, vir a perecer ou ficar incapacitado para prestá-la, como consequência de um dano que sofreu. Levanta-se nesses, e em casos análogos, a indagação se o prejudicado tem ação contra o causador do dano, embora não seja ele diretamente o atingido. Examinando o assunto, Geneviève Viney informa que o princípio da reparação desses danos, chamados "*par*

---

[41] Na doutrina, cf. Rafael Peteffi da Silva. *Responsabilidade civil pela perda de uma chance*. 3. ed. São Paulo: Atlas, 2013; Sérgio Savi. *Responsabilidade civil por perda de uma chance*. 3. ed. São Paulo: Atlas, 2012. Sobre a distinção entre perda de uma chance e lucros cessantes, v. Gisela Sampaio da Cruz Guedes. *Lucros cessantes*: do bom senso ao postulado normativo da razoabilidade. São Paulo: Revista dos Tribunais, 2011. pp. 100-125.

[42] Nessa direção, exigindo-se que a chance perdida seja séria e real: "Nos casos de responsabilidade de profissionais da advocacia por condutas apontadas como negligentes, e diante do aspecto relativo à incerteza da vantagem não experimentada, as demandas que invocam a teoria da 'perda de uma chance' devem ser solucionadas a partir de detida análise acerca das reais possibilidades de êxito do postulante, eventualmente perdidas em razão da desídia do causídico'. Assim, 'o fato de o advogado ter perdido o prazo para contestar ou interpor recurso (...) não enseja sua automática responsabilização civil com base na teoria da perda de uma chance, fazendo-se absolutamente necessária a ponderação acerca da probabilidade – que se supõe real – que a parte teria de se sagrar vitoriosa ou de ter a sua pretensão atendida'" (STJ, 4ª T., AgInt no AREsp 1.492.872/PR, Rel. Min. Maria Isabel Gallotti, julgado em 10.3.2020).

ricochet" ou danos "reflexos", é admitido largamente na França, embora em alguns direitos estrangeiros tenha encontrado reticências. A caracterização da natureza do dano – se pode ser ele considerado autônomo, ou mero reflexo do dano inicial – tem preocupado a jurisprudência, segundo informa a autora[43].

A tese do dano reflexo, embora se caracterize como a repercussão do dano direto ou imediato, é reparável, "o que multiplica", dizem Malaurie e Aynès,

> *os credores por indenização. Para que tenha lugar, há que estabelecer condições adequadas, mas que a rigor são aproximadamente idênticas às exigidas para a reparação do dano principal. Cumpre observar, contudo, que no dano em ricochete há duas vítimas e duas ações, posto que fundadas em um só fato danoso. Não será estranhável que, independentemente da natureza material deste, possa o dano reflexo ser um dano moral ou um dano pecuniário, uma vez que o prejuízo da vítima reflexa pode ser de uma e de outra espécie[44].*

O problema assume certa gravidade quando se faz a distinção se todas as pessoas com direito a alimentos a serem pagos pela vítima têm ação de reparação, ou somente aquelas que eram efetivamente socorridas por ela podem pleiteá-la.

A observação dos Mazeaud é fundamental, para a orientação da espécie, a saber: "se o prejuízo material causado a uma pessoa pela morte ou incapacidade para o trabalho que atinge uma outra pessoa é certo, ou, ao contrário, é hipotético". E proclamam: "o caráter de certeza do dano é incontestável, se o reclamante já era credor de alimentos do defunto ou ferido". Neste caso, aquele que perde seu crédito de alimentos, "perde então uma certeza, e sofre um dano cuja existência escapa à discussão"[45].

Não oferece o mesmo aspecto de certeza o direito à reparação pretendida pelos parentes e aliados "que não são credores de alimentos". A solução remonta à tese da "perda de uma chance"[46]. O dano causado fez perder a "possibilidade de ser o demandante socorrido pelo defunto". Recusar frontalmente a reparação, dizem os Mazeaud, seria "excessivo". O que deve orientar o juiz é a verificação se a "possibilidade perdida é séria", e, então, se existe um prejuízo efetivo[47].

Cogitando do problema, Savatier distingue entre a ação dos sucessores do defunto e as ações de terceiros lesados pela morte da vítima. E esclarece: se os credores de alimentos são já necessitados no momento da morte, o princípio de sua ação pessoal de perdas e danos não sofre dificuldade. Se o crédito alimentar

---

[43]   Geneviève Viney. *La responsabilité civile*. Cit. n. 305.

[44]   Philippe Malaurie e Laurent Aynès. *Droit civil*: les obligations. Cit. n. 51, p. 50.

[45]   Mazeaud e Mazeaud. *Traité théorique et pratique de la responsabilité civile*. Cit. v. 1, n. 277-2.

[46]   Mazeaud e Mazeaud. *Traité théorique et pratique de la responsabilité civile*. Cit. v. 1, n. 39.

[47]   Mazeaud e Mazeaud. *Traité théorique et pratique de la responsabilité civile*. Cit. v. 1, n. 277-4.

não estiver reconhecido no momento da morte da vítima, mas é possível provar que existia, há direito à reparação, como no caso do filho natural não reconhecido, mas que podia vir a sê-lo[48].

Philippe Malaurie e Laurent Aynès enunciam-no em termos singelos: "o prejuízo em ricochete é reparável, com a condição, bem entendido, que seja certo que o demandante teria continuado a receber subsídios se a vítima imediata tivesse sobrevivido" (vol. e loc. cits.).

Jean Carbonnier, mais radical, sustenta que é reparável o dano direto. Não cabe, diz ele, ação de perdas e danos propostas "por vítimas mediatas, ou como se diz às vezes, que seriam fundadas sobre danos em ricochete"[49].

Sourdat, entretanto, já figurava uma situação em que a reparação tem em vista um dano à pessoa diversa do demandante, ao dizer que o marido pode intentar ação em seu próprio nome, em razão da ofensa feita a sua mulher, porque ela atinge a ele mesmo, em razão dos laços íntimos que os unem[50].

Se o problema é complexo na sua apresentação, mais ainda o será na sua solução. Na falta de um princípio que o defina francamente, o que se deve adotar como solução é a regra da *certeza do dano*. Se pela morte ou incapacidade da vítima, as pessoas, que dela se beneficiavam, ficaram privadas de socorro, o dano é certo, e cabe ação contra o causador. Vitimando a pessoa que prestava alimentos a outras pessoas, privou-as do socorro e causou-lhes prejuízo certo. É o caso, por exemplo, da ex-esposa da vítima que, juridicamente, recebia dela uma pensão. Embora não seja diretamente atingida, tem ação de reparação por dano reflexo ou em ricochete, porque existe a certeza do prejuízo, e, portanto, está positivado o requisito do dano como elementar da responsabilidade civil.

Na esteira de tais ensinamentos, o art. 948 do Código Civil obriga o responsável, nos casos em que a vítima venha a falecer em decorrência do evento danoso, ao "pagamento das despesas com o tratamento da vítima, seu funeral e o luto da família" (inc. I); e à "prestação de alimentos às pessoas a quem o morto os devia, levando-se em conta a duração provável da vida da vítima" (inc. II).[51] Em linhas gerais, pode-se concluir que é reparável o dano reflexo ou em ricochete, desde que

---

[48] Savatier. *Responsabilité civile*. Paris: Librairie Générale de Droit et de Jurisprudence, 1939. v. 2, n. 531 e segs.

[49] Jean Carbonnier. *Droit civil*: les obligations. Paris: Presses Universitaires de France, 1967. v. 4, n. 88, p. 305.

[50] Sourdat. *Traité général de la responsabilité*. Paris: Marchal & Godde, 1911. v. 1, n. 38, p. 27.

[51] Gustavo Tepedino. Nexo de causalidade e o dano indireto no direito brasileiro. In: Fernanda Ivo Pires (org.). *Da estrutura à função da responsabilidade civil*: uma homenagem do Instituto Brasileiro de Estudos de Responsabilidade Civil (IBERC) ao Professor Renan Lotufo. São Paulo: Editora Foco, 2021, pp. 235-244.

68 | RESPONSABILIDADE CIVIL – *Caio Mário da Silva Pereira*

seja certa a repercussão do dano principal, por atingir a pessoa que lhe sofra a repercussão, e esta seja devidamente comprovada. Discute-se, na jurisprudência, se pessoas fora do núcleo familiar da vítima teriam legitimidade para propor tal ação[52].

Ainda assim, em face da incerteza quanto ao reconhecimento, pelo texto legal, do dano indireto ou reflexo, formulou-se construção evolutiva da teoria da relação causal imediata, denominada subteoria da necessariedade da causa, segundo a qual, além da causa imediata, pode-se admitir a causa remota, desde que desta tenha decorrido necessariamente o dano. Ou seja: diante de causas sucessivas, indaga-se se houve a ruptura do nexo causal entre a causa remota e o dano, em razão de intercorrência causal autônoma imediata; ou se, ao contrário, foi da causa remota (ou mediata) que decorreu necessariamente o dano (V. Capítulo VI, sobre Nexo de Causalidade, *infra*).

40. Ao propósito, diversas situações apresentam-se, merecedoras de atenção. Neste contexto intervém a *teoria dos danos coletivos*, que podem revestir formas ou expressões variadas: danos a toda uma coletividade, ou aos indivíduos integrantes de uma comunidade, ou danos causados a uma pessoa jurídica com reflexo nos seus membros componentes. Estas situações envolvem o problema da caracterização do dano, e com enorme relevância, o da *legitimatio* para promover a ação de indenização.

A matéria é de tanto maior interesse, quanto maior a sua frequência na atualidade.

Em alguns casos a matéria é prevista e definida em lei. É o caso, por exemplo, da *Ordem dos Advogados do Brasil* que, por força do disposto na Lei n. 8.906, de 4 de julho de 1994, tem a qualificação para proceder em nome e no interesse da classe, e muito frequentemente o faz, defendendo as prerrogativas da categoria profissional e dos direitos dos advogados. É ainda o caso do *síndico de um edifício coletivo* que, nos termos do Código Civil, representa ativa e passivamente o condomínio, em juízo ou fora dele (artigo 1.348, inciso II). É, também, o caso dos sindicatos, como órgãos de defesa dos interesses da categoria patronal e, mais frequentemente, a dos empregados.

A Constituição Federal de 1988, na figura do *mandado de segurança coletivo* (art. 5º, alínea LXX), configura a ideia de defesa de direito líquido e certo de uma determinada comunidade (partido político, organização sindical).

Aqui tem lugar, portanto, o exame do *dano coletivo* em sua generalidade, que Marty e Raynaud observam ser de ocorrência não duvidosa. Embora sem a personificação jurídica, que lhes proporcione representatividade legal, não são desco-

---

52   STJ, 4ª T., REsp 1.076.160/AM, Rel. Min. Luis Felipe Salomão, julgado em 10.04.2012.

nhecidas as associações que se organizam na defesa de certas comunidades, como é o caso das associações de bairro, que, especialmente nas grandes cidades, atuam junto à Municipalidade, no propósito defensivo das populações da respectiva região urbana, e no exercício do direito da *ação popular* ingressam em juízo, arrogando-se a legitimidade ativa para impugnar medidas nocivas ou inconvenientes.

No particular da responsabilidade civil, é preciso não confundir prejuízo coletivo que "atinge um número indeterminado de indivíduos", com o "exercício coletivo" da ação de indenização de prejuízos individuais, em derrogação da regra, segundo a qual ninguém pode pleitear direito por outrem (*nul ne plaide par procureur*), como observam Marty e Raynaud[53].

Onde o problema começa a se pôr em termos mais sutis é quando se indaga se um indivíduo, como membro de uma comunidade, pode pleitear reparação de prejuízo sofrido por esta comunidade. Não se trata, no caso, de uma ação intentada por um organismo dotado de personalidade jurídica. Neste caso, diz Geneviève Viney, a exigência de um "prejuízo pessoal" significa que "o dano que atinge o grupo deve ser efetivamente ressentido de forma específica pelo indivíduo que pretende a reparação". Depois de ilustrar a hipótese com vários exemplos dentre os quais sobressai o que provém da "violação das regras de urbanismo", a autora recomenda atentar em que "o interesse coletivo atingido" não entre no objeto de um organismo personalizado, a fim de que se apure a ocorrência de um verdadeiro "prejuízo individual"[54].

Merece atenção o fato de existir um organismo personalizado com poderes para agir no interesse coletivo (como o caso da diretoria de uma sociedade anônima), mas que se omite. Em princípio não cabe ao prejudicado agir na inação dos órgãos da entidade[55]. Poderá fazê-lo excepcionalmente, quando a autorização decorre de disposição especial de lei. É preciso, portanto, distinguir se se trata de prejuízo individual ou de prejuízo coletivo. No caso de dano pessoal, somente o prejudicado pode agir. Se o dano for à coletividade, e houver um organismo personalizado, tem este *legitimatio ad causam*. Mas, na existência de um dano à comunidade, e não houver organismo dotado de representação, somente poderá agir aquele que tiver sofrido pessoalmente o dano, mesmo se o seu procedimento vier a beneficiar toda a comunidade. O que não será lícito a um indivíduo é demandar reparação em favor da coletividade, sem que tenha poder de representação da mesma, e não tiver sido pessoalmente prejudicado.

---

[53] Marty e Raynaud. *Droit civil*: les obligations. Cit. t. II, v. 1, n. 385.
[54] Geneviève Viney. *La responsabilité civile*. Cit. n. 292.
[55] Geneviève Viney. *La responsabilité civile*. Cit. n. 296.

41. No campo do dano coletivo são de se considerar algumas situações especiais, como o caso do *dano ecológico* (tratado no presente parágrafo) e do *dano atômico* (examinado no parágrafo subsequente), e bem assim o da *responsabilidade civil do produtor ou fabricante*, que, pela sua maior incidência e implicações, merece tratamento especial (Capítulo n. XIII, *infra*).

Ao se cogitar do *dano ecológico*, ter-se-á em vista o problema da *poluição* ambiental. O conceito de "poluição encontra-se definido na Lei n. 6.938, de 31 de agosto de 1981, como a degradação da qualidade ambiental resultante de atividades que direta ou indiretamente prejudiquem a saúde, a segurança e o bem-estar da população"; ou criem condições adversas às atividades sociais e econômicas; ou, ainda, afetem as condições vitais, estéticas ou sanitárias do meio ambiente; ou, finalmente, lancem matérias ou energia em desacordo com os padrões ambientais estabelecidos.

Fugindo deste enunciado casuísta e prolixo, Hely Lopes Meirelles considera: "poluição é toda alteração das propriedades naturais do meio ambiente, causada por agente de qualquer espécie, prejudicial à saúde, à segurança ou ao bem-estar da população sujeita a seus efeitos"[56].

José Afonso da Silva oferece conceito mais ou menos análogo: "poluição é qualquer modificação das características do meio ambiente, de modo a torná-lo impróprio às formas de vida que ele normalmente abriga"[57].

O problema da poluição do meio ambiente envolve duas ordens de interferências: individual e coletiva.

No plano individual, todo aquele que é direta ou indiretamente atingido por imissões alheias nocivas tem legitimidade para repeli-las. O Código Civil de 1916, nos arts. 554 e 555, reprimia o *mau uso da propriedade*. O Código Civil de 2002 reproduz os mesmos princípios, ampliando entretanto a gama de proteção dos direitos de vizinhança no art. 1.277 e seguintes. Assim é que proíbe construções capazes de poluir, ou inutilizar, para uso ordinário, a água do poço, ou nascente alheia, a elas preexistente (art. 1.309). Não é permitido fazer escavações ou quaisquer obras que tirem ao poço ou à nascente de outrem a água indispensável às suas necessidades normais (art. 1.310). Proíbe a execução de qualquer obra ou serviço suscetível de provocar desmoronamento ou deslocação de terra, ou que comprometam a segurança do prédio vizinho (art. 1.311). A Constituição Federal de 1988 (art. 24, VIII) assegura proteção ao meio ambiente e ao equilíbrio ecológico (art. 225 e seus parágrafos).

As emissões, além de obrigarem à reposição ao *status quo ante*, ainda proporcionam ao lesado ressarcimento de danos.

---

[56] Hely Lopes Meirelles. *Direito de construir*. São Paulo: Malheiros, 1994. p. 188.
[57] Hely Lopes Meirelles. *Direito de construir*. Cit. p. 443.

Cap. IV · DANO | 71

A jurisprudência tem acolhido ações que reprimem a poluição industrial, a dispersão de resíduos, a expansão de gases na atmosfera, a emissão de ruídos que prejudiquem a saúde, os bens ou o bem-estar alheios, num alargamento do conceito de vizinhança para além da ideia de contiguidade. A repressão e a reparação ocorrem com frequência, e amparo nos princípios tradicionais[58].

O problema do *dano ecológico* adquiriu modernamente muito maior extensão. Não se restringe apenas à imissão no direito individual. Ultrapassando a fronteira da repressão e do ressarcimento com base em normas do direito tradicional, visa às condições da própria comunidade. O que atualmente impressiona é o prejuízo de natureza pessoal englobado no dano à coletividade. Os progressos técnicos, o desenvolvimento de certas atividades, os avanços científicos, o crescimento industrial vieram, neste século e com maior intensidade nos últimos tempos, criar situações danosas graves e de consequências até certo ponto imprevisíveis. Toda a imprensa mundial noticiou a "morte do Rio Reno", degradado pelos resíduos provindos de agentes poluentes lançados por indústrias localizadas na Suíça; são frequentes as poluições em rios brasileiros com a descarga de vinhoto e outros resíduos, atingindo a fauna aquática; a poluição atmosférica atinge regiões inteiras como a encosta da Serra do Mar em Cubatão; é famosa pela sua nocividade a poluição sonora na cidade de São Paulo; regiões inteiras são atingidas pelas fábricas situadas na cidade industrial de Contagem, em Minas Gerais; inúmeras outras situações há que prejudicam comunidades inteiras.

Levada a matéria aos tribunais, encontra boa acolhida como se vê em: STJ, 2ª T., REsp 1.454.281/MG, Rel. Min. Herman Benjamin, julgado em 16.08.2016; STJ, 2ª T., AgRg no REsp 1.512.655/MG, Rel. Min. Assusete Magalhães, julgado em 25.08.2015; STJ, 2ª T., AgRg no REsp 1.513.156/CE, Rel. Min. Humberto Martins, julgado em 18.08.2015.

---

[58] Cf. San Tiago Dantas. *O conflito de vizinhança e sua composição*. Rio de Janeiro: Forense, 1972; Tito Fulgêncio. *Direitos de vizinhança*. São Paulo: Livraria Acadêmica Saraiva, 1925; Washington de Barros Monteiro. *Curso de Direito Civil*. São Paulo: Saraiva, 1952-76. v. 3, p. 128; Silvio Rodrigues. *Direito civil*. São Paulo: Saraiva, 1973-75. v. 5, n. 691 e segs.; Clóvis Beviláqua. *Direito das coisas*. Rio de Janeiro: Forense, 1956. v. 1, § 41; Eduardo Espínola. *Posse, propriedade, condomínio, direitos autorais*. Rio de Janeiro: Conquista, 1956. pp. 237 e segs.; Serpa Lopes. *Curso de Direito Civil*. Rio de Janeiro: Freitas Bastos, 1964-71. v. 6, n. 247 e segs.; Aguiar Dias. *Da responsabilidade civil*. Cit. v. 2, n. 186; Hely Lopes Meirelles. *Direito de construir*. Cit. pp. 335 e segs.; Caio Mário da Silva Pereira. *Instituições de direito civil*. 18. ed. Rio de Janeiro: Forense, 2003. v. 4, n. 320 e segs.; Ruggiero e Maroi. *Istituzioni di diritto privato*. Cit. v. 2, § 108; Alberto Trabucchi. *Istituzioni di Diritto Civile*. Padova: Cedam, 1964. n. 171; Mazeaud e Mazeaud. *Traité théorique et pratique de la responsabilité civile*. Cit. v. 11, n. 1.341 e segs.; Henri de Page. *Traité élémentaire de droit civil belge*. Cit. v. 2, n. 913 e segs.; Enneccerus, Kipp & Wolff. *Tratado de Derecho Civil*: derecho de cosas. Barcelona: Bosch, 1933-55. v. 1, § 53 e segs.

72 | RESPONSABILIDADE CIVIL – *Caio Mário da Silva Pereira*

Sem dúvida é obrigação dos Poderes Públicos adotar medidas de defesa das populações.

Isto não impede, contudo, que aos particulares atingidos seja reconhecido o direito à reparação dos danos sofridos. Entra, aqui, contudo, a problemática do *dano coletivo* sobressaindo a questão relevantíssima da legitimidade *ad causam* e *ad processum*, para a ação indenizatória. Não se pode negar aos indivíduos lesados o direito de agirem por demanda de reparação.

Mas isto é insatisfatório. É preciso instituir mecanismos técnicos que sejam eficientes na defesa da comunidade atingida e na reparação coletiva do dano. Não só em nosso, como em alheio direito, "os autores são unânimes em afirmar a complexidade e as dificuldades do regime de repressão do dano ecológico em ação de responsabilidade civil"[59].

Não se pode recusar ao indivíduo, ou a uma associação comunitária, direito de ação de perdas e danos. Aliás, a jurisprudência dos tribunais é fértil em decisões proferidas em ações de rito ordinário, em mandados de segurança, em ações de indenização, em ação popular, em ação penal, em ação cominatória – tendo por objeto a repressão aos danos ao meio ambiente e sua reparação. São numerosos os arestos enumerados por Helita Barreira Custódio, nas páginas 209 e 210 de sua já citada obra[60].

Onde, entretanto, ocorre o ponto nodal da questão é no conflito entre o princípio segundo o qual ninguém pode pleitear em juízo direito alheio (*nul ne plaide par procureur*) e a insuficiência da percussão do pleito individual no interesse da coletividade.

Nesse sentido estabeleceu o Código de Processo Civil de 1973, art. 6º, que ninguém pode pleitear, em nome próprio, direito alheio, salvo quando autorizado por lei. Na mesma linha, o Código de Processo Civil de 2015 (Lei n. 13.105, de 16 de março de 2015) determina, no art. 18, que "ninguém poderá pleitear direito alheio em nome próprio, salvo quando autorizado pelo ordenamento jurídico". O referido dispositivo conta agora com um parágrafo único, segundo o qual, "havendo substituição processual, o substituído poderá intervir como assistente litisconsorcial".

Ao propósito, cabe então distinguir e precisar o objeto do procedimento judicial. Enquanto se concentra na obtenção de medida hábil a reprimir a atividade

---

[59] Helita Barreira Custódio. *Responsabilidade civil por danos ao meio ambiente*. São Paulo: Edusp, 1983. p. 255.

[60] Confiram-se, ainda: STJ, 1ª T., REsp 578.797/RS, Rel. Min. Luiz Fux, julgado em 05.08.2004; STJ, 1ª T., AgRg no REsp 626.253/SC, Rel. Min. Francisco Falcão, julgado em 11.05.2004; STJ, 1ª T., REsp 467.212/RJ, Rel. Min. Luiz Fux, julgado em 28.10.2003; TJSP, 2ª C. R. M. A., AI 2151379-66.2014.8.26.000, Rel. Des. Eutálio Porto, julgado em 16.04.2015; TJMG, 4ª C. Cív., Ap. Cív. 10024044265635002, Rel. Des. Dárcio Lopardi Mendes, julgado em 28.11.2013.

nociva, o direito individual engloba-se no interesse coletivo e vice-versa. Não falta, portanto, ao indivíduo legitimidade para agir *nomine suo*, posto que o *iudicium* proferido beneficie a coletividade.

Quando, entretanto, se encara o problema da responsabilidade civil, esbarra--se na falta de representatividade do demandante, para o ressarcimento do pre-juízo coletivo, cabendo aos lesados proceder à reparação dos danos pessoalmente sofridos, sem que possa a Justiça baixar provimento que leve o ressarcimento a quem não foi parte no processo, segundo, o princípio *res inter alios iudicata aliis nec nocet nec prodest.*

É de se prever, então, que a necessidade social venha a sugerir instrumental técnico judiciário, que se revele apto a suprir o que já é uma exigência ou imposição dos problemas suscitados pelo dano ecológico, e a necessidade de reparação satisfatória. Recorre-se às regras da responsabilidade civil para salvaguardar o patrimônio ecológico das depredações provocadas pelo exercício de atividades nocivas das empresas[61].

42. No esquema geral do dano coletivo, inscreve-se o *dano atômico*, que se insere na problemática da responsabilidade civil com elementos novos. O mundo inteiro tomou conhecimento do acidente ocorrido na usina nuclear de Chernobyl, em Yiew, na União Soviética, despertando a atenção dos cientistas e dos juristas para os seus efeitos, que levaram a contaminação radioativa a pessoas, animais e alimentos a centenas de quilômetros de distância, sem que se possa ter uma estimativa segura de até quando e até onde irão as consequências. Incidente análogo esteve prestes a ocorrer na usina americana de Three Miles, nos Estados Unidos, dando origem à expressão "síndrome da China", para significar que o vazamento atômico pode prosseguir terra adentro, verticalmente, sem a previsão de como se deterá. No Brasil, há o permanente receio de acidente com as usinas nucleares de Angra dos Reis, na eventualidade de um vazamento. Em Goiânia, ocorreu o acidente com a apropriação, feita por um particular, de uma cápsula de Césio-137, causando lesões em numerosas pessoas (alguns casos fatais), atingindo bairros inteiros, obrigando à demolição de casas, remoção de terras e resíduos para local remoto e deserto sem uma previsão segura dos efeitos remotos nas pessoas atingidas.

Casos, como estes, suscitam raciocínios novos em torno dos princípios convencionais da responsabilidade civil, sem repudiá-los, porém desenvolvendo sua aplicação relativamente a situações até então desconhecidas. O certo é que um fato concreto provoca uma descarga poluente em equipamentos radioativos. Nem

---

[61]   Guido Alpa. La responsabilité civile in Italie: problèmes et perspectives. In: *Revue internationale de droit comparé*. Paris: RIE, 1986. p. 1.113.

sempre se identifica a causa geradora imediata, e igualmente não se determina o efeito em uma coletividade próxima ou remota. Não é lícito, em face dos princípios ideais de justiça, deixar sem reparação. O problema consiste, em derradeira análise, em estabelecer o modo como proceder.

Em outra situação, ocorre atentar para o dano provindo de intoxicação devida a isótonos radiativos, cuja ação somente é detectada com o correr do tempo. Vem, aí, correlata, a preocupação com o *dano futuro*, estudado linhas acima. Sabe-se que a irradiação, qualquer que seja a causa, pode provocar danos diretos, como gerar moléstias graves, cuja ação não será imediata. Ocorre indagar da sua responsabilidade, assunto que tem sido objeto de cogitação dos juristas. René Rodière assenta que na etiologia da responsabilidade civil é indispensável a "certeza" do dano, embora não se requeira que seja "presente"[62]. O que se não compadece com o dever de reparação é a simples *"eventualidade"*. Quer dizer, o dano meramente "hipotético" não é indenizável, como já visto acima[63]. Todavia, é suscetível de ressarcimento o "dano futuro" desde que se possa demonstrar, no momento da decisão, que ele tem existência real. Mazeaud e Mazeaud[64], fazendo a mesma distinção, excluem de responsabilidade o *"dano futuro hipotético"*.

A resposta à indagação se em casos, como os acima figurados, cabe indenização tem sido objeto de estudos e considerações.

Nos Estados Unidos o problema já foi trazido às Cortes de Justiça. E as decisões têm em vista que é difícil determinar o dano em nível de *"certeza razoável"*, o que leva a recorrer a dados estatísticos, além da opinião de técnicos[65].

Dado o fato de um dano positivado, levanta-se a questão se seria possível configurar uma indenização dispensando o lesado de provar o nexo de causalidade. A questão foi levada às Cortes de Justiça nos Estados Unidos, que, ao tratarem da causalidade (*causation in fact*) encontravam uma fórmula original, admitindo-se a reparação quando a probabilidade ultrapassa 50%[66], o que provocou a crítica de Piérard, no sentido de se exigir do postulante a demonstração de que o encadeamento das causas atinja um mínimo de 51% de probabilidades, e em caso contrário não vinga a pretensão[67].

---

[62] René Rodière. *La responsabilité civile*. Cit. n. 1.597 e segs.

[63] René Rodière. *La responsabilité civile*. Cit. n. 39 e segs.

[64] Mazeaud e Mazeud. *Traité théorique et pratique de la responsabilité civile délictuelle et contractuelle*. 5. ed. com André Tunc. Paris: Montchrestien, 1955. n. 216, notas 1 a 4.

[65] Cf. S. D. Estep. Radiation injuries and statistics. The need for a new approach to injury litigation. In: *Michigan law review*. Michigan: The Michigan Law School, 1960. v. 59, n. 2, pp. 258 e segs.; B. Stason, S. Estep, W. Pierce. *Atoms and the law*. Michigan: The Michigan Law School, 1954. p. 428.

[66] William Prosser. *Handbook of the law of torts*. St. Paul: West Publishing Co., 1941. p. 220.

[67] Jean-Paul Piérard. *Responsabilité civile, energie atomique et droit comparé*. Bruxelles: Bruylant, 1963. p. 116.

Não se pode, a meu ver, dispensar o elemento causal. A base estatística é muito falha, pois que na teoria norte-americana do *"but for"* a diferença mínima de um ou dois por cento reverte a obrigação ressarcitória. O que se compreende, em termos de responsabilidade atômica, é que haverá maior elasticidade na investigação da relação de causalidade entre o dano e o acidente atômico, levadas em consideração circunstâncias especiais de tempo e distância, a que não pode ser estranho o fator probabilidade.

A matéria, se não veio ainda aos nossos tribunais, poderá vir. O mesmo em outros países. Mas já constitui objeto de atenção dos doutos, obrigando a repensar a teoria da responsabilidade civil, como o fez, em termos específicos, Jean-Paul Piérard que, ao propósito, examina as "insuficiências do direito comum", em pesquisa comparatista no direito francês, no alemão, inglês, suíço, austríaco, belga, sueco e norte-americano.

O progresso da atividade nuclear introduziu critérios novos na doutrina da responsabilidade civil, embora enfatizando a ideia central de que todo dano causado deve ser ressarcido.

Tradicionalmente, o elemento objetivo da responsabilidade civil, é determinado por um fato concreto. A utilização do átomo veio trazer novas indagações.

René Rodière, em conferência pronunciada no Instituto de Direito Comparado da Universidade de Paris, em 1959, figura, a par dos exemplos das vítimas do emprego de um isótono médico ou dos vizinhos de um reator, situações mais complexas do surgimento de doenças que aparecem em pessoas distantes no tempo e no espaço, por efeito de uma experiência ou de um acidente. E indaga se elas podem incriminar tal experiência ou tal acidente[68].

Aquela indagação relativa ao imediatismo do dano ou sua futuridade sofre, então, um inevitável abalo. Se a doutrina clássica recusa reparação ao dano hipotético, cabe indagar se a usina nuclear pode ser logo acionada, na perspectiva de um dano ainda não apurado, mas cuja probabilidade de aparecer é previsível.

Cogitando de vários aspectos do risco atômico, Rodière, na mesma conferência, fala na necessidade de definir com rigor o fundamento da indenização, tendo em vista que a morte ou a doença poderá surgir tardiamente, "e o acaso mais impenetrável distribuirá estes danos"[69]. Lembra, muito bem, que durante séculos o princípio da responsabilidade civil pôde assegurar a dupla função preventiva e corretora: "Os homens sabiam o que deviam fazer; quando procediam erradamente, tinham que indenizar as suas vítimas"[70].

---

[68] René Rodière. Responsabilité Civile et Risque Atomique. In: *Revue internationale de droit comparé*. Paris: RIE, 1959. p. 508.

[69] René Rodière. *La responsabilité civile*. Cit. p. 511.

[70] René Rodière. *La responsabilité civile*. Cit. p. 506.

E conclui sua exposição prevendo que este mundo novo pertence também aos juristas, aos quais competirá a tarefa de enfrentar[71].

Certo, então, que os dados conhecidos terão de passar por uma indispensável revisão, para que possam acompanhar o progresso de uma atividade que está apenas no começo, e cujo futuro é mais da imaginação do que da realidade.

Não obstante tudo isto, é no conceito de *dano*, que encontra extensão crescente na razão do desenvolvimento das técnicas científicas trazidas para a vida social contemporânea, que o direito há de operar para conceder reparação que os princípios enunciados tradicionalmente não mencionavam. Existe uma visão factual nova com que o mundo terá de conviver, e sobre ela há de incidir um raciocínio iluminado por sua incidência.

A radioatividade, deixando de ser considerada um elemento de mera pesquisa, transformou-se em uma das preocupações do homem de hoje[72].

No Brasil, à Comissão Nacional de Energia Nuclear (CNEN) cabe o licenciamento, a fiscalização das instalações nucleares e respectivos materiais e equipamentos. No exterior, convenções internacionais têm cogitado do assunto: Organização Europeia de Cooperação Econômica (Oece); Agência Internacional de Energia Atômica (Asea); Comunidade Europeia de Energia Atômica (Euratom). Há, contudo, necessidade de aprofundar a ação preventiva, uma vez que os órgãos aqui mencionados não apresentaram trabalho cuja transparência permita acreditar na sua atuação eficiente. No caso de Goiânia, a atividade da CNEN foi muito criticada, restando duvidosa a sua eficiência.

É de se considerar que, em diversos países, uma "legislação atômica" tem em vista regulamentar as atividades nucleares e definir as responsabilidades da indústria nuclear; a lei atômica alemã (*Atomgesetz*); a lei federal suíça sobre a utilização pacífica da energia nuclear; a lei sueca sobre a reparação dos danos causados pela exploração de um reator nuclear; a lei belga relativa à responsabilidade civil do centro de estudos da energia nuclear; a lei inglesa de licença e seguro; a lei japonesa sobre a indenização dos danos nucleares; a emenda Price-Anderson sobre energia atômica; o projeto francês de lei atômica. A Constituição brasileira de 1988, no art. 21, n. XXIII, alínea *d*, atribui à União legislar sobre responsabilidade civil por danos nucleares, com caráter objetivo ("independentemente da existência de culpa", diz textualmente).

O preceito constitucional encontra-se regulamentado pela Lei n. 6.453, de 17 de outubro de 1977.

---

[71] René Rodière. *La responsabilité civile*. Cit. p. 518.

[72] Helita Barreira Custódio. *Responsabilidade civil por danos ao meio ambiente*. Cit. p. 154.

Jean-Paul Piérard, resumindo as deliberações tomadas nas diversas Convenções e nas leis por ele reproduzidas, oferece conclusões que representam os primeiros dados referentes à responsabilidade civil pelos danos atômicos. Entende que deve prevalecer a responsabilidade objetiva do explorador de uma instalação nuclear, com a instauração de um sistema de responsabilidade de que toda noção de culpa é "excluída", acrescentando que todas as legislações adotaram, com exceção dos Estados Unidos da América[73].

No Prefácio com que apresenta a obra de Piérard, o Professor da Universidade de Louvain, Robert Liénard, observa que "nenhuma legislação nacional de direito comum é satisfatória e adaptada às necessidades da era nuclear". Acentua, mesmo, que "o risco nuclear ignora as fronteiras e que seus efeitos são suscetíveis de desbordar das áreas nacionais".

O maior problema é a responsabilidade jurídica do causador do dano, que Carlos Alberto Bittar, com amparo em boa bibliografia desenvolve[74]. Este problema, a meu ver, merece ter a sua solução subordinada a uma regra uniforme. No caso das usinas instaladas, a empresa exploradora é responsável pelos danos causados, independente de prova de culpa, a ser produzida pela vítima. Acidentes podem verificar-se em situações diversas, seja com o vazamento, seja com um abalroamento, seja com o transporte de material atômico. Em qualquer caso a responsabilidade é de quem explora a empresa, a usina ou o transporte. Neste último caso, existe corresponsabilidade do Estado se as autoridades públicas, comunicadas, não tomaram providências necessárias a evitar riscos excepcionais com liberação da estrada, interdição do tráfego etc. A Constituição Federal de 1988 atribui à União os serviços e instalações nucleares de qualquer natureza, e estabelece que os danos nucleares estão subordinados ao princípio da responsabilidade objetiva (art. 21, XXIII).

A determinação do dano mobiliza o desenvolvimento do conceito de certeza, que obedecerá a critério mais elástico como acima referido. O exame de cada caso permitirá determinar que a certeza do prejuízo não pode deixar de atentar num critério de razoável probabilidade, uma vez que os efeitos da radiação atômica, detectados ou não no momento, poderão positivar-se num futuro mais ou menos remoto, e num raio de ação mais ou menos extenso.

O Código de Defesa do Consumidor (Lei n. 8.078/1990) habilita o Ministério Público para as ações de interesse do consumidor, inclusive para execução e liquidação das indenizações (arts. 81 e 91).

---

[73] Jean-Paul Piérard. *Responsabilité civile, energie atomique et droit comparé*. Cit. p. 461.

[74] Carlos Alberto Bittar. *Responsabilidade civil das atividades nucleares*. São Paulo: Revista dos Tribunais, 1985. pp. 179 e segs.

78 | RESPONSABILIDADE CIVIL – *Caio Mário da Silva Pereira*

O Estatuto da Criança (Lei n. 8.069/1990) igualmente legitima o Ministério Público para a defesa de interesses difusos no que se refere à criança e ao adolescente.

43. Novo campo na teoria da responsabilidade civil é o da *informática*, apresentando modalidades de dano inclusive com a penetração nos circuitos promovidos por sistemas em operação. São mais que conhecidos o caso de uns jovens que lograram penetrar no sistema norte-americano do Pentágono, pondo em risco a segurança do país. Outros, são os de intromissão em organizações bancárias, transferindo elevadas somas para conta diversa da do titular, de maneira ilícita. Já são objeto de cogitação os chamados "vírus" que perturbam as atividades operacionais no mundo inteiro. Campo novo já aponta sua bibliografia, com tendências crescentes[75].

O desenvolvimento da rede mundial de computadores aguça a relevância desse campo na teoria da responsabilidade civil, tanto mais agora com a entrada em vigor do Marco Civil da Internet (Lei n. 12.965/2014). Além dos danos decorrentes do comércio eletrônico, vêm a lume outras atividades danosas, como o envio de mensagens eletrônicas indesejadas – os spams[76]. Além disso, a responsabilidade do provedor de internet vem sendo bastante discutida em razão das ofensas que frequentemente são inseridas em sites de relacionamento sem autoria identificada[77] (v. Capítulo XXIII, *infra*).

44. É no campo do elemento "dano" que se situa a problemática mais polêmica da responsabilidade civil. No texto do art. 1.382 do Código Napoleão, diz De Page, cumpre entender que os trabalhos preparatórios "precisam que esta disposição abranja, em sua vasta largueza, todos os gêneros de danos". E é

---

[75] Orlando Gomes. Responsabilidade civil na informática. In: *Revista Forense*, Rio de Janeiro: Forense, abr./jun. 1987. v. 298, p. 3. Sobre o tema, v. TJ/RS, Recurso Cível n. 71.002.004.794, 3ª T. Recursal Cível, Rel. Des. João Pedro Cavalli Junior, julgado em 15.10.2009; TJ/RJ, Ap. Cív. 0027693-10.2007.8.19.0001, 9ª CC, Rel. Des. Roberto de Abreu e Silva, julgado em 16.03.2010; e TJ/SP, Ap. Cív. 991080940209, 22ª CC, Rel. Des. Matheus Fontes, julgado em 10.03.2010).

[76] O tema foi objeto de análise no Superior Tribunal de Justiça. Segundo a Corte, "não obstante o inegável incômodo, o envio de mensagens eletrônicas em massa – *spam* – por si só não consubstancia fundamento para justificar a ação de dano moral, notadamente em face da evolução tecnológica que permite o bloqueio, a deletação ou simplesmente a recusa de tais mensagens" (STJ, 4ª T., REsp 844.736/DF, Rel. p/ Acórdão Min. Honildo Amaral de Mello Castro, julgado em 27.10.2009). Na mesma direção, v. STJ, 4ª T, REsp 747.396/DF, Rel. Min. Fernando Gonçalves, julgado em 22.03.2010; STJ, AREsp 693.273, Rel. Min. Maria Isabel Gallotti, julgado em 20.05.2015.

[77] Sobre o tema, cf. STJ, 4ª T., REsp 1.501.187/RJ, Rel. Min. Marco Buzzi, julgado em 16.12.2014; STJ, 3ª T., REsp 1.568.935/RJ, Rel. Min. Ricardo Villas Bôas Cueva, julgado em 05.04.2016; STJ, 2ª S., EREsp 1.568.935/RJ, Rel. Min. Marco Buzzi, julgado em 28.06.2017; STJ, 3ª T., AgRg no AREsp 712.456/RJ, Rel. Min. João Otávio de Noronha, julgado em 17.03.2016.

Cap. IV · DANO | 79

desta sorte que o dano moral encontra suporte na teoria geral da reparação em direito francês[78].

Matéria da mais alta relevância, posto que muito polemizada em doutrina e jurisprudência, é, pois, a que se encerra na indagação se o *dano moral* deve ser reparado, ainda quando não associado a *dano material*.

A teoria da reparação do dano moral, para encontrar boa acolhida, teve de partir de um pressuposto mais amplo do que os assentados na doutrina tradicional da responsabilidade civil. Foi preciso, antes de tudo, vencer os escrúpulos dos que se apegavam em demasia à própria expressão "dano moral", que, não obstante certas reticências, foi mantida[79].

Para a determinação da existência do dano, como elemento objetivo da responsabilidade civil, é indispensável assentar que houve ofensa a um "bem jurídico", embora Aguiar Dias se insurja contra a utilização do vocábulo "bem", por lhe parecer demasiado fluido e impreciso[80]. Não me parece, todavia, inadequado, uma vez que nesta referência se contém toda lesão à integridade física ou moral da pessoa; as coisas corpóreas ou incorpóreas que são objeto de relações jurídicas; o direito de propriedade como os direitos de crédito; a própria vida como a honorabilidade e o bom conceito de que alguém desfruta na sociedade.

Quando opto pela definição do dano como *toda ofensa a um bem jurídico*, tenho precisamente em vista fugir da restrição à patrimonialidade do prejuízo. Não é raro que uma definição de responsabilidade civil se restrinja à reparabilidade de lesão imposta ao patrimônio da vítima.

Não me satisfaz esta restrição, porque sempre entendi, e o tenho definido em minha obra doutrinária, que toda lesão a qualquer direito tem como consequência a obrigação de indenizar. E aqui se levanta a questão, que já foi muito controvertida, da ressarcibilidade do *dano moral*. Já se encontrava em Sourdat a sustentação de que "um dano material não é o único que dá abertura à ação de reparações civis; um interesse moral é suficiente"[81]. A matéria era, porém, polêmica, e não foi com o argumento da autoridade que se decidiu a controvérsia. Se é certo que Pothier, Brinz, Keller, Chironi eram adversos à reparação do dano moral, e se Giorgi e Dernburg somente admitiam-na quando atingia a integridade do patrimônio, certo é, também, que toda uma corrente mais moderna aceitava sem tergiversar a indenização do dano moral, puro e simples (Ripert, De Page, Gand, Givord, Martin Achard, Mazeaud, Savatier, Philippe Mallaurie, Alex Weill e François Terré,

---

[78] Henri de Page. *Traité élémentaire de droit civil belge*. Cit. v. 2, n. 951.

[79] Aguiar Dias. *Da responsabilidade civil*. Cit. v. 2, p. 307; Agostinho Alvim. *Da inexecução dasobrigações*. São Paulo: Saraiva, 1949. n. 157.

[80] Aguiar Dias. *Da responsabilidade civil*. Cit. v. 2, p. 340.

[81] Sourdat. *Traité général de la responsabilité*. Cit. v. 1, n. 31, p. 23.

Jean Carbonnier, Marty e Raynaud, e, entre nós, Beviláqua, Aguiar Dias, Wilson Melo da Silva, Silvio Rodrigues, Serpa Lopes, Alcino Salazar, Orozimbo Nonato, Philadelpho Azevedo, Hahnemann Guimarães, Amilcar de Castro, Caio Mário da Silva Pereira).

45. O fundamento da reparabilidade pelo dano moral está em que, a par do patrimônio em sentido técnico, o indivíduo é titular de direitos integrantes de sua personalidade, não podendo conformar-se a ordem jurídica em que sejam impunemente atingidos. Colocando a questão em termos de maior amplitude, Savatier oferece uma definição de *dano moral* como "qualquer sofrimento humano que não é causado por uma perda pecuniária", e abrange todo atentado à reputação da vítima, à sua autoridade legítima, ao seu pudor, à sua segurança e tranquilidade, ao seu amor-próprio estético, à integridade de sua inteligência, a suas afeições etc.[82]

A grande escolha a que se apegavam os adversários residia num argumento especioso, a dizerem que o dano moral não podia ser indenizado, porque a dor, o sofrimento, a honorabilidade são inestimáveis financeiramente, e, portanto, não são indenizáveis. Salvo, acrescentava mestre Jair Lins, se se estabelecesse uma espécie de tarifamento, a dizer que a certo palavrão corresponderia dada cifra, como a um bofetão na face ligar-se-ia outra quantia.

O problema não podia ser posto nestes termos. O ponto de partida para a sustentação do ressarcimento do dano moral está na distinção do que seja o prejuízo, no caso do dano material e do dano moral. A dificuldade de avaliar, responde De Page, "não apaga a realidade do dano, e por conseguinte não dispensa da obrigação de repará-lo"[83].

Sob aspecto da patrimonialidade, o conceito de reparação está adstrito ao étimo "indemnizar", que contém em si mesmo a ideia de colocar alguma coisa no lugar do bem lesado, ou seja, prover a vítima de algo equivalente ao bem que perdeu. Indenizar será, por consequência, suprir em espécie ou pecuniariamente à vítima a perda que sofreu. Assim é que o dano à propriedade significa proporcionar ao lesado coisa idêntica ou quantia equivalente.

O dano à pessoa repara-se mediante um capital ou uma pensão que supra à vítima a perda da capacidade laboral.

Quando se cuida do dano moral, o fulcro do conceito ressarcitório acha-se deslocado para a convergência de duas forças: "caráter punitivo" para que o causador do dano, pelo fato da condenação, se veja castigado pela ofensa que praticou; e o

---

[82] Savatier. *Responsabilité civile*. Cit. v. 2, n. 525.

[83] Henri de Page. *Traité élémentaire de droit civil belge*. Cit. v. 2, n. 915-bis.

"caráter compensatório" para a vítima, que receberá uma soma que lhe proporcione prazeres como contrapartida do mal sofrido[84].

No dano moral a estimativa pecuniária não é fundamental[85].

Durante algum tempo, tribunais franceses ficaram adstritos ao primeiro aspecto, e concluíam a ação fundada em dano moral com a condenação simbólica de "um franco"[86]. Tinham em vista o efeito punitivo, a condenação pela condenação. Somente consideravam um esquema pecuniário quando o dano moral repercutia no patrimônio. Mas isto equivalia a dizer que somente lhes parecia considerável a indenização do dano patrimonial.

Esta mesma tendência imperou, por muito tempo, em algumas Cortes de Justiça, não imbuídas totalmente da aceitação do ressarcimento do dano puramente moral. É certo que muito frequentemente, como observam Marty e Raynaud, os danos materiais se misturam ao dano moral, e lembram que lesões de cunho moral podem ter um "prolongamento material", como no caso de uma "lesão estética, com ofensa à harmonia física, apresentando uma importância social, implica virtualidades de dano material"[87]. Aguiar Dias aconselha que se atente em que a distinção entre dano material e dano moral "não decorre da natureza do direito, mas do efeito da lesão, do caráter da sua repercussão sobre o lesado". Amparado em Minozzi, completa que o dano moral deve ser compreendido em relação ao seu conteúdo, que "não é o dinheiro nem coisa comercialmente reduzida a dinheiro, mas a dor, o espanto, a emoção, a vergonha, a injúria física ou moral, em geral uma dolorosa sensação experimentada pela pessoa, atribuída à palavra dor o mais largo significado"[88]. O que é da essência da reparação do dano moral é a ofensa a um direito, sem prejuízo material.

Admitir, todavia, que somente cabe reparação moral quando há um dano material é um desvio de perspectiva. Quem sustentava que o dano moral era indenizável somente quando e na medida em que atingia o patrimônio estava, em verdade, recusando a indenização do dano moral. O que é preciso assentar, e de maneira definitiva, como faz Wilson Melo da Silva, é que "na ocorrência de uma lesão, manda o direito ou a equidade que se não deixe o lesado ao desamparo de sua própria sorte"[89].

---

[84] A propósito do caráter punitivo, v. Geneviève Viney. *La responsabilité civile*. Cit. n. 254.

[85] Antônio Chaves. In: *Revista Forense*. v. 114, p. 11.

[86] Mazeaud e Mazeaud. *Traité théorique et pratique de la responsabilité civile*. Cit. v. 2, n. 421.

[87] Marty e Raynaud. *Droit civil*: les obligations. Cit. t. II, v. 1, n. 381.

[88] Aguiar Dias. *Da responsabilidade civil*. Cit. v. 2, n. 226.

[89] Wilson Melo da Silva. *O dano moral e sua reparação*. 3. ed. Rio de Janeiro: Forense, 1983. n. 237, p. 561.

82 | RESPONSABILIDADE CIVIL – *Caio Mário da Silva Pereira*

Para aceitar a reparabilidade do dano moral é preciso convencer-se de que são ressarcíveis bens jurídicos sem valor estimável financeiramente em si mesmos, pelo só fato de serem ofendidos pelo comportamento antijurídico do agente. René Rodière, depois de enunciar os obstáculos jurídicos que se opõem à reparação do dano moral, sustenta à guisa de conclusão: "Nenhuma barreira jurídica se levanta para se opor à reparação dos danos diretos e provados, sejam de ordem material ou moral, uma vez que sejam lícitos os elementos do prejuízo que o demandante demonstra"[90]. E Geneviève Viney considera vão retomar hoje a discussão dos argumentos aduzidos pelos adversários e pelos partidários dos prejuízos de natureza extrapatrimonial, que ela considera uma impropriedade denominá-los "danos morais"[91].

No sentido da reparação do dano moral marchou a doutrina, e neste rumo também a jurisprudência caminhou. Assim se pronunciam Mazeaud, Mazeaud e Mazeaud, apontando a maior receptividade e tendência futura, através da evolução jurisprudencial no direito francês[92].

Não cabe, por outro lado, considerar que são incompatíveis os pedidos de reparação patrimonial e indenização por dano moral. O fato gerador pode ser o mesmo, porém o efeito pode ser múltiplo. A morte de uma pessoa fundamenta a indenização por dano material na medida em que se avalia o que perdem pecuniariamente os seus dependentes. Ao mesmo tempo justifica a reparação por dano moral quando se tem em vista a dor, o sofrimento que representa para os seus parentes ou aliados a eliminação violenta e injusta do ente querido, independentemente de que a sua falta atinge a economia dos familiares e dependentes.

Mazeaud e Mazeaud, defendendo a reparação do dano moral, partem de que o vocábulo "reparar" não pode ser entendido na acepção restrita de refazer o que foi destruído; é dar à vítima "a possibilidade de obter satisfações equivalentes ao que perdeu; ela é livre de procurar o que lhe apraza"[93].

No estado evolutivo atual, a mais avançada doutrina chega a admitir o "dano moral em ricochete". A base da tese é a aceitação do prejuízo de afeição acompanhando a morte ou os ferimentos sofridos por um ser humano. Para que ocorra neste caso o dano reflexo ou em ricochete, é preciso que os próximos da vítima sofram um dano de gravidade excepcional. Estas mesmas restrições ajuntam Weill e Terré, que o expõem, "já foram abandonadas"[94].

---

[90]   René Rodière. *La responsabilité civile*. Cit. n. 1.611.

[91]   Geneviève Viney. *La responsabilité civile*. Cit. n. 253.

[92]   Mazeaud e Mazeaud. *Traité théorique et pratique de la responsabilité civile*. Cit. v. 2, n. 417 e segs.

[93]   Mazeaud e Mazeaud. *Traité théorique et pratique de la responsabilité civile*. Cit. v. 1, n. 313.

[94]   Weill e Terré. *Droit civil*: les obligations. Cit. n. 612.

46. Tratando o assunto casuisticamente, o nosso direito positivo já formulava algumas hipóteses de reparação de dano moral, quando do ferimento resultava aleijão ou deformidade, ou quando atingia mulher solteira ou viúva ainda em idade de casar (Código Civil de 1916, art. 1.538, §2º); gravame imposto a uma mulher por defloramento, sedução com promessa de casamento, violência sexual (Código Civil de 1916, art. 1.549); ofensa à liberdade pessoal (Código Civil de 1916, art. 1.550, correspondente ao art. 954 do Código Civil de 2002); calúnia, difamação ou injúria por via publicitária.

A resistência que encontrou, entre nós, a teoria da reparação do dano moral estava em que não havia uma disposição genérica no Código Civil de 1916. Admitindo-a, Clóvis Beviláqua, propugnador da indenização do dano moral, enxerga o suporte legal na regra do art. 76 e seu parágrafo do Código Civil de 1916, segundo o qual, para propor ou contestar uma ação, é suficiente um interesse moral. O argumento, entretanto, não convenceu os opositores recalcitrantes.

A meu ver, a aceitação da doutrina que defendeu a indenização por dano moral repousou numa interpretação sistemática de nosso direito, abrangendo o próprio art. 159 do Código Civil de 1916 que, ao aludir à "violação de um direito", não limitou a reparação ao caso de dano material apenas. Não importa que os redatores do Código de 1916 não hajam assim pensado. A lei, uma vez elaborada, desprende-se da pessoa dos que a redigiram. A ideia de "interpretação histórica" está cada dia menos autorizada. O que prevalece é o conteúdo social da lei, cuja hermenêutica acompanha a evolução da sociedade e de suas injunções[95]. Nesta linha de raciocínio posso buscar amparo na lição de Chironi, de que a expressão genérica emitida pelo Código Civil italiano, ao se referir a "*qualunque danno*" pode ser interpretada como abrangendo "*la responsabilità ordinata dei danni materiali e dei morali*"[96].

47. Procurando fixar a doutrina em termos mais precisos, ao elaborar o Anteprojeto de Código de Obrigações de 1965, fiz consignar disposição segundo a qual o dano, ainda que simplesmente moral, será também ressarcido (*Projeto de Código de Obrigações de 1965*, art. 855).

O Projeto de Código Civil de 1975 (Projeto 634-B) consagrou a reparação por dano moral nos casos especiais previstos do Código Civil de 1916, aludindo às hipóteses de injúria ou calúnia (art. 989), ofensa à liberdade pessoal (art. 990), que especifica com a retenção em cárcere privado, prisão por queixa ou denúncia falsa e de má-fé, e prisão ilegal.

---

[95] Lei de Introdução às Normas do Direito Brasileiro. Art. 5º.

[96] Chironi. *La colpa extracontrattuale*. Cit. v. 2, n. 411.

84 | RESPONSABILIDADE CIVIL – *Caio Mário da Silva Pereira*

Tem-se discutido a possibilidade de caracterização de dano moral em decorrência de inadimplemento contratual. Em regra, a patrimonialidade própria da relação contratual exclui a cogitação de danos morais. Entretanto, por vezes o descumprimento extrapola o conteúdo das prestações, atingindo relações existenciais alcançadas pelo contrato.[97] Em tal perspectiva, o Superior Tribunal de Justiça reconheceu dano moral indenizável em consequência da violação de contratos que, a despeito de sua intrínseca patrimonialidade, guardam em si situações jurídicas subjetivas de conteúdo existencial, ou servem à satisfação de interesses existenciais.[98]

Aderindo à tese de meu Projeto de Código de Obrigações, incorporou o conceito genérico da indenização por dano moral, quando o art. 186 define o "ato ilícito", dizendo: aquele que, por ação ou omissão voluntária, negligência ou imprudência, violar direito e causar dano a outrem, *ainda que exclusivamente moral*, comete ato ilícito.

Vindo este preceito a se integrar em nosso direito positivo no Código Civil de 2002 (art. 186), elimina-se o argumento dos opositores da reparação por dano moral, assentado na falta de disposição genérica explícita, ao mesmo passo que se filia o direito brasileiro à corrente dos que sustentam que o dano moral, independentemente do dano material, é suscetível de reparação.

O Código Civil de 2002 manteve, ainda, previsões específicas de reparação por dano moral já consagradas no Código Civil de 1916, aludindo às hipóteses de injúria ou calúnia (art. 953) e ofensa à liberdade pessoal (art. 954), que especifica com a retenção em cárcere privado, prisão por queixa ou denúncia falsa e de má--fé, e prisão ilegal.

48. A Constituição Federal de 1988 já havia posto uma pá de cal na resistência à reparação do dano moral. O art. 5º, X, dispôs: "São invioláveis a intimidade, a vida privada, a honra e a imagem das pessoas, assegurando o direito à indenização pelo dano material ou moral decorrente de sua violação". Destarte, o argumento baseado na ausência de um princípio geral desaparece. E assim, a reparação do dano moral integrou-se definitivamente em nosso direito positivo.

---

[97] Sobre o ponto, Carlos Edison do Rêgo Monteiro Filho. *Responsabilidade contratual e extracontratual:* contrastes e convergências no direito civil contemporâneo. Rio de Janeiro: Editora Processo, 2016; e Milena Donato Oliva. Dano moral e inadimplemento contratual nas relações de consumo. *Revista de Direito do Consumidor.* São Paulo: Revista dos Tri-bunais, mai./jun. 2014.

[98] O STJ considerou configurado dano moral em caso de publicação da imagem da autora em veículo diverso do pretendido na relação contratual, tratando-se de ofensa à imagem e honra da pessoa exposta, a ensejar indenização por dano moral. (STJ, 3ª T., REsp 1411293/SP, Min. Nancy Andrighi, julgado em 3.12.2013).

É de acrescer que a enumeração é meramente exemplificativa, sendo lícito à jurisprudência e à lei ordinária aditar outros casos.

Com efeito: aludindo a determinados direitos, a Constituição estabeleceu o mínimo. Não se trata, obviamente de *numerus clausus*, ou enumeração taxativa. Esses, mencionados nas alíneas constitucionais, não são os únicos direitos cuja violação sujeita o agente a reparar. Não podem ser reduzidos, por via legislativa, porque inscritos na Constituição. Podem, contudo, ser ampliados pela legislatura ordinária, como podem ainda receber extensão por via de interpretação, que neste teor recebe, na técnica do Direito Norte-Americano, a designação de *construction*.

Com as duas disposições contidas na Constituição de 1988 o princípio da reparação do dano moral encontrou o batismo que a inseriu em a canonicidade de nosso direito positivo. Agora, pela palavra mais firme e mais alta da norma constitucional, tornou-se princípio de natureza cogente o que estabelece a reparação por dano moral em nosso direito. Obrigatório para o legislador e para o juiz.

No mesmo sentido a Lei de Defesa do Consumidor (Lei n. 8.078/1990) assegura a efetiva prevenção e reparação de danos patrimoniais e morais (art. 6º, VI), individuais, coletivos e difusos.

Discute-se se a pessoa jurídica pode ser vítima de dano moral, aludindo-se, para tanto, à lesão à chamada honra objetiva. A jurisprudência, diante da frequente dificuldade de quantificação dos danos patrimoniais decorrentes de agressão à imagem da pessoa jurídica, admite tal solução.[99] O entendimento, todavia, embora louvável por ampliar a reparação de certos danos de difícil liquidação, alcança, de ordinário, lesões patrimoniais sofridas pela pessoa jurídica que, atingida em sua imagem, sofre prejuízo pela repercussão negativa em seu faturamento ou no exercício regular de suas atividades. Não há aqui, a rigor, dano moral, associado a lesões existenciais próprios da pessoa humana. Por outro lado, mesmo no caso de entidades sem finalidades lucrativas, serão os seus titulares, em regra, e não as pessoas jurídicas, as verdadeiras vítimas dos danos injustos, que dificultam ou interrompem as atividades institucionais. A subjetividade atribuída à categoria das pessoas jurídicas não se confunde com a personalidade humana, devendo-se afastar o tratamento neutro pretendido

---

[99] STJ, Enunciado da Súmula 227, de 8 de outubro de 1999: "A pessoa jurídica pode sofrer dano moral". Em especial sobre a possibilidade de a pessoa jurídica de direito público ser indenizada por dano moral, mesmo após a edição da aludida súmula, destaque-se o Informativo nº 125 do Jurisprudência em Teses do STJ, que afirmou: "a pessoa jurídica de direito público não é titular de direito à indenização por dano moral relacionado à ofensa de sua honra ou imagem, porquanto, tratando-se de direito fundamental, seu titular imediato é o particular e o reconhecimento desse direito ao Estado acarreta a subversão da ordem natural dos direitos fundamentais".

na extensão às pessoas jurídicas da técnica e dos remédios próprios da tutela de valores existenciais e dos atributos da pessoa humana.[100]

49. Não se pode omitir o problema da quantificação, mediante pagamento de uma soma à vítima, posto que a matéria da "liquidação do dano" vá constituir objeto de capítulo à parte (Cap. n. XXI, *infra*). Alguns autores, que em tese seriam favoráveis à reparação do dano moral, encontram obstáculo, quando discutem a propósito de como proceder para a sua reparação. A matéria, em verdade, não é pacífica, quer em doutrina quer em jurisprudência, recaindo frequentemente no *arbitrium boni viri* do juiz.

O Anteprojeto de Código de Obrigações de 1941 (Orozimbo Nonato, Hahnemann Guimarães e Philadelpho Azevedo) recomendava que a reparação por dano moral deveria ser moderadamente arbitrada (art. 182).

Ao tratar da liquidação das obrigações resultantes de ato ilícito, o Código Civil de 1916 cogitou especificamente do homicídio, despesas com tratamento da vítima, seu funeral e o luto da família, além dos alimentos às pessoas a quem o defunto os devia (art. 1.537), não abrindo ensanchas à reparação do dano moral. No caso de lesões corporais, restringiu-se ao dano material, oferecendo, contudo, oportunidade para o ressarcimento do dano moral se o ofendido fosse mulher solteira ou viúva, ainda capaz de casar, em que impôs o pagamento de um dote segundo as posses do ofensor, as circunstâncias do ofendido e a gravidade do delito (art. 1.538). A injúria indenizava-se pelo prejuízo do ofendido ou multa no grau máximo da pena criminal respectiva (art. 1.547). A usurpação ou esbulho do alheio implicava restituição da coisa, mais o valor da deterioração, ou, faltando ela, o seu equivalente (art. 1.541), estimando-se o seu preço pelo de afeição, contanto que este não se avantaje àquele (art. 1.543). As ofensas à honra da mulher, tais como defloramento, estupro, sedução ou rapto, ou qualquer violência sexual, implicavam o pagamento de um dote ou uma indenização judicialmente arbitrada (arts. 1.548 e 1.549). As ofensas à honra ou à liberdade pessoal indenizavam-se pelas perdas e danos que resultem ao ofendido (arts. 1.550 e 1.551).

Incorporado que está o princípio da reparação por dano moral como princípio geral, em nosso direito positivo em vigor, cabe estabelecer critérios em que o juiz deva basear-se.

Remontando ao histórico da responsabilidade civil, não se pode esquecer que a ideia de vindita privada foi substituída pela ação do Estado, quando assumiu este a missão de punir o culpado, e impor ao agressor o ressarcimento do dano.

---

[100] Gustavo Tepedino; Aline de Miranda Valverde Terra; Gisela Sampaio Guedes. *Fundamentos do Direito Civil*. 2. ed. Rio de Janeiro: Forense, 2021, vol. 4, cap. 4.

Com a reparação do dano moral ocorreu fenômeno análogo. Partindo de que se encontrava fora do campo da reparação civil *stricto sensu*, pouco a pouco foi-se encorpando a convicção de que o vocábulo "dano" devia ser entendido em acepção mais ampla do que a ideia que o acompanha no caso de prejuízo material. Não é sem razão que Lalou afirma que o direito à reparação do prejuízo moral foi reconhecido em todos os tempos, desde a antiguidade grega[101] e os Mazeaud confirmam que o Direito romano o admitiu[102].

É preciso entender que, a par do patrimônio, como "complexo de relações jurídicas de uma pessoa, economicamente apreciáveis"[103], o indivíduo é titular de direitos integrantes de sua personalidade, o bom conceito de que desfruta na sociedade, os sentimentos que exornam a sua consciência, os valores afetivos, merecedores todos de igual proteção da ordem jurídica. A propósito, é de encarecer a minúcia com que Santos Briz examina cada um dos casos em que ocorre a ofensa a um direito de cunho moral[104]. Mais desenvolvidamente Yves Chartier cogita das numerosas hipóteses em que pode ocorrer o prejuízo moral: atentados não físicos à pessoa; atentado à honra, à consideração e à reputação; difamação e injúria; ofensa à memória de um morto; atentado contra a vida privada; preservação da imagem, do nome e da personalidade; atentado à liberdade pessoal[105].

O problema de sua reparação deve ser posto em termos de que a reparação do dano moral, a par do caráter punitivo imposto-ao agente, tem de assumir sentido compensatório. Sem a noção de equivalência, que é própria da indenização do dano material, corresponderá à função compensatória pelo que tiver sofrido. Somente assumindo uma concepção desta ordem é que se compreenderá que o direito positivo estabelece o princípio da reparação do dano moral. A isso é de se acrescer que, na reparação do dano moral, insere-se uma atitude de solidariedade à vítima (Aguiar Dias).

A vítima de uma lesão a algum daqueles direitos sem cunho patrimonial efetivo, mas ofendida em um bem jurídico que em certos casos pode ser mesmo mais valioso do que os integrantes de seu patrimônio, deve receber uma soma que lhe compense a dor ou o sofrimento, a ser arbitrada pelo juiz, atendendo às circunstâncias de cada caso, e tendo em vista as posses do ofensor e a situação pessoal do ofendido. Nem tão grande que se converta em fonte de enriquecimento, nem tão pequena que se torne inexpressiva. Mas se é certo que a situação econômica do ofensor é um dos elementos da quantificação, não pode ser levada

---

[101]   Henri Lalou. *Traité pratique de la responsabilité civile*. Cit. n. 149.

[102]   Mazeaud e Mazeaud. *Traité théorique et pratique de la responsabilité civile*. Cit. v. 1, n. 298.

[103]   Clóvis Beviláqua. *Teoria geral de direito civil*. Rio de Janeiro: Francisco Alves, 1929. § 29.

[104]   Jaime Santos Briz. *La responsabilidad civil*. Cit. pp. 182 e segs.

[105]   Yves Chartier. *La réparation du préjudice dans la responsabilité civile*. Cit. n. 210 e segs.

88 | RESPONSABILIDADE CIVIL – *Caio Mário da Silva Pereira*

ela ao extremo de se defender que as suas más condições o eximam do dever ressarcitório. Como proclama Santos Briz, "o fator patrimonial é só um entre vários que se hão de levar em conta". Esta situação é de ser ponderada, como também a existência de um seguro de responsabilidade, posto não seja este um elemento decisivo[106].

Ao propósito, se o dano injusto à personalidade suscita dano moral, é certo que as lesões terão dimensões diferentes no enorme tecido de situações existenciais em que a pessoa humana se insere. Deve-se, portanto, distinguir, no âmbito da liquidação dos danos, diversos patamares de violação, admitindo-se, por um lado, que a repercussão patrimonial das lesões à personalidade pode ser traduzida em pecúnia e se sujeita, em regra, a prazos prescricionais. Por outro lado, certas lesões, por sua gravidade extrema, se perpetuam ao longo de toda a existência da vítima, como lesões permanentes, justificando a sua imprescritibilidade. Nessa linha, aduz o Enunciado nº 647 da Súmula do STJ: "São imprescritíveis as ações indenizatórias por danos morais e materiais decorrentes de atos de perseguição política com violação de direitos fundamentais ocorridos durante o regime militar".

Tem-se afirmado, portanto, que a liquidação há de ser arbitrada com base no valor do interesse atingido e na extensão da violação, para se evitar, assim, a banalização das pretensões reparatórias, e a multiplicação de pretensões para uma mesma lesão, assegurando-se condenações objetivamente valoradas e proporcionais aos bens jurídicos atingidos.[107]

50. A respeito da indenização por dano moral, é farta a messe doutrinária, podendo-se mencionar diversos autores[108].

---

[106] Jaime Santos Briz. *La responsabilidad civil*. Cit. p. 171.

[107] Gustavo Tepedino; Rodrigo da Guia Silva. Desafios atuais em matéria de dano moral. In: Gustavo Tepedino; Rodrigo da Guia Silva (orgs.). *Relações Patrimoniais*: contratos, titularidades e responsabilidade civil. São Paulo: Editora Fórum, 2021, pp. 239-274.

[108] Entre outros: Clóvis Beviláqua. *Comentários ao Código Civil*. Rio de Janeiro: Rio, 1976, observação ao art. 1.518; Aguiar Dias. *Da responsabilidade civil*. Cit. v. 2, n. 226; Wilson Melo da Silva. *O dano moral e sua reparação*. Rio de Janeiro: Forense, 1969; Agostinho Alvim. *Da inexecução das obrigações*. Cit. n. 156 e segs.; Amílcar de Castro. *Revista Forense*. Rio de Janeiro: Forense, 1942. v. 93, p. 528; M. I. Carvalho de Mendonça. *Doutrina e prática das obrigações*. Rio de Janeiro: Freitas Bastos, 1938. v. 2, n. 477 e segs.; Serpa Lopes. *Curso de Direito Civil*. Cit. v. 2, n. 354 e segs.; Silvio Rodrigues. *Direito civil*. Cit. v. 4, n. 67; Washington de Barros Monteiro. *Curso de Direito Civil*. Cit. v. 5, p. 408; Orlando Gomes. *Obrigações*. 15. ed. Rio de Janeiro: Forense, 2002. n. 195; Caio Mário da Silva Pereira. *Instituições de direito civil*. 20. ed. Rio de Janeiro: Forense, 2003. v. 2, n. 176; Mazeaud, Mazeaud e Mazeaud. *Traité théorique et pratique de la responsabilité civile*. Cit. v. 2, n. 417; Mazeaud e Mazeaud. *Traité théorique et pratique de la responsabilité civile*. Cit. v. 1, n. 293 e segs.; Hans Albrecht Fischer. *A reparação*

Cap. IV · DANO | **89**

51. Num balanço geral, pode-se dizer que, entre nós, a doutrina manifesta-se favorável à reparação do dano moral. O mesmo aconteceu na legislação, haja vista o Anteprojeto de Código de Obrigações de 1941; o meu Projeto de Código de Obrigações de 1965; o Anteprojeto de Código Civil de 1972; o Projeto de Código Civil de 1975 (Projeto 634-B) e, finalmente, o Código Civil de 2002. A jurisprudência, após período mais vacilante, passou a admiti-la, aceitando a acumulação do dano moral e dano material[109].

Persiste ainda a controvérsia quanto à noção de dano moral. Fórmula jurisprudencial bastante criticada o associava às sensações de "vexame, dor, humilhação, angústia, sofrimento"[110]. A alusão a tais sentimentos pouco contri-

---

dos danos em direito civil. São Paulo: Acadêmica, 1938. pp. 222 e segs.; De Cupis. *Il danno*. Milano: Giuffrè, 1966. p. 30; Guido Gentile. *Il danno non patrimoniale nel nuovo codice delle obbligazioni*. Jean van Ryn. *Responsabilité aquilienne et contrats*. Paris: Recueil Sirey, 1932. n. 41; Edmundo Bonan Benucci. *La responsabilità civile*. n. 19; Henri Lalou. *Traité pratique de la responsabilité civile*. Cit. n. 149 e segs.; Henri de Page. *Traité élémentaire de droit civil belge*. Cit. v. 2, n. 915, bis; Planiol, Ripert e Boulanger. *Traité élémentaire de droit civil*. Paris: R. Pichon Et R. Durnad-Auzias, 1946. v. 2, n. 1.012; René Demogue. *Traité des obligations en général*. Paris: Rousseau, 1923-33. v. 4, n. 402 e segs.; Colin e Capitant. *Cours élémentaire de droit civil*. Paris: Dalloz, 1915-19. v. 2, n. 187; Marty e Raynaud. *Droit civil*: les obligations. Cit. t. II, v. 1, n. 381; Geneviève Viney. *La responsabilité civile*. Cit. n. 253-270; Mário Moacir Porto. Algumas anotações sobre o dano moral. In: *Revista de Direito Civil*. São Paulo: Revista dos Tribunais. 1986. v. 37, p. 9 e segs.; Philippe Malaurie e Laurent Aynès. *Droit civil*: les obligations. Paris: Cujas, 1990. n. 106 e segs.; Alex Weill e François Terré. *Droit civil*: les obligations. Cit. n. 391 e n. 612-12; Jean Carbonnier. *Droit civil*: les obligations. Paris: Presses Universitaires de France, 1967. n. 88; G. P. Chironi. *La colpa extracontrattuale*. Cit. v. 2, n. 411; Jaime Santos Briz. *La responsabilidad civil*. Cit. pp. 149 e segs.; Yves Chartier. *La réparation du préjudice dans la responsabilité civile*. Cit. n. 210 e segs. pp. 262 em diante.

[109] A possibilidade de cumulação com danos materiais encontra-se consagrada na redação da Súmula n. 37 do STJ, *in verbis*: "São cumuláveis as indenizações por dano material e dano moral oriundos do mesmo fato". Destaque-se, ainda, que também se afigura pacífico entendimento segundo o qual o dano moral pode configurar-se *in re ipsa*, isto é, sua reparação independe, em determinadas situações, de comprovação do prejuízo sofrido. Nessa direção, a jurisprudência do STJ reconhece como dano moral *in re ipsa* o dano causado pela inscrição irregular em cadastros de inadimplentes (STJ, 4ª T., AgRg no REsp 1.483.004/AM, Rel. Min. Marco Buzzi, julgado em 03.09.2015; STJ, 4ª T., AgRg no AREsp 716.586/SP, Rel. Min. Maria Isabel Gallotti, julgado em 20.08.2015; STJ, 4ª T., AgRg no AREsp 599.516/SP, Rel. Min. Luis Felipe Salomão, julgado em 20.08.2015). No mesmo sentido, pode-se mencionar, ainda, o enunciado de súmula da jurisprudência do TJRJ n. 355, segundo o qual "o descumprimento do contrato de transporte em virtude de excesso de reservas configura dano moral *in re ipsa*". O mesmo tribunal possui entendimento sumulado no sentido de que "a recusa indevida, pela operadora de planos de saúde, de internação em estado de emergência/urgência gera dano moral *in re ipsa*" (Súmula n. 337). Para uma análise do dano moral *in re ipsa* no direito civil contemporâneo, v. Milena Donato Oliva. Dano moral e inadimplemento contratual nas relações de consumo. *Revista de direito do consumidor*, vol. 93, 2014, pp. 13-28.

[110] A título exemplificativo, v. STJ, 3ª T., REsp 668.443, Rel. Min. Castro Filho, julgado em 25.09.2006; STJ, 2ª T., REsp 1.666.017/RJ, Rel. Min. Herman Benjamin, julgado em 27.06.2017.

90 | RESPONSABILIDADE CIVIL – *Caio Mário da Silva Pereira*

buiu para a elaboração de conceito seguro, haja vista traduzirem consequências subjetivas da violação[111]. Diante de tais dificuldades, procura-se associar o dano moral à lesão à dignidade humana[112].

Em termos de liquidação, ainda, tem-se afirmado que a reparação do dano moral há de ser *in re ipsa,* ou seja, por se tratar de dano que não precisa ser provado, decorrendo, de forma presumida, da própria lesão. Embora tal técnica de presunção do dano moral vise, em determinadas situações, a facilitar a reparação, sustenta-se em doutrina que, a rigor, não haveria sequer a necessidade desse artifício. Isso porque não há dualidade entre o fato lesivo e o dano moral, considerado objetivamente e, portanto, não se deve afastar a necessária aferição em concreto do dano moral, o que permite apurar sua extensão. Por esta razão, "valorado determinado evento como injusto e violador de interesses extrapatrimoniais, identificado está o dano, sem que seja necessária uma segunda operação hermenêutica para justificar a reparação".[113]

51-A. O progresso científico tem acelerado exponencialmente a expansão de riscos e danos, ampliando consequentemente o dever de reparar. Assiste-se à proliferação dos chamados novos danos ressarcíveis,[114] como reflexo da identificação de novos interesses jurídicos reconhecidos como merecedores de tutela. Desse modo, o reconhecimento dos novos bens jurídicos se associa, em larga medida, à identificação de tais danos, dos quais se começa a tomar notícia em todo o mundo.[115]

A nomenclatura utilizada – novos danos – não é isenta de críticas, já que a novidade não estaria propriamente nas categorias de dano já consagradas (patrimonial e moral), mas, diversamente, no reconhecimento de novas hi-

---

[111] Para uma crítica a tal entendimento, v. Maria Celina Bodin de Moraes. *Danos à pessoa humana*: uma leitura civil-constitucional dos danos morais. Rio de Janeiro: Renovar, 2003, especialmente pp. 130-131.

[112] STJ, 3ª T., REsp 1.315.822/RJ, Rel. Min. Marco Aurélio Bellizze, julgado em 24.03.2015; STJ, 3ª T., REsp 1.169.337/SP, Rel. Min. Luis Felipe Salomão, julgado em 18.11.2014; STJ, 3ª T., AgRg no REsp 1.454.255/PB, Rel. Min. Nancy Andrighi, julgado em 21.08.2014.

[113] Milena Donato Oliva acrescenta: "Trata-se simplesmente de liquidar os danos de acordo com sua extensão, apreendida com base nas peculiaridades concretas da lesão e da vítima. Por isso que a doutrina alerta para a desnecessidade do recurso ao *in re ipsa* quando se adota o conceito objetivo de dano moral" (Milena Donato Oliva. Dano moral e inadimplemento contratual nas relações de consumo. In: *Revista de Direito do Consumidor*. São Paulo: Editora Revista dos Tribunais, mai./jun. 2014, vol. 93, p. 21).

[114] Sobre o tema, mais aprofundadamente, Gustavo Tepedino; Aline de Miranda Valverde Terra; Gisela Sampaio Guedes. *Fundamentos do Direito Civil*. 2. ed. Rio de Janeiro: Forense, 2021, vol. 4, cap. 4.

[115] "*[I]a funzione risarcitoria viene per così dire esaltata dall'incremento dei danni che à un cannotato tipico della società moderna*". (Guido Alpa; Mario Bessone. Atipicità dell'illecito, Milão: Dott A. Giuffrè, 1980, p. 4).

póteses fáticas deflagradoras do dever de indenizar. Assim, o incremento das pretensões indenizatórias não decorre de suposta expansão das espécies de danos, que sempre se restringiram e continuam a se restringir às categorias do dano moral, identificado como lesão à dignidade da pessoa humana, e do dano patrimonial, subdividido em danos emergentes e lucros cessantes.[116]

Em sentido oposto, todavia, observa-se ainda a tendência, professada por alguns, de enunciação do dano estético e, mais recentemente, do dano existencial, como categorias autônomas à categoria do dano moral.[117] Sob a denominação de dano estético, busca-se fazer menção a hipóteses fáticas em que a vítima sofre injusta lesão aos seus aspectos corporais exteriores, com implicações estáticas ou dinâmicas, como ocorre com as cicatrizes, as mutilações e obstáculos à locomoção. De outra parte, sob a denominação de dano existencial, estariam designadas as hipóteses lesivas produtoras de deterioração considerável da qualidade de vida da vítima, prejudicando-se, assim, a realização dos mais diversos interesses da pessoa em suas áreas de atuação. A rigor, em que pese o esforço na configuração da suposta autonomia dogmática do dano estético ou do dano existencial, a tentativa não se justifica no direito civil brasileiro.[118] Vale dizer, qualquer lesão reconduzir-se-á, necessariamente, a uma das duas espécies de dano (patrimonial ou extrapatrimonial), e somente a análise do caso concreto poderá indicar se se trata de uma ou outra categoria.

A expansão da ressarcibilidade do dano se dá de forma quantitativa, com o aumento vertiginoso dos pedidos ressarcitórios, que decorrem de acidentes de diferentes ordens; e qualitativa, observada justamente nos novos interesses considerados merecedores de tutela.[119] Servem de exemplos o dano por nascimento indesejado, dano por rompimento de noivado, dano decorrente de abandono afetivo, dano sexual, e assim por diante. Por mais louvável que seja a ampliação do dever de reparar, protegendo-se as vítimas de uma sociedade

---

[116] "Não obstante a moderna expansão do dano ressarcível acima referida, com a aparição de múltiplas espécies completamente novas, seja pela sua origem, seja pela sua amplitude, ainda nos parece mais correto e seguro classificar o dano nas suas modalidades tradicionais – o dano material ou patrimonial e o dano moral ou extrapatrimonial. As demais são meras subespécies que acabam por ensejar bis in idem no momento de quantificar a indenização; são novas situações de espécies de danos já existentes, perpetrados por novos meios" (Sergio Cavalieri Filho. *Programa de Responsabilidade Civil*, São Paulo: Atlas, 2014, p. 93).

[117] A discussão foi intensificada a edição do Enunciado n. 387 da Súmula do STJ: "É lícita a cumulação das indenizações de dano estético e dano moral".

[118] Gustavo Tepedino; Rodrigo da Guia Silva. Desafios atuais em matéria de dano moral. In: Gustavo Tepedino; Rodrigo da Guia Silva (orgs.). *Relações Patrimoniais*: contratos, titularidades e responsabilidade civil. São Paulo: Editora Fórum, 2021, pp. 239-274.

[119] Anderson Schreiber. Os novos danos. In: *Novos paradigmas da responsabilidade civil: da erosão dos filtros da reparação à diluição dos danos*. 6. ed. São Paulo: Atlas, pp. 85-86.

92 | RESPONSABILIDADE CIVIL – *Caio Mário da Silva Pereira*

cada vez mais sujeita a riscos, não se pode desnaturar a finalidade e prescindir dos elementos da responsabilidade civil.

Exemplo emblemático da tendência expansiva é o dano de privação do uso, que se refere às situações em que o titular do bem é ilegitimamente impedido de exercer os atos inerentes ao domínio, e deixa de auferir os benefícios que a utilização do bem lhe proporcionaria.[120] Ilustrativamente, o Tribunal de Justiça de São Paulo entendeu que a privação do uso do imóvel, decorrente do atraso na entrega pela construtora, atinge o interesse legítimo dos promitentes compradores, a merecer indenização.[121] Destaque-se, todavia, que há situações em que a conduta do agente se mostra legítima, caso em que os danos sofridos pelo titular do bem não serão injustos e, tampouco, ressarcíveis, como ocorre no caso da apreensão de veículo por autoridade policial em razão do descumprimento de normas de trânsito.

Discute-se se a privação do uso ensejaria dano autônomo. De fato, por se tratar de faculdade inerente ao domínio, a privação do uso, em tese, pode constituir evento lesivo passível de deflagrar o dever de ressarcir. A despeito disso, o evento deve ser valorado à luz das peculiaridades do caso concreto. Em algumas hipóteses, independentemente da caracterização do dano – e, em consequência, da responsabilidade civil –, há efetivo aproveitamento econômico não autorizado pelo proprietário, verificando-se o enriquecimento sem causa do agente que se utilizou do bem alheio. Imagine-se a utilização não autorizada, para eventos remunerados, de um galpão industrial cujo proprietário se encontra no exterior e decidira expressamente não alugar ou explorar o imóvel. Reconhece-se, nesse caso, a *actio in rem verso* pelo titular do bem, com fins de remover a vantagem ilegitimamente obtida pelo agente com a intervenção no bem alheio, o que se difere do dever de reparar que, no âmbito do sistema de responsabilidade civil, visa à reparação de um dano sofrido pela vítima.

Ganha espaço, ainda, a temática da lesão ao tempo, também conhecida como perda de tempo livre, ou teoria do desvio produtivo.[122] Reconhecido como bem relevante e passível de proteção jurídica, o tempo assume o caráter de "bem inestimável e cada vez mais escasso, a ser fruído a partir das escolhas próprias

---

[120] Para análise do tema da privação do uso, veja-se: Gustavo Tepedino; Rodrigo da Guia Silva. Novos bens jurídicos, novos danos ressarcíveis: análise dos danos decorrentes da privação do uso. In: *Revista de Direito do Consumidor,* mai./jun.2020, vol. 129, pp. 133-156; e Aline de Miranda Valverde Terra, Privação do uso: dano ou enriquecimento por intervenção? In: *Revista Eletrônica Direito e Política.* 2014. vol. 9, pp. 1620-1644.

[121] TJSP, 9ª CDPriv., Ap. Cív. 0000501-92.2010.8.26.0457, Rel. Des. Mauro Conti Machado, julgado em 2.3.2015.

[122] Marcos Dessaune. *Teoria aprofundada do desvio produtivo do consumidor:* o prejuízo do tempo desperdiçado e da vida alterada. 2ª ed. Vitória: Edição especial do autor, 2017.

de cada pessoa humana".[123] A teoria surge, principalmente, com o intuito de garantir ressarcibilidade a danos gerados pela perda do tempo dos consumidores que, podendo solucionar facilmente questões simples como o cancelamento de sua linha telefônica, não conseguem fazê-lo mesmo após horas dispendidas em um SAC,[124] o que ocasionaria o desperdício daquele tempo que poderia ser empregado em outra atividade também "útil". O entendimento evoluiu e hoje reconhece-se que o tempo na sociedade contemporânea extrapola o mero sentido do dinheiro, de forma que sua fruição se associa à ideia de vida digna, reputando-se também o tempo livre como bem jurídico tutelável pelo ordenamento, cuja violação é passível de reparação.

A lesão ao tempo pode gerar dano moral ou dano patrimonial, desde que haja efetivamente dano injusto. Da mesma forma, não é imprescindível à configuração do dano a existência de relação contratual entre vítima e agente ofensor, sendo possível que a ofensa se dê no âmbito da responsabilidade aquiliana. Ainda assim, há sempre de se examinar a situação concreta, a fim de verificar se há causalidade necessária entre o tempo excessivamente perdido e o dano. Além do mais, cumpre relevar que nem toda perda do tempo configura violação à liberdade do sujeito. Diversas atividades diárias acabam por demandar mais tempo do que se desejaria a elas dedicar. Cuida-se de situações corriqueiras, como o tempo de espera na fila do supermercado, que não decorrem da violação de deveres de conduta, ou de deveres contratuais ou legais expressamente imputados ao contratante, e devem ser toleradas socialmente.

Outro tema que ganha relevo em matéria de novos danos diz respeito à violência obstétrica, com o vertiginoso aumento dos relatos de violência praticada contra a gestante. O reconhecimento do direito à observância do plano de parto, ao parto humanizado e à autonomia da gestante como interesses juridicamente tutelados permite, diante de sua violação, a configuração de dano injusto, a deflagrar responsabilidade civil e o consequente dever de indenizar. Significa dizer que, inobservada a vontade da gestante, poderá o profissional de saúde ser responsabilizado por violência obstétrica, observados os pressupostos da responsabilidade civil médica.

De acordo com cartilha informativa lançada pela Defensoria Pública do Estado de São Paulo (DPGE-SP) em 2013, a violência obstétrica se caracteriza

---

[123] Carlos Edison do Rêgo Monteiro Filho. Lesão ao tempo do consumidor no direito brasileiro, p. 158. In: *Revista de Direito da Responsabilidade*, ano 2, 2020, pp. 158-176.

[124] O Tribunal de Justiça de São Paulo condenou empresa de telefonia a indenizar os danos causados pela "perda do tempo livre" do consumidor que tentou, por diversas vezes ao longo de três meses, sem sucesso, regularizar linha telefônica indevidamente bloqueada. (TJSP, 19ª CDPriv., Ap. Cív. 9057469-36.2009.8.26.0000, Rel. Des. Ricardo Negrão, julgado em 15.8.2011; TSJP, 12ª CDPriv, Ap. Cív. 1003498-80.2020.8.26.0004, Rel. Des. Tasso Duarte de Melo, julgado em 10.09.2021).

94 | RESPONSABILIDADE CIVIL – *Caio Mário da Silva Pereira*

pela "apropriação do corpo e processos reprodutivos das mulheres pelos profissionais de saúde, através do tratamento desumanizado, abuso da medicalização e patologização dos processos naturais, causando a perda da autonomia e capacidade de decidir livremente sobre seus corpos e sexualidade, impactando negativamente na vida das mulheres".[125] Por tratamento desumanizado entende-se todo aquele realizado de modo que a dignidade da mulher seja aviltada, o que se verifica quando se praticam atos que violam sua integridade psíquica ou sua integridade física. Por outro lado, o abuso da medicalização se dá com a realização de intervenções médicas desnecessárias, adotadas, no geral, para beneficiar o próprio médico ou o hospital onde o parto é realizado, cujos resultados poderiam ser alcançados por meios menos gravosos para a gestante. Já a patologização dos processos naturais se caracteriza pela utilização de procedimentos, em geral também dispensáveis e desproporcionais, com o objetivo de promover maior segurança para a gestante e para o bebê, a exemplo do que se passa quando se realiza cesárea porque a gestante ainda não alcançou a dilatação suficiente.[126]

---

[125] Violência obstétrica: você sabe o que é? Disponível em: <https://www.defensoria.sp.def.br/dpesp/repositorio/41/Violencia%20Obstetrica.pdf>. Acesso em 12.1.2022.

[126] Gustavo Tepedino; Aline de Miranda Valverde Terra; Gisela Sampaio Guedes. *Fundamentos do Direito Civil.* 2. ed. Rio de Janeiro: Forense, 2021, vol. 4, pp. 71-75.

Capítulo V
Culpa

Sumário

Conceito. Culpa e dolo: distinção. Modalidades de culpa. Culpa contratual e culpa extracontratual. Culpa *in contrahendo*. Responsabilidade pré-contratual. Responsabilidade pós-contratual.

Bibliografia

Agostinho Alvim. *Da inexecução das obrigações*. São Paulo: Saraiva, 1949; Aguiar Dias. *Da responsabilidade civil*. Rio de Janeiro: Forense, 1994. v. 1; Alberto Trabucchi. *Istituzioni di diritto civile*. Padova: Cedam, 1964; Alex Weill e François Terré. *Droit civil*: les obligations. Paris: Dalloz, 1971; Alvino Lima. *Culpa e risco*. São Paulo: Revista dos Tribunais, 1963; Andreas von Thur. *Derecho Civil*. Parte 2ª. Buenos Aires: Depalma, 1946. v. 3; Anderson Schreiber. *Novos paradigmas da responsabilidade civil*. São Paulo: Atlas, 2007; Antonio Chaves. *Responsabilidade pré-contratual*. Rio de Janeiro: Forense, 1959; Atílio Aníbal Alterini. *Responsabilidad civil*. Buenos Aires: Abeledo-Perrot, 1974; B. Starck. Domaine et fondement de la responsabilité sans faute. In: *Revue Trimestrielle de Droit Civil*. Paris: Dalloz, 1958; Baudry-Lacantinerie e Barde. *Traité théorique et pratique de droit civil*: des obligations. Paris: Recueil Sirey, 1924. v. 1; Carlos Alberto Menezes Direito e Sérgio Cavalieri. *Comentários ao novo Código Civil*. Rio de Janeiro: Forense, 2004. v. 13; Carlos Edison do Rêgo Monteiro Filho. Artigo 944 do Código Civil: o problema da mitigação do princípio da reparação integral. In: Gustavo Tepedino e Luiz Edson Fachin (orgs.). *O Direito e o tempo*: embates jurídicos e utopias contemporâneas. Rio de Janeiro: Renovar, 2008; Carlos Nelson Konder. A redução equitativa da indenização em virtude do grau de culpa: apontamentos acerca do parágrafo único do art. 944 do Código Civil. In: *Revista Trimestral de Direito Civil*. Jan-mar/2007. v. 29; Chironi. *La colpa nel diritto civile odierno, colpa extra-contrattuale*. Torino: Fratelli Bocca, 1903-06.v. 1; Claudio Luiz Bueno de Godoy. In: Cezar Peluso (coord.). *Código Civil comentado*.

Barueri: Manole, 2008; Clóvis Beviláqua. *Comentários ao Código Civil*. Rio de Janeiro: Rio, 1976; Colin e Capitant. *Cours élémentaire de droit civil*. Paris: Dalloz, 1915-19. v. 2; De Cupis. *Il danno*. Milano: Giuffrè, 1966; Demogue. *Traité des obligations en general*. Paris: Rousseau, 1923-33. v. 3; Enneccerus, Kipp & Wolff. *Tratado*: partegeneral. Barcelona: Bosch, 1933-55; François Geny. Risques et responsabilité. In: *Revue Trimestrielle de Droit Civil*. Paris: Dalloz, 1902; Frédéric Girard. *Manuel élémentaire de droit romain*. Paris: A. Rousseau, 1911. v. 2; Giorgio Giorgi. *Tratato delle obbligazioni*. Torino: Ute, 1930. v. 2; Gustavo Tepedino, Heloisa Helena Barboza e Maria Celina Bodin de Moraes (coord.). *Código Civil interpretado conforme a Constituição da República*. 2. ed. Rio de Janeiro: Renovar, 2007. v. I; Henoch D. Aguiar. *Hechos y actos jurídicos*. Buenos Aires: V. Abeledo, 1936. v. 2; Henri de Page. *Traité élémentaire de droit civil belge*. Bruxelles: E. Bruylant, 1974. v. 2; J. X. Carvalho de Mendonça. *Tratado de direito comercial*. Parte 1ª. Rio de Janeiro: Freitas Bastos, 1938. v. 6; Jaime Santos Briz. *La responsabilidad civil*. Madrid: Montecorvo, 1981; José Carlos Moreira Alves. *Direito romano*. Rio de Janeiro: Forense, 1911. v. 2; Judith Martins Costa. Os danos à pessoa no direito brasileiro e a natureza da sua reparação. In: *Reconstrução do direito privado*. São Paulo: Revista dos Tribunais, 2002; Karl Larenz. *Obligaciones*. Madrid: Revista de Derecho Privado, 1958. v. 1; Leonardo A. Colombo. *Culpa aquiliana, cuasidelitos*. Buenos Aires: Tipografia Edit Argentina, 1947; M.I. Carvalho de Mendonça. *Doutrina e prática das obrigações*. Rio de Janeiro: Freitas Bastos, 1938. v. 2; Marcel Planiol. *Traité élémentaire de droit civil*. Paris: R. Pichon Et R. Durnad-Auzias, 1946. v. 2; Marcel Planiol, Ripert e Esmein. *Traité pratique de droit civil*. Paris: R. Pichon Et R. Durnad-Auzias, 1946. v. 6; Marcelo Junqueira Calixto. *A culpa na responsabilidade civil*: estrutura e função. Rio de Janeiro: Renovar, 2008; Maria Celina Bodin de Moraes. *Danos à pessoa humana*. Rio de Janeiro: Renovar, 2003; Marty e Raynaud. *Droit civil*: les obligations. Paris: Sirey, 1961. t. II, v. 1; Mazeaud, Mazeaud e Mazeaud. *Leçons de droit civil*. Paris: Montchrestien, 1955. v. 1; Mazeaud e Mazeaud. *Responsabilité civile*. Paris: Montchrestien, 1955. v. 1; Oertmann. *Introducción al Derecho Civil*. Barcelona: Labor, 1933; Philippe Malaurie e Laurent Aynès. *Droit civil*: les obligations. Paris: Cujas, 1990; Regis Fichtner Pereira. *A responsabilidade civil pré-contratual*: teoria geral e responsabilidade pela ruptura das negociações contratuais. Rio de Janeiro: Renovar, 2001; Ruggiero e Maroi. *Istituzioni di diritto privato*. Milano: Giuseppe Principato, 1937. v. 2; Savatier. *Traité de la responsabilité civile*. Paris: Librairie Générale de Droit et de Jurisprudence, 1939. v. 1; Serpa Lopes. *Curso de Direito Civil*. Rio de Janeiro: Freitas Bastos, 1964-71. v. 1; Sourdat. *Traité general de la responsabilité*. Paris: Marchal & Godde, 1911. v. 1; Thomas Bustamante e Denis Franco Silva. *Neminem Laedere*: o novo Código Civil brasileiro e a integral reparabilidade dos danos materiais decorrentes de ato ilícito. In: *Revista Trimestral de Direito Civil*. v. 20. Washington de Barros Monteiro. *Curso de Direito Civil*. São Paulo: Saraiva, 1952-76. v. 5.

52. Na teoria da responsabilidade subjetiva ocupa lugar preponderante a *noção genérica de culpa*, uma vez que é o elemento distintivo em relação à teoria objetiva.

Conforme foi visto no Capítulo I, o Direito romano não elaborou o conceito abstrato do ato ilícito. As figuras iniciais dos delitos civis – *furtum, noxia et iniuria* – em que predominavam a ideia da vindita privada e a que sucedeu a composição voluntária (v. n. 2, *supra*), foram seguidas de outras, igualmente concretas, de situações que não eram delituais, mas a ela se assemelhavam. Surgiram, então, a par de comportamentos que sujeitavam o agente à punição (*delicta*), outras condutas de análogas consequências como se fossem delitos (*quasi ex delicto*), também especialmente identificadas: *positum et suspensum, effusum et deiectum, iudex qui litem suam fecit, receptum nautarum, cauponum, stabularum* (v. n. 3, *supra*). A tipologia quase delitual influenciou a criação do "quase delito" como ente genérico, que sobrevive até hoje em algumas legislações, informando a teoria da responsabilidade civil, tal como ocorria na concepção do prejuízo sofrido por uma pessoa, à margem do delito – *quasi ex delicto teneri videtur.*

Como se viu anteriormente (v. n. 4, *supra*), a edição da *Lex Aquilia* desempenhou função importante na evolução da responsabilidade civil. Sem haver derrogado o direito anterior, substituiu as multas fixas por uma pena proporcional ao dano causado. Toda a estrutura do dever reparatório, que antes o lesado procurava efetuar por suas próprias mãos, converteu-se no poder de pedir ao Estado a imposição de uma penalidade, não a título de vingança, porém de reparação. No dia em que a "ação repressiva passou da vítima para o Estado, originou-se a ação de indenização"[1]. Esta transformação não ocorreu como um acontecimento isolado, nem foi obra de um dia, porém fruto de evolução gradativa[2].

A elaboração pretoriana em torno da Lei Aquilia, partindo da figura originária do *damnum* foi alcançar a noção geral de prejuízo (v. n. 5, *supra*).

53. Não obstante a polêmica que divide os autores, é frequente a invocação da referência à parêmia *in Lege Aquilia et levissima culpa venit*, provavelmente devida a uma interpolação. Mas a ideia de culpa vai nela implantar-se (v. n. 5, *supra*).

Foi no Código Civil francês de 1804 que se inseriu a noção de culpa na estrutura da responsabilidade civil, e foi sob inspiração dos arts. 1.382 a 1.385 que o nosso Código Civil assentou a noção fundamental do *ato ilícito* (art. 186). Assim procedendo, confirma o nosso legislador a assertiva dos Mazeaud de

---

[1]   Mazeaud e Mazeaud. *Responsabilité civile*. Paris: Montchrestien, 1955. v. 1, n. 20.

[2]   Frédéric Girard. *Manuel élémentaire de droit romain*. Paris: A. Rousseau, 1911. v. 2, n. 30 e segs.; Colin e Capitant. *Cours élémentaire de droit civil*. Paris: Dalloz, 1915-19. v. 2, n. 284; José Carlos Moreira Alves. *Direito romano*. Rio de Janeiro: Forense, 1911. v. 2, n. 266.

que, "elegendo a superioridade do princípio da culpa", a quase unanimidade das legislações a ele se ligam[3].

Não satisfazendo ao direito moderno mencionar tipos casuísticos de fatos delituais e quase delituais, tornou-se necessário formular uma categoria genérica, rotulada como *ato ilícito*, e nela assentar o princípio da responsabilidade.

A doutrina subjetiva, na sua essência, faz repousar a responsabilidade civil no *ato ilícito*, e não em um "fato qualquer do homem". Assentada então a responsabilidade civil subjetiva no conceito de ato ilícito (186 do Código Civil), e evidenciando os seus três elementos – dano, culpa e relação de causalidade – cumpre no presente capítulo desenvolver a noção de *culpa*.

54. De início, não se pode olvidar a advertência dos Mazeaud, à vista no art. 1.382 do Código Napoleão, que o conceito de culpa é um dos pontos mais "delicados" que se apresentam no defrontar o problema da responsabilidade civil, lembrando que os redatores do Código Civil consideraram a necessidade da culpa, mas em parte alguma a definiram[4]. Remontando à origem etimológica, Philippe Malaurie proclama que a culpa, antes de mais nada, "é uma noção moral, colhida pela evidência, imediatamente ressentida por todos, salvo nos casos limites ou pelas consciências tortuosas". Embora não seja fácil, os juristas de modo geral tentam conceituá-la[5]. Por isso é que Santos Briz, fazendo coro com os Mazeuad, confirma quão complicado e difícil é o estudo deste elemento, "não obstante a simplicidade de seu sentido vulgar"[6].

Não são poucas, em verdade, as tentativas para a sua fixação, algumas chegando mesmo a confundir a ideia subjetiva de culpa com o próprio fato causador do prejuízo. Em verdade, são tantas as definições cujos contornos são incertos (diz Alex Weill e François Terré), "incertos e contestáveis, que não parecem ter trazido até o presente, toda a clareza desejável"[7].

Uma vez que o direito brasileiro, sem desprezar a teoria do risco, que atualmente encontra guarida no parágrafo único do art. 927 do Código Civil, também funda a responsabilidade civil na noção de culpa, cumpre delimitar o seu conceito. Tal conceito assenta na ideia de que um dado comportamento sujeita o agente à reparação, desde que se configurem certos requisitos.

Não raramente os autores, na procura de uma definição satisfatória de culpa, prendem-se a uma distinção que lhes parece essencial, a saber se o agente incidiu

---

[3]   Mazeaud e Mazeaud. *Responsabilité civile*. Cit. n. 361.

[4]   Mazeaud e Mazeaud. *Responsabilité civile*. Cit. n. 380.

[5]   Philippe Malaurie e Laurent Aynès. *Droit civil*: les obligations. Paris: Cujas, 1990. n. 25.

[6]   Jaime Santos Briz. *La responsabilidad civil*. Madrid: Montecorvo, 1981. p. 42.

[7]   Alex Weill e François Terré. *Droit civil*: les obligations. Paris: Dalloz, 1971. n. 616.

em culpa delitual, também dita grave ou dolo, ou, ao revés, incorreu em culpa quase delitual. Esta é a concepção de Sourdat, que define como "delito todo fato danoso e ilícito, ainda que não previsto na lei penal, e cometido com a intenção de prejudicar"[8], e conceitua como quase delito "todo fato ilícito de omissão ou comissão não prevista pela lei penal, que causa a outrem um prejuízo, mas que aconteceu sem a intenção de causar dano"[9].

Lembra Henoch D. Aguiar que "o vocábulo *culpa*, tomado *lato sensu*, com o significado de *iniuria* que lhe dão alguns textos da Lei Aquilia, compreende também a ofensa dolosa". E acrescenta que "basta a prova da possibilidade de conhecer as consequências prejudiciais de nosso ato, para que nasça a obrigação de indenizar o dano que com ele tenhamos causado, ou possamos causar"[10].

Não poucos autores, na verdade, procurando fundamentar a culpa conceitual da responsabilidade civil, sentem-se ainda influenciados pela distinção romana dos *delicta* e *quasi delicta*. Distinção ainda muito discutida, considera-se modernamente pouco importante, uma vez que a responsabilidade civil emana quer de uns, quer de outros[11]. Ou, como diz Serpa Lopes, forte em Beviláqua, tal classificação "não apresenta nenhuma distinção notável, em razão de que delito e quase delito se encontram fundidos na denominação geral de ato ilícito"[12].

55. Isto não obstante, é necessário traçar a linha de separação entre *dolo* e *culpa*. Ainda perdura, em alguns, aquela configuração geral de um ilícito, ou na infração de um comando, porém dicotomizados em função de um fator diferencial. *Dolo*, ou *culpa consciente*, dizia-se a infringência de uma norma com o propósito deliberado de causar um mal ou praticar uma "injúria", ou cometer um delito. Seria o ato praticado com a finalidade de causar o dano. Noutros termos, o ato inspirado na intenção de lesar – *animus iniuriandi*[13]. No dolo haveria, então, além da contraveniência a uma norma jurídica, a vontade de promover o resultado maléfico.

Modernamente, o conceito de *dolo* alargou-se, convergindo a doutrina no sentido de caracterizá-lo na conduta antijurídica, sem que o agente tenha o propósito de prejudicar. Abandonando a noção tradicional do *animus nocendi*

---

[8] Sourdat. *Traité général de la responsabilité*. Paris: Marchal & Godde, 1911. v. 1, n. 412.

[9] Sourdat. *Traité general de la responsabilité*. Cit. n. 462.

[10] Henoch D. Aguiar. *Hechos y actos jurídicos*. Buenos Aires: V. Abeledo, 1936. v. 2, n. 40, p. 255.

[11] Ruggiero e Maroi. *Istituzioni di diritto privato*. Milano: Giuseppe Principato, 1937. v. 2, § 186.

[12] Serpa Lopes. *Curso de direito civil*. Rio de Janeiro: Freitas Bastos, 1964-71. v. 1, n. 262.

[13] M. T. Carvalho de Mendonça. *Doutrina e prática das obrigações*. Rio de Janeiro: Freitas Bastos, 1938. v. 2, n. 448; Philippe Malaurie e Laurent Aynès. *Droit civil*: les obligations. Cit. n.31.

(ânimo de prejudicar), aceitou que a sua tipificação delimita-se no procedimento danoso, com a *consciência do resultado*. Para a caracterização do dolo não há mister perquirir se o agente teve o propósito de causar o mal. Basta verificar se ele procedeu consciente de que o seu comportamento poderia ser lesivo. Se a prova da intenção implica a pesquisa da vontade de causar o prejuízo, o que normalmente é difícil de se conseguir, a verificação da consciência do resultado pode ser averiguada na determinação de elementos externos que envolvem a conduta do agente[14].

Abandonando a preocupação se no ato ilícito há ou não um propósito de causar mal, ou, no mínimo, a consciência de que a conduta pode ser danosa, marcha-se para a determinação do conceito de *culpa*. As ideias de culpa intencional (dolo) ou culpa não intencional (negligência, imprudência) "são assimiladas em seus efeitos; mas a sua diversidade não é sem incidência em matéria de responsabilidade delitual; o grau de gravidade da culpa não é sem consequência, seja no que concerne à avaliação do dano, seja, sob aspecto jurídico, em que, por exemplo, a culpa intencional não é objeto de seguro"[15].

Concorreu para clarear as ideias assentar uma proposição genérica, segundo a qual o dever ressarcitório está relacionado com o descumprimento de uma obrigação. O princípio, a ser assentado, com visos de generalidade e segurança, é que o inadimplemento de uma obrigação gera para o infrator o dever de indenizar. A contravenção de um dever (legal ou contratual) provoca um desequilíbrio. Cabe à ordem jurídica fixar princípios que restabeleçam o equilíbrio rompido, seja para restaurar o bem lesado, seja para sub-rogá-lo em um ressarcimento. O difícil tem sido enunciar uma regra de tal modo abrangente que possa dar cobertura a toda espécie de obrigação indenizatória. As discussões doutrinárias muito contribuem para dificultar a formalização de um conceito uniforme.

Como categoria jurídica, a *culpa* tem sido definida em termos que ora se aproximam ora se contradizem mutuamente. Sem a possibilidade de arrolar todas as definições, destacam-se aquelas que representam rumos determinados, ou se erigem em paradigmas.

Não obstante toda a clareza na exposição do direito obrigacional, Demogue envereda, na definição de culpa, por uma distinção entre "condição objetiva" e "condição subjetiva", indispensáveis segundo a jurisprudência: "uma ofensa ao direito e o fato de ter percebido ou podido perceber que se lesava um direito alheio". Na determinação do elemento objetivo, "é preciso observar que o limite dos direitos não é coisa simples"[16].

---

[14] Karl Larenz. *Obligaciones*. Madrid: Revista de Derecho Privado, 1958. v. 1, n. 38; Agostinho Alvim. *Da inexecução das obrigações*. São Paulo: Saraiva, 1949. p. 227.

[15] Alex Weill e François Terré. *Droit civil*: les obligations. Cit. n. 616.

[16] Demogue. *Traité des obligations en général*. Paris: Rousseau, 1923-33. v. 3, n. 225 e 226.

Savatier, ao definir a culpa, afirma que é impossível fazê-lo sem partir da "noção de dever", que ele analisa em várias hipóteses ou espécies (deveres legais, deveres de família, deveres morais, obrigações de observar os regulamentos, dever geral de não prejudicar a outrem etc.). Como coroamento de todo esse processo analítico, define: "A culpa é a inexecução de um dever que o agente podia conhecer e observar. Se o conhecia efetivamente e o violou deliberadamente, há *delito civil* ou, em matéria de contrato, dolo contratual. Se a violação do dever foi involuntária, podendo conhecê-la e evitá-la, há *culpa simples*; fora destas matérias contratuais, denomina-se quase delito"[17]. O que estaria, para Savatier, na base do conceito de culpa, é a distinção entre *delito* e *quase delito*, ou violação voluntária e involuntária de um dever.

Nesta linha de raciocínio, Leonardo A. Colombo ensina que em "dois sentidos" deve entender-se o conceito de culpa: num, mais amplo, abrange tanto o dolo quanto a culpa propriamente dita; e em outro, mais restrito, contém somente esta última. Após outras considerações em torno da noção geral, desce à conceituação da culpa *stricto sensu*, fazendo abstração de qualquer "querer doloso". Gira, por isso, "em torno da noção de previsibilidade", e significa, conseguintemente, "a não previsão de um evento que é perfeitamente previsível no instante em que se manifesta a vontade do agente"[18].

Henoch D. Aguiar doutrina que o conceito genérico de culpa "envolve a ideia de toda falta de um dever jurídico". Em sentido amplo, *lato sensu*, "com o sentido de *iniuria* da Lei Aquilia, compreende também a ofensa dolosa". Em sentido estrito, reside a "ideia de previsibilidade das consequências de nossos atos voluntários"[19].

56. A definição de Marcel Planiol nunca é omitida: "culpa é a infração de uma obrigação preexistente, de que a lei ordena a reparação quando causou um dano a outrem"[20]. No desenvolvimento de seu *Traité*, que é clássico no direito francês, salienta-se que a culpa é o elemento capital da responsabilidade civil, enunciando-se, em termos gerais, que incide em culpa *aquele que age como não devia agir*[21]. Resumindo o mesmo conceito, Planiol, Ripert e Boulanger consideram, depois de enunciar que a culpa como ente abstrato consiste em "*não se conduzir como se*

---

[17]   Savatier. *Traité de la responsabilité civile*. Paris: Librairie Générale de Droit et de Jurisprudence. 1939. v. 1, n. 4.

[18]   Leonardo A. Colombo. *Culpa aquiliana, cuasidelitos*. Buenos Aires: Tipografia Edit Argentina, 1947. p. 46.

[19]   Henoch D. Aguiar. *Hechos y actos jurídicos*. Cit. n. 40 e 42.

[20]   Marcel Planiol. *Traité élémentaire de droit civil*. Paris: R. Pichon Et R. Durnad-Auzias, 1946. v. 2, n. 863.

[21]   Planiol, Ripert e Esmein. *Traité pratique de droit civil*. Paris: R. Pichon Et R. Durnad-Auzias, 1946. v. 6, n. 477.

devia conduzir", reproduzem a noção originária, de Marcel Planiol, da *falta a um dever preexistente*[22]. B. Starck, na mesma linha de raciocínio enxerga na culpa um comportamento diverso de como a pessoa, segundo a mentalidade média, deverá comportar-se[23].

Marty e Raynaud comentam que, tendo em vista falharem os critérios de procurar a culpa como um ato ilícito ou um dever violado, marchou-se na procura de "métodos mais realistas". Ela consiste, dizem eles, em não se ter comportado como se deveria fazê-lo – o que, em verdade, é dizer a mesma coisa[24].

Mazeaud e Mazeaud dizem que se incide em culpa quando não se age como seria necessário: "*comete-se um erro de conduta*". Mas acrescentam: não existe aí, ainda, uma definição, "mas simplesmente uma indicação do sentido no qual é necessário dirigir as pesquisas"[25]. Enveredando depois pelas noções de culpa grave assimilada ao dolo, e de culpa quase delitual, estendem-se em considerações sobre a ideia de culpa como *erro de conduta,* que se vai prender a François Geny[26], e que é explicada por Colin e Capitant, ao dizerem estes que um homem incide em culpa "quando este homem não se conduziu como deveria ter de conduzir-se"[27].

Neste mesmo conceito abriga-se Henri de Page, não sem criticar os autores que, em vez de darem uma definição clara e precisa, repetem lugar comum ou cometem tautologia, ou recusam conceituá-la por entenderem que a palavra "culpa" é muito clara, dispensando uma definição. Procurando ser preciso, diz: "A culpa é, muito simplesmente, um erro de conduta; é o ato ou o fato que não teria praticado uma pessoa prudente, avisada, cuidadosa em observar as eventualidades infelizes que podem resultar para outrem"[28]. Este mesmo conceito de desvio de conduta relativamente ao comportamento diligente mostra-se em Esmein[29].

Não discorda Santos Briz, ao conceituar a culpa como desvio de um modelo ideal de conduta: modelo representado, umas vezes, pela *fides ou bona fides,* e outras, pela diligência de um *pater familias* cuidadoso[30]. A determinação do erro

---

[22] Marcel Planiol. *Traité élémentaire de droit civil.* Cit. n. 913.

[23] B. Starck. Domaine et fondement de la responsabilité sans faute. In: *Revue Trimestrielle de Droit Civil.* Paris: Dalloz, 1958. p. 477.

[24] Marty e Raynaud. *Droit civil:* les obligations. Paris: Sirey, 1961. t. II, v. 1, n. 400.

[25] Mazeaud e Mazeaud. *Responsabilité civile.* Cit. n. 20.

[26] François Geny. Risques et responsabilité. In: *Revue Trimestrielle de Droit Civil.* Paris: Dalloz, 1902. p. 838.

[27] Colin e Capitant. *Cours élémentaire de droit civil.* Cit. n. 190.

[28] Henri de Page. *Traité élémentaire de droit civil belge.* Bruxelles: E. Bruylant, 1974. v. 2, n. 939.

[29] Esmein. Le Fondement de la responsabilité civile. In : *Revue Trimestrielle de Droit Civil.* Paris: Dalloz, 1933. p. 649.

[30] Jaime Santos Briz. *La responsabilidad civil.* Cit. p. 43.

de conduta, acrescenta ele, é a previsibilidade, sem a qual um bom pai de família não o teria cometido[31].

Para Ruggiero e Maroi, "não haverá culpa aquiliana senão quando seja violado um direito primário, isto é, um direito absoluto com validade *erga omnes*, como a propriedade, o direito à integridade pessoal, à honra etc."[32].

Chironi, no conceituar a culpa, segue via analítica, a dizer que:

> *A culpa aquiliana designa toda ação ou omissão imputável, que violando direito alheio, sem ser por isso inadimplemento de obrigação contratual preexistente, excita a reação do ordenamento objetivo na tutela do direito ofendido, que se revela e manifesta com a ação de responsabilidade (e portanto de ressarcimento) contra o autor da injúria[33].*

Desta noção ressaltam-se dois elementos: a violação de um direito de outrem por ação ou omissão imputável, e o dever de reparação imposto pela ordem jurídica.

57. A doutrina brasileira reza, mais frequentemente, no conceito vindo de Marcel Planiol (violação de norma preexistente), sem embargo de encontrar guarida a ideia de *"erro de conduta"* como ocorre com minhas *Instituições de Direito Civil*[34]; ou com Silvio Rodrigues[35]; ou com Alvino Lima quando diz que a culpa é um erro de conduta, moralmente imputável ao agente, e que não seria cometido por uma pessoa avisada, em iguais circunstâncias[36].

Partindo do disposto no art. 186 do Código Civil de 2002, entende-se que no procedimento culposo está um fato causando dano a outrem, independentemente da vontade ou mesmo da consciência do mal causado. Neste teor é a definição de Beviláqua:

> *Ato ilícito é a violação do dever ou o dano causado a outrem por dolo ou culpa. O dolo consiste na intenção de ofender o direito ou prejudicar o patrimônio por ação ou omissão. A culpa é a negligência ou imprudência do agente, que determina violação de direito alheio ou causa prejuízo a outrem. Na culpa há, sempre, a violação de um dever preexistente. Se este dever se funda em*

---

[31] Jaime Santos Briz. *La responsabilidad civil*. Cit. p. 45.

[32] Ruggiero e Maroi. *Istituzioni di diritto privato*. Cit. § 186.

[33] Chironi. *La colpa nel diritto civile odierno, colpa extra-contrattuale*. Torino: Fratelli Bocca, 1903-06. v. 1, p. 34.

[34] Caio Mário da Silva Pereira. *Instituições de direito civil*. Rio de Janeiro: Forense, 2004. v. 1, n. 114.

[35] Silvio Rodrigues. *Direito Civil*. Rio de Janeiro: Saraiva, 1973-75. v. 4, n. 53.

[36] Alvino Lima. *Culpa e risco*. São Paulo: Revista dos Tribunais, 1963. n. 16, p. 76.

um contrato, a culpa é contratual; se no princípio geral de direito que manda respeitar a pessoa e os bens alheios, a culpa é extracontratual ou aquiliana[37].

Washington de Barros Monteiro enuncia que a responsabilidade subjetiva "pressupõe sempre a existência de culpa (*lato sensu*), abrangendo o *dolo* (pleno conhecimento do mal e direta intenção de o praticar), e a *culpa* (*stricto sensu*), violação de um dever que o agente podia conhecer e acatar"[38].

Depois de mencionar e criticar numerosas definições, e lembrar que ela se desdobra em dolo e culpa propriamente dita, Aguiar Dias enuncia esta noção: "A culpa é falta de diligência na observância da norma de conduta, isto é, o desprezo, por parte do agente, do esforço necessário para observá-la, com resultado, não objetivado, mas previsível, desde que o agente se detivesse na consideração das consequências eventuais da sua atitude"[39].

Diante desta floresta de definições, que mais extensa fora, quanto mais longe levasse a pesquisa, pode-se conceituar *culpa como um erro de conduta, cometido pelo agente que, procedendo contra direito, causa dano a outrem, sem a intenção de prejudicar, e sem a consciência de que seu comportamento poderia causá-lo.*

A ideia de culpa alterou-se profundamente. Nos dias atuais, a noção psicológica que foi base da responsabilidade civil do século XIX deu lugar à denominada *culpa normativa*, que traduz, em breve síntese, o desrespeito a padrões objetivos de comportamento exigíveis no caso concreto[40].

58. Procedendo à *análise da culpa*, sobressaem os seus extremos. O ponto de partida é a violação de uma norma preexistente. Haverá, sempre, uma norma de conduta (legal ou contratual). A sua observância é um fator de harmonia social. Quando uma pessoa deixa de a ela obedecer, desequilibra a convivência coletiva. Para que se caracterize a responsabilidade civil, é necessário que desse confronto resulte um dano a alguém.

A conduta contraveniente pode, em termos genéricos, ser voluntária ou involuntária. Cumpre, todavia, assinalar que se não insere, no contexto de "voluntariedade", o propósito ou a consciência do resultado danoso, ou seja, a deliberação ou a consciência de causar prejuízo. Este é um elemento definidor do *dolo*.

---

[37] Clóvis Beviláqua. *Comentários ao Código Civil*. Rio de Janeiro: Rio, 1976. Observação 1 ao art. 159.

[38] Washington de Barros Monteiro. *Curso de Direito Civil*. São Paulo: Saraiva, 1952-76. v. 5, p. 386.

[39] Aguiar Dias. *Da responsabilidade civil*. Rio de Janeiro: Forense, 1994. v. 1, n. 65.

[40] Sobre a evolução histórica do conceito de culpa, cf. Marcelo Junqueira Calixto. *A culpa na responsabilidade civil*: estrutura e função. Rio de Janeiro: Renovar, 2008.

A voluntariedade pressuposta na culpa é a da ação em si mesma. É a consciência do procedimento, que se alia à previsibilidade. Quando o agente procede voluntariamente, e sua conduta voluntária implica ofensa ao direito alheio, advém o que se classifica como procedimento culposo. Atilio Anibal Alterini esclarece-o muito bem:

> A culpa provém de um ato voluntário, isto é, realizado com os necessários elementos internos: discernimento, intenção e liberdade. Mas a vontade do sujeito, no ato culposo, vai endereçada à sua realização, mas não à consequência nociva[41].

O agente estava adstrito à obediência a uma norma. Se faltou com a sua observância, por imprudência ou negligência, cometeu um erro de comportamento, ou, como na expressão já reafirmada, um *erro de conduta*, e este é uma definição de culpa.

Na *negligência*, há um desajuste psíquico traduzido no procedimento antijurídico, ou uma omissão de certa atividade que teria evitado o resultado danoso; na *imprudência* o sujeito procede precipitadamente ou sem prever integralmente as consequências da ação[42]. Em qualquer dos casos, encontra-se um defeito de previsibilidade. Não se procura determinar se o efeito do ato, ou se o resultado danoso foi deliberado ou consciente. O que se requer é que a conduta do agente seja voluntária, tal como se lê no art. 186 do Código Civil, realizada por ação ou omissão voluntária, o que levou De Cupis à afirmativa de que a culpa, em si mesma, é uma "noção objetiva"[43]. O art. 186 do Código Civil, ao abranger no conceito de *ato ilícito,* a negligência e a imprudência aproximou-se do conteúdo do art. 1.383 do Código Civil francês, cujo teor é este: *Chacun est responsable du dommage qu'il a causé non seulement par son fait, mais encore par sa négligence ou par son imprudence.*

59. O conceito de culpa é *unitário,* embora sua ocorrência possa dar-se de maneiras diversas. São todas elas, entretanto, meras modalidades pelas quais pode caracterizar-se a violação do dever preexistente. Em toda culpa há uma violação do ordenamento jurídico, caracterizando ontologicamente o comportamento ilícito[44]. Assim o proclamei em minhas *Instituições de Direito Civil*[45].

---

[41] Atílio Aníbal Alterini. *Responsabilidade civil.* Buenos Aires: Abeledo-Perrot, 1974. n. 101, p. 94.

[42] Atílio Aníbal Alterini. *Responsabilidade civil.* Cit. n. 102.

[43] De Cupis. *Il danno.* Milano: Giuffrè, 1966. p. 65 e segs.

[44] Oertmann. *Introducción al Derecho Civil.* Barcelona: Labor, 1933. § 62; Enneccerus, Kipp & Wolf. *Tratado.* Parte general. Barcelona: Bosch, 1933-55. § 195; Andreas von Tour. *Derecho civil.* Parte 2ª. Buenos Aires: Desalma, 1946. v. 3, § 88.

[45] Caio Mário da Silva Pereira. *Instituições de direito civil.* Cit. v, n. 113.

Não importa se a norma preexistente é a *geral*, contida na lei, ou é a *particular*, consignada no contrato. Legal ou contratual, é uma norma de conduta, e sua violação importa comportamento culposo. Os dois aspectos da responsabilidade (contratual e extracontratual) não implicam diversificação conceitual da culpa, ou, como diz Aguiar Dias, "não atingem os princípios essenciais da responsabilidade"[46]. No capítulo relativo à *culpa contratual* a matéria será devidamente desenvolvida (Capítulo XVII, *infra*).

O que se salienta aqui é o princípio da *unidade da culpa*, deixando claro que as modalidades em que se desdobra não afloram mais que à sua superfície, deixando incólume o seu conceito ontológico. Intrinsecamente una, como sempre tenho sustentado, a terminologia usual que a desdobra em várias modalidades não passa de considerações acidentais – *accidentalia negotii*. Quando se fala em culpa contratual e culpa extracontratual, ou quando se mencionam os diversos aspectos de sua incidência, em todos os casos, o que é presente é o conceito básico acima aludido, que nem por se revestir de redação formal diversa, representa multiplicidade de conceitos.

Além da dicotomização das duas modalidades em *culpa contratual* e *culpa aquiliana*, os autores, especialmente na doutrina francesa, distinguem o que apelidam de culpa grave, leve e levíssima.

Na *culpa grave*, embora não intencional, seu autor, sem "querer" causar o dano, "comportou-se como se o tivesse querido", o que inspirou o adágio *culpa lata dolo aequiparatur*, e levou os Mazeaud ao comentário de sua inexatidão lógica, pois não é equitativo tratar do mesmo modo a pessoa que quis o dano e a que o não quis[47].

Culpa leve é a falta de diligência média, que um homem normal observa em sua conduta.

Culpa levíssima, a falta cometida em razão de uma conduta que escaparia ao padrão médio, mas que um *diligentissimo pater familias*, especialmente cuidadoso, guardaria.

Nosso direito desprezou esta gradação da culpa, que não deve influir na determinação da responsabilidade civil, e que não encontra amparo no *BGB* ou apoio em boa parte da doutrina[48].

Com o advento do Código Civil, discute-se a reintrodução no direito brasileiro da relevância jurídica dos graus da culpa, diante do parágrafo único do art. 944,

---

[46]   Aguiar Dias. *Da responsabilidade civil*. Cit. n. 66.

[47]   Mazeaud, Mazeaud e Mazeaud. *Leçons de droit civil*. Paris: Montchrestien, 1955. v. 1, n. 447.

[48]   Cf. Giorgio Giorgi. *Tratato delle obbligazioni*. Torino: Ute, 1930. v. 2, n. 27; M. I. Carvalho de Mendonça. *Doutrina e prática das obrigações*. Cit. n. 455; Caio Mário da Silva Pereira. *Instituições de direito civil*. 20. ed. Rio de Janeiro: Forense, 2003. v. 2, n. 175.

segundo o qual "se houver excessiva desproporção entre a gravidade da culpa e o dano, poderá o juiz reduzir, equitativamente, a indenização".

Afirmam alguns autores que o legislador se baseou na tradicional distinção para, verificando excessiva desproporção entre a gravidade da culpa e a extensão do dano, impor a redução da indenização de modo equitativo, com o intuito de evitar o enriquecimento sem causa do lesado e a insolvência do causador do dano[49]. Por outro lado, afirma-se que o parágrafo único do art. 944 incidirá apenas nas hipóteses em que reste configurada, no caso concreto, a culpa levíssima do ofensor que, ao inobservar o *standard* de conduta normalmente adotado pelo homem diligentíssimo naquela determinada atividade, provocou danos de grande monta à vítima[50].

Sustenta-se, ainda, que a redução da indenização nos moldes estabelecidos pela literalidade do artigo apresentaria vício de inconstitucionalidade. O critério adotado pelo Código Civil – os graus de culpa – não teria o condão de afastar a norma da reparação integral, que possuiria *status* constitucional, por se basear na cláusula geral de tutela da pessoa humana (CF, art. 1º, III). Assim, a redução equitativa da indenização apenas se afiguraria possível quando a imposição da reparação integral privar o ofensor do patrimônio indispensável à sua subsistência digna[51].

De outra parte, discute-se se a previsão contribui para a legitimidade dos danos morais punitivos no Brasil. Para certa corrente de pensamento, haveria no parágrafo único do art. 944 nítida conotação pedagógica[52]. Em contraposição, defende-se que essa interpretação não se coaduna com o texto legal – que se refere apenas à redução da indenização – e com a função da responsabilidade civil na atualidade[53].

Debate-se, ainda, a extensão do dispositivo às hipóteses de responsabilidade objetiva. Em razão da referência legal expressa à desproporção entre a gravidade da culpa e o dano, afirma-se que a redução equitativa não pode ocorrer nas hipóteses de responsabilidade objetiva, sobretudo por se tratar de norma de interpretação restritiva, vez que excepcional[54]. Em contrapartida, quem enxerga o fundamento

---

[49] Carlos Alberto Menezes Direito e Sérgio Cavalieri. *Comentários ao novo Código Civil*. Rio de Janeiro: Forense, 2007. v. 13, pp. 363-368.

[50] Paula Greco Bandeira. Evolução do conceito de culpa e o art. 944 do Código Civil. In: *Revista da Emerj*. v. 11, n. 42, p. 245.

[51] Marcelo Junqueira Calixto. *A culpa na responsabilidade civil*: estrutura e função. Rio de Janeiro: Renovar, 2008. p. 325.

[52] Judith Martins-Costa. Os danos à pessoa no direito brasileiro e a natureza da sua reparação. In: *Reconstrução do Direito Privado*. São Paulo: Revista dos Tribunais, 2002. pp. 445-446.

[53] Carlos Nelson Konder. A redução equitativa da indenização em virtude do grau de culpa: apontamentos acerca do parágrafo único do art. 944 do Código Civil. In: *Revista Trimestral de Direito Civil*, jan./mar. 2007. v. 29, pp. 17-18; Maria Celina Bodin de Moraes. *Danos à pessoa humana*. Cit. p. 297.

[54] Carlos Nelson Konder. A redução equitativa da indenização em virtude do grau de culpa: apontamentos acerca do parágrafo único do art. 944 do Código Civil. Cit. p. 21. O autor registra, contudo,

108 | RESPONSABILIDADE CIVIL – *Caio Mário da Silva Pereira*

da redução na equidade, e não no grau de culpa, não vê óbice em sua aplicação à responsabilidade objetiva[55].

No que se refere às espécies de danos sujeitos à redução, sustenta-se a irredutibilidade da indenização a título de dano moral, por se relacionar à tutela da pessoa humana[56]. Em contrapartida, advoga-se a não incidência do dispositivo aos danos de natureza patrimonial, para resguardar o direito constitucional à propriedade[57].

A despeito das controvérsias enumeradas, não há dúvida de que se trata de preceito excepcional que, por tornar irreparável lesão a interesse jurídico legítimo, só se justifica diante de hipóteses em que a reparação integral, pelas circunstâncias pessoais do ofensor e da vítima, se torne, ela própria, exagerada e, por isso mesmo, não razoável e ilegítima. Em outras palavras, o dispositivo contempla determinadas hipóteses em que as consequências danosas do ato culposo extrapolam os efeitos razoavelmente imputáveis à conduta do agente. Revela-se, então, a preocupação do legislador com a reparação justa, sobrepondo à disciplina do dano uma espécie de limite de causalidade legítima, de modo a autorizar o magistrado a, excepcionalmente, mediante juízo de equidade, extirpar da indenização o *quantum* que transcenda os efeitos razoavelmente atribuídos, na percepção social, à conta de determinado comportamento.

60. Na vigência do Código Civil de 1916, tendo em vista o comportamento externo do agente, ou o modo como deixa ele de observar a regra de conduta, dizia-se que havia *culpa in vigilando*, quando uma pessoa faltava ao dever de velar, ou cometia uma desatenção quando tinha a obrigação de observar; havia *culpa in custodiendo*, que é modalidade da *culpa in vigilando*, quando uma pessoa

---

a perplexidade de parte da doutrina diante do fato de que o agente responde pela totalidade do dano na hipótese de responsabilidade objetiva, mesmo, portanto, que tenha agido sem nenhuma culpa. V., ainda, no mesmo sentido, Claudio Luiz Bueno de Godoy. In: Cezar Peluso (coord.). *Código Civil comentado.* Barueri: Manole, 2008. p. 884.

[55] Marcelo Junqueira Calixto. *A culpa na responsabilidade civil*: estrutura e função. Rio de Janeiro: Renovar, 2008. p. 326. Em sentido semelhante, Carlos Edison do Rêgo Monteiro Filho. O princípio da reparação integral e sua exceção no direito brasileiro. In: *Rumos contemporâneos do direito civil*: estudos em perspectiva civil-constitucional. Belo Horizonte: Fórum, 2017. p. 132. Nessa direção, destaca-se a alteração, na IV Jornada de Direito Civil, promovida em 2006 pelo Conselho da Justiça Federal, do Enunciado n. 46 da I Jornada, suprimindo-se o trecho segundo o qual o parágrafo único do art. 944 do Código Civil não seria aplicável às hipóteses de responsabilidade objetiva.

[56] Sérgio Luiz Junkes. A culpa e a punição não podem servir de critério para a fixação da indenização por dano moral. In: Nagib Slaibi Filho e Sergio Couto (coords.). *Responsabilidade civil*: estudos e depoimentos no centenário do nascimento de José Aguiar Dias (1906-2006). Rio de Janeiro: Forense, 2006. p. 415.

[57] Thomas Bustamante e Denis Franco Silva. *Neminem Laedere*: o novo Código Civil brasileiro e a integral reparabilidade dos danos materiais decorrentes de ato ilícito. In: *Revista trimestral de direito civil.* v. 20, pp. 247-248.

se descuidava quando tinha a seu cargo a guarda de uma coisa; *culpa in eligendo*, quando havia má escolha de uma pessoa a quem era confiada uma certa tarefa. Esses eram aspectos peculiares do comportamento, todos abrangidos no conceito genérico de um desvio de comportamento por parte do agente. No sistema atual, tais figuras perdem a importância que assumiam no diploma anterior, vez que suas hipóteses de incidência se tornaram sujeitas à responsabilidade objetiva (art. 933), a prescindir, portanto, da conduta culposa do responsável.

Muito se tem discutido a propósito da *culpa por omissão (culpa in omittendo)* ou *abstenção culposa*. Não é qualquer omissão que engendra a responsabilidade civil. Para que a abstenção se converta em dever de indenizar, é preciso que exista a obrigação de agir. Em geral, ocorre na responsabilidade contratual, pois que não é frequente ser esta obrigação de origem legal, como observam Planiol, Ripert e Esmein, os quais, contudo, acrescentam que pode ela resultar do dever moral que pesa sobre cada um de respeitar as regras essenciais da vida em sociedade, e se vincula ao pensamento de não prejudicar[58].

61. Merece destaque, das modalidades que revestem a culpa, a doutrina da culpa *in contrahendo*, desenvolvida na concepção de Rudolph von Ihering, com base nas fontes, que reproduz e analisa.

Ocorre quando uma pessoa, ao contratar, procede de forma que a outra parte seja lesada com o próprio fato de celebrar o contrato, efetuando uma avença que em si mesma constitui um dano.

Dá-se, por exemplo, quando uma das partes já sabe do perecimento do objeto e, mesmo assim, sonegando a informação, leva o outro contratante a celebrar o ajuste. "A conclusão de um *contrato* projetada e completada exteriormente e em aparência (...) faz presumir que é no vínculo que existe aqui, entre *responsabilidade* e a *relação contratual* que se acha encerrada a natureza própria da demanda de perdas e danos"[59].

No correr de suas considerações Ihering mostra em três pontos as condições do contrato, na falta das quais existe, segundo sua tese, a *culpa in contrahendo*: capacidade do sujeito, objeto, certeza da vontade. Aquele que, conhecendo sua incapacidade, induz um outro a concluir com ele um contrato, será punido como quem engana (*capacidade do agente*). Aquilo que não pode ser prestado, por impossibilidade ou iliceidade, não pode ser objeto de um contrato válido (*capacidade do objeto*). A *diligentia* contratual é exigida nas relações contratuais em vias de formação, tanto quanto nas relações já estabelecidas (*certeza da comunicação da vontade*). No desenvolvimento dessas três situações, Von Ihering casuisticamente examina a maneira como se apresentam.

---

[58] Planiol, Ripert e Esmein. *Traité pratique de droit civil*. Cit. n. 508.

[59] Ihering. *Oeuvres choisies*. v. 2, n. 11, p. 25.

110 | RESPONSABILIDADE CIVIL – *Caio Mário da Silva Pereira*

A denominação *culpa in contrahendo* não deve influir na sua classificação. O que a caracteriza é a natureza do comportamento. Em razão deste, ela deve ser classificada como responsabilidade *extracontratual* ou *aquiliana*, e não como responsabilidade contratual. Não consiste em infringir uma cláusula ou norma convencional, porém é de se qualificar como ofensa ao princípio geral de não lesar – *neminem laedere*.

Baudry-Lacantinerie e Barde, reportando-se a Von Ihering, que consideram muito racional, comentam: "Todo aquele que propõe contratar deve assegurar-se que nada, em si mesmo ou no objeto da obrigação que lhe incumbirá, pode opor-se à existência ou à validade do contrato de que se trata"[60].

62. Dentro do campo da *culpa in contrahendo* insere-se a *responsabilidade pré-contratual*. A propinquidade dos dois eventos é tão grande que Trabucchi atribui-lhes sinonímia[61]. Pode-se determinar a figura jurídica da responsabilidade pré-contratual quando uma pessoa entabula negociações com outra, induzindo-a a preparar-se para contratar e depois, injustificadamente, deixa de celebrar a avença. Ou, como se expressa Trabucchi, considera-se culpa *in contrahendo* a revogação injustificada da proposta de contrato, ou quando a parte se retira das tratativas de má-fé, por haver insinuado à outra parte a existência, conhecida ou que deveria conhecer, de uma causa de invalidade do contrato.

É preciso frisar, desde logo, que ninguém é obrigado a contratar. Tem a liberdade de fazê-lo ou de não. Enunciada a proposta, o negócio jurídico vai-se formar com a aceitação. Oferta e aceitação obrigam, respectivamente, o policitante e o oblato, estatuindo a lei as sanções para aquele que se retira, a não ser que observe as regras instituídas no Código Civil (arts. 427 a 435). Em princípio a fase das negociações não cria direitos nem obrigações para as partes[62].

Quando, porém, uma delas procede de forma a convencer a outra da seriedade das tratativas, levando-a a adotar medidas tendentes à contratação, a efetuar despesas, assumir compromissos com terceiros, agir, em suma, no propósito aparente de que vai ser firmado o contrato, e, não obstante tudo isto, retira-se injustificadamente das negociações, causando um dano à outra parte, responde pelo seu procedimento culposo, e está sujeita a perdas e danos.

Antonio Chaves caracteriza, depois de exaurir os argumentos pró e contra, que há responsabilidade pré-contratual quando ocorre "a ruptura arbitrária

---

[60] Baudry-Lacantinerie e Barde. *Traité théorique et pratique de droit civil*: des obligations. Paris: Recueil Sirey, 1924. v. 1, n. 362.

[61] Alberto Trabucchi. *Istituzioni di diritto civile*. Padova: Cedam, 1964. n. 284.

[62] J. X. Carvalho de Mendonça. *Tratado de direito comercial*. Parte 1ª. Rio de Janeiro: Freitas Bastos, 1938. v. 6, n. 546 e segs.

e intempestiva das negociações, contrariando o consentimento dado na sua elaboração", de tal modo que a outra parte, "se soubesse que corria o risco de uma retirada repentina", não teria tomado as medidas que adotou[63].

A dificuldade de determinar *in concreto* esta responsabilidade está na conciliação dos dois princípios: o da liberdade de contratar (art. 421, Código Civil) e o da boa-fé na condução das negociações (art 422, Código Civil). Para que ocorra tal responsabilidade, em que se desenha um caso especial de responsabilidade civil, é que a culpa que se apura é *aquiliana* e não contratual, porque assenta no princípio geral que impõe a qualquer pessoa abster-se de prejudicar outrem, e não em infração de alguma cláusula do contrato, pois que nesta fase, ainda não existe contrato[64]. Na mesma linha, tem-se recorrido às três funções da boa-fé objetiva,[65] com destaque aos deveres de informação e lealdade, bem como

---

[63]   Antonio Chaves. *Responsabilidade pré-contratual*. Rio de Janeiro: Forense, 1959. p. 208.

[64]   Sobre o tema, v. Regis Fichtner Pereira. *A responsabilidade civil pré-contratual*: teoria geral e responsabilidade pela ruptura das negociações contratuais. Rio de Janeiro: Renovar, 2001. p. 214. Na jurisprudência, afigura-se paradigmático o chamado "caso dos tomates", no qual determinada comunidade de pequenos agricultores do Rio Grande do Sul mantinha com a Companhia Industrial de Conservas Alimentícias (Cica) relação comercial em que a empresa fornecia a totalidade das sementes a serem utilizadas, por intermédio de caminhoneiros, aos produtores de tomate da região. No período da colheita, a empresa adquiria os frutos, que eram recolhidos e transportados pelos mesmos caminhoneiros, para integrar sua produção industrial. Tal prática foi reiterada ao longo de muitos ciclos produtivos, sem interrupção. A empresa, entretanto, desistiu de adquirir a safra de 1987-1988, alegando despesas operacionais adicionais. Irresignado, um dos camponeses ajuizou ação de cobrança pleiteando a indenização pelas despesas decorrentes da perda da produção. O juízo de primeira instância deu total provimento à pretensão indenizatória, condenando a empresa ré ao pagamento do equivalente a 40.000 (quarenta mil) quilos de tomate, no valor de Cr$ 1,20 por quilo, atualizados monetariamente. A ré apelou ao TJRS, cabendo à 5ª Câmara Cível enfrentar a questão. O acórdão, de relatoria do Ministro Ruy Rosado de Aguiar Júnior, concluiu pela procedência parcial do recurso – a reduzir o *quantum* indenizatório pela metade, tendo em vista que parte da produção não se perdeu, mas foi, ao revés, comercializada (TJRS, 5ª C.C., Ap. Cív. 591.028.295, Rel. Des. Ruy Rosado de Aguiar Júnior, julgado em 06.06.1991). Para a análise da repercussão do acórdão no direito obrigacional brasileiro, v. Gustavo Tepedino. Formação progressiva dos contratos e responsabilidade pré-contratual: notas para uma sistematização. In: *Direito, cultura, método*: leituras da obra de Judith Martins-Costa. Rio de Janeiro: Editora GZ, 2019, pp. 584-602.

[65]   Conforme construído pela doutrina alemã, a boa-fé objetiva apresenta ao menos três funções: i) função interpretativa (art. 113 do CC), segundo a qual a boa-fé apresenta-se como critério hermenêutico, exigindo que a interpretação das cláusulas contratuais privilegie o sentido mais conforme ao escopo econômico perseguido pelo negócio; ii) função restritiva do exercício de direitos (art. 187 do CC), em que a boa-fé atua como limite negativo ao exercício de direitos, buscando impedir o exercício abusivo de direitos; e iii) função geradora de deveres anexos

à utilização dos usos e costumes em cotejo com as circunstâncias concretas, a fim de verificar o grau de comprometimento das partes e a densidade das negociações implementadas nas tratativas.[66]

Além da responsabilidade pré-contratual, alude-se também à responsabilidade pós-contratual,[67] ou responsabilidade *post factum finitum*, consistente em exigir, mesmo após a extinção dos deveres prestacionais, a observância de deveres de conduta dirigidos à preservação dos interesses promovidos pelo negócio celebrado. Tal teoria não se identifica com aquelas disposições de lei que impõem expressamente a observância de deveres após a extinção dos deveres prestacionais; nem com aquelas estipulações feitas pelos contratantes no título negocial, estabelecendo deveres secundários para além da extinção dos deveres prestacionais. De fato, quando a fonte dos deveres violados é diretamente a previsão legal específica ou a autonomia privada, não tem lugar a chamada responsabilidade civil pós--contratual.

63. *Prova da culpa.* Em princípio, a culpa é um fato ou decorrência de um fato. Como tal, deve ser provada, e o ônus de produzir sua prova incumbe a quem a invoca, como em geral ocorre com todo outro fato: *onus probandi incumbit ei qui dicit non qui negat.* Cabe, portanto, à vítima produzir a sua prova. É o que está na base da doutrina subjetiva, que De Page denomina "teoria clássica", acrescentando todavia:

> *É possível melhorar sensivelmente a situação da vítima invertendo a ordem da prova. Se em certas circunstâncias, ou na fé de certas situações, o dano é em princípio imputado ao seu autor, a vítima será infinitamente melhor tratada,*

às obrigações contratuais (art. 422 do CC), segundo a qual a boa-fé assume o papel de fonte criadora de deveres anexos à prestação principal, como deveres de lealdade, informação, honestidade, dentre outros, exigidos das partes de acordo com as peculiaridades de cada concreto regulamento de interesses.

[66] A jurisprudência tem assinalado que a responsabilidade pré-contratual somente tem lugar quando há ruptura injustificada, abrupta e arbitrária das negociações, ocasionando quebra da confiança legítima despertada. V., nessa direção: STJ, 3ª T., REsp 1.051.065/AM, Rel. Min. Ricardo Villas Bôas Cueva, julgado em 21.2.2013; TJSP, 36ª CDPriv., Ap. Cív. 1005560-41.2016.8.26.0002, Rel. Des. Milton Carvalho, julgado em 8.2.2017; e TJSP, 33ª CDPriv., Ap. Cív. 0063620-60.2012.8.26.0100, Rel. Des. Sá Moreira de Oliveira, julgado em 29.8.2016.

[67] Anota-se, em doutrina, que "apesar de se designar a hipótese como responsabilidade *pós--contratual*, não se trata, efetivamente, de situação em que o contrato se extinguiu, como já se apontou; extintos estão os deveres de prestação, mas a relação obrigacional se mantém, vinculando as partes à observância de deveres de conduta voltados à preservação da utilidade que os deveres de prestação conferem aos contratantes." (Gustavo Tepedino; Aline Terra; Gisela Sampaio. *Fundamentos do Direito Civil.* 2. ed. Rio de Janeiro: Forense, 2021, vol. 4).

porque não terá ela de provar senão o fato material do dano e sua origem; e o autor do dano não poderá escapar à responsabilidade senão demonstrando que nenhuma culpa cometeu[68].

Com fundamento na jurisprudência dos tribunais franceses, Malaurie e Aynès aludem a um tipo de *culpa virtual*, ou seja, a ideia de culpa que resulta do próprio dano (*res ipsa loquitur* – a coisa fala por si mesma). São situações em que a responsabilidade prescinde da culpa, e é substituída pela teoria do risco. São lembrados como exemplos de culpa virtual a do transportador benévolo, a do médico[69].

---

[68]   De Page. *Traité élémentaire de droit civil belge.* Cit. n. 932.

[69]   Philippe Malaurie e Laurent Aynès. *Droit civil*: les obligations. Cit. n. 35.

Capítulo VI

NEXO DE CAUSALIDADE

Sumário

Teorias da equivalência das condições e da causalidade adequada. Rompimento do nexo causal. Indenização sem causalidade ou de causalidade indeterminada.

Bibliografia

Alex Weill e François Terré. *Droit civil*: les obligations. Paris: Dalloz, 1971. n. 744; Aubry e Rau. *Cours de droit français*. Paris: Librairie Générale de Jurisprudence, 1871. v. 6; Caitlin Sampaio Mulholland. *A responsabilidade civil por presunção de responsabilidade.* Rio de Janeiro: GZ, 2009; Carbonnier. *Droit civil:* les obligations. Paris: Presses Universitaires de France, 1967. v. 4; De Page. *Traité élémentaire de droit civil belge*. Bruxelles: E. Bruylant, 1974. v. 2; Demogue. *Traité des obligations en général*. Paris: Rousseau, 1923--33. v. 4; Gabriel Marty. La rélation de cause à effet comme condition de la responsabilité civile. In: *Revue Trimestrielle de Droit Civil*. Paris: Dalloz, 1939. n. 3; Geneviève Viney. *Traité de droit civil* a cargo de Jacques Ghestin. *Les obligations, responsabilité civile*. Paris: Librairie Générale de Droit et de Jurisprudence, 1965; Gisela Sampaio da Cruz. *O problema do nexo causal na responsabilidade civil*. Rio de Janeiro: Renovar, 2005; Gustavo Tepedino. Notas sobre o nexo de causalidade. In: *Temas de direito civil*. Rio de Janeiro: Renovar, 2006. t. II; Henri De Page. *Traité élémentaire de droit belge*. Bruxelles: Émille Bruylant, 1974. v. 2; Jaime Santos Briz. *La responsabilidad civil*. Madrid: Montecorvo, 1981; Leonardo A. Colombo. *Culpa aquiliana, cuasidelitos*. Buenos Aires: Tipografia Edit Argentina, 1947; Marty e Raynaud. *Droit civil*. Paris: Sirey, 1961. t. II; Mazeaud e Mazeaud. *Traité théorique et pratique de la responsabilité civile*. Paris: Montchrestien, 1955. v. 2; Philippe Malaurie e Laurent Aynès. *Droit civil*: les obligations.

Paris: Cujas, 1990; Planiol, Ripert e Boulanger. *Traité élémentaire de droit civil*. Paris: R. Pichon Et R. Durnad-Auzias, 1946. v. 2; Planiol, Ripert e Esmein. *Traité pratique de droit civil*. Paris: R. Pichon Et R. Durnad-Auzias, 1946. v. 6; René Rodière. *Responsabilité civile*. Paris: Rousseau, 1952; Savatier. *La responsabilité civile*. Paris: Librairie Générale de Droit et de Jurisprudence, 1939. v. 2; Serpa Lopes. *Curso de Direito Civil*. Rio de Janeiro: Freitas Bastos, 1964-71. v. 5; Wilson Melo da Silva. *Responsabilidade automobilística*. São Paulo: Saraiva, 1980; Yves Chartier. *La réparation du préjudice dans la responsabilité civile*. Paris: Dalloz, 1983.

64. Na etiologia da responsabilidade civil, como visto, são presentes três elementos, ditos essenciais na doutrina subjetivista, porque sem eles não se configura: a ofensa a uma norma preexistente ou erro de conduta; um dano; e o nexo de causalidade entre uma e outro. Não basta que o agente haja procedido contra direito, isto é, não se define a responsabilidade pelo fato de cometer um "*erro de conduta*"; *não basta que a vítima sofra um "dano"*; que é o elemento objetivo do dever de indenizar, pois se não houver um prejuízo a conduta antijurídica não gera obrigação ressarcitória. É necessário se estabeleça uma *relação de causalidade* entre a injuridicidade da ação e o mal causado, ou, na feliz expressão de Demogue, "é preciso esteja certo que, sem este fato, o dano não teria acontecido. Assim, não basta que uma pessoa tenha contravindo a certas regras; é preciso que sem esta contravenção, o dano não ocorreria"[1]. O nexo causal se torna assim "indispensável", acrescenta Leonardo A. Colombo, para que a culpa aquiliana possa gerar consequências para seu autor[2]. Não basta, esclarece Savatier, que um dano tenha coincidido com a existência de uma culpa ou de um risco para estabelecer uma responsabilidade. "Coincidência não implica em causalidade"[3]. Para que se concretize a responsabilidade é indispensável se estabeleça uma interligação entre a ofensa à norma e o prejuízo sofrido, de tal modo que se possa afirmar ter havido o dano "porque" o agente procedeu contra direito[4]. Na relação causal pode estar presente o fator volitivo ou pode não estar. Isto é irrelevante. O que importa é determinar que o dano foi causado pela culpa do sujeito[5].

Este é o mais delicado dos elementos da responsabilidade civil e o mais difícil de ser determinado. Aliás, sempre que um problema jurídico vai ter na indagação ou na pesquisa da *causa*, desponta a sua complexidade maior. Ele compreende, ao lado do aspecto filosófico, dificuldades de ordem prática[6]. Mesmo que haja culpa e dano, não existe obrigação de reparar, se entre ambos não se estabelecer a relação causal. Como explica Geneviève Viney, "cabe ao jurista verificar se entre os dois fatos conhecidos (o fato danoso e o próprio dano) existe um vínculo de causalidade suficientemente caracterizado"[7].

---

[1]   Demogue. *Traité des obligations en général*. Paris: Rousseau, 1923-33, v. 4, n. 366.

[2]   Leonardo A. Colombo. *Culpa aquiliana, cuasidelitos*. Buenos Aires: Tipografia Edit Argentina, 1947. n. 56, p. 158.

[3]   Savatier. *La responsabilité civile*. Paris: Librairie Générale de Droit et de Jurisprudence, 1939. v. 2, n. 459.

[4]   René Rodière. *Responsabilité civile*. Paris: Rousseau, 1952. p. 232; Marty e Raynaud. *Droit civil*: les obligations. Paris: Sirey, 1961. t. II, v. 1, n. 477.

[5]   Planiol, Ripert e Esmein. *Traité pratique de droit civil*. Paris: R. Pichon Et R. Durnad-Auzias, 1946. v. 6, n. 538.

[6]   Serpa Lopes. *Curso de Direito Civil*. Rio de Janeiro: Freitas Bastos, 1964-71. v. 5, n. 198.

[7]   Geneviève Viney. *Traité de droit civil* a cargo de Jacques Ghestin. *Les Obligations, responsabilité civile*. Paris: Librairie Générale de Droit et de Jurisprudence, 1965. n. 333, p. 406.

RESPONSABILIDADE CIVIL – *Caio Mário da Silva Pereira*

Também nos casos de responsabilidade objetiva assume importância o nexo de causalidade, de modo que somente haverá dever de reparar nas hipóteses em que estejam presentes, além do dano e do exercício de determinada atividade pelo responsável, o nexo causal entre eles.

Diante da proliferação de novas hipóteses de responsabilidade e do desprestígio do papel da culpa, inapta a servir de critério seguro ao julgador na determinação do dever de indenizar, o conceito de nexo de causalidade assume extraordinária importância no estudo da responsabilidade civil.

65. É do art. 186 do Código Civil que se extrai essa proposição: o dever ressarcitório somente ocorrerá quando o prejuízo decorrer da ação antijurídica. Quer dizer: quando uma e outra forem causa do dano. E é por isso que se diz que o nexo constitui um dos elementos essenciais da responsabilidade civil.

Não há, porém, confundir "nexo causal" com "imputabilidade", esclarece Serpa Lopes. A relação de causalidade consiste na determinação de "elementos objetivos, externos, consistentes na atividade ou inatividade do sujeito, atentatórios do direito alheio". É uma *quaestio facti*, ou uma *imputatio facti*. A imputabilidade "diz respeito a um elemento subjetivo, interno", que se resumiria na *imputatio iuris*. Por serem conceitos distintos, pode haver imputabilidade sem a ocorrência de nexo causal, como no exemplo por ele lembrado, de um indivíduo que fornece a outro um copo de veneno, mas a vítima, antes de lhe sofrer os efeitos, morre de um colapso cardíaco[8].

66. Em se tratando de elemento causal, cumpre ao lesado, no curso da ação de indenização, prová-lo cumpridamente. Se a causalidade resta incerta, diz Carbonnier, em razão de uma impossibilidade de prova, o juiz deve rejeitar a ação de perdas e danos[9].

Esta necessidade enfatiza-se fundamentalmente na responsabilidade simples. Inocorre no caso de *responsabilidade complexa*, isto é, naqueles casos em que alguém responde pelo fato de outrem ou pelo fato das coisas, nos quais está presente a presunção de culpa. De Page acrescenta que não é somente a culpa que se presume, mas também se deve considerar a *presunção do próprio nexo causal*[10].

67. No tocante à determinação do nexo causal, duas questões logo se apresentam. A primeira diz respeito à *dificuldade de sua prova*. A segunda situa-se na identificação do fato que constitui a verdadeira causa do dano, notadamente quando ocorre a *causalidade múltipla*.

---

[8]   Serpa Lopes. *Curso de Direito Civil*. Cit.

[9]   Carbonnier. *Droit civil:* les obligations. Paris: Presses Universitaires de France, 1967. v. IV, § 91, p. 316.

[10]   De Page. *Traité élémentaire de droit civil belge*. Bruxelles: E. Bruylant, 1974. v. 2, n. 955.

A matéria referente à dificuldade da produção da prova do nexo causal vem, em princípio, subordinada ao velho aforisma, segundo o qual ao autor incumbe a prova do que alega – *onus probandi incumbit ei qui dicit, non qui negat*. Ajuizando a ação indenizatória, propõe-se o autor provar os requisitos da responsabilidade civil. Se não logra evidenciá-los decairá do pedido. Cabe-lhe, então, provar o vínculo necessário entre o fato e sua pretensa consequência[11].

A dificuldade probatória encontra desde logo atenuação na chamada responsabilidade complexa, quando, por força do art. 1.521 do Código Civil de 1916, institui-se a presunção de culpa dos pais pelos atos dos filhos menores, que estiverem sob seu poder e em sua companhia; dos tutores e curadores pelos pupilos e curatelados que se acharem nas mesmas condições; dos empregadores (pessoas físicas ou jurídicas) pelos atos de seus prepostos, no exercício do trabalho que lhes competir ou por ocasião dele; dos donos de hotéis e assemelhados, pelos seus hóspedes, moradores e educandos; dos que gratuitamente houverem participado no produto do crime até a concorrente quantia.

Na vigência do Código Civil de 1916, não obstante o art. 1.523 estabelecesse a necessidade de se provar que as pessoas mencionadas (salvo o participante nos produtos do crime) concorreram para o dano por culpa ou negligência de sua parte, a elaboração jurisprudencial estabeleceu a culpa presumida, o que levou o Supremo Tribunal Federal a enunciar na *Súmula* da sua jurisprudência predominante o verbete n. 341, segundo o qual "é presumida a culpa do patrão ou comitente pelo ato culposo do empregado ou preposto". Tratava-se, evidentemente, de presunção *iuris tantum*, isto é, presunção que cedia à prova em contrário. Mas não deixava de ser uma atenuação da regra *actori incumbit probatio*.

Em se tratando, pois, de responsabilidade por fato de terceiro, a teoria da culpa presumida atenuava o encargo probatório do lesado, quase invertendo o ônus da prova, no sentido de transferir para o réu o encargo de demonstrar a "não culpa", ou seja, a ausência de responsabilidade.

Esta *praesumptio* refletia na prova da relação de causalidade, uma vez que, se se presume a culpa do agente, não se impõe à vítima o dever de demonstrar senão a ocorrência do fato danoso, para que fique estabelecido o vínculo entre este e a culpa do sujeito.

Na mesma linha evolutiva, o sistema atual tornou desnecessária a presunção de culpa, estabelecendo a responsabilidade objetiva em todas as hipóteses de indenização por fato de terceiro (v. arts. 932 e 933).

---

[11] Marty e Raynaud. *Droit civil*. Paris: Sirey, 1961. t. II, n. 477; Demogue. *Traité des obligations en général*. Cit. n. 378; Alex Weill e François Terré. *Droit civil*: les obligations. Paris: Dalloz, 1971. n. 744, p. 764.

68. Problema que tem suscitado fértil elaboração doutrinária está nas chamadas hipóteses de "*causalidade múltipla*"; a par do que em o parágrafo anterior ficou examinado, no tocante à inversão do ônus da prova na responsabilidade complexa.

Num encadeamento de circunstâncias, cumpre precisar qual dentre elas, é a causa eficiente do prejuízo. Com efeito, um elemento complicador na comprovação do nexo causal é que nem sempre se tem condições de apontar qual a causa direta do fato gerador do dever de ressarcimento. Quando um indivíduo vai desmontar um revólver e o detona, ferindo alguém, ocorre um *fato simples,* e a relação causal é estabelecida da maneira direta, entre o fato e o dano. Mas nem sempre as coisas se passam de maneira tão singela. O dono da arma retira-a da gaveta, e a empresta a outrem que a deixa sobre a mesa; um terceiro a encontra e, supondo-a descarregada, vai manuseá-la; o cômodo está vazio, porém um quarto personagem entra inopinadamente e pretende assustar o que está segurando o revólver; este se volta e no momento aciona o gatilho; a arma dispara e o projétil, através da porta, vai ferir a sua secretária na sala ao lado. Há uma cadeia de eventos antecedendo o desfecho danoso. Neste caso, é difícil indicar, dentre eles, o nexo, para estabelecer onde se situa a causa real ou eficiente do dano, e, assim, definir a responsabilidade ou indigitar o responsável.

Os tribunais belgas, em tal caso, engendraram a teoria denominada da "*equivalência das condições*"; elaborada originariamente pelo jurista alemão Von Buri para o direito penal, e desenvolvida pela doutrina civilista. Em sua essência, sustenta que, em havendo culpa, todas as "condições" de um dano são "equivalentes", isto é, todos os elementos que, "de uma certa maneira concorreram para a sua realização, consideram-se como causas", sem a necessidade de determinar, no encadeamento dos fatos que antecederam o evento danoso, qual deles pode ser apontado como sendo o que de modo imediato provocou a efetivação do prejuízo[12]. O que prevaleceria no caso seria a ideia de que, na teoria da equivalência, toda condição que contribuiu para o resultado constitui causa, "de forma que ele não se teria produzido se a condição não houvesse ocorrido (*conditio sine qua non*). A causa, portanto, insere-se em cada uma das condições, já que, sem o concurso de todas o resultado não se teria verificado"[13].

A teoria da *equivalência das condições* vem em socorro da vítima, tentando resolver, na prática, o problema da relação causal (De Page), e tem o mérito da simplicidade (Marty e Raynaud).

---

[12] Cf. De Page. *Traité élémentaire de droit civil belge*. Cit. n. 958; Marty e Raynaud. *Droit civil.* Cit. n. 480; Geneviève Viney. *Traité de droit civil* a cargo de Jacques Ghestin. *Les obligations, responsabilité civile*. Cit. n. 339.

[13] Jaime Santos Briz. *La responsabilidad civil*. Madrid: Montecorvo, 1981. p. 227.

Segundo o testemunho de Malaurie e Aynès, esta teoria tem sido afastada, "por ter levado muito longe as implicações da responsabilidade ao atribuir a um dano um número infinito de causas. Elas tenderiam a tornar cada homem responsável por todos os males que atingem a humanidade"[14].

69. A doutrina francesa desenvolve, no mesmo sentido, a doutrina da "causalidade adequada", inspirada na criação do filósofo alemão Von Kries, no final do século XIX. Sem omitir sua origem germânica, Gabriel Marty pesquisou-a em profundidade, e desenvolveu-a em artigo publicado na *Revue Trimestrielle de Droit Civil*, 1939, p. 685 e segs., sob o título La rélation de cause à effet comme condition de la responsabilité civile (étude comparative des conceptions allemande, anglaise et française).

Em linhas gerais, e sucintas, a teoria pode ser assim resumida: o problema da relação de causalidade é uma questão científica de probabilidade. Dentre os antecedentes do dano, há que destacar aquele que está em condições de necessariamente tê-lo produzido. Praticamente, em toda ação de indenização, o juiz tem de eliminar fatos menos relevantes, que possam figurar entre os antecedentes do dano. São aqueles que seriam indiferentes à sua efetivação. O critério eliminatório consiste em estabelecer que, mesmo na sua ausência, o prejuízo ocorreria. Após este processo de expurgo, resta algum que, "no curso normal das coisas", provoca um dano dessa natureza. Em consequência, a doutrina que se constrói neste processo técnico se diz da "causalidade adequada", porque faz salientar na multiplicidade de fatores causais, aquele que normalmente pode ser o centro do nexo de causalidade, eliminando os demais[15].

É certo que, depois de ter surgido, bafejada por uma aura de prestígio, a doutrina da "causalidade adequada" sofreu vigorosa crítica (Hebraud, Esmein, Houin), entrando em desprestígio. Argumenta-se que o caráter "adequado" da causalidade depende do grau de probabilidade do dano. Mas a probabilidade não é certeza[16].

Na aplicação do art. 1.382 do Código Napoleão, as cortes francesas, sem eliminar a noção de culpa, e sem propenderem para a doutrina do risco, fixam

---

[14] Philippe Malaurie e Laurent Aynès. *Droit civil*: les obligations. Paris: Cujas, 1990. n. 46, p. 47.

[15] Cf. Gabriel Marty. La rélation de cause à effet comme condition de la responsabilité civile. In : *Revue Trimestrielle de Droit Civil*. Paris: Dalloz, 1939. n. 3, p. 685 e segs.; Planiol, Ripert e Boulanger. *Traité élémentaire de droit civil*. Paris: R. Pichon Et R. Durnad-Auzias, 1946. v. 2, n. 1.019; Marty e Raynaud. *Droit civil*. Cit. n. 480; Geneviève Viney. *Traité de droit civil* a cargo de Jacques Ghestin. *Les obligations, responsabilité civile*. Cit. n. 340; Jean Malaurie e Laurent Aynès. *Droit civil*: les obligations. Cit. n. 47, p. 47; Jaime Santos Briz. *La responsabilidad civil*. Cit. p. 227 e segs.

[16] Malaurie e Aynès. *Droit civil*: les obligations. Cit. n. 47.

o conceito de "equivalência das causas". Não importa, argumenta-se, que várias causas concorram para o mesmo evento.

O que importa é "a qualificação do ato causal". Se houve pluralidade de atos culposos, todos são levados em consideração, e a consequência será a partilha da responsabilidade, "não segundo o grau de eficiência das culpas, mas na decorrência de sua gravidade". Daí partindo, a jurisprudência francesa considera que um dos fatos culposos, pela sua gravidade, absorve todos os outros. Por exemplo: se um transeunte se lança voluntariamente sob as rodas de um veículo, "não se dará nenhuma importância à culpa do seu condutor". Com esta concepção, "há um retorno à ideia de causalidade adequada"[17]. Isto levou Geneviève Viney a defender a conciliação das contribuições das duas teorias, da "equivalência das condições" e da "causalidade adequada".

Procedendo, entretanto, ao exame de uma e de outra, Demogue chega à conclusão de que "o sistema da equivalência das condições parece cientificamente mais exato; os outros pecam pela imprecisão". No entanto, indaga em seguida se seria possível adotá-lo, apesar de que vá ele ter como resultado disseminar a responsabilidade sobre um grande número de cabeças[18].

70. Não se pode, com efeito, apontar arbitrariamente, na cadeia dos fatos, um como gerador da responsabilidade. Não cabe, evidentemente, optar por um qualquer, e dizer que este absorve todos os outros. De Page, que é pródigo em enunciar regras relativas à determinação do nexo de causalidade, elabora mais uma, extraída da prática jurisprudencial. Segundo ele, o vínculo que une, no conjunto das "condições", a culpa ao dano deve "revestir um caráter de necessariedade". Quer dizer: se várias causas concorrem para o fato danoso, uma deve, *in concreto*, ser a que impõe o dever de ressarcimento. Sua indicação consiste em qualificá-la como "causa jurídica própria". Seria aquela que, por si só, justifica a fixação do valor qualificado de "dano". Após enunciá-lo, o civilista belga assinala que é a regra "mais delicada", posto que domine todas as outras em torno do assunto[19].

Depois de desenvolver o tema em termos teóricos, desce De Page a aplicações práticas, oferecendo grande variedade de exemplos, dos quais merecem destaque alguns, pela sua projeção e pela repercussão nos problemas do dia a dia. Lembra ele a circunstância de que uma pessoa que conduz um veículo sem ter habilitação legal não é, por esta só razão, necessariamente responsável pelo acidente que causa, uma vez que pode haver a interposição de outras causas que eliminam o caráter

---

[17] Planiol, Ripert e Boulanger. *Traité élémentaire de droit civil*. Cit. n. 1.020.
[18] Demogue. *Traité des obligations en général*. Cit. n. 376.
[19] De Page. *Traité élémentaire de droit civil belge*. Cit. n. 960.

de *necessariedade* entre essa falta e o dano. Outra hipótese: o motorista que feriu o transeunte não é responsável pela morte deste, se esta morte resulta de ato culposo do médico assistente.

Nesta mesma vertente, o art. 403 do Código Civil, na esteira do regime anterior (art. 1.060 do Código Civil de 1916), vincula-se à teoria da causalidade necessária, por considerar ressarcíveis "os prejuízos efetivos e os lucros cessantes por efeito dela [inexecução] direto e imediato"[20]. À conta da locução "direto e imediato" afasta-se o ressarcimento sempre que causa autônoma mais próxima interrompa o nexo de causalidade, rompendo assim a necessariedade entre causa e efeito danoso. Exige-se, portanto, para a ressarcibilidade do dano, liame de necessariedade entre causa (conduta) e efeito (dano). O dever de reparar surge quando o evento é efeito necessário de certa causa. Por isso, não haverá atribuição de responsabilidade quando houver o rompimento de tal liame, o que pode acontecer, por exemplo, por fato exclusivo de terceiro, da própria vítima ou por evento de caso fortuito ou de força maior.

A noção de causalidade necessária encontra-se consagrada na jurisprudência, ainda que a terminologia adotada nem sempre seja uniforme, preferindo-se, por vezes, as expressões *causalidade adequada* ou *causalidade eficiente*[21]. De outra parte, há cada vez mais decisões que invocam a teoria da causa direta e imediata, referindo--se expressamente à causalidade necessária, como se extrai do julgamento do REsp n. 130.764, em que se discutia a responsabilidade do Estado por danos advindos de assalto cometido por quadrilha da qual fazia parte preso foragido vários meses antes. Naquela ocasião, o Estado do Paraná não fora responsabilizado, observando--se que o assalto não decorreu necessária, direta e imediatamente da fuga, mas, ao contrário, várias outras causas intervieram neste percurso, como a compra das armas, a organização do plano e a própria agregação dos assaltantes.[22] O tema voltou à Corte em decisão proferida por maioria de votos, em julgamento do RE n. 608.880, sob a sistemática de Repercussão Geral, em que se negou o dever de reparação do Estado por danos morais e materiais causados por foragido do sistema carcerário. O caso girava em torno de latrocínio praticado pelo criminoso que, cumprindo pena em regime fechado, evadira do presídio três meses antes do crime e, na ocasião, afirmou-

---

[20] Eis o teor do dispositivo: "Art. 403. Ainda que a inexecução resulte de dolo do devedor, as perdas e danos só incluem os prejuízos efetivos e os lucros cessantes por efeito dela direto e imediato, sem prejuízo do disposto na lei processual".

[21] Confira-se: STJ, 4ª T., REsp 1.154.737/MT, Rel. Min. Luis Felipe Salomão, julgado em 21.10.2010; STJ, 4ª T., REsp 1.113.804/RS, Rel. Min. Luis Felipe Salomão, julgado em 27.04.2010; STJ, 3ª T., REsp 1.615.971, Rel. Min. Marco Aurélio Belizze, julgado em 27.09.2016; STJ, 3ª T., EDcl no AgRg no AREsp 790.643/DF, Rel. Min. Marco Aurélio Belizze, julgado em 23.06.2016; TJRJ, 27ª C. C., Ap. Cív. 0118975-42.2012.8.19.0038, Rel. Des. Marcos Alcino de Azevedo Torres, julgado em 18.05.2016. Sobre o tema, v. Gustavo Tepedino. Notas sobre o nexo de causalidade. In: *Temas de Direito Civil*. Rio de Janeiro: Renovar, 2006. t. II, em que se avaliam detidamente tais decisões.

[22] STF, 1ª T., RE 130.764, Rel. Min. Moreira Alves, julgado em 12.5.1992.

124 | RESPONSABILIDADE CIVIL – *Caio Mário da Silva Pereira*

-se que, "nos termos do artigo 37, § 6º, da Constituição Federal, não se caracteriza a responsabilidade civil objetiva do Estado por danos decorrentes de crime praticado por pessoa foragida do sistema prisional, quando não demonstrado o nexo causal direto entre o momento da fuga e a conduta praticada".[23]

O entendimento, por outro lado, não exclui, em princípio, a possibilidade de dano indireto no direito brasileiro,[24] como ocorre na hipótese do art. 948, II, do Código Civil, desde que presente a necessariedade entre determinada conduta e o dano indireto produzido[25].

71. Um outro elemento complicador da determinação do nexo causal decorre da circunstância de, entre o fato que desencadeou a série de acontecimentos, interferir um de cunho subjetivo ou pessoal, que conduz ao desfecho danoso, quando a vítima tinha uma receptividade excepcional para o dano, em razão de seu estado de saúde[26]. Assim, uma lesão corporal que em uma pessoa sã não teria maior consequência, adquire enorme gravidade se a vítima é portadora de síndromes desfavoráveis ou taras latentes. Vem, portanto, a indagação: o agente sofre as consequências das condições personalíssimas da vítima, embora fossem anormais? Minha experiência profissional sugere um fato concreto: o condutor de um automóvel, que abalroou outro, foi acusado de responsabilidade pela morte da vítima; apurou-se, todavia, que esta, conduzida ao hospital em estado de semi-inconsciência, foi submetida a um tratamento de emergência, e veio a falecer porque as suas condições pessoais eram incompatíveis com a medicação que lhe foi ministrada. Não há dúvida de que ocorreu uma causalidade múltipla. Caso se ativesse ao fato exclusivo do abalroamento, o condutor do veículo seria o causador do dano, e, portanto, o responsável. Intercorrendo a ingestão de droga que, por si só, nas condições pessoais, seria fatal, levanta-se esta dúvida, se o evento danoso foi o abalroamento ou o tratamento inadequado. O abalroamento

---

[23] STF, Tribunal Pleno, RE n. 608.880/MT, Rel. Min. Marco Aurélio, julgado em 8.9.2020. No caso em tela, prevaleceu então o entendimento de que, embora fossem incontroversos a quebra do dever de custódia do apenado e o crime por ele praticado, outras causas intercorreram na preparação do assalto, na definição do plano criminoso com outros comparsas e na aquisição de armas, interrompendo, assim, o nexo de causalidade entre a fuga e o latrocínio.

[24] Cfr. Gustavo Tepedino. Nexo de causalidade e o dano indireto no direito brasileiro. In: Fernanda Ivo Pires (org.). *Da estrutura à função da responsabilidade civil*: uma homenagem do Instituto Brasileiro de Estudos de Responsabilidade Civil (IBERC) ao Professor Renan Lotufo. São Paulo: Editora Foco, 2021.

[25] De Page, na literatura estrangeira, defendia a solução hermenêutica apresentada. Para ele, o nexo causal pressupõe a necessariedade do dano, quer se trate de consequência direta ou indireta. Propunha, por isso, a supressão da expressão "dano indireto" da codificação francesa (*Traité élémentaire de droit belge*. Cit. v. 2, n. 963).

[26] Malaurie e Aynès. *Droit civil*: les obligations. Cit. n. 52, p. 51.

Cap. VI · NEXO DE CAUSALIDADE | **125**

teria um desfecho favorável ou determinaria um dano menor; mas a medicação ministrada seria a causa letal.

Em estreita ligação com esta, levanta-se o problema relativo ao *"estado patológico da vítima anterior à lesão"*. *Quaestio est* se no fato de indenizar integralmente a vítima estaria envolvida a reparação de traumatismos anteriores. Yves Chartier discute-o à luz de farta bibliografia e da jurisprudência, concluindo que o agente tem de indenizar em razão do dano causado, mas não pode ser responsabilizado pelo estado patológico preexistente da vítima, nem mesmo a sua agravação se esta não é imputável ao acidente[27].

O que vai de "delicado" na determinação da relação de causalidade é, segundo a proposição de De Page, a apuração da "necessariedade" entre o fato e o dano causado.

Concorre para auxiliar a apuração do nexo causal a proposição de Planiol, Ripert e Esmein, ao advertir que se deve verificar se o evento danoso teria necessariamente acontecido, mesmo se o indigitado agente não tivesse procedido da maneira como o fez (*Traité pratique de droit civil*, v. 6, n. 540, p. 733).

72. O problema da determinação do nexo de causalidade será mais difícil de resolver, na hipótese de repercussão do evento em outras pessoas. De Page, que o estuda, começa por excluir aqueles que são diretamente atingidos, como por exemplo, os filhos em consequência de ser vitimado o pai. Lembra, como ilustração da espécie, dentre muitos outros, o caso de ser o Estado compelido a pagar uma pensão por invalidez de um seu servidor, que é vítima de acidente imputável a terceiro. E discute se daí nasce ação de perdas e danos contra este terceiro, em reparação do "prejuízo" que indiretamente a Administração Pública está sofrendo.

A matéria é toda ela de extrema complexidade e a variedade de hipóteses que os tribunais são chamados a enfrentar sugere indagações cada vez mais expressivas.

73. Não obstante o enunciado de fórmulas e regras atinentes à determinação do nexo causal, não se pode deixar em oblívio a recomendação de De Page, quando adverte que elas não devem ser aplicadas de maneira cega e automática (vol. cit., n. 964), ou, como ainda assinalam Marty e Raynaud, a jurisprudência está longe de permanecer sistematizada em linhas de decisões estabelecidas[28]. Se assim se fizesse, correr-se-ia o risco de potencializar a responsabilidade civil de maneira

---

[27] Yves Chartier. *La réparation du préjudice dans la responsabilité civile*. Paris: Dalloz, 1983. n. 42; e mais: Weill e Terré. *Droit civil*: les obligations. Cit. n. 606; Aubry e Rau. *Cours de droit français*. Paris: Librairie Générale de Jurisprudence, 1871. v. 6, § 445; Mazeaud e Mazeaud. *Traité théorique et pratique de la responsabilité civile*. Paris: Montchrestien, 1955. v. 2, n. 1.613; Mazeaud e Chabas. *Traité*. t. III, v. 1, n. 2.394.

[28] Marty e Raynaud. *Droit civil*. Cit. n. 481.

enorme (De Page). Ao juiz cabe proceder *cum arbitrio boni viri*, sopesando cada caso na balança do equilíbrio, do bom senso e da equidade.

A determinação do nexo causal, em última análise, envolve uma *quaestio facti*. Leonardo A. Colombo, em pesquisa comparatista no direito argentino, francês, inglês e alemão, considera não ser proveitoso enunciar uma regra absoluta. Cabe ao julgador examinar cada caso. "Somente a valoração de todos e cada um dos aspectos que ofereça aquele que se encontra *sub iudice* permitirá enfocá-lo com maior ou menor exatidão"[29].

O que em verdade importa, depois desta incursão pelas doutrinas expostas, é estabelecer, em face do direito positivo, que houve uma violação de direito alheio e um dano, e que existe um nexo causal, ainda que presumido, entre uma e outro. Ao juiz cumpre decidir com base nas provas que ao demandante incumbe produzir.

74. Antes de encerrar estas considerações, não posso deixar de mencionar dois aspectos relevantes: a solidariedade dos coagentes e a concorrência de culpa entre a vítima e o autor do dano.

A primeira encontra amparo no direito positivo. O Código Civil de 1916, no art. 1.518, aludia precisamente ao assunto. Estabelecia que os bens do responsável pela ofensa ou violação do direito ficam sujeitos à reparação do dano. E acrescentava que, se tiver mais de um autor a ofensa, todos responderão *solidariamente*. A regra foi reproduzida no Código Civil de 2002, art. 942. Com tal disposição, o nosso direito positivo afasta a ideia da "causalidade parcial", que surgiu nos tribunais franceses, mas não logrou êxito: a Corte de Cassação, ao sustentar que "todo coautor de um dano deve assegurar plena reparação", vai alcançar o princípio da solidariedade[30]. Conseguintemente, pode a vítima reclamar de qualquer um a reparação integral do dano[31].

Assim dispondo, o direito positivo brasileiro institui um *nexo causal plúrimo*. Em havendo mais de um agente causador do dano, não se perquire qual deles deve ser chamado como responsável direto ou principal. Beneficiando, mais uma vez, a vítima, permite-lhe eleger, dentre os corresponsáveis, aquele de maior resistência econômica, para suportar o encargo ressarcitório[32].

A ele, no jogo dos princípios, que disciplinam a teoria da responsabilidade solidária, é que caberá, usando da ação regressiva (*actio de in rem verso*), agir contra os coobrigados, para de cada um haver *pro rata*, a quota proporcional

---

[29]   Leonardo A. Colombo. *Culpa aquiliana, cuasidelitos*. Cit. n. 58, p. 162.

[30]   Malaurie e Aynès. *Droit civil*: les obligations. Cit. n. 48.

[31]   Alex Weill e François Terré. *Droit civil*: les obligations. Cit. n. 747, p. 768.

[32]   Veja-se, nesse sentido, STJ, 3ª T., REsp 1.350.267/MA, Rel. Min. Ricardo Villas Bôas Cueva, julgado em 19.03.2015.

no volume da indenização. Ou, se for o caso, regredir especificamente contra o causador direto do dano.

75. A segunda, *concorrência de culpa ou participação da vítima* no evento danoso, encontra bom subsídio na jurisprudência dos tribunais. Ocorre a situação fática quando se positiva o nexo causal entre a conduta do agente e o dano causado. Mas, na apuração dos fatos, eclode a circunstância eventual de haver a vítima concorrido para o desfecho. Pode-se mencionar, como exemplo de certa frequência na justiça, o caso do motorista que atropela um indivíduo que trafega em via pública montando uma motocicleta. A prova colhida evidencia a culpa do condutor do carro. Mas, de evidência em evidência, chega-se ainda a verificar que do atropelamento decorreu maior gravame à vítima, porque não usava o "capacete" de proteção.

Tem-se, então, a culpa do agente, o dano e o nexo causal. Mas não se pode considerar este último em termos absolutos, porque não foi somente ele o elemento essencial da extensão do dano, o qual não atingiria as proporções a que chegou, se para o seu agravamento não tivesse concorrido a imprudência da vítima. Houve, sem dúvida, o nexo de causalidade entre o fato e o dano. Mas esta relação causal poderia ter gerado um dano mais reduzido, se a vítima não tivesse cometido a imprudência de dispensar a proteção. O princípio da *concorrência da culpa*, que tem abrigo na jurisprudência, encontrou acolheita no Projeto de Código de Obrigações de 1965, por mim elaborado (art. 880), de onde passou para o Código Civil de 2002, art. 945.

É de se entender, portanto, que se a vítima concorre, por fato seu, para o evento danoso, terá também de suportar os efeitos. Se não chegar a elidir totalmente a responsabilidade do agente, a indenização será fixada tendo-se em conta a gravidade de sua culpa em confronto com a do autor do dano.

O maior problema está em determinar a proporcionalidade. Vale dizer: avaliar quantitativamente o grau de redutibilidade da indenização, em face da culpa concorrente da vítima. Entra aí, evidentemente, o arbítrio de bom varão do juiz, em cujo bom senso repousará o justo contrapasso, para que se não amofine em demasia a reparação a pretexto da participação do lesado, nem se despreze esta última, em detrimento do ofensor[33].

Na tentativa de determinar tal proporção, a doutrina salienta que o critério da gravidade da culpa não coincide, necessariamente, com a relevância da conduta para a verificação do dano. A análise deveria, por conseguinte, centralizar-se na "eficácia causal das condutas que concorreram para a produção do prejuízo", deslocando-se assim a atenção do grau de culpa para o nexo de causalidade[34]. Os

---

[33]   Planiol, Ripert e Boulanger. *Traité élémentaire de droit civil.* Cit. n. 1.032 e segs.

[34]   Gisela Sampaio da Cruz. *O problema do nexo causal na responsabilidade civil.* Rio de Janeiro: Renovar, 2005. p. 334: "Nem sempre o agente que atuou com maior grau de culpa foi o que teve maior

128 | RESPONSABILIDADE CIVIL – *Caio Mário da Silva Pereira*

sistemas legislativos mais recentes seguem essa orientação, como é o caso, no Brasil, do Código de Defesa do Consumidor, que, ao tratar da responsabilidade pelo fato do produto e do serviço, estabeleceu, no parágrafo único do art. 13, que "aquele que efetivar o pagamento ao prejudicado poderá exercer o direito de regresso contra os demais responsáveis, segundo sua participação na causação do evento danoso".

Com referência ao rompimento do nexo causal, os autores cogitam da culpa exclusiva da vítima[35].

Merece consideração, ainda, a ocorrência de caso fortuito ou de força maior, em que a responsabilidade desaparece, por força do velho princípio *casus a nullo praestantur*. Atrai-se para o campo da responsabilidade aquiliana o que ocorre com a inexecução dos contratos (cf. Cap. n. XX, *infra*).

76. Os fenômenos da radiação atômica abrem novas frentes na etiologia da responsabilidade civil, como se viu no n. 42, *supra*, a propósito do *dano atômico*. Não deixa de informar a matéria da *relação de causalidade* na determinação do nexo entre o evento e o dano causado, com a complexidade advinda de que os fatores tempo e distância influem, e às vezes dificultam, a determinação do nexo causal. Mas nem por isso é de se deixar a descoberto este elemento da responsabilidade civil, como aliás ocorre nas cortes americanas em apuração da *causation in fact* (v. n. 42, *supra*).

76-A. Na esteira das transformações pelas quais atravessa a responsabilidade civil, observa-se tendência a mitigar o rigor na avaliação do nexo causal com o objetivo de garantir reparação integral à vítima. Para tanto, reduzem-se as hipóteses de excludentes de responsabilidade, especialmente no que concerne à noção de caso fortuito, sensivelmente reduzida. Doutrina e jurisprudência urdiram o conceito de *fortuito interno*, de modo a perseverar o dever de reparação quando o evento, ainda que imprevisível, se relacione com riscos inerentes à atividade desenvolvida[36]. Dito de outro modo, se o fortuito, posto caracterizado, decorre de riscos naturais ou conexos à causa do evento danoso, não poderá ser alegado para afastar o dever de indenizar[37].

---

participação no resultado nocivo. No confronto das respectivas responsabilidades, uma culpa leve, por vezes, é susceptível de produzir danos de muito maior extensão e relevância do que os derivados de uma culpa mais grave. (...) O nexo de causalidade é que desempenha, conforme observa Mário Julio de Almeida Costa, a dupla função de elemento da responsabilidade civil e de medida da obrigação de indenizar".

[35] Cf. Lebreton. *Le partage de la responsabilité dans les accidents d'automobile*; Wilson Melo da Silva. *Responsabilidade automobilística*. São Paulo: Saraiva, 1980.

[36] Sobre o tema, confira-se Gustavo Tepedino. *Comentários*. Cit. p. 495.

[37] O conceito é aplicado constantemente pelos tribunais, como denotam as seguintes decisões: STJ, 4ª T., AgRg no AREsp 424.008/RJ, Rel. Min. Marco Buzzi, julgado em 12.05.2015; STJ, 4ª T., AgRg no AREsp 491.894/DF, Rel. Min. Maria Isabel Gallotti, julgado em 07.04.2015; STJ, 3ª T., EDcl no REsp 1.280.372/SP, Rel. Min. Ricardo Villas Bôas Cueva, julgado em 19.03.2015; STJ, 4ª T., AgRg no Ag 939.366/SP, Rel.ª Min.ª Maria Isabel Gallotti, julgado em 03.03.2015; TJRJ, 27ª C. Cív. Con., Ap. Cív.

Cap. VI · NEXO DE CAUSALIDADE | 129

No âmbito dessa mesma tendência a tornar flexível o nexo causal, situam-se as chamadas *presunções de causalidade*, a traduzir tanto a superação de obstáculos probatórios para a comprovação do nexo de causalidade como a aplicação de juízos de probabilidade em sua definição[38].

Nessa direção, alude-se à *causalidade alternativa*, aplicável a casos em que, diante da impossibilidade de se determinar quais agentes, entre os diversos participantes do evento danoso, concorreram para o dano, este é imputado à conduta do grupo coletivamente considerado[39]. Uma vez demonstrado que a ação daquela coletividade resultou *necessariamente* no dano, atribui-se a todos os partícipes da atividade o dever de indenizar[40]. Invoca-se, como fundamento de tal teoria, o art. 938 do Código Civil, segundo o qual "aquele que habitar prédio, ou parte dele, responde pelo dano proveniente das coisas que dele caírem ou forem lançadas em lugar indevido". Sobre o ponto, parte da doutrina entende que em grandes edifícios é possível que se atribua responsabilidade solidária aos moradores da ala em que se deu a queda do objeto, eximindo os da ala oposta de responsabilidade, assim como pode o condômino demonstrar que seu apartamento estava vazio e fechado à época do dano, provando a impossibilidade de a coisa ter caído de sua unidade.[41]

A análise excessivamente flexível da causalidade, entretanto, embora imbuída do louvável intuito de ampliar o ressarcimento de danos, ameaça a segurança jurídica e deve ser examinada com cautela.

0098167-16.2012.8.19.0038, Rel. Des. Marcos Alcino de Azevedo Torres, julgado em 15.02.2017; TJRJ, 26ª C. Cív. Con., Ap. Cív. 0019539-76.2012.8.19.0211, Rel. Des. Ana Maria Pereira de Oliveira, julgado em 29.09.2016; STJ, 4ª T., Rel. Min Raul Araújo, AgInt no AREsp 942798/RJ, julgado em 2.4.2019; STJ, 3ª T., Rel. Min. Moura Ribeiro, AgInt no AREsp 1.655.361, julgado em 1.3.2021.

[38] Para um panorama acerca da chamada causalidade presumida, v. Caitlin Sampaio Mulholland. *A responsabilidade civil por presunção de responsabilidade*. Rio de Janeiro: GZ, 2009.

[39] Sobre o tema, v. Clóvis do Couto e Silva. Responsabilidade alternativa y acumulativa. In: Vera Maria Jacob de Fradera (org.). *O Direito Privado brasileiro na visão de Clóvis do Couto e Silva*. Porto Alegre: Livraria do Advogado, 1997. pp. 235 e segs.

[40] V., a título exemplificativo, na jurisprudência: STJ, Decisão Monocrática, AREsp 452.737, Min. Raul Araújo, publicação em 03.08.2015; STJ, Decisão Monocrática, REsp 733.170, Min. Paulo de Tarso Sanseverino, publicação em 11.04.2011; STJ, 4ª T., REsp 26.975, Rel. Min. Aldir Passarinho Junior, julgado em 18.12.2001; TJRS, 9ª C. Cív., Ap. Cív. 70058941691, Rel. Des. Tasso Caubi Soares Delabary, julgado em 25.11.2015.

[41] José de Aguiar Dias, *Da responsabilidade civil*. 11. ed. Rio de Janeiro: Renovar, 2006, p. 441, nota 81. Na jurisprudência, todavia, visando assegurar à vítima a reparação pelo dano sofrido, e sobretudo à luz da normal dificuldade de se identificar a unidade de onde proveio o objeto, tem-se responsabilizado o próprio condomínio do edifício de onde caíra a coisa. Nessa direção: STJ, 4ª T., REsp 64.682/RJ, Rel. Min. Bueno de Souza, julgado em 10.11.1998; TJSP, 34ª CDPriv., Ap. Cív. 1030756-50.2014.8.26.0562, Rel. Des. Carlos von Adamek, julgado em 12.7.2017.

Capítulo VII
Responsabilidade por Fato de Terceiro

Sumário

Considerações gerais e casos específicos. Pais, tutores e curadores. Empregadores e comitentes. Donos de hotéis e similares. Responsabilidade dos que tirarem proveito do crime.

Bibliografia

Alberto Trabucchi. *Istituzioni di diritto civile*. Padova: Cedam, 1964; Alex Weill e François Terré. *Droit civil*: les obligations. Paris: Dalloz, 1971; B. Starck. *Essaie d'une théorie générale de la responsabilité civile considerée en sa double fonction de garantie et de peine privée*. Paris: Rodstein, 1947; Chironi. *La colpa nel diritto civile odierno*: la colpa extra-contrattuale. Torino: Fratelli Bocca, 1903-06. v. 1; Clóvis Beviláqua. *Código Civil brasileiro interpretado*. Rio de Janeiro: Francisco Alves, 1944-60. v. 20; Clóvis Beviláqua. *Comentários ao Código Civil*. Rio de Janeiro: Rio, 1976; Colin e Capitant. *Cours élémentaire de droit civil français*. Paris: Dalloz, 1915-19. v. 2; Demogue. *Traité des obligations en général*. Paris: Rousseau, 1923-33. v. 5; Ferrara. *Trattato di diritto civile*. Milano: Giuseppe Principato, 1937. v. 1; Gabba. *Teoria della retroattività delle leggi*. Torino: Unione, 1891. v. 1; Geneviève Viney. *Traité de droit civil*: les obligations, a cargo de Jacques Ghestin. Paris: Librairie Générale de Droit et de Jurisprudence, 1965; Gianturco. *Sistema del diritto civile italiano*. Napoli: Luigi Pierro, 1909. v. 1; Gustavo Tepedino. A evolução da responsabilidade civil no direito brasileiro e suas controvérsias na atividade estatal. In: *Temas de Direito Civil*. 4. ed. Rio de Janeiro: Renovar, 2008; Henri De Page. *Traité élémentaire*. Bruxelles: E. Bruylant, 1974. v. 2; J. M. Carvalho Santos. *Código Civil brasileiro interpretado*. Rio de Janeiro: Freitas Bastos, 1943. v. 18; Jean Carbonnier. *Droit civil*: les obligations. Paris: Presses Universitaires de France, 1967. v. 4; João Luiz Alves.

132 | RESPONSABILIDADE CIVIL – *Caio Mário da Silva Pereira*

Código Civil da República dos Estados Unidos do Brasil. São Paulo: Saraiva, 1935; José Aguiar Dias. *Da responsabilidade civil.* Rio de Janeiro: Forense, 1994. v. 2; José Carlos Moreira Alves. *Direito romano.* Rio de Janeiro: Forense, 1911. v. 2; Lalou. *Traité pratique de la responsabilité civile.* Paris: Dalloz, 1962; Louis Josserand. *Cours de droit civil positif français.* Paris: Recueil Sirey, 1932. v. 2; Louis Josserand. *Evolutions et actualités.* Paris: Sirey, 1936; Marty e Raynaud. *Droit civil:* les obligations. Paris: Sirey, 1961. t. II, v. 1; Mazeaud, Mazeaud e Mazeaud. *Leçons de droit civil.* Paris: Montchrestien, 1955. v. 2; Mazeaud e Mazeaud. *Responsabilité civile.* Paris: Montchrestien, 1955. v. 1; Philippe Le Tourneau. *La responsabilité civile.* Paris: Dalloz, 1972; Philippe Malaurie e Laurent Aynès. *Droit civil:* les obligations. Paris: Cujas, 1990; Planiol, Ripert e Boulanger. *Traité élémentaire.* Paris: R. Pichon Et R. Durnad-Auzias, 1946. v. 2; Pontes de Miranda. *Tratado de Direito privado.* São Paulo: Revista dos Tribunais, 1973. v. 53; René Rodière. *La responsabilité civile.* Paris: Rousseau, 1952; Ruggiero e Maroi. *Istituzioni di diritto privato.* Milano: Giuseppe Principato, 1937. v. 1; Savatier. *Traité de la responsabilité civile.* Paris: Librairie Générale de Droit et de Jurisprudence, 1939. v. 1; Serpa Lopes. *Curso de Direito Civil.* Rio de Janeiro: Freitas Bastos, 1964-71. v. 5; Silvio Rodrigues. *Direito Civil.* São Paulo: Saraiva, 1973-75. v. 4; Sourdat. *Traité général de la responsabilité.* Paris: Marchal & Godde, 1911. v. 2; Vicente Ráo. *O direito e a vida dos direitos.* São Paulo: Resenha Universitária, 1976. v. 1; Ulderico Pires dos Santos. *Responsabilidade civil na doutrina e na jurisprudência.* Rio de Janeiro: Forense, 1974; Washington de Barros Monteiro. *Curso de Direito Civil.* São Paulo: Saraiva, 1952-76. v. 5.

77. A teoria da responsabilidade civil assenta, em nosso direito codificado, em torno de que o dever de reparar é uma decorrência daqueles três elementos: antijuridicidade da conduta do agente; dano à pessoa ou coisa da vítima; relação de causalidade entre uma e outro. Dá-se-lhe o nome de *responsabilidade por fato próprio ou responsabilidade direta*.

Este princípio, porém, não satisfaz ao anseio de justiça, pois que muitas vezes ocorre a existência de um dano, sem que o demandado seja diretamente apontado como o causador do prejuízo, embora a análise acurada da situação conduza a concluir que a vítima ficará injustiçada, se se ativer à comprovação do proclamado nexo causal entre o *dano* e a pessoa indigitada como *o causador do dano*. Para que justiça se faça, é necessário levar mais longe a indagação, a saber, se é possível desbordar da pessoa causadora do prejuízo e alcançar outra pessoa, à qual o agente esteja ligado por uma relação jurídica, e, em consequência, possa ela ser convocada a responder. Aí situa-se a responsabilidade por fato de outrem ou pelo fato das coisas, ou *responsabilidade indireta*, ou *responsabilidade complexa*, que Trabucchi explica, quando a lei chama alguém a responder pelas consequências de fato alheio, ou fato danoso provocado por terceiro[1]. Na responsabilidade *indireta ou complexa* o dano supõe um *intermediário*, seja o causado por alguém que é dirigido por outrem, seja por uma coisa confiada a alguém. A existência de um *intermediário* gera para a vítima dificuldade de prova[2].

A *responsabilidade indireta* tem caráter excepcional ou, como diz Sourdat, é uma derrogação da regra do art. 1.382 do Código Civil francês, segundo o qual as consequências de uma culpa devem recair sobre seu autor[3]. Se, pelo art. 1.384 a responsabilidade é imposta pelo fato de outrem, ocorre derrogação daquele princípio[4].

Em qualquer dos casos previstos na lei, milita uma ideia que é comum a todos: o terceiro é responsável quando dispõe de uma autoridade de direito ou de fato sobre outros[5].

77-A. Historicamente, a responsabilidade indireta vai plantar suas raízes na ideia originária de que, primitivamente, o agrupamento social absorvia a "individualidade de seus membros" e, portanto, considerava-se responsável pelos delitos cometidos por qualquer deles[6]. O direito romano, contudo, não organizou nem

---

[1] Alberto Trabucchi. *Istituzioni di diritto civile*. Padova: Cedam, 1964. n. 90.

[2] Philippe Malaurie e Laurent Aynès. *Droit civil, les obligations*. Paris: Cujas, 1990. p. 61.

[3] Mazeaud e Mazeaud. *Responsabilité civile*. Paris: Montchrestien, 1955. v. 1, n. 707.

[4] Sourdat. *Traité général de la responsabilité*. Paris: Marchal & Godde, 1911. v. 2, n. 750.

[5] De Page. *Traité élémentaire*. Bruxelles: E. Bruylant, 1974. v. 2, n. 971, p. 920.

[6] Derrogue. *De la réparation civile des délits*. *Apud* Mazeaud e Mazeaud. *Responsabilité civile*. Cit. n. 709.

desenvolveu a responsabilidade pelo fato alheio, permanecendo ligado ao conceito da personalidade das culpas[7].

78. Neste aspecto da excepcionalidade, insere-se o fundamento da responsabilidade indireta.

Para os partidários do *risco*, se a culpa é o fundamento da responsabilidade civil, os fatos de terceiro são casos de responsabilidade sem culpa[8].

A noção básica da responsabilidade civil, dentro na doutrina subjetiva, é o princípio segundo o qual cada um responde pela própria culpa – *unuscuique sua culpa nocet*.

Para sustentar a responsabilidade por fato de terceiro é preciso abstrair deste conceito. Sem levar tão longe a consequência e abraçar a teoria do risco, elaborou-se, na vigência do Código Civil de 1916, a noção de culpa presumida. Abandonando os conceitos de *culpa in vigilando* ou *in eligendo*, foi-se então buscar suporte na presunção *de culpa*. Assim entendia De Page, que estendeu a ideia à presunção de causalidade[9]. Do mesmo modo raciocinava Lalou, para o qual, em muitos casos, nem se deveria admitir prova em contrário – *praesumptio iuris et de iure*[10].

Para Colin e Capitant as hipóteses legais de presunção de culpa poderiam ser divididas em dois grupos: no primeiro grupo (pais, educadores, artesãos) tratava-se de presunção *iuris tantum*, que poderia ser ilidida por prova em contrário; no segundo grupo (mestres, preponentes), sua responsabilidade seria irrefragável ou presunção absoluta, equivalente a uma responsabilidade *legal* e *objetiva*[11].

Considerando que a responsabilidade por fato de outrem repugna ao jurista, Silvio Rodrigues, na vigência do Código Civil de 1916, procurou seu fundamento no princípio de garantia, e, em consequência, mais a aproximou da ideia de risco[12].

A noção de garantia foi desenvolvida por Starck[13].

Para fundamento da responsabilidade indireta não faltou quem pretendesse ver uma espécie de *representação*, considerando responsável o terceiro, como se pessoalmente houvesse causado o dano[14].

---

[7] Sourdat. *Traité général de la responsabilité*. Cit. n. 754.

[8] Josserand. *Cours de droit civil positif français*. Paris: Recueil Sirey, 1932. v. 2, n. 492 e segs.; Savatier. *Traité de la responsabilité civile*. Paris: Librairie Générale de Droit et de Jurisprudence, 1939. v. 1, n. 284; Aguiar Dias. *Da responsabilidade civil*. Rio de Janeiro: Forense, 1994. v. 2, n. 187.

[9] De Page. *Traité élémentaire*. Cit. v. 2, n. 968 e 969.

[10] Lalou. *Traité pratique de la responsabilité civile*. Paris: Dalloz, 1962. n. 970 e segs.

[11] Colin e Capitant. *Cours élémentaire de droit civil français*. Paris: Dalloz, 1915-19. v. 2, n. 202.

[12] Silvio Rodrigues. *Direito Civil*. São Paulo: Saraiva, 1973-75. v. 4, n. 26.

[13] B. Starck. *Essaie d'une théorie générale de la responsabilité civile considerée en sa double fonction de garantie et de peine privée*. Paris: Rodstein, 1947.

[14] Chironi. *La colpa nel diritto civile odierno. La colpa extra-contrattuale*. Torino: Fratelli Bocca, 1903-06. v. 1, n. 159 e 163.

79. A responsabilidade civil por fato alheio não é arbitrária. A vítima não pode escolher a seu exclusivo alvedrio uma pessoa que venha ressarcir seu prejuízo. E é neste aspecto que os autores franceses afirmam que as disposições legais são de interpretação restrita. Os casos de responsabilidade por fato de outrem, no direito brasileiro, foram particularmente elencados no art. 1.521 do Código Civil de 1916, como o foram no art. 367 do Projeto de Código de Obrigações de 1965, reproduzido com algumas alterações no art. 932 do Código Civil de 2002.

Antes, porém, de cuidar de cada uma de suas alíneas, que são outras tantas hipóteses de responsabilidade indireta, cumpre tecer algumas considerações gerais em torno do assunto.

Neste pouco mais de meio século de vigência do Código Civil de 1916, ocorreu no país enorme evolução jurídica, levando a percorrer caminho de maior intensidade que em muitos outros. Afirmou-se, em termos amplos, a responsabilidade pelo fato de terceiro, embora não se houvesse enunciado um princípio geral que a definisse.

O legislador de 1916, revelando-se mais reacionário do que o próprio Projeto então aprovado, fundou todo o princípio da responsabilidade indireta no conceito subjetivo da culpa. Ao alinhar as várias hipóteses arroladas no art. 1.521, em que particularizadamente enuncia a culpa dos pais pelos atos dos filhos e a do patrão, amo ou comitente pelos de seus empregados, serviçais e prepostos, não deixou dúvida quanto à necessidade de apuração da culpa. Não proclamou, pura e simplesmente, a responsabilidade. Limitou-a com o disposto no art. 1.523, reafirmando a necessidade de ser provada a culpa dos pais e bem assim a dos empregadores, como essencial à responsabilidade. Em comentário ao art. 1.521, Clóvis Beviláqua esclareceu que "a responsabilidade pelo que outros praticam funda-se na falta de vigilância *(culpa in vigilando)* que a posição da pessoa impõe". E em seguida, no comentário ao art. 1.523, completou o pensamento ao dizer:

> *A responsabilidade dos pais, tutores, curadores, patrões, amos, comitentes, donos de hotéis e estabelecimentos onde se albergue por dinheiro, assim como a das pessoas jurídicas, no caso previsto no art. 1.522, é indireta. Por isso o Código somente a tornava efetiva, quando se lhes pudesse imputar culpa, isto é, quando essas pessoas não empregavam a diligência necessária, nem tomavam as precauções para que o dano se não desse.*

Indo mais a fundo, ao mostrar como o Código regrediu em relação ao seu projeto, acrescenta que:

> *Essa prova deverá incumbir aos responsáveis, por isso que há contra eles presunção legal de culpa; mas o Código, modificando a redação do projeto, impôs o ônus da prova ao prejudicado. Essa inversão dos princípios é devida à redação do Senado (Emenda n. 1.483).*

No mesmo sentido era o entendimento de João Luiz Alves; como, ainda, o de Carvalho Santos. Pontes de Miranda, ao propósito, enunciava: "O dever de reparar o dano, por ato ilícito absoluto, funda-se, de ordinário, na culpa"[15].

O desenvolvimento econômico e material do país, a maior ocorrência da responsabilidade indireta, a influência do Direito Comparado, a evolução doutrinária bem como a atividade pretoriana, marcharam no sentido de imprimir novo sentido ao princípio da reparação dos danos, com repercussão sensível na responsabilidade indireta. Sob o impacto de forças diversas, o que se sente é a transformação do conceito de responsabilidade pelo fato de outrem, no sentido de conceder à vítima garantia maior e "assegurar a reparação do dano sempre que possível"[16]. Washington de Barros Monteiro chegou a sustentar que se considerasse "não escrito o disposto no art. 1.523", proclamando, no caso particular do empregador, que "não cabe mais ao ofendido comprovar a culpa concorrente do patrão", competindo à vítima "tão somente, demonstrar a existência do ato lesivo e que este se deve à culpa do preposto"[17]. Na vigência do Código Civil de 1916, afirmei, em minhas *Instituições de Direito Civil*, que "a lei faz presumir a culpa dos pais", e que "o patrão, amo ou comitente responde por seus empregados, serviçais e prepostos". Atentando para o deslocamento de fulcro da responsabilidade, acrescentei, ainda, que "uma forte corrente procurou deslocar o fundamento da responsabilidade, da culpa para o risco"[18].

Com base na elaboração pretoriana e no desenvolvimento da doutrina, a tendência que predominou, enquanto em vigor o Código Civil de 1916, assentava a responsabilidade por fato de outrem no princípio da *presunção de culpa*. Era de se prever, contudo, que num futuro mais ou menos curto, procuraria abrigo na *teoria do risco*.

E, de fato, o Código Civil consagrou a responsabilidade objetiva por fato de outrem. Dispõe o art. 933 que as pessoas indicadas no artigo antecedente, "ainda que não haja culpa de sua parte", responderão pelos atos praticados pelos terceiros enumerados no art. 932[19].

---

[15] João Luiz Alves. *Código Civil da República dos Estados Unidos do Brasil*. interpretação dos arts. 1.521 e 1.523. São Paulo: Saraiva, 1935; J. M. Carvalho Santos. *Código Civil brasileiro interpretado*. Rio de Janeiro: Freitas Bastos, 1943. v. 18, p. 213; Pontes de Miranda. *Tratado de direito privado*. São Paulo: Revista dos Tribunais, 1973. v. 53, § 5.504, p. 136.

[16] Silvio Rodrigues. *Direito Civil*. Cit. v. 4, n. 26, p. 68.

[17] Washington de Barros Monteiro. *Curso de Direito Civil*. São Paulo: Saraiva, 1952-76. v. 5, p. 395.

[18] *Instituições de Direito Civil*. 20. ed. Rio de Janeiro: Forense, 2003. v. 2, n. 281.

[19] Confira-se na jurisprudência: STJ, 4ª T., REsp 1.329.831/MA, Rel. Min. Luis Felipe Salomão, julgado em 19.03.2015; STJ, 4ª T., AgRg no REsp 1.411.569/SP, Rel. Min. Marco Buzzi, julgado em 06.02.2014. A propósito, vale conferir o teor do Enunciado n. 451, aprovado na V Jornada de Direito Civil,

80. *Responsabilidade dos pais pelos filhos menores.* O art. 932, n. I, do Código Civil de 2002 estabelece que os pais respondem pelos atos dos filhos menores que se acham sob sua autoridade e companhia. É um complemento do dever de educar os filhos e manter vigilância sobre eles. Não há mister prove a vítima a falta de vigilância, nem se exime o pai com a alegação de que não faltou com ela e com a educação. A responsabilidade assenta na teoria do risco, e se estende à presunção de causalidade[20].

Segundo o disposto neste inciso, a responsabilidade decorre da conjugação da *menoridade* do filho, que é um fato concreto, e que se prova com a certidão extraída do assento de nascimento; e a circunstância fática de se encontrar ele sob pátrio poder (autoridade parental) e na *guarda e companhia paterna.* Quanto à primeira circunstância, relativa à necessidade de que o filho seja menor, destaque-se que a menoridade deve existir no momento em que ele pratica a conduta lesiva, pouco importando se o resultado danoso sobrevém apenas quando já atingiu a maioridade ou se a ação de indenização só é ajuizada após a sua maioridade.[21] Ulderico Pires dos Santos desenvolve o tema da responsabilidade dos pais na doutrina e em juízo[22].

O preceito advindo do Código Civil de 1916 passou por sucessivas vicissitudes. O Código de Menores, aprovado pelo Decreto n. 17.943-A, de 12 de outubro de 1927, reproduzindo este princípio, estabeleceu, no art. 68, § 4º, que é responsável o pai, ou a pessoa a quem incumbia legalmente a vigilância do filho, salvo se provar que não houve culpa ou negligência. O Código de Menores editado pela Lei n. 6.697, de 10 de outubro de 1979, não retomou o assunto, mas pela disposição de seu último artigo revogou a totalidade do Código de Menores de 1927. Por seu

---

promovida pelo Conselho de Justiça Federal (2012): A responsabilidade civil por ato de terceiro funda-se na responsabilidade objetiva ou independente de culpa, estando superado o modelo de culpa presumida".

[20] Demogue. *Traité des obligations en général.* Paris: Rousseau, 1923-33. v. 5, n. 824; Jean Carbonnier. *Droit civil. Les obligations.* Paris: Presses Universitaires de France, 1967. v. 4, § 98, p. 349; Philippe Le Tourneau. *La responsabilité civile.* Paris: Dalloz, 1972. n. 1.147, p. 445; Mazeaud, Mazeaud e Mazeaud. *Leçons de droit civil.* Paris: Montchrestien, 1955. v. 2, n. 495.

[21] Gustavo Tepedino; Aline de Miranda Valverde Terra. A evolução da responsabilidade civil por fato de terceiro na experiência brasileira. In: *Revista de Direito da Responsabilidade.* 2019, v. 1, pp. 1077-1104. Na jurisprudência: TJRJ, 1ª C.C., Ap. Cív. 0004373-95.2005.8.19.0066, Rel. Des. Custódio de Barros Tostes, julgado em 10.12.2013; TJSP, 1ª CDPriv., Ap. Cív. 1005230-46.2018.8.26.0011, Rel. Des. José Eduardo Marcondes Machado, julgado em 23.6.2020.

[22] Ulderico Pires dos Santos. *Responsabilidade civil na doutrina e na jurisprudência.* Rio de Janeiro: Forense, 1974. p. 113.

lado, a doutrina é rica de conceitos a propósito da responsabilidade civil dos pais por atos dos filhos[23].

Em face deste problema de direito intertemporal, levantou-se a questão a saber: se a lei que revoga a lei revogadora de outra lei restaura, pura e simplesmente a primeira, ou se somente tem efeito repristinatório quando o declara expressamente. Pela afirmativa do efeito repristinatório inclinou-se Gianturco, enquanto que, pela necessidade de declaração expressa, manifestou-se Gabba, acompanhado de Ruggiero e Maroi e de Ferrara. No direito brasileiro vigora a doutrina de Gabba[24]. Com efeito, dispõe a Lei de Introdução às Normas do Direito Brasileiro, art. 2º, § 3º: *salvo disposição em contrário, a lei revogada não se restaura por ter a lei revogadora perdido a vigência.*

Desta sorte, a revogação expressa do Código de Menores de 1927 pelo de 1979 (Lei n. 6.697, de 10 de outubro de 1979) não repristinou o art. 1.521, I, do Código Civil de 1916[25]. Nestas condições, os pais eram considerados responsáveis pelos atos dos filhos menores, salvo se se provasse que não houve culpa ou negligência.

Com o Estatuto da Criança e do Adolescente (Lei n. 8.069/1990), estes princípios não sofreram alteração. Já o Código Civil previu a responsabilidade objetiva dos pais (art. 932, I, c/c art. 933).

Na vigência do Código Civil de 1916, tratava-se, portanto, de responsabilidade que "decorre do pátrio poder; não depende de ser ou não imputável o filho"[26]. Subsiste em vigor a responsabilidade objetiva dos pais. Mas, nos termos do Código Civil de 1916, este princípio vigorava quanto aos filhos que estivessem sob poder e guarda dos pais[27]. Se o filho, ainda que durante a menoridade, se acha juridicamente em companhia de outrem, e sobre ele não tenha pátrio poder o genitor, não obriga o pai a responder pelos danos que causa. O problema tem importância se, por decisão judicial, estiver cassado ou suspenso o pátrio poder, e o filho afastado da companhia paterna. O mesmo ocorre se, em decorrência de

---

[23] Mário Moacyr Porto. In: *Revista Forense.* v. 281, p. 510; Theodorico Pires Pereira da Silva. In: *Revista Forense.* n. 285, p. 494; Antônio Junqueira de Azevedo. In: Yussef Said Cahali (coord.). *Responsabilidade civil.* São Paulo: Saraiva, 1988. p. 59.

[24] Gianturco. *Sistema del diritto civile italiano.* Napoli: Luigi Pierro, 1909. v. 1, p. 126; Gabba. *Teoria della retroattività delle leggi.* Torino: Unione, 1891. v. 1, p. 33; Ruggiero e Maroi. *Istituzioni di diritto privato.* Milano: Giuseppe Principato, 1937. v. I, § 19; Ferrara. *Trattato di diritto civile.* Milano: Giuseppe Principato, 1937. v. 1, p. 254; Vicente Ráo. *O direito e a vida dos direitos.* São Paulo: Resenha Universitária, 1976. v. 1, n. 263; Caio Mário da Silva Pereira. *Instituições de direito civil.* 20. ed. Rio de Janeiro: Forense, 2004. v. 1, n. 27.

[25] Silvio Rodrigues. *Direito Civil.* Cit. v. 4, p. 73.

[26] Aguiar Dias. *Da responsabilidade civil.* Cit. v. 2, n. 188, p. 560.

[27] Neste sentido: *Revista dos Tribunais.* v. 389, p. 223.

Cap. VII · RESPONSABILIDADE POR FATO DE TERCEIRO | 139

procedimento judicial de separação ou divórcio[28], o filho estiver fora da guarda e companhia dos pais, e na guarda de terceiro[29].

O Código Civil atual, por sua vez, substituiu a expressão *poder* pelo termo *autoridade* (art. 932, I), de modo a ampliar a responsabilidade também aos pais que, embora não detentores da guarda, exercem sobre os menores sua autoridade parental[30].

Em se tratando de relação advinda da adoção, os pais eximem-se da responsabilidade que se desloca para o adotante[31].

A responsabilidade civil cabe ao pai ou mãe natural em relação aos filhos reconhecidos[32]. A responsabilidade atinge os avós, se a eles incumbir legalmente a vigilância do menor[33]. Mas não se estende ao padrasto ou madrasta, mesmo se tiverem recolhido os menores em tenra idade, nem a quem educa filho natural de sua nora[34].

---

[28] Confira-se o Enunciado n. 450 da V Jornada de Direito Civil, organizada pelo Conselho de Justiça Federal: "Considerando que a responsabilidade dos pais pelos atos danosos praticados pelos filhos menores é objetiva, e não por culpa presumida, ambos os genitores, no exercício do poder familiar são, em regra, solidariamente responsáveis por tais atos, ainda que estejam separados, ressalvado o direito de regresso em caso de culpa exclusiva de um dos genitores". Na VII Jornada de Direito Civil, organizada pelo Conselho de Justiça Federal, foi aprovado, ainda, o Enunciado n. 590, com a seguinte redação: "A responsabilidade civil dos pais pelos atos dos filhos menores, prevista no art. 932, inc. I, do Código Civil, não obstante objetiva, pressupõe a demonstração de que a conduta imputada ao menor, caso o fosse a um agente imputável, seria hábil para a sua responsabilização".

[29] Colin e Capitant. *Cours de droit civil français*. Cit. v. 2, n. 203. Neste sentido, o estabelecimento de ensino responde por ilícito praticado pelo aluno sob sua vigilância (v., por todos, TJ/RJ, Ap. Cív. 2003.001.08331, 12ª C.C., Rel. Des. Celso Guedes, julgado em 25.11.2003).

[30] É nesse sentido o entendimento do Superior Tribunal de Justiça: "O fato de o menor não residir com o(a) genitor(a) não configura, por si só, causa excludente de responsabilidade civil. Há que se investigar se persiste o poder familiar com todas os deveres/poderes de orientação e vigilância que lhe são inerentes" (STJ, 3ª T., AgRg no AREsp 220.930/MG, Rel. Min. Sidnei Beneti, julgado em 9.10.2012). No mesmo sentido: STJ, 4ª T., REsp 1436401/MG, Rel. Min. Luis Felipe Salomão, julgado em 2.2.2017.

[31] René Rodière. *La responsabilité civile*. Paris: Rousseau, 1952. n. 143; Marty e Raynaud. *Droit civil. Les obligations*. Paris: Sirey, 1961. t. II, v. 1, n. 423; Mazeaud e Mazeaud. *Responsabilité civile*. Cit. v. 1, n. 743; Genéviève Viney. *Traité de droit civil*, a cargo de Jacques Ghestin. *Les obligations*. Paris: Librairie Générale de Droit et de Jurisprudence, 1965. n. 875.

[32] Colin e Capitant. *Cours élémentaire de droit civil français*. Cit.; Mazeaud e Mazeaud. *Responsabilité civile*. Cit. n. 742; Marty e Raynaud. *Droit civil*. Cit.; Genéviève Viney. *Traité de droit civil* a cargo de Jacques Ghestin. *Les obligations*. Cit.

[33] O STJ já se posicionou no sentido de que, quando o menor reside com os avós, subsiste a estes a obrigação de vigilância, caracterizando, portanto, a delegação de guarda, ainda que de forma temporária: 4ª T., REsp 1.074.937/MA, Rel. Min. Luis Felipe Salomão, julgado em 01.10.2009.

[34] Demogue. *Obligations*. Cit. n. 833.

140 | RESPONSABILIDADE CIVIL – *Caio Mário da Silva Pereira*

Vigorando a responsabilidade objetiva dos pais em relação aos filhos em seu poder e guarda, é insuficiente a ilidir a responsabilidade a simples demonstração de que procedem com zelo e vigilância, pois que este é dever dos pais. Noutros termos, a vítima não necessita provar que o fato ocorreu por culpa *in vigilando* dos pais. A propósito, algumas situações devem ser consideradas.

Se o filho está internado em estabelecimento de ensino, vigora a responsabilidade do educandário, por força do disposto no art. 932, IV, do Código Civil[35].

Quando o menor é empregado ou preposto de outrem, a responsabilidade será do patrão, *ut* art. 932, III[36].

Estabelecendo o Código a responsabilidade dos pais pelos filhos em sua companhia, não se exoneram se o filho simplesmente estiver residindo fora, ou vagabundando, sem que ocorra uma razão jurídica que elimine a guarda dos pais[37]. A prova da impossibilidade material de vigilância não exonera o pai[38]. Não prevalecerá, portanto, a responsabilidade, se o filho menor não estiver habitando com os pais por uma razão jurídica ou um motivo legítimo: filho confiado a um terceiro, por medida de assistência educativa ou em férias com os avós, ou separação[39].

Não se pode, entretanto, desconsiderar que a vigilância paterna, conforme observa Aguiar Dias, se bem que contínua, geral e permanente, "está sujeita às possibilidades humanas". Aquela presunção de culpa, em que se assentava a responsabilidade dos pais sofreu o impacto da "sociedade permissiva contemporânea", que atinge severamente a autoridade paterna sobre os adolescentes[40]. Na mesma linha de raciocínio, considera Sourdat, não se pode desatender à possibilidade de haverem os pais, justificadamente, perdido o *poder de direção da família*[41].

Numa visão muito realista Philippe Le Tourneau alude a que os tribunais tomaram consciência, numa interpretação sociológica da lei, da impossibilidade psicológica dos pais contemporâneos oporem-se a tal ato dos filhos, como motivo de exoneração de responsabilidade, ou, como dizem Malaurie e Aynès,

---

[35] Cf. Sourdat. *Traité général de la responsabilité*. Cit. v. 2, n. 818.

[36] Cf. Lalou. *Responsabilité civile*. Cit. n. 979; Marty e Raynaud. *Droit civil*. Cit. n. 423. Neste sentido, decisão. In: *Revista dos Tribunais*. v. 579, p. 119.

[37] Planiol, Ripert e Boulanger. *Traité élémentaire*. Paris: R. Pichon Et R. Durnad-Auzias, 1946. v. 2, n. 1.403; Mazeaud, Mazeaud e Mazeaud. *Lençons de droit civil*. Cit. v. 2, n. 493. Confira-se na jurisprudência: STJ, 4ª T., REsp 1.074.937/MA, Rel. Min. Luis Felipe Salomão, julgado em 01.10.2009, v.u., *DJe* 19.10.2009.

[38] Lalou. *Traité pratique de la responsabilité civile*. Cit. n. 983.

[39] Alex Weill e François Terré. *Droit civil, les obligations*. Paris: Dalloz, 1971. n. 653; Philippe Le Tourneau. *La responsabilité civile*. Cit. n. 1.154; De Page. *Traité élémentaire*. Cit. n. 973.

[40] Malaurie e Aynès. *Droit civil, les obligations*. Cit. n. 64.

[41] Sourdat. *Traité général de la responsabilité*. Cit. v. 2, n. 832, p. 72.

a responsabilidade desaparece, quando demonstram os pais que não puderam impedir o fato danoso[42].

Em caso de emancipação do filho, cabe distinguir: se é a legal, advinda por exemplo do casamento, os pais estão liberados; mas a emancipação voluntária não os exonera, porque um ato de vontade não elimina a responsabilidade que provém da lei[43].

O Código Civil (art. 928) reproduziu a disposição do art. 858 do Projeto de Código de Obrigações de 1965, ao estabelecer que o prejuízo causado por quem não tenha capacidade civil, e não caiba a obrigação de repará-lo aos encarregados de sua guarda ou vigilância, ou não possam cumpri-la, a reparação, moderadamente fixada pelo juiz, incidirá no patrimônio do incapaz, salvo se, em razão desse encargo, ficar ele privado do necessário à sua manutenção, ou das pessoas que dele dependem. A responsabilidade pelo ressarcimento dos danos, nesses casos, é subsidiária, ou seja, é dos pais, e apenas quando seu patrimônio for insuficiente para arcar com a indenização, admite-se que sejam executados os bens do próprio incapaz.[44] Por outro lado, a responsabilidade do incapaz será direta quando referidas pessoas não tiverem obrigação de fazê-lo, conforme dispõe o art. 116 do Estatuto da Criança e do Adolescente: "em se tratando de ato infracional com reflexos patrimoniais, a autoridade poderá determinar, se for o caso, que o adolescente restitua a coisa, promova o ressarcimento do dano, ou, por outra forma, compense o prejuízo da vítima".

Em face dos princípios enunciados pelo Código Civil, a responsabilidade dos pais exige a prova de três elementos: um fato danoso, uma autoridade parental e uma comunidade de habitação[45].

81. *Responsabilidade dos tutores e curadores.* Respondem o tutor e o curador pelo pupilo e curatelado, que se acharem nas mesmas condições dos filhos menores em relação aos pais. A responsabilidade advém do fato da menoridade (tutores)

---

[42] Philippe Le Tourneau. *La responsabilité civile.* Cit. n. 1.163; Malaurie e Aynès. *Droit civil, les obligations.* Cit. n. 66.

[43] Cf. sobre menor emancipado: Sourdat. *Traité général de la responsabilité.* Cit. n. 827; Marty e Raynaud. *Droit civil.* Cit. n. 423; De Page. *Traité élémentaire.* Cit. n. 973.

[44] O STJ possui o entendimento de que a responsabilidade do incapaz é subsidiária, impondo-lhe o dever de indenizar os prejuízos que causar somente quando as pessoas por ele responsáveis não dispuserem de meios suficientes para fazê-lo. "(...) a responsabilidade do incapaz será subsidiária – apenas quando os responsáveis não tiverem meios para ressarcir –, condicional e mitigada – não poderá ultrapassar o limite humanitário do patrimônio mínimo do infante (CC, art. 928, par. único e En. 39/CJF) – e equitativa –, pois a indenização deverá ser equânime, sem a privação do mínimo necessário para a sobrevivência digna do incapaz (CC, art. 928, par. único e En. 449/CJF)." (STJ, 4ª T., REsp 1436401/MG, Rel. Min Luis Felipe Salomão, julgado em 2.2.2017).

[45] Malaurie e Aynès. *Droit civil, les obligations.* Cit. n. 65, p. 63.

142 | RESPONSABILIDADE CIVIL – *Caio Mário da Silva Pereira*

ou da interdição (curatelados), aliada às outras circunstâncias que a acompanham quanto aos menores *in potestate*. O seu *fundamento* é a teoria do risco.

Logo de plano acode a circunstância de que a tutela é *temporária*, e, destarte, a apuração da responsabilidade depende da verificação se o fato danoso ocorreu durante o período da tutela. O mesmo se verifica em relação à curatela, que tem o seu início demarcado por uma decisão judicial e um termo de compromisso.

Não se pode perder de vista, ainda, que tutela e curatela são *munus publicos*, o que aconselha o juiz a examinar com mais benignidade a responsabilidade do tutor e do curador, pelos ilícitos do pupilo ou curatelado, bem como a sua extensão[46].

Observam, contudo, Mazeaud e Mazeaud que o tutor não tem nenhum direito sobre a pessoa do pupilo, e, demais disso, a sua atividade é supervisionada pelo conselho de família[47]. No direito brasileiro, em que inocorre essa supervisão, o exercício da tutela, como da curatela, está subordinado ao controle judicial, e vigilância do Ministério Público.

Quanto à natureza da responsabilidade, prevalece a responsabilidade objetiva do tutor e do curador, que pode ser ilidida, *mutatis mutandis*, nos mesmos casos do filho sob pátrio poder, e na guarda e companhia paternas.

O tutor responde amplamente pelos prejuízos que causar ao pupilo[48].

O curador terá a sua responsabilidade agravada, no caso de não providenciar a internação do curatelado em estabelecimento adequado, se a sua permanência domiciliar for desaconselhável[49].

Em princípio, entretanto, o curador é responsável pelos atos ilícitos do curatelado, salvo se promove a sua internação em estabelecimento adequado, caso em que a este compete a vigilância, e, portanto, a responsabilidade[50]. Mas a responsabilidade do curador, estabelecida no art. 932, II, do Código Civil, não se estende aos pródigos, cuja interdição somente compreende os atos de cunho patrimonial[51]. O Código Civil de 2002, reunindo no mesmo princípio, embora em alíneas distintas, os filhos *in potestate,* os pupilos e os curatelados, envolve em responsabilidade idêntica os pais, tutores e curadores. E em um mesmo dispositivo (art. 934) confere *ação regresssiva* para se ressarcir, daquele por quem houver pago, o que despendeu, salvo se se tratar de descendente seu.

---

[46] Aguiar Dias. *Da responsabilidade civil*. Cit. v. 2, n. 189; Silvio Rodrigues. *Direito Civil*. Cit. v. 4, n. 28.

[47] Mazeaud e Mazeaud. *Responsabilité civile*. Cit. v. 1, n. 746.

[48] Aguiar Dias. *Da responsabilidade civil*. Cit.

[49] Aguiar Dias. *Da responsabilidade civil*. Cit.

[50] Carvalho Santos. *Código Civil brasileiro interpretado*. Cit. v. 20, p. 226.

[51] Carvalho Santos. *Código Civil brasileiro interpretado*. Cit.

Aos pupilos e curatelados impõe o Código Civil de 2002 a imputabilidade análoga à dos filhos sob *patria potestas,* se tiverem patrimônio que possa responder pelo dano causado, com ressalva, porém, do necessário à própria mantença, e das pessoas que deles dependam.

Com o reconhecimento da plena capacidade civil da pessoa com deficiência, a regra passou a ser a responsabilidade direta e integral do próprio agente pelos danos causados, com base na cláusula geral de responsabilidade subjetiva (arts. 186 e 927, *caput,* do Código Civil). Todavia, limitada a sua capacidade civil pela curatela, impõe-se analisar a extensão da responsabilidade do curador, nos termos do art. 932, II. Vale dizer, se a pessoa sob curatela torna-se relativamente incapaz, sofrendo restrição mínima e pontual na sua autonomia, o que determina a medida dos poderes do curador, sua responsabilidade deve também ser estabelecida pelo mesmo critério.

82. *Responsabilidade do empregador pelos atos dos empregados.* O art. 1.521, III, do Código Civil de 1916 estabelecia que o patrão, amo ou comitente respondia pelos atos dos empregados, serviçais ou prepostos. Neste passo, foi necessário acompanhar a evolução de nosso direito, à margem das disposições do Código Civil, mas subordinando-as ao que Aguiar Dias denominava *interpretação progressista,* como o meio técnico de atualizar princípios que o desenvolvimento econômico e social encarregou-se de tornar superados.

O primeiro trabalho da doutrina consistiu em determinar o conteúdo gramatical do preceito, fixando a noção exata do que era a condição de empregado, serviçal ou preposto. Logo de plano, afastou-se a ideia de *representação,* como também do conceito da atividade do *doméstico,* assim considerado o empregado nos "cuidados da casa"[52]. O art. 1.521, III, do Código Civil de 1916 não se referia nem a uma nem a outra situação jurídica[53]. Tinha em vista a subordinação hierárquica (Serpa Lopes), que Aguiar Dias explicava como a condição do dependente, isto é, daquele que recebe ordens, sob poder ou direção de outrem, independentemente de ser ou não assalariado[54].

---

[52] Mazeaud e Mazeaud. *Responsabilité civile.* Cit.

[53] Serpa Lopes. *Curso de Direito Civil.* Cit. v. 5, n. 214-215.

[54] José de Aguiar Dias. *Da responsabilidade civil.* Cit. v. 11, n. 190; Mazeaud e Mazeaud. *Responsabilité civile.* Cit. v. 1, n. 376 e 377; Demogue. *Obligations.* Cit. v. 5, n. 886. A jurisprudência evoluiu nesse sentido. Confira-se STJ, 4ª T., REsp 304.673/SP, Rel. Min. Barros Monteiro, julgado em 25.09.2001; STJ, 3ª T., REsp 618.910/SP, Rel. Min. Carlos Alberto Menezes Direito, julgado em 02.06.2005; e STJ, 3ª T., REsp 1.393.699/PR, Rel.ª Min.ª Nancy Andrighi, julgado em 19.11.2013. Registre-se, ainda, que o Superior Tribunal de Justiça aplicou a teoria da aparência para imputar dever de indenizar ao empregador aparente nas hipóteses do art. 932, III, do Código Civil: STJ, 4ª T., REsp 1.365.339/SP, Rel.ª Min.ª Maria Isabel Gallotti, julgado em 02.04.2013.

144 | RESPONSABILIDADE CIVIL – *Caio Mário da Silva Pereira*

Cumpre, também, esclarecer que a subordinação do empregado ou preposto é *voluntária*, diversamente da do filho em relação ao pai, e do tutelado ou curatelado em relação ao tutor ou curador, que se define como *subordinação legal*[55]. O que ficou positivado em doutrina é que a "subordinação" é requisito "essencial", ou mesmo "único" entre preponente e preposto[56].

A responsabilidade civil do patrão, amo ou comitente enfrentou um dos mais graves problemas da responsabilidade indireta, ao mesmo tempo que refletiu o mais amplo trabalho de adaptação do preceito legal às necessidades atuais[57].

O enunciado do art. 1.521, III, do Código Civil de 1916 estatuiu o princípio absoluto da responsabilidade do empregador. Mas, logo em seguida, vinha o art. 1.523, segundo o qual a responsabilidade se positivaria, provando-se que concorreu ele com culpa ou negligência de sua parte. Assim estabelecendo, o Código de 1916 dava com uma das mãos e retirava com a outra. Esta "inversão dos princípios", como a designava Clóvis Beviláqua, deveu-se a emenda do Senado, que impôs ao conteúdo dos projetos uma lamentável involução.

Com efeito, os intérpretes do Código Civil de 1916, com Beviláqua à frente, vinham subordinando a responsabilidade do patrão, amo ou comitente, à demonstração, por parte do lesado, da ocorrência de culpa *in vigilando* ou *in eligendo*. É o que dizia Carvalho Santos, quando assentava o seu fundamento na obrigação de bem escolher[58]. É o que mencionava Pontes de Miranda, ao qualificar essa responsabilidade de transubjetiva, repousando na culpa *in eligendo* ou *in vigilando*[59].

No propósito de afeiçoar o Código Civil de 1916 às necessidades do progresso jurídico, várias soluções foram tentadas. Umas sacrificavam o art. 1.521 (Pontes de Miranda), outras implicavam considerar não existente ou não escrito o art. 1.523[60]. Outra corrente, com a teoria da substituição, entendia que, ao recorrer aos serviços do preposto, o empregador estaria prolongando a sua própria atividade, de tal modo que a culpa do preposto seria como consequência da sua própria culpa[61]. No mesmo fito de buscar solução convinhável, Serpa Lopes imaginou uma espécie de *obrigação de segurança* perante quem quer que sofra prejuízo por fato

---

[55]   José de Aguiar Dias. *Da responsabilidade civil*. Cit. v. 11.

[56]   Mazeaud. *Responsabilité civile*. Cit. n. 882.

[57]   Ver a propósito Natal Nader. Responsabilidade civil do preponente no ato ilícito do preposto. *Revista Forense*. v. 299, p. 39.

[58]   Clóvis Beviláqua. *Código Civil brasileiro interpretado*. Rio de Janeiro: Francisco Alves, 1944-60. v. 20, n. 227.

[59]   Pontes de Miranda. *Tratado de direito privado*. Cit. v. 53, § 5.504, p. 146.

[60]   Washington de Barros Monteiro. *Curso de Direito Civil*. São Paulo: Saraiva, 1952-76. v. 5, p. 395 e segs.

[61]   Aguiar Dias. *Da responsabilidade civil*. Cit. n. 191; Serpa Lopes. *Curso de Direito Civil*. Cit. n. 216.

do preposto, consistindo a culpa na "infringência a essa obrigação de segurança ou de garantia *adversus omnes*"[62].

A presunção de culpa, estabelecida no art. 1.521 do Código Civil de 1916 nasceu, como dizia Pontes de Miranda, da observação dos fatos – *quod plerumque fit*. Por isso, recomendava ele, a atitude do intérprete deve ser a de olhar para as realidades, desprezando o erro em benefício da verdade[63]. A doutrina da presunção de culpa do patrão pelos atos do preposto ganhou pouco a pouco consistência nos tribunais.

Atendendo a que as circunstâncias da vida econômica e social sofreram radical mudança, a doutrina e a jurisprudência passaram a encarar o problema de um outro ângulo. Convenceram-se de que não teria validade, para efeito de concretizar a responsabilidade do patrão, impor ao lesado a prova de culpa deste, ou da concorrência de culpa ou negligência. Neste sentido, a jurisprudência evoluiu para a *presunção de culpa,* tal como resulta da *Súmula da Jurisprudência preponderante no Supremo Tribunal Federal,* verbete n. 341, *in verbis:* "*É presumida a culpa do patrão ou comitente pelo ato culposo do empregado ou preposto*". Deste contexto, resultaram os requisitos da responsabilidade do patrão, amo ou comitente: a) a existência de um prejuízo; b) a relação de emprego; c) a culpa do empregado, serviçal ou preposto, nesta condição, isto é, que no momento do dano encontrava-se no exercício de sua atividade ou por motivo dela[64]. A isto acrescentavam Mazeaud e Mazeaud que inexistia a obrigação ressarcitória quando o causador do dano agia fora de suas funções e a vítima sabia disto[65]. Mas, no contexto da doutrina subjetiva teria que ficar provado que o preposto incidiu em culpa[66]. Não se eximia, contudo, o preponente sob a alegação de que o preposto "executou mal" as suas funções[67].

Restava, contudo, a questão se o preposto agia nos limites de suas funções no momento do dano e no exercício delas, ou se as ultrapassava, estando o lesado na ciência ou no conhecimento dessa circunstância, o que era matéria de prova. Daí concluírem Malaurie e Aynès que o empregador não era responsável pelo dano se a vítima sabia que o preposto procedia fora de sua missão[68]. É, aliás, o que enunciava em minhas *Instituições de Direito Civil,* citando Mazeaud e Mazeaud[69]. Numa

---

62 Serpa Lopes. *Curso de Direito Civil.* Cit. n. 216.

63 Pontes de Miranda. *Tratado de direito privado.* Cit.

64 Sourdat. *Traité général de la responsabilité.* Cit. v. 2, n. 900. Em jurisprudência, STJ, 2ª T., REsp 206.039/RJ, Rel. Min. João Otávio de Noronha, julgado em 19.05.2005, v.u., *DJ* de 15.08.2005, p. 227.

65 Mazeaud e Mazeaud. *Responsabilité civile.* Cit. v. 2, n. 479.

66 Mazeaud e Mazeaud. *Responsabilité civile.* Cit. n. 916.

67 Demogue. *Obligations.* Cit. n. 918.

68 Philippe Malaurie e Laurent Aynès. *Droit civil, les obligations.* Cit. n. 76.

69 Mazeaud e Mazeaud. *Leçons de droit civil.* Cit. n. 479.

146 | RESPONSABILIDADE CIVIL – *Caio Mário da Silva Pereira*

fórmula concisa, De Page assentava que a responsabilidade do preponente existia "desde que o ato danoso fosse cometido durante o tempo do serviço, e estivesse em relação com este serviço", não ocorrendo se o ato realmente verificou-se fora do serviço, isto é, sem conexão nem de tempo, nem de lugar de serviço com as funções confiadas ao agente[70].

Em se apurando esses extremos, o empregador respondia pelo dano causado, e é obrigado a repará-lo. Tratava-se de princípio de ordem pública. De nada valia o patrão anunciar que não se responsabiliza pelos acidentes, pois que se trataria de declaração unilateral de vontade, que não teria o efeito de elidir a responsabilidade[71].

Já nesse panorama, esboçava-se, em torno da responsabilidade do patrão, amo ou comitente, a tendência de aí fixar a *responsabilidade objetiva,* como propugnava Aguiar Dias, acompanhado por Silvio Rodrigues[72], e é também a observação de Pontes de Miranda; e a que eu mesmo enunciei[73].

Ao elaborar o Projeto de Código de Obrigações de 1965, procurei guardar fidelidade à doutrina moderna, fazendo consignar preceito definidor mais amplo, o qual mereceu a aprovação de Aguiar Dias dentro no sistema que permaneceu fiel à ideia de culpa[74]. Com efeito, o art. 834, III, do meu Projeto, estabelecia a responsabilidade do empregador ou preponente quanto aos serviçais, empregados ou prepostos, por danos causados no exercício ou por motivo do trabalho que lhes competir. A orientação foi incorporada pelo Código Civil, no art. 932, III. Com tal doutrina, a responsabilidade indireta dá um passo mais avançado, independentemente da ideia de culpa, real ou presumida. Será bastante comprovar a relação de emprego ou preposição, a existência do dano e a circunstância de que este foi causado pelo empregado ou preposto, nesta condição. Essa responsabilidade subsiste, ainda que não haja culpa do patrão.

A natureza objetiva da responsabilidade do empregador é reconhecida também pelos tribunais. Confira-se, nesse ponto, julgado do Superior Tribunal de Justiça: "A jurisprudência desta Corte é firme no sentido de reconhecer que o empregador responde objetivamente pelos atos ilícitos praticados pelos seus prepostos" (**STJ**, 4ª T., REsp 528.569/RN, Rel. Min. Jorge Scartezzini, julgado em 20.09.2005; **STJ**, 4ª

---

[70] De Page. *Traité élémentaire.* Cit. n. 989, p. 949. Ver ainda: Alex Weill e François Terré. *Droit civil, les obligations.* Cit. n. 665, p. 672.

[71] Carvalho Santos. *Código Civil brasileiro interpretado.* Cit. p. 232; Demogue. *Obligations.* Cit. n. 939.

[72] Silvio Rodrigues. *Direito Civil.* Cit. v. 4, n. 291.

[73] Caio Mário da Silva Pereira. *Instituições de Direito Civil.* Cit. v. 3, n. 281.

[74] José de Aguiar Dias. *Da responsabilidade civil.* Cit. n. 193.

T., REsp 1.248.206/SP, Rel. Min. Marco Buzzi, julgado em 20.08.2015; STJ, 4ª T., REsp 1.387.236/MS, Rel. Min. Paulo de Tarso Sanseverino, julgado em 26.11.2013).

Em resumo: a responsabilidade indireta do empregador percorre uma curva de cento e oitenta graus, partindo da concorrência de culpa, caracterizada pela culpa *in eligendo* ou *in vigilando;* passando pela presunção de culpa do preponente; e marchando para a responsabilidade objetiva, com a aplicação da teoria do risco.

Como observou Josserand, aqui, como alhures, a doutrina consagra a vitória da jurisprudência sobre a lei[75].

O fato de ser o preponente responsável pelos danos causados pelo preposto não o exonera de responsabilidade[76]. Pode, então, a vítima agir contra um, contra outro, ou contra ambos, embora a ação contra o preposto seja mais rara[77].

83. *Responsabilidade civil dos donos de hotéis ou similares.* O art. 1.521, IV, do Código Civil de 1916, seguido pelo Projeto de Código de Obrigações de 1965 (art. 837, IV) e pelo Código Civil de 2002, art. 932, IV, institui a responsabilidade dos danos de hotéis, casas ou estabelecimentos onde se albergue por dinheiro, pelos hóspedes, moradores e educandos. A fonte histórica do preceito é a figura romana de um dos *quasi delicia*, na hipótese do *receptum nautarum, cauponum, stabularum*, que naquele direito impunha ao capitão do navio, ao dono de hospedaria ou do estábulo responder pelos danos e furtos praticados por seus prepostos quanto aos bens de seus clientes[78]. Os pressupostos desta responsabilidade consistem na apuração de que a instituição que recolhe ou abriga pessoa, o faz com fito de lucro. Nos termos genéricos em que enunciado, o preceito estatui, no primeiro plano, que o estabelecimento responde perante seus hóspedes pelos danos causados por seus empregados contra as pessoas aí abrigadas[79]. E num outro aspecto, pelos atos ilícitos que estas praticarem em relação a terceiros.

Não se exige a comprovação da culpa do estabelecimento, de seus diretores e administradores.

---

[75]   Louis Josserand. *Evolutions et actualités.* Paris: Sirey, 1936. p. 50.

[76]   De Page. *Traité élémentaire.* Cit. n. 971, p. 921.

[77]   Malaurie e Aynès. *Droit civil, les obligations.* Cit. n. 78.

[78]   Cf. José Carlos Moreira Alves. *Direito romano.* Rio de Janeiro: Forense, 1911. v. 2, p. 233.

[79]   Atualmente esta hipótese é regulada pelo art. 14 do Código de Defesa do Consumidor: "O fornecedor de serviços responde, independentemente da existência de culpa, pela reparação dos danos causados aos consumidores por defeitos relativos à prestação dos serviços, bem como por informações insuficientes ou inadequadas sobre sua fruição e riscos". Nesse sentido: Gustavo Tepedino, Heloisa Helena Barboza e Maria Celina Bodin de Moraes *et al. Código Civil interpretado conforme a Constituição da República.* 2. ed. Rio de Janeiro: Renovar, 2012. v. 2. p. 836.

148 | RESPONSABILIDADE CIVIL – *Caio Mário da Silva Pereira*

É costume os hotéis difundirem em quadros ou impressos, ou em locais ostensivos, a declaração de que não respondem por furto ou dano em bens e valores de seus hóspedes que não tenham sido confiados à direção do estabelecimento ou à sua guarda. Trata-se, no caso, de uma *cláusula de não indenizar*, cuja eficácia está na dependência dos seus requisitos de validade, a serem examinados entre as causas excludentes de responsabilidade (Capítulo XX, *infra*).

O que impera no assunto é a natureza contratual desta responsabilidade, ou ao menos envolve relações contratuais entre hospedeiro e hóspede pelo extravio de coisas, furto etc.[80].

Quanto à responsabilidade dos hóspedes em relação a terceiros, há que provar a concorrência de culpa, uma vez que a atuação do estabelecimento quanto aos seus hóspedes, fora da vista de seus administradores, é praticamente impossível[81].

Pelo disposto no inciso, a responsabilidade é pelos hóspedes pagos. Pelo ilícito do hóspede gratuito entende Serpa Lopes não responder o hospedeiro "a menos que tal maneira íntima do hospedeiro ou de sua família que se possa enquadrar entre as pessoas da casa"[82]. Discorda, todavia, Aguiar Dias, considerando, neste caso, a incidência do art. 932, III (responsabilidade pelo ato do preposto). Quanto ao fato de terceiros, sustenta Aguiar Dias não se compreender "que se albergue alguém, para lhe proporcionar ou permitir o dano através de terceiro"[83].

84. Problema que está na ordem do dia é o da responsabilidade dos hotéis pelos bens dos hóspedes recolhidos em cofres colocados à disposição dos mesmos, gratuitamente ou mediante remuneração. Aplicando-se por analogia a doutrina relativa aos cofres alugados pelos bancos, a regra é que o estabelecimento não é depositário dos bens e valores nele colocados, os quais não são entregues para custodiar. A situação corresponde a um comodato ou a um aluguel, estando o cofre entregue ao hóspede, ignorando o hospedeiro o seu conteúdo. Poderá, contudo, incorrer em responsabilidade, se ficar comprovada a sua falta de vigilância ou seu descuido quanto ao ingresso de pessoas no ambiente etc. O Superior Tribunal de Justiça adotou posição semelhante, ao afastar a natureza de depósito de tais relações e impor dever de segurança aos hotéis (STJ, 3ª T., AgRg no Ag 249.826/RJ, Rel. Min. Eduardo Ribeiro, julgado em 10.12.1999).

---

[80]   Aguiar Dias. *Da responsabilidade civil*. Cit. v. 1, n. 146; Serpa Lopes. *Curso de Direito Civil.* Cit. v. 5, n. 219, p. 283.

[81]   Silvio Rodrigues. *Direito Civil*. Cit. v. 4, p. 85.

[82]   Serpa Lopes. *Curso de Direito Civil*. Cit. v. 5, n. 283; Carvalho Santos. *Direito Civil brasileiro interpretado*. Cit. v. 20, p. 239.

[83]   Pontes de Miranda. *Tratado de direito privado*. Cit. v. 53, § 5.504, p. 161; Pontes de Miranda. *Tratado de direito privado* Cit. v. 53, n. 194.

Cap. VII · RESPONSABILIDADE POR FATO DE TERCEIRO | **149**

85. No tocante aos estabelecimentos de ensino, há peculiaridades a observar. Em primeiro lugar, o fato de que o Código, ao se referir ao educandário que alberga o educando, tem em vista o regime de internato, sob o fundamento de que, ao recebê-lo, o estabelecimento recebe a transferência da guarda e vigilância, sendo, portanto, responsável se o aluno pratica algum ato lesivo a terceiro.

No direito francês, o Código estabelece a responsabilidade dos professores e mestres de ofício, pelos educandos e aprendizes. Entende-se ali que há uma delegação do pátrio poder[84].

O mesmo não se pode dizer do aluno em regime de externato. A responsabilidade é restrita ao período em que o educando está sob a vigilância do educador, compreendendo o que ocorre no interior do colégio, ou durante a estada do aluno no estabelecimento inclusive no recreio (Pontes de Miranda), ou em veículo de transporte fornecido pelo educandário[85]. Na disciplina do Código Civil, considera-se objetivamente responsável o estabelecimento de ensino pelos danos provocados pelos estudantes dentro do estabelecimento ou sob sua vigilância.

A responsabilidade quanto às escolas públicas, cabe ao Estado, vigorando as regras da responsabilidade civil do Estado (Capítulo n. X, *infra*)[86].

Tendo em vista a expressão do inciso, em alusão a "albergar por dinheiro" exclui-se a responsabilidade dos estabelecimentos de ensino superior, em que há missão de instruir mas não de vigiar, e o aluno não se encontra, normalmente, sob a vigilância do professor ou do educandário[87].

Questão que pode surgir é se o educandário tem ação de perdas e danos contra o aluno ou seus pais, por atos ilícitos que haja praticado. A questão é delicada, pois que, se o estabelecimento tem o dever de vigilância e responde pelos atos do educando, dificilmente se pode compreender que tenha ação regressiva para se ressarcir do dano causado ao estabelecimento, a outro aluno ou a terceiro. Sourdat detém-se no assunto, para distinguir: se o aluno estava em condições de discernir, há ação contra ele; mas, contra o pai, a situação é diferente, porque, confiado o menor ao estabelecimento, assume este a sua vigilância[88].

86. *Responsabilidade dos que tirarem proveito do crime.* O art. 932, V, do Código Civil, impõe a responsabilidade aos que, gratuitamente, houverem tirado

---

[84] Sourdat. *Traité général de la responsabilité*. Cit. v. 2, n. 873.

[85] Serpa Lopes. *Curso de Direito Civil*. Cit. n. 284.

[86] Carvalho Santos. *Código Civil brasileiro interpretado*. Cit. p. 240; Malaurie e Aynès. *Droit civil, les obligations*. Cit. n. 68, p. 66; De Page. *Traité élémentaire*. Cit. n. 982.

[87] Aguiar Dias. *Da responsabilidade civil*. Cit. n. 194; Mazeaud e Mazeaud. *Responsabilité civile*. I, Cit. n. 804; Demogue. *Obligations*. vol. V, Cit. n. 852.

[88] Sourdat. *Traité général de la responsabilité*. Cit. n. 880 e 881.

proveito do crime, obrigando-os a restituir até a concorrência da quantia de que se houverem beneficiado.

Os autores sustentam tratar-se de uma ação de *in rem verso*, muito embora fosse, a rigor, desnecessário mencionar expressamente, uma vez que incumbe a quem se beneficiou infundadamente à custa de outrem, recompor o patrimônio do lesado[89]. Salientava Pontes de Miranda, ainda na vigência do Código Civil de 1916, não se cogitar, aí, de presunção de culpa; trata-se de um caso de *in rem verso* que não dependeria de texto especial, que só tem o efeito de "lembrar um dos casos, a mais"[90].

Os extremos desta responsabilidade são: a) que o dano seja causado por um crime; b) que alguém se tenha beneficiado com seu produto, embora não tenha tido conivência com o mesmo. A vítima terá direito à restituição, até a concorrência da quantia de que foi prejudicada.

O princípio difere do que vem expresso no art. 942, parágrafo único, onde se cogita da coautoria no delito, caso em que vigora a solidariedade, respondendo os bens dos corresponsáveis pela reparação integral do dano.

87. *Ação regressiva.* Em qualquer caso de responsabilidade indireta, quem houver suportado seus efeitos tem ação de *in rem verso* contra aquele pelo qual tiver pago. O que predomina na concepção da responsabilidade civil é a garantia prestada à vítima. A ação regressiva instituída no art. 934 do Código Civil não prejudica o direito da vítima ao ressarcimento. É um direito de ação autônomo em relação ao que estabelece o dever ressarcitório. Este cabe, fundamental e ontologicamente ao causador do dano, sendo a responsabilidade por fato de outrem um meio legal de resguardar ao máximo o direito da vítima. Não implica, portanto, imunidade do responsável direto. Ao revés, reforça-se o direito do lesado, pelo fato de ter de quem obter a reparação.

O preceito do art. 934 abre exceção para o caso de ser o causador do dano descendente de quem pagou, não importa se absolutamente incapaz, ou relativamente apenas. A razão jurídica dessa exceção reside "em considerações de ordem moral e da organização econômica da família"[91].

Já arguia Pontes de Miranda, sob a égide do Código Civil de 1916, a injustiça do preceito, que em caso de desigualdade de fortuna, pode recusar a um ascendente pobre ação regressiva contra o descendente rico, levando às vezes à absorção da fortuna do pai ou avô que pagou pelo ilícito do filho ou neto, sem direito à

---

[89]   Aguiar Dias. *Da responsabilidade civil.* Cit. v. 2, n. 195; Serpa Lopes. *Curso de Direito Civil.* Cit. v. 5, n. 221.

[90]   Pontes de Miranda. *Tratado de direito privado.* Cit. v. 53, § 5.504, p. 161.

[91]   Clóvis Beviláqua. *Comentário* ao art. 1.524. Cit.

restituição[92]. Objetava, contudo, Serpa Lopes, embora reconhecendo a existência da desvantagem deste artigo quando haja diferença de nível econômico, que o valor moral e afetivo do princípio é inegável, sendo a desigualdade de fortuna uma circunstância excepcional[93].

Lícita, será, sem dúvida, a ação regressiva do preponente contra o preposto, se aquele ressarciu o dano causado por este, embora na maioria dos casos sem consequência prática, atendendo a que a resistência econômica do preposto[94] não suporte os efeitos da ação de *in rem verso*.

---

[92] Pontes de Miranda. *Tratado de direito privado*. Cit. v. 53, § 5.504, p. 196.

[93] Serpa Lopes. *Curso de Direito Civil*. Cit. v. 5, n. 222.

[94] Confira-se o Enunciado n. 44 da I Jornada de Direito Civil, organizada pelo Conselho de Justiça Federal: "Na hipótese do artigo 934 do Código Civil ('aquele que ressarcir o dano causado por outrem pode reaver o que houver pago daquele por quem pagou, salvo se o causador do dano for descendente seu, absoluta ou relativamente incapaz'), o empregador e o comitente somente poderão agir regressivamente contra o empregado ou preposto se estes tiverem causado dano com dolo ou culpa".

Capítulo VIII
Responsabilidade pelo Fato das Coisas

Sumário

Danos causados por animais. Teoria da guarda: guarda material e guarda jurídica. Ruína do edifício ou construção. Queda ou arremesso de uma coisa.

Bibliografia

Alex Weill e François Terré. *Droit civil, les obligations*. Paris: Dalloz, 1971; Alvino Lima. *Culpa e risco*. São Paulo: Revista dos Tribunais, 1963; Clóvis Beviláqua. *Código Civil brasileiro interpretado*. Rio de Janeiro: Francisco Alves, 1944-60; Colin et Capitant. *Cours élémentaire de droit civil*. Paris: Dalloz, 1915-19. v. 2; Geneviève Viney. *Traité de droit civil* sob a direção de Jacques Ghestin. *Les obligations, responsabilité civile*. Paris: Librairie Générale de Droit et de Jurisprudence, 1965; Gustavo Tepedino, Heloísa Helena Barboza, Maria Celina Bodin de Moraes *et alii*. *Código Civil interpretado*. 2. ed. Rio de Janeiro: Renovar, 2012. v. II, 2. ed., Henoch D. Aguiar. *Hechos y actos jurídicos*. Buenos Aires: V. Abeledo, 1936. v. 3; Henri De Page. *Traité élémentaire. Les obligations*. Première Partie, Bruxelles: E. Bruylant, 1974. t. II; Jaime Santos Briz. *La responsabilidad civil*. Madrid: Montecorvo, 1981; J. M. Carvalho Santos. *Código Civil brasileiro interpretado*. Rio de Janeiro: Freitas Bastos, 1943. v. 20; Jean Carbonnier. *Droit civil, les obligations*. Paris: Presses Universitaires de France, 1967; José Aguiar Dias. *Da responsabilidade civil*. Rio de Janeiro: Forense, 1994. v. 2; José Carlos Moreira Alves. *Direito romano*. Rio de Janeiro: Forense, 1911. v. 2; Louis Josserand. *Cours de droit civil positif français*. Paris: Recueil Sirey, 1932. v. 2; Maria Celina Bodin de Moraes. *Danos à pessoa humana*: uma leitura civil-constitucional dos danos morais. Rio de Janeiro: Renovar, 2003; Marty e Raynaud. *Droit civil. Les obligations*, Paris: Sirey, 1961. II, v. 1; Mazeaud, Mazeaud e Mazeaud. *Le-*

çons de droit civil. Paris: Montchrestien, 1955. v. 2; Mazeaud e Mazeaud. *Responsabilité civile*. Paris: Montchrestien, 1955; Philippe Le Tourneau. *La responsabilité civile*. Paris: Dalloz, 1972; Planiol, Ripert e Boulanger. *Traité élémentaire de droit civil*. Paris: R. Pichon Et R. Durnad-Auzias, 1946. v. 2; Ruggiero e Maroi. *Istituzioni di diritto privato*. Milano: Giuseppe Principato, 1937. v. 2; Silvio Rodrigues. *Direito Civil*. São Paulo: Saraiva, 1973-75. v. 4; Washington de Barros Monteiro. *Curso de Direito Civil*. São Paulo: Saraiva, 1952-76. v. 5.

88. *Fato das coisas.* Constitui sempre problema de solução difícil, quer em doutrina quer em jurisprudência, o que se refere ao dano causado pelo "fato de uma coisa". A noção fundamental da responsabilidade civil está em que o homem responde pelos danos que causa. Já foi um grande passo a elaboração da teoria que disciplina a responsabilidade de alguém pelo fato de outrem. Por isso mesmo o mestre da responsabilidade civil do direito brasileiro, José de Aguiar Dias, insurge--se contra o conceito de "responsabilidade pelo fato das coisas", sob o argumento de que "a coisa não é capaz de fato"[1]. No mesmo sentido rezam os Mazeaud, ao proclamarem que "o fato" de uma coisa inanimada "é inconcebível": quando uma caldeira explode, dizem eles, é porque o homem acendeu o fogo; quando o automóvel atropela o pedestre, é porque o motorista o pôs em marcha: "por trás do fato da coisa inanimada há sempre o fato do homem"[2]. Admite, no entanto, Aguiar Dias, que há coisas que são "mais perigosas que outras". Quando o homem utiliza a força estranha aumenta sua própria força, e este aumento rompe o equilíbrio antes existente entre o autor do acidente e a vítima (n. 162). A distinção, porém, entre coisas mais e menos perigosas, é afastada por Georges Ripert, citado pelo próprio Aguiar Dias, como ainda por Marty e Raynaud, na obra citada, n. 441. Foi preciso, portanto, um grande esforço mental para que o direito se desprendesse daquele conceito, para enunciar princípio segundo o qual se construísse a teoria da responsabilidade pelo "fato das coisas". O direito francês revela por menor as fases dessa evolução, fornecendo os dados para que se possam determinar os seus lineamentos. Marty e Raynaud nos revelam que, a princípio, a doutrina e a jurisprudência somente reconheciam dois casos de "responsabilidade pelo fato das coisas": o *fato dos animais e ruína dos edifícios*[3]. Modificações profundas, acrescentam eles, realizaram-se para responder às novas necessidades nascidas do desenvolvimento dos maquinismos e acidentes causados pelas máquinas. Somente ao fim de "meio século de trabalho jurisprudencial e doutrinário veio a primeiro plano a *responsabilidade pelo fato das coisas inanimadas em geral*". Foi somente no fim do século passado, dizem Planiol, Ripert e Boulanger, que a jurisprudência teve a ideia de encontrar no § 1º do art. 1.384 do Código Napoleão uma regra geral que abrigasse esse gênero de responsabilidade civil[4].

A subordinação da responsabilidade pelo fato das coisas ao princípio geral da responsabilidade civil (que é enunciado na disposição do art. 1.382 daquele Código) ocorreu por meio da ideia de *presunção de culpa*. Os autores clássicos

---

[1] José Aguiar Dias. *Da responsabilidade civil*. Rio de Janeiro: Forense, 1994. v. 2, n. 161.

[2] Mazeaud, Mazeaud e Mazeaud. *Leçons de droit civil*. Paris: Montchrestien, 1955. v. 2, n. 528.

[3] Marty e Raynaud. *Droit civil. Les obligations*. Paris: Sirey, 1961. II, v. 1, n. 430.

[4] Planiol, Ripert e Boulanger. *Traité élémentaire de droit civil*. Paris: R. Pichon Et R. Durnad--Auzias, 1946. v. 2, n. 1.046.

assim explicavam os arts. 1.385 e 1.386, e, num desenvolvimento lógico, foi possível utilizar a mesma explicação "quando o dano provinha do fato de uma coisa inanimada"[5]. Muito rapidamente, assinalam os irmãos Mazeaud, a jurisprudência afirmou que o art. 1.385 editava uma "presunção de culpa". A corte de cassação, dizem eles, "não se contentou com *reforçar a presunção* editada pelo art. 1.384, n. 1. Ela estendeu consideravelmente o seu domínio de aplicação: das coisas móveis às coisas imóveis. Das coisas perigosas às coisas não perigosas"[6].

Da presunção de culpa, a corte de cassação criou a denominada *presunção de responsabilidade*. Esta expressão é criticada como não tendo "nenhum sentido", pois que ou uma pessoa é responsável ou não é responsável; o que não cabe (dizem os seus opositores) é que se diga que se "presume ser responsável"[7]. O fato, porém, é que, não obstante combatida, a chamada "presunção de responsabilidade" encontrou boa acolhida em não menos opinados mestres.

89. Uma parte da doutrina já vislumbrava na teoria da responsabilidade pelo fato das coisas uma *consagração parcial da teoria do risco* no Código Civil de 1916, o que percutiu mais diretamente no conceito de guardião da coisa, desenvolvido em seguida[8]. Esta conclusão é assentada no fato de que ao guarda da coisa caberia a responsabilidade pelo só fato de que a coisa causa um dano. Com efeito, a determinação do "guardião" é um dos pontos essenciais da responsabilidade pelo fato da coisa, mas, paradoxalmente, é sobre ele que a jurisprudência e a doutrina hesitam. Daí proclamar Geneviève Viney que a "guarda" é hoje a noção-chave que exprime a ideia de responsabilidade de pleno direito, ligando-se a um certo poder sobre a coisa[9]. Segundo Marty e Raynaud (n. 435), a *detenção material* de uma coisa não basta para caracterizar a figura do guardião. A responsabilidade se liga mais ao conceito de *guarda jurídica* do que de *guarda material*.

Na sua definição, sobressai a situação do que mais frequentemente ocorre – *quod plerumque fit* – a saber que o proprietário *presume-se ser o guarda da coisa*, e, desta sorte, em ocorrendo o fato danoso, contra ele levantava-se a *presunção de culpa*. Mas esta presunção não podia ser considerada irrefragável, porque nem sempre tem ele o *uso da coisa*. Essa responsabilidade, dizem os Mazeaud, é *alternativa e não cumulativa*: a vítima não pode em todos os casos voltar-se contra o proprietário. O proprietário é o guarda presuntivo da coisa, mas pode ilidir a

---

[5]   Planiol, Ripert e Boulanger. *Traité élémentaire de droit civil*. Cit. n. 1048.

[6]   Mazeaud, Mazeaud e Mazeaud. *Leçons de droit civil*. Cit. v. 2, n. 514.

[7]   Planiol, Ripert e Boulanger. *Traité élémentaire de droit civil*. Cit. n. 1.048; Marty e Raynaud. *Droit civil. Les obligations*. Cit. II, v. 1, n. 430.

[8]   Planiol, Ripert e Boulanger. *Traité élémentaire de droit civil*. Cit. n. 1.049.

[9]   Cf. Geneviève Viney. *Traité de droit civil* sob a direção de Jacques Ghestin. *Les obligations, responsabilité civile*. Paris: Librairie Générale de Droit et de Jurisprudence, 1965. n. 675.

presunção provando que outra pessoa se servia dela[10]. Pode, então a guarda ser transferida para outra pessoa (locação, comodato, depósito, penhor), e em tal caso a responsabilidade passa do dono ao cessionário.

Enunciaram-se, desta sorte, diversos critérios para definir o princípio da responsabilidade pelo fato das coisas.

No primeiro plano, colocou-se o "critério do proveito", dizendo-se que seria o "guarda da coisa" quem dela se aproveitasse economicamente, o que já atraía a doutrina para o terreno do risco: *ubi emolumentum ibi onus*. Esta ideia era contestada pelos partidários da doutrina subjetiva, para os quais, fora da culpa, "é impossível dizer por que a propriedade, o uso ou a detenção de uma coisa, que constituem direitos, imporiam ao mesmo tempo obrigações"[11].

O segundo critério proposto pelos irmãos Mazeaud foi o da direção material (n. 517). *Guarda era a pessoa que materialmente tinha a direção da coisa* (o guarda do automóvel seria o motorista, quando estivesse ele em marcha, mesmo que não fosse preposto do proprietário).

Variação deste critério era o "direito de direção": guarda seria a pessoa à qual a situação jurídica *conferia um direito de direção relativamente à coisa* (quando o proprietário confia o veículo ao motorista, permanece aquele como guarda de seu automóvel, porque é a ele que pertence o direito de uso, atributo da propriedade. Quando um ladrão se apossa de uma coisa, a guarda continua com o proprietário, porque o ladrão não tem direito sobre ela). Este critério, observavam os Mazeaud *in* loc. cit., não deve ser aceitável pelo maior número, e foi elaborado para evitar decidir que o preposto, e não o comitente, deve ser considerado o guarda da coisa.

Outro critério que influenciou a jurisprudência francesa, após longas hesitações, foi o da "direção intelectual", que se definia como o *poder de dar ordens ou o poder de comando relativamente à coisa*. Distinto do critério da "direção material" e do "direito de direção" é aquele que considera a situação de fato: guarda era a pessoa que tinha, de fato, *um poder de comando em relação à coisa*. Como dizia Carbonnier, guarda era quem tinha o uso, a direção e o controle da coisa[12].

Em conclusão: a corte de cassação, neste conceito, construiu uma teoria, no dizer dos Mazeaud, "*lógica e equilibrada*": *lógica*, porque a lei põe a cargo da pessoa que exerce um poder sobre a coisa a obrigação de tê-la sob seu comando; se a coisa lhe escapa ao comando, o guarda é responsável, a menos que demonstre que por uma causa estranha ele não pôde exercer o seu poder; *equilibrada*, porque,

---

[10]   Mazeaud, Mazeaud e Mazeaud. *Leçons de droit civil*. Cit. n. 517.

[11]   Planiol, Ripert e Boulanger. *Traité élémentaire de droit civil*. Cit. n. 1.049.

[12]   Jean Carbonnier. *Droit civil, les obligations*. Paris: Presses Universitaires de France, 1967. n. 107, p. 382.

158 | RESPONSABILIDADE CIVIL – *Caio Mário da Silva Pereira*

sem estabelecer uma responsabilidade automática que faria o guardião perder a consciência de suas obrigações, a jurisprudência soube descobrir um regime que protege eficazmente a vítima, e ela se estendeu a todos os casos em que as condições novas da vida tornavam necessária esta proteção[13].

Como se vê, e ainda se continuará a ver na medida em que se aprofunda o exame da matéria, a noção de "guarda" foi fundamental na determinação da responsabilidade pelo fato das coisas. É ela que serve para identificar a pessoa responsável. Em tese publicada em 1927, e geralmente citada sob o título *La notion de garde dans la responsabilité du fait des choses*, André Besson sustentou que o fato da coisa deve entender-se como "a imperfeição da ação do homem sobre a coisa". Não era diversa a noção enunciada pelos Mazeaud, quando identificavam a responsabilidade pelo fato da coisa com a "perda, pelo guardião, do controle material da coisa", sendo esta perda considerada como uma culpa.

Ao estabelecer a responsabilidade pelo fato da coisa, cumpria apurar quem tinha o poder efetivo sobre ela no momento em que provocou o dano[14].

Cabia ao juiz, portanto, verificar quem tinha de fato a guarda da coisa[15]. Assim procedendo, estabelecer, na realidade, sobre quem deveria razoavelmente recair a presunção de culpa na vigilância, e a falta de vigilância seria uma circunstância material que poderia ser estabelecida mediante uma prova direta[16]. Ao assunto retornarei, ao cogitar do furto de veículos em estabelecimentos comerciais e análogos (Capítulo XVI, *infra*).

Num ponto parece haver harmonia entre os autores. Partindo de que em todos os casos é necessário determinar a relação de causalidade entre a coisa e o dano, a responsabilidade pelo fato da coisa exige do juiz a determinação do *vínculo causal*. A coisa deve ter causado o dano; se não exerceu nenhuma função na realização do dano, a vítima não se pode voltar contra o guardião[17]. Reversamente, "o guardião fica exonerado quando a coisa desempenhou função meramente passiva na realização do dano, o que estabelece que a coisa não foi a causa do acidente e induz que este teve uma causa inteiramente estranha"[18].

---

[13]   Mazeaud, Mazeaud e Mazeaud. *Leçons de droit civil*. Cit. n. 541.

[14]   Geneviève Viney. *Traité de droit civil* sob a direção de Jacques Ghestin. *Les obligations, responsabilité civile*. Cit. n. 676.

[15]   Planiol, Ripert e Boulanger. *Traité élémentaire de droit civil*. Cit.

[16]   Planiol, Ripert e Boulanger. *Traité élémentaire de droit civil*. Cit. n. 1.069.

[17]   Mazeaud, Mazeaud e Mazeaud. *Leçons de droit civil*. Cit. n. 531-533; Planiol, Ripert e Boulanger. *Traité élémentaire de droit civil*. Cit. n. 1.064; Mazeaud e Mazeaud. *Responsabilité civile*. Cit. n. 1.417.

[18]   Philippe Malaurie e Laurent Aynès. *Droit civil, les obligations*. Cit. n. 92, p. 87; Alex Weill e François Terré. *Droit civil, les obligations*. Paris: Dalloz, 1971, n. 728/729, pp. 736 e 739.

Cap. VIII · RESPONSABILIDADE PELO FATO DAS COISAS | **159**

Na hora atual, não se pode fazer nenhuma distinção especial entre as coisas: perigosas e não perigosas; móveis e imóveis; animadas e inanimadas; estáticas e dinâmicas. Há uma tendência geral de se admitir a responsabilidade pelo fato das coisas. E eu me sinto habilitado a formular a essência da doutrina, não como um precursor ou criador de ideia original, porém como expositor que me utilizo dos ensinamentos e da experiência dos mais doutos. Como tenho estudado em todos os seus aspectos, o princípio da responsabilidade atribui sempre a uma pessoa o dever de reparação dos danos sofridos por outra pessoa, empregado o vocábulo "pessoa" em acepção mais ampla do que simplesmente "o homem", porque abrange também os entes morais. Assentado desta forma o princípio geral, a ideia de dano causado pelo "fato das coisas" dirige-se para aquelas situações em que a ocorrência do prejuízo origina-se de circunstância em que não é a ação direta do sujeito que predomina no desfecho prejudicial, porém o acontecimento ou o fato desenvolve--se de modo material. É assim que se cogita de danos causados por *animais*, pela *ruína* de um edifício, *por objeto que cai ou é arremessado* de um prédio, por *acidente* com a máquina. Sem deixar de reconhecer a participação que pode ser maior ou menor, aceita a noção de responsabilidade pelo fato das coisas.

Reproduzo, como fiz linhas acima, o princípio que preside a este gênero de responsabilidade, e nos parágrafos seguintes desço às hipóteses legalmente previstas, deixando, contudo, para um Capítulo especial a *"responsabilidade automobilística"* (item 182, *infra*), tendo em vista a importância social do problema, que adquiriu relevância extraordinária em todos os países, em razão da multiplicidade de ocorrências acidentais e incidentais.

Em termos gerais, o problema da responsabilidade pelo fato das coisas aliou--se essencialmente à noção básica de "guarda". Se normalmente o proprietário é presumido o guardião da coisa, uma vez que é ele quem tem o poder de comando da coisa, a verdade é, como enunciam Ruggiero e Maroi, "cada um é responsável pelos danos causados pela coisa (móvel ou imóvel) que tem em custódia"[19].

Aqui, como em todo tema ligado à responsabilidade civil, defrontaram-se as duas correntes, subjetivista e objetivista.

90. De um lado, os partidários da primeira não conseguiam desvencilhar-se do conceito de *culpa*, aliando a ocorrência do dano à obrigação de guardar a coisa[20]. Foi daí que Ripert, seguido de outros, construiu a noção de culpa na guarda: há obrigação de guardar as coisas de que se utiliza, isto é, impedir que elas causem dano.

---

[19] Marty e Raynaud. *Droit civil, les obligations*. Cit. n. 435; Mazeaud e Mazeaud. *Responsabilité civile*. Cit. n. 1.162; Ruggiero e Maroi. *Istituzioni di diritto privato*. Milano: Giuseppe Principato, 1937. v. 2, § 182.

[20] Mazeaud, Mazeaud e Mazeaud. *Leçons de droit civil*. Cit. n. 517 e segs.; *Traité théorique et pratique de la responsabilité civile*. II, n. 1.243.

Do outro lado, a doutrina objetiva procurou fundar a responsabilidade pelo fato da coisa na circunstância de se encontrar ela na disponibilidade material de alguém obrigado à custódia, não importando que ele a possua como dono ou a detenha *nomine alieno*, sempre que possa exercer sobre ela um controle físico (Ruggiero). A doutrina foi particularmente exposta por Saleilles e Josserand, e pode ser desta forma resumida: quem utiliza uma coisa, e dela tira proveito, suporta os riscos quando a coisa causa dano[21].

É, todavia, certo que num ou noutro caso, de responsabilidade originária da culpa ou definida *ex re ipsa* do proveito extraído da coisa, era relevante a caracterização do conceito de *guarda* ou *guardião*, que já desenvolvi em termos de sua percussão na jurisprudência francesa, e agora retomo em face da doutrina brasileira, sem perder de vista que o guardião é aquele que tem, de fato, o poder de comando da coisa[22].

De maneira geral, cabe ao proprietário reparar o dano causado pela coisa, pois que pesa sobre ele a "presunção de guarda". Nem sempre, porém, tal acontece, cabendo-lhe produzir a prova de que, sem deixar de ser dono, a guarda incumbe a outra pessoa. Tal pode acontecer quando o terceiro tem o consentimento ou autorização do dono, ou quando este a transfere àquele, ou ainda quando o terceiro se apossa dela no desconhecimento ou contra a vontade do proprietário.

No primeiro caso, estão o preposto, o detentor autorizado, o locatário, o comodatário, o transportador, o garagista, o empregado da oficina, o operador da máquina ou do veículo, o usufrutuário, o enfiteuta. São situações concretas que não podem ser contidas numa regra única, tendo em vista as consequências da condição em que ao terceiro é confiada a coisa. Em todos eles, a guarda é cometida ao terceiro, sem que o proprietário perca o comando sobre ela. Caberá ao juiz, em cada caso, examinar se subsiste a "presunção de guarda" imposta ao proprietário, ou se, reversamente, foi ilidida a *praesumptio* como no caso de transferência da coisa, com direito à sua utilização, com suficiente independência, uma vez que é *iuris tantum*, a presunção, incumbido que fica o terceiro de proceder de modo a evitar que sobrevenha o dano[23]. Em caso de furto ou roubo da coisa, a situação é mais complexa, uma vez que a coisa escapa à direção do proprietário. Nesses casos, o que põe fim à guarda "é menos a perda da coisa do que a utilização dela por outrem, isto é, o poder de uso, de controle ou de direção"[24].

Tendo o Código Civil de 1916 cogitado em especial dos danos causados por animais, pela ruína do edifício, pelas coisas que caem ou são arremessadas de um

---

[21]   Josserand. *Cours de droit civil positif français*. Paris: Recueil Sirey, 1932. v. 2, n. 553.

[22]   Mazeaud e Mazeaud. *Responsabilité civile*. Paris: Montchrestien, 1955. n. 1.160.

[23]   Philippe Le Tourneau. *La responsabilité civile*. Paris: Dalloz, 1972. n. 1.291, p. 492.

[24]   Alex Weill e François Terré. *Droit civil, les obligations*. Cit. n. 721, p. 725.

Cap. VIII · RESPONSABILIDADE PELO FATO DAS COISAS | 161

prédio, os demais casos estavam submetidos ao disposto na regra geral do revogado art. 159, segundo o qual o dano causado por ação ou omissão voluntária sujeita o agente à reparação[25].

Tais hipóteses, com pequenas alterações, encontram-se previstas no Código Civil. Por um lado, fixa-se a responsabilidade objetiva do dono de animal pelos danos por este causados (art. 936). Por outro, preserva-se o regime da culpa presumida no caso de responsabilidade pelo "fato das coisas" (art. 937, em texto praticamente idêntico ao art. 1.528 do Código revogado) e a responsabilidade objetiva pela queda ou arremesso de coisas (art. 938). Os demais casos serão solucionados com base nas cláusulas gerais de responsabilidade subjetiva e objetiva (art. 927, *caput* e parágrafo único).

Nestes casos, o problema da obrigação ressarcitória desloca-se para outro plano. O que se presume é o "nexo de causalidade". Tal presunção importa em que a responsabilidade incumbe ao dono da coisa, mas pode ser ilidida por prova em contrário. Não se trata de presunção irrefragável, o que em face da doutrina francesa já foi sobejamente afirmado, como se viu no parágrafo anterior[26]. É neste sentido a evolução da doutrina brasileira, como se vê em Aguiar Dias. Preferindo o exame de casos de espécie ao enunciado de um princípio geral, assenta, contudo, que é de se presumir "o nexo de causa e efeito entre o fato da coisa e o dono: o dever jurídico de cuidar das coisas que usamos se funda em superiores razões de política social, que induzem, por um ou outro fundamento, à presunção da causalidade aludida e, em consequência, à responsabilidade de quem se convencionou chamar de guardião da coisa, para significar o encarregado dos riscos dela decorrentes"[27].

Invocando a autoridade sempre respeitável de Ripert, lembra Aguiar Dias que o conceito de guarda da coisa "não pode ser a noção comum da obrigação de vigiar". Seria, então, uma noção nova, criada para definir uma obrigação legal que pesa sobre o possuidor, em razão da detenção da coisa: "se qualificamos uma pessoa de guarda, é para a encarregar dum risco". No caso do detentor autorizado, ou *stricto sensu*, cumpre analisar os termos do contrato ou a sua qualificação jurídica, visando a determinar os direitos que foram transmitidos ao contratante[28]. Mas,

---

[25]   Aguiar Dias. *Da responsabilidade civil*. Cit. n. 164; Silvio Rodrigues. *Direito Civil*. São Paulo: Saraiva, 1973-75. v. 4, n. 44.

[26]   Aguiar Dias. *Da responsabilidade civil*. Cit. n. 165; Planiol, Ripert e Boulanger. *Traité élémentaire de droit civil*. Cit. n. 1.069; Geneviève Viney. *Traité de droit civil* sob a direção de Jacques Ghestin. *Les obligations, responsabilité civile*. Cit. n. 677.

[27]   Aguiar Dias. *Da responsabilidade civil*. Cit. n. 164.

[28]   Mazeaud, Mazeaud e Mazeaud. *Leçons de droit civil*. Cit. n. 1.174; Geneviève Viney. *Traité de droit civil* sob a direção de Jacques Ghestin. *Les obligations, responsabilité civile*. Cit. n. 690.

em caso de preposição, o comitente permanecendo com o poder de comando, é ele o responsável pelo dano da coisa.

Em se tratando de pessoa que tem a coisa em seu poder, na incidência ou contra vontade do dono (ladrão ou possuidor de má-fé), o dono perde o poder de comando. Este pode pertencer ao que dela se apossa, pouco importando que não seja fundado em nenhum direito[29]. Quando o preposto infiel se serve da coisa sem autorização, não é mais guardião[30].

Mencionando as "coisas inanimadas", em geral, De Page assenta que a responsabilidade permanece na base da culpa, e a culpa, *no sistema da jurisprudência belga,* consiste no fato de guardar uma coisa viciosa. A existência de um vício, verdadeira condição da responsabilidade, deve então ser provada pela vítima, aí compreendida a relação causal entre o vício e o dano. Mas, no instante em que a prova é produzida, a responsabilidade é presumida, e ela é *iuris et de iure*[31].

91. *Animais.* Em aplicação da regra alusiva ao fato das coisas, o princípio geral é que responde o dono do animal ou quem dele se serve pelo tempo em que o tem em uso. Não importa, diz Ruggiero, se o ato danoso do animal se haja realizado *contra naturam sui generis ou secundum naturam,* isto é, no que é a natureza mesma do animal, ou contrariamente a ela[32]. Com este conceito, situa-se a responsabilidade não precisamente na teoria da culpa, porque o dano causado pelo animal extraviado ou fugido é atribuído ao dono, mesmo provando este que fez quanto era necessário para impedir o dano. Somente seria admitida a escusativa fundada na prova do *caso fortuito* (Ruggiero).

A origem da responsabilidade pelo fato causado por animais está no direito romano, segundo o qual o *dominus* era o responsável, mas exonerava-se abandonando o animal (abandono noxal), conforme dispõem Marty e Raynaud, ob. cit., n. 453.

O Código Civil brasileiro de 1916, no art. 1.527, alude especialmente à responsabilidade do *dono ou detentor do animal* pelos danos por este causados, salvo se provar: I – que o guardava e vigiava com o cuidado preciso; II – que o animal foi provocado por outro; III – que houve imprudência do ofendido; IV – que o fato resultou de caso fortuito ou de força maior.

Trata-se de regra que sofreu o enorme impacto da evolução da teoria da responsabilidade em nosso direito, recebendo o influxo da solução dada, em outros

---

[29] Mazeaud e Mazeaud. *Responsabilité civile.* Cit. n. 1.170.

[30] Mazeaud e Mazeaud. *Responsabilité civile.* Cit. n. 1.172.

[31] De Page. *Traité élémentaire. Les obligations.* Première Partie. Bruxelles: E. Bruylant, 1974. t. II, n. 1.012.

[32] Ruggiero e Maroi. *Istituzioni.* Cit. v. 2, § 182.

sistemas, ao problema da responsabilidade pelo fato das coisas. Os comentaristas da primeira hora, e os que se lhes seguiram, jamais poderiam imaginar que um preceito editado dentro na doutrina da culpa viesse a provocar tamanha celeuma, e ser deslocado da concepção original para o plano da responsabilidade objetiva.

Com efeito, Clóvis Beviláqua, no *Comentário* ao art. 1.527, sem desertar da teoria subjetiva, afirma que contém ele "uma presunção de culpa do dono do animal ou de quem o guarda", manifestando tratar-se de um caso de culpa *in vigilando*, que somente pode ser ilidida mediante a prova de algum dos fatos exoneradores referidos nas alíneas em que o artigo se desdobra. O mesmo conceito de culpa presumida inspira o comentário de Carvalho Santos[33]. No sentido da presunção de culpa decidiu o Tribunal de Justiça do Paraná (ADV, 1986, n. 27.298).

Trabalhada pela jurisprudência e pela penetração da teoria objetiva, ainda na vigência do Código Civil de 1916 os autores mais modernos assentaram que a hipótese, a rigor, resume a responsabilidade do dono ou detentor do animal, bastando ao ofendido "provar apenas que sofreu o dano, que esse dano foi devido a um animal, e que este pertence ao réu"[34]. Assim entendido, o que se admite é a *teoria do risco,* o que em verdade vem proclamado pela doutrina[35]. Di-lo desenganadamente De Page, ao proclamar que a lei não exige qualquer "condição prévia". Ela se limita a enunciar que o proprietário de um animal, ou quem dele se serve, "é responsável pelo dano que este animal causou, quer esteja sob sua guarda ou que tenha escapado ou fugido". A responsabilidade *"nasce do só fato do dano.* Basta que o demandante prove que foi o animal a causa do acidente"[36].

Na esteira desses ensinamentos, consagrou o Código Civil a responsabilidade objetiva do dono do animal ao suprimir, na redação do art. 936, a excludente prevista no inc. I do art. 1.527 do Código Civil de 1916.

Dentro nesse contexto, o que cumpre é precisar a extensão desta responsabilidade, e a configuração de sua escusabilidade, para, afinal, determinar de que modo o nosso direito codificado a fundamenta.

De logo, cumpre mencionar a determinação do preceito. Tendo em vista que se refere ele ao dono ou detentor do animal, ficam excluídos os animais

---

[33] J. M. Carvalho Santos. *Código Civil brasileiro interpretado.* Rio de Janeiro: Freitas Bastos, 1943. v. 20, p. 323.

[34] Washington de Barros Monteiro. *Curso de Direito Civil.* São Paulo: Saraiva, 1952-76. v. 5, p. 401.

[35] Aguiar Dias. *Da responsabilidade civil.* Cit.; Alvino Lima. *Culpa e risco.* São Paulo: Revista dos Tribunais, 1963. n. 29, p. 154.

[36] De Page. *Traité élémentaire.* Cit. n. 1.009.

silvestres e por maioria de razão os animais selvagens[37]. Em tese, a norma tem em vista os animais domésticos. Estende-se aos animais selvagens que tenham sido apropriados pelo homem[38]. Com este conceito da "apropriação" Beviláqua exime de responsabilidade o proprietário das terras onde se encontrem os animais selvagens ou os silvestres, por se não desenhar a hipótese de que se trate de dono ou detentor. No mesmo sentido, e com o mesmo fundamento, Marty e Raynaud[39]. Carvalho Santos alude a que não tem importância apurar se se trata de animal doméstico ou não, uma vez que a obrigação de quem o possui é "guardá-lo de maneira que não possa ofender a outrem", opinião de que compartilha Washington de Barros Monteiro, acrescentando: se um dano se verificar, presume-se que a vigilância foi descurada, devendo, portanto, ser ressarcido o dano[40].

Uma vez que a responsabilidade é do proprietário ou detentor, o que importa é verificar qual a "pessoa que tem sobre ele o poder de direção; e, nesta posição, em geral encontra-se o dono"[41]. A rigor, a responsabilidade do dono do animal não decorre propriamente da situação de "proprietário" porém de "guardião". E o "guardião" é "aquele que tem o poder de direção, de controle e de uso do animal" ou "poder de comando"[42].

Não padece dúvida a fixação do dever de reparar, se o dono for, ao mesmo tempo, o detentor do animal, porque as duas situações concentram-se na mesma

---

[37] Diferente é a situação em que o proprietário da terra é notificado para a retirada de animais silvestres de sua propriedade, mantendo-se inerte, de modo que tais animais causam danos aos proprietários vizinhos. Nessa direção, o Tribunal de Justiça de São Paulo julgou ação em que o autor, verificando que na casa da ré, sua vizinha, havia grande colmeia de abelhas, notificou a administração do condomínio, que, contudo, se quedou inerte. Meses depois, a casa do autor foi invadida pelas referidas abelhas, que atacaram seus animais de estimação, resultando na morte de duas calopsitas e da cadela de estimação. O Tribunal reconheceu a responsabilidade objetiva da ré pelos danos sofridos pelo autor, não com base no art. 936, mas sim no direito de vizinhança. Afirmou o relator: "o direito de vizinhança cria para o proprietário o dever de arcar com a responsabilidade pelos danos decorrentes do mau uso da propriedade. A indenização por eventuais danos sofridos por vizinhos se dá pelo sistema da responsabilidade objetiva, dispensando a indagação sobre a ocorrência de culpa por parte do proprietário" (TJSP, 26ª CEDP, Ap. Cív. 4011491-31.2013.8.26.0114, Rel. Des. Pedro Baccarat, julgado 20.3.2017).

[38] Planiol, Ripert e Boulanger. *Traité élémentaire de droit civil*. Cit. n. 1.058; De Page. *Traité élémentaire*. Cit. n. 1.009; Philippe Malaurie e Laurent Aynès. *Droit civil, les obligations*. Cit. n. 84, p. 77.

[39] Marty e Raynaud. *Droit civil, les obligations*. Cit. n. 455.

[40] J. M. Carvalho Santos. *Código Civil brasileiro interpretado*. Cit.

[41] Silvio Rodrigues. *Direito Civil*. Cit. n. 50.

[42] Malaurie e Aynès. *Droit civil, les obligations*. Cit. n. 85; Philippe Le Tourneau. *La responsabilité civile*. Cit. n. 1.367.

pessoa. Cresce de ponto o problema, se ocorre a divisão da posse, figurando-se que o animal, posto pertença a uma pessoa, acha-se na detenção de outra.

Quando o detentor é empregado do dono, a questão não oferece dificuldade, uma vez que a relação de preposição desloca-se para o contexto do art. 932, III, do Código Civil, que atribui ao empregador ou comitente a responsabilidade pelos atos do empregado, serviçal ou preposto. Se o dono confiou a guarda do animal a um empregado, e ocorreu o dano, cabe ao empregador ressarci-lo, independentemente de provar a concorrência de culpa, como já visto e examinado em o Capítulo anterior. Diversamente, no caso de contratação, cada vez mais frequente nas grandes cidades, do serviço de passeio diário com os cães de estimação, se o "passeador" é empregado de empresa especializada o dano causado a terceiros pelo animal configura acidente de consumo, a impor ao prestador do serviço o dever de indenizar conforme disposto no art. 17 do Código de Defesa do Consumidor.

Quando, porém, o animal se encontra na detenção de outrem que não o seu dono, mas fora de uma relação de preposição, cabe então determinar se e até onde vai a responsabilidade do dono, ou quando se exime este, e ela se desloca para aquele que o detém. Seria a situação decorrente de uma relação jurídica por via da qual a posse direta é atribuída a um terceiro: locação, comodato, depósito, penhor ou assemelhados. Em tais casos, o dono continua dono e, mesmo, possuidor indireto, passando a posse direta para o locatário, comodatário, depositário, credor pignoratício. Ocorre, destarte, a transferência não apenas da "detenção" material, mas ainda a "guarda" no sentido jurídico, com atribuição do dever de vigilância ou de comando efetivo, cabendo a quem o tenha a conseguinte assunção de responsabilidade. Em caso de furto, ao dono era imputada, no regime anterior, a culpa *in vigilando*. Se foi por ter o proprietário faltado ao dever de guardar que o furto ocorreu, a mesma razão que justifica a reparação pela culpa *in custodiendo* se impõe ao dono que foi privado da posse do animal, mantendo-se hígida, no sistema atual, a responsabilidade objetiva pelos danos causados pelo animal[43]. Se, porém, o furto se deu não obstante as cautelas da custódia devida, o dono se exonera, equiparado que é o furto à força maior. Tal como se dá na responsabilidade por fato das coisas em geral, e foi visto acima, se o dono perde o comando, a responsabilidade incumbe a quem o tem ainda que não fundado em direito.

92. Verificado o dano, e demandado o proprietário ou detentor do animal, o Código Civil de 1916 arrolava as defesas ou os "fatos exoneradores".

Em primeiro lugar, haveria isenção provando o dono que guardava o animal com o cuidado preciso. Caso se restringisse o legislador a erigir o cuidado como

---

[43] Gustavo Tepedino, Heloísa Helena Barboza, Maria Celina Bodin de Moraes *et alii*. *Código Civil Interpretado*. 2. ed. Rio de Janeiro: Renovar, 2012. v. II, 2. ed., p. 847.

defesa, a posição do dono seria mais cômoda. Ao qualificar o cuidado, cabe identificar o que seria o cuidado "preciso". Assim dispondo, o Código desloca a questão do dever de custódia para uma "situação de fato", que tem de atender a circunstâncias particulares como a natureza do animal. De fato, a atenção dispensada à guarda de um não é a mesma atribuível à de outro[44]. Não cabe, porém, para este efeito, distinguir entre animais "perigosos" e "não perigosos"[45], porém às circunstâncias que prevalecem no momento do dano.

A segunda causa exoneradora mencionada no Código de 1916 residia no fato de ter sido o animal provocado por outro. Caberia a indagação se é possível deslocar a responsabilidade para o dono do animal provocador. Se não é possível definir a iniciativa da provocação, a solução mais convinhável será repartir as responsabilidades, atribuindo a um e outro o ressarcimento dos danos em partes iguais (Washington de Barros Monteiro, loc. cit.).

Caso mais difícil de averiguar é a terceira das defesas alvitradas pelo legislador, a saber se houve imprudência do ofendido. É uma situação fática de difícil averiguação, a medir em que consiste essa imprudência: se houve provocação da vítima, e até quando esta ocorreu; se o ofendido o foi quando procurava apartar uma briga de um animal com outro; se procurava defender uma pessoa que estava sendo atacada ou na iminência de o ser pelo animal ofensor. São situações que cabe ao juiz verificar, na conformidade das circunstâncias. É de se determinar, também, se a imprudência da vítima foi a "causa única" da ofensa que sofreu, ou ainda se a imprudência não seria de molde a causar a lesão, caso se tratasse de um animal cuja periculosidade era grande. Casos de relativa frequência suscitam soluções diversas, por exemplo: alguém é mordido por um cão ao entrar em uma propriedade fechada sem motivo plausível, ou quando por curiosidade se aproximava dele; ou ainda no caso de ser prevenido de se tratar de "cão bravo" pelo tomador de conta ou por letreiro visível (Philippe Le Tourneau. *La Responsabilité civile*. n. 1.384)[46].

Por derradeiro, o Código alude ao caso fortuito ou de força maior, deslocando-se o problema para a excludente genérica de responsabilidade, que será estudada no Capítulo XX, *infra*. Ainda aqui, compete ao juiz, frente às circunstâncias do caso, positivar um fato necessário, cujos efeitos não era possível evitar ou impedir.

Ao tratar do assunto, o Projeto de Código de Obrigações de 1965, por mim elaborado, apresentava solução mais simples, dispondo que o *dono ou detentor do animal ressarcirá o dano causado por este, salvo provocação da vítima ou força maior* (art. 869). O Código Civil de 2002 seguiu o mesmo rumo no art. 936, dispondo que o dono ou detentor do animal ressarcirá o dano por este causado, se

---

[44]   Carvalho Santos. Loc. cit.

[45]   Marty e Raynaud. n. 455.

[46]   Philippe Le Tourneau. *La responsabilité civile*. Cit. n. 1.384.

não provar culpa da vítima ou força maior[47]. Revela-se mais restrito, admitindo que o dono do animal se exonere, afora o caso de força maior, se o dano provém de uma conduta da vítima, definidora de culpa de sua parte.

Assim dispondo, insere o fato do animal na doutrina objetiva. Basta que o ofendido prove que houve o dano, e que foi este causado por um animal, para que responda por ele o dono ou detentor, a não ser que a vítima proceda culposamente, ou que ocorra motivo de força maior. Assim, não mais se exonera de responsabilidade o dono do animal que comprove guardá-lo com o cuidado preciso.

Ressalta-se, por fim, que para as hipóteses de acidentes causados por animal em rodovias, o Superior Tribunal de Justiça imputa o dever de indenizar àquele responsável pela manutenção da pista, que pode ser o Estado ou alguma concessionária[48].

93. *Ruína de edifício ou construção.* Estatuía o art. 1.528 do Código Civil de 1916 a responsabilidade do dono do edifício ou construção pelos danos que resultarem de sua ruína, por falta de reparos cuja necessidade seja manifesta. Começa por estatuir uma responsabilidade anônima, impessoal e objetiva, mas, contraditoriamente, termina por inserir no preceito uma dose de subjetividade, e procura conciliá-lo com a teoria da culpa. Clóvis Beviláqua considerava que o fundamento do preceito é a "violação do dever de reparar o edifício ou construção". Com este conceito, colocava-o no campo da responsabilidade subjetiva, uma vez que na violação do dever de reparar vem ínsita a ideia de contraveniência a um dever legal. Ao mesmo tempo exclui da escusativa de responsabilidade a alegação do proprietário, de ignorar o mau estado da edificação. E determina o sujeito passivo da obrigação de indenizar no "proprietário do edifício ou construção", isentando quem o ocupa sem a titularidade dominial: o locatário ou outro qualquer detentor. Dessa forma, o proprietário não pode alegar, como excludente de responsabilidade, a culpa do anterior titular do domínio, do construtor do prédio ou do locatário que no imóvel reside, uma vez que a conduta culposa de cada um desses não exclui a falta do proprietário com relação ao seu dever de guarda do imóvel[49]. Cumpre, antes de tudo, definir o que seja edifício, para o efeito desta responsabilidade: é

---

[47]   Enunciado n. 452 da V Jornada de Direito Civil, organizada pelo Conselho de Justiça Federal: "A responsabilidade civil do dono ou detentor de animal é objetiva, admitindo-se a excludente do fato exclusivo de terceiro".

[48]   STJ, 2ª T., AgInt no AREsp 1.042.777/PR, Rel. Min. Herman Benjamin, julgado em 27.06.2017; STJ, 4ª T., AgRg no AREsp 586.409/PR, Rel. Min. Antonio Carlos Ferreira, julgado em 04.08.2015; STJ, 2ª T., REsp 1.173.310/RJ, Rel.ª Min.ª Eliana Calmon, julgado em 16.03.2010; STJ, 3ª T., REsp 467.833/RJ, Rel. Min. Carlos Alberto Direito, julgado em 17.06.2003.

[49]   Gustavo Tepedino, Heloísa Helena Barboza, Maria Celina Bodin de Moraes *et alii. Código Civil interpretado.* 2. ed. Rio de Janeiro: Renovar, 2012. v. II, 2. ed., p. 849.

toda construção resultante de uma reunião de materiais tornada imóvel em razão de sua fixação durável no solo[50]. Excluem-se, portanto, as "construções provisórias", as imobilizadas por destinação, e as que não são realizadas pela mão do homem[51].

Por outro lado, a doutrina, quando alude à *ruína do edifício ou construção*, tem em vista o desmoronamento por desagregação natural, não resultante de uma intervenção voluntária[52]. Observam, contudo, Marty e Raynaud, que a definição dessa responsabilidade não se subordina à destruição total.

A origem dessa responsabilidade encontra-se na *cautio damni infecti* do direito romano. Quando um imóvel ameaçava ruína, o pretor podia ordenar ao proprietário prestar caução para o caso de ela se efetivar, se não preferisse abandoná-lo[53].

A forma como o legislador de 1916 tratou o assunto é bem a demonstração de que vislumbrou uma hipótese de responsabilidade sem culpa. Na obrigação de indenizar encarou o fato em si da ruína do edifício. Mas, por amor à ideia de culpa, subordina-a à circunstância de provir a ruína da falta de reparos.

Ao tratar do assunto no seu sistema jurídico, De Page considera o defeito de manutenção ou vício de construção. Desde que um ou outro é demonstrado, não é mais necessário provar a culpa do proprietário. A lei considera, segundo De Page, que constitui, em si, culpa o fato de ser proprietário de uma edificação já atingida por um vício de construção ou defeituosamente mantida. Desde o instante em que fica estabelecida essa circunstância, estabelece-se a "presunção de responsabilidade do proprietário", a qual opera de maneira absoluta, salvo a ocorrência de uma causa estranha[54]. Não serviria de escusativa alegar que o dever de conservação pesa sobre outra pessoa (o locatário, por exemplo), uma vez que o responsável é o proprietário[55].

Também em nosso direito, a norma do Código estatui uma presunção de culpa do proprietário. Presume-se a negligência do dono, uma vez que a ruína ocorreu.

---

[50] Marty e Raynaud. *Droit civil, les obligations*. Cit. n. 459; Geneviève Viney. *Traité de droit civil* sob a direção de Jacques Ghestin. *Les obligations, responsabilité civile*. Cit. n. 721; Malaurie e Aynès. *Droit civil, les obligations*. Cit. n. 81; Philippe Le Tourneau. *La responsabilité civile*. Cit. n. 1.352; Henoch D. Aguiar. *Hechos y actos jurídicos*. Buenos Aires: V. Abeledo, 1936. v. 3, n. 185.

[51] Marty e Raynaud. *Droit civil, les obligations*. Cit.

[52] Geneviève Viney. *Traité de droit civil* sob a direção de Jacques Ghestin. *Les obligations, responsabilité civile*. Cit. n. 722; Marty e Raynaud. *Droit civil, les obligations*. Cit. n. 460.

[53] De Page. *Traité élémentaire*. Cit. n. 996; Marty e Raynaud. *Droit civil, les obligations*. Cit. n. 457; Henoch D. Aguiar. *Hechos y actos jurídicos*. Cit. n. 170.

[54] De Page. *Traité élémentaire*. Cit. n. 944.

[55] Malaurie e Aynès. *Droit civil, les obligations*. Cit. n. 82; B. Starck. Domaine et fondement de la responsabilité sans faute. In : *Revue Trimestrielle de Droit Civil*. 1958, p. 494; Jaime Santos Briz. *La responsabilidad civil*. Cit. Madrid: Montecorvo, 1981, p. 683 e segs.

Assim já era em nosso direito anterior[56]. Assim continua no regime do Código de 1916. Não há mister que a vítima apure a responsabilidade pelo fato do desmoronamento. Basta argui-lo, mesmo que não seja total a ruína, sendo suficiente um dano devido ao desmoronamento de parte dele (uma parede que alui, uma telha que cai, um lustre que se desprende, uma marquise que desaba, como lembram Washington de Barros Monteiro, cit., p. 402; Silvio Rodrigues, cit., n. 46). O que importa é assentar que o princípio repousa no fato da ruína ou desmoronamento. Não cabe, portanto, à vítima comprovar-lhe a causa. Uma vez ocorrido o fato e o dano, a responsabilidade é do dono. A este, quando demandado, é que compete provar a excludente. Não o exime, todavia, alegar a ignorância do estado do prédio, uma vez que o dono tem o dever de conhecer a coisa sua. Somente se exonera com o fato de não ser manifesta a falta de reparos. Aí é que se revela a timidez do legislador de 1916, que se deveria manter fiel ao enunciado da responsabilidade pela ruína, objetivamente verificada.

Demandado o proprietário, poderá denunciar à lide o construtor, no caso de provir a ruína ou desmoronamento de defeito da construção, estando ainda no prazo em que ao construtor ou empreiteiro caiba a responsabilidade (v. Cap. XIV, *infra*).

A doutrina francesa, com base no art. 1.384 do Código Napoleão, revela-se mais avançada. A tese da responsabilidade objetiva do proprietário é sustentada por Colin e Capitant, com base em arestos que apontam: sua responsabilidade é absoluta, não lhe socorrendo invocar a idoneidade da pessoa a quem confiou a guarda ou manutenção do edifício; somente exime-se com a indicação comprovada do autor da ruína e de sua culpabilidade[57].

O Código Civil de 2002 cogita da responsabilidade do dono do edifício ou da construção, legitimando-o contudo a convocar o técnico responsável, bem como aquele que haja assumido as consequências do dano, como seja o construtor, o empreiteiro, o incorporador. O Código de 2002 não foi sensível à realidade atual, e se limitou a reproduzir, no art. 937, quase literalmente, o disposto no art. 1.528 do Código de 1916.

94. *Queda ou arremesso de uma coisa.* No campo da responsabilidade pelo fato das coisas, ocupa lugar destacado o art. 938: "Aquele que habitar prédio, ou parte dele, responde pelo dano proveniente das coisas que dele caírem ou forem lançadas em lugar indevido." Esta norma abraça inequivocamente a teoria da responsabilidade objetiva. O que cumpre apurar é o dano em si mesmo, atingindo alguma pessoa ou alguma coisa. Não há lugar para verificação de autoria, nem culpabilidade pela queda ou arremesso de um objeto. A lei toma em consideração o fato em si de que houve um dano, em consequência da coisa que tomba ou é lançada.

---

[56] Carlos de Carvalho. *Nova consolidação das leis civis.* art. 1.019.

[57] Colin et Capitant. *Cours élémentaire de droit civil.* Paris: Dalloz, 1915-19. v. 2, p. 399 e segs.

Mais ainda: descabe indagar quem foi descuidado ou imprudente. Responsável é o proprietário ou o ocupante da casa, de onde veio a coisa. É um caso em que o nosso direito codificado, abandonando a teoria da culpa, aceita integralmente a doutrina objetiva[58].

A responsabilidade prevista no art. 938 do Código Civil vai plantar suas raízes na figura do quase delito considerado no direito romano, conhecido como *effusum et deiectum*, que previa a queda ou arremesso de uma coisa sobre a via pública. Afirmava-se a responsabilidade do dono do prédio, independentemente da ideia de culpa. No direito romano já se configurava como um caso de responsabilidade objetiva, fundamentando a ação (*actio de effusis et deiectis*) contra o morador (*habitator*), sem se cogitar se era ou não o dono da casa[59].

Definida como de responsabilidade objetiva, aquele que habitar o prédio somente se exime provando a falta de relação de causalidade entre a queda ou arremesso da coisa e o dano sofrido, ou que este provém exclusivamente de culpa da vítima[60].

O Legislador de 1916, ao enunciar o princípio ora contido no art. 938 do Código Civil de 2002, considerou a situação mais comum na época, da residência unifamiliar. Não obstante isto, Carvalho Santos observou que o vocábulo "casa", usado pelo legislador de 1916, não se limitava ao prédio de residência, mas se estendia a toda espécie de edificação destinada à habitação, ou ainda exercício de qualquer profissão ou atividade[61]. Invocando Pontes de Miranda, minudenciava umas e outras.

As edificações pluriabitacionais suscitam outras modalidades de problemas.

O primeiro deles diz respeito à coabitação de pessoas num mesmo prédio. Embora se não refira a esta hipótese prevista em nosso art. 938, mas à responsabilidade pelo fato das coisas em geral, Geneviève Viney alude à responsabilidade pela guarda de uma coisa, quando há pluralidade de pessoas exercendo poderes concorrentes[62]. Aplicando a teoria, dir-se-á que na concorrência habitacional, todos respondem, salvo se se demonstrar que o fato danoso pode ser atribuído a um dos habitantes, porque se trata de responsabilidade "*alternativa e não cumulativa*".

---

[58] Clóvis Beviláqua. *Código Civil brasileiro interpretado*. Rio de Janeiro: Francisco Alves, 1944-60; Silvio Rodrigues. *Direito Civil*. Cit. n. 47; Washington de Barros Monteiro. *Curso de Direito Civil*. Cit. p. 403; Aguiar Dias. *Da responsabilidade civil*. Cit. n. 177; J. M. Carvalho Santos. *Código Civil interpretado*. Rio de Janeiro: Freitas Bastos, 1943.

[59] José Carlos Moreira Alves. *Direito romano*. Rio de Janeiro: Forense, 1911.

[60] Aguiar Dias. *Da responsabilidade civil*. Cit.

[61] Carvalho Santos. *Código Civil interpretado*. Cit.

[62] Geneviève Viney. *Traité de droit civil* sob a direção de Jacques Ghestin. *Les obligations, responsabilité civile*. Cit. n. 676.

Cap. VIII · RESPONSABILIDADE PELO FATO DAS COISAS | **171**

Na atualidade, com a proliferação dos edifícios coletivos, é preciso considerar a aplicação da norma legal em face da situação concreta da pluralidade de proprietários ou de moradores de unidades autônomas que as compõem. Na verdade, não é possível considerar o preceito como que permitindo à vítima escolher ao seu puro arbítrio um deles para lhe impor a responsabilidade por uma coisa que caia ou é arremessada "do prédio".

Cumpre, nesse caso, apurar de onde veio o objeto causador do dano. Aguiar Dias lembra o critério de apurar a ala em que se deu a queda do objeto, para eximir o da ala oposta[63]. Neste sentido de se identificar a unidade de onde ele proveio, é de se considerar que, nos termos do que dispõe a Lei n. 4.591, de 16 de dezembro de 1964, art. 2º, cada unidade autônoma é tratada como objeto de propriedade exclusiva. Em meu livro sobre o assunto, faço referência a que na propriedade horizontal fundem-se no conceito de comunhão incidente sobre as partes e coisas comuns, o domínio singular e exclusivo sobre a respectiva unidade[64].

De exclusão em exclusão, é necessário assentar que, se de um edifício coletivo cai ou é lançada uma coisa, a inteligência racional do art. 938 não autoriza condenar todos os moradores, rateando a indenização ou impondo-lhes solidariedade[65]. Caso se imponha ao *habitator* a responsabilidade, é preciso conciliá-la com a noção de unidade autônoma, pois que, se de uma delas ocorreu o fato danoso, somente quem a habita é o responsável, e não todos, indiscriminadamente.

O meu Projeto de Código de Obrigações de 1965, mais consciente da realidade contemporânea, enunciava o princípio em termos diversos do Código de 1916. No tocante à coisa que cai ou é arremessada, considera a responsabilidade a hipótese de uma casa ou parte dela (art. 871), compreendendo, portanto, a divisão de um edifício em unidades autônomas. Em termos análogos exprime-se o Código Civil.

A dificuldade na identificação da unidade autônoma de que proveio o objeto levou doutrina e jurisprudência, na tentativa de assegurar à vítima reparação integral, a atribuírem responsabilidade ao condomínio do edifício nas hipóteses em que se mostra impossível identificar o responsável[66]. Desse modo, eventual

---

[63]   Aguiar Dias. *Da responsabilidade civil*. Cit. n. 177.

[64]   Caio Mário da Silva Pereira. *Condomínio e incorporações*. n. 42.

[65]   Silvio Rodrigues. *Direito Civil*. Cit. n. 47.

[66]   STJ, 4ª T., REsp 64.682, Rel. Min. Bueno de Souza, julgado em 10.11.1998; TJ/RJ, 10ª CC, AC 2002.001.18948, Rel. Des. Ivan Cury, julgado em 15.10.2002; TJ/RJ, 11ª CC, AC 2000.001.05654, Rel. Des. Luiz Eduardo Rabello, julgado em 09.11.2000. Confira-se também o Enunciado n. 557 da VI Jornada de Direito Civil, organizada pelo Conselho de Justiça Federal: "Nos termos do art. 938 do CC ('aquele que habitar prédio, ou parte dele, responde pelo dano proveniente das coisas que dele caírem ou forem lançadas em lugar indevido'), se a coisa cair ou for lançada de condomínio edilício, não sendo possível identificar de qual unidade, responderá o condomínio, assegurado o direito de regresso". Caso reste demonstrado que a coisa somente pode haver sido lançada de

discussão ou investigação entre os moradores constitui tarefa *interna corporis* da assembleia condominial, a despeito do ressarcimento da vítima. Na ação intentada contra o condomínio, permite-se que se eximam do pagamento os habitantes de unidades que comprovem não terem efetuado o lançamento. Nessa esteira, há que se admitir a exclusão daquelas de onde o lançamento seria materialmente impossível[67], quer em razão de sua localização em face da trajetória do objeto causador do dano, quer por se encontrarem vazias à época do fato danoso[68].

---

algum dentre os blocos integrantes do condomínio, apenas as unidades autônomas daquele bloco serão chamadas a responder pelo dano, conforme entendimento do Tribunal de Justiça do Estado do Rio de Janeiro (TJ/RJ), 18ª CC, AC 0120749-97.2007.8.19.0001, Rel. Des. Gilberto Guarino, julgado em 06.11.2012).

[67] "Se a casa (ou o edifício) tem estrutura tal que apenas uma parte (ou de algumas partes) é possível conceber que haja provindo a coisa caída ou lançada, respondem exclusivamente os habitantes dessa parte (ou dessas partes)" (TJ/RJ, 5ª CC, AC 1988.001.02164, Rel. Des. Barbosa Moreira, julgado em 30.08.1988).

[68] Gustavo Tepedino, Heloísa Helena Barboza, Maria Celina Bodin de Moraes *et alii*. *Código Civil interpretado*. 2. ed. Rio de Janeiro: Renovar, 2012. v. II, 2. ed., p. 852.

CAPÍTULO IX
RESPONSABILIDADE CIVIL DAS PESSOAS JURÍDICAS DE DIREITO PRIVADO

Sumário

Pessoas jurídicas de direito privado. A responsabilidade civil das pessoas jurídicas de direito privado. Teoria da ficção. Teoria da realidade. Presunção de culpa.

Bibliografia

Alberto Trabucchi. *Istituzioni di diritto civile*. Padova: Cedam, 1964; Alex Weill e François Terré. *Droit civil, les obligations*. Paris: Dalloz, 1971; Aloysio Lopes Pontes. *Sociedades anônimas*. Rio de Janeiro: Forense, 1957. v. 2; B. Starck. *Essai d'une théorie générale de la responsabilité civile considérée en sa double fonction de garantie et de peine privée*. Paris: Rodstein, 1947; Carlos Alberto Bittar. Responsabilidade civil nas atividades perigosas. In: *Responsabilidade civil*. Yussef Said Cahali (coord.). São Paulo: Saraiva, 1987; Clóvis Beviláqua. *Código Civil brasileiro interpretado*. Rio de Janeiro: Francisco Alves, 1944-60. v. 20; Colin e Capitant. *Cours élémentaire de droit civil*. Paris: Dalloz, 1915-19. v. 11; Eduardo de Sousa Carmo. *Relações jurídicas na administração da S/A*. Rio de Janeiro: Aide, 1988; Fábio Konder Comparato. *O poder de controle nas sociedades anônimas*. Rio de Janeiro: Forense, 1983; Fran Martins. *Comentários à Lei das S/A*. Rio de Janeiro: Forense, 1977. v. 3; Gustavo Tepedino. Notas sobre a desconsideração da personalidade jurídica. In: *Temas de Direito Civil*. Rio de Janeiro: Renovar, 2009. t. III; Henoch D. Aguiar. *Hechos y actos jurídicos*. Buenos Aires: V. Abeledo, 1936. v. 3; Henri De Page. *Traité élémentaire*. Bruxelles: E. Bruylant, 1974. v. 2; Louis Josserand. *Cours de droit civil positif français*. Paris: Recueil Sirey, 1932. v. 2; José Aguiar Dias. *Da responsabilidade civil*. Rio de Janeiro: Forense, 1994. v. 2; Marcelo Vieira Von Adamek. *Responsabilidade civil dos administradores de S/A*: (e as ações correlatas). São Paulo: Saraiva, 2009; Mazeaud e

Mazeaud. *Responsabilité civile*. Paris: Montchrestien, 1955. v. 1; Mazeaud e Mazeaud. *Traité théorique et pratique de la responsabilité civile*. Paris: Montchrestien, 1955. v. 2; Michoud. *La théorie de la personnalité morale*. Paris: Librairie Generale de Droit et de Jurisprudence. 1932. v. I; Modesto Carvalhosa. *Comentários à Lei das Sociedades Anônimas*. São Paulo: Saraiva, 1977; Philippe Malaurie e Laurent Aynès. *Droit civil:* les obligations. Paris: Cujas, 1990; Planiol e Ripert. *Traité pratique de droit civil*. Paris: R. Pichon Et R. Durnad-Auzias, 1946. v. 6; René Demogue. *Obligations*. Paris: Rousseau, 1923-33. v. 3; René Demogue. *Traité des obligations en général*. Paris: Rousseau, 1923-33. v. 3; Rui Carneiro Guimarães. *Sociedades por ações*. Rio de Janeiro: Forense, 1960. v. 3; Savatier. *Traité de la responsabilité civile*. Paris: Librairie Générale de Droit et de Jurisprudence, 1939. v. 1; Serpa Lopes. *Curso de Direito Civil*. Rio de Janeiro: Freitas Bastos, 1964-71. v. 5; Silvio Rodrigues. *Direito Civil*. São Paulo: Saraiva, 1973-75. v. 4; Trajano de Miranda Valverde. *Sociedades por ações*. Rio de Janeiro: Forense, 1953. v. 2; Vareilles-Sommiè-res. *Les personnes morales*. Paris: Librairie Generale de Droit et de Jurisprudence, 1919; Waldirio Bulgarelli. Responsabilidade dos administradores das companhias. In: *Responsabilidade civil*. Yussef Said Cahali (coord.). São Paulo: Saraiva, 1987.

Cap. IX · RESPONSABILIDADE CIVIL DAS PESSOAS JURÍDICAS DE DIREITO PRIVADO | **175**

95. *Pessoas jurídicas de direito privado.* Notável transformação evolutiva marcou a responsabilidade civil das pessoas jurídicas.

As de direito privado percorreram caminho que as levou da total irresponsabilidade ao campo oposto, quer no plano geral doutrinário, quer em nosso direito positivo. A fórmula limitativa do art. 1.522 do Código Civil de 1916 veio espraiar-se no reconhecimento do dever da reparação ampla.

As de direito público saíram do princípio da culpa, contido no art. 15 do mesmo Código, e ingressaram na consagração do risco administrativo que os preceitos constitucionais abraçaram, a que aderiu o art. 107 da Emenda n. 1 de 1969, e percute no texto da nova Constituição de 1988, art. 37, § 6º, como se verá no Capítulo X, *infra*.

Antes de expor a matéria em nosso direito positivo, convém uma explanação de cunho doutrinário.

96. Partindo da ausência de responsabilidade criminal, plenamente reconhecida, os autores por muito tempo entenderam que a pessoa jurídica de direito privado não podia ser civilmente responsável.

Como observa Serpa Lopes, o problema dessa responsabilidade civil está intimamente entrelaçado com o da caracterização da natureza jurídica da própria entidade, em função das doutrinas que se detêm na sua explicação[1].

Predominando por um bom tempo na doutrina a "teoria da culpa", e pressupondo esta um ato de vontade, a responsabilidade civil seria incompatível com a caracterização da pessoa moral como um "ente fictício". Sendo, como muitos a entendiam, uma "ficção", a pessoa jurídica seria "incapaz de querer" e, em consequência, não seria possível imputar-lhe o fato danoso[2]. Por outro lado, não dispondo de órgãos físicos que permitam uma ação direta, e devendo elas mesmas proceder por ação ou omissão de seus prepostos e de seus órgãos, seriam esses os responsáveis e não a pessoa jurídica, contra os quais o lesado haveria de agir[3]. Se se entendesse que os dirigentes e os empregados são os seus "representantes", a consequência seria a irresponsabilidade dela pelos danos causados a terceiros, porque não se compreende a outorga de poderes para a prática de ato ilícito, e não existe representação sem outorga de poderes[4]. Dentro desse conceito, considerava-se que, "em boa lógica, a pessoa jurídica somente poderia ser responsabilizada

---

[1] Serpa Lopes. *Curso de direito civil*. Rio de Janeiro: Freitas Bastos, 1964-71. v. 5, n. 224.

[2] Mazeaud e Mazeaud. *Traité théorique et pratique de la responsabilité civile*. Paris: Montchrestien, 1955. v. 2, n. 1.983.

[3] René Demogue. *Traité des obligations em général*. Paris: Rousseau, 1923-33. v. 3, n. 342 e segs.

[4] Cf. Silvio Rodrigues. *Direito Civil*. São Paulo: Saraiva, 1973-75. v. 4, n. 33.

por fato de outrem"[5]. No mesmo sentido Henoch D. Aguiar, que, por isso mesmo negava a responsabilidade direta das pessoas jurídicas, sustentando que somente se lhes aplicava a teoria da responsabilidade por fato de outrem[6].

Esses e outros argumentos análogos conduziam então a proclamar a inimputabilidade da pessoa jurídica, e a consequente irresponsabilidade pelos danos causados.

Objeta, contudo, Demogue que não se deve dizer que a pessoa jurídica seria criada com o objetivo de cometer ato ilícito, uma vez que o ato ilícito "não é a finalidade, porém um meio de atingir o objetivo"[7].

Tal argumentação não prosperou.

97. De um lado, a "teoria da ficção" para explicar a natureza da pessoa jurídica não guardou foros de aceitação pacífica. Ao contrário, como demonstrei em minha obra doutrinária, esta é uma das explicações, mas não é a única, nem a mais correta. Ao contrário, defendida embora por Savigny, Windscheid, Duguit, Vareilles-Sommières, Ruggiero, encontra oposição na teoria da vontade de Zittelmann, como na da propriedade coletiva de Planiol e Berthelemy, e ainda na dos bens sem sujeito (*Zweckvermogen*) de Bohler. Mais tecnicamente, ergue-se a *teoria da realidade*, seja com o "realismo organicista" de Endemann, de Saleilles, de Michoud, seja na doutrina da "realidade jurídica" defendida por boa sorte de argumentos na obra de Geny, Capitant, Josserand, Kohler, Oertmann, Gierke, De Page, Cunha Gonçalves, e entre nós, Clóvis Beviláqua, Serpa Lopes, como por mim mesmo[8].

O argumento alicerçado na "teoria da ficção" não prospera. Igualmente não é de se cogitar da ideia de "representação", tendo em vista que os escritores modernos sustentam (e com razão) a tendência de se substituir a expressão "representantes" que antes consagravam os autores e os códigos (inclusive o nosso de 1916) pela de "órgãos", para designar aqueles por via dos quais a pessoa jurídica procede nos limites do que estatui o ordenamento legal[9].

Para a doutrina da "propriedade coletiva" a pessoa jurídica deveria responder pelos atos culposos praticados pelos associados em conjunto e pelos administradores, ao mesmo tempo que os próprios associados seriam responsáveis com seus bens pessoais[10].

---

[5]   Alex Weill e François Terré. *Droit civil, les obligations*. Paris: Dalloz, 1971. n. 624.

[6]   Henoch D. Aguiar. *Hechos y actos juridicos*. Buenos Aires: V. Abeledo, 1936. v. 3, n. 116.

[7]   Demogue. *Traité des obligations en général*. Cit. n. 358.

[8]   Caio Mário da Silva Pereira. *Instituições de Direito Civil*. 20. ed. Rio de Janeiro: Forense, 2004. v. 1, n. 54.

[9]   Cf. Caio Mário da Silva Pereira. *Instituições de direito civil*. Cit. n. 55.

[10] Vareilles-Sommières. *Les personnes morales*. Paris: Librairie Generale de Droit et de Jurisprudence, 1919. v. 1, pp. 402 e 453.

Cap. IX • RESPONSABILIDADE CIVIL DAS PESSOAS JURÍDICAS DE DIREITO PRIVADO | **177**

Onde melhor se situa o princípio da responsabilidade civil das pessoas jurídicas de direito privado é na "doutrina da realidade". Sendo elas dotadas de personalidade, e de vontade, podem ser responsabilizadas pela culpa e, com maioria de razão, poderão suportar os riscos[11]. Procedendo a entidade por via de seus órgãos, e obrigando-se civilmente pelas declarações de vontade emanadas destes, "é lógico que a sociedade seja representada pelo órgão para os atos ilícitos"[12]. As dificuldades de entender o fundamento e o mecanismo da responsabilidade civil das pessoas jurídicas vão desaparecendo na medida em que (conforme raciocinam os Mazeaud), o órgão da pessoa jurídica pratica um ato culposo, é a própria pessoa jurídica que assim procedeu. "Não é o órgão, na qualidade de órgão, que comete a falta; é a pessoa moral"[13].

No mesmo sentido o raciocínio de Michoud, para o qual a responsabilidade de pessoa jurídica, pelos atos de seus órgãos, não é uma indireta como se se tratasse de um preponente, pelos atos de seus prepostos, porém uma responsabilidade direta, "porque aos olhos da lei são seus próprios atos"[14].

Para Savatier, não é a natureza da pessoa jurídica (teoria da realidade ou da ficção) que comanda o princípio da responsabilidade. O que sustenta ele é que a vontade e a liberdade da pessoa moral confundem-se com a de seus órgãos. Se estes podiam prever e evitar o ato ilícito, este ato era previsível e evitável pela própria pessoa jurídica. Daí concluir ele que "ela está em falta ao mesmo tempo que o órgão"[15].

Na concepção de Saleilles, para quem, na pessoa, há "um poder posto a serviço de interesses de caráter social e exercido por uma vontade autônoma", a responsabilidade civil é, simultaneamente, do órgão e da pessoa moral, em virtude do que dispõe o art. 1.382 do Código Napoleão[16].

Afastados os obstáculos, mais especiosos do que ponderáveis, constrói-se o princípio da responsabilidade civil das pessoas jurídicas. Não podendo incorrer em responsabilidade criminal (salvo em casos especiais que a lei considere), ocorre uma assimilação com o procedimento das pessoas físicas. A elas aplica-se o princípio da responsabilidade civil extracontratual ou aquiliana, pelos danos causados pelas pessoas físicas que são os seus órgãos, como pelos seus empregados ou prepostos, como ainda pelo fato das coisas[17].

---

[11] Michoud. *La théorie de la personnalité morale*. Paris: Librairie Generale de Droit et de Jurisprudence, 1932. v. l, n. 321.

[12] Derrogue. *Obligations*. Cit. n. 358.

[13] Mazeaud e Mazeaud. *Responsabilité civile*. Paris: Montchrestien, 1955. v. 1, n. 935.

[14] Michoud. *Traité de la personnalité morale*. Cit. n. 273 e segs.

[15] Savatier. *Traité de la responsabilité civile*. Paris: Librairie Générale de Droit et de Jurisprudence, 1939. v. 1, n. 297.

[16] Cf. Demogue. *Traité des obligations en général*. Cit. n. 358, nota 5.

[17] Neste sentido impera doutrina hoje pacífica: Demogue. *Obligations*. Paris: Rousseau, 1923-33. v. 3, n. 346; Mazeaud e Mazeaud. *Responsabilité civile*. Cit. n. 1.985; Henri De Page. *Traité élémentaire*. Bruxelles: E. Bruylant, 1974. v. 2, n. 919; Planiol e Ripert. *Traité*

No mesmo sentido, e partindo do conceito da *"representação institucional ou orgânica"*, Trabucchi entende que a responsabilidade civil das pessoas jurídicas pelos atos de seus órgãos estende-se mesmo aos cometidos "transcendendo os limites dos respectivos poderes, dado que sempre no âmbito das funções institucionalmente reconhecidas ao órgão"[18].

Tem cabida, aqui, reportar-me à questão da responsabilidade do empregador pelos atos dos empregados ou prepostos, já mencionada acima (Capítulo VII, *supra*).

A doutrina reconhecia a *presunção de culpa,* com aceitação da jurisprudência, tal como resultado da *Súmula* da Jurisprudência Predominante no STF, verbete 341. O preponente respondia pelos atos do preposto, no exercício da função, ou fazendo crer, ao lesado, que agia credenciado pelo preponente, e, como diz Aguiar Dias, no "duplo aspecto da preposição e da aparência"[19]. Ao propósito, os Mazeaud ensinavam que o comitente se exima de responsabilidade, se a vítima sabia que o preposto agia fora de suas funções, ou aja por sua própria conta e não por conta do preponente[20]. Eu mesmo o proclamei ao dizer que inexistirá obrigação de ressarcir o dano quando a vítima sabe que o ofensor agiu fora do exercício de suas funções, e o mencionei no Capítulo VII, *supra*[21]. No Código Civil, como já aludido, cuida-se de hipótese de responsabilidade objetiva (v. item 82, *supra*).

No que diz respeito à responsabilidade da pessoa jurídica pelos atos de seus órgãos, há que considerar a situação com maior rigor. Normalmente, ela age por via de seus administradores ou dirigentes, que são os seus órgãos. À vítima compete provar o dano e a autoria, mostrando o nexo de causalidade entre um e outro, para postular o ressarcimento do dano. Ocorre, no tocante à responsabilidade *ex delicto* situação diversa da *responsabilidade contratual*. Nesta, o cocontratante tem oportunidade, e mesmo o dever, de verificar se quem procede em nome da pessoa jurídica tem efetivamente poderes para assim agir. Se, conhecendo a situação, e sabendo que o órgão procedeu *ultra vires*, e mesmo assim contratou, *sibi imputet*. Arcará com as consequências de sua imprudência ou negligência. O mesmo não se dá com a *responsabilidade aquiliana,* uma vez que ao lesado não é dado apurar, no momento do dano, a condição jurídica do órgão. Milita, pois, em favor dele a *praesumptio* da representatividade. Baseado nela, o lesado pleiteia o ressarcimento,

---

    pratique de droit civil. Paris: R. Pichon Et R. Durnad-Auzias, 1946. v. 6, n. 501 e segs.; Colin e Capitant. *Cours élémentaire de droit civil.* Paris: Dalloz, 1915-19. v. 11, n. 189; Josserand. *Cours de droit civil positif français.* Paris: Recueil Sirey, 1932. v. 2, n. 401.

[18]   Alberto Trabucchi. *Istituzioni di diritto civile.* Padova: Cedam, 1964. n. 55.

[19]   José Aguiar Dias. *Da responsabilidade civil.* Rio de Janeiro: Forense, 1994. v. 2.

[20]   Mazeaud e Mazeaud. *Responsabilité civile.* Paris: Montchrestien, 1955, n. 910 e 914.

[21]   Caio Mário da Silva Pereira, *Instituições de direito civil.* 11. ed. Rio de Janeiro: Forense, 2003. v. 3, n. 282.

Cap. IX · RESPONSABILIDADE CIVIL DAS PESSOAS JURÍDICAS DE DIREITO PRIVADO | 179

prevalecendo o princípio enunciado por Demogue e reproduzido pela doutrina em geral: "uma sociedade responde pelo fato de seus administradores". A mesma solução deve ser dada no caso de uma associação ou uma congregação, ou uma fundação, pelo fato dos que as administram o gerem[22]. No resumo feliz de Starck, a pessoa jurídica não existe senão pelos seus órgãos. A vontade destes é a sua vontade. Os atos e os pensamentos dos órgãos são os atos e pensamentos da pessoa jurídica. Se eles são culposos, os atos são imputáveis à própria pessoa moral[23].

No desenvolvimento desse raciocínio, a pessoa jurídica responde como preponente pelos atos de seus empregados ou prepostos (*responsabilidade por fato de terceiro*), como também pelos de seus órgãos (diretores, administradores, assembleias etc.), o que vai dar na responsabilidade direta ou por fato próprio[24].

O que há de peculiar, é que a responsabilidade direta da pessoa jurídica coexiste com a responsabilidade individual do órgão. Em consequência, a vítima pode agir contra ambos; mas se demanda somente a pessoa moral, tem esta o direito de, por ação *in rem verso*, agirem ressarcimento contra seu órgão, isto é, agir, individualmente contra aquele que, por sua conduta contra direito, levou a pessoa jurídica a sofrer a condenação ressarcitória do dano causado à vítima[25].

98. Após a colocação do problema em linhas gerais, cabe adentrar no direito positivo brasileiro.

O Código Civil de 1916, ao cogitar da responsabilidade civil das pessoas jurídicas de direito público, enunciou preceito específico no art. 15 (art. 43 do Código Civil de 2002), como examinarei no Capítulo seguinte (Capítulo X).

Em vez, porém, de enunciar um preceito específico, relativamente às de direito privado, aludiu a estas no art. 1.522, transpondo para este terreno a responsabilidade do patrão, amo ou comitente pelos atos de seus empregados, serviçais ou prepostos já definida no art. 1.521, III, e mesmo assim restringindo-a de maneira a merecer severas críticas.

Já foi visto (Capítulo VII, *supra*) de que maneira se desenvolveu a responsabilidade do empregador ou comitente pelos atos dos empregados ou prepostos, caracterizando-se por uma necessária, posto que estranha revogação jurisprudencial do art. 1.523 do Código Civil de 1916, que aboliu a subordinação da responsabilidade à culpa *in eligendo* ou *in vigilando*, marchando-se desenganadamente

---

[22] Demogue. *Obligations*. Cit. n. 347.

[23] B. Starck. *Essai d'une théorie générale de la responsabilité civile considérée en sa double fonction de garantie et de peine privée*. Paris: Rodstein, 1947. p. 254.

[24] De Page. *Traité*. Cit. v. 1, n. 509.

[25] Philippe Malaurie e Laurent Aynès. *Droit civil*: les obligations. Paris: Cujas, 1990. n. 22, p. 28.

180 | RESPONSABILIDADE CIVIL – *Caio Mário da Silva Pereira*

para a teoria objetiva, atualmente prevista de forma expressa no art. 933 do Código Civil de 2002.

O art. 1.522 do Código Civil de 1916 estendia às pessoas jurídicas de direito privado a regra do art. 1.521, III, com a restrição às que exercessem exploração industrial.

A hermenêutica do referido art. 1.522 suscitou, desde logo, a manifestação de Clóvis Beviláqua, no sentido de que somente seriam responsáveis as pessoas jurídicas que exercessem alguma indústria. Desta sorte, acrescentava ele, as de fins não econômicos (religiosas, literárias, científicas, de beneficência) "se nenhuma indústria exercem, não devem responder pelos atos de seus prepostos; a estes deve caber plena e exclusiva responsabilidade"[26]. No mesmo teor era o entendimento de Serpa Lopes, posto criticasse a orientação do Código de 1916, qualificando-a de "heteróclita", por ter disposição expressa na Parte Geral (art. 15) definindo a responsabilidade das pessoas jurídicas de direito público, e transferindo para a Parte Especial a referência às de direito privado, em disposição de tal modo restritiva[27].

Desprezando esta hermenêutica, a doutrina passou a compreender que toda pessoa jurídica, tanto de fins não econômicos como de fins econômicos, responde pelos danos causados.

Assentada a regra, o que veio a constituir *ius receptum* é que esta regra não requeria assimilação com o art. 1.521, III, do Código Civil de 1916. O conceito de "representação" perdeu o significado tradicional. Os administradores das pessoas jurídicas não são considerados seus "representantes", porém os órgãos por via dos quais elas procedem no mundo físico e social[28].

Abolida a conceituação restritiva do antigo art. 1.523, e deixando de lado os casos especiais de responsabilidade, o que cabe estabelecer é que *as pessoas jurídicas de direito privado, qualquer que seja a sua natureza e os seus fins, respondem pelos atos de seus dirigentes ou administradores, bem como de seus empregados ou prepostos que, nessa qualidade, causem dano a outrem.*

Não há mister proceder à apuração de culpa *in eligendo* ou *in vigilando*. É irrelevante indagar de que maneira ocorreu a investidura na administração, o que de certo modo é às vezes difícil de se demonstrar[29]. O que importa é determinar a existência do dano e sua autoria, apurando que o agente procedia nessa qualidade ou por ocasião dele.

---

[26] Clóvis Beviláqua. *Código Civil brasileiro interpretado*. Rio de Janeiro: Francisco Alves, 1944-60. v. 20, observação 1 ao art. 1.522.

[27] Serpa Lopes. *Curso de Direito Civil*. Cit. n. 227.

[28] Caio Mário da Silva Pereira. *Instituições de Direito Civil*. 20. ed. Rio de Janeiro: Forense, 2004. v. 1, n. 55.

[29] Cf. Mazeaud e Mazeaud. *Responsabilité civile*. Cit. v. 2, n. 1.990.

Cap. IX · RESPONSABILIDADE CIVIL DAS PESSOAS JURÍDICAS DE DIREITO PRIVADO | 181

Para se chegar a esse conceito, socorreu-se a doutrina, em um primeiro momento, da *presunção de culpa*, o que equivalia a uma inversão do *onus probandi*[30]. Em vez de se exigir que a vítima trouxesse a *prova da culpa*, o que se requeria era a prova da "não culpa".

Com o desenvolvimento dos equipamentos técnicos, multiplicaram-se as oportunidades de prejuízos atribuíveis às pessoas jurídicas, e, conseguintemente as normas tiveram de se afeiçoar às novas exigências.

Como seria curial, em um segundo momento, ainda na vigência do Código Civil de 1916, houve um deslocamento de conceito, envolvendo a responsabilidade civil das pessoas jurídicas para a doutrina do risco. Provado o dano e o nexo de causalidade entre este e o fato do agente, a pessoa moral é obrigada à reparação.

99. Ao elaborar o Projeto de Código de Obrigações de 1965 fiz consignar nele (art. 872): *aquele que, em razão de sua atividade ou profissão, cria um perigo, está sujeito à reparação do dano que causar, salvo prova de haver adotado todas as medidas idôneas a evitá-lo.*

Com este dispositivo, procurei inserir em nosso direito positivo, com visos de generalidade, a responsabilidade civil fundada no *risco criado*. Em alusão ao assunto, Aguiar Dias considera que o Projeto de Código de Obrigações resolve satisfatoriamente a questão da responsabilidade do principal. "Por aí", acrescenta ele, "a responsabilidade será presumida, ressalvada ao responsável a prova em contrário"[31].

Assim instituído o princípio da responsabilidade civil com perfilhação da doutrina do risco criado, foi ela assimilada pelo Código Civil de 2002 (art. 927, parágrafo único): *Haverá obrigação de reparar o dano, independentemente de culpa, nos casos especificados em lei, ou quando a atividade normalmente desenvolvida pelo autor do dano implicar, por sua natureza, risco para os direitos de outrem.*

Assentados os extremos da teoria do risco (Capítulo XIX, *infra*), não há mister uma disposição especial relativamente à responsabilidade civil das pessoas jurídicas. Respondem estas pelos danos causados, uma vez estabelecido o nexo causal entre estes e o fato de quem, no momento, procede por elas.

Basta, portanto, para caracterizar a responsabilidade, uma vez adotada a doutrina do risco criado, comprovar o dano e a autoria, somente se eximindo a pessoa jurídica se provar o procedimento culposo da vítima e que, não obstante adotados meios idôneos a evitar o prejuízo, ocorreu este por fato vinculado pelo nexo de causalidade com o procedimento do agente.

---

[30]   Silvio Rodrigues. *Direito Civil*. Cit. v. 5.

[31]   Aguiar Dias. *Da responsabilidade civil*. Cit. v. 2, n. 193.

182 | RESPONSABILIDADE CIVIL – *Caio Mário da Silva Pereira*

A responsabilidade civil das pessoas jurídicas de direito privado ganhou aspectos particulares no tocante aos administradores das sociedades anônimas. Já ao tempo da antiga Lei das S/A o assunto merecera as atenções da doutrina[32]. Com o advento da Lei n. 6.404, de 15 de dezembro de 1976, mais rígida tornou-se a conduta dos administradores, o que neste mesmo sentido percute na doutrina[33].

Com a figura do controlador de sociedades anônimas, desenvolve-se um novo tipo de responsabilidade civil que é a do "titular do controle" perante a sociedade e perante os demais sócios[34].

Independentemente de ter sido adotada a doutrina do risco criado em nosso direito, ainda assim a responsabilidade civil no campo das pessoas jurídicas assumiu condições bastante peculiares.

Um aspecto especial a considerar é o atinente às "atividades perigosas". Em artigo publicado na *Revista Forense* (vol. 296, p. 127), Ronaldo Bretas de Carvalho Dias aponta os "Parâmetros de Enquadramento" respectivos.

100. Nos termos do art. 927, parágrafo único, do Código Civil de 2002, aplica-se, na responsabilidade pelo exercício de "atividades perigosas", a teoria objetiva, confirmando orientação do Código de Defesa do Consumidor (Lei n. 8.078/1990).

O professor Carlos Alberto Bittar, dedicando-se ao assunto, oferece conceitos de boa orientação, assentando basicamente que, na vida cotidiana, um certo número de atividades, embora legítimas, pode ocasionar danos, sujeitando os

---

[32] Trajano de Miranda Valverde. *Sociedades por ações*. Rio de Janeiro: Forense, 1953. v. 2, n. 632 e segs.; Rui Carneiro Guimarães. *Sociedades por ações*. Rio de Janeiro: Forense, 1960. v. 3, n. 977 e segs.; Aloysio Lopes Pontes. *Sociedades anônimas*. Rio de Janeiro: Forense, 1957. v. 2, n. 445 e segs.

[33] Fran Martins. *Comentários à Lei das S/A*. Rio de Janeiro: Forense, 1977. v. 3, n. 909 e segs.; Modesto Carvalhosa. *Comentários à Lei das Sociedades Anônimas*. São Paulo: Saraiva, 1977; Orlando Gomes. Responsabilidade dos administradores de sociedade por ações. In: *Revista de Direito Mercantil, Industrial, Econômico e Financeiro*. São Paulo: Malheiros. v. 8, p. 13; Waldirio Bulgarelli. Responsabilidade dos administradores das companhias. In: *Responsabilidade civil*. Yussef Said Cahali (coord.). São Paulo: Saraiva, 1987. p. 407 e segs.; Eduardo de Sousa Carmo. *Relações jurídicas na administração da S/A*. Rio de Janeiro: Aide, 1988. p. 140 e segs.; Marcelo Vieira Von Adamek. *Responsabilidade civil dos administradores de S/A:* (e as ações correlatas). São Paulo: Saraiva, 2009. Também em jurisprudência o tema é tratado com frequência, como se vê dos seguintes arestos: STJ, 3ª T., REsp 1.515.710/RJ, Rel. Min. Marco Aurélio Bellizze, julgado em 12.05.2015; STJ, 4ª T., REsp 1.349.233/SP, Rel. Min. Luis Felipe Salomão, julgado em 06.11.2014; STJ, 4ª T., REsp 1.475.706/SP, Rel. Min. Marco Buzzi, julgado em 06.11.2014; STJ, 2ª T., REsp 1.021.919, Rel. Min. Castro Meira, julgado em 22.06.2010; TJ/RJ, 11ª CC, AC 0111746-55.2006.8.19.001, Rel. Des. José C. Figueiredo, julgado em 29.09.2010.

[34] Cf. Fábio Konder Comparato. *O poder de controle nas sociedades anônimas*. Rio de Janeiro: Forense, 1983. p. 294 e segs.

Cap. IX · RESPONSABILIDADE CIVIL DAS PESSOAS JURÍDICAS DE DIREITO PRIVADO | **183**

seus titulares "à responsabilidade pela simples criação e pela introdução de coisas perigosas à sociedade".

O fulcro do problema estará na conceituação do que seja uma "atividade perigosa", inclinando-se o autor pela definição daquela "que contenha em si uma grave probabilidade, uma notável potencialidade danosa, em relação ao critério da normalidade média"[35].

Não existindo um critério objetivo para caracterizar a periculosidade de uma certa atividade, pois que a vida moderna e os progressos técnico-científicos normalmente aumentam os riscos a que as pessoas estão sujeitas, não resta ao juiz senão, em cada caso, e com seu *arbitrium boni viri*, avaliar as circunstâncias para estabelecer nexo causal da atividade com o dano, e determinar a reparação. O trabalho é tanto mais delicado, quanto é de se considerar que a "atividade" é em si mesma "lícita". O dever indenizatório configura-se no fato de que, não obstante a liceidade, o lesado tem a ele direito, em razão do perigo ínsito na atividade.

Como a culpabilidade não é facilmente demonstrada, o legislador marchou para a doutrina do risco, assentando que a reparação decorre da existência do binômio dano/atividade, conforme prevê o parágrafo único do art. 927 do Código Civil de 2002.

A jurisprudência tende a atribuir periculosidade maior a muitas atividades, algumas vezes levada por um excesso de cautela, outras vezes impressionada com aspectos subjetivos do caso.

É muito frequente atribuir caráter de "atividade perigosa" a acidentes ou incidentes que poderiam ter desfecho normal, sem que transponham o limite do "perigoso".

No livro aqui mencionado, são reunidos numerosos arestos por ele e por Francisco José Cahali, em que se nota essa tendência, embora a "atividade" seja em verdade normal, e apenas agravada pelas circunstâncias[36].

---

[35] Carlos Alberto Bittar. Responsabilidade civil nas atividades perigosas. In: *Responsabilidade civil*. Yussef Said Cahali (coord.). Cit. p. 85 e segs.

[36] *Responsabilidade civil*. Yussef Said Cahali (coord.). Cit. O campo da responsabilidade automobilística é fértil nesses aspectos. Alguns casos aí citados revelam culpa do motorista, sem que se possa dizer que o fato de dirigir veículo seja, em si mesmo, "atividade perigosa". Vejam-se estes: corpo da vítima encontrado no acostamento (*RT*, 549/203); acidente de carro que desrespeita a sinalização "Pare" ao cruzar via preferencial (*RT*, 572/121); desatenção no cruzamento de via pública com inobservância de preferência de passagem (*RT*, 552/214); imprudência de motorista ao entrar em via preferencial (*RT*, 578/232); abalroamento de veículo pela traseira (*RT*, 533/223); abalroamento de veículo estacionado (*RT*, 510/126); explosão de botijão de gás por defeito da válvula de segurança (*RT*, 548/109); invasão de água em propriedade privada, por falta de abertura das comportas da barragem (*RT*,

184 | RESPONSABILIDADE CIVIL – *Caio Mário da Silva Pereira*

Tal como aqui assinalei, a periculosidade deve ser entendida como sendo aquela que, em si mesma, gera um risco maior, independentemente das circunstâncias eventuais de agravamento da culpa no momento da ocorrência.

Além do parágrafo único do art. 927, reforça o Código Civil a responsabilidade objetiva dos exploradores de atividade econômica ao estabelecer, no art. 931, que "ressalvados outros casos previstos em lei especial, os empresários individuais e as empresas respondem independentemente de culpa pelos danos causados pelos produtos postos em circulação". A despeito das críticas formuladas em doutrina, notadamente pelas dificuldades hermenêuticas de sua redação, o dispositivo refere-se à hipótese de dano causado fora das relações de consumo, atingindo, portanto, acidentes entre empresários no fornecimento de produtos ou serviços[37].

No âmbito da responsabilidade civil das pessoas jurídicas, a Lei n. 12.846/2013, conhecida como Lei Anticorrupção, instituiu a responsabilidade objetiva das pessoas jurídicas de direito privado por atos que "atentem contra o patrimônio público nacional ou estrangeiro, contra princípios da administração pública ou contra os compromissos internacionais assumidos pelo Brasil" (art. 5º, *caput*), como, por exemplo, promessa e/ou oferecimento de "vantagem indevida a agente público", financiamento destas práticas, utilização de pessoa interposta para a ocultação de tais condutas, ou outras formas de fraudar o procedimento licitatório ou o consequente contrato administrativo (art. 5º, I, II, III e IV, respectivamente). Às pessoas jurídicas de direito privado, nesses casos, será atribuída responsabilidade civil objetiva, independentemente da responsabilização pessoal de seus dirigentes e/ou administradores (art. 3º, § 1º). Vale destacar que o regime de responsabilidade civil da Lei Anticorrupção limita-se à reparação dos danos sofridos pela Administração Pública, não incluindo, portanto, o particular vítima do dano.

100-A. Matéria que tem sido objeto de considerações doutrinárias valiosas é a desconsideração (*disregard*) da personalidade jurídica, por via da qual em dadas circunstâncias o princípio tradicional da distinção entre a pessoa jurídica e seus sócios sofre inequívoco abalo. A esse propósito, a Lei n. 8.078, de 11 de setembro de 1990 (de defesa do consumidor) é expressa. No art. 28 estabelece que "o juiz poderá desconsiderar a personalidade jurídica da sociedade quando, em detrimento do consumidor, houver abuso de direito, excesso de poder, infração da lei, fato ou ato ilícito ou violação dos estatutos ou contrato social." Igualmente haverá desconsideração quando houver falência, estado de insolvência, encerramento ou inatividade da pessoa jurídica provocados por má administração.

540/88). Esses, como inúmeros outros, caracterizam "culpa" do agente, sem que se possa qualificar como "perigosa" a atividade.

[37] Sobre essas críticas, confira-se: Gustavo Tepedino, Heloísa Helena Barboza, Maria Celina Bodin de Moraes *et alii. Código Civil interpretado.* Cit. v. II. p. 825.

Cap. IX · RESPONSABILIDADE CIVIL DAS PESSOAS JURÍDICAS DE DIREITO PRIVADO | 185

O Código Civil, no art. 50, com redação dada pela Lei n. 13.874, de 2019, que instituiu a Declaração de Direitos de Liberdade Econômica,[38] também prevê que, nos casos de "abuso da personalidade jurídica, caracterizado pelo desvio de finalidade, ou pela confusão patrimonial, pode o juiz decidir, a requerimento da parte, ou do Ministério Público quando lhe couber intervir no processo, desconsiderá-la para que os efeitos de certas e determinadas relações de obrigações sejam estendidos aos bens particulares de administradores ou de sócios da pessoa jurídica beneficiados direta ou indiretamente pelo abuso". Vale dizer, o sócio ou administrador que participou do ato que deu causa ao abuso ou que se furtou dos deveres de gestão assumidos perante a sociedade responde com seu patrimônio particular perante o credor que pretende a desconsideração. O § 1º do art. 50 define o desvio de finalidade como "a utilização da pessoa jurídica com o propósito de lesar credores e para a prática de atos ilícitos de qualquer natureza", ao passo que o § 2º do art. 50 definiu como "confusão patrimonial a ausência de separação de fato entre os patrimônios". Por sua vez, o § 3º do art. 50 consagrou a possibilidade de desconsideração da personalidade jurídica inversa, na qual se opõem à pessoa jurídica obrigações originariamente assumidas pelo sócio ou administrador, já amplamente aceita pela doutrina e pela jurisprudência.[39] Trata-se de providência excepcional, a ser aplicada apenas quando caracterizados com nitidez os requisitos autorizadores previstos em lei[40].

---

[38]   Relativamente às alterações promovidas pela aludida Lei, v. Gustavo Tepedino; Laís Cavalcanti. Notas sobre as alterações promovidas pela Lei nº 13.874/2019 nos artigos 50, 113 e 421 do Código Civil. In: Luis Felipe Salomão; Ricardo Villas Bôas Cueva; Ana Frazão. (org.). *Lei de Liberdade Econômica e seus Impactos no Direito Brasileiro*. 1ed. São Paulo: Revista dos Tribunais, 2020, v. 1, pp. 487-514.

[39]   Ver, a título exemplificativo: STJ, 2ª T., REsp 1.810.414, Rel. Min. Francisco Falcão, julgado em 15.10.2019; STJ, 4.ª T., AgInt no REsp 1.331.399, Rel. Min. Luis Felipe Salomão, julgado em 20.8.2019; STJ, 3ª T., REsp 1.522.142, Rel. Min. Marco Aurélio Bellizze, julgado em 13.6.2017. Registre-se, ainda, o Enunciado n. 283 da IV Jornada de Direito Civil do CJF: "É cabível a desconsideração da personalidade jurídica denominada 'inversa' para alcançar bens de sócio que se valeu da pessoa jurídica para ocultar ou desviar bens pessoais, com prejuízo a terceiros".

[40]   Sobre o tema, v. Gustavo Tepedino. Notas sobre a desconsideração da personalidade jurídica. In: *Temas de Direito Civil*. Rio de Janeiro: Renovar, 2009. t. III. pp. 65 e segs. Embora instrumento excepcional, destaca Ana Frazão: "(i) que a desconsideração, longe de pretender acabar com o instituto da pessoa jurídica, teria a finalidade de aprimorá-lo e aperfeiçoá-lo; (ii) que a desconsideração apenas faria sentido em se tratando de sociedades personificadas, constituídas validamente e com separação patrimonial perfeita; (iii) que a desconsideração teria por finalidade principal a proteção dos credores sociais, já que os sócios e a própria sociedade contariam com outros instrumentos de tutela, como as hipóteses de responsabilidade direta de sócios e administradores; (iv) que o pressuposto da desconsideração não seria qualquer ilicitude, mas sim uma ilicitude relacionada à atividade societária, que se mostrasse incompatível com os pressupostos e funções da personalidade jurídica" (Ana Frazão. Desconsideração da Personalidade Jurídica e Tutela de Credores. In: Fábio Ulhoa Coelho e Maria de Fátima Ribeiro (coord.). Questões de Direito Societário em Portugal e no Brasil. Coimbra: Almedina, 2012, p. 484).

186 | RESPONSABILIDADE CIVIL – *Caio Mário da Silva Pereira*

A doutrina da *disregard of legal entity* encontra em nosso direito bom suporte doutrinário, podendo citar-se, entre outros, Lamartine Corrêa de Oliveira[41], Rubens Requião[42], Luiz Roldão de Freitas Gomes[43], Clovis Ramalhete[44], João Casilho[45], Fabio Konder Comparato[46].

100-B. A mesma Lei n. 8.078/1990 impõe ao fornecedor de serviços e produtos potencialmente nocivos ou perigosos à saúde ou segurança informar de maneira ostensiva e adequada a respeito de sua nocividade ou periculosidade, sem prejuízo da adoção de outras medidas cabíveis em cada caso concreto (art. 9º).

---

[41] Lamartine Corrêa de Oliveira. *A dupla crise da pessoa jurídica*. São Paulo: Saraiva, 1979.

[42] Rubens Requião. Abuso de direito e fraude através da personalidade jurídica (*disregard doctrine*). In: *Revista dos Tribunais*. São Paulo: RT. v. 410, pp. 67-84.

[43] Luiz Roldão de Freitas Gomes. Desconsideração da pessoa jurídica. In: *O Direito*. 1990, p. 7.

[44] Clovis Ramalhete. Sistema de legalidade na desconsideração da personalidade jurídica. In: *Revista dos Tribunais*. São Paulo: RT. v. 586, p. 10.

[45] João Casilho. Desconsideração da pessoa jurídica. In: *Revista dos Tribunais*. São Paulo: RT. v. 528, p. 25.

[46] Fábio Konder Comparato. *O poder de controle nas sociedades anônimas*. Cit.

CAPÍTULO X
RESPONSABILIDADE CIVIL DO ESTADO

Sumário

Ato Administrativo. Ato Judicial. Ato do Estado legislador. Ato de Guerra.

Bibliografia

Alex Weill e François Terré. *Droit civil*: les obligations. Paris: Dalloz, 1971; Amaro Cavalcanti. *Responsabilidade civil do Estado*. Edição revista e atualizada por José de Aguiar Dias. Rio de Janeiro: Borsoi, 1957; B. Stason, S. Estep, W. Pierce. *Atoms and the law*. Michigan: The Michigan Law School, 1954; Castro Nunes. *Teoria e prática do Poder Judiciário*. Rio de Janeiro: Forense, 1943; Celso Agrícola Barbi. *Comentários ao Código de Processo Civil*. Rio de Janeiro: Forense, 1978-88. v. 1; Celso Antônio Bandeira de Melo. *Curso de Direito Administrativo*. São Paulo: Malheiros, 2010; Chironi. *La colpa nel diritto civile odierno – colpa estracontrattuale*. Torino: Fratelli Bocca, 1903-06. v. 2; George Ripert. *La régle morale dans les obligations civiles*. São Paulo: Saraiva, 1937; Gérard Cornu. *Étude comparée de la responsabilité delictuelle en droit privé et en droit public*. Reims: Matot-Braine, 1951; Gustavo Tepedino. A evolução da responsabilidade civil no direito brasileiro e suas controvérsias na atividade estatal. In: *Temas de Direito Civil*. 4. ed. Rio de Janeiro: Renovar, 2008; Gustavo Tepedino; Aline de Miranda Valverde Terra; Gisela Sampaio Guedes. *Fundamentos do Direito Civil*. 2. ed. Rio de Janeiro: Forense, 2021, vol. 4; Hely Lopes Meirelles. *Direito administrativo brasileiro*. São Paulo: Revista dos Tribunais, 1966; Henri De Page. *Traité élémentaire de droit civil belge*. Bruxelles: E. Bruylant, 1974. v. 2; Henri e Leon Mazeaud. *Traité théorique et pratique de la responsabilité civile*. Paris: Montchrestien, 1955. v. 3; J. Guimarães Menegale. *Direito administrativo*. Rio de Janeiro: Borsoi, 1957; Jean Guyenot. *La responsabilité des per-*

sonnes morales publiques et privées. Paris: Librairie Générale de Droit et de Jurisprudence, 1959; Jean Rivero. *Droit administratif*. Paris: Dalloz, 1965; José de Aguiar Dias. *Da responsabilidade civil*. Rio de Janeiro: Forense, 1960. v. 2; Lafayette. *Princípios de direito internacional*. Rio de Janeiro: J. Ribeiro dos Santos, 1902-03. v. 2; Leon Duguit. *Las transformaciones del derecho público*. Paris: A. Colin, 1913; Maria Helena Diniz. *Curso de Direito Civil brasileiro*. Responsabilidade Civil. São Paulo: Saraiva, 2007. v. VII; Pedro Lessa. *Do Poder Judiciário*. Rio de Janeiro: Francisco Alves, 1915; Pontes de Miranda. *Comentários ao Código de Processo Civil*. Rio de Janeiro: Forense, 1974-1979. v. 1; Prosser. *Handbook of the Law of Torts*. St. Paul: West Publishing Co., 1941; Renato Alessi. *La responsabilità della pubblica amministrazione*. Milano: A. Giuffre, 1955. v. 1; René Rodière. *La responsabilité civile*. Paris: Rousseau, 1952; René Rodière. Responsabilité civile et risque atomique. In: *Revue Internationale de Droit Comparé*, Paris: RIE, 1959; René Savatier. *Traité de la responsabilité civile*. Paris: Librairie Générale de Droit et de Jurisprudence, 1939. v. 1; Roger Bonnard. *Précis de droit administratif*. Paris: Sirey, 1935; S. Dã. Estep. *Radiation injuries and statistics. The need for new approach to injury litigation*. In: *Michigan Law Review*, Michigan: The Michigan Law School, 1960. v. 59; Sourdat. *Traité général de la responsabilité*. Paris: Marchal & Godde, 1911. v. 2; Ulderico Pires dos Santos. *Responsabilidade civil na doutrina e na jurisprudência*. Rio de Janeiro: Forense, 1984; Villegas Basavilbaso. *Derecho Administrativo*. Buenos Aires: TEA, 1949. v. 1; Washington de Barros Monteiro. *Curso de Direito Civil*. São Paulo: Saraiva, 1986-87. v. 5.

Cap. X · RESPONSABILIDADE CIVIL DO ESTADO | 189

101. Constitui fato notório (convém insistir), conhecido e reafirmado, que um dos campos em que a evolução jurídica se fez mais presente é o da responsabilidade civil. Cada vez mais a consciência se impregna daquela proposição de George Ripert, ao enunciar que "a ideia de reparação é uma das mais velhas ideias morais da humanidade"[1]. E nele assume as maiores proporções o da responsabilidade do Estado. Nesta quadra da vida jurídica, em que prepondera a atenção pelos direitos da pessoa humana, ganhou foros de predominância, na civilística moderna, o estudo dos direitos da personalidade, com a ênfase que se dá à proteção ao nome, à imagem, à intimidade, à integridade corporal em vida e *post mortem*, à individualidade humana em todos os seus aspectos. Neste quadro, avulta como forma de defesa do indivíduo frente ao gigantismo crescente do Estado, a fixação dos princípios da responsabilidade deste. É o resultado da confrontação entre "governantes que tendem ao absolutismo e os indivíduos que aspiram à independência"[2]. Como salienta De Page, durante um século, a responsabilidade do Estado foi "dominada pelos princípios de direito público". De conseguinte, seu estudo foi muito naturalmente objeto do direito constitucional e do direito administrativo. Somente no começo do último século, e por efeito de uma famosa decisão da Corte de Cassação, ingressou no direito civil, não obstante as tentativas do Estado no sentido de sair dele[3]. Nesta contextura, há que cogitar do tríplice aspecto que ele assume, e em consequência enfocar sob os três ângulos o problema e seu devido equacionamento. Cumpre, então, apresentar, posto que em linhas singelas de simples escorço, a responsabilidade pelos atos da administração pública, ou seja, nos limites do Poder Executivo; os praticados no exercício da função jurisdicional ou atos do Poder Judiciário; os consequentes à ação do Estado Legislador ou atos do Poder Legislativo. Assim procedendo, enfoco a responsabilidade do Estado nos três aspectos de seu funcionamento: administração, legislação e justiça, em correspondência com as três esferas de atuação: executiva, legislativa e judiciária[4].

102. No princípio era a "irresponsabilidade". Dentro da concepção política do Estado absoluto, não se poderia conceber a ideia de reparação de danos causados pelo poder público, dado que se não admitia a constituição de direitos contra o Estado soberano[5]. Nesta fase, somente era admitida a responsabilidade pecuniá-

---

[1]   George Ripert. *La régle morale dans les obligations civiles.* São Paulo: Saraiva, 1937. p. 223.

[2]   Jean F. Brunet. *De la responsabilité de l'état legislateur.* Cit. p. 1.

[3]   Henri De Page. *Traité élémentaire de droit civil belge.* Bruxelles: E. Bruylant, 1974. v. 2, n. 1.059.

[4]   Júlio Altamira Gigena. *Responsabilidad del Estado.* Cit. p. 36; Villegas Basavilbaso. *Derecho Administrativo.* Buenos Aires: TEA, 1949. v. 1, p. 36.

[5]   Cf. Caio Mário da Silva Pereira, *Instituições de direito civil,* v. 1, 20. ed., Rio de Janeiro: Forense, 2004, n. 116.

ria pessoal dos agentes da Administração, o que muitas vezes frustrava a ação de indenização ante a insolvência do funcionário[6].

Por estranho que pareça, a morte do absolutismo, que deveria perfurar a cidadela da imunidade total, reforçou-a sob a inspiração do princípio da "separação dos poderes", sob color de que a afirmação de uma responsabilidade da Administração importaria uma censura do judiciário ao procedimento do Executivo, e via de consequência em uma interferência de um Poder na atividade de outro Poder, uma vez que o Judiciário deveria estar adstrito ao conhecimento dos litígios entre particulares. E assim entendeu por largo tempo a jurisprudência dos tribunais[7].

O conceito de irresponsabilidade do Estado encontrou numerosos defensores, cujas proposições vêm expostas e desenvolvidas por Amaro Cavalcanti, que se reporta às teorias de Richelmann, Bluntschli, Rönne, Wohl, Von Stein, Gabba, Lozzi, Mantellini, Saredo, criticando-as todavia por incompatíveis com a ideia de justiça[8].

O ataque ao conceito de "irresponsabilidade" veio por caminho travesso, admitindo-se que ora o Estado procede na qualidade de "pessoa pública", no exercício do poder soberano, e pratica atos em virtude de seu *imperium* (atos *iure imperii*), ora age como "pessoa civil", assemelhado ao indivíduo na gestão de seu patrimônio (atos *iure gestionis*). No primeiro caso, prevaleceria a imunidade, no segundo sujeitar-se-ia a reparar o dano causado, da mesma forma que qualquer particular[9]. Noutros termos: o Estado-soberano colocava-se fora do direito civil; somente o Estado-empresa a ele estaria sujeito. Esta distinção, acrescenta De Page, de duas pessoas diferentes no Estado único era mais que uma construção teórica, pois gerava sérias dificuldades quando se cogitava de sua aplicação prática, com reflexo negativo na jurisprudência dos tribunais[10].

Por muito tempo, permaneceram separados os dois campos: de um lado, haveria a responsabilidade do Estado regida pelo Direito Público; de outro, a responsabilidade do particular sujeita ao direito privado. Somente quando se permitiu que a vítima procedesse contra o Estado da mesma forma que o faz contra qualquer cidadão ou indivíduo foi que as ideias se aclararam. Foi preciso

---

[6]   Paul Duez. *La responsabilité de la puissance publique*. p. 13.

[7]   De Page. *Traité élémentaire de droit civil belge*. Cit. n. 1.062.

[8]   Cf. Amaro Cavalcanti. *Responsabilidade civil do Estado*. Edição revista e atualizada por José de Aguiar Dias. Rio de Janeiro: Borsoi, 1957. v. 1, pp. 146-166.

[9]   Renato Alessi. *La responsabilità della pubblica amministrazione*. Milano: A. Giuffre, 1955. v. 1, p. 54.

[10]   De Page. *Traité élémentaire de droit civil belge*. Cit.

Cap. X · RESPONSABILIDADE CIVIL DO ESTADO | 191

tempo superior a um século, observam os irmãos Mazeaud, para "adaptar ao direito público as soluções do direito privado"[11].

Chegou-se, então, à proposição aceita com visos de generalidade, que o Estado responde pelos danos causados ao particular. Mesmo no contexto desta tese, chegou-se a dizer que o Judiciário não tem competência para controlar os atos administrativos. Sua jurisdição seria limitada a verificar se esses atos são executados em conformidade com a lei, ou ao revés, se o poder público, no exercício de suas atividades, trouxe lesão a um direito subjetivo privado.

103. Da mesma forma que as pessoas jurídicas de direito privado, que por não serem dotadas de individualidade fisiopsíquica têm de se servir de órgãos de comunicação, também o Estado, como ente abstrato, posto que cientificamente portador de realidade técnica ou realidade jurídica, tem de proceder por via de seus "agentes", ou de seus "órgãos"[12].

Esta expressão é a mais correta, uma vez que se não deve cogitar da noção de "representação". A pessoa jurídica, e em particular o Estado, não podendo agir diretamente, requer a intermediação de seus agentes ou órgãos de atuação.

Não há cogitar de uma representação em sentido estrito. Não se examina se o órgão estatal procede no exercício de poderes recebidos. O que se há de indagar é se quem causou o dano estava no exercício de funções que lhe foram cometidas. Pouco importa a natureza delas. Tanto procede como órgão do Estado o funcionário qualificado, como o mais simples servidor. O que importa é apurar se o causador do dano exercia uma atribuição estatal ou se agia em seu próprio nome ou na sua atividade individual. Todo agente da administração, mesmo subalterno, é um órgão da pessoa jurídica de direito público, sem se cogitar da relação de preposição. Hauriou trata-o como "representante da nação", e num certo sentido "ele é o próprio governante". O que sobreleva é apurar se o servidor (qualquer que seja a sua função) procedia no exercício de suas funções ao praticar o ato danoso, ou se agia fora de suas atividades[13]. Aliás, neste passo, reporto-me ao que desenvolvi na definição da responsabilidade da pessoa jurídica de direito privado (Capítulo IX, *supra*). Transposição conceitual que encontra inteira procedência.

Fiel ao princípio segundo o qual "a um potencial crescente de danos, corresponde uma cada vez maior obrigação de garantia", é de ver que, independentemente de seu caráter público ou privado, a pessoa jurídica pode ser chamada a responder pelo dano causado pelos seus prepostos. Fixando-nos no plano publicístico, podemos

---

[11] Henri e Leon Mazeaud. *Traité théorique et pratique de la responsabilité civile*. Paris: Montchrestien, 1955. v. 3, n. 2.002-2003.

[12] Clóvis Beviláqua. *Teoria geral de direito*. Rio de Janeiro: Francisco Alves, 1929. § 22.

[13] De Page. *Traité élémentaire de droit civil belge*. Cit. n. 1.065.

192 | RESPONSABILIDADE CIVIL – *Caio Mário da Silva Pereira*

repetir com De Page, numa fórmula singela, que o Estado e os poderes públicos não têm o direito de lesar a pessoa e os bens de outrem; o Estado, genericamente, em qualquer de suas ordens – União, Estado, Município; o Estado em qualquer de suas funções ou de seus Poderes: Executivo, Legislativo, Judiciário[14], [15].

Sem fazer qualquer distinção, o art. 43 do Código Civil enuncia a norma geral: as pessoas jurídicas de direito público interno são civilmente responsáveis por atos de seus agentes que nessa qualidade causem danos a terceiros, ressalvado direito regressivo contra os causadores do dano, se houver, por parte destes, culpa ou dolo.

E a Constituição Federal assenta que as pessoas jurídicas de direito público responderão pelos danos que seus funcionários, nessa qualidade, causarem a terceiros, cabendo ação regressiva contra o funcionário responsável, nos casos de culpa ou dolo (Emenda Constitucional n. 1, de 1969, art. 107 e seu parágrafo único; Constituição Federal de 5 de outubro de 1988, art. 37, XXII, § 6º), segundo o qual a teoria do risco compreende as pessoas jurídicas de direito público, bem como as de direito privado prestadoras de serviços públicos.

No ordenamento brasileiro (CR, art. 37, § 6º; e CC, art. 43), o Estado responde objetivamente pelos danos que seus agentes causarem a terceiros, admitindo-se algumas excludentes de responsabilidade, tais como a culpa exclusiva da vítima e o caso fortuito[16]. Discute-se, ainda, a corresponsabilidade do Estado e das pessoas jurídicas de direito privado prestadoras de serviços públicos pelos danos causados a terceiros. Em sede doutrinária e jurisprudencial, não há unanimidade acerca do tema. Em que pese o argumento no sentido de que tal responsabilidade deveria ser compreendida como subsidiária, com base na regra geral de não presunção de solidariedade, disposta no art. 265 do Código Civil, tem-se defendido, diversamente, que tal responsabilidade deve ser considerada solidária, na medida em que a prestação de serviços públicos se constitui, ao menos quando o serviço é remunerado de forma específica, em relação de consumo, o que atrai para tais hipóteses a disciplina dos acidentes de consumo, respondendo solidariamente os diversos entes públicos e privados que se apresentem como fornecedores dos serviços prestados, nos moldes do que dispõe o art. 3º do Código de Defesa do Consumidor.[17]

---

[14] Jean Guyenot. *La responsabilité des personnes morales publiques et privées*. Paris: Librairie Générale de Droit et de Jurisprudence, 1959. p. 3.

[15] De Page. *Traité élémentaire de droit civil belge*. Cit. n. 1.064-*bis*.

[16] Sobre o tema, v. Gustavo Tepedino. A evolução da responsabilidade civil no direito brasileiro e suas controvérsias na atividade estatal. In: *Temas de Direito Civil*. 4. ed. Rio de Janeiro: Renovar, 2008. p. 211.

[17] Gustavo Tepedino; Aline de Miranda Valverde Terra; Gisela Sampaio Guedes. *Fundamentos do Direito Civil*. 2. ed. Rio de Janeiro: Forense, 2021, vol. 4, pp. 197-198.

É pacífico, e já não requer maior explanação, que os vocábulos "agente" e "funcionários" não são usados em acepção estrita, porém ampla, naquele sentido acima assentado, de quem no momento exercia uma atribuição ligada a sua atividade ou a sua função.

É de se entender, igualmente, que no vocábulo "Estado" compreendem-se as pessoas jurídicas de direito público e as de direito privado prestadoras de serviços públicos.

104. Mais frequente é a responsabilidade da Administração Pública, ou seja, a responsabilidade do Estado pelos órgãos do Poder Executivo.

Também aqui, é nítida a curva evolutiva do princípio da responsabilidade, observada nas três correntes doutrinárias que têm informado a matéria: a da culpa, a do acidente administrativo e a do risco.

A primeira delas transpõe para o campo da responsabilidade do Estado a teoria da culpa, com a necessária adaptação às circunstâncias que envolvem o ato administrativo. Para positivar o dever de reparação por parte do Estado, torna-se mister apurar se o agente procedeu culposamente. Somente em caso afirmativo é possível deduzir que a entidade estatal é responsável. A princípio, procurou--se colocar o problema nos mesmos termos da responsabilidade do preponente por ato do preposto. Assentada, entretanto, a inexistência de preposição nas relações Estado-servidor, marchou-se para um terreno mais amplo, a dizer que a administração é responsável por qualquer culpa cometida por seus agentes, sejam faltas pessoais ou do próprio serviço. Partindo de que o lesado teria ação contra o causador direto do dano, concede-se-lhe ação contra o próprio Estado. A razão é que a Administração, como órgão da pessoa jurídica de direito público, procede em nome desta. A pessoa moral age sempre através de seus órgãos, e, conseguintemente, responde pelos atos deste. Uma vez caracterizado o procedimento culposo do funcionário, do servidor, do agente, em suma, fica definida a responsabilidade do Estado[18].

Deste raciocínio chegou-se à responsabilidade direta do Estado. Afastada a ideia de preposição e assentado que o Estado procede pelos seus órgãos, o que se tem de apurar é se o agente procedeu no exercício de suas funções, e não fora dele ou exorbitando de suas atribuições. Com esta proposição, alargou-se o campo da responsabilidade estatal, uma vez que não se torna necessário distinguir entre a culpa pessoal do servidor e a culpa do próprio serviço[19]. Mas, segundo o depoimento de Guyenot, o Conseil d'État, na França, recusou admitir a reparação de um dano causado por um agente no exercício de suas funções, sem a apuração de uma culpa[20].

---

[18] Cf. Mazeaud e Mazeaud. *Traité théorique et pratique de la responsabilité civile*. Cit. n. 2.008.

[19] Cf. De Page. *Traité élémentaire de droit civil belge*. Cit. n. 1.065-67.

[20] Jean Guyenot. *La responsabilité des personnes morales publiques et privées*. Cit. p. 41.

194 | RESPONSABILIDADE CIVIL – *Caio Mário da Silva Pereira*

Mais um passo, todavia, foi dado na evolução do princípio da responsabilidade civil do Estado. Em face de desigualdade estabelecida entre o Estado e a vítima, nem sempre consegue esta apurar a culpa, ainda que do serviço em si, independentemente da do agente. E, neste caso, consagrar-se-ia uma injustiça, ficando provada a lesão, sem que o prejudicado recebesse o ressarcimento. Imaginou-se então a teoria do *acidente administrativo*. Basta comprovar a existência de uma falha objetiva do serviço público, ou o mau funcionamento deste, ou uma irregularidade anônima que importa em desvio da normalidade, para que fique estabelecida a responsabilidade do Estado e a consequente obrigação de indenizar. Não se trata de averiguar se o procedimento do agente foi culposo, porém de assentar que o dano resultou do "funcionamento passivo do serviço público"[21]. Em tal ocorrendo, responde o Estado[22]. Apoiado em numerosas decisões do Conseil d'Etat, Paul Duez examina as hipóteses de mau funcionamento do serviço público, que ele classifica em três categorias: a) fatos de ordem material, acidentes provocados por pessoas, serviços, veículos, materiais, trabalhos mal conduzidos ou mal executados, perda ou extravio de documentos; erros de informação pela administração; falsa aplicação de texto legislativo ou regulamentar, e muitos outros; b) inação ou omissão dos órgãos administrativos, ainda que não constitua ilegalidade na acepção estrita da palavra; ausência de medidas de proteção necessárias a garantir a segurança das pessoas; falta nos serviços de vigilância das pessoas, como no caso dos alunos nas escolas e dos detentos nos presídios; recusa sistemática na aplicação da lei ou regulamento, e outros tantos casos; c) lentidão no funcionamento do serviço público, demora na prática de atos, inércia ou resistência passiva da administração pública[23]. Definindo-o em termos genéricos diz-se, então, que há "falta do serviço, quando não se cumpre, ou quando se realiza em forma deficiente ou tardiamente" independentemente de o agente se empenhar em cumpri-lo eficientemente[24]. Assim é que o Estado responde pela prisão ilegal e tortura de preso[25]; e pelo abuso no exercício de função pública[26]; o Município responde por danos[27].

---

[21] Geraldo Corrêa da Silva. *Revista Forense*. Rio de Janeiro: Forense, jul.-set./1969. v. 227, p. 252.

[22] Pedro Lessa. *Do Poder Judiciário*. Rio de Janeiro: Francisco Alves, 1915. p. 166.

[23] Paul Duez. *Responsabilité de la puissance publique*. Cit. p. 27 e segs.

[24] Altamira Gigena. *Responsabilidad del Estado*. Cit. p. 65.

[25] *Revista dos Tribunais*. v. 570, p. 188. Mais recentemente, confira-se: STJ, 2ª T., REsp 1.443.038/MS, Rel. Min. Humberto Martins, julgado em 12.02.2015; STJ, 2ª T., REsp 713.682/RJ, Rel. Min. João Otávio de Noronha, julgado em 01.03.2005; STJ, 2ª T., REsp 1.001.056, Rel. Min. Herman Benjamin, julgado em 01.09.2009.

[26] *Revista dos Tribunais*, v. 512, p. 104; *Revista Forense*, v. 266, p. 182. V., também, STJ, 1ª T., REsp 926.628, Rel.ª Min.ª Denise Arruda, julgado em 19.05.2009.

[27] *Revista dos Tribunais*, v. 551, p. 110; v. 375, p. 227; *Revista do Tribunal do Rio Grande do Sul*, v. 87, p. 333.

Cap. X · RESPONSABILIDADE CIVIL DO ESTADO | 195

Avançando um passo mais, e se estabeleceu a teoria do *risco administrativo*, imaginado originariamente por Leon Duguit, sobre a ideia de um seguro social suportado pela caixa coletiva, em proveito de quem sofre um prejuízo causado pelo funcionamento do serviço público[28]. O que se tem de verificar é a existência de um dano, sofrido em consequência do funcionamento do serviço público. Não se cogita da culpa do agente, ou da culpa do próprio serviço; não se indaga se houve um mau funcionamento da atividade administrativa. Proclama-se em verdade a presunção *iuris et de iure* de culpa. Basta estabelecer a relação de causalidade entre o dano sofrido pelo particular e a ação do agente[29] ou do órgão da Administração. Se o funcionamento do serviço público (bom ou mau, não importa), causou um dano, este deve ser reparado. Por outro lado, a Administração não pode escapar provando a "não culpa". O que deve predominar é, proclama Renato Alessi, "uma noção objetiva de responsabilidade da pública administração, baseada unicamente sobre a lesão de um direito subjetivo de um particular... prescindindo da culposidade da lesão ou da ilegitimidade da conduta lesiva". Toda lesão é ressarcível, acrescenta ele, sem que se deva perquirir se o dano "provém de uma conduta culposa ou de uma conduta ilegítima"[30]. Assim é que o Estado responde pelo erro judiciário, o que se tornou direito expresso (Constituição Federal, art. 5º, LXXV). Responde pelo abuso do poder de polícia.

A natureza objetiva da responsabilidade do Estado por erro judiciário já foi reconhecida pelo Supremo Tribunal Federal. Todavia, também salientou a Corte a natureza excepcional de tal hipótese (sobre o tema, v. item 108, *infra*)[31].

---

[28]   Leon Duguit. *Las transformaciones del derecho público*. Paris: A. Colin, 1913, pp. 306 e segs.

[29]   Entende-se que o Estado somente será responsabilizado se o preposto estatal houver causado o dano injusto no exercício de suas funções ou, quando menor, a pretexto de exercê-la, como ocorre no caso de policial que, à paisana, saca arma da corporação e causa danos a terceiros. Nessa direção: STF, 2ª T., ARE 1121029 AgR/RS, Rel. Min. Edson Fachin, julgado 18.10.2019; e STF, 1ª T., ARE 725763 AgR/BA, Rel. Min. Luiz Fux, julgado em 1.12.2015.

[30]   Renato Alessi. *La responsabilitá della pubblica amministrazione*. Milano: A. Giuffre, 1955. v. 1, n. 10, p. 64.

[31]   "Erro judiciário. Responsabilidade civil objetiva do Estado. Direito à indenização por danos morais decorrentes de condenação desconstituída em revisão criminal e de prisão preventiva. CF, art. 5º, LXXV. C. Pr. Penal, art. 630. (...) A regra constitucional não veio para aditar pressupostos subjetivos à regra geral da responsabilidade fundada no risco administrativo, conforme o art. 37, § 6º, da Lei Fundamental: a partir do entendimento consolidado de que a regra geral é a irresponsabilidade civil do Estado por atos de jurisdição, estabelece que, naqueles casos, a indenização é uma garantia individual e, manifestamente, não a submete à exigência de dolo ou culpa do magistrado" (STF, 1ª T., RE 505.393, Rel. Min. Sepúlveda Pertence, julgado em 26.06.2007).

196 | RESPONSABILIDADE CIVIL – *Caio Mário da Silva Pereira*

Desta sorte, distribuem-se por toda a coletividade as consequências danosas do funcionamento do serviço público. É a forma única democrática de repartir os ônus e encargos sociais[32].

105. O direito positivo brasileiro consagra a teoria do risco administrativo[33]. O art. 37, § 6º, da Constituição de 5 de outubro de 1988, repetindo a política legislativa adotada nas disposições constitucionais anteriores, estabelece o princípio da responsabilidade do Estado pelos danos que os seus agentes causem a terceiros. A pessoa jurídica de direito público responde sempre, uma vez que se estabeleça o nexo de causalidade entre o ato da Administração e o prejuízo sofrido. Não há que cogitar se houve ou não culpa, para concluir pelo dever de reparação. A culpa ou dolo do agente somente é de se determinar para estabelecer a ação de *in rem verso*, da Administração contra o agente. Quer dizer: o Estado responde sempre perante a vítima, independentemente da culpa do servidor. Este, entretanto, responde perante o Estado, em se provando que procedeu culposa ou dolosamente. Não importa que o funcionário seja ou não graduado[34]. O Estado responde pelo ato de qualquer servidor[35].

Nos dias atuais, a questão enseja controvérsia. Inicialmente, afirmou-se que o art. 37, § 6º, tornaria compulsória a denunciação, nos termos do art. 70, III, do CPC de 1973[36] (redação correspondente ao art. 125, II, do CPC de 2015). Todavia, não há identidade de fundamento entre as demandas, como exige o Código de Processo Civil, cuidando-se a denunciação de ação de responsabilidade subjetiva

---

[32] Amaro Cavalcanti. *Responsabilidade civil do Estado*. Cit. pp. 271 e segs.; Pedro Lessa. *Do Poder Judiciário*. Cit. p. 165; José de Aguiar Dias. *Da responsabilidade civil*. Rio de Janeiro: Forense, 1960. v. 2, n. 210; Orozimbo Nonato. Voto no *Diário da Justiça*, de 02.02.1943, p. 602; Caio Mário da Silva Pereira. *Instituições de Direito Civil*. v. 1, n. 116; Jean Guyenot. *La responsabilité des personnes morales publiques et privées*. Cit. p. 5; Paul Duez. *Responsabilité de la puissance publique*. Cit. pp. 58 e segs.; José de Aguiar Dias. A responsabilidade objetiva do Estado. In: *Revista Forense*, Rio de Janeiro: Forense, v. 145, p. 18; Alfredo de Almeida Paiva. Responsabilidade civil do Estado. In: *Revista de Direito Administrativo*, Rio de Janeiro: Fundação Getulio Vargas, jul.-set./1953, v. 33, p. 84; Hermano de Sá. Revolução e conceito, normas legais e constitucionais e jurisprudência. In: *Revista Forense*, Rio de Janeiro: Forense, pp. 135/260.

[33] Supremo Tribunal Federal. In: *RTJ*, 55/50; TRF. In: *Revista Forense*, v. 268, p. 2. STJ, 1ª T., AgRg no Ag 597.998/PA, Rel. Min. Luiz Fux, julgado em 26.04.2005.

[34] Washington de Barros Monteiro. *Curso de Direito Civil*. São Paulo: Saraiva, 1986-87. v. 5, p. 108.

[35] *Revista dos Tribunais*, v. 169/273; 224/222; 227/203; 230/123; 234/268; 238/172; 247/491; *Revista Forense*, v. 146/320.

[36] José Carlos Barbosa Moreira. In: *Direito Aplicado – acórdãos e votos*. Rio de Janeiro: Forense, 1987. p. 159 e segs.

Cap. X · RESPONSABILIDADE CIVIL DO ESTADO | **197**

em face do agente proposta pela Administração, enquanto esta foi acionada com base na teoria objetiva.

A denunciação da lide implica, por outro lado, longa instrução processual para a demonstração da culpa do agente, o que representa obstáculo à reparação estabelecida em bases objetivas pelo Constituinte com o fito de facilitar a tutela jurisdicional. Deve, por isso mesmo, ser afastada em homenagem aos princípios constitucionais da ampla defesa e do devido processo legal. Além disso, "mesmo sob a perspectiva da administração pública, a denunciação da lide não se mostra isenta de objeções, já que a defesa teria de assumir a culpa do agente, quase que reconhecendo o pedido, para efetuar a litisdenunciação"[37].

Na esteira de tais considerações, a jurisprudência mais recente, em sua maioria, rejeita a denunciação, considerando-a não obrigatória para o exercício do direito de regresso pela Administração, "pois impõe ao autor manifesto prejuízo à celeridade na prestação jurisdicional"[38].

Também se debate vivamente acerca da responsabilidade pelos atos omissivos do Estado. Alegou-se que por estes deveria responder a Administração com base na teoria subjetiva[39]. Entretanto, a Constituição não estabeleceu qualquer restrição ao âmbito de abrangência do art. 37, § 6º, tampouco o art. 43 do Código Civil, daí decorrendo a natureza objetiva da responsabilidade estatal por omissão[40]. Atualmente, ainda, a jurisprudência do Supremo Tribunal Federal firmou o entendimento no sentido de que "as pessoas jurídicas de direito público respondem objetivamente pelos danos que causarem a terceiros, com fundamento no art. 37, § 6º, da Constituição Federal, tanto por atos comissivos quanto por atos omissivos, desde que demonstrado o nexo causal entre o dano e a omissão do Poder Público"[41].

---

[37] Gustavo Tepedino. A evolução da responsabilidade civil no direito brasileiro e suas controvérsias na atividade estatal. Cit. pp. 213-215.

[38] STJ, 1ª T., REsp 1.089.955, Rel.ª Min.ª Denise Arruda, julgado em 03.11.2009; STJ, 1ª T., AgRg no AREsp 729.071/PE, Rel. Min. Sérgio Kukina, julgado em 18.08.2015; STJ, 2ª T., AgRg no REsp 1.404.362/DF, Rel. Min. Assusete Magalhães, julgado em 04.12.2014.

[39] STJ, 2ª T., REsp 716.250/RS, Rel. Min. Franciulli Netto, julgado em 21.06.2005; STJ, 1ª T., REsp 152.360/RS, Rel. Min. João Otávio de Noronha, julgado em 05.04.2005; STJ, 2ª T., REsp 602.102/RS, Rel.ª Min.ª Eliana Calmon, julgado em 06.04.2004. Em doutrina, confira-se Maria Helena Diniz. *Curso de Direito Civil brasileiro*. Responsabilidade Civil. São Paulo: Saraiva, 2007. v. VII; Celso Antônio Bandeira de Melo. *Curso de Direito Administrativo*. São Paulo: Malheiros, 2010.

[40] Gustavo Tepedino. A evolução da responsabilidade civil no direito brasileiro e suas controvérsias na atividade estatal. Cit. pp. 211-212.

[41] STF, 2ª T., ARE 868.610 AgR, Rel. Min. Dias Toffoli, julgado em 26.05.2015. V. tb. STF, 1ª T., ARE 956.285 AgR/CE, Rel. Min. Luiz Edson Fachin, julgado em 09.08.2016. O Supremo Tribunal Federal reforçou o entendimento de que a omissão do Estado também se submete à responsabilidade objetiva, embora na situação fática examinada se tenha afastado a responsabilidade civil do ente público, à luz das circunstâncias concretas. Na ocasião, discutia-se sobre a responsabilidade civil do Município

A aceitação da teoria do risco administrativo não significa, entretanto, que o Estado é responsável em qualquer circunstância. Não obstante a proclamação da responsabilidade objetiva, aplicam-se, no que couber, as excludentes de responsabilidade definidas e estudadas no Capítulo XX, *infra*.

106. As experiências atômicas, a céu aberto e no subsolo, o uso de isótopos médicos e fenômenos de radiação atômica, os vazamentos em usinas nucleares, vieram introduzir um dado novo na teoria da responsabilidade civil. E, como a maior parte destas ocorrências reside no plano estatal, percute necessariamente na responsabilidade civil do Estado.

Os mestres da responsabilidade civil afirmam que, na etiologia desta, o elemento objetivo "dano" há de revestir o caráter de certeza, posto que futuro. Não será indenizável o dano meramente "hipotético" ou simplesmente "eventual"[42].

Por isso tem merecido cuidados e atenções o estudo dos efeitos da radiação atômica. Uma experiência nuclear lança no espaço uma nuvem radiativa, e a mil quilômetros de distância, e anos depois, observa-se em alimentos vegetais e animais um teor de estrôncio acima dos limites toleráveis, causando enfermidades ou lesões nas pessoas.

Surge, então, a pergunta se se trata de dano indenizável e, ainda, a quem responsabilizar.

Nos Estados Unidos, onde o problema já bateu às portas da justiça, as cortes procuram determinar o nível de "certeza razoável", recorrendo às estatísticas e às opiniões de *experts*[43].

Jean-Paul Piérard, dedicando-se ao assunto em monografia sobre "*Responsabilité civile, energie atomique et droit comparé*", leva suas pesquisas ao direito francês, alemão, suíço, austríaco, belga, sueco, norte-americano, soviético, sugerindo repensar o assunto, ao mesmo tempo que examina "as insuficiências do direito comum".

---

de São Paulo por explosão ocorrida em loja de fogos de artifícios clandestina, por omissão estatal na fiscalização da atividade. A Corte fixou a seguinte tese de Repercussão Geral: "Para que fique caracterizada a responsabilidade civil do Estado por danos decorrentes do comércio de fogos de artifício, é necessário que exista a violação de um dever jurídico específico de agir, que ocorrerá quando for concedida a licença para funcionamento sem as cautelas legais ou quando for de conhecimento do poder público eventuais irregularidades praticadas pelo particular" (STF, Tribunal Pleno, RE 136861, Rel. Min. Edson Fachin, julgado em 11.03.2020).

[42] René Rodière. *La responsabilité civile*. Paris: Rousseau, 1952. n. 1.597 e segs., p. 217; Mazeaud e Mazeaud. *Traité théorique et pratique de la responsabilité civile delictuelle et contractuelle*. 5. ed. c/ André Tunc. Cit. n. 216, notas 1 e 4.

[43] S. Estep. Radiation injuries and statistics. The need for new approach to injury litigation. In: *Michigan Law Review*. Michigan: The Michigan Law School, 1960, v. 59, n. 2, pp. 258-304.

Cap. X · RESPONSABILIDADE CIVIL DO ESTADO | **199**

O núcleo do problema está, obviamente na determinação do dano e da relação da causalidade entre este e o fato atômico, distanciado no tempo e no espaço.

Cortes de Justiça, nos Estados Unidos, ao tratarem da *causation in fact*, têm encontrado fórmula original, admitindo a reparação quando a probabilidade ultrapassa 50% o que provocou a crítica de Piérard, no sentido do tom aleatório consequente, ao se exigir do postulante a demonstração de que o encadeamento das causas atinja 51% de probabilidades, sob pena de não vingar a pretensão[44], [45]. Com efeito, a base estatística é muito falha. Na teoria norte-americana do *but for*, a diferença mínima de um ou dois por cento reverte à obrigação ressarcitória em imunidade.

O Direito Civil foi sensível ao progresso científico e ao desenvolvimento material, ao coordenar a responsabilidade pelos danos causados pelas experiências a céu aberto ou pelos isótopos radiativos. Para tanto, houve de alterar alguns conceitos, tais como o alcance remoto no tempo e no espaço dos fenômenos causadores da lesão. É hoje pacífica a obrigação de indenizar.

A responsabilidade atômica há de ser sempre fundada na doutrina objetiva, e mais precisamente na teoria do risco integral, especialmente quando se pretende determinar se o dano sofrido pelo queixoso adveio de um acidente, ou de uma explosão, ou da descarga do lixo atômico[46].

A responsabilidade atômica ainda se pode dizer na infância, embora fatos conhecidos como o incidente da usina de Chernobyl, na Rússia, ou o problema do césio, em Goiânia, já demonstrem a sua probabilidade. Mas, como em conferência pronunciada no Instituto de Direito Comparado, de Paris, proclamou Rodière, em sua ocorrência é preciso indenizar, embora subsistam dúvidas sobre quem foi o agente, ou se o fato danoso foi um vazamento[47].

Admitida, como demonstramos, a teoria do risco integral ou do risco administrativo, o fato de implantar o Estado a usina atômica, ou efetuar uma experiência nuclear, impõe-lhe a responsabilidade pelo risco adveniente do acidente, da explosão ou da descarga do lixo atômico. Até aí não há dificuldade.

Esta, porém, aparece, quando se pretende apurar, em termos negativos, se o dano sofrido pelo queixoso teria deixado de ocorrer no caso de não se ter verificado aquele fato ou aquele acidente determinado[48].

---

[44]   Prosser. *Handbook of the Law of Torts*. St. Paul: West Publishing Co., 1941. p. 220.

[45]   Piérard. Cit. p. 116.

[46]   B. Stason, S. Estep, W. Pierce. *Atoms and the law*. Michigan: The Michigan Law School, 1954. p. 428.

[47]   René Rodière. Responsabilité civile et risque atomique. In: *Revue Internationale de Droit Comparé*. Paris: RIE, 1959. p. 428.

[48]   B. Stason, S. Estep, W. Pierce. *Atoms and the law*. Cit. p. 428.

René Rodière efetua uma análise da responsabilidade civil, dizendo que, durante séculos, "os homens sabiam o que deviam fazer; quando procediam erradamente, tinham que indenizar as suas vítimas"[49].

Estas ideias, diz ele, foram ameaçadas em suas raízes mais profundas em face da fissão ou fusão nuclear. Há um dano visível, positivado. Mas, dadas as circunstâncias de tempo e de espaço, não se pode dizer vinculado a um agente conhecido e imediato. Pode-se, mesmo, levantar dúvida sobre quem seja o agente, se foi um reator atômico que vazou, ou uma experiência militar, ou outra de cunho científico.

Daí, completa ele, a procura de uma consideração diversa em torno do nexo de causalidade entre o fato e o dano.

Considerando, então, que, ainda nos países em que predomina a livre-iniciativa, caminha-se para a estatização da indústria à base da fissão ou da fusão nuclear, sugere para os riscos atômicos o "seguro legal ou garantia do Estado", embora advirta para as dificuldades na previsão dos riscos e no cálculo dos orçamentos.

O problema ainda não chegou a adquirir visos de generalidade. Mas já se deve cogitar dele. A instalação de usinas atômicas, o processamento de urânio enriquecido e o desenvolvimento da indústria nuclear já nos advertem sobre a perspectiva de danos atômicos, e nos aconselham a começar a pensar o assunto. E pensá-lo precisamente em termos de responsabilidade civil do Estado, que assume diretamente a atividade e incentiva as operações.

Nosso direito já se conscientizou do assunto, estabelecendo a Constituição Federal de 1988, no art. 21, alínea XXIII, competir à União as atividades nucleares de qualquer natureza, e determinando que "a responsabilidade civil por danos nucleares independe da existência de culpa".

107. *Atos legislativos.* A responsabilidade do Estado por ato legislativo oferece ângulos de visada bem diversos da que preside à conduta da administração pública. Por largo período histórico predominou a soberania do rei – *the king can do no wrong* – cuja vontade se sobrepunha a toda a racionalidade – *sic volo, sie jubeo, sit pro ratione voluntas*. A ela seguiu-se a soberania do parlamento, com a aceitação de sua infalibilidade. Aquele, a quem cabe elaborar a lei, não está a ela subordinado. É o que Orozimbo Nonato qualificava, em certa medida, de "poderes satânicos do legislador".

Nos regimes caracterizados pelo princípio da hierarquia das normas, a Constituição sobrepõe-se não apenas à lei, mas comanda a própria atuação parlamentar. É o que Rui Barbosa enunciava, ao definir a Constituição como "ato da Nação em atitude soberana de se constituir a si mesma", ao passo que com a lei o legislador "executa a Constituição". E, num resumo feliz, sentenciava:

---

[49] Cf. René Rodière. Responsabilité civile et risque atomique. Cit. p. 428.

"A Constituição demarca os seus próprios poderes. A lei tem os seus poderes confinados pela Constituição"[50].

No estudo da responsabilidade de Estado legislador, cumpre ter em vista estes parâmetros, para não romper barreiras que conduzam a equívocos irreversíveis.

Partindo, então, de que o Poder Legislativo não pode exorbitar dos termos da outorga constitucional, vale desde logo assinalar que o rompimento desta barreira pode ser erigido em pressupostos da responsabilidade do Estado. Votando lei cuja inconstitucionalidade é declarada formalmente pelo Judiciário, e com ela trazendo lesão a direito individual, o legislador transpõe o limite da liceidade. Como o Legislativo é um Poder através do qual o Estado procede no cumprimento de suas funções, força é concluir que o ilícito, cometido por via da atuação legislativa, sujeita o Estado à reparação do dano causado. Ao propósito, lembra-se que se da execução de uma lei inconstitucional resulta lesão ao direito individual, "não será lícito afirmar, ao menos de modo absoluto, que o Estado não deve indenização alguma pelo mal resultante de semelhante ato"[51].

Independentemente da inconstitucionalidade, ou seja, quando se cogita da atividade legislativa normal[52], aí é que se deve colocar a discussão da responsabilidade do Estado pelo ato legislativo: "em muitos casos, o Parlamento", diz Júlio S. Altamira Gigena, "ao exercer suas funções específicas, ocasiona sérios danos aos particulares, até o ponto de produzir sua ruína e reduzi-los à miséria"[53]. E em abono da proposição cita vários exemplos ocorridos no Uruguai, na Alemanha, na França[54].

Para a fixação do princípio, convém recordar as correntes doutrinárias que justificam o princípio da responsabilidade civil do Estado, dentre as quais

---

[50] *Comentários à Constituição Federal brasileira*. Coligidos e ordenados por Homero Pires. v. 1, p. 20.

[51] Amaro Cavalcanti. *Responsabilidade civil do Estado* Cit. v. 1, n. 54-a, p. 313; Pedro Lessa. *Do Poder Judiciário*. Cit. p. 64; Aguiar Dias. *Da responsabilidade civil*. Cit. v. 2, p. 138; J. Guimarães Menegale. *Direito Administrativo*. Rio de Janeiro: Borsoi, 1957. p. 508.

[52] Além das situações de aplicação de lei inconstitucional, a jurisprudência tem entendido que o Estado também pode ser responsabilizado pelos danos produzidos em razão da incidência de lei materialmente defeituosa. Como para que haja dever de indenizar é necessário que o ato legislativo tenha produzido danos ao particular, a jurisprudência tem entendido que as leis materialmente defeituosas emanadas do legislador podem ser impugnadas inclusive por meio de mandado de segurança, assegurando-se ao lesado o direito à reparação dos prejuízos, desde que atinjam diretamente a esfera jurídica de indivíduos determinados e sejam efetivamente comprovados. Nesse sentido: STF, 1ª T., MS 37792/DF, Rel.ª Min.ª Rosa Weber, julgado em 24.3.2021.

[53] Júlio S. Altamira Gigena. *Responsabilidad del Estado*. Cit. p. 147.

[54] Sobre responsabilidade civil do Estado por ato legislativo, José Cretella Júnior. In: *Revista Forense*, Rio de Janeiro: Forense, abr.-jun./1984. v. 286, p. 11.

assinalamos as três que nos parecem as mais significativas, conforme visto anteriormente: da culpa, do acidente administrativo e do risco social. É nesta última que encontra suporte o princípio da responsabilidade do Estado pela atividade legislativa, quando esta rompe o "equilíbrio dos encargos e vantagens sociais em prejuízo de certas pessoas somente"[55]. Brunet, em verdade, aprofunda o estudo da questão, em termos que aqui eu resumo, reportando-me à obra citada, em referência apenas às páginas. A doutrina tradicional da responsabilidade civil pressupõe, como um dos seus extremos, a apuração da culpa. Acontece que não se pode acusar de culpa quem somente usa de seu direito, mesmo causando prejuízo: *neminem laedit qui suo iure utitur* (p. 29). Daí uma primeira consequência: diante de uma lei ferindo, mesmo de maneira arbitrária, algum direito, o juiz não pode apoiar-se na ideia de culpa do Estado para conceder indenização às vítimas do prejuízo (pp. 29/30). A soberania do Estado é atributo do poder que se situa acima de todos os outros poderes (p. 35). Dentro na doutrina subjetiva da responsabilidade civil não se concebe possa o juiz proclamar a culpa do Estado legislador. É, portanto, na teoria objetiva que se encontrará suporte para a responsabilidade do Estado pelo ato legislativo. O que deve ser apurado, então, é o dano, e não a culpa. O âmago da questão está em conciliar a responsabilidade pelo risco com a ideia de soberania do legislador. Em virtude da ideia do risco é possível responsabilizar o Estado pela violação do princípio, fundamental em direito público, da igualdade dos cidadãos diante dos encargos e vantagens sociais (p. 61). No domínio administrativo, a responsabilidade do poder público veio, não propriamente ser substituída, porém subposta à responsabilidade pelo risco (p. 67). Independentemente da subordinação do legislador aos princípios constitucionais, a onipotência do legislador, nascida da soberania, é perigosa, e pode tornar-se incontrolada e incontrolável (p. 68). Ora, se é impossível construir uma teoria subjetiva da responsabilidade do legislador, é contudo viável entender que toda sociedade organizada supõe a realização de um equilíbrio entre os direitos do Estado e os direitos dos cidadãos. O indivíduo sofre as imposições do Estado (p. 73). Se, porém, os encargos rompem a necessária proporcionalidade, e sobrevém o dano, a distribuição dos ônus e encargos sociais fundamenta a responsabilidade civil do Estado legislador.

A ação legislativa pode ser inspirada nos mais seguros e louváveis princípios. Pode ser o interesse da coletividade; podem ser razões de higiene ou saúde pública; podem ser motivos de salvação pública; ou de segurança interna ou mesmo de defesa nacional. Em todas estas situações, ou outras que se lhes assemelhem, o Legislativo procede regularmente; não transcende os limites da outorga constitucional; não age com culpa nem se desvia das normas que presidem à elaboração legislativa. Se, entretanto, ao elaborar o provimento legislativo, sacrifica os direitos do indivíduo, a

---

[55] Jean-F. Brunet. *De la responsabilité de l'Etat législateur.* Cit. p. 149.

distribuição dos encargos e vantagens sociais exige que o lesado seja ressarcido do prejuízo que eventualmente houver suportado. Como observa o já citado Brunet, se o progresso é uma necessidade, a melhor garantia contra a onipotência legislativa, lesiva a um cidadão ou um grupo de indivíduos, é a responsabilidade do legislador[56]. Neste sentido, Gerard Cornu afirma que a responsabilidade do Estado, pelo fato de suas leis, "compensa o rompimento da igualdade dos cidadãos diante da lei"[57].

Ao desenvolver a responsabilidade do Estado pelos danos causados pela atividade administrativa, mostrei que, em reiteradas fases de nossa vida republicana, o princípio da responsabilidade civil do Estado foi proclamado em franca subordinação à teoria do "risco administrativo", quando o texto constitucional proclama que o Estado responde pelo dano causado, independentemente da apuração da culpa do servidor, que somente será levada em conta para a determinação do direito de regresso. Se assim é para os danos causados pela Administração, assim deve ser em se tratando de ato legislativo. O mesmo princípio da distribuição dos ônus e encargos sociais, acima proclamado, habilita a conclusão de que sendo o dano causado pelo Estado legislador, o lesado tem direito à reparação, com o mesmo fundamento.

Em minha atividade profissional tive um caso típico de reparação de dano causado por ato legislativo. Um decreto-lei, baixado no regime discricionário inaugurado a 10 de novembro de 1937, autorizou a desapropriação das ações de um banco particular, estabelecendo que o preço de cada uma seria o quociente da divisão do ativo líquido, apurado no último balanço, pelo número de ações em circulação (Decreto-Lei n. 6.953, de 12 de outubro de 1944). Inconformados, os acionistas (na sua maioria franceses) discutiram por longo tempo na Justiça, e, mais de trinta anos depois, o Supremo Tribunal Federal veio a decidir que se deveria proceder à avaliação efetiva, para que fossem eles indenizados segundo ficasse apurado. O mais interessante é que a preliminar de inconstitucionalidade foi repelida, de sorte que a decisão não se encerrou em termos de que aquela lei do período ditatorial atentara contra o princípio constitucional de garantia da propriedade. O fundamento da decisão foi que a desapropriação deveria seguir o *due process of law*, e que no processo expropriatório a coisa desapropriada tinha de ser avaliada. Se ficasse apurado que aquele valor era justo, prevaleceria o critério imposto no provimento legislativo; mas se encontrasse valor diferente, o Estado teria de indenizar os acionistas. O ato era inequivocamente legislativo, uma vez que os decretos-leis, na ausência de Congresso, que perdurou no período de 1937 a 1945, eram provimentos legislativos. E, não obstante isto, ocorreu a revisão do

---

[56] Jean-F. Brunet. *De la responsabilité de l'Etat legislateur*. Cit. p. 108.

[57] Gérard Cornu. *Étude comparée de la responsabilité delictuelle en droit privé et en droit public*. Reims : Matot-Braine, 1951. p. 264.

204 | RESPONSABILIDADE CIVIL – *Caio Mário da Silva Pereira*

ato pelo Judiciário, que, sem declarar a inconstitucionalidade daquele decreto-lei, decidiu pela reparação do prejuízo causado aos titulares das ações.

A noção básica, sustentada pelos corifeus da irresponsabilidade do Estado, pelo ato legislativo, alicerçada no conceito da soberania parlamentar, não pode, portanto, ser considerada em termos absolutos. Ao revés, e na conformidade do que venho demonstrando, quando a lei, ainda que sob a melhor inspiração, culmina por lesar interesses de um cidadão, ou de um certo número de indivíduos, sujeita o Estado a ressarcir o dano causado.

108. *Ato judicial.* Posto que mais raro, não se apresenta menos relevante o problema da responsabilidade do Estado pelo fato da função jurisdicional. É problema que constitui objeto das cogitações do jurista, do sociólogo como do próprio legislador[58]. Encarando a questão em termos gerais, argumenta Amaro Cavalcanti que, se os atos dos funcionários consideram-se atos do Estado, "o mesmo deve-se dizer dos atos dos juízes; nada influindo a circunstância de que estes últimos independem da vontade do Chefe de Estado (*Herrschers*) na decisão dos pleitos"[59-60].

Logo de plano há uma distinção fundamental: saber se o ato foi praticado no exercício da função jurisdicional ou como atuação de natureza administrativa.

Esta última hipótese pode ocorrer quando um juiz, ou mais frequentemente um tribunal (ou seu presidente) atua como se fosse um agente administrativo. Por exemplo, quando contrata a prestação de serviços, ou publica edital para a realização de concurso para provimento de cargo. Aí, a responsabilidade do Estado não difere da dos atos da administração pública. Uma fórmula genérica permite destacar a responsabilidade civil do Estado por atos emanados do Poder Judiciário, quando se atenta na natureza do ato, e não na autoridade que o pratica. Quer dizer: a caracterização do ato como judiciário define-se *ex racione materiae* e não *ex ratione personae*.

Focalizando a atuação judiciária propriamente dita, tem ainda lugar outra distinção, a saber, se o ato foi praticado no exercício regular da função jurisdicional, ou se o juiz exorbitou dela.

É no campo da atividade judicante que a problemática da responsabilidade civil tem de se defrontar com as maiores dificuldades, por se encontrar subordinada

---

[58] Júlio S. Altamira Gigena. *Responsabilidade del Estado*. Cit. p. 156.

[59] Amaro Cavalcanti. *Responsabilidade civil do Estado*. Cit. n. 54-b, p. 317.

[60] A matéria tem sido tratada por Marcel Waline. *Droit administratif*. Paris: Sirey, 1963. p. 909; Guido Zanobini. *Corso di diritto amministrativo*. Milano: A. Giuffre, 1958-59. v. 1, p. 277; Hely Lopes Meirelles. *Direito Administrativo brasileiro*. São Paulo: Revista dos Tribunais, 1966. p. 558; André de Laubadère. *Traité de droit administratif*. Cit. p. 267; Georges Vedez. *Droit administrative*. Cit. p. 312; Jean Rivero. *Droit administrative*. Paris: Dalloz, 1965. p. 267; Roger Bonnard. *Précis de droit administratif*. Paris: Sirey, 1935. p. 49.

a princípios muito distantes dos que informam a matéria ligada à atividade administrativa.

Não se pode perder de vista que, na processualística moderna, o juiz não é mero espectador de uma contenda entre litigantes. Nem ao menos pode permanecer adstrito a conter os contendores na observância das regras do jogo. O juiz dirige o processo, assegurando igualdade de tratamento, às partes, procurando rápida solução para o litígio e assegurando a dignidade da justiça (Código de Processo Civil de 1973, art. 125; a redação corresponde parcialmente ao art. 7º do Código de Processo Civil de 2015). Comentando-o, Celso Agrícola Barbi observa que o Estado tem interesse no desenvolvimento rápido e correto da sua função, e para isto é que investe o juiz da efetiva direção do processo[61].

Ao decidir, aplica a lei ao caso concreto. Deve acertar. Mas nem sempre pode. Dentro na falibilidade humana, está sujeito a errar, e os erros judiciários tanto podem ocorrer na jurisdição civil como na criminal (Celso Agrícola Barbi), mais dramáticos e emocionantes estes, embora não menos numerosos nem de efeitos menos danosos aqueles. Encarando a função específica do Poder Judiciário, Castro Nunes considera que a competência judicial não encontra outras limitações fora das estabelecidas pela Constituição ou compatíveis com ela[62]. Procedendo dentro nestes limites, Mário Guimarães proclama em caráter absoluto que os juízes não são responsáveis pelos danos que suas "decisões erradas" possam causar[63]. E Pedro Lessa, à indagação de quais os atos do poder público que podem gerar indenização, responde com a autoridade da "coisa julgada", esclarecendo que, se o lesado pela sentença definitiva pudesse levantar a questão da responsabilidade do Estado, abriria um "novo litígio sobre a questão já ultimada". E, em consequência, somente enxerga "nos casos de revisão e de rescisão da sentença" a possibilidade de "ressarcimento do prejuízo infligido por uma sentença ilegal"[64].

O argumento extraído da autoridade da *res iudicata* é amplamente discutido por Philippe Ardant, em monografia que veio a lume em 1956, prefaciada pelo grande mestre da Faculdade de Direito de Paris, André de Laubadère. Argumenta Ardant que a autoridade da coisa julgada opõe-se a que seja levado de novo, à justiça, o litígio que foi decidido, acrescentando, com a invocação da paz social, que a força legal inerente ao ato jurisdicional paralisa toda outra tentativa de reabrir a questão, pois "mais vale uma injustiça, do que a subversão da própria justiça"[65].

---

[61] Celso Agrícola Barbi. *Comentários ao Código de Processo Civil*. Rio de Janeiro: Forense, 1978-88. v. 1, n. 675.

[62] Castro Nunes. *Teoria e prática do Poder Judiciário*. Rio de Janeiro: Forense, 1943. p. 569.

[63] Mário Guimarães. *O juiz e a função jurisdicional*. Cit. p. 239.

[64] Pedro Lessa. *Do Poder Judiciário*. Cit. pp. 164-165.

[65] Philippe Ardant. *La responsabilité de l'Etat du fait de la fonction jurisdictionnelle*. Cit. pp. 182 e segs.

Outro argumento, levantado em prol da irresponsabilidade do Estado por ato jurisdicional assenta na necessidade de preservar a "liberdade de espírito dos magistrados", que, no momento de julgar, não podem estar sujeitos a que "preocupações pessoais venham perturbar este reconhecimento"[66].

Tal argumento, como o que se baseia na soberania da justiça, não me parece ter base científica, adstrito apenas a condições humanas e excepcionais. Além disso, prova demais, pois que a prevalecer assim, seria de se repelir também a responsabilidade pelo ato das autoridades administrativas, que no momento de agir estariam sujeitas ao receio de comprometer sua própria independência.

Tendo em vista a soberania da *res iudicata*, o Código de Processo Civil define o que considera ato ilícito cometido pelo juiz: quando procede com dolo ou culpa no exercício das suas funções, ou se recusa, omite ou retarda, injustificadamente, providências que deve ordenar de ofício ou a requerimento da parte (Código de Processo Civil de 1973, art. 133; a redação corresponde à do art. 143 do Código de Processo Civil de 2015).

A conceituação do dolo ou culpa é a do direito comum. E a responsabilidade se positiva, quando o juiz, de qualquer instância ou tribunal, pratica atos lesivos ao jurisdicionado, que se possam inquinar de dolosos ou fraudulentos, ou que se possam qualificar de procedimento culposo[67].

Com fundamento no art. 505 do Código de Processo Civil francês, René Savatier, menciona a responsabilidade pessoal do juiz nos casos de proceder ele de má-fé equivalente à culpa grave, tais como alteração consciente de depoimento ou declaração em interrogatório, alteração ou supressão de peça processual, como ainda se convicto de concussão (recebimento de dinheiro ou presentes)[68]. Esse artigo do Código Processual limitava os casos de responsabilidade dos juízes, respondendo o Estado pelas condenações pronunciadas contra os magistrados, salvo recurso contra estes. Lei de 5 de julho de 1972, no desejo de modernizar as soluções, admite a responsabilidade eventual dos juízes, mas unicamente por faltas pessoais, o Estado garantindo as vítimas dos danos causados pelas faltas pessoais dos juízes[69].

Da análise destes conceitos, que parecem desencontrados, porém na verdade são subordinados a uma tônica de certo modo uniforme, força é concluir que o fato

---

[66] Cf. Philippe Ardant. *La responsabilité de l'Etat du fait de la fonction jurisdictionnelle*. Cit. p. 173.

[67] Pontes de Miranda. *Comentários ao Código de Processo Civil*. Rio de Janeiro: Forense, 1974-1979. v. 1, pp. 535-537; Celso Agrícola Barbi. *Comentários ao Código de Processo Civil*. Cit. pp. 540-542.

[68] René Savatier. *Traité de la responsabilité civile*. Paris: Librairie Générale de Droit et de Jurisprudence, 1939. n. 228.

[69] Alex Weill e François Terré. *Droit civil*: les obligations. Paris: Dalloz, 1971. n. 672.

jurisdicional regular não gera responsabilidade civil do juiz, e, portanto, a ele é imune o Estado. Daí a sentença de Aguiar Dias, que bem o resume, ao dizer que, segundo a doutrina corrente, os atos derivados da função jurisdicional "não empenham a responsabilidade do Estado, salvo as exceções expressamente estabelecidas em lei"[70]. Neste sentido decidiu o Tribunal de Justiça de São Paulo[71]. Ressalta-se, ainda, que atualmente esse é o posicionamento predominante no Supremo Tribunal Federal, *i.e.*, que "a regra geral é a ausência de responsabilidade civil do Estado por atos de jurisdição, somente subsistindo essa situação nos casos, expressamente declarados em lei, de comprovada falta objetiva do serviço público da Justiça"[72].

Situações concretas, entretanto, têm conduzido algumas vezes a admitir a responsabilidade do Estado por erros judiciais[73]. Além destes, a jurisprudência tem admitido se a demora na decisão das causas deveu-se a dolo ou culpa[74-75].

Aqui, normalmente, ocorre a distinção da matéria criminal em relação às instâncias cíveis. No crime, além das consequências da decisão serem de maior gravidade e ameaçarem a liberdade do indivíduo, a atividade do Estado é direta, e quase sempre com a iniciativa do processo, enquanto no cível o procedimento é inquisitório e não acusatório, ocorrendo a ação estatal menos ativamente[76]. No cível a observação de Mário Guimarães, acima invocada, tem maior procedência, uma vez que o conceito de "erro judicial" mais se aproxima da "decisão errada". Quem discute uma causa em juízo corre os riscos da falibilidade humana, e de que o juiz pode, na apreciação dos fatos ou na aplicação do direito, estar sujeito a erros.

Daí o depoimento de Pierre Decheix, resumindo as conclusões do XIV Congresso do Instituto Internacional de Direito de Expressão Francesa (Idef) realizado em Montreal, de 12 a 19 de setembro de 1981. In: *Revue Internationale de Droit Comparé*. 1982. p. 152 e segs.: "Certos países instituíram um processo de indenização das vítimas de erros judiciários." Na apreciação destes, é preciso alertar, como faz Pontes de Miranda, contra o fato de que o tempo e a distância, mudando os conceitos doutrinários ou desfigurando a visão dos acontecimentos,

---

[70] José de Aguiar Dias. *Da responsabilidade civil*. Cit. v. 2, n. 214.

[71] Ver Ulderico Pires dos Santos. *Responsabilidade civil na doutrina e na jurisprudência*. Rio de Janeiro: Forense, 1984. n. 67, p. 124.

[72] STF, 2ª T., AgR no ARE 846.615, Rel. Min. Gilmar Mendes, julgado em 28.04.2015; STF, 1ª T., RE 505.393, Rel. Min. Sepúlveda Pertence, julgado em 26.06.2007.

[73] STJ, 2ª T., REsp. 292.041/SP, Rel. Min. Eliana Calmon, julgado em 10.12.2002.

[74] Cretella Júnior. Responsabilidade do Estado pelos Atos Judiciais. In: *Revista da Faculdade de Direito de São Paulo*. 1969. v. 69, p. 73.

[75] Pela demora na prestação jurisdicional, José Augusto Delgado escreveu artigo em *Revista Forense*. Rio de Janeiro: Forense, jul.-set./1987. v. 299, p. 406.

[76] Philippe Ardant. *La responsabilité de l'Etat du fait de la fonction jurisdictionnelle*. Cit. p. 225.

podem fazer com que uma reapreciação da espécie venha a insinuar enganosamente que o julgamento foi obtido por erro de direito ou erro de fato[77].

Do que vem exposto, e do que proclamam os autores, pode-se com Philippe Ardant proclamar "que jamais foi admitido em direito que os magistrados sejam totalmente irresponsáveis, mas os obstáculos ao exercício ou ao andamento dos processos têm sido tão eficazes que eles conduziram em jurisprudência a uma irresponsabilidade de fato"[78].

Não se poderá jamais proclamar a irresponsabilidade do Estado pelo fato da função jurisdicional, pois numa fase em que o mundo inteiro proclama os direitos humanos e protege os indivíduos, o que se espera no milênio que advém é o aperfeiçoamento dos instrumentos jurídico-processuais não deixará ao desamparo quem sofrer as consequências dos erros judiciários, consequentes a ilegalidades ou abusos de poder.

109. *Ato de guerra.* O estado permanente de guerra neste século, compreendendo toda espécie de atividades, e em todos os quadrantes, atrai necessariamente a atenção dos juristas para o problema da responsabilidade civil pelos seus efeitos.

Um dos primeiros e mais antigos atos, praticados nos períodos de hostilidades, é a denominada "represália", permitida pelo direito internacional. Abandonando o conceito que se liga ao vocábulo na sua acepção vulgar ou corrente, considera-se tal a retribuição de um mal ao súdito do país inimigo a fim de obrigá-lo a retornar aos preceitos jurídicos de que se tenha afastado. É inequivocamente uma injustiça, mas nem por isso se deixa de praticar.

Há de obedecer, contudo, a uma técnica e há de subordinar-se a certos princípios. Não é qualquer pessoa que se pode arrogar o direito de praticar represálias, contra outrem, a pretexto de que é súdito de um país, contra o qual o seu país está em guerra. Somente combatentes podem exercê-la. Mas nem todos os combatentes: somente os comandantes de exércitos, os chefes de tropas, os oficiais superiores podem ordená-las; e somente devem fazê-lo em caso de "necessidade inevitável". É o que ensina Fauchille, o autorizado internacionalista moderno.

> *Les représailles, en principe, ne doivent être ordonnées que par le chef d'armes, par un chef de corps, un officier supérieur. C'est le meilleur moyen d'obtenir qu'elles ne soient exercées qu'en cas de necessité inévitable et qu'elles ne dépassent pas la mesure utile. Les représailles sont une arme trop dangereuse pour être laissée entre les mains de tous les combattantes*[79].

---

[77] Pontes de Miranda. *Comentários ao Código de Processo Civil.* Cit.

[78] Philippe Ardant. *La responsabilité de l'Etat du fait de la fonction jurisdictionnelle.* Cit. p. 109.

[79] Fauchille. *Traité de droit international public.* Cit. n. 1.023, p. 28.

O mesmo e celebrado mestre indaga e em seguida responde, citanto Piliet: "Contre quelles personnes les représailles peuvent-elles être exercées?", indaga Fauchille. E responde citando Piliet:

> *Lorsque les infractions dont on se plaint émanent de militaires, c'est sur les militaires seuls que les représailles doivent porter. (...) Dans tous les cas, il nous parait inhumain autant qu'absurde de venger sur des non combattants les torts imputables aux combattants*[80].

Encarando, entretanto, situações em que as infrações da lei da guerra tenham sido praticadas por "não combatentes", não podem ser dirigidas represálias contra "não combatentes":

> *Si l'infraction alléguée est le fait d'individus non combattants, peut-on exercer des représailles sur leurs concitoyens? Nous répondons négativement avec M. Piliet*[81].

Não é raro que a notícia de atos, muitas vezes cruéis, cometidos contra populações civis desarmadas, provoquem movimentos multitudinários. Multidões enfurecidas atacam pessoas, destroem propriedades incendeiam casas. Nem por isso justifica-se com o pretexto de que o foram devido à justa repulsa aos atos do inimigo. Com toda a sua crueza, a "represália" há de obedecer a certas normas que lhe imprimem "regularidade". E o que preleciona o mesmo e consagrado Fauchille:

> *Plus la faculté de représaille est terrible, plus il convient de la réglementer. Si l'on pouvait la supprimer, sa suppression s'imposerait. – Mais cette suppression est impossible; il vaut mieux definir cette faculté en la limitant, que de lui laisser libre carrière par un sentiment exageré de delicatesse*[82].

Se a expansão das atividades bélicas é uma realidade inescondível, isto não significa que pode encontrar justificativa. Mormente com o testemunho das atividades ocorridas nos últimos tempos, com o massacre de populações civis; ou com o afundamento de navios mercantes sob bandeira de países neutros, como na chamada "Guerra do Golfo" em que degenerou o conflito Irã-Iraque, não se pode olvidar a lição do jurista, ao ensinar que somente as "forças militares" devem suportar a guerra. Os civis, tanto quanto possível, devem ser poupados.

> *Dans cette conception qui est celle encore officiellement admire, la guerre est restreinte aux seules forces militaires der Etats, aux combattants ou aux*

---

[80] Fauchille. *Traité de droit internacional public*. Cit. n. 1.024, p. 28.

[81] Fauchille. *Traité de droit internacional public*. Cit. n. 1.025, p. 29.

[82] Fauchille. *Traité de droit internacional public*. Cit. n. 1.020, p. 27.

bélligerants. Les non combattants doivent être, au contraire, soustraits autant que possible aux conséquences de la guerre, et, en tout cas, jamais attaqués directement[83].

Os súditos do país inimigo, que ingressaram no país regularmente, aí se estabelecendo e operando em atividades pacíficas, devem estar sob a proteção do Estado. É o que ensina Heffter: *Les sujets ennemis qui, lors de l'ouverture des hostilités, se trouvent sur le territoire de l'une des puissances bélligerantes ou qui y sont entrés dans le cours de la guerre, devront obtenir un délai convenable pour le quitter*[84].

A pessoa do não combatente continua amparada na guerra, e seus bens devem ser protegidos:

> *Ler biens possédés dans le territoire de l'une des parties belligérantes par ler sujets de l'autre, continuent à y être protégés par les lois et ne peuvent leur être enlévés sans une violation de la loi internationale. La partie qui s'en est emparée, pourra tout au plus les mettre sous sequestre si cette mesure était de nature à lui faire obtenir plus facilement ler fins de la guerre*[85].

O que os modernos internacionalistas estrangeiros proclamam é o que já era vigente em nossa doutrina, como dá testemunho o clássico Lafayette que, além de grande civilista, pontificou nessa outra seara. Sua lição é esclarecedora:

> *Era prática outrora geralmente aceita e havida como legítima de terem as nações e conservarem em prisão os súditos inimigos que residiam e se achavam no seu território ao tempo da declaração ou rompimento da guerra, e confiscarem a propriedade que, ainda quando ausentes, aí possuíssem.*
>
> *Tinha esta prática por fundamento os princípios então vigentes que era permitido para enfraquecer e arruinar o inimigo fazer-lhe todo o mal e que a guerra não se travava somente entre Estado e Estado senão também entre os súditos de um e outro beligerante.*
>
> *Esses princípios estão hoje condenados e proscritos. No seu estado atual, o Direito Internacional não tolera uma semelhante prática. Não é mais lícito ao beligerante deter e conservar preso no caso aludido os súditos inimigos, nem tampouco confiscar-lhes a propriedade, ou se trate de móveis, ou direitos e ações...*
>
> *Atos tais, além de serem contrários à razão jurídica, envolvem notória quebra da fé pública sob cuja garantia os estrangeiros vêm residir no país, trazem sua propriedade e aí fazem os seus negócios...*

---

[83]   Marcel Moye. *Le droit des gens moderne.* 1920. § 70, p. 383.

[84]   A. O. Heffter, professor da Universidade de Berlim. *Le droit intemational de l'Europe.* Cit. § 126, p. 244.

[85]   Heffter. *Le droit intemational de l'Europe.* Cit. § 131, p. 252.

Cap. X · RESPONSABILIDADE CIVIL DO ESTADO | 211

O procedimento hoje, geralmente adotado e que se pode considerar como formando direito é este: ao declarar a guerra ou ao romper as hostilidades, concede-se aos súditos do inimigo residente no país um prazo razoável de meses, de um ano ou mais, para, dentro dele, se retirarem e transportarem consigo os seus bens e valores[86].

Assentado, pois, que não encontra justificativa o atentado contra bens de súdito estrangeiro, por ato de guerra, levanta-se a questão se, em ocorrendo o dano, cabe ao Poder Judiciário a sua apreciação, bem como o ressarcimento do dano. É esta a lição de Sourdat:

Lorsque, soit en temps de paix, soit même en temps de guerre, les demolitions, occupations de terrains, et autres dommages sont le resultat d'un acte libre et volontaire de l'autorité, accompli à titre de précaution, il y a lieu indemnité. Mais quand ces mesures sont nécessitées par le besoin immediat de la lutte avec l'ennemi, et que, d'ailleurs, elles ne comportent pas une prise de possession permanente, le droit à l'indemnité n'existe pas[87].

O não menos clássico Chironi doutrina no mesmo sentido[88].

E quem decide se há ou não o dever de indenizar é justamente o Poder Judiciário, cuja função específica e constitucional é esta. O estrangeiro só pode pedir a intervenção diplomática, deslocando a questão para a esfera internacional, depois de esgotar todos os recursos, em face das leis do país onde sofre o dano:

Para pedi-la, pois, é preciso que o estrangeiro que se queixa do dano acarretado por ato de autoridades públicas ou de pessoas privadas de outro país esgote antes todos os recursos que lhe possibilitem as leis desse país, para tutela de seus direitos. O princípio, acolhido pela maioria dos autores, inspira-se na consideração de que a responsabilidade internacional só ocorre em caso de denegação de justiça e esta é mera hipótese, quando o particular não a pedir, valendo-se dos meios oferecidos pelo Estado, incriminado para a satisfação do dano[89].

---

[86] Lafayette. *Princípios de direito internacional*. Rio de Janeiro: J. Ribeiro dos Santos, 1902-03. v. 2, p. 77.

[87] Sourdat. *Traité général de la responsabilité*. Paris: Marchal & Godde, 1911. v. 2, n. 1.331, p. 413.

[88] Chironi. *La colpa nel diritto civile odierno – colpa estracontrattuale*. Torino: Fratelli Bocca, 1903-06. v. 2, p. 565.

[89] José de Aguiar Dias. *Da responsabilidade civil*. Cit. v. 2, p. 210.

O Brasil conheceu situação fática que bem espelha a aplicação destes conceitos jurídicos. Na pendência da II Guerra Mundial, submarinos alemães afundaram em 1942 navios mercantes brasileiros, em águas brasileiras.

Em consequência, modificação no texto do art. 166 da Carta Constitucional de 1937, autorizou o Presidente da República a decretar "estado de emergência" no intuito de salvaguardar os interesses morais e materiais do Estado, e suspender as garantias constitucionais atribuídas a pessoas físicas ou jurídicas, súditos de Estado estrangeiro que por qualquer forma tenha praticado atos de agressão, atingindo o Estado brasileiro ou os bens e direitos de pessoas físicas ou jurídicas domiciliadas ou residentes no país.

Na sua execução, baixou o Decreto-Lei n. 4.166, de 11 de março de 1942, declarando:

> *(...) respondem pelo prejuízo que, para os bens e direitos do Estado brasileiro, e para a vida, os bens e direitos das pessoas físicas ou jurídicas brasileiras, domiciliadas ou residentes no Brasil, resultaram ou resultarem, de atos de agressão praticados pela Alemanha, pelo Japão ou pela Itália.*

Eis aí a "represália", tal como autorizada na doutrina internacional que não omitiu o direito de indenização, "segundo o plano que o governo estabelecer".

Paralelamente, ocorreram em diversas capitais e cidades do país, atos de multidões enfurecidas, que promoveram saques, destruição e incêndio de estabelecimentos comerciais de pessoas físicas e jurídicas, ou de estabelecimentos comerciais pertencentes a nacionais dos países com os quais o Brasil estava em guerra.

Inconformados, ingressaram em juízo contra o Estado, onde os danos ocorreram e, provando a omissão das autoridades policiais, que não reprimiram ou impediram os procedimentos danosos, lograram condenação, e receberam a devida indenização.

A Justiça brasileira, não obstante ter articulado defesa fundada em que se tratava de atos de "represália" contra os súditos dos países beligerantes, repeliu a invocação e considerou que, sob o império da lei brasileira, e dos princípios que disciplinam a responsabilidade civil do Estado, os lesados tinham direito à reparação dos danos sofridos.

CAPÍTULO XI
RESPONSABILIDADE MÉDICA

Sumário

Médicos. Cirurgiões. Cirurgia estética reparadora e de embelezamento. Dentistas. Farmacêuticos.

Bibliografia

Aguiar Dias. *Da responsabilidade civil*. Rio de Janeiro: Forense, 1994. v. 1; Anderson Schreiber e Gustavo Tepedino. O extremo da vida. In: *Revista Trimestral de Direito Civil*. n. 39, 2009; Alvino Lima. *Culpa e risco*. São Paulo: Revista dos Tribunais, 1963; Carvalho Santos. *Código Civil brasileiro interpretado*. Rio de Janeiro: Freitas Bastos, 1943. v. 21; Clóvis Beviláqua. *Comentários*. Rio de Janeiro: Francisco Alves, 1944-60; Giorgi. *Obbligazioni*. Torino: Ute, 1930, v. 5; Cunha Gonçalves. *Tratado de Direito Civil Português*. 2. ed. (1. ed. brasileira). São Paulo: Max Limonad, 1957. t. II, v. XII; Eduardo Nunes de Souza. *Do erro à culpa na responsabilidade civil do médico*: estudo na perspectiva civil-constitucional. Rio de Janeiro: Renovar, 2015; Gustavo Tepedino. A responsabilidade médica na experiência brasileira contemporânea. In: *Temas de Direito Civil*. Rio de Janeiro: Renovar, 2006. v. 2; Gustavo Tepedino. A responsabilidade médica na experiência brasileira contemporânea. In: *Temas de Direito Civil*. Rio de Janeiro: Renovar, 2006. t. II; Henoch D. Aguiar. *Hechos y actos jurídicos*. Buenos Aires: V. Abeledo, 1936. v. 11; Heloisa Helena Barboza. Responsabilidade civil médica no Brasil. In: *Revista Trimestral de Direito Civil*. Rio de Janeiro: Padma, jul.-set./2004. v. 19; Humberto Theodoro Júnior. Aspectos processuais da ação de responsabilidade por erro médico. In: *Revista de Processo*. São Paulo: Revista dos Tribunais, 1999. n. 95; Jorge Mosset Iturraspe. *Responsabilidad del médico*. Buenos Aires: Astreia, 1979; Judith Martins-Costa. Entendendo problemas médico-jurídicos em ginecologia e obstetrícia. In: *Revista dos Tribunais*, n. 831, 2005; Lalou. *Traité pratique de la responsabilité civile*. Paris: Dalloz, 1955; Larombière. *Obligations*. Paris: A. Durand et Pedone-Lauriel, 1885; Maria Helena Diniz. *O estado atual do Biodireito*. São Paulo: Saraiva, 2008; Mazeaud e Mazeaud. *Responsabilité civile*. Paris: Montchrestien, 1955. v. I; Miguel Kfouri Neto. A responsabilidade civil do médico. In: *Revista dos Tribunais*. São Paulo: Revista dos Tribunais. n. 654; Miguel Kfouri Neto. *Responsabilidade civil dos hospitais*. São Paulo: Revista dos Tribunais, 2010; Philippe Malaurie e Laurent Aynès. *Droit Civil*: lesobligations. Paris: Cujas, 1990; René Savatier. *Comment répenser la conception actuelle de la responsabilité civile*. Paris: Dalloz, 1967; Silvio Rodrigues. *Direito Civil*. São Paulo: Saraiva, 1973-75. v. 4; Sourdat. *Traité de la responsabilité civile*. Paris: Marchal & Godde, 1911. v. 2; Teresa Ancona Lopes de Magalhães. Responsabilidade civil dos médicos. In: *Responsabilidade civil*. Yussef Said Cahali (coord.). São Paulo: Saraiva, 1988.

110. A par dos princípios definidores de responsabilidade civil, compreendidos genericamente na fórmula segundo a qual a ninguém é lícito trazer lesão a outrem – *neminem laedere* – são de se cogitar alguns casos especiais, que por sua natureza vêm mencionados no Código Civil ou em lei extravagante. Outros constituem objeto da doutrina, porém destacados em razão de sua incidência específica na jurisprudência dos tribunais, ou ainda de sua maior relevância social. No tocante à responsabilidade médica, cabe atentar para a que decorre de fato próprio, como a de terceiros, tais como equipe hospitalar, enfermeiros e auxiliares[1].

Se todas as pessoas estão subordinadas à preceituação genérica, algumas se encontram adstritas a normas específicas, reguladoras de sua profissão, arte ou ofício, constituindo a infringência delas motivos peculiares de responsabilidade. Menciona o Código Civil a responsabilidade médica no art. 951, como alude ainda à cobrança de dívida não vencida ou já paga, e à usurpação do alheio. Leis outras cogitam de deveres profissionais ou funcionais (advogados, funcionários públicos, serventuários de justiça) ou a certas atividades (proprietários ou condutores de automóveis e aeronaves, bancos, empresas de energia elétrica).

111. No presente Capítulo cuidarei da responsabilidade médica nos seus diversos aspectos. E no frontispício de seu estudo, é de se levar na devida consideração o impacto dos progressos técnicos sobre a atividade médica, a que em especial se refere René Savatier. A técnica mecânica, diz ele, aumentando a vida humana, aumentou a segurança. O médico, para usá-la devidamente, necessita de possuir novos conhecimentos, atualizando-se no interesse de seus pacientes. Na trilha da lei geral do progresso, a técnica médica tende a comandar o seu concurso. Se, por um lado, habilita o profissional para desenvolver a sua arte, e melhor aplicá-la, impõe-lhe também deveres inexistentes na medicina tradicional. A utilização de aparelhagem especial abre novos aspectos à responsabilidade civil, aliando à "responsabilidade contratual na medicina de clientela" uma outra responsabilidade, a do fato das coisas (instrumentos utilizados) e a do fato de outrem, na medida em que um terceiro coopera com o médico assistente[2].

Ao mencionar especialmente os médicos, cirurgiões, dentistas, farmacêuticos, parteiras, o art. 1.545 do Código Civil de 1916 tinha em vista que esses profissio-

---

[1] Teresa Ancona Lopes de Magalhães. Responsabilidade civil dos médicos. In: *Responsabilidade civil*. Yussef Said Cahali (coord.). São Paulo: Saraiva, 1988. p. 309.

[2] René Savatier. *Comment répenser la conception actuelle de la responsabilité civile*. Paris: Dalloz, 1967. n. 64, p. 29; Jorge Mosset Iturraspe. *Responsabilidad del médico*. Buenos Aires: Astreia, 1979; Charles Vilar. L'evolutions des responsabilités du chirurgien et de l'anesthesiste. In: *Revue Trimestrielle de Droit Civil*. 1972/741; Lacerda Panasco. Responsabilidade civil, penal e ética dos médicos. In: *Revista Forense*, p. 311; Teresa Ancona Lopes de Magalhães. Responsabilidade civil dos médicos. In: *Responsabilidade civil*. Yussef Said Cahali (coord.). Cit. p. 309.

nais sujeitam-se a exigências destinadas a considerá-los aptos para o exercício de suas atividades. Por isso mesmo, presume-se habilitado "todo aquele que exercita uma arte, ofício ou profissão", daí decorrendo a presunção de culpa se incide em imperícia na execução das respectivas atividades[3]. Não se podem em princípio, escusar sob a invocação de ser o dano causado por uma causa acidental, tendo em vista que lhes incumbe zelo e vigilância próprios de seus *status*. Vigora, desta sorte, a presunção de culpa por qualquer deslize que leve o cliente ou pessoas que se submetam a seus cuidados à morte ou a prejuízos que as inabilitem ou diminuam a sua capacidade de trabalho. Tal é a importância de sua conduta que, em Direito Romano (Livro 7 *ad Edictum provinciale*) qualificava a imperícia com que se conduzissem como um procedimento culposo (*imperitia culpae adnumeratur – Digesto*, Liv. 50, Título XVII, fr.132). Não se pode imputar ao médico o evento da morte, mas a ele é de se imputar o que a cometeu por imperícia, proclamava Ulpiano *in Digesto*, Liv. I, Tít. XVIII, fr. 6, § 7º: *Sicut medico imputari eventus mortalitatis non debet: ira quod per imperitiam commitit imputari ei debet.*

Legislação especial estabelece os requisitos para o exercício da profissão, desde a diplomação em curso universitário até a inscrição em órgãos especializados (Conselho Regional de Medicina). A inobservância de regras pertinentes sujeita o infrator a penalidades administrativas e à punição criminal, sem prejuízo do dever de ressarcir o lesado pelos danos sofridos.

O Projeto de Código Civil de 1975 (Projeto 634-B) dispensou-se de reproduzir o disposto no art. 1.545 do Código de 1916, por se entender que não há razão para destacar a imprudência, a negligência, a imperícia do conceito genérico de culpa. É, em verdade, conveniente observar que a referência expressa à observância de regras muito rígidas pode levar o juiz a se apegar demasiadamente aos casuísmos, deixando não indenizada a vítima. Bem aplicados os princípios, não há mal em que a conduta do médico seja apreciada na conformidade dos princípios gerais, combinados com as normas regulamentares da profissão, sob orientação dos bons conceitos doutrinários, oriundos da experiência. É de todo conveniente admitir que o profissional se conduza pelas normas próprias de sua arte ou ofício. O fato de deixar sem referência algumas delas não traduz dispensa. É bastante frisar, como salienta Giorgio Giorgi, que todo aquele que exerce publicamente uma arte, profissão ou ofício presume-se habilitado (loc. cit.), e como afirma Larombière (por ele citado), que, por mais elevada que seja uma posição, profissão ou arte, jamais pode atribuir irresponsabilidade ou conceder imunidade a quem a exerce[4].

---

[3] Carvalho Santos. *Código Civil brasileiro interpretado*. Rio de Janeiro: Freitas Bastos, 1943. v. 21, p. 247, à sua vez forte em Giorgi. *Obbligazioni*. Torino: Ute, 1930. v. 5, n. 154.

[4] Larombière. *Obligations*. Paris: A. Durand et Pedone-Lauriel, 1885. n. 1.382.

Cap. XI · RESPONSABILIDADE MÉDICA | 217

O Código Civil refere-se à responsabilidade médica difusamente ao tratar, no âmbito do art. 951, dos danos decorrentes de atividade profissional:

> O disposto nos arts. 948, 949 e 950 aplica-se ainda no caso de indenização devida por aquele que, no exercício de atividade profissional, por negligência, imprudência ou imperícia, causar a morte do paciente, agravar-lhe o mal, causar-lhe lesão, ou inabilitá-lo para o trabalho.

O Código de Defesa do Consumidor também lhe atribui natureza subjetiva, nos termos do art. 14, § 4º: "A responsabilidade pessoal dos profissionais liberais será apurada mediante a verificação de culpa".

Todavia, observa-se tendência ampliativa da responsabilidade do médico por meio da aplicação, pelos tribunais, da inversão do ônus probatório[5].

112. O Código Civil de 1916, destacando certas profissões, não excluía a responsabilidade de outras. Apenas levava em consideração, como observava Beviláqua, a responsabilidade das pessoas que indicava, considerando as falhas cometidas como casos especiais de culpa[6]. Ao mencionar os médicos, cirurgiões, dentistas, farmacêuticos e parteiras, estabelecia que respondem uns e outros pelos danos que venha alguém a sofrer por imperícia, imprudência ou negligência deles. O sistema atual seguiu tal orientação. Não é possível descer a minúcias para estabelecer em que consiste o ato culposo no diagnosticar, no prescrever, no tratar o cliente. Se age com culpa, e daí resulta um prejuízo para a pessoa sujeita a seus cuidados, responde por perdas e danos. As hipóteses lembradas pelos autores, na maioria hauridas na jurisprudência, são meramente exemplificativas, cabendo ao juiz, em cada caso, ponderar as circunstâncias, para só então qualificar a espécie. Não é fácil a sua determinação genérica[7]. Nas questões judiciais, não sendo o magistrado um técnico, a experiência revela que deve ser recebida com cautela a opinião do perito em que se louva, pois que este, sem embargo de seu elevado conceito, tende a isentar o colega, pelo ato incriminado, sob a inspiração do *esprit de corps* ou solidariedade profissional, como observam Mazeaud e Mazeaud. *Responsabilité civile*. I, n. 510. Lacerda Panasco, a propósito, alude ao que denomina "Conspiração do Silêncio". Salvo naqueles casos em que a conduta constitui prática delitual, o juiz deverá atender a todas as particularidades da espécie a ser decidida. Mesmo em face de um laudo pericial, o juiz não está adstrito às conclusões da perícia, podendo, sem embargo das constatações do relatório, proclamar a culpa

---

[5]   STJ, 2ª T., AgInt no AREsp 1814936/DF, Rel.ª Min.ª Assusete Magalhães, julgado em 21.6.2021; STJ, 4ª T., REsp 1145728/MG, Rel. Min. João Otávio de Noronha, julgado em 28.06.2011.

[6]   Clóvis Beviláqua. *Comentários*. Rio de Janeiro: Francisco Alves, 1944-60. Observação ao art. 1.545.

[7]   Henoch D. Aguiar. *Hechos y actos jurídicos*. Buenos Aires: V. Abeledo, 1936. v. 11, p. 441.

218 | RESPONSABILIDADE CIVIL – *Caio Mário da Silva Pereira*

contrariamente às conclusões do laudo, como, aliás, é expresso em nosso Código de Processo Civil de 1973, uma vez que o juiz não é adstrito ao laudo, podendo formar a sua convicção com outros elementos ou fatos provados nos autos (art. 436, com a redação parcialmente correspondente à do art. 479 do Código de Processo Civil 2015: "O juiz apreciará a prova pericial de acordo com o disposto no art. 371, indicando na sentença os motivos que o levaram a considerar ou a deixar de considerar as conclusões do laudo, levando em conta o método utilizado pelo perito"[8]).

Os autores mencionam, contudo, algumas situações que importam responsabilidade ou permitem a sua escusativa, e servem de parâmetros na determinação das linhas mestras desse gênero de responsabilidade[9].

112-A. A caracterização jurídica da *responsabilidade médica* é posta em termos controvertidos, mostrando-se que de um lado há os que se colocam no campo da *responsabilidade contratual*, e de outro, os que a entendem como extracontratual ou aquiliana. Não obstante o Código Brasileiro de 1916 inseri-la "em dispositivo colocado entre os que dizem respeito à responsabilidade aquiliana", considera-se que se trata de "responsabilidade contratual"[10].

A orientação adotada sob a égide da codificação anterior consolidou-se em doutrina[11]. Com efeito, a relação entre médico e paciente pode ser classificada como locação de serviços *sui generis*, na qual se agregam à prestação remunerada de serviços deveres extrapatrimoniais essenciais à avença[12].

---

[8]   Mazeaud e Mazeaud. *Responsabilité civile*. Paris: Montchrestien, 1955. v. I, n. 510.

[9]   Vejam-se: Aguiar Dias. *Da responsabilidade civil*. Rio de Janeiro: Forense, 1994. v. 1, n. 114 e segs.; Carvalho Santos. *Código Civil brasileiro interpretado*. Cit. pp. 258 e segs.; Silvio Rodrigues. *Direito Civil*. São Paulo: Saraiva, 1973-75. v. 4, n. 83; Sourdat. *Traité de la responsabilité civile*. Paris: Marchal & Godde, 1911. v. 2, pp. 296 e segs.; Mazeaud e Mazeaud. *Responsabilité civile*. Cit. v. 1, n. 508 e segs.; Savatier. *Responsabilité civile*. Paris: Librairie Générale de Droit et de Jurisprudence, 1939. v. 2, n. 783 e segs.; Giorgio Giorgi. *Obbligazioni*. Cit. v. 5, n. 154 e segs.

[10]   Aguiar Dias. *Da responsabilidade civil*. Cit. n. 114; Philippe Malaurie e Laurent Aynès. *Droit Civil*: les obligations. Paris: Cujas, 1990. n. 469; Teresa Ancona Lopes de Magalhães. Responsabilidade civil dos médicos. In: *Responsabilidade civil*. Cit. p. 312.

[11]   Confiram-se, a título exemplificativo, José de Aguiar Dias. *Da responsabilidade civil*. p. 327; Humberto Theodoro Júnior. Aspectos processuais da ação de responsabilidade por erro médico. In: *Revista de Processo*. São Paulo: Revista dos Tribunais. n. 95, pp. 13 e segs.; Miguel Kfouri Neto. A responsabilidade civil do médico. In: *Revista dos Tribunais*. São Paulo: Revista dos Tribunais. n. 654, pp. 57 e segs.

[12]   Sobre responsabilidade médica, v. Gustavo Tepedino. A responsabilidade médica na experiência brasileira contemporânea. In: *Temas de Direito Civil*. Rio de Janeiro: Renovar, 2006. t. II; e, ainda: Heloisa Helena Barboza. Responsabilidade civil médica no Brasil. In: *Revista Trimestral de Direito Civil*. Rio de Janeiro: Padma, jul.-set./2004. v. 19.

Não terminam aí as controvérsias. Como dão testemunho os irmãos Mazeaud, a questão levantada na jurisprudência a propósito da qualificação da culpa, *se grave ou leve*, tem provocado decisões diversas, na configuração da *culpa profissional*. Dizendo que o doente muitas vezes tem dificuldade em situar a responsabilidade do médico, se *delitual* ou *quase delitual*, e para não cindir o estudo da responsabilidade médica, "pode-se cogitar da questão no seu conjunto no terreno da culpa quase delitual"[13].

Como se não bastassem estas, outra discussão ainda surge, levando a distinguir, na falta cometida, se o médico infringiu a regra geral de prudência a que estão sujeitas todas as pessoas, e neste caso obriga-se na forma do direito comum, ou, ao revés, está subordinado a "normas de ordem científica", e somente responde se incide em "falta profissional".

Entendo eu que essas discussões, sobre não apresentarem interesse prático, somente concorrem para embaraçar os julgamentos. O juiz não se deve apegar a posições abstratas, e por amor a elas, deixar de oferecer solução adequada à espécie, submetida à sua jurisdição, "transformando-se em Sorbona médica"[14].

Neste ponto os irmãos Mazeaud definem-se em melhores termos, quando enunciam que "a responsabilidade dos médicos, cirurgiões etc. obedece às regras gerais"[15]. Entendem que "a culpa profissional aprecia-se como qualquer outra". Desde que o juiz entenda que um médico prudente ter-se-ia comportado, nas mesmas circunstâncias, diversamente do acusado, "ele deve condenar à reparação"[16]. No Direito francês, embora a responsabilidade médica permaneça, como em 1804, fundada na doutrina da culpa provada e na relação de causalidade entre esta culpa e o dano sofrido pelo paciente, a tendência atual é reforçá-la com os sistemas de "garantia" do risco médico como complemento da responsabilidade por culpa[17, 18].

Num ponto, parece ocorrer, senão unanimidade, ao menos harmonia de opiniões. A obrigação do médico, que é chamado a atender a um cliente, não constitui (salvo na cirurgia estética como se verá adiante) uma obrigação de resultado, porém uma obrigação de meios. Ele não assume o compromisso de curar o doente (o que seria contra a lógica dos fatos) mas de prestar-lhe assistência, cuidados, não quaisquer cuidados, porém conscienciosos e adequados ao seu estado[19].

---

[13]   Mazeaud e Mazeaud. *Responsabilité civile*. Cit. n. 508.

[14]   Mazeaud e Mazeaud. *Responsabilité civile*. Cit. n. 508.

[15]   Mazeaud e Mazeaud. *Responsabilité civile*. Cit. n. 511.

[16]   Mazeaud e Mazeaud. *Leçons de droit civil*. Paris: Montchrestien, 1955. v. 2, n. 462.

[17]   Durry. *La responsabilité du médecin en Droit Français*.

[18]   Tunc. *La responsabilité civile du médecin;* Jean Penneau. *La reforme de la responsabilité medicale*: responsabilité ou assurance. In: *Revue Internationale de Droit Comparé*, abr./jun. 1990. pp. 525 e segs.

[19]   Aguiar Dias. *Da responsabilidade civil*. Cit. n. 115; Silvio Rodrigues. *Direito civil*. Cit. n. 83; Planiol, Ripert e Boulanger. *Traité élémentaire*. Paris: R. Pichon Et R. Durnad-Auzias, 1946. v. 2, n. 961; Mazeaud e Mazeaud. *Responsabilité civile*. Cit. v. 1, n. 115; Alex Weill e François

Questão que tem sido levada aos tribunais franceses é se o médico responde pelo "erro de diagnóstico", ou "erro de técnica"[20]. E tem sido admitido que o "erro de diagnóstico" não é culposo, mas atrai a responsabilidade do médico, "no momento em que não teria sido cometido por um profissional prudente, colocado nas mesmas condições externas do defendente"[21], [22]. Mas o "erro de técnica deve ser apreciado pelo juiz com maior cautela, especialmente quando os métodos científicos são discutíveis ou sujeitos a dúvidas"[23]. Dito de outra forma, nos casos controvertidos ou duvidosos, o erro profissional não pode ser considerado imperícia, imprudência ou negligência[24].

Doutrina e jurisprudência brasileiras utilizam-se, no mais das vezes, do conceito de culpa grave – traduzido no erro grosseiro – para estabelecer o dever de indenizar. Todavia, o parâmetro, além de não contribuir para a comprovação da culpa do médico, acaba por excluir a responsabilidade do profissional por condutas que suscitam graves danos, embora não decorram propriamente de erro grosseiro. Por isso, deve o intérprete avaliar "se o médico teve culpa no modo como procedeu ao diagnóstico, se recorreu, ou não a todos os meios ao seu alcance para a investigação do mal"[25] considerando o cumprimento pelo profissional das regras e posturas inafastáveis ao procedimento diagnóstico.

Assentados no conceito de "responsabilidade contratual", os autores decompõem as obrigações do médico em: a) deveres de conselho; b) cuidados e assistência; c) abstenção de abusos e desvios de poder[26]. Em consequência, caracterizar-se-iam como "faltas profissionais" a infringência a esses deveres básicos[27].

Terré. *Droit civil*: les obligations. Paris: Dalloz, 1971. n. 369; Malaurie e Aynès. *Droit civil*: lesobligations. Cit. n. 469. Confira-se na jurisprudência: STJ, 4ª T., AgInt no AREsp 1662960/PR, Rel. Min. Luis Felipe Salomão, julgado em 22.11.2021; STJ, 3ª T., AgInt no REsp 1739397/MT, Rel. Min. Marco Aurélio Bellizze, julgado em 14.8.2018.

[20] Sobre o tema, conferir: Eduardo Nunes de Souza. *Do erro à culpa na responsabilidade civil do médico*: estudo na perspectiva civil-constitucional. Rio de Janeiro: Renovar, 2015.

[21] Malaurie e Aynès. *Droit civil*: les obligations. Cit.

[22] Mazeaud. *Responsabilité civile*. Cit. n. 511.

[23] Aguiar Dias. *Da responsabilidade civil*. Cit.

[24] Carvalho Santos. *Código Civil brasileiro interpretado*. Cit.

[25] Cunha Gonçalves. *Tratado de Direito Civil Português*. 2. ed. (1. ed. brasileira). São Paulo: Max Limonad, 1957. t. II. v. XII. p. 965.

[26] Aguiar Dias. *Da responsabilidade civil*. Cit. n. 116.

[27] Mazeaud e Mazeaud. *Responsabilité civile*. Cit. n. 150 e segs.; Lalou. *Traité pratique de la responsabilité civile*. Paris: Dalloz, 1955. n. 422 e segs.; Sourdat. *Traité pratique de laresponsabilité civile*. Cit. v. 2, n. 676; Giorgi. *Obligazioni*. Cit. v. 5, n. 154; Carvalho Santos. *Código Civil brasileiro interpretado*. Cit. XXI, pp. 258 e segs.; Savatier. *Traité de la responsabilité civile*. Cit. v. 2, n. 780.

Embora o médico, como profissional, tenha por si a presunção de conhecimento e portanto a direção do tratamento, não se dispensa de orientar o enfermo ou as pessoas de cujo cuidado este depende, a respeito de como proceder, seja no tratamento ambulatorial, seja no hospitalar, seja ainda no domiciliar. No caso da moléstia exigir a consulta a um especialista, ou uma intervenção cirúrgica, cumpre-lhe fazer a indicação cabível e em tempo oportuno. No dever de aconselhar, não pode omitir a informação sobre os riscos do tratamento. Era entre nós comum, em casos de moléstia grave, ocultar o médico esta circunstância, resguardando o doente do choque psicológico. Mais modernamente, e no rumo do que se denomina a "escola americana", reverte-se a tendência, já no sentido oposto, de informar o paciente ou a família sobre o estado dele e sobre a possível evolução da doença. Origina-se, destarte, o "dever de informação", cumprindo ao médico (especialmente o cirurgião) advertir o cliente dos riscos do tratamento[28].

O dever de obter o consentimento informado do paciente encontra-se previsto no art. 15 do Código Civil e nos arts. 22 a 24 do novo Código de Ética Médica, instituído pela Resolução nº 2.217/2018 do CFM. Tal obrigação representa especial projeção do princípio da boa-fé objetiva, a demandar que se informem ao paciente todas as circunstâncias atinentes ao tratamento. Nesse processo, o médico deve observar a condição individual do paciente, zelando para que seja capaz de compreender as informações transmitidas. O enfermo, por sua vez, assume postura ativa, tornando-se *agente* do processo de cura, como expressão do seu direito de autodeterminação no campo biológico"[29].

O consentimento informado também auxilia na determinação da responsabilidade do médico pelos danos naturalmente decorrentes da intervenção médica. Assim, pode ser chamado a responder por tais sequelas o profissional que deixa de prevenir seu paciente[30]. Porém, o descumprimento do dever de informar deve ser apurado *in concreto*, uma vez que, em casos de urgência, o paciente pode chegar ao hospital inconsciente e desacompanhado[31]. De qualquer forma, além de cumprir

---

[28] Philippe Malaurie e Laurent Aynès. *Droit civil:* les obligations. Cit. n. 469.

[29] Anderson Schreiber e Gustavo Tepedino. O extremo da vida. In: *Revista Trimestral de Direito Civil,* 2009. n. 39, p. 6.

[30] Heloisa Helena. Responsabilidade civil em face das pesquisas em seres humanos: efeitos do consentimento livre e esclarecido. In: Judith Martins-Costa e Letícia Ludwig Möeller (orgs.). *Bioética e responsabilidade.* Rio de Janeiro: Forense, 2008. v. 1. pp. 205-233; José Antônio Peres Gediel. *Os transplantes de órgãos e a invenção moderna do corpo.* Curitiba: Moinho do Verbo, 2000. pp. 177 e segs.

[31] Cf. Judith Martins-Costa. Entendendo problemas médico-jurídicos em ginecologia e obstetrícia. In: *Revista dos Tribunais,* 2005. n. 831.

o seu dever de informar, o médico deverá atestá-lo mediante o preenchimento do prontuário médico[32].

Além do dever de informação, o princípio da boa-fé também impõe obrigações na fase pós-contratual, a vincular o médico, mesmo após a alta do enfermo. Cite-se, a título exemplificativo, o dever de sigilo quanto às informações obtidas em razão do desempenho de suas funções (Código de Ética Médica, Capítulo I, inc. XI). A violação do dever de sigilo implica indenização por danos extrapatrimoniais[33].

No dever de assistência e cuidado, insere-se o problema de definir o "abandono do enfermo"[34]. É uma questão de fato a ser apurada em cada caso, mas nem por isso erma de elementos de caracterização. O médico não é obrigado a aceitar um cliente, dada a natureza livre da profissão[35]. O mesmo se não dirá daquele que trabalha em hospital público ou integrante da rede da Previdência Social. O não atendimento a chamado pode ser classificado falta profissional, ou não, conforme as circunstâncias. Pode, como escusativa, ocorrer que o médico, na sua conduta normal, jamais atenda a domicílio e, neste caso, a recusa não será culposa, embora lhe caiba, dadas as circunstâncias, fazer-se substituir por seu assistente ou indicar um colega. Escusativa razoável será quando o doente ou seus familiares reclamam uma assistência demasiado assídua e impertinente.

Ao plano do dever de assistência e cuidados, prende-se a deliberação de desligar os aparelhos que mantêm artificialmente a vida em casos de reconhecida ineficácia curativa, deixando que o organismo reaja por seus próprios meios. O médico, todavia, não deve assim proceder sem informar a família. *Quid iuris* se não tem esta meios de custear a ligação prolongada? São questões deixadas ao prudente arbítrio do juiz. A propósito, lembra-se o caso mundialmente famoso de certa família, nos Estados Unidos, após longos anos de respiração artificial da doente, e prolongada batalha judiciária, obter sentença autorizando o desligamento. Procedendo a este, a paciente sobreviveu ainda por longo tempo.

Mais recentemente, verificou-se caso semelhante na Itália, em que o pai de Eluana Englaro conseguiu judicialmente a suspensão dos tratamentos que há 17 anos a mantinham em estado vegetativo.

No Brasil, o Conselho Federal de Medicina editou a Resolução n. 1.805/2006, autorizando o médico a "limitar ou suspender procedimentos e tratamentos que prolonguem a vida do doente em fase terminal, de enfermidade grave e incu-

---

[32] Cf. Judith Martins-Costa. Entendendo problemas médico-jurídicos em ginecologia e obstetrícia. Cit.

[33] Cf. Judith Martins-Costa. Entendendo problemas médico-jurídicos em ginecologia e obstetrícia. Cit.

[34] Savatier. *Responsabilité civile*. Cit. n. 783.

[35] Carvalho Santos. *Código Civil brasileiro interpretado*. Cit. p. 258.

Cap. XI · RESPONSABILIDADE MÉDICA | 223

rável, respeitada a vontade da pessoa ou de seu representante legal" (art. 1º). Após concessão de liminar que suspendeu a eficácia da orientação por três anos, considerou-se, ainda em primeira instância, improcedente o pleito do Ministério Público, a garantir a aplicação da resolução. Nessa esteira, o novo Código de Ética Médica prevê, no parágrafo único do art. 41:

> Nos casos de doença incurável e terminal, deve o médico oferecer todos os cuidados paliativos disponíveis sem empreender ações diagnósticas ou terapêuticas inúteis ou obstinadas, levando sempre em consideração a vontade expressa do paciente ou, na sua impossibilidade, a de seu representante legal.

Mais recentemente, o Conselho Federal de Medicina editou a Resolução n. 1.995/2012, que dispõe sobre as diretivas antecipadas de vontade dos pacientes. Determina que o médico deve levar em consideração as diretivas antecipadas de vontade dos pacientes ou, quando for o caso, do representante daquele designado para tal fim (art. 2º, § 1º). Permite, contudo, que o médico desconsidere as diretivas antecipadas de vontade do paciente ou de representante daquele que, em sua análise, estiverem em desacordo com os preceitos ditados pelo Código de Ética Médica (art. 2º, § 2º). O debate sobre o tema levou à aprovação, no âmbito da V Jornada de Direito Civil do Conselho da Justiça Federal – CJF, do enunciado n. 528, segundo o qual "é válida a declaração de vontade expressa em documento autêntico, também chamado 'testamento vital', em que a pessoa estabelece disposições sobre o tipo de tratamento de saúde, ou não tratamento, que deseja no caso de se encontrar sem condições de manifestar a sua vontade".

Na linha do abuso de poder, inscrevem-se as experiências médicas, tratamentos arriscados ou de êxito duvidoso, cirurgias de prognóstico incerto ou desaconselháveis em face das condições físicas ou do estado do doente, ou que poderiam evitar-se mediante cuidados clínicos. Em princípio, o médico não pode obrigar o seu cliente a submeter-se a um dado tratamento, uma vez que cada um é senhor de seu corpo, cabendo ao interessado autorizá-lo[36].

Em se tratando do cirurgião, regra é que nenhuma operação pode ser feita sem o consentimento informado do paciente ou de pessoas de sua família[37].

Quid iuris, se o doente ou a pessoa responsável se opõe a um tratamento (uma cirurgia, por exemplo) e o médico tem de resolver como sendo o adequado ao caso? Se o resultado é satisfatório, tudo bem. Sobrevindo a morte, como incriminar o médico, por ter atendido à recusa ou por ter contrariado o enfermo? A conclusão é difícil, parecendo que a opinião de Aguiar Dias é de bom alvitre: se o tratamento

---

[36] Carvalho Santos. *Código Civil brasileiro interpretado*. Cit. p. 259.

[37] Henoch D. Aguiar. *Hechos y actos jurídicos*. Cit. p. 444.

224 | RESPONSABILIDADE CIVIL – *Caio Mário da Silva Pereira*

é "legalmente compulsório" o médico tem o dever de adotá-lo. Por outro lado, em situações emergenciais, o médico não pode aguardar o pronunciamento dos interessados, sabendo que toda demora implica agravamento do risco. Tem de assumir o tratamento, como técnico que é, de profissão. Cabe ao juiz, inclusive ouvindo parecer de um perito, decidir se o médico deveria assumir os riscos e agir, ou se podia curvar-se à deliberação dos leigos, tendo ciência de que o tratamento era indispensável. Em princípio, as questões puramente técnicas estão a cavaleiro da apreciação judicial, seja em termos puramente científicos, seja em referência à oportunidade de sua realização[38]. Em linha de princípio, todavia, a recusa de tratamento, ou de cuidados que poderiam evitar ou atenuar os efeitos danosos, tem de ser devidamente considerada. Malaurie e Aynès testemunham que a jurisprudência francesa faz uma distinção: se os cuidados são penosos ou aleatórios, a vítima (no caso o paciente) tem o direito de os recusar; em caso contrário, se não são graves nem arriscados, é a pessoa que lhes assume os riscos e as consequências[39].

O Código Civil (art. 15) e o Código de Ética Médica (art. 22) consideram obrigação do médico intervir independentemente do consentimento do paciente nos casos de risco de morte[40]. Nada obstante, discute-se em doutrina se tal intervenção se afigura legítima ainda que o enfermo se manifeste expressamente em sentido contrário, como se verifica na hipótese de recusa à transfusão de sangue por motivos religiosos.

Considera-se que as hipóteses de tratamento compulsório devem ser consideradas excepcionais, como a aplicação de medida de segurança em sede criminal[41] ou a internação psiquiátrica por determinação do Poder Judiciário[42], casos em que há nítido intuito de proteção à coletividade. A imposição não se justifica, contudo,

---

[38] Carvalho Santos. *Código Civil brasileiro interpretado*. Cit. p. 259.

[39] Philippe Malaurie e Laurent Aynès. *Droit civil*: les obligations. Cit. n. 128.

[40] Eis a redação dos dispositivos: "Art. 15. Ninguém pode ser constrangido a submeter-se, com risco de vida, a tratamento médico ou a intervenção cirúrgica"; "Art. 22. [É vedado ao médico] Deixar de obter consentimento do paciente ou de seu representante legal após esclarecê-lo sobre o procedimento a ser realizado, salvo em caso de risco iminente de morte".

[41] Código Penal, arts. 96-97: "Art. 96. As medidas de segurança são: I – internação em hospital de custódia e tratamento psiquiátrico ou, à falta, em outro estabelecimento adequado; II – sujeição a tratamento ambulatorial. Parágrafo único. Extinta a punibilidade, não se impõe medida de segurança nem subsiste a que tenha sido imposta. Art. 97. Se o agente for inimputável, o juiz determinará sua internação (art. 26). Se, todavia, o fato previsto como crime for punível com detenção, poderá o juiz submetê-lo a tratamento ambulatorial".

[42] A Lei n. 10.216/2011, que dispõe sobre a proteção e os direitos das pessoas portadoras de transtornos mentais e redireciona o modelo assistencial em saúde mental, determina, em seu art. 6º: "A internação psiquiátrica somente será realizada mediante laudo médico circunstanciado que caracterize os seus motivos. Parágrafo único. São considerados os seguintes tipos de internação psiquiátrica: I – internação voluntária: aquela que se dá com o consentimento do usuário; II – in-

quando o risco é assumido unicamente pelo enfermo, a prevalecer seu direito à autodeterminação[43].

Em face do consentimento do cliente, é de ver se este era pessoa consciente e responsável e foi devidamente esclarecido sobre os efeitos do tratamento e dos riscos, agravando-se a deliberação do médico se obteve a anuência sem os interessados estarem devidamente esclarecidos.

Problemas que têm ocorrido e são noticiados pela imprensa envolvem situações em que o doente é levado a um hospital e este recusa recebê-lo, ou se o atendimento é retardado, com resultado fatal, por motivos burocráticos. Constitui falta por omissão, que incrimina o médico.

Esta questão suscita outra ainda, a saber, se a culpa é do hospital, ou do médico, ou de ambos. Se o médico não pertence ao hospital, e apenas se utiliza dele, a responsabilidade é pessoal. Em caso contrário, sendo o médico integrante da equipe hospitalar ou vinculado por uma relação de emprego, o hospital é civilmente responsável na forma do direito comum[44]. O julgador deverá investigar se há alguma forma de subordinação entre o médico e o hospital, p. ex., se há a participação de enfermeiros do próprio hospital, na realização de um procedimento cirúrgico, ou se o médico mantém consultório no próprio hospital em que foi realizada a cirurgia[45].

A responsabilidade civil do hospital assume aspectos novos, se se considera a duplicidade dos seus deveres, como observa Aguiar Dias: compreende assistência médica, ao mesmo tempo que obrigações como hospedeiro. Nesta última qualidade, responde pelos danos causados ao doente que se interna. Como, porém, o internamento tem a finalidade específica de se submeter a tratamento, o hospital é responsável pela omissão do médico da casa, que deixa, por exemplo, de acompanhar o estado do paciente, daí resultando a agravação de seu estado. No caso, não colhe a escusativa de se tratar de erro técnico, porém de negligência pela qual responde o estabelecimento. Na definição da responsabilidade, Aguiar Dias faz uma distinção: se o médico atua subordinado à direção do hospital, este é responsável, como comitente em relação ao preposto; se, porém, o médico agiu no exercício da sua profissão, deixando de zelar pelo doente, ou ministrando alta dose de tóxico; ou se por omissão sua ocorre processo infeccioso; ou ainda, se examina tardiamente o doente; ou se

---

ternação involuntária: aquela que se dá sem o consentimento do usuário e a pedido de terceiro; e III – internação compulsória: aquela determinada pela Justiça".

43   Registrem-se, todavia, as seguintes posições em sentido contrário: Maria Helena Diniz. *O estado atual do Biodireito*. São Paulo: Saraiva, 2008. p. 254; TJ/RS, 6ª CC, AC 595.000.373, Rel. Des. Sérgio Gischkow Pereira, julgado em 28.03.1995.

44   Aguiar Dias. *Da responsabilidade civil*. Cit.; Savatier. *Responsabilité civile*. Cit.

45   Miguel Kfouri Neto. *Responsabilidade civil dos hospitais*. São Paulo: Revista dos Tribunais, 2010. p. 108.

226 | RESPONSABILIDADE CIVIL – *Caio Mário da Silva Pereira*

descura as normas de sua profissão, a responsabilidade direta é do médico. Não se pode olvidar o fato de haver um contrato entre o doente e o hospital, a quem corre o dever de prestar assistência oportuna e satisfatória[46]. Foi responsabilizado hospital pela morte de menor internado, acusado de negligência e imprudência (STJ, 3ª T., REsp 1679588/DF, Rel. Min. Moura Ribeiro, julgado em 8.8.2017).

Saliente-se que a responsabilidade do hospital, quer pelos danos oriundos da hospedagem[47], quer pelos causados por médico que integre seu quadro – funcionário ou prestador de serviço –, possui natureza objetiva, nos termos do art. 14, *caput*, do Código de Defesa do Consumidor. Confira-se na jurisprudência: STJ, 3ª T., AgInt no AREsp 1794157/SP, Rel. Min. Paulo de Tarso Sanseverino, julgado em 29.11.2021; STJ, 4ª T., AgInt no AREsp 871.188/RS, Rel. Min. Raul Araújo, julgado em 15.08.2017.

Fenômeno que tem ocorrido com certa frequência é a chamada "infecção hospitalar". Se esta se deveu a condições de assepsia deficiente ou à ausência de cautelas idôneas a evitar a "doença nosocômica", o hospital pode ser responsabilizado (STJ, 1ª T., AgInt no AREsp 1459357/SP, Rel. Min. Manoel Erhardt, julgado em 27.9.2021). A responsabilização pela infecção, porém, não decorre do simples fato de o paciente encontrar-se internado no hospital, de sorte que o hospital pode fazer prova em contrário, a fim de demonstrar que a infecção ocorreu por causa endógena (paciente já portava o agente causador da infecção), atraindo a excludente do dever de indenizar por ausência de nexo de causalidade[48]. Entretanto, o dever de indenizar não surgirá nas hipóteses em que o hospital cumpriu rigorosamente seu dever de informar sobre os riscos da internação, obtendo, assim, o consentimento (informado) do paciente, e tiver adotado os procedimentos necessários para evitar o dano. A esta questão alia-se a responsabilidade do médico assalariado, isto é, daquele que se encontra em relação de subordinação hierárquica de outro. O principal ou chefe da empresa delega ao outro atos que a ele caberiam. Posto que o assalariante seja responsável, o subordinado não é isento por este motivo[49].

O hospital responde pelo que ocorre com os pacientes. Neste sentido a decisão do Tribunal de Justiça do Rio Grande do Sul, considerando a responsabilidade pelo estupro de paciente (TJ/RS, 6ª CC, AC 597166388, Rel. Osvaldo Stefanello, julgado em 25.03.1998).

---

[46] Aguiar Dias. *Da responsabilidade civil*. Cit. v. 1, n. 150.

[47] Se o dano decorrer somente dos serviços de hospedagem, o dever de indenizar somente será imputado ao hospital (Miguel Kfouri Neto. *Responsabilidade civil dos hospitais*. São Paulo: Revista dos Tribunais, 2010. p. 110).

[48] Miguel Kfouri Neto. *Responsabilidade civil dos hospitais*. São Paulo: Revista dos Tribunais, 2010. pp. 233 e segs.

[49] Savatier. *Comment répenser la conception actuelle de la responsabilité civile*. Cit. n. 74, p. 33.

Cap. XI • RESPONSABILIDADE MÉDICA | **227**

A doutrina francesa, a que muito frequentemente me reporto, é fértil na variedade de hipóteses, porque tem sido construída sobre casos de espécie decididos pelos tribunais, numerosos, variados e minuciosos. Os repositórios de jurisprudência *Dalloz Périodique*, e mais modernamente após a fusão com o *Repertoire Sirey*, ilustram ao extremo as situações.

Em nosso direito, à vista do que dispõe o art. 951 do Código Civil, em conjunto com o art. 14, § 4º do Código de Defesa do Consumidor, é lícito extrair uma regra definidora da responsabilidade médica, quando o dano resultar de imprudência, negligência ou imperícia, valendo as situações aqui descritas, e outras mais, como elementos informativos destas hipóteses legislativas de responsabilidade médica. Sendo, contudo, enorme a riqueza de questões concretas, em cada uma delas o juiz terá de decidir inspirado nos casos de espécie que as ilustram, auxiliado por parecer técnico, e especialmente pelo seu senso de julgador. Responde, somente o médico pela culpa, em não havendo imprudência, negligência, imperícia ou erro grosseiro. Na falta de culpa, absolve-se o médico, uma vez que inocorre a tese do risco profissional.

112-B. Especialidade médica que tem progredido extraordinariamente é a *anestesia*. Em época não muito recente, porém nem tão remota, a anestesia era praticada por um assistente do cirurgião, e às vezes por um monitor estudante. Passou, depois, a especializar-se com a utilização de aparelhagem sofisticada e técnica altamente desenvolvida. Consequentemente, a responsabilidade do anestesista assumiu maiores proporções. Por isso mesmo são de se considerar os acidentes, entre os quais o que gera grande número de vítimas é a descerebração do paciente, por parada cardíaca, sobrevindo a morte ou sequelas irreversíveis. Não obstante menor contribuição jurisprudencial, imperam as mesmas regras: deficiência técnica, descuido do profissional que não atenta para os primeiros indícios de provável ou possível acidente; ausência de assistência cardiológica imediata; demora de remoção do paciente para um hospital melhor aparelhado – providências, em suma, que possam acudir o doente com eficiência e oportunidade (STJ, 3ª T., AgInt no AREsp 1375970/SP, Rel. Min. Ricardo Villas Bôas Cueva, julgado em 10.6.2019; STJ, 3ª T., REsp 1707817/MS, Rel.ª Min.ª Nancy Andrighi, julgado em 5.12.2017; STJ, 3ª T., REsp 1679588/DF, Rel. Min. Moura Ribeiro, julgado em 8.8.2017). Por tudo isto, "a anestesia implica vigilância médica absoluta até que o paciente desperte por completo"[50].

113. *Cirurgia estética*. A cirurgia estética tem afrontado a doutrina com reflexo na jurisprudência. Seu estudo pode ser desenvolvido em três fases. A da rejeição, a da aceitação com reservas e a da admissão ampla.

---

[50] Malaurie e Aynès. *Droit civil:* les obligations. Cit. n. 469.

No que eu denomino de primeira fase, ou da rejeição, prevalecia a opinião, segundo a qual "não se destinando a curar uma doença, mas corrigir uma imperfeição física", indagam os Mazeaud, "existe culpa em tentar uma operação de finalidade puramente estética?" E vem, em seguida, outra indagação: "Se esta operação não tem êxito, pode a vítima fazer-se indenizar sempre, pelo cirurgião?" Reportando-se a numerosos autores que debateram o tema (H. Perreau, Henri Fénié, Henri Parent, Baudant, Jean Carrard, Martin-Oliver), informam: "A jurisprudência parecia, na origem, decidida a proclamá-lo de maneira absoluta"[51].

Um caso célebre, ocorrido na França, reflete estes conceitos, como se lê em Carvalho Santos, que transcreve em minúcia todas as peças do julgamento[52]. Trata-se de uma jovem senhora, bonita e gozando saúde, que se submeteu a uma cirurgia com a finalidade de corrigir o excesso de volume nas pernas. Procurando um hospital de bom conceito e consultando um profissional reputado, este desenganou-a de conseguir o resultado almejado mediante tratamento clínico, e lhe declarou que a cirurgia estética não era a sua especialidade. Advertida dos riscos de toda cirurgia, confiou-se aos cuidados de especialista que a animou. Realizada a operação, com retirada de tecido adiposo, não se completou a sutura dos bordos da incisão, o que levou o médico a envolver a perna operada para provocar a cicatrização. Sofrendo terríveis dores, uma vez passado o efeito da anestesia, agravaram-se estas. Após vários esforços e tentativas, sobreveio a gangrena de que resultou a amputação do membro operado. Proposta ação contra o médico que foi acusado de erro operatório e de negligência por abandono da cliente de quem deveria estar junto para prestar todos os cuidados, e ainda de falta de advertência sobre os riscos cirúrgicos, foi objeto de ataque a operação em si mesma, tendo por centro o argumento de que o corpo humano é sagrado. Defendeu-se o médico de todas as acusações. Os advogados desenvolveram seus *plaidoyers* e oficiou o procurador-geral. A sentença foi condenatória: a par de outras considerações subjetivas, assentou que o simples fato de realizar uma operação sem qualquer utilidade para a saúde impõe a responsabilidade médica. Esta é uma decisão que caracteriza o que eu denomino de primeira fase da cirurgia plástica.

Numa segunda fase, a resistência foi atenuada, especialmente em razão de um julgamento do Tribunal do Sena, de 25 de fevereiro de 1929, após a qual considerou-se a questão de saber se o médico incide em culpa sempre, ou se depende esta das circunstâncias de cada caso. "A Corte de Paris agiu sabiamente recusando assentar em princípio que toda operação plástica de finalidade puramente estética é suscetível de estabelecer a responsabilidade do cirurgião"[53]. Bem espelha esta segunda fase,

---

[51]   Mazeaud e Mazeaud. *Responsabilité civile*. Cit. n. 511.

[52]   Carvalho Santos. *Código Civil brasileiro interpretado*. Cit. v. 21, pp. 268 e segs.; reproduzido por Aguiar Dias. *Da responsabilidade civil*. Cit. n. 117, e aqui resumido.

[53]   Mazeaud. *Responsabilité civile*. Cit.

receptiva da cirurgia plástica, o argumento de que, não sendo proibida por lei, não se pode considerar em si mesma um ato ilícito. A necessidade de corrigir defeito físico, especialmente nas mulheres, a possibilidade de evitar uma neurose causada pela presença de uma imperfeição anatômica, conciliam o direito com a cirurgia estética, como adverte Aguiar Dias, que considera "desarrazoada a opinião contrária *à outrance* à cirurgia estética, com a finalidade de melhorar as condições da aparência física"[54].

Atualmente, entramos, inclusive no Brasil, em uma terceira fase. Há uma busca frequente e generalizada pela boa aparência física. Não logrando êxito os processos clínicos de rejuvenescimento, que constituem o anseio permanente do homem, que já na Idade Média perseguia a descoberta do "elixir da juventude perpétua", vem o recurso à cirurgia plástica. No meio-dia da vida, homens e mulheres sentindo os primeiros sintomas externos da degeneração dos tecidos, procuram, por vaidade ou por necessidade de melhorar a aparência, a cirurgia estética como o meio de obtê-lo. Anunciam-se pela imprensa "centros estéticos", multiplicam-se os profissionais nesta especialidade, e alguns se tornam socialmente prestigiosos, e até mundialmente famosos. Dentro de tais conceitos, é de se admitir a realização da cirurgia plástica como atividade normal e acontecimento quotidiano. Desta forma, afasta-se totalmente, a ideia de iliceidade, de que constitui ela, em si mesma, fundamento da responsabilidade civil. É uma atividade lícita e uma especialidade médica como outra qualquer. As pessoas têm o direito de cuidar de sua aparência, do mesmo modo que de sua saúde, e o médico que a isto se dedica recebe o mesmo tratamento que outro qualquer facultativo.

Duas considerações, contudo, merecem ser salientadas.

A primeira, de cunho geral: como técnico está sujeito aos princípios gerais da responsabilidade médica enunciados acima: dever de aconselhar, apontando os riscos do tratamento e os riscos cirúrgicos se for o caso, em razão inclusive das condições pessoais do cliente (idade, estado de saúde, anomalias, deficiências etc.); dever de assistência pré e pós-operatórias, além dos cuidados com a própria intervenção cirúrgica; abstenção de abusos ou desvio de poder, deixando de praticar experiências ou de adotar métodos não devidamente conhecidos. O cirurgião estético está subordinado, como qualquer outro, ao disposto no art. 951 do Código Civil e 14, §4º do Código de Defesa do Consumidor, respondendo pelo ato de que possa resultar a morte ou inabilitação do operado, por imprudência, imperícia ou negligência.

A segunda é que a cirurgia estética gera obrigação de resultado e não de meios[55]. Com a cirurgia estética, o cliente tem em vista corrigir uma imperfeição ou melhorar a aparência. Ele não é um doente, que procura tratamento, e o médico não se engaja na sua cura. O profissional está empenhado em proporcionar-lhe o

---

[54] Aguiar Dias. *Da responsabilidade civil*. Cit. n. 118.
[55] *Diário da Justiça do Rio de Janeiro*. 1981. p. 64.

230 | RESPONSABILIDADE CIVIL – *Caio Mário da Silva Pereira*

resultado pretendido, e, se não tem condições de consegui-lo, não deve efetuar a intervenção. Em consequência recrudesce o "dever de informação" bem como a obrigação de vigilância, cumprindo, mesmo, ao médico recusar seu serviço, se os riscos da cirurgia são desproporcionais às vantagens previsíveis[56].

O intérprete deverá, no momento em que qualificar a avença, analisar as circunstâncias do caso concreto para verificar a natureza da obrigação a que se vinculou o médico.

Cumpre, todavia, distinguir a cirurgia corretiva. A uma pessoa que é portadora de uma deformação (não importa se congênita, cirúrgica ou traumática), o médico nem sempre pode prometer eliminá-la, porém, realizar o que seja melhor: obrigação de meios e não de resultado, neste caso.

Se da operação plástica resulta dano estético, cabe reparação inclusive por dano moral[57]. Se na cirurgia plástica foi cometido erro profissional, responde o hospital objetivamente pelo erro de sua equipe (STJ, 3ª T., REsp 1.769.520/SP, Rel. Min. Nancy Andrighi, julgado em 21.5.2019; STJ, Corte Especial, AgInt nos EAREsp 1643326/PR, Rel. Min. Jorge Mussi, julgado em 13.04.2021). Além disso, cabe reparação por dano moral, se há falha culposa do médico que não adverte adequadamente o paciente acerca da ocorrência de cicatriz decorrente de cirurgia estética[58].

114. *Dentistas.* À responsabilidade dos dentistas aplica-se, em termos gerais, o que se refere aos médicos e cirurgiões, mormente tendo em vista a tendência de se considerar a odontologia como um ramo especializado da medicina, e se confiar ao dentista o tratamento das afecções bucais[59]. Algumas peculiaridades de faltas profissionais na profissão odontológica têm ido à justiça, como seja a utilização de material inadequado, os erros técnicos causadores de problemas a longo prazo.

115. *Farmacêutico.* O Código Civil de 2002, ao contrário do Código Civil de 1916, não menciona expressamente a responsabilidade do farmacêutico, junta-

---

[56] Malaurie e Aynès. *Droit civil*: lesobligations. Cit. n. 469.

[57] Na jurisprudência, v. STJ, 2ª T., REsp 1784741/SP, Rel. Min. Herman Benjamin, julgado em 19.3.2019; STJ, 2ª T., REsp 1722623/MS, Rel. Min. Herman Benjamin, julgado em 10.4.2018; STJ, 2ª T., REsp 1708981/SP, Rel. Min. Herman Benjamin, julgado em 6.3.2018. Quanto à possibilidade de cumulação das indenizações de dano estético e dano moral, o STJ possui entendimento sumulado no sentido de que "é lícita a cumulação das indenizações de dano estético e dano moral" (Súmula n. 387 do STJ).

[58] STJ, 2ª T., REsp 1708981/SP, Rel. Min. Herman Benjamin, julgado em 6.3.2018.

[59] Sobre a natureza subjetiva da responsabilidade do dentista, v. STJ, 2ª T., REsp 1.184.932/PR, Rel. Min. Castro Meira, julgado em 13.12.2011.

mente com os médicos, cirurgiões e dentistas, mas ela está, assim como as outras, englobada pelo art. 951 e pelo art. 14, §4° do Código de Defesa do Consumidor.

Cumpre, entretanto, esclarecer a mudança que se verificou na atividade profissional do farmacêutico. Foi-se o tempo em que o farmacêutico manipulava a execução das prescrições médicas, mediante a combinação dos simples na feitura dos remédios. Nestes casos, e considerando a atuação, ainda hoje, dos que assim procedem, a responsabilidade civil do farmacêutico advém da inobservância de regras técnicas, da falta de cautelas e precauções necessárias para que se não comprometa a saúde dos fregueses. A solidariedade pelos erros e enganos de seus prepostos não depende mais da prova de culpa *in eligendo* ou *in vigilando*, já que se trata de responsabilidade objetiva. Nestas condições, mesmo no regime do Código Civil de 1916, que perfilha na responsabilidade civil a teoria subjetiva, a responsabilidade do farmacêutico já era considerada objetiva[60].

Modernamente, o farmacêutico deixa quase sempre (ou na maioria das vezes) de manipular receitas, mantendo aberto seu estabelecimento (drogaria) para a venda de medicamentos pré-fabricados.

Cabe, aqui, distinguir se o dono da drogaria, ou seus prepostos e balconistas fornecem o produto prescrito, ou se indicam aos compradores medicamentos sem prescrição médica. Considera-se responsável pela medicação que aconselham, arrogando-se exercício ilegal da medicina. Sua responsabilidade civil independe da criminal.

É, ainda, responsável o farmacêutico pela venda de medicamentos, quando a utilização destes é subordinada obrigatoriamente à prescrição médica, e assim se encontra mencionado na respectiva embalagem.

Merece consideração a responsabilidade no caso de, na farmácia, aplicarem--se injeções, por cujos acidentes responde o farmacêutico.

É de se atentar, ainda, em que a farmácia, mesmo quando pratica apenas a venda de medicamentos pré-fabricados, tem um "farmacêutico responsável" a que é afeta a boa prática da profissão.

Com referência a defeitos, imperfeições ou irregularidades no produto em si mesmo, o farmacêutico não pode ser responsabilizado, tendo em vista que recebe o medicamento já pronto, acabado e acondicionado, não lhe cabendo averiguar o conteúdo.

Cabe-lhe, contudo, responsabilidade pela perda de produtos deteriorados ou com prazo de validade já escoado.

---

[60] Alvino Lima. *Culpa e risco*. São Paulo: Revista dos Tribunais, 1963, n. 64.

O problema (salvo se ocorrer a troca de um por outro) desloca-se para o campo da proteção dos interesses difusos, sendo, portanto, caso de *responsabilidade civil do fabricante*, que é objeto do Capítulo XIII, *infra*.

O Código de Defesa do Consumidor (Lei n. 8.078, de 11 de setembro de 1990) no art. 6º, I, define como direito básico do consumidor, a proteção da vida, saúde e segurança contra os riscos provocados, práticas no fornecimento de produtos e serviços considerados perigosos ou nocivos, sujeitando portanto o farmacêutico às sanções impostas neste diploma.

Capítulo XII
Responsabilidades Especiais

Sumário

Advogados. Serventuários de Justiça. Empresa de energia elétrica. Cobrança de dívida não vencida ou já paga. Usurpação do alheio: valor de afeição. Bancos.

Bibliografia

Aguiar Dias. *Responsabilidade civil*. Rio de Janeiro: Forense, 1994. v. 1; Aline de Miranda Valverde Terra. *Inadimplemento anterior ao termo*. Rio de Janeiro: Forense, 2009; Carvalho Santos. *Código Civil brasileiro interpretado*. Rio de Janeiro: Freitas Bastos, 1943. v. 21; Clóvis Beviláqua. *Código civil brasileiro interpretado*. Rio de Janeiro: Francisco Alves, 1944-60; Clóvis Beviláqua. *Direito das coisas*. Rio de Janeiro: Revista Forense, 1956. v. 1; Eduardo Espínola. *Contratos nominados no Direito brasileiro*. Rio de Janeiro: Gazeta Judiciária, 1953; Enneccerus, Kipp & Wolff. *Tratado, derecho de cosas*. Barcelona: Bosch, 1933-55. v. 1; Geneviève Viney. *Traité de droit civil*: les obligations, a cargo de Jacques Ghestin. Paris: Librairie Générale de Droit et de Jurisprudence, 1965; Giorgi. *Obbligazioni*. Torino: Ute, 1930. v. 5; Gustavo Tepedino, Heloísa Helena Barboza e Maria Celina Bodin de Morais. *Código Civil comentado conforme a Constituição da República*. Rio de Janeiro: Renovar (no prelo). v. 2; Hedemann. *Derechos reales*. Madrid: Revista de Derecho Privado, 1953; Lauro Muniz Barreto. *Questões de direito bancário*. São Paulo: Max Limonad, 1972; Hercules Alexandre da Costa Benício. *Responsabilidade civil do Estado decorrente de atos notariais e de registro*. São Paulo: Revista dos Tribunais, 2003; Ives Gandra da Silva Martins. Tabela de honorários instituída pela Lei 8.906/1994 para ser observada pela OAB. Incompetência dos órgãos disciplinadores da concorrência econômica para interferir na remuneração do advogado. Advocacia não é mercancia. Honorários advocatícios não estão sujeitos ao Código de Defesa do Consumidor. In: *Revista dos Tribunais*, v. 903; Louis Crémicu. *Traité de la profession d'avocat.* Paris: Dalloz, 1954; Maria Celina Bodin de Moraes; Gisela Sampaio da Cruz Guedes (coord.). *Responsabilidade Civil de profissionais liberais.* Rio de Janeiro: Forense, 2016; Mazeaud e Mazeaud. *Responsabililé civile.* Paris: Montchrestien, 1955. v. 1; Nehemias Gueiros. *Advocacia e seu estatuto.* Rio de Janeiro: Freitas Bastos, 1964; Philadelpho Azevedo. *Registro de imóveis.* Rio de Janeiro: Jacyntho, 1942; Philippe Le Tourneau. *La responsabilité civile.* Paris: Dalloz, 1972; Paulo Luiz Neto Lôbo. Responsabilidade civil do advogado. In: *Revista de Direito Privado*, v. 10, pp. 211 e segs; Paulo Valério Dal Pai Moraes. Os tabeliães, os oficiais registradores e o Código de Defesa do Consumidor. In: *Revista de Direito do Consumidor*, n. 61, pp. 142 e segs. Pontes de Miranda. *Tratado de direito privado.* São Paulo: Revista dos Tribunais, 1973. v. 37; Rafael Bielsa. *La abogacía.* Buenos Aires: Imprensa de la Universidad Nacional Del Litoral, 1945; Ruggiero e Maroi. *Istituzioni di diritto privato.* Milano: Giuseppe Principato, 1937. v. 2; Rui Sodré. *Ética profissional e Estatuto do Advogado.* São Paulo: LTR, 1991; Rui Stocco. Responsabilidade civil do advogado à luz das recentes alterações legislativas. In: *Revista dos Tribunais*, v. 797; Savatier. *Responsabilité civile.* Paris: Librairie Générale de Droit et de Jurisprudence, 1939. v. 2; Sérgio Carlos Covello. Responsabilidade dos bancos pelo pagamento de cheques falsos e falsificados. In: *Responsabilidade civil.* Yussef Said Cahali (coord.). São Paulo: Saraiva, 1988; Sergio Cavalieri Filho. *Programa de responsabilidade civil.* 6. ed. São Paulo: Malheiros, 2006; Serpa Lopes. *Tratado dos registros públicos.* Rio de Janeiro: Freitas Bastos, 1960. v. 1; Serrano Neves. *Imunidade penal.* Guanabara: Alba, 1967; Soriano Netto. *Publicidade material e registro imobiliário.* Recife: Off Graf da Tribuna, 1940; Thaita Campos Trevizan. *A responsabilidade civil do advogado sob a perspectiva civil-constitucional.* Dissertação de Mestrado do Programa de Pós-Graduação da Faculdade de Direito da Universidade do Estado do Rio de Janeiro, 2011; Ulderico Pires dos Santos. *A responsabilidade civil na doutrina e na jurisprudência.* Rio de Janeiro: Forense, 1984; Walter T. Tavares. *Instituições de direito de eletricidade.* Belo Horizonte: Instituto de Direito da Eletricidade, 1969. v. 2; Washington de Barros Monteiro. *Curso de Direito Civil.* São Paulo: Saraiva, 1952-76. v. 5.

116. *Advogados.* A responsabilidade civil do advogado é considerada nos seus diversos aspectos por uma preceituação complexa, advinda do Código Civil, do Código de Processo Civil, do Estatuto da Ordem dos Advogados, do Código de Ética Profissional. Como regra geral, pode-se dizer, como proclama Geneviève Viney, que os advogados são "considerados responsáveis por toda espécie de negligência na conduta dos negócios que lhes são confiados"[1].

Nas relações com o cliente a responsabilidade é contratual, enquanto em relação a terceiros é extracontratual ou aquiliana, *ex vi* do art. 186 do Código Civil[2-3]. Mesmo perante o cliente, e sem embargo do que se obrigou contratualmente, impõe-se a responsabilidade civil pela conservação e utilização dos documentos que lhe são confiados. Se não os anexa ao processo, tem a obrigação de conservá-los e responde pela sua perda. Tem também o dever de devolvê-los se o constituinte os reclama ou quando finda a necessidade de utilizá-los. Jamais pode entregá-los a outrem a não ser com autorização do cliente[4].

O Código Civil deixou de destacar a responsabilidade do advogado. Ao tratar do mandato, aplicam-se ao advogado as disposições relativas ao mandatário. Este é obrigado a aplicar toda a sua diligência habitual no exercício do mandato (Código Civil, art. 667). Mais severamente aplica-se ao mandatário judicial, em cujo zelo e dedicação o cliente confia seus direitos e interesses, e até sua liberdade pessoal. Aceitando a causa, deve nela empenhar-se, sem contudo deixar de atentar em que sua conduta é pautada pela ética de sua profissão, e comandada fundamentalmente pelo Estatuto da Ordem dos Advogados, contido na Lei n. 4.215, de 27 de abril de 1963, atual Lei n. 8.906, de 4 de julho de 1994[5]. Em termos gerais, a responsabilidade do advogado funda-se no art. 186 do Código Civil. O advogado é indispensável à administração da justiça (Constituição de 1988, art. 133).

Embora o exercício da advocacia seja considerado um *munus* público, o advogado não é obrigado a aceitar o patrocínio de uma causa[6-7]. A profissão é liberal, e, nesta conformidade, o advogado não obedece senão à sua consciência, e tem a faculdade de decidir se recebe o mandato, sob inspiração de suas convicções e em função dos impedimentos pessoais que possa ter. Ainda no caso de ser advogado

---

[1] Geneviève Viney. *Traité de droit civil*: les obligations, a cargo de Jacques Ghestin. Paris: Librairie Générale de Droit et de Jurisprudence, 1965. n. 599.

[2] Philippe Le Tourneau. *La responsabilité civile*. Paris: Dalloz, 1972. n. 833.

[3] Mazeaud e Mazeaud. *Responsabilité civile*. Paris: Montchrestien, 1955. v. 1, n. 510.

[4] Louis Crémicu. *Traité de la profession d'avocat*. Paris: Dalloz, 1954. n. 293, p. 296.

[5] Nehemias Gueiros. *Advocacia e seu estatuto*. Rio de Janeiro: Freitas Bastos, 1964; Rui Sodré. *Ética profissional e Estatuto do Advogado*. São Paulo: LTR, 1991. pp. 172 e segs.; Carvalho Santos. *Código Civil brasileiro interpretado*. Rio de Janeiro: Freitas Bastos, 1943. v. 21, p. 321.

[6] Aguiar Dias. *Responsabilidade civil*. Rio de Janeiro: Forense, 1994. v. 1, n. 123.

[7] Carvalho Santos. *Código Civil brasileiro interpretado*. Cit. v. 21, p. 320.

236 | RESPONSABILIDADE CIVIL – *Caio Mário da Silva Pereira*

em caráter permanente de uma empresa ou de uma pessoa, não pode ser compelido a aceitar a causa forçando as suas convicções e seus princípios morais, embora o seu contrato torne exigível a assistência profissional[8]. Além da liberdade de opção, pode haver razões que lhe impõem a recusa, como seria, *exempli gratia,* o fato de haver publicamente sustentado tese contrária; ou de haver um seu companheiro de escritório aceitado o patrocínio da parte adversa; ou de ser advogado do contendor. Impedimento inexiste, no entanto, em aceitar a causa de uma pessoa contra a qual já teria atuado em outro processo, encerrado definitivamente.

A questão se o advogado que aceitou uma causa pode renunciar é resolvida pela afirmativa, se no curso do processo surge impedimento pessoal, ou se ele se convence "de que a causa é insustentável, ou de que as pretensões são desonestas, ou quando o cliente tenha o propósito de impor-lhe um sistema de defesa que ele reprova"[9]. Ao classificar o Código de Processo Civil como *improbus litigator* (CPC/2015, arts. 79-80) definindo e punindo o litigante que age de má-fé, como autor ou como réu, ou procede contra lei expressa, ou fato incontroverso; ou altera a verdade; ou se vale do processo para conseguir objetivo ilegal; ou no curso da causa se conduz maliciosamente, o advogado pode escusar-se de prosseguir no feito se se convence deste procedimento do constituinte. Mas, em todos os casos, cumpre-lhe fazer o mandante ciente de seu propósito, para que ele o substitua.

Ao advogado de ofício, embora não seja contratado pelo representado, hão de se aplicar essas razões, porque não pode ser compelido e forçar a sua consciência. Rafael Bielsa acrescenta, entre outros motivos, enfermidade, domicílio em outra jurisdição, ausência urgente[10].

É na advocacia judicial que mais frequentemente ocorre a incidência de responsabilidade do advogado. Recebendo a procuração, tem o dever de acompanhar o processo em todas as suas fases, observando os prazos e cumprindo as imposições do patrocínio, como seja: falar nas oportunidades devidas, comparecer às audiências, apresentar as provas cabíveis, agir na defesa do cliente, e no cumprimento das legítimas instruções recebidas. A falta de exação no cumprimento dos deveres, além de expor o advogado às sanções disciplinares, sujeita-o a indenizar os prejuízos que causar[11]. Não pode todavia ser obrigado a sustentar "opiniões e doutrinas contrárias a sua convicção manifestada publicamente e defendida em situações semelhantes"[12].

---

[8]   Rafael Bielsa. *La abogacía*. Buenos Aires: Imprensa de la Universidad Nacional Del Litoral, 1945. p. 234.

[9]   Louis Crémieu. *Traité de la profession d'avocat.* Cit. n. 245, p. 233.

[10]   Rafael Bielsa. *La abogacía.* Cit. p. 235.

[11]   Philippe Le Tourneau. *La responsabilité civile.* Cit. n. 833.

[12]   Rafael Bielsa. *La abogacía.* Cit. p. 241.

Cap. XII · RESPONSABILIDADES ESPECIAIS | **237**

Após intenso debate, sedimentou-se em doutrina o reconhecimento da relação de consumo entre clientes e advogados, ressalvando-se a natureza subjetiva da responsabilidade, nos termos do art. 14, § 4º, do CDC[13].

A jurisprudência do Superior Tribunal de Justiça, contudo, tem afastado a caracterização da prestação de serviços advocatícios como relação de consumo. Apesar de alguns precedentes favoráveis à aplicação do Código de Defesa do Consumidor[14], prevalece na Corte o entendimento em sentido contrário. Baseiam-se os julgados na disciplina legal específica da relação do advogado com seu cliente (Lei n. 8.906/1994) e na inexistência de fornecimento de serviço no mercado de consumo[15].

117. *Prazos.* O primeiro dever do advogado é a vigilância. Mestre de Direito e perito na advocacia, Jair Lins não se cansava de repetir que "advogar não é escrever bonito, porém acompanhar a causa com zelo e eficiência".

A observância dos prazos é fundamental, respondendo o advogado se deixa de observá-los. Tem o dever de conhecê-los por serem de direito expresso, não se justificando a escusativa de que em dadas circunstâncias pode ignorá-los[16]. Surgindo dúvida no modo de contá-los, porque nem sempre são claras as disposições legais e o modo de interpretá-las, cabe ao advogado tomar a cautela de seguir a orientação mais segura, de sorte que exponha o cliente ao menor risco.

---

[13] Paulo Luiz Netto Lôbo. Responsabilidade civil do advogado. In: *Revista de Direito Privado*, v. 10, pp. 211 e segs. O autor ressalva que não haverá relação de consumo entre o advogado e a empresa em que trabalha no caso do advogado empregado (arts. 18 e segs da Lei n. 8.906/1994). V., ainda, Thaita Campos Trevizan. *A responsabilidade civil do advogado sob a perspectiva civil-constitucional.* Vitória: EDUFES, 2013. pp. 73 e segs., em que a autora coteja os elementos que compõem a relação cliente-advogado com os requisitos previstos no Código de Defesa do Consumidor. Defenderam posição oposta à aplicação do CDC, entre outros: Ives Gandra da Silva Martins. Tabela de honorários instituída pela Lei 8.906/1994 para ser observada pela OAB. Incompetência dos órgãos disciplinadores da concorrência econômica para interferir na remuneração do advogado. Advocacia não é mercancia. Honorários advocatícios não estão sujeitos ao Código de Defesa do Consumidor. In: *Revista dos Tribunais,* v. 903. pp. 67 e segs; e Rui Stocco. Responsabilidade civil do advogado à luz das recentes alterações legislativas. In: *Revista dos Tribunais,* v. 797. pp. 60 e segs.

[14] STJ, 3ª T., REsp 364.168, Rel. Min. Antônio de Pádua Ribeiro, julgado em 20.04.2004; STJ, 3ª T., REsp 651.278, Rel. Min. Carlos Alberto Menezes Direito, julgado em 28.10.2004.

[15] V., entre outros: STJ, 4ª T., REsp 532.377, Rel. Min. Cesar Asfor Rocha, julgado 21.08.2003; STJ, 4ª T., REsp 539.077, Rel. Min. Aldir Passarinho Junior, julgado em 26.04.2005; STJ, 3ª T., REsp 757.867, Rel. Min. Humberto Gomes de Barros, julgado em 09.10.2006; STJ, 4ª T., REsp 914.105, Rel. Min. Fernando Gonçalves, julgado em 09.09.2008; STJ, 3ª T., REsp 1.155.200, Rel. p/ Acórdão Min. Nancy Andrighi, julgado em 22.02.2011; STJ, 4ª T., AgInt no AREsp 895.899/SP, Rel. Min Luis Felipe Salomão, julgado em 18.08.2016; STJ, 3ª T., REsp 1.632.766/SP, Rel. Min Nancy Andrighi, julgado em 06.06.2017.

[16] Aguiar Dias. *Responsabilidade civil.* Cit. n. 28.

118. *Recursos.* Ponto delicado é o da interposição de recurso. O pedido de novo julgamento, mediante apelo adequado, é direito da parte. O advogado tem o dever de manifestá-lo *opportuno tempore* respondendo por sua omissão. Sobre este ponto, entretanto, a controvérsia entre os doutos é grande. De um lado, há quem sustente que o advogado não pode ser compelido a recorrer, se está convencido da justeza da decisão[17]. Em contrário é o aviso de Aguiar Dias, para quem, se o advogado deixa de recorrer, não obstante o desejo do cliente, incorre em responsabilidade[18]. Entende este eminente mestre que o advogado é responsável pela perda do prazo recursal, independentemente da indagação do possível resultado do apelo, porque o dano, a seu ver, reside na "perda de um direito, o de ver a causa julgada na instância superior" (*an debeatur*) e não na apuração se teria êxito (*quantum debeatur*).

Entendo eu que a questão deve ser mais amplamente discutida. O litígio em juízo não é uma competição esportiva. A parte litigante sustenta um legítimo interesse econômico ou moral. Na hipótese de ser o recurso meramente abstrato, sem qualquer interesse prático, não pode o advogado ser condenado a indenizar, se o recurso teria, em qualquer hipótese, um resultado frustro.

Por tais motivos, eu coloco a questão em termos diversos, tendo em vista a natureza do recurso. O *recurso ordinário* é um direito da parte. Se o advogado aceitou a causa, tem de empenhar-se na solução que seja a melhor para o constituinte. Vindo a sentença desfavorável, cumpre-lhe recorrer, porque é seu dever esgotar os meios normais de defender o direito a ele confiado. Não colhe a justificativa de lhe parecer a sentença bem fundamentada. Mesmo porque as opiniões são às vezes muito divergentes – *tot caput tot sensus* – e na instância superior pode prevalecer entendimento diferente.

O mesmo não ocorre com o recurso extraordinário, ou especial, que tem caráter eminentemente técnico e de cabimento restrito, devendo o advogado, ao manifestá-lo, justificar a sua idoneidade. O patrono não pode ser obrigado a fazê-lo se está convicto de que a lei não o autoriza. A fidelidade ao cliente não pode obrigá-lo a interpô-lo fora dos casos de sua admissibilidade. O que lhe cumpre é fazer ciente o interessado em tempo de promover este a substituição por outro colega[19].

Quid iuris, entretanto, se o advogado ingressa com o recurso em tempo, mas deixa de tomar as providências necessárias ao seu prosseguimento? Houve, no Rio, caso de meu conhecimento, em que um bom profissional deixou de efetuar o preparo oportuno de recurso extraordinário, que por isto foi julgado deserto. Demandado por perdas e danos, defendeu-se o advogado (cujo nome omito por

---

[17] Cf. Carvalho Santos. *Código Civil brasileiro interpretado*. Cit. v. 21, p. 320.

[18] Aguiar Dias. *Responsabilidade civil*. Cit. n. 129.

[19] O entendimento foi adotado pelo Superior Tribunal de Justiça (STJ, 4ª T., REsp 596.613, Rel. Min. Cesar Asfor Rocha, julgado em 19.02.2004).

motivos óbvios), alegando não ter havido prejuízo, porque o recurso não lograria vencer a preliminar de conhecimento, por ser incabível. Embora a defesa constitua um constrangimento para o profissional, que destarte confessou haver sustentado apelo incabível, foi acolhida.

Ao propósito, no caso de perda de prazo, tem-se adotado a teoria da responsabilidade pela perda da chance (v. item 37, *supra*) para justificar o dever de indenizar do patrono que deixa de observar os prazos recursais. Defende-se, assim, que o advogado privou seu cliente da chance de lograr êxito na demanda[20]. Nessa esteira, a utilização da teoria da perda da chance nas demandas relacionadas à responsabilidade do advogado requer "detida análise acerca das reais possibilidades de êxito do postulante, eventualmente perdidas em razão da desídia do causídico"[21]. Dessa forma, para que haja responsabilização do advogado, não basta simplesmente a perda do prazo, sendo necessária a ponderação acerca da probabilidade de êxito.

119. *Obrigação de meios.* A aceitação da causa não gera obrigação de resultado, porém obrigação de meios[22]. Não pode o advogado responder pela perda da causa, uma vez que toda lide tem seu próprio destino – *lites habent sua sidera*, salvo se houver negligência do mandatário[23].

120. *Conduta do advogado.* Em relação a terceiros, como visto acima, a responsabilidade do advogado é aquiliana. Cumpre, todavia distinguir: se age no exercício do mandato, os atos reputam-se do mandante e responde este; se procede *ultra vires mandati,* responde pelos abusos ou excesso de poder[24].

No que toca à conduta do advogado no processo, está ele sujeito às normas do Código de Ética Profissional e do Estatuto da Ordem dos Advogados (Lei n. 8.906 de 4 de julho de 1994). Ao juiz cabe a polícia do foro e do processo, determinando o cancelamento de expressões ofensivas e cassando a palavra se o excesso for nos pronunciamentos orais. Mas o direito de punir é privativo da OAB, a quem incumbe aplicar a pena, que varia da advertência à exclusão do advogado de seus quadros (Lei n. 8.906/1994, art. 35 e segs.).

---

[20] STJ, 4ª T., AgInt no AREsp 1.333.056/PR, Rel. Min. Raul Araújo, julgado em 17.12.2019; STJ, 4ª T., AgInt no AREsp 878.524/SP, Rel. Min. Anonio Carlos Ferreira, julgado em 16.5.2019; STJ, 3ª T., REsp 1.758.767/SP, Rel. Min. Paulo de Tarso Sanseverino, julgado em 9.10.2018.

[21] STJ, 4ª T., REsp 993.936/RJ, Rel. Min. Luis Felipe Salomão, julgado em 27.03.2012.

[22] Philippe Le Tourneau. *La Responsabilité civile.* Cit. n. 833. Na jurisprudência brasileira, v., ilustrativamente, STJ, 3ª S., MS 10.220/DF, Rel. Min. Arnaldo Esteves Lima, julgado em 27.06.2007.

[23] Giorgi. *Obbligazioni.* Torino: Ute, 1930. v. 5, n. 155.

[24] Aguiar Dias. *Responsabilidade civil.* Cit. n. 131; Caio Mário da Silva Pereira. *Instituições de Direito Civil.* 11. ed. Rio de Janeiro: Forense, 2003. v. 3, n. 253.

240 | RESPONSABILIDADE CIVIL – *Caio Mário da Silva Pereira*

Matéria controvertida, o novo Código de Ética Profissional, em vigor desde setembro de 2016, admite a publicidade dos serviços advocatícios por meios eletrônicos, contanto que seja de forma moderada e sem o intuito de captação de clientela (art. 46).

121. *Imunidade.* Matéria ligada à conduta do advogado mas sujeita à normação especial reside na indagação se o advogado responde pelas declarações que emite no processo, e podem ser reputadas como injúria e difamação. Assentada no Direito Penal, mas com percussão imediata na responsabilidade civil envolve a chamada imunidade quanto às afirmações ou declarações, em juízo, que possam envolver ofensa irrogada pela parte ou seu procurador (*libertas conviciandi*). No conceito da expressão "em juízo" abre-se certa controvérsia, parecendo correto o entendimento de C. A. Lúcio Bittencourt, com apoio em Mattirolo e Amati, segundo o qual aqueles vocábulos devem ser considerados significando "o complexo de atos que dão origem e constituem a relação processual"[25].

Cumpre, entretanto, entender a imunidade nos devidos termos e em harmonia com os deveres éticos do advogado[26]. A imunidade que a lei lhe reconhece não pode fazer do advogado um "injuriador contumaz e descontrolado", uma vez que é sua obrigação manter em todo o curso da causa perfeita cortesia em relação ao colega adverso evitando fazer-lhe alusões pessoais, como recomenda o Código de Ética e estabelece o Estatuto do Advogado[27]. No mesmo contexto da imunidade, inscreve-se o dever de cortesia do advogado em relação ao juiz, sem prejuízo da independência que é atributo do causídico[28]. O Código de Processo Civil editou regras concernentes à proibição de expressões injuriosas (CPC/2015, art. 78). Cessa, porém, a imunidade, quando os fatos incriminados não dizem respeito ao processo[29]. Mais precisamente, Philippe Le Tourneau esclarece que a "imunidade dos advogados pelos discursos pronunciados perante os tribunais somente pode ser invocada se as difamações, injúrias ou ultrajes são comandados pelas necessidades da defesa"[30]. O advogado é inviolável por seus atos e manifestações no exercício da profissão, nos limites da lei (Constituição, art. 133).

---

[25]   *Libertas conviciandi.* p. 46.

[26]   Serrano Neves. *Imunidade penal.* Guanabara: Alba, 1967. p. 63.

[27]   Serrano Neves. *Imunidade penal.* Cit.

[28]   Cf. Rui Sodré. *Ética profissional.* Cit. pp. 421 e segs.; Nehemias Gueiros. *Advocacia e seu estatuto.* Cit. p. 69; C. A. Lúcio Bittencourt. Cit.; Serrano Neves. *Imunidade penal.* Cit. p. 66; Rafael Magalhães. In: *Revista Forense*, v. 53, p. 410.

[29]   Louis Crémieu. *Traité de la profession d'avocat.* Cit. n. 241, p. 226.

[30]   Philippe Le Tourneau. *La responsabilité civile.* Cit. n. 531.

Cap. XII · RESPONSABILIDADES ESPECIAIS | **241**

Nessa esteira, a jurisprudência responsabiliza civilmente o advogado por manifestações ofensivas praticadas em juízo, notadamente as dirigidas aos julgadores, e consideradas excessivas, como ocorre quando estas não guardam relação com a tese de defesa[31]. Objetiva-se, desse modo, salvaguardar a honra dos ofendidos e garantir a imunidade profissional do advogado, que apenas em hipóteses excepcionais poderá ser chamado a responder. De outra parte, o Superior Tribunal de Justiça esclarece que, apesar de o advogado atuar na qualidade de mandatário, sua responsabilidade é pessoal, de modo que a parte não responde por ofensas proferidas pelo patrono no bojo do processo[32].

122. *Sigilo profissional.* O segredo profissional é objeto de preceituação específica na Lei n. 8.906/1994, bem como do Código de Ética Profissional (Título I, Capítulo III, arts. 25 a 27), e sua infração punida com pena disciplinar.

O Novo Código de Ética e Disciplina da Advocacia, aprovado pelo Conselho Federal da OAB e em vigor desde 19 de outubro de 2015, disciplina o sigilo profissional no Título I, Capítulo VII, arts. 35 a 38.

Embora sem definição precisa, caracteriza-se no dever de não divulgar o que conhece pela revelação que lhe faça o cliente ou sobre fato relacionado com a pessoa de que é ou foi advogado (Lei n. 8.906/1994, art. 7º, XIX). É tudo aquilo que o advogado passa a conhecer em razão de seu ofício ou lhe manifesta o cliente e deve ser reservado nos limites da defesa e lhe é confiado na confiança que deposita no advogado[33].

Do inciso legal se vê que o sigilo profissional não termina com a cessação do mandato. E em sua extensão envolve a proibição de revelá-lo mesmo em depoimento judicial, ainda que autorizado ou solicitado pelo constituinte. Intimado a depor, comparecerá em juízo declinando sua recusa, e nenhuma sanção lhe pode ser imposta a esse título. Não constitui, porém, matéria puramente processual, mas interessa também à situação do advogado. É um direito e também um dever[34]. Sua violação, além de penalidade disciplinar, poderá gerar responsabilidade civil.

O Superior Tribunal de Justiça entende que o sigilo profissional do advogado não é um direito absoluto e o afasta, permitindo a interceptação de comunicações telefônicas entre o advogado e o cliente nos casos em que se constata, ao longo das

---

31 STJ, 3ª T., AgInt no REsp 1.879.141/MS, Rel. Min. Ricardo Villas Bôas Cueva, julgado em 12.4.2021; STJ, 4ª T., AgInt nos EDcl no REsp 1.828.874/SP, Rel. Min. Marco Buzzi, julgado em 28.9.2020; STJ, 3ª T., REsp 1.677.957/PR, Rel. Min. Ricardo Villas Bôas Cueva, julgado em 24.4.2018; STJ, 4ª T., AgInt nos EDcl no AREsp 953.993/RJ, Rel. Min. Raul Araújo, julgado em 2.2.2017.

32 STJ, 4ª T., REsp 1.306.443/SP, Rel. Min. Maria Isabel Gallotti, julgado em 19.11.2013.

33 Serrano Neves. *Imunidade penal.* Cit. p. 145; Rui Sodré. *Ética profissional.* Cit. pp. 392 e segs.

34 Rafael Bielsa. *La abogacía.* Cit. n. 46, pp. 243 e segs.

investigações, que o advogado atua como coautor na prática dos crimes investigados[35]. A interceptação também não é considerada violadora do sigilo profissional quando o advogado figura como interlocutor em ligações recebidas ou originadas de linhas legalmente interceptadas[36].

123. *Prestação de contas.* Cabe ao advogado dar contas de sua gerência ao constituinte transferindo-lhe as vantagens provenientes do mandato (Código Civil, art. 668). Pelas quantias recebidas para despesas ou pelas que pertencerem ao cliente e empregarem proveito próprio, pagará o advogado juros desde o momento em que as utilizar, além da pena disciplinar a que se sujeita[37].

124. *Honorários.* Em tese, o mandato é gratuito, e neste sentido manifestava-se Paulus: *mandatum nisi gratuitum nullum est.*

A sua aceitação, porém, não se presume sem remuneração, tendo em vista que o advogado o recebe no exercício de sua atividade ou profissão (Código Civil, art. 658), na forma como foi contratada ou de acordo com a importância da causa, dificuldades a ela inerentes e demais circunstâncias contidas no Código de Ética Profissional e Código de Processo Civil (CPC/2015, art. 85, § 2º). Constitui um dos problemas mais sérios da profissão, diz Rui Sodré, e é objeto de considerações especiais[38]. Os honorários resultantes da sucumbência são do advogado e não da parte.

125. *Substabelecimento.* Merece consideração o exame se, e em que casos, o advogado pode fazer-se substituir por outro profissional. O art. 667 do Código Civil oferece os princípios de que se deduzem três hipóteses atinentes à responsabilidade do que substabelece: 1) no silêncio da procuração, o advogado que substabelece responde pelos atos do substituto, como se praticados por ele próprio, e, conseguintemente, pelos prejuízos causados; 2) se o instrumento contiver cláusula proibitiva, o advogado responde por qualquer dano, porque a transferência de poderes já constitui em si mesma uma infração, somente se eximindo se demonstrar que o dano ocorreria, ainda que não houvesse substabelecimento; 3) se a procuração contiver cláusula permissiva de substabelecimento, o advogado, em princípio, não incorre em responsabilidade, salvo na hipótese do art. 932, III, do Código Civil[39].

---

[35] STJ, 6ª T., AgRg no AREsp 1.123.449/MG, Rel. Min. Rogério Schietti Cruz, julgado em 25.8.2020; STJ, 5ª T., AgRg no HC 416.098/RS, Rel. Min. Joel Ilan Paciornik, julgado em 13.12.2018; STJ, 5ª T., RHC 92.891/RR, Rel. Min. Ribeiro Dantas, julgado em 25.9.2018; STJ, 6ª T., RHC 73.460/DF, Rel. Min. Nefi Cordeiro, julgado em 14.8.2018.

[36] STJ, 5ª T., RMS 33.677/SP, Rel. Min. Laurita Vaz, julgado em 27.05.2014.

[37] Caio Mário da Silva Pereira. *Instituições de Direito Civil.* Cit. v. 3, n. 253.

[38] Rui Sodré. *Ética profissional.* Cit. pp. 488 e segs.; Rafael Bielsa. *Imunidade penal.* Cit. n. 56 e segs., pp. 273 e segs.

[39] Clóvis Beviláqua. *Código Civil brasileiro interpretado.* Rio de Janeiro: Francisco Alves, 1944-60. Comentários ao art. 1.300; Eduardo Espínola. *Contratos nominados no Direito*

Cap. XII • RESPONSABILIDADES ESPECIAIS | **243**

Quando o advogado substabelece "com reserva de poderes", faz-se substituir por outro colega, mas continua vinculado à causa; em caso contrário, desliga-se.

126. *Consultoria e pareceres.* Não é apenas a atividade judicial que integra a missão do advogado. Age também como conselheiro, assessor ou parecerista. A matéria não é despicienda de complexidade, e, a respeito da responsabilidade pelas opiniões que emite o advogado, *doctores certant.* Como jurisconsulto, o advogado tem o direito de sustentar a tese de que esteja convencido ainda que contrária à *communis opinio*, ou em divergência do que decidem as cortes de justiça[40]. Aguiar Dias faz uma distinção, a dizer que é inequívoca a responsabilidade do advogado pelos erros de fato. Quanto ao erro de direito, opina ele que somente ocorre responsabilidade se se tratar de erro grave. Neste sentido, ilustra com a hipótese de sustentar o profissional interpretação absurda, revelar ignorância caracterizada, ou desconhecimento de lei expressa, ou ainda desatenção ou desinteresse no estudo do caso[41]. Savatier considera que o *avoué* responde pelo erro de direito, a menos que não se apoie em jurisprudência de seu próprio tribunal[42]. De minha parte, entendo que a conduta do advogado, como conselheiro, deve merecer considerações que atendam às circunstâncias do caso. Assim é que tem o dever de bem orientar o cliente, seja na advocacia de partido ou não, e quando o cliente depende de seu conselho para tomar uma deliberação ou resolver sobre o ingresso em juízo. Se é consultado como jurisconsulto ou parecerista, tem o dever de emitir a sua opinião, ainda que desagrade o consulente. Desta sorte, não pode ser responsabilizado se, ao louvar-se em seu parecer, o cliente intentou ação e não teve êxito. Como norma de conduta a ser sempre seguida, o parecerista deve guardar fidelidade a suas convicções, emitindo opinião coerente com as teses que desenvolve, e se guardar da hipótese de haver dado, antes, opinião à parte adversa. O jurisconsulto, como o doutrinador, tem o direito de mudar de opinião, como já observava Rui Barbosa que "só a vulgaridade e a esterilidade não variam"[43]. Caso tal aconteça, deve acusar a mudança, para que não ocorra o fato de serem exibidas as opiniões contraditórias. Não pode, todavia, ser acusado de emitir conselhos errôneos, quando a questão litigiosa é controvertida[44].

---

brasileiro. Rio de Janeiro: Gazeta Judiciária, 1953. n. 164; Caio Mário da Silva Pereira. *Instituições de Direito Civil.* Cit. v. 3, n° 253.

[40] Giorgio Giorgi. *Obbligazioni.* Cit. v. 5, n. 155.

[41] Aguiar Dias. *Responsabilidade civil.* Cit. n. 124.

[42] Savatier. *Responsabilité civile.* Paris: Librairie Générale de Droit et de Jurisprudence, 1939. v. 2, n. 836.

[43] *Competência do Supremo Tribunal Federal nas apelações das sentenças arbitrais.* pp. 103-120.

[44] Phillippe Le Tourneau. *La responsabilité civile.* Cit. n. 834.

127. *Notários.* A responsabilidade dos serventuários da Justiça, notadamente dos tabeliães e dos oficiais de registro, tem percutido nos tribunais encontrando soluções divergentes. A consulta à jurisprudência, posto que útil pela riqueza dos casos de espécie ventilados, não oferece subsídios de valor doutrinário, principalmente em razão de que se inspira ela em pressupostos diversos. A matéria terá de assumir novas conotações, tendo em vista que o art. 236 da Constituição Federal de 1988 estabeleceu que os serviços notariais e de registro são exercidos em caráter privado por delegação do Poder Público.

A boa exposição da matéria exige uma distinção em dois aspectos: a) qual a natureza jurídica da responsabilidade, a saber se é contratual ou aquiliana; b) como se caracteriza a obrigação do serventuário quanto ao dever funcional a que é adstrito. É com vistas a estes dois aspectos que divido a explanação do assunto, esperando haver desta maneira concorrido para a sua fixação doutrinária.

128. No primeiro aspecto, a propósito da natureza jurídica desta responsabilidade, as duas correntes são inconciliáveis.

Na doutrina francesa a natureza contratual ou delitual da responsabilidade dos notários "depende de saber se a culpa foi ou não cometida pelo oficial ministerial na execução do contrato celebrado com seu cliente"[45].

Aprofundando a questão a jurisprudência francesa tende a apurar se os notários incidem em culpa quase delitual no tocante à autenticidade dos atos que se encarregarem de redigir, ou se incorrem em infração de contrato celebrado com seus clientes nos demais casos. Opinando que tal distinção não é justificável, os doutrinadores informam que os tribunais, sem necessidade de recorrer a uma perícia, "não hesitam em estabelecer a responsabilidade pela mais ligeira imprudência e parecem decididos a se mostrarem cada vez mais rigorosos"[46]. No mesmo sentido Geneviève Viney afirma a responsabilidade por toda espécie de culpa nos negócios que lhe são confiados, acrescentando que deve qualquer falta ser apreciada com grande rigor[47].

Abraçando esta concepção, Aguiar Dias não trepida em proclamar a natureza contratual da responsabilidade do tabelião, não obstante ser ele um oficial público. Enfaticamente afirma, e para tanto busca amparo em decisões judiciais, que "as partes fazem com o tabelião um contrato cujo objeto é precisamente o exato exercício de suas funções"[48]. Após algumas considerações, a que não é estranha a

---

[45] Mazeaud e Mazeaud. *Responsabilité civile*. Cit. v. 1, n. 513.

[46] Mazeaud e Mazeaud. *Responsabilité civile*. Cit. v. 1, n. 514.

[47] Geneviève Viney. *Traité de droit civil*: les obligations, a cargo de Jacques Ghestin. Cit. n. 599.

[48] Aguiar Dias. *Responsabilidade civil*. Cit. n. 136.

Cap. XII · RESPONSABILIDADES ESPECIAIS | **245**

cumulação de responsabilidades, acrescenta que "não merece aplausos a jurisprudência que se orienta no sentido de fazer depender a responsabilidade do oficial de culpa grave de sua parte"[49]. E, com a proficiência que lhe é habitual, analisa decisões que enfrentaram a responsabilidade de tabeliães por atos praticados em seus cartórios (tanto no caso de oficialização destes quanto de não oficialização) desde o simples reconhecimento de firma até a lavratura de escrituras.

No campo oposto, sustenta-se que a responsabilidade notarial é aquiliana e encontra fundamento no art. 186 do Código Civil. Deste modo de ver é partidário Carvalho Santos, que desenganadamente proclama "a responsabilidade civil desses funcionários" como resultante dos termos amplos em que este dispositivo legal é redigido[50]. Prevalecem, destarte, os princípios do direito comum[51]. Essa natureza extracontratual da responsabilidade dos serventuários da Justiça a mim me parece mais consentânea com a realidade fática. Quando alguém procura o cartório para reconhecer uma firma ou autenticar uma cópia, ou quando uma pessoa vai ao tabelião para lavrar uma escritura ou um testamento, não vejo um acordo de vontades gerando um contrato. O que nisso visualizo é a realização de um ato que é atribuição funcional do notário. Ele o pratica (pessoalmente ou pela mão de um escrevente ou auxiliar) no exercício de uma função inerente ao cargo em que é investido. Esta concepção aquiliana da responsabilidade pelos danos que causa, e que eu infiro de minha observação pessoal e de minha prática na profissão que sempre exerci, é adotada por outros autores.

A meu ver, este cunho extracontratual, além de se inserir no enfoque da atividade funcional do notário, oferece ainda a vantagem de abranger os dois ângulos de relacionamento: com o cliente e em relação a terceiros. Com efeito para a corrente contratualista, se os atos praticados para o cliente seriam de natureza contratual, não caberia dentro desta o dano suportado por terceiros, que nem remotamente poder-se-iam qualificar como partes em relação aos atos tabelionais.

Classificada, pois, a responsabilidade notarial como de cunho aquiliano, o problema encontra solução nos parâmetros do conceito contido no art. 186 do Código Civil. Tudo se resume na determinação do nexo de causalidade entre a ação ou omissão voluntária, negligência ou imprudência do servidor ou de seu preposto, e o dano causado. O Tribunal de Justiça de São Paulo decidiu que o tabelião responde por negligência em lavratura de escritura, na qual comparece mandatário sem poderes[52].

---

[49]   Aguiar Dias. *Responsabilidade civil*. Cit. n. 136.
[50]   Carvalho Santos. *Código Civil brasileiro interpretado*. Cit. v. 21, p. 329.
[51]   Carvalho Santos. *Código Civil brasileiro interpretado*. Cit. v. 21, p. 330.
[52]   *Revista dos Tribunais*, v. 497, p. 82.

246 | RESPONSABILIDADE CIVIL – *Caio Mário da Silva Pereira*

O tabelião não se exime da responsabilidade sob a escusativa de erro profissional. Descabe em nosso direito a distinção que tanto perturba a jurisprudência francesa, a saber se se trata de falta grave, leve ou levíssima. Dentro da doutrina subjetiva, da mesma forma que em face da teoria objetiva, o problema tende a simplificar-se, com a redução ao conceito de causalidade entre o ato notarial lesivo a direito, e o dano. Será, contudo, responsável pela "omissão de uma formalidade, ou um ato ou uma menção em um ato"[53]. O tabelião pode ser responsabilizado em decorrência de concurso de culpa a ele atribuível ou a seus auxiliares[54].

A Lei n. 8.935/1994, ao regulamentar o art. 236 da Constituição, disciplina a função dos notários e cartorários, considerando-os delegatários do Poder Público. Disso decorreria a atração do regime de responsabilidade civil objetiva aos danos causados por notários e delegatários[55]. No entanto, com a alteração promovida no art. 22 pela Lei n. 13.286/2016, o legislador, ao fazer referência à responsabilidade dos notários e dos oficiais de registro por prejuízos causados por culpa ou dolo, determinou a aplicação do regime de responsabilidade subjetiva[56].

O segundo aspecto da problemática é mais complexo, e de mais difícil apuração: de que maneira e quais os atos pelos quais o tabelião pode ser responsabilizado.

Ainda aqui, é de grande utilidade o Direito Comparado, no confronto entre as atribuições tabelionais em sistemas jurídicos diferentes. Na França, o notário tem o dever funcional de orientar o cliente, e é muitas vezes depositário de documentos. Age como redator do ato autêntico e de conselheiro. Incumbe-lhe o dever de adentrar no mérito do ato praticado. Tem o dever de "estar ao corrente do estado atual do direito e não cometer erro de direito sobre questão resolvida por uma jurisprudência constante"[57].

---

[53] Phillippe Le Tourneau. *La responsabilité civile*. Cit. n. 832.

[54] Tribunal de Justiça do Rio de Janeiro. *In: Revista Forense*, v. 253, p. 316.

[55] Nessa direção, formou-se jurisprudência no sentido de que, por se tratar de delegatários da Administração, sua responsabilidade prescinde de verificação de culpa, à semelhança das pessoas jurídicas de direito privado prestadoras de serviço público (C.R., art. 37, § 6º). V., ilustrativamente, STF, 2ª T., AgR no RE 518.894, Rel. Min. Ayres Britto, julgado em 02.08.2011; STF, 2ª T., RE 201.595, Rel. Min. Marco Aurélio, julgado em 28.11.2000; STJ, 3ª T., AgInt nos EDcl no AREsp 1.732.994/SP, Rel. Min. Marco Aurélio Bellize, julgado em 1.6.2021; STJ, 3ª T., AgInt no AREsp 1.321.735/SC, Rel. Min. Marco Aurélio Bellizze, julgado em 19.11.2018; STJ, 1ª T., AgInt no REsp 1.590.117/SC, Rel. Min. Sérgio Kukina, julgado em 2.10.2018.

[56] Lei n. 13.286/2016, art. 22: "Os notários e oficiais de registro são civilmente responsáveis por todos os prejuízos que causarem a terceiros, por culpa ou dolo, pessoalmente, pelos substitutos que designarem ou escreventes que autorizarem, assegurado o direito de regresso. Parágrafo único. Prescreve em três anos a pretensão de reparação civil, contado o prazo da data de lavratura do ato registral ou notarial".

[57] Phillippe Le Tourneau. *La responsabilité civile*. Cit. n. 829.

No Brasil, o tabelião tem a seu cargo receber e registrar no livro a vontade declarada pelas partes. Cabe-lhe averiguar a identidade do declarante, com a verificação dos respectivos documentos expedidos pela autoridade competente, e anotar também os elementos complementares, tais como o número de inscrição no CPF, as alusões à filiação e estado civil conforme seja o ato, ou a menção do domicílio, ou reportar-se à ficha cadastral arquivada em seu cartório. Não tem a incumbência de averiguar o mérito da declaração.

Em consequência, o que predomina na responsabilidade notarial é a apuração dos requisitos formais do ato, com a observância de seus elementos extrínsecos, sem o dever de penetrar no subjetivismo das partes. Em princípio responde o serventuário pelo ato ilícito praticado por escrevente. O Tribunal de Justiça de Minas Gerais reconheceu culpa recíproca pela lavratura de escritura pública[58]. O tabelião deve exercer "severa vigilância" sobre o procedimento de todos os escreventes[59].

129. Assim é que, ao *reconhecer uma firma* (e o faz por semelhança), salvo nos casos em que declara ter sido aposta a assinatura em sua presença, o tabelião responde, se não existir o espécime em seus arquivos, ou se ocorrer divergência entre a que consta do documento e a registrada no cartão próprio. Sendo impossível em cada caso proceder a um exame pericial, não pode o tabelião ser responsabilizado se a firma guardar semelhança com a arquivada. Não pode ser responsabilizado (surgindo litígio) se um exame grafotécnico apontar diversificação somente apurável através de processo sofisticado, com ampliação fotográfica, análise de corte ou inclinação das letras, e outros recursos técnico-científicos, tais como qualidade e idade da tinta.

130. Não seria, em princípio, responsável o tabelião, se o declarante é *representado por procurador* munido de instrumento revestido das formalidades respectivas; ou exibindo documento de identidade formalmente perfeito; ou se se apresenta como administrador de uma sociedade civil ou comercial, embora seu mandato esteja findo ou fora cassado.

131. Responde, sim, o notário, pela *verdade extrínseca* do ato em ponto substancial, como seja a data do mesmo, ou a afirmação da presença das partes, ou a continuidade da declaração[60]. Responde pela negligência, inclusive de seu escrevente ou auxiliar, com aplicação do estatuído no art. 932, III, do Código Civil, ainda no caso de ser o cartório oficializado, porque tais funcionários, ainda que a rigor não sejam empregados do titular do cartório, são prepostos seus, no sentido

---

[58] ADV. 1986. n. 25.781.

[59] Ulderico Pires dos Santos. *A responsabilidade civil na doutrina e na jurisprudência*. Rio de Janeiro: Forense, 1984. p. 123.

[60] STJ, 3ª T., REsp 33.719/GO, Rel. Min. Eduardo Ribeiro, julgado em 27.04.1993.

de que ele lhes confia os atos que são de sua atribuição. Não implica, portanto, falta funcional o descumprimento de atos que exorbitem das atribuições do serventuário, como no caso do serventuário ou escrevente prometer a realização de providências extrafuncionais (venda do imóvel, aplicação do preço no mercado de papéis, pagamento de impostos, registro da escritura etc.). Nessas hipóteses, o serventuário responde na forma do direito comum, como qualquer corretor ou despachante.

132. É de se destacar a responsabilidade do cartório *perante terceiros*, "pelas inexatidões e lacunas dos atos lavrados por ele ou sob sua direção, que deem oportunidade a prejuízos para aqueles"[61]. Os exemplos lembrados como seja o reconhecimento de firma falsa; a autenticação de xerocópia que não coincide com o original; o reconhecimento de sinal de outro tabelião se o espécime tiver sido entregue pela parte sem que o notário tenha o cuidado de indagar de sua autenticidade ou procedência; a aceitação de instrumento de mandato formalmente imperfeito. Numerosas são as situações lembradas pelos autores, ou objeto de decisões judiciais, sendo estes exemplos meramente enunciativos.

Aos serventuários de justiça fora do quadro notarial, aplicam-se *mutatis mutandis* as mesmas regras, no que couber.

Ressalte-se, ainda, que, de acordo com o Superior Tribunal de Justiça, a responsabilidade dos notários é pessoal, isto é, não se transmite ao sucessor na serventia[62].

133. *Responsabilidade do Estado* por perdas e danos decorrentes de atos praticados pelos serventuários. O problema é complexo. Configurada a responsabilidade do Estado, é este acionado com fundamento no art. 43 do Código Civil e art. 37, § 6º, da Constituição Federal de 1988. Trata-se de responsabilidade objetiva (v. Capítulo X). A culpa é somente investigada para efeito da ação de *in rem verso* contra o serventuário. O Tribunal de Justiça de São Paulo decidiu que o Estado é responsável pela apropriação de dinheiro de terceiros, realizada pelo Cartório de Protesto de Títulos[63].

O Supremo Tribunal Federal reconheceu, em 2014, a repercussão geral do Recurso Extraordinário n. 842.846, em que se discutirá, à luz dos arts. 37, § 6º, e 236 da Constituição Federal, a extensão da responsabilidade civil do Estado em razão de dano ocasionado pela atuação de tabeliães e notários. Também será objeto de debate o tipo de responsabilidade civil, se objetiva ou subjetiva, que rege a atuação

---

[61] Aguiar Dias. *Responsabilidade civil*. Cit. n. 136.

[62] STJ, 3ª T., REsp 1.340.805/PE, Rel. Min. Paulo de Tarso Sanseverino, julgado em 4.6.2019.

[63] *Revista Forense*, v. 274, p. 188. Cf., também, STJ, Corte Especial, CC 170.846/DF, Rel. Min. Napoleão Nunes Maia Filho, julgado em 2.12.2020.

Cap. XII · RESPONSABILIDADES ESPECIAIS | 249

dos registradores e tabeliães, nada obstante o advento da Lei n. 13.286/2016, que, em seu já aludido art. 22, estabelece a responsabilidade subjetiva dos notários e oficiais de registro.

134. Em se tratando dos *oficiais de registro*, a responsabilidade ainda há de ser apurada com maior cautela e até maior rigor, porque o interessado não tem qualquer ingerência no ato praticado. Recebe a certidão tal como passada pelo serventuário, e utiliza-a sob a fé que assiste ao signatário. Qualquer erro ou omissão pode gerar danos irreparáveis. Não se dá, no Direito brasileiro, o que ocorre com o Direito alemão, no tocante ao Registro Imobiliário, em que a inscrição do título aquisitivo é precedida de sua depuração em processo sumário (BGB, art. 873), erigindo-se ali a inscrição em uma convenção jurídico-formal[64]. No sistema brasileiro, o registro não tem a natureza de negócio jurídico abstrato. É, ao revés, ato jurídico causal, sempre vinculado ao negócio jurídico subjacente. Uma vez efetuada a inscrição e matrícula, gera ela a presunção de ser dono aquele em cujo nome se registrou, e a propriedade adquirida na data da apresentação do título[65].

Não padece dúvida a natureza aquiliana da responsabilidade, uma vez que o interessado, nem por hipótese, é considerado partícipe de uma relação contratual. O documento é entregue ao oficial do registro ou a certidão lhe é solicitada, correndo todas as providências a cargo do respectivo cartório, independentemente da interferência da parte.

Não tem escusativa a alegação de erro profissional. Responde o serventuário pela negligência, como no caso de certificar a inexistência de ônus real, quando o bem é gravado ou vice-versa; ou mencionar a titularidade dominial em favor de uma pessoa não obstante constar a transferência a terceiro ou negativar uma transmissão sem embargo de existir a matrícula.

Vale, contudo, a escusativa se a parte prestou informação errada, com a menção inexata do nome; ou omissão de apelido; ou ausência de esclarecimento que possa desfazer eventual homonímia; ou a descrição equivocada, incompleta ou imperfeita da coisa. Carvalho Santos transcreve decisão do Tribunal de Minas, que absolveu um oficial de registro que fornecera ao interessado certidão nega-

---

[64] Enneccerus, Kipp & Wolff. *Tratado, derecho de cosas*. Barcelona: Bosch, 1933-55. v. 1, § 26 e segs.; Hedemann. *Derechos reales*. Madrid: Revista de Derecho Privado, 1953. § 9° e segs.; Soriano Netto. *Publicidade material e registro imobiliário*. Recife: Off Graf da Tribuna, 1940. n. 59; Serpa Lopes. *Tratado dos registros públicos*. Rio de Janeiro: Freitas Bastos, 1960. v. 1, n. 17; Clóvis Paulo da Rocha. *Eficácia da transcrição*. pp. 65 e segs.

[65] Philadelpho Azevedo. *Registro de imóveis*. Rio de Janeiro: Jacyntho, 1942. n. 23; Serpa Lopes. *Registros públicos*. Cit. v. 2, n. 230; Clóvis Paulo da Rocha. *Eficácia da transcrição*. Cit. p. 106; Clóvis Beviláqua. *Direito das coisas*. Rio de Janeiro: Revista Forense, 1956. vol. 1, p. 147.

250 | RESPONSABILIDADE CIVIL – *Caio Mário da Silva Pereira*

tiva de hipoteca, não obstante achar-se o imóvel gravado, tendo em vista que foi passada na conformidade do pedido, e que este fora solicitado de forma capciosa pelo solicitante[66].

135. No Registro Civil das Pessoas físicas ou jurídicas igualmente responde o oficial pela negligência ou falta de exação.

136. A Constituição Federal de 1988 considerou os serviços notariais e de registro exercidos em caráter privado, por delegação do Poder Público (art. 236). A Lei n. 8.935/1994 regula as respectivas atividades e disciplina a responsabilidade civil e criminal dos serventuários, definindo, ainda, a fiscalização de seus atos pelo Poder Judiciário (art. 37 e segs.). Assim havendo estabelecido, não afastou a responsabilidade do Estado pelas faltas e abusos que cometam os servidores, uma vez que as atividades são exercidas por delegação do Poder Público.

Em jurisprudência, sedimentou-se o entendimento de que o Estado responde apenas subsidiariamente pelos danos causados pela atividade cartorária[67].

137. *Energia elétrica.* A utilização da energia elétrica desenvolveu-se extraordinariamente, o que suscita toda uma problemática, percutindo diretamente no campo da responsabilidade civil. Os autores, em obras gerais ou de cunho monográfico, ao cuidarem do assunto, desdobram-no nos dois aspectos fundamentais: de um lado a responsabilidade contratual; e de outro a extracontratual ou aquiliana.

A prestação do serviço de eletricidade é do poder concedente, que o realiza através de concessionários. No seu cumprimento, a empresa concessionária ou autorizada opera como prestadora do serviço fornecendo a energia ao usuário na forma do ajustado e mediante o pagamento tarifado, e responde pelas falhas, imperfeições e defeitos nas instalações externas. Tem o dever de conservar os equipamentos em perfeita ordem. No caso de faltar o bom funcionamento, responde ao usuário, inclusive pelos atos e omissões de seus empregados e prepostos, não lhe valendo a escusativa de desenvolver as cautelas normais, salvo culpa do usuário ou caso fortuito. Os defeitos nas instalações internas não são de responsabilidade da empresa fornecedora, porque ao usuário cabe a boa utilização de seus equipamentos e instalações. A concessionária não pode ser obrigada à fiscalização e vistoria nos interiores. Um curto-circuito em aparelho doméstico, ou alta amperagem pela utilização desordenada ou acumulada de equipamentos constitui risco do usuário. Se, porém, a sobrecarga adveio do desequilíbrio no fornecimento, com utilização de transformadores ou fusíveis externos inadequados é a risco da empresa.

---

[66] Carvalho Santos. *Código Civil brasileiro interpretado.* Cit. v. 21, p. 345.

[67] STJ, 1ª T., AgInt no REsp 1.685.063/PR, Rel. Min. Napoleão Nunes Maia Filho, julgado em 23.10.2018; STJ, 2ª T., EDcl no REsp 1.655.852/MG, Rel. Min. Herman Benjamin, julgado em 5.12.2017.

138. Ao mesmo tempo que está sujeita às condições da prestação do serviço ao usuário, a empresa concessionária, por explorar uma atividade que pode ocasionar *danos a terceiros,* inclusive a um público anônimo, tem o dever de tomar todas e constantes medidas para evitar ocorrências danosas, seja aos seus empregados, seja aos operários de outras pessoas físicas ou jurídicas que se aproximam das instalações e materiais energizados, seja ainda pelos acidentes que eventualmente possam acontecer. Responde, portanto, a empresa pelos danos causados a pessoas ou coisas[68]. Neste sentido é a tese dos Mazeaud, quando dizem que a eletricidade, nas suas diferentes formas, suscitaria a aplicação do art. 1.384, § 1º, do Código Civil Francês de 1804 (que alude à responsabilidade civil pelo fato de outrem). Parece, dizem eles, "sem entrar nas discussões relativas à natureza da responsabilidade, que a eletricidade intervém sempre ativamente na realização do dano: ela é a causa do dano, ela o produz"[69]. Não diverge da tese Aguiar Dias, quando proclama que "a empresa de fornecimento de energia elétrica explora um serviço perigoso e responde, por isso, pelos danos resultantes de falta de cautela necessária a proteger os particulares contra os riscos por ele criados"[70].Em monografia de alto nível, Walter T. Alvares afirma que os tribunais brasileiros "podem ser apontados como modelo de prudência na aplicação da lei aos casos particulares de acidentes decorrentes da eletricidade". A este propósito, cita acórdão do Supremo Tribunal Federal, que consagra doutrina correta, pelo voto do então Ministro Rocha Lagoa, nestes termos: "sendo a energia elétrica uma indústria perigosa, são as companhias de eletricidade responsáveis pelos danos decorrentes da mesma"[71].

Em face destes conceitos que informam em linhas gerais a responsabilidade civil pela exploração da energia elétrica, é ilustrativa a menção de hipóteses que não são meramente abstratas, pois que refletem ocorrências reais, permitindo joeirar nos acidentes a influência do fortuito, ao mesmo tempo que permite deixar assinalado que nem sempre este constitui escusativa.

Tipo de acidente em que interfere o fortuito e subsiste, não obstante, a responsabilidade da empresa é o rompimento de cabo de alta tensão devido a um forte temporal, desprendendo-se uma parte do fio energizado que cai ao solo ou fica pendente. Não se operando o seu imediato desligamento (automático ou manual) causa a morte por electroplessão em quem o tocar. No propósito de salvar o atingido, outra pessoa encosta no corpo da vítima ou simplesmente penetra na área energizada e é igualmente fulminada. Note-se bem que a pri-

---

[68] STJ, 3ª T., REsp 506.099/MT, Rel. Min. Castro Filho, julgado em 16.12.2003.

[69] Mazeaud e Mazeaud. *Responsabilité civile*. Cit. v. 2, n. 1.268.

[70] Aguiar Dias. *Responsabilidade civil*. Cit. n. 173.

[71] Walter T. Tavares. *Instituições de direito de eletricidade*. Belo Horizonte: Instituto de Direito da Eletricidade, 1969. v. 2, n. 459.

252 | RESPONSABILIDADE CIVIL – *Caio Mário da Silva Pereira*

meira vítima foi alcançada pelo fio rompido, e a segunda avizinhou-se do local do acidente. Ambas, entretanto, acham-se sob a proteção do mesmo princípio da responsabilidade. A empresa não se pode acobertar sob o manto do fortuito ou força maior porque a indústria elétrica é de alto risco. Cumpre à concessionária não apenas adotar medidas de proteção, porém torná-las efetivas. A espécie não é meramente teórica. Em minha atividade profissional tive ensejo de atuarem uma causa desse gênero, discutida no interior de Minas Gerais, precisamente sendo a vítima a pessoa que tentou salvar a vida de uma criança alcançada pelo rompimento do cabo. A obra de Aguiar Dias registra litígio ocorrido em localidade do interior de São Paulo, de que destaco esta observação: à empresa "cabe manter fiscalização ininterrupta para garantir, não só a sua conservação e seu funcionamento regular, como também a segurança do público perante o qual responde", acrescentando que o Tribunal considerou que "não constitui evento imprevisível" cumprindo à empresa adotar "providências que reduzissem ao mínimo os riscos resultantes da queda"[72].

Na mesma obra e local, alude a um caso de eletrocussão "em consequência de haver a vítima tocado, com uma vara de pescar, que trazia ao ombro, os fios de alta tensão". O Tribunal de Justiça do antigo Distrito Federal decidiu que a despreocupação da vítima não pode ser qualificada de negligência escusadora da empresa, mormente sendo um homem da roça, em cujo entendimento estaria a suposição razoável de estarem os fios em altura própria a impedir acidentes.

A tendência, portanto, da responsabilidade civil em matéria de direito de eletricidade, pode resumir-se, como o faz Walter T. Alvares, que ao propósito cita estudo de Hermano Duval, in: *Revista Forense*, v. 90, p. 71, sob a epígrafe Responsabilidade por eletrocussão:

> *Todo acidente com energia elétrica utilizada no serviço público deve ter indenizados os prejuízos que causar, salvo culpa da vítima, pois, como é evidente, estamos em face de uma responsabilidade especializada não só devido à noção do perigo mortal que o transporte e distribuição da eletricidade representam permanentemente, como também à própria noção do serviço público inerente ao concessionário.*

Daí, conclui: "1) regra geral: todo acidente oriundo do serviço público de energia elétrica é indenizável pelo próprio serviço, que para isto mantém a necessária reserva; 2) exceção: salvo se o acidente decorrer de culpa de terceiro, seja ou não a vítima"[73].

---

[72] Aguiar Dias. *Responsabilidade civil*. Cit. n. 173.
[73] Walter T. Tavares. *Instituições de direito de eletricidade*. Cit. v. 2, n. 468.

Cap. XII • RESPONSABILIDADES ESPECIAIS | **253**

Além da culpa de terceiro, é de se considerar também o caso fortuito, como alude Washington de Barros Monteiro. *Curso de Direito Civil.* v. 5, p. 402.

Mesmo na ocorrência de caso fortuito, a empresa não se libera, se tardar com as medidas cautelares, e as providências de socorro.

Numa outra ordem de argumentos, Walter T. Alvares, forte em Savatier, explicita: "A responsabilidade que decorre do risco potencial da coisa, entende a doutrina dever recair sobre o guardião, e, assim, no caso da eletricidade, o detentor do fluido"[74].

A exploração da energia elétrica pode muito bem inserir-se no campo da atividade perigosa, a que alude o Código Civil italiano de 1942 (art. 2.050), que mereceu de Ruggiero e Maroi estas considerações: a responsabilidade civil com fundamento na culpa agrava a situação de quem exerce atividade que, por sua própria índole, possa criar perigo para terceiros. Tendo-o em vista, invertem o ônus da prova, somente exonerando o agente do dever de reparação se provar haver adotado todas as medidas idôneas a evitar o dano[75].

Cada caso é de ser examinado em si mesmo, sendo a empresa responsável por qualquer ação ou omissão, sem que a vítima possa imputar-se haver concorrido, exclusiva e decisivamente, para o evento danoso.

139. *Cobrança antecipada de dívida.* O Código Civil (art. 939) considera a responsabilidade do credor que demanda o devedor antes de vencida a dívida, fora dos casos em que a lei o permite. Está bem claro que a cobrança antecipada da dívida somente constitui ato ilícito quando se faça "por arbítrio do credor", isto é, sem amparo em lei[76].

Sendo a dívida a termo, não é lícito ao credor exigi-la *ante tempus*, salvo nos casos em que, pela lei, ocorre vencimento antecipado[77]. Além desses casos, pode dar-se antecipação de vencimento por disposição de lei especial, ou convenção entre as partes.

Verificada a cobrança antecipada, a consequência é ficar o credor obrigado a esperar o tempo que faltava para o vencimento, a descontar os juros correspondentes, embora estipulados, e a pagar as custas do processo em dobro.

Esta disposição do Código pressupõe culpa presumida, porque o credor sabe ou deve saber qual a data do vencimento da obrigação. Ressalva-se contudo trazer o credor a prova de que houve motivo para se equivocar ou para antecipar a cobrança.

---

[74]   Walter T. Tavares. *Instituições de direito de eletricidade.* Cit. v. 2, n. 452.

[75]   Ruggiero e Maroi. *Istituzioni di diritto privato.* Milano: Giuseppe Principato, 1937. v. 2, § 187.

[76]   Carvalho Santos. *Código Civil brasileiro interpretado.* Cit. v. 20, p. 341.

[77]   Sobre o tema, distinguindo as hipóteses de vencimento antecipado do inadimplemento anterior ao termo, veja-se Aline de Miranda Valverde Terra. *Inadimplemento anterior ao termo.* Rio de Janeiro: Forense, 2009.

254 | RESPONSABILIDADE CIVIL – *Caio Mário da Silva Pereira*

Em sua aplicação, o preceito subordina-se à teoria subjetiva, com o entendimento de que o credor somente incidirá nas sanções do art. 939 se estiver de má-fé. Em caso contrário, sujeita-se apenas aos efeitos normais da sucumbência[78].

140. *Dívida já paga.* Aquele que demanda por dívida já paga, no todo ou em parte, sem ressalvar as quantias recebidas, ou que pedir mais do que o devido, ficará obrigado a pagar ao devedor, no primeiro caso, o dobro do que houver cobrado e, no segundo, o equivalente do que dele exigir, salvo se, por lhe estar prescrito o direito, decair da ação (Código Civil, art. 940).

A manutenção desse artigo é polêmica. Tem-se entendido que não mais se justifica, em face do que dispõe o Código de Processo Civil (CPC/2015, art. 79), que pune o litigante de má-fé, considerando-se tal o que incorrer nas alíneas do art. 80 do CPC/2015.

Não obstante a rigidez do preceituado na lei civil, sua permanência é defendida[79]. O Tribunal de Alçada Cível de São Paulo julgou caso de responsabilidade civil pela cobrança de dívida já paga[80].

Literalmente interpretado, o art. 940 parece haver abraçado a teoria objetiva. Dada sua severidade, porém, sua hermenêutica propende para a teoria subjetiva, considerando-se aplicável somente no caso de estar comprovada a má-fé do demandante (*Súmula* do STF, verbete 159).

O Projeto de Código de Obrigações de 1965 esposou essa tese no art. 865, estabelecendo que a penalidade somente seria aplicável se o demandante proceder por inadvertência grosseira, o que vale dizer agir culposamente, não se aplicando a penalidade pelo só fato de pretender alguém cobrar o indevido, total ou parcialmente. O Código Civil de 2002 (art. 940) reproduziu a disposição do Código de 1916. Sua aplicação, todavia, somente tem cabimento se se caracterizar a condição de *improbus litigator,* exigindo-se, portanto, a apuração de má-fé, o que permite concluir sua inserção na doutrina da culpa.

141. *Usurpação do alheio.* Prevê o Código, no art. 952, a hipótese de usurpação ou esbulho do alheio. Não fora a circunstância de haver o legislador cogitado particularmente da espécie, e ter-se-ia a responsabilidade subordinada ao princípio legal, pois que nessa ocorrência está presente a violação de uma norma jurídica, do respeito à coisa de outrem.

---

[78]   Washington de Barros Monteiro. *Curso de Direito Civil.* São Paulo: Saraiva, 1952-76. v. 5, p. 403. Na jurisprudência, v. STJ, 4ª T., REsp 466.338, Rel. Min. Aldir Passarinho Junior, julgado em 04.11.2003.

[79]   Washington de Barros Monteiro. *Curso de Direito Civil.* Cit v. 5, p. 404.

[80]   ADV, 1985, n. 23.102; cf., ainda, STJ, 4ª T., AgRg no Ag 613.038, Rel. Min. Jorge Scartezzini, julgado em 22.03.2005.

Em princípio, cabe ao esbulhador restituir a coisa em espécie, ressarcindo o *damnum emergens* com o dever de recompor toda deterioração na coisa, e o prejuízo que sofreu o esbulhado pelo tempo em que dela ficou privado, tudo isto acrescido do *lucrum cessans*.

142. *Bancos.* O problema da responsabilidade civil dos bancos e instituições financeiras em geral sofreu alterações substanciais com o desenvolvimento crescente desta atividade no país, e a multiplicação de incidentes.

Partindo do conceito básico de culpa, enunciado de maneira muito positiva, o banco responde para com seus clientes, por qualquer ato culposo na execução dos numerosos contratos ligados à atividade bancária[81].

Mesmo os autores que esposam a doutrina objetiva admitem que o dano causado ao correntista pelo serviço bancário pode ser exigido aos bancos sob fundamento do princípio da "culpa provada", assim como no do "risco profissional ou empresarial"[82]. Não há, contudo, disposição legal específica definindo a responsabilidade civil dos estabelecimentos de crédito pelo pagamento de cheques e outras atividades[83].

De acordo com o Código de Defesa do Consumidor, as instituições financeiras são consideradas prestadoras de serviço (art. 3º, § 2º), impondo-se-lhes, nos termos do art. 14, responsabilidade objetiva pelos danos provenientes de sua atividade. Ressalte-se que a aplicação do CDC aos serviços prestados pelos bancos foi objeto da Ação Direta de Inconstitucionalidade n. 2.591, afirmando o STF a incidência do CDC (ADI 2.591, Pleno, Rel. p/ Acórdão Min. Eros Grau, julgado em 07.06.2006). Na mesma linha de raciocínio, consolidou-se tal entendimento na Súmula n. 297 do STJ, assim redigida: "O Código de Defesa do Consumidor é aplicável às instituições financeiras".

143. A atividade bancária se desdobra hoje em numerosos contratos, com suas próprias características. Em minhas *Instituições de Direito Civil* (v. 3, n. 274-276) estudei alguns deles: depósito bancário, conta-corrente, abertura de crédito, crédito documentário, desconto, mútuo, financiamento. Além desses, generalizou--se o repasse de recursos tomados no exterior regulado pela Resolução CMN n. 3.844/2010 e pela Resolução CMN n. 3.967/2011; o empréstimo para capital de giro, com recursos externos; o repasse de recursos internos oferecidos pelo

---

[81] Mazeaud e Mazeaud. *Responsabilidade civil.* Cit. v. 1, n. 515-4.

[82] Aguiar Dias. *Responsabilidade civil.* Cit. v. 1, n. 150-A.

[83] Lauro Muniz Barreto. *Questões de direito bancário.* São Paulo: Max Limonad, 1972. pp. 339 e segs.; Sérgio Carlos Covello. Responsabilidade dos bancos pelo pagamento de cheques falsos e falsificados. In: *Responsabilidade civil.* Yussef Said Cahali (coord.). São Paulo: Saraiva, 1988. pp. 257 e segs.

Banco Nacional de Habitação (operação Recon); investimentos a curto, médio e longo prazo com certificados de depósito bancário (CDB) ou recibo de depósito bancário (RDB); remessas de dinheiro de banco a banco na mesma praça (DOC) ou para praça diversa; circulação de "cheque visado" traduzindo confirmação de saldo disponível; emissão de "cheque administrativo" ou "cheque bancário" expedido por um banco e com circulação fiduciária plena; administração de bens e valores; locação de cofres para uso privativo de seus clientes sem conhecimento de seu conteúdo. São numerosas atividades, todas girando em torno de negócios jurídicos contratuais, por cujo inadimplemento a instituição financeira responde.

144. O mais frequente, e que por isso mesmo dá origem a maior número de problemas percutindo na justiça, é o "depósito bancário". Com amparo em Hamel, De Page, Van Ryn, Trabucchi, eu o considero uma subespécie do contrato de depósito, classificando-o particularmente como um misto de depósito irregular e mútuo. Consiste na entrega de uma quantia em dinheiro a um banco, o qual adquire a sua propriedade, obrigando-se a restituir ao depositante na mesma quantidade e na mesma qualidade, a qualquer momento que for exigida[84]. O instrumento de que o depositante se utiliza para obter a restituição é, na grande generalidade de operações, o cheque, que é ordem de pagamento, subordinada à existência de fundos disponíveis em poder do sacado. O cheque sem fundo não constitui, porém, título nulo; é ineficaz em relação ao banco, "uma vez que a provisão é pressuposto do negócio jurídico entre passador e sacado"[85]. Além disto constitui crime de estelionato, quando inspirado em má-fé.

Sem necessidade de descer a minúcias, o tipo mais comum de problema ligado à responsabilidade civil dos bancos é com referência à emissão e circulação de cheques.

145. O mais frequente é a falsificação de assinatura do correntista. Acatado o cheque, o prejudicado acusa a irregularidade e quer o retorno, à sua conta, da quantia sacada. Tão frequentemente a hipótese tem ocorrido que se tornou objeto da *Súmula da Jurisprudência Predominante no Supremo Tribunal Federal*, verbete n. 28: "O estabelecimento bancário é responsável pelo pagamento de cheque falso, ressalvadas as hipóteses de culpa exclusiva ou concorrente do correntista."

Com este conceito, resumido na Súmula, o que predomina, em verdade, é a teoria do *risco profissional*, que não envolve necessariamente a aceitação da doutrina do risco como fundamento da responsabilidade civil. O banco, ao acatar o cheque falso, efetua o pagamento com dinheiro seu, uma vez que o depósito de

---

[84]   Caio Mário da Silva Pereira. *Instituições de Direito Civil*. Cit. v. 3, n. 274.

[85]   Pontes de Miranda. *Tratado de direito privado*. São Paulo: Revista dos Tribunais, 1973. v. 37, p. 89.

Cap. XII · RESPONSABILIDADES ESPECIAIS | **257**

coisa fungível (depósito irregular) equipara-se ao mútuo, e por este o banco (mutuário) adquire a propriedade da quantia recebida em depósito.

Assim considerado, o cheque falso é um ato fraudulento montado *contra o banco*, e, portanto, cabe a este suportar-lhe as consequências.

A velocidade de circulação dos cheques e o seu volume não permitem ao funcionário o minucioso exame de cada um. Se fosse exigida a verificação integral e minuciosa da assinatura do emitente, o atraso na liquidação dos cheques seria incompatível com o movimento diário. Em princípio cabe, portanto, ao banco suportar os prejuízos decorrentes do cheque falso. Esta obrigatoriedade independentemente da apuração de culpa individualizada desloca a responsabilidade para o terreno do risco profissional. O banco, contra o qual se considera dirigida a maquinação fraudulenta, responde pelo pagamento do cheque falso.

Como escusativa, é aceita a prova da culpa exclusiva ou concorrente do correntista, que, não podendo ser direta, vale pelos indícios que envolvem o caso. Neste sentido, a defesa mais frequente do banco consiste em demonstrar a negligência do correntista na guarda dos carnês (*culpa in vigilando*); a sua imprudência em confiar o talão de cheques a pessoa incapaz ou de honestidade não comprovada (*culpa in eligendo*). Se não for possível imputar a culpa na falsificação do cheque nem ao correntista nem ao banqueiro, o banco deve sofrer a consequência, porque é contra ele que é urdida a trama[86].

Discussão mais frequente situa-se na adulteração efetuada com habilidade, não permitindo percebida por verificação ocular, ainda que cuidadosa.

A responsabilidade do banco mais se agrava quando ocorre falsificação ou adulteração grosseira que o funcionário de diligência média poderia perceber.

146. Responsável é o banco pelos *atos de seus funcionários*, danosos ao cliente (como um débito indevidamente feito em sua conta ou o lançamento de ordem de crédito em conta de terceiro) porque, na qualidade de preponente, responde a instituição pelos atos do preposto, independentemente de apuração de culpa *in vigilando* ou *in eligendo*.

Problema que também não é raro é o do cheque nominal, quando o apresentante é favorecido por seu endosso. De acordo com a lei, o banco tem o dever de verificar a autenticidade das firmas do emitente e do último endossatário e a seriação dos endossos intermediários, mas não é obrigado a apurar a autenticidade das assinaturas dos endossantes intermédios (Lei n. 7.357, de 02.09.1985, art. 39)[87].

---

[86]   Aguiar Dias. *Responsabilidade civil*. Cit. v. 1.

[87]   STJ, 4ª T., AgRg no AREsp 310.201/MS, Rel. Min. Raul Araújo, julgado em 6.10.2015.

Se o correntista abre conta ou efetua depósito com cheque, o banco tem de sofrer saques e despesas de remessa, se não aguardou a compensação do cheque depositado. O terceiro a quem paga, ou ao qual fez a remessa, é estranho à operação e não pode suportar as consequências da falta de provisão que deixou a descoberto a despesa ou a remessa. É caso típico de risco profissional.

147. O cheque posto em circulação é ordem de pagamento que o banco tem o dever de acatar, desde que observados os requisitos formais, e o correntista tenha fundos disponíveis. Particularidades, todavia, apresentam-se merecedoras de considerações especiais.

A primeira, de origem legal, é a do *cheque cruzado* por dois traços paralelos: não pode ser pago por caixa, sendo válida a sua liquidação mediante depósito em conta bancária. Se o banco paga em dinheiro, contra a sua apresentação, paga mal. Se entre as linhas paralelas estiver escrito o nome de um banco, somente poderá ser efetuada a compensação por esse banco (Lei n. 7.357, arts. 44 e 45) respondendo o sacado ou o banco portador que não observar essas disposições.

O "cheque visado" não importa obrigatoriedade do banco senão quanto à existência de fundos disponíveis.

O emitente e o portador legitimado podem sustar o pagamento do cheque, mesmo durante o prazo de apresentação, mediante contraordem por escrito, em havendo justo motivo. O sacado tem de acatar a sustação não lhe cabendo julgar da relevância da contraordem. Não merece consideração a ordem verbal.

148. Mais complexo é o caso do "cheque administrativo" ou cheque "de caixa". Emitido pelo banco, este empenha a sua responsabilidade na sua boa liquidação. Se o pressuposto do acatamento de todo cheque formalmente perfeito é a existência de fundos disponíveis do emitente, é juridicamente inadmissível cogitar de falta de provisão, em se tratando de cheque administrativo. Uma vez emitido, descabe a discussão do negócio jurídico subjacente. É um título oponível ao emitente. Daí a sua irrecusabilidade por este.

Quid iuris, entretanto, se o elemento gerador do cheque administrativo for um ato criminoso? À minha experiência profissional somente chegou um caso, em que o favorecido, em concerto fraudulento com funcionário do banco, obteve a emissão de cheques administrativos, forjando uma disponibilidade ilícita, e permitindo ao favorecido beneficiar-se de um documento de aparente liquidez, porém acobertando o produto de um crime. Com a abertura de inquérito policial, os cheques foram apreendidos, e obtida a sustação do pagamento.

Aguiar Dias dá notícia de uma questão ocorrida em São Paulo: aberta conta em um banco, com apreciável quantia, um terceiro (aliás parente do correntista) munido de procuração (na verdade eivada de falsidade ideológica) com poderes para retirar dinheiro em banco, sacou todo o depósito, no momento em que o correntista era recolhido a um hospital, acometido de moléstia mental. Falecendo o correntista, e descoberta a trama, foi o banco acionado por um herdeiro. Alegou duas ordens de defesa: a regularidade formal da procuração; e o fato de ser o mandatário presumidamente idôneo e cunhado do suposto mandante; alegou, mais, que ignorava a hospitalização do cliente e ser frequente procedimento desta sorte, em situações análogas. Enriquecida a discussão com pareceres de Francisco Campos e Azevedo Marques, o tribunal paulista deu pela procedência da ação, retirando o problema do campo da culpa, e colocando-o no do risco profissional. Analisando a espécie, Aguiar Dias enfoca a questão em termos de responsabilidade contratual. O correntista celebrou com o banco um contrato de depósito irregular ou de coisas fungíveis. O banco, recebendo-o, assumiu a obrigação de guardá-lo e restituí-lo no momento em que o exigisse o depositante. Entendendo que o banco somente se escusaria provando caso fortuito ou de força maior, exclui esta escusativa, qualifica a manobra como apropriação indébita e, em consequência, não podia o banco impor ao cliente um dano injunto, cometido por terceiro. Teria ação contra este, mas subsiste a sua responsabilidade em relação ao correntista[88].

149. Quando o banco atesta a idoneidade de uma pessoa, para efeito de valer contra terceiros, não é responsável por eventual procedimento irregular dela. Não se torna corresponsável, uma vez que faz a afirmação por desconhecer qualquer fato desabonador da conduta do interessado.

Como se vê, a variedade de problemas em torno da responsabilidade civil dos bancos e instituições financeiras é enorme, e litígios se apresentam em volume crescente e riqueza de detalhes.

Em linhas gerais, e na necessidade de enunciar um princípio de orientação global, o que eu entendo deva prevalecer é que nas relações do estabelecimento bancário com o cliente, prevalece a tese da responsabilidade contratual. A tendência de nossos tribunais é agravar a responsabilidade dos bancos.

Naqueles outros, que exorbitam do inadimplemento de contrato com o cliente, a tendência é pela aceitação da teoria do risco profissional, desenvolvida por Sérgio Carlos Covello, na ob. cit. pp. 257 e segs., bem como por Arnold Wald. *ADV – Advocacia Dinâmica.* Seleções Jurídicas, p. 9.

150. A título de amostragem, apontarei algumas decisões e opiniões caracterizando a responsabilidade das instituições financeiras, em situações várias. Pela apropriação de dinheiro pelo gerente (STJ, 3ª T., REsp 1.569.767/RS, Rel. Min. Paulo de Tarso Sanseverino, julgado em 1.3.2016). Pelo descumprimento de ordem do correntista (1ª Câmara Civil do Tribunal de Justiça do Rio de Janeiro, na Apelação n. 30.161; STJ, 2ª Seção, CC 45.758/MS, Rel. Min. Cesar Asfor Rocha, julgado em

---

[88] Aguiar Dias. *Responsabilidade civil.* Cit. v. I, n. 150-B.

260 | RESPONSABILIDADE CIVIL – *Caio Mário da Silva Pereira*

27.10.2004). Pelo pagamento de cheque falsificado (TJ/RJ, 1ª CC, AC 28.174; STJ, 3ª T., REsp 162.709/RJ, Rel. Min. Carlos Alberto Menezes Direito, julgado em 27.04.1999). Pela falsificação grosseira de endosso (na Apelação n. 20.064 da 8ª Câmara Civil do Tribunal de Justiça do Rio de Janeiro, como na Apelação n. 37.257 da 1ª Câmara Civil; STJ, 4ª T., REsp 171.299/SC, Rel. Min. Sálvio de Figueiredo Teixeira, julgado em 18.08.1998). O Tribunal de Justiça do Rio de Janeiro tem imposto obrigação de indenizar em numerosas decisões (Apelação n. 27.038 e n. 29.127 da 8ª Câmara; Apelação n. 26.232 da 1ª Câmara; Apelação n. 16.086 e n. 40.620 da 2ª Câmara; Apelação n. 29.111 da 6ª Câmara). Pela adulteração de cheque. Supremo Tribunal Federal. In: *Revista Forense*, v. 288, p. 231; e STJ, 4ª T., REsp 1.093.440/PR, Rel. Min. Luis Felipe Salomão, julgado em 2.4.2013.

A negligência do correntista, entretanto, exime o banco[89]. Na hipótese de culpa concorrente, "impõe-se abrandar, mas não excluir, a responsabilidade do banco" (STJ, 4ª T., AgRg no Ag 20.436/MG, Rel. Min. Athos Carneiro, julgado em 27.02.1992).

Cogitando de instituição financeira em regime de liquidação extrajudicial, Luiz Roldão de Freitas Gomes publica substancial artigo na *Revista Forense*, v. 288, p. 395.

Os repositórios registram frequentes casos. Pelo furto de talonário. Negligência inexistente do correntista (STJ, 3ª T., AgRg no Ag 792.100/SP, Rel. Min. Vasco Della Giustina, julgado em 24.11.2009; STJ, 4ª T., REsp 435.230/RJ, Rel. Min. Sálvio de Figueiredo Teixeira, julgado em 22.10.2002). Pela falsificação grosseira, responsabilidade do banco (RT 560/195; STJ, 4ª T., REsp 494.370/RS, Rel. Min. Ruy Rosado de Aguiar, julgado em 17.06.2003). Pelo pagamento de cheque sem as cautelas de praxe (STJ, 4ª T., AgInt no AREsp 1.690.580/CE, Rel. Min. Paulo Araújo, julgado em 22.3.2021). Por cheque falso. Culpa exclusiva do correntista (STJ, 3ª T., AgInt nos EDcl no REsp 1.575.905/SC, Rel. Min. Nancy Andrigi, julgado em 22.5.2018; STJ, 3ª T., REsp 1.324.125/DF, Rel. Min. Marco Aurélio Belizze, julgado em 21.05.2015). Ação improcedente (*RT* 449/146). Por cheque falso. Aparência de regularidade (STJ, 4ª T., REsp 171.299/SC, Rel. Min. Sálvio de Figueiredo Teixeira, julgado em 18.08.1998). Ação improcedente (*RT* 497/126). Pela falsificação de endosso, indenização devida (STJ, 4ª T., AgRg no AREsp 310.201/MS, Rel. Min. Raul Araújo, julgado em 6.10.2015). Por cartão de crédito. Furto. Uso por terceiro. Comunicação ao banco. Não responsabilidade do banco. Obrigação da companhia emitente do cartão (*RT* 554/141; STJ, 4ª T., REsp 165.727/DF, Rel. Min. Sálvio de Figueiredo Teixeira, julgado em 16.06.1998). Culpa do correntista. Talão deixado em gaveta aberta em local frequentado por várias pessoas. Ação improcedente (*RT* 552/60). Pela falsificação grosseira. Ação improcedente (*RJTJSP* 75/101).

---

[89] STJ, 3ª T., AgInt no REsp 1.914.255/AL, Rel. Min. Moura Ribeiro, julgado em 10.5.2021.

Pela falsificação grosseira. Falta de cautela do correntista. Culpa concorrente (*RT* 430/90; *RT* 555/137). Obrigação de examinar apenas a regularidade dos endossos (*RT* 554/125; STJ, 4ª T., REsp 171.299/SC, Rel. Min. Sálvio de Figueiredo Teixeira, julgado em 18.08.1998).

Nos dias atuais, outras questões a respeito da responsabilidade das instituições financeiras também são discutidas com frequência nos tribunais. A título exemplificativo, confira-se: (i) sobre a responsabilidade pela abertura de conta corrente por meio de documentos falsos: STJ, 4ª T., AgInt no AREsp 918.978/PR, Rel. Min. Marco Buzzi, julgado em 16.11.2017; (ii) sobre a responsabilidade por roubos, furtos e latrocínios em suas dependências: STJ, 3ª T., AgRg no AREsp 327.434/SP, Rel. Min. Sidnei Beneti, julgado em 06.08.2013; (iii) acerca da responsabilidade pelo protesto indevido: STJ, 4ª T., AgRg no AREsp 482.722/SP, Rel. Min. Raul Araújo, julgado em 02.12.2014; STJ, 4ª T., AgRg no REsp 1.421.639/SC, Rel. Min. Antonio Carlos Ferreira, julgado em 05.08.2014; (iv) sobre a responsabilidade por inscrição indevida no cadastro de inadimplentes: STJ, 3ª T., AgRg no AREsp 586.219/RS, Rel. Min. Marco Aurélio Belizze, julgado em 09.12.2014; (v) sobre a responsabilidade pelos danos gerados por fortuito interno relativo a fraudes e delitos praticados por terceiros no âmbito das operações bancárias (STJ, 4ª T., AgInt no AREsp 1.741.119/SP, Rel. Min. Raul Araújo, julgado em 20.9.2021; STJ, 2ª S., REsp 1197929/PR (Recurso Repetitivo, Tema 466), Rel. Min. Luis Felipe Salomão, julgado em 24.8.2011).

151. Dos julgados e opiniões que aqui resumi, o que resulta positivo é a responsabilidade civil das instituições financeiras pelos danos causados por ato de seus prepostos, não importa que sejam qualificados, ou funcionários subalternos[90]. Com fundamento na teoria da culpa pura, ou com base em presunção de culpa, ou ainda na doutrina do risco profissional, o que é fato certo é o dever de indenizar.

---

[90]   STJ, 3ª T., AgRg no REsp 246.687, Rel. Min. Vasco Della Giustina, julgado em 04.05.2010.

CAPÍTULO XIII
RESPONSABILIDADE CIVIL DO FABRICANTE

Sumário

A proteção do consumidor com base nos vícios redibitórios. A coisa defeituosa. A responsabilidade do fabricante. Pressupostos da responsabilidade do fabricante: defeito, dano e nexo causal.

Bibliografia

Alberto Trabucchi. *Istituzioni di Diritto Civile*. Padova: Cedam, 1964; Antonio Herman Benjamín. *Comentários ao Código de Proteção ao Consumidor*. São Paulo: Saraiva, 1991; Carlos Alberto Menezes Direito e Sérgio Cavalieri Filho. *Comentários ao Novo Código Civil*. Rio de Janeiro: Forense, 2004. v. XIII; De Juglart. L'obligation de renseignements dans les contrats. In: *Revue Trimestrielle de Droit Civil*. Paris: Dalloz, 1945; Enneccerus, Kipp & Wolff. *Tratado de Derecho Civil*. Derecho de obligaciones. Barcelona: Bosch, 1933-55. v. 2; Fábio Konder Comparato. *Ensaios e pareceres de direito empresarial*. Rio de Janeiro: Forense, 1978; Geraldo de Faria Martins da Costa. Risco de desenvolvimento: uma exoneração contestável. In: *Revista de Direito do Consumidor*, São Paulo: Revista dos Tribunais, abr./jun. 2002. n. 42; Gilles Petitpierre. La responsabilité du fait des produits, les bases d'une responsabilité spéciale en Droit Suisse à la lumière de l'expérience des États-Unis. In : *Revue Internationale de Droit Comparé*. Paris: RIE, 1975; Guido Alpa. La responsabilité du fabricant dans les projets de droit uniforme. In : *Revue Internationale de Droit Comparé*. Paris: RIE, 1977; Guido Alpa. Le noveau régime juridique de la responsabilité du producteur en Italie et l'adaptation du droit communautaire. In : *Revue Internationale de Droit Comparé*. Paris: RIE, 1991; Guido Alpa e Mário Bessone. *La responsabilità del produttore*. Milano: A. Giuffrè, 1987; Gustavo Tepedino. As relações de consumo e a nova teoria contratual. In: *Temas de Direito Civil*. 4. ed. Rio de

Janeiro: Renovar, 2008; Gustavo Tepedino. A responsabilidade civil por acidentes de consumo na ótica civil-constitucional. In: *Temas de Direito Civil*. 4. ed. Rio de Janeiro: Renovar, 2008. t. I; Hector Lafaille. *Derecho Civil*: contratos. Buenos Aires: Ediar, 1950. t. VIII, v. 1; Henri de Page. *Traité élémentaire de Droit Civil Belge*. Bruxelles: E. Bruylant, 1974. t. IV; Henri Mazeaud. La responsabilité civile du vendeur fabricant. In: *Revue Trimestrielle de Droit Civil*. Paris: Dalloz, 1955; J. Antunes Varela. *Direito de obrigações*. Rio de Janeiro: Forense, 1977-1978. v. 2; J. W. Hedemann. *Derecho de obligaciones*. Madrid: Revista de Derecho Privado, 1953; Jaime dos Santos Briz. *La responsabilidad civil*. Madrid: Montecorvo, 1981; James J. Marins de Souza. Risco de desenvolvimento e tipologia das imperfeições dos produtos. In: *Revista de Direito do Consumidor*, São Paulo: Revista dos Tribunais, abr./jun. 1993. n. 6; James Marins. *Reponsabilidade da empresa pelo fato do produto*. São Paulo: Revista dos Tribunais, 1993; Jean-Francis Overstake. La responsabilité du fabricant de produits dangereux. In: *Revue Trimestrielle de Droit Civil*. Paris: Dalloz, 1972; Jorge Bustamante Alsina. *Teoria general de la responsabilidad civil*. Buenos Aires: Abeledo-Perrot, 1980. 3. ed.; Marcelo Junqueira Calixto. *A responsabilidade civil do fornecedor de produtos pelos riscos de desenvolvimento*. Rio de Janeiro: Renovar, 2004; Mazeaud, Mazeaud e Mazeaud. *Leçons de Droit Civil*. Paris: Montchrestien, 1955. v. 3; Philippe Malaurie e Laurent Aynès. *Droit Civil*: les obligations. Paris: Cujas, 1990; Planiol, Ripert e Boulanger. *Traité élémentaire de Droit Civil*. Paris: R. Pichon et R. Durnad-Auzias, 1946. v. 2; Raymundo Salvat. *Tratado de Derecho Civil argentino*. Fuentes de las obligaciones. v. 2. *Contratos*. Buenos Aires: Tip Ed Argentina, 1951; R. H. Mankiewiez. La responsabilité du fabricant. In: *Revue Internationale de Droit Comparé*. Paris: RIE, 1956; Ruggiero e Maroi. *Istituzioni di diritto privato*. Milano: Giuseppe Principato, 1937. v. 2; Rui Stoco. Defesa do consumidor e responsabilidade pelorisco do desenvolvimento. In: *Revista dos Tribunais*, São Paulo: Revista dos Tribunais, jan/2007. n. 855; Ugo Carnevali. *La responsabilità del produttore*. Milano: A. Giuffrè, 1979; Yves Chartier. *La réparation du prejudice dans la responsabilité civile*. Paris: Dalloz, 1983.

Cap. XIII · RESPONSABILIDADE CIVIL DO FABRICANTE | 265

152. O princípio de proteção do comprador tradicionalmente vem assegurado na teoria dos vícios redibitórios. O Código Civil brasileiro define-o ao estabelecer no art. 441 que a coisa recebida em virtude de contrato comutativo pode ser rejeitada por vícios ou defeitos ocultos, que a tornem imprópria ao uso a que é destinada, ou lhe diminuam o valor. Em minhas *Instituições de Direito Civil* (vol. 3, n. 207), assentei que a natureza jurídica dessa proteção planta suas raízes no "princípio de garantia", oferecido pela ordem jurídica ao adquirente. E com apoio na doutrina corrente, discrimina-se na etiologia dos vícios redibitórios que devem eles ser: a) *ocultos*, pois que os ostensivos presumem-se ter influído na motivação aquisitiva do adquirente; b) por isso mesmo devem ser *desconhecidos* deste; c) somente consideram-se tais os já existentes no momento do ato aquisitivo, e não os supervenientes; e, finalmente, d) somente são considerados os vícios que tornem a coisa imprópria ao seu uso regular, ou lhe diminuam o valor.

O Código Civil argentino, no art. 2.164, enuncia o mesmo princípio em termos análogos:

> *"Son vicios redhibitorios los defectos ocultos de la cosa, cuyo domínio, uso o goce se transmitió por título oneroso, existentes al tiempo de la adquisición, que la hagan impropria para su destino, si de tal modo disminuyen el uso de ella que a haberlos conocido el adquirente, no la habría adquirido, o habría dado menos por ella".*

Motivos de justiça e de boa-fé, dizia o mestre Hector Lafaille, impõem tal responsabilidade, conduzindo à rescisão do contrato ou à redução no preço[1]. E o clássico Salvat assim resume as condições dos vícios redibitórios: "1°) que exista un defecto oculto; 2°) que este defecto sea grave; 3°) que haya existido al tiempo de la adquisición"[2].

O Código Civil francês desenvolve preceituação análoga, ao estabelecer que o vendedor deve garantir ao comprador em razão dos defeitos ocultos da coisa vendida, que a tornem imprópria ao uso a que é destinada, ou que de tal modo diminuam este uso, que o comprador não teria adquirido ou por ela daria um preço menor (art. 1.641)[3].

O Direito belga, com suporte no Código Napoleão, desenvolve idênticas regras, como se vê em Henri de Page. *Traité élémentaire de Droit Civil Belge*. Bruxelles: E. Bruylant, 1974. t. IV, n. 167 e segs.

---

[1]   Hector Lafaille. *Derecho Civil*: contratos. Buenos Aires: Ediar, 1950. t. VIII, v. 1, n. 381.

[2]   Raymundo Salvat. *Tratado de Derecho Civil argentino*. Fuentes de las obligaciones. v. 2. *Contratos*. Buenos Aires: Tip Ed Argentina, 1951. n. 2.345.

[3]   No campo doutrinário, os elementos determinantes do que seja um vício redibitório vêm especificados em todos os autores antigos e modernos, podendo mencionar-se, a título de mera exemplificação ou amostragem: Planiol, Ripert e Boulanger. *Traité élémentaire de Droit Civil*. Paris: R. Pichon et R. Durnad-Auzias, 1946. v. 2, n. 2.477 e segs.; Mazeaud, Mazeaud e Mazeaud. *Leçons de Droit Civil*. Paris: Montchrestien, 1955. v. 3, n. 980 e segs.

O Direito italiano, assim no regime do Código Civil de 1865, como no de 1942, assegura igualmente ao adquirente, por contrato oneroso, garantia no caso de ser a coisa portadora de defeito oculto, que a torne imprópria para seu uso ou lhe diminua o valor[4].

No Direito alemão, o vendedor tem o dever de garantia ao comprador quando oculte dolosamente os vícios ou defeitos da coisa, ou quando esta careça de qualidade afirmada pelo vendedor[5].

Não difere a solução do Direito português, como se lê em J. Antunes Varela. *Direito de obrigações*. Rio de Janeiro: Forense, 1977-1978. v. 2, n. 66.

Mais longe se leve a pesquisa, e sempre o mesmo resultado se obterá, podendo-se generalizar o princípio de garantia do alienante, pelo defeito oculto de que seja a coisa portadora.

Este princípio de garantia atravessou toda a época da produção artesanal, e penetrou mesmo na atividade empresarial. De certo modo satisfazia o adquirente, que em face de um defeito que encontrava na coisa adquirida por força de um contrato oneroso, voltava-se contra o "seu vendedor", e na *actio redhibitoria* encontrava o meio técnico de redibir ou desfazer o contrato, se não preferisse, atentando em que ela ainda lhe era útil, posto que defeituosa, na *actio quanti minoris* obtinha o abatimento no preço de aquisição.

Mas o tráfico da mercadoria percorre uma cadeia contratual através de compradores intermediários[6].

153. Os novos tempos vieram trazer para o adquirente de produtos destinados ao grande público consumidor um elemento complicador das relações contratuais, refletindo na garantia em relação à "coisa defeituosa". De um lado, o momento em que o defeito surge; de outro lado a condição anônima do produtor, que pode ser o vendedor mesmo ou um fabricante diferente; em outro aspecto ainda a condição de injustiça para com o vendedor que, expondo o produto à sua clientela, não tem meios de verificar a sua perfeição; e ainda a complexidade de situações, conforme se trate de aparelhos de uso doméstico; de alimentos ou bebidas de distribuição em massa; de medicamentos utilizados por um público indiscriminado; da impossibilidade de verificação da coisa adquirida, ainda que de certo modo o defeito não seja totalmente oculto. Mudou-se a opinião científica, deslocando a responsabilidade para o fabricante, colocado na cabeça da série contratual[7].

---

[4] Cf. Ruggiero e Maroi. *Istituzioni di diritto privato*. Milano: Giuseppe Principato, 1937. v. 2, § 141; Alberto Trabucchi. *Istituzioni di Diritto Civile*. Padova: Cedam, 1964, n. 322.

[5] Veja-se a propósito Enneccerus, Kipp & Wolff. *Tratado de Derecho Civil*. Derecho de obligaciones. Barcelona: Bosch, 1933-55. v. 2, § 108 (§ 331); J. W. Hedemann. *Derecho de obligaciones*. Madrid: Revista de Derecho Privado, 1953. pp. 258 e segs.

[6] Jaime dos Santos Briz. *La responsabilidad civil*. Madrid: Montecorvo, 1981. p. 628.

[7] Jaime dos Santos Briz. *La responsabilidad civil*. Cit. p. 628.

Cap. XIII · RESPONSABILIDADE CIVIL DO FABRICANTE | 267

Tudo isto concorreu para mudar os termos do problema. E tudo isto vem-se processando em tão grande velocidade que o direito positivo, salvo algumas exceções, ainda não teve tempo de assimilar e resolver.

154. Com base ainda na teoria dos vícios redibitórios, imaginou-se o estabelecimento de responsabilidade regressiva e em cadeia. O adquirente de uma "coisa defeituosa" chama o "seu vendedor" a responder. Este, por sua vez, regride contra quem lhe vendeu; este último procede da mesma forma; e assim sucessivamente até alcançar o fabricante, que, em última análise, é o responsável por ter posto em circulação mercadoria portadora de defeito.

Tal procedimento revela-se, contudo, ineficaz e demasiadamente oneroso, multiplicando os apelos à Justiça, e nem sempre atendendo à verdadeira essência do problema. Pois se é certo que a teoria dos vícios redibitórios tem em vista a inidoneidade da coisa ao seu uso regular, ou a diminuição do seu valor, a colocação de "coisa defeituosa" destinada ao consumo multitudinário introduz uma conotação diferente, que pode ser a sua "periculosidade"[8]. Além do mais, não é, muitas vezes, o consumidor o único prejudicado, porém, também pode sê-lo o revendedor retalhista, a empresa do supermercado ou a drogaria. O controle de qualidade passa ao fabricante, frente ao usuário, embora não tenha este contratado diretamente com aquele[9].

Tornou-se, então, necessário repensar o problema da responsabilidade, sob a inspiração de novos conceitos e das exigências do comércio, principalmente em termos de produção em série, e de processos técnicos de verificação e atestação concluírem ser imune de defeitos a coisa comercializada.

Mas isto não se fez a um só tempo. Na França, a jurisprudência equiparou o vendedor profissional ao vendedor de má-fé. Neste caso, assinala Yves Chartier, "o vendedor é sujeito ao prejuízo imprevisível". A partir de uma certa época, notadamente a partir de um aresto da Corte de Cassação (5 de junho de 1929) a jurisprudência passou a assimilar ao vendedor que se acha ciente dos vícios da coisa o profissional e o fabricante[10].

Amparado em Jacques Ghestin, considera Yves Chartier preferível aí ver uma "obrigação de resultado", impondo a profissionais e fabricantes entregar um produto que corresponda às necessidades e ao uso para o qual foi comprado[11].

A tendência da jurisprudência na França encaminhou-se no sentido de "alargar a responsabilidade do *fabricante*, forçando os mecanismos clássicos

---

8   Cf. Ugo Carnevali. *La responsabilità del produttore*. Milano: A. Giuffrè, 1979. p. 30.

9   Jaime dos Santos Briz. *La responsabilidad civil*. Cit. p. 628.

10   Yves Chartier. *La réparation du prejudice dans la responsabilité civile*. Paris: Dalloz, 1983. n. 82.

11   Yves Chartier. *La réparation du prejudice dans la responsabilité civile*. Cit. n. 82.

268 | RESPONSABILIDADE CIVIL – *Caio Mário da Silva Pereira*

das responsabilidades delituais e contratuais"[12]. Vigora aí a presunção de que o vendedor-fabricante conhece sempre os vícios da coisa: *unusquisque peritusesse debet aros suae*[13-14].

155. A jurisprudência de vários países tem oferecido situações concretas, que habilitam a extração de princípios diretores, e de elementos capazes de oferecer a construção de uma verdadeira teoria da "responsabilidade do fabricante". Aludo aqui apenas a algumas decisões, a título de ilustração, e sem o propósito de esgotar as hipóteses.

Segundo o depoimento de R. H. Mankiewiez, antigo Secretário-Geral do Instituto de Direito Comparado de Lyon, aresto produzido pela Câmara dos Lordes da Inglaterra, em 1932, no caso "M'Alister *versus* Stevenson", pela primeira vez "definiu as condições nas quais o fabricante responde pelos danos causados ao consumidor em razão de defeitos de seu produto comprado de um varejista"[15].

156. No Direito alemão, a evolução da responsabilidade do fabricante repousa mais na elaboração jurisprudencial do que nos princípios do BGB. Observando os fenômenos de produção em massa, a existência de produtos que saem da fábrica "selados" e têm de ser postos à venda nas mesmas condições em que são produzidos, entendeu-se que não são suficientes as normas relativas ao contrato de venda, e, portanto, o vendedor não deve ser considerado responsável pelos danos causados ao consumidor pelos produtos selados.

Procurou-se justificar a "existência de uma relação contratual direta entre empresa e consumidor", invocando ficções, tais como a "fidúcia" ou "contrato social". Afirmou-se o estabelecimento de uma cadeia ininterrupta de contratos de venda, desde o produtor até o último consumidor.

Marchou-se, depois, em matéria de circulação de produtos defeituosos (compreendendo medicamentos, alimentos, bebidas) para a afirmação da "responsabilidade objetiva da empresa".

E com base nas experiências jurisprudenciais, a tendência da doutrina tedesca é a adoção da "responsabilidade extracontratual", segundo a qual "o produtor

---

[12]   Philippe Malaurie e Laurent Aynès. *Droit Civil*: les obligations. Paris: Cujas, 1990. n. 19.

[13]   Jaime dos Santos Briz. *La responsabilidad civil*. Cit. p. 657.

[14]   Neste sentido, no campo doutrinário manifestam-se, entre outros, Jacques Ghestin, em artigo publicado sob o título *La responsabilité des fabricants et distributeurs* (*Economia*, 1975); S. Grauber Magitot. *L'action des consommateurs contre le fabricant d'un objet affecté par vice caché, en droit anglais, en droit français* (Presses Universitaires Françaises, 1978).

[15]   Cf R. H. Mankiewiez. La responsabilité du fabricant. In: *Revue Internationale de Droit Comparé*. Paris: RIE, 1956. p. 241.

deve adotar todas as medidas idôneas a prevenir defeitos dos produtos e danos aos usuários"[16].

157. Nos Estados Unidos, sujeita a matéria aos direitos estaduais, a variedade de decisões dificulta a fixação de uma doutrina uniforme. O que se obtém é, expurgadas certas decisões dos *obiterdicta*, extrair algumas conclusões significativas. Predominava a regra baseada na liberdade de contratar, a qual, entretanto, começou a ser abalada no caso "McPherson *versus* Buick Motor Company", de um dano causado por defeito de fabricação de um automóvel, e acentuado em outro caso ("Hennigsen *versus* Bloomfield Motors Co."), no qual surge o princípio da responsabilidade objetiva. Daí extrair Fleming que se estabelece uma relação contratual entre o fabricante e o consumidor[17].

Invocando autores modernos, e amparados em decisões de algumas Cortes, Alpa e Bessone resumem a "orientação recente da experiência norte-americana", apontando a tendência da jurisprudência e da doutrina, que se resumiriam na determinação do que sejam "defeitos" de que a coisa é portadora; na obrigação de informações e de diligência; na responsabilidade por haver posto no comércio produto defeituoso[18]. O varejista responde quando o usuário confiou na propaganda (*express warrant*) ou quando adquiriu para determinada finalidade (*implied warrant)*[19].

Mais significativa é a preocupação de se estabelecerem normas e técnicas de proteção do consumidor, em que prevalece a tendência preventiva, mais acentuada do que as medidas repressivas. Com este objetivo, o "Fair Packaging and Labeling Act" disciplina as embalagens e os rótulos de mercadorias (1966). Na década de setenta (1972), foi criado organismo administrativo ("Consumer Product Safety Commission") com a finalidade de estabelecer normas visando os produtos oferecidos ao grande público. E o efeito destas medidas está visível nos rótulos de medicamentos recomendando não os deixar ao alcance de crianças; na forma de vedação de vidros e recipientes dificultando sua abertura ou até impedindo que ocorra espontaneamente; nas instruções que acompanham aparelhos eletrodomésticos advertindo o usuário para os riscos de danos materiais e pessoais que possam advir de sua utilização inadequada; na divulgação de informações a respeito do perigo para a saúde, oriundo de certos produtos (como por exemplo o tabaco); na retirada do mercado, de certos medicamentos considerados nocivos pela "Food

---

[16] Cf. sobre a doutrina alemã: Guido Alpa e Mário Bessone. *La responsabilità del produttore.* Milano: A. Giuffrè, 1987. pp. 137 e segs.

[17] Fleming. *The law of torts.* p. 439.

[18] Guido Alpa e Mário Bessone. *La responsabilità del produttore.* Cit. pp. 240 e segs.

[19] Jaime dos Santos Briz. *La responsabilidad civil.* Cit. p. 650.

270 | RESPONSABILIDADE CIVIL – *Caio Mário da Silva Pereira*

and Drug Administration", muito embora os fabricantes não estejam proibidos de levá-los aos mercados consumidores fora dos Estados Unidos.

Nos países de *common law* em geral, prevalece a ideia de confiança e dever de vigilância a cargo do fabricante[20].

158. Tribunais canadenses, embora não sujeitos à "regra do precedente" (*stare decisis*) da Justiça inglesa, invocando o caso M'Alister decidiram que ficou assentada a responsabilidade do fabricante, todos referidos no artigo citado por Mankiewiez.

Certo demandista, que foi ferido por partículas de vidro encontradas em garrafa de leite que fora fechada na usina, obteve a condenação desta sob o seguinte fundamento: "Quando um fabricante prepara e vende alimentos em um recipiente que impede o exame de seu conteúdo pelo último consumidor, responde por qualquer defeito dos alimentos assim vendidos se o defeito é imputável à sua culpa (*negligence*) ou à sua falta de cuidados (*lack of care*)". "A falta de cuidados é tanto mais grave quando agrava o risco a que o consumidor está exposto".

Em outro caso, de serem encontradas garrafas de Coca-Cola hermeticamente fechadas na fábrica, porém contendo impurezas, após certas vacilações, ficou afinal julgado que "quando um fabricante vende um produto, tal como Coca-Cola, que se considera chegar ao consumidor sem prévio exame intermediário, o fabricante assume a obrigação legal de evitar que seu produto contenha substâncias suscetíveis de causar prejuízo ao consumidor".

Reconhecendo a dificuldade de conseguir o consumidor comprovar a falta de cuidado do fabricante, as Cortes canadenses admitem a presunção de culpa, conforme decidido no caso Arendale, pelo tribunal de Ontário: "O fato de pedaços de vidro serem encontrados no pão no momento de sua entrega constitui por si só uma prova *prima facie* de culpa do fabricante."

159. Em artigo publicado na *Revue Trimestrielle de Droit Civil*. Paris: Dalloz: 1979. p. 799, Georges Durry, professor na Universidade de Paris, critica decisão proferida pela Corte de Rouen, num caso em que uma senhora fora tratada de depressão nervosa mediante a utilização de certo medicamento. Ficara decidido que: "apesar da intervenção de intermediários, um contrato se forma tacitamente entre o laboratório e os doentes que utilizam os produtos de sua fabricação. E este contrato comporta a obrigação de esclarecer o usuário sobre os perigos eventuais dos medicamentos".

O mesmo Georges Durry, em outro artigo, publicado na mesma revista, 1981, p. 157, comenta o caso de uma cooperativa vinícola que havia comprado

---

[20] James. *General principles of law of torts*. 1959; Harper e James. *Law of Torts*. 1956; Nursh. *American law*.

tinta destinada à pintura de novos locais, e que se queixou de que descorara em uns pontos e desaparecera em outros. Discutidas as qualidades do produto e a ausência de vícios ocultos, foi ao final decidido que "o dever de conselho constitui uma obrigação contratual".

Gilles Petitpierre publica monografia sob o título *La responsabilité du fait des produits, les bases d'une responsabilité spéciale en Droit Suisse à la lumière de l'expérience des États-Unis* (*Mémoires publiées par la Faculté de Droit de Genève.* 1974). Desenvolve o tema da responsabilidade contratual de quem quer que ponha em circulação mercadorias defeituosas, e sustenta ser responsável o fabricante que pode ser demandado diretamente pelo lesado[21].

160. No Direito argentino, a matéria tem sido objeto de cogitações doutrinárias, como de apreciação jurisprudencial.

Jorge Joaquim Llambias, em estudo publicado na revista jurídica *La Ley*, t. 1979-B, pp. 1.093 e segs., sob o título "Danos causados por produtos elaborados", leva suas investigações aos Direitos francês, alemão, holandês, italiano, inglês, norte-americano. Assenta que cabe ação contra o fabricante, no caso de ser posto em circulação um produto com vícios de fábrica, que verossimilmente antecipava futura causação de um dano, e constitui um ato culposo, dispensando qualquer outra prova. E, invocando jurisprudência, com a menção de alguns casos, assenta que este princípio tem recebido acolhida.

Roberto M. Lopes Cabana e Nestor L. Lloveras, em longo artigo publicado na revista jurídica *El Derecho,* t. 64, p. 549, sob o título "La responsabilidad civil del industrial. Régimen de reparación de daños causados por productos elaborados", estuda detalhadamente a responsabilidade do produtor. Em minuciosa projeção comparatista, cogita do direito continental europeu (França, Alemanha, Espanha, Holanda, Itália); nos sistemas de *common-law* (Inglaterra, Estados Unidos); no Direito soviético.

Cogitando da relação entre o fabricante e o usuário, diretamente, enuncia a sua tese da responsabilidade extracontratual do fabricante, pelos danos causados pelos produtos por ele elaborados, para concluir que, sem embargo do Código Civil argentino não ter cogitado da matéria, o princípio da responsabilidade civil nele contido não é incompatível com ela. Manifesta sua adesão à instituição de um seguro obrigatório, que lhe parece mais conveniente do que a proposição de uma responsabilidade objetiva.

---

[21]   Cf. Gilles Petitpierre. La responsabilité du fait des produits, les bases d'une responsabilité spéciale en Droit Suisse à la lumière de l'expérience des États-Unis. In: *Revue Internationale de Droit Comparé.* Paris: RIE, 1975. p. 518.

Em seu livro *Teoria general de la responsabilidad civil*, Jorge Bustamante Alsina cogita do problema relativamente aos "produtos elaborados"[22]. Admite que o usuário tem ação contra o vendedor, sem necessidade de indagar da culpa, uma vez que está assentada no princípio de garantia pelos vícios redibitórios. Reconhece, ainda, a existência de ação contra o fabricante ou produtor, que deve prever as consequências danosas que o produto defeituoso necessariamente ocasionará. E conclui que se estabeleça um sistema autônomo de responsabilidade objetiva, do fabricante, a qual conduza a uma socialização dos riscos.

161. Na França, o princípio do art. 1.645 impõe ao vendedor que conhecia os vícios da coisa a restituição do preço recebido e mais perdas e danos. Deste preceito, a jurisprudência deduziu a presunção de que "o vendedor que seja ao mesmo tempo o fabricante da coisa conhece sempre os vícios que a atingem: *unusquisque peritus esse debet artis suai*"[23]. Com efeito, várias decisões foram proferidas em casos de explosão decorrente de deficiência na estrutura da coisa; explosões em garrafões de gás liquefeito; defeitos em aparelhos de televisão; e outras. A maior parte destas decisões, dizem Malaurie e Aynès, "têm como consequência atribuir ao fabricante a responsabilidade pelo dano ocorrente em falha na estrutura da coisa". Algumas decisões, contudo, aplicando a doutrina da "guarda da coisa", estabelecem a responsabilidade do *vendedor profissional* não fabricante, quando ele é encarregado da assistência após a venda. Exime-se ele, contudo, se o acidente é devido ao mau uso pelo consumidor[24].

162. Realizou-se em Paris, nos dias 30 e 31 de janeiro de 1975, na Faculté de "Droit des Affaires" da Université de Paris I, um colóquio centrado sobre o tema "La Responsabilité des Fabricants et Distributeurs". Compareceram duas dezenas de juristas, e discutiram o tema sob quatro ângulos diversos, a saber: I – responsabilidade civil do fabricante em Direito francês. Aplicação das regras específicas da venda à responsabilidade dos fabricantes e distribuidores de produtos em Direito francês; II – o seguro de responsabilidade dos fabricantes; III – a responsabilidade do fabricante em direito internacional privado e em direito comparado; IV – a responsabilidade penal do fabricante.

De todos os relatórios, e de todas as intervenções, foi publicado um livro com o mesmo título do Colóquio, e encerrado com um relatório-síntese, da lavra do professor André Tunc, e seguido de dois anexos: 1º) diretivas sobre o *rapprochement* das legislações dos Estados-membros das comunidades europeias em matéria de

---

[22] Jorge Bustamante Alsina. *Teoria general de la responsabilidad civil*. 3. ed. Buenos Aires: Abeledo-Perrot, 1980. pp. 375 e segs.

[23] Jaime Santos Briz. *La responsabilidad civil*. Cit. p. 657.

[24] Cf. Philippe Malaurie e Laurent Aynès. *Droit Civil*: les obligations. Cit. n. 102.

Cap. XIII · RESPONSABILIDADE CIVIL DO FABRICANTE | **273**

responsabilidade pelo fato dos produtos; e 2º) projeto de convenção europeia sobre a responsabilidade pelo fato dos produtos em casos de lesões corporais ou de morte.

Tendo em vista o problema sob o ângulo de visada doutrinário, detenho-me no "Rapport de Synthèse Général" do professor André Tunc, que não cabe reproduzir neste Capítulo, dada a sua grande extensão, mas que procurarei resumir.

O eminente professor, depois de salientar que o problema ligado aos produtos perigosos preocupa o mundo inteiro, aponta três rumos: o neozelandês seguido pela Austrália, da cobertura automática dos danos, com a completa eliminação da responsabilidade civil; o sistema norte-americano, oriundo do projeto Keeton--O'Connell, que manda indenizar as vítimas dos acidentes de trânsito sem cogitar da culpa; e, em terceiro lugar, o sistema europeu da responsabilidade de pleno direito do fabricante, assegurando à vítima a reparação do dano.

Colocada a questão no campo da responsabilidade civil do fabricante, cabe então cogitar das nuanças que pode oferecer. A primeira consiste em definir que produtos seriam submetidos ao regime da indenização automática. A segunda, de como caracterizar o que deve ser considerado um produto "defeituoso". Em terceiro lugar, estabelecer quem seria o responsável no caso de um produto ser apresentado como seguro em face dos dados científicos conhecidos no momento do seu lançamento e verificar-se ulteriormente que se tornou perigoso. Mais ainda, no caso de produtos complexos, se a responsabilidade deve ser atribuída ao fabricante ou a quem produziu o elemento causador do dano, ou estabelecer a responsabilidade solidária de todos. Levando mais longe, caberia perquirir se a responsabilidade seria extensível ao distribuidor do produto. Indaga, também, se o fabricante pode ser liberado apurando-se a culpa de um terceiro ou se é possível liberar o fabricante em razão da culpa da vítima. E, finalmente, coloca a questão na conveniência de estabelecer um teto para a responsabilidade.

A seu ver, a responsabilidade civil do fabricante depende da solução de todos esses problemas.

Do que se discutiu no aludido colóquio e do que resulta do relatório-síntese do professor Tunc, resulta que a matéria ainda se revela muito aberta, e oferecida aos mais amplos debates, não obstante o esforço de magistrados, advogados, fabricantes, seguradores, professores – todos empenhados nas soluções que dizem respeito a veículos, a objetos de uso, a produtos farmacêuticos. O objetivo de todos é evitar os danos e procurar a melhor orientação.

No artigo de 1955, H. Mazeaud pretendeu minimizar a orientação da Chambre de Requêtes da Cour de Cassation (citada acima), segundo a qual se presume que os fabricantes e vendedores profissionais conhecem os vícios da coisa vendida.

A Corte de Cassação manteve a tese, da obrigação "de resultado": entregar uma coisa sem vício, à qual alude o citado Yves Chartier.

163. Continuando a pesquisa, do campo jurisprudencial para o doutrinário, observa-se a extensão do princípio da responsabilidade no sentido de reforçar a posição do consumidor frente ao produtor ou fabricante.

Mestre da "responsabilidade civil" no direito francês, Henri Mazeaud, em artigo até hoje citado como abertura de novos rumos, publicou, em 1955, estudo em profundidade, acompanhando decisões dos tribunais franceses, e especialmente da Corte de Cassação, conforme se lê na *Revue Trimestrielle de Droit Civil*. Paris: Dalloz, 1955, p. 649, sob o título "La responsabilité civile du vendeur fabricant". Muito extenso, não comporta ser transcrito. Considerando a época em que foi produzido, e a enorme autoridade do seu autor, convém sejam resumidas as suas proposições principais.

O autor faz uma distinção fundamental entre a responsabilidade contratual do vendedor-fabricante, e a responsabilidade delitual ou quase delitual.

No caso de *responsabilidade contratual,* e tendo principalmente em vista a teoria dos vícios redibitórios, Henri Mazeaud reporta-se a várias decisões, e conclui, dizendo: "Os arestos proferidos pela Corte de Cassação podem, em definitivo, analisar-se nestes termos: *o fabricante que comete uma falta na fabricação, sabendo que esta falta é suscetível de viciar a coisa, deve ser tratado como vendedor de má-fé do art. 1.645 que conhece o vício da coisa vendida".* E, tendo em consideração que a ciência do vendedor e a possibilidade de recorrer a uma fabricação diferente caracterizam culpa grave, equiparável ao dolo, é de se estabelecer a presunção de má-fé do fabricante[25].

No caso de ser um terceiro que reclama reparação do vendedor-fabricante, deve necessariamente colocar-se no terreno da responsabilidade delitual. Não se trata, então, de inexecução de obrigações decorrentes do contrato, mas de negligência ou imprudência do fabricante por ter posto em circulação "coisa perigosa". E daí partindo, Mazeaud conclui que "a responsabilidade do fabricante é suscetível de ser estabelecida em caso de dano causado pela coisa fabricada, em relação a terceiros, e ainda relativamente ao comprador". Mas, em face dos princípios vigentes, e das condições advindas da interpretação dos textos, acrescenta à guisa de fundamentação: "Pelo menos será sempre necessário estabelecer contra o vendedor uma imprudência ou negligência que seja a causa do acidente"[26].

E conclui, usando a linguagem jurídica moderna: "A obrigação de segurança do vendedor-fabricante não é uma obrigação de resultado (ou obrigação determinada), mas somente uma obrigação de meios (ou obrigação geral de prudência e diligência)"[27].

---

[25] Mazeaud, Mazeaud e Mazeaud. *Leçons de Droit Civil*. Cit. pp. 646-7.

[26] Mazeaud, Mazeaud e Mazeaud. *Leçons de Droit Civil*. Cit. v. 3, p. 621.

[27] Mazeaud, Mazeaud e Mazeaud. *Leçons de Droit Civil*. Cit. v. 3, p. 621.

Cap. XIII · RESPONSABILIDADE CIVIL DO FABRICANTE | 275

Prosseguindo na pesquisa no plano doutrinário, outros estudos há em que a matéria é desenvolvida com eficiência e segurança, e examinada sob os mais diversos ângulos.

Philippe Malinaud, professor na Universidade de Direito, Economia e Ciências Sociais de Paris, publica extenso estudo no *Boletim da Faculdade de Direito de Coimbra* (Portugal), vol. 55, pp. 9 e segs. com o título "La responsabilité du fabricant", em que cogita da responsabilidade "contratual" do fabricante, num primeiro aspecto que é o da aplicação da teoria dos vícios redibitórios. Quanto trata do fundamento da responsabilidade, observa que "alguns autores consideram que a jurisprudência estabelece uma presunção de conhecimento do vício".

Em sua conclusão, o artigo proclama que o mérito do direito francês, na segurança aos consumidores e ao público em geral contra os danos causados pelos produtos defeituosos em sua concepção, fabricação ou apresentação, deve ser atribuído à jurisprudência.

Jean-Francis Overstake, mestre assistente na Universidade de Bordeaux I, sob o título "La responsabilité du fabricant de produits dangereux", estuda o problema tendo em vista a fabricação de "produtos perigosos"[28].

Começa por conceituar o que são "produtos fabricados", que abrangem todos aqueles que sofrem uma transformação pelo trabalho humano, industrial ou artesanal. E, dentre eles, inclui os alimentos, os medicamentos, os utensílios, máquinas, aparelhos. Exclui, portanto, os que são consumidos *in natura*, tais como os legumes e frutas frescas.

Em seguida, cuida de caracterizar o que é um "produto perigoso". E, neste particular, tem em vista, por um lado, os que o são por si mesmos, que exemplifica com os explosivos, venenos, matérias e líquidos inflamáveis, botijões de gás. E coloca de outro lado aqueles que não o são por si mesmos, mas que podem assim tornar-se, quando portadores de defeitos. E lembra que o pão é em si mesmo inocente, iria tornar-se perigoso quando fabricado com farinha envenenada.

Estabelece, então, um critério genérico, ao dizer que se considera "perigoso" todo produto que o é antes de ocorrer um dano, isto é, o perigo há de preexistir ao dano.

Para se definir a responsabilidade do fabricante pelo dano causado será portanto necessário ater-se a esta distinção.

Mas, sobretudo, salienta que uma boa fração da população utiliza-se de produtos fabricados, quer se trate de alimentos, bebidas, medicamentos, produtos de beleza, cosméticos, quer de aparelhos domésticos.

---

[28] Jean-Francis Overstake. La responsabilité du fabricant de produits dangereux. In: *Revue Trimestrielle de Droit Civil*. Paris: Dalloz, 1972. pp. 485 e segs.

276 | RESPONSABILIDADE CIVIL – *Caio Mário da Silva Pereira*

Configurando diretamente a responsabilidade do fabricante, coloca em primeiro plano os produtos que são perigosos independentemente de qualquer defeito. Neste caso, a vítima somente poderá chamar o fabricante à responsabilidade, estabelecendo a existência de "culpa" em que ele possa ter incorrido. A culpa, todavia, poderá ser determinada na deficiência de informações, como na insuficiência de precauções materiais. Assim é que se considera culpado o fabricante que omite esclarecimentos concernentes à utilização do produto, na conformidade de sua destinação regular e nas condições de seu melhor aproveitamento. Não basta descrever os meios de utilização e as precauções a serem tomadas pelo usuário do produto. Nem é suficiente despertar a atenção sobre certos perigos deixando de mencionar outros. É indispensável chamar a atenção sobre a possibilidade de danos, mesmo eventuais, e indicar medidas para que a natureza perigosa do produto não se exteriorize de maneira prejudicial.

A par do dever de informar, que aliás já foi objeto de estudo por De Juglart, de um modo genérico, Overstake salienta que o fabricante de produtos perigosos é, ainda, responsável em razão da insuficiência de precauções materiais, relativamente ao acondicionamento (mesmo que este seja a cargo de outra empresa), como também às condições de entrega[29].

Depois desta análise, cogita o autor dos danos advindos de produtos inofensivos por natureza, mas que se podem tornar perigosos em consequência de algum defeito, além daqueles que, "naturalmente perigosos", tornam-se "mais perigosos" por força de falhas ou imperfeições a cargo do fabricante.

Se o produto é vendido diretamente pelo fabricante, o adquirente está coberto, no primeiro plano, pela teoria dos vícios redibitórios. Mas esta é insuficiente, pois que nem sempre o consumidor tem condições de provar que desconhecia o vício, ou que este era do conhecimento do produtor. Baseado em decisões dos tribunais franceses, Overstake enuncia o princípio da responsabilidade contratual do fabricante, dizendo que contra este vigora mais do que a presunção de conhecimento do defeito. O que impera é "verdadeira obrigação de conhecimento dos vícios", que converte a obrigação de meios, do fabricante, em obrigação de resultado.

Revelando as insuficiências do princípio da responsabilidade contratual, Overstake se encaminha para a responsabilidade extracontratual (delitual ou quase delitual). Examinando-a à luz do que denomina "soluções empíricas" do direito tradicional, sustenta o estabelecimento para o futuro, da "autonomia jurídica do problema".

164. Nesta perspectiva, o que deverá prevalecer é a "responsabilidade de pleno direito do fabricante". De um lado, as técnicas publicitárias dominam os

---

[29] Cf. De Juglart. L'obligation de renseignements dans les contrats. In: *Revue Trimestrielle de Droit Civil*. Paris: Dalloz, 1945. pp. 1 e segs.

Cap. XIII · RESPONSABILIDADE CIVIL DO FABRICANTE | **277**

mercados, não apenas para atrair a atenção do público para os produtos. Vão mais além, tentando (e eu digo, muitas vezes conseguindo) "modelar e condicionar seus desejos e seus gostos". De outro lado, cumpre observar que o dano nem sempre é causado a quem adquire diretamente o produto. Pode alcançar pessoas que lhe são ligadas (familiares, parentes, amigos), ou mesmo terceiros. Desta sorte, reforça a convicção de que o fundamento da responsabilidade do fabricante em culpa contratual, mesmo presumida, não satisfaz à solução do problema.

Sustenta, então, que a natureza extracontratual da responsabilidade do fabricante revela-se mais favorável à vítima, não só porque evita ser ilidida por uma convenção de não responsabilidade, como ainda impede seja limitada por outra cláusula o alcance de seu dever de reparação. Além do mais, é a que mais interessa no plano do direito internacional privado, quando se vem a cogitar do problema, não raramente suscitado, da responsabilidade do fabricante em caso de dano causado fora do país de produção.

Ao ver de Overstake, quando o dano é causado por um produto perigoso, portador de defeito, a responsabilidade de pleno direito apresenta vantagens, uma vez que dispensa a vítima de produzir prova. Isto não significa que o fabricante é responsável em qualquer circunstância. O seu dever de indenizar estará subordinado à demonstração de que o dano foi devido a um defeito apresentado pelo produto.

Cumpre, portanto, estabelecer uma linha de raciocínio correta e isenta de desvios que possam perturbar uma solução justa. A responsabilidade do fabricante não pode pura e simplesmente ser deduzida da ocorrência de um dano. A solução correta terá por base um fenômeno de causalidade. Não se presume defeituoso o produto pela simples razão de que ocorreu um dano. O que se deve acentuar é que a responsabilidade do fabricante será estabelecida quando o defeito é a causa do dano.

Desta sorte, nem se considera responsável o produtor por qualquer dano sobrevindo em razão de outras circunstâncias, nem se exime o fabricante de responder pelo prejuízo causado, sob a alegação de que a fonte do dano seria o uso anormal ou particular do produto.

Com efeito, as mais das vezes, o consumidor não tem condições de proceder a uma verificação minuciosa do produto, para constatar a existência de defeito. Ora ele lhe é entregue em *container* fechado, ora encerrado em embalagem hermética, ora é recebido em quantidade que permite o exame por mera amostragem, ora a natureza mesma do produto não permite uma verificação minuciosa, de tal modo que o defeito somente venha a aparecer mais tarde, quando já em poder do adquirente, ou no momento de sua utilização.

Por tudo isto, o fabricante deve assumir a responsabilidade pelo dano causado em razão do produto defeituoso.

Não se pode (conclui Overstake) recusar ao fabricante os meios de defesa assentados no direito comum. Dentre eles, salienta-se a força maior, como causa exoneradora de responsabilidade; ou, noutro campo, a prova de que o dano originou-se da utilização inadequada do produto. Estas técnicas defensivas não implicam desfigurar o princípio da responsabilidade do fabricante, uma vez que a exoneração deste é uma consequência da inversão do ônus da prova. Indeniza-se o dano causado pelo produto defeituoso, independentemente de ter o consumidor de provar a responsabilidade do fabricante, salvo se este oferecer a comprovação de que não foi o produto em si o causador do prejuízo, porém que este se deveu a uma circunstância diferente, como seja a força maior ou a má utilização pelo consumidor, ou o mau estado de conservação em poder do intermediário ou circunstâncias outras análogas. Vale dizer: o produtor é o responsável pelo prejuízo, e, para eximir-se, terá de evidenciar que o dano não teria acontecido se não tivesse ocorrido uma causa estranha, que o determinou.

A Lei n. 98.389, de 19 de maio de 1998, inseriu no *Code Civil* diversos artigos sobre a responsabilidade extracontratual do produtor pelos defeitos dos produtos (arts. 1.386-1 e segs.).

165. Pelo que se tem visto, a tendência é responsabilizar o fabricante pelo prejuízo causado em razão de defeito existente no produto, salvo apenas a prova das circunstâncias acima referidas.

Mas não fica aí a problemática desta responsabilidade.

Quando se trata de venda direta do produtor ao consumidor, pode este agir contra aquele. Mas não é isto que normalmente ocorre. Em geral, o consumidor está distante do fabricante por uma série de intermediações: o distribuidor do produto; o comerciante atacadista; o vendedor varejista (ou mais de um varejista). E esta seriação de entidades (a que não é estranha a figura de uma empresa pertencente ao fabricante, porém dotada de personalidade própria) aparece como elemento complicador na efetivação da responsabilidade. Na realidade, de nada valeria afirmar, dogmaticamente, que o fabricante responde pelo produto defeituoso, se na prática o consumidor não estiver dotado de instrumental capaz de tornar eficaz aquele princípio. Não resolve o caso dizer que o adquirente pode demandar o seu vendedor com risco de esbarrar na falta de resistência econômica deste. Não resolve, igualmente, contar que o vendedor chame à responsabilidade quem lhe vendeu, e assim sucessivamente até chegar ao fabricante: o encadeamento processual seria muito complexo e demasiadamente moroso.

O que se torna, portanto, necessário é instituir a responsabilidade direta do fabricante, ou, como diz Ugo Carnevali, conseguir a "construção de uma relação jurídica direta, entre produtor e adquirente final". E, como ilustração da espécie, lembra-se o caso dos produtos medicinais à base de talidomida, que produziram efeitos danosos atingindo milhares de usuários, sem que fosse possível identificar o vendedor varejista, uma vez que se adquiria em qualquer farmácia.

O que se propõe estabelecer é que em primeiro lugar o fabricante é responsável pelo dano causado pelo produto defeituoso, sem se excluir os que colaboram na produção como seja o fornecedor de matéria-prima, ou o encarregado do acondicionamento, ou da distribuição. E, assentado quem é o sujeito passivo da responsabilidade, determinar-se-á que pode pedir reparação não apenas o adquirente do produto defeituoso, mas quem quer que haja sofrido o dano, por exemplo, os familiares, amigos ou pessoas que dele façam uso a qualquer título[30].

Ocorre, entretanto, que se a tese da responsabilidade do fabricante é comumente aceita, a sua projeção nos sistemas jurídicos não encontra suporte satisfatório no direito positivo.

Isto tem levado à procura de soluções, no propósito de oferecer ao consumidor maior proteção e garantia.

165-A. Guido Alpa, em trabalho publicado na *Revue Internationale de Droit Comparé* e traduzido por Victoria de Torna, sob o título "La responsabilité du fabricant dans lés projets de Droit uniforme", estuda e divulga os princípios assentados sobre o assunto pelo Conselho da Comunidade Europeia, simultaneamente às diretrizes propostas pelo Conselho da Europa[31].

Na impossibilidade de aqui reproduzir, mesmo resumidamente, o texto, limito-me a ressaltar o que me pareceu serem os aspectos essenciais da norma (Diretiva 85/374/CEE, posteriormente alterada pela Diretiva 1999/34/CE).

O ponto de partida é que os consumidores devem receber proteção à saúde e a reparação dos danos, mas também têm direito a serem ouvidos, informados e representados. A tese, de que parte a Resolução do Conselho da CCE, é que "o consumidor não é mais considerado como um adquirente e usuário de bens e de serviços para seu próprio uso pessoal, familiar ou coletivo, mas como um indivíduo interessado nos diversos aspectos da vida social que podem direta ou indiretamente prejudicá-lo como consumidor".

Para tornar efetiva a garantia, assenta-se o princípio da "responsabilidade sem culpa" do fabricante: "basta ter a prova do simples defeito e estabelecer o vínculo entre o defeito e o processo de produção para fazer nascer imediatamente a obrigação de reparação a cargo do fabricante".

Encarando novos aspectos, considera-se como "legitimado passivamente o fornecedor da coisa se o produtor não puder ser determinado, a menos que o fornecedor possa oferecer à vítima, em um prazo razoável, a identidade do produtor ou de quem lhe forneceu a coisa".

Para caracterizar a responsabilidade, cumpre definir o que seja a "coisa defeituosa". E neste sentido fica estabelecido: "aquela que não oferece segurança

---

30 Ugo Carnevali. *La responsabilità del produttore*. Cit. pp. 411-14.

31 Guido Alpa. La responsabilité du fabricant dans les projets de droit uniforme. In: *Revue Internationale de Droit Comparé*. Paris: RIE, 1977. pp. 559 e segs.

quanto às pessoas e aos bens, que se pode legitimamente esperar". Mas, "em outros termos, o produtor não é responsável se a coisa, considerada defeituosa, não era tal no momento em que foi posta no comércio". Para definir a ocasião em que um produto pode ser definido como "defeituoso", adota-se o critério norte-americano de *unfitness*, a saber: "quando ela não é própria ao uso ao qual é destinada".

A par destes conceitos, a Resolução exclui a indenização por danos morais, estende a responsabilidade no caso de existir defeito em quaisquer bens móveis como imóveis, e alude aos chamados "interesses difusos", violados por "mensagens publicitárias enganosas".

No caso de concorrer a vítima com sua culpa, admite-se que, segundo o que constar das legislações nacionais, a reparação poderá ser diminuída ou até excluída.

Em complemento, o Conselho da Europa propõe, em convenção, que todos os Estados-membros adotem, nas respectivas legislações, princípios de proteção ao consumidor, ressarcindo os danos provocados por vícios do produto. E, num avanço de seus propósitos, o Comitê dos Ministros do Conselho da Europa poderá convidar todos os Estados que não são membros a aderir à convenção.

O mesmo Guido Alpa testemunhou, no Direito italiano, a legislação que instituiu o princípio da responsabilidade do produtor pelos danos causados pelos defeitos de seu produto[32].

166. No Brasil, o tema não tem sido, ainda, largamente explorado. Em estudo subordinado ao título "A proteção do consumidor: importante capítulo do direito econômico", o professor Fábio Konder Comparato assinala que a produção em série, a distribuição em massa, substituindo o reduzido número de mercadorias, deslocaram o problema da responsabilidade civil "do âmbito estreito do contrato de compra e venda", para o qual a "relação contratual de compra e venda a consumo é *res inter alios acta*"[33].

Na economia moderna, assinala o ilustre professor, "o verdadeiro introdutor da coisa perigosa no mercado é o fabricante e não o distribuidor", que nem tem condições de "verificar a qualidade das mercadorias que expõe à venda".

Acentuando que a solução do direito tradicional, que concede ação ao comprador contra quem lhe vendeu, e assim sucessivamente, "carrega em si um custo econômico elevadíssimo, pela multiplicação dos processos judiciais", e preconiza a consagração de "uma responsabilidade direta do produtor perante o consumidor".

---

[32]   Cf. Guido Alpa. Le noveau régime juridique de la responsabilité du producteur en Italie et l'adaptation du droit communautaire. In : *Revue Internationale de Droit Comparé*. Paris: RIE, 1991. p. 74 e segs.

[33]   Fábio Konder Comparato. *Ensaios e pareceres de direito empresarial*. Rio de Janeiro: Forense, 1978. p. 473.

E aconselha, a exemplo do que ocorre no Direito anglo-saxônio, "a utilização de remédios jurídicos preventivos e não apenas reparatórios".

O TJ/RJ condenou fabricante de veículo por defeito surgido dentro de prazo de garantia[34].

167. Das pesquisas jurisprudenciais e doutrinárias acima apontadas, posso concluir que a responsabilidade do fabricante percorre linha de evolução específica, que caracteriza a sua autonomia. Não se abandonam os conceitos tradicionais da responsabilidade civil, seja contratual, seja delitual. Verifica-se, contudo, a insuficiência da teoria dos vícios redibitórios (item 164, *supra*). Estes, pela sua natureza estrita, protegem o adquirente contra vício ou defeito oculto, limitado contudo ao alienante direto.

A Lei n. 8.078/1990, abrindo nova frente, estabelece a responsabilidade solidária dos fornecedores de produtos de consumo duráveis ou não duráveis pelos vícios de qualidade e quantidade que os tornem impróprios ou inadequados ao consumo, ou lhes diminuam o valor, obrigando à correção dos defeitos ou substituição do produto por outro da mesma espécie, ou então o abatimento proporcional do preço (art. 18 e seus parágrafos).

Além disso, de acordo com o art. 17 do CDC, a responsabilidade civil objetiva por acidente de consumo não alcança apenas o consumidor, tal qual definido no art. 2º do CDC, mas também todas as vítimas do evento, consideradas consumidores por equiparação, ou *bystanders*[35].

A produção em série, a venda ao grande público, a comercialização de produtos que saem da fábrica e, apesar da intermediação de distribuidores e vendedores, vão ter às mãos do consumidor em embalagem original ou até com selo de garantia que deve ser conservado intacto; por outro lado, bebidas, produtos alimentares, medicamentos *oferecidos* ao consumidor sem que possa este comprovar que a compra se deu em determinado estabelecimento (bar, empório, supermercado, farmácia ou drogaria), tudo leva a considerar insatisfatório estabelecer o princípio da responsabilidade do vendedor.

---

[34] Ilustrativamente, v. STJ, 3ª T., REsp 1.734.541/SE, Rel. Min. Nancy Andrighi, julgado em 13.11.2018; STJ, 4ª T., REsp 547.794/PR, Rel.ª Min.ª Maria Isabel Gallotti, julgado em 15.02.2011; STJ, 3ª T., REsp 967.623/RJ, Rel.ª Min.ª Nancy Andrighi, julgado em 16.04.2009.

[35] STJ, 4ª T., AgInt no AREsp 1.549.270/RJ, Rel. Min. Luis Felipe Salomão, julgado em 29.6.2020; STJ, 3ª T., REsp 1.787.318/RJ, Rel. Min. Paulo de Tarso Sanseverino, julgado em 16.6.2020; STJ, 4ª T., AgInt no AREsp 1.557.513/RJ, Rel. Min. Antonio Carlos Ferreira, julgado em 17.2.2020; STJ, 4ª T., AgInt no AREsp 1.339.457/SP, Rel. Min. Luis Felipe Salomão, julgado em 19.3.2019; STJ, 3ª T., AgRg no AREsp 865.470/RS, Rel. Min. Moura Ribeiro, julgado em 13.09.2016; STJ, 2ª S., AgRg nos EREsp 1.354.348/RS, Rel. Min. Moura Ribeiro, julgado em 25.11.2015.

282 | RESPONSABILIDADE CIVIL – *Caio Mário da Silva Pereira*

Daí estabelecer a responsabilidade do fabricante, em relação direta com o consumidor. Para definir esta responsabilidade, torna-se necessário estabelecer os seus extremos, a saber:

1) o fabricante é responsável pelo dano causado por produto defeituoso[36];
2) considera-se, para este efeito, defeituoso todo produto que, em razão de falha na confecção, no desenho, na utilização de matéria-prima, não seja adequado aos fins a que normalmente se destina;
3) o fabricante é ainda responsável pela utilização de produtos por deficiência de informação quanto ao seu uso ou quanto aos riscos que este uso pode gerar[37];
4) eximir-se-á o fabricante de responsabilidade no caso de demonstrar que o produto se tornou defeituoso por falhas na sua conservação e utilização, seja em poder de intermediários, seja pelo próprio consumidor[38].

Ainda no âmbito da responsabilidade do fabricante, discute-se se este pode ser exonerado da responsabilidade por danos causados por defeitos do produto que não eram – nem poderiam ser – conhecidos pela ciência no momento de sua colocação no mercado. Cuida-se dos chamados *riscos do desenvolvimento*, sobre os quais existem duas correntes no direito brasileiro.

Por um lado, rejeita-se a possibilidade de responder o fabricante por tais riscos, diante da inexistência de vício de segurança a ele imputável. Isso porque o conceito de vício adotado pelo Código de Defesa do Consumidor (art. 12, § 1º) relaciona-se com a desconformidade entre o produto e a legítima expectativa do consumidor na época em que se colocou o bem em circulação[39]. Ademais, afirma-se que o art. 10, § 1º, do Código, ao mencionar os riscos que o fabricante passa a conhecer após a inserção do produto no mercado, impõe como consequência somente o dever de comunicação[40].

---

[36] STJ, 3ª T., REsp 1.955.890/SP, Rel. Min. Nancy Andrighi, julgado em 5.10.2021; STJ, 2ª S., REsp 1899304/SP, Rel. Min. Nancy Andrighi, julgado em 25.8.2021; STJ, 3ª T., REsp 1.774.372/RS, Rel. Min. Nancy Andrighi, julgado em 5.5.2020; STJ, 3ª T., REsp 1.715.505/MG, Rel. Min. Nancy Andrighy, julgado em 20.3.2018; STJ, 4ª T., REsp 1.452.306/SP, Rel. Min. Raul Araújo, julgado em 15.03.2016.

[37] STJ, 3ª T., AgInt nos EDcl no REsp 1.681.785/MG, Rel. Min. Marco Aurélio Bellizze, julgado em 23.3.2021.

[38] STJ, 4ª T., AgInt no REsp 1.929.007/RJ, Rel. Min. Luis Felipe Salomão, julgado em 22.11.2021; STJ, 3ª T., AgRg no AREsp 533.547/MG, Rel. Min. Paulo de Tarso Sanseverino, julgado em 07.04.2016.

[39] Gustavo Tepedino. A responsabilidade civil por acidentes de consumo na ótica civil-constitucional. In: *Temas de Direito Civil*. 4. ed. Rio de Janeiro: Renovar, 2008. t. I. pp. 286-288; James Marins. *Responsabilidade da empresa pelo fato do produto*. São Paulo: Revista dos Tribunais, 1993. p. 153.

[40] Rui Stoco. Defesa do consumidor e responsabilidade pelo risco do desenvolvimento. In: *Revista dos Tribunais*. São Paulo: Revista dos Tribunais, jan./2007. n. 855, *passim*; TJ/SP, 1ª C. D. Priv., APc/

De outra parte, defende-se que há responsabilidade civil pelos riscos do desenvolvimento na medida em que o legislador não previu expressamente a hipótese como excludente do dever de reparação. Alega-se, ainda, que os danos por eles causados violam a expectativa de segurança do consumidor, que acredita que da utilização do produto de acordo com as recomendações do fabricante não decorrerão danos[41].

167-A. O direito positivo deve ser adaptado às exigências econômicas modernas, seja para definir com precisão a responsabilidade do fabricante, seja para instituir organismos de proteção do consumidor, que operem com desembaraço e autonomia.

A disciplina desta responsabilidade pode ser efetivada em dois sentidos. De um lado, provimentos legislativos deverão consignar as regras aqui sugeridas. De outro lado, como sugere Santos Briz, será conveniente "introduzir certas particularidades no padrão típico da responsabilidade contratual"[42].

Ao tratar da doutrina do risco, dedico um parágrafo à proteção do consumidor (n. 221), em alusão expressa à Lei n. 8.078/1990, que define a *responsabilidade por vício do produto e do serviço*. Esta mesma lei (Código de Proteção e Defesa do Consumidor) estatui que o fabricante, o produtor, o construtor nacional ou estrangeiro e o importador respondam, independentemente de culpa, pela reparação dos danos causados aos consumidores por defeitos decorrentes de projeto, fabricação, construção, montagem, manipulação, apresentação ou acondicionamento de seus produtos, bem como informações insuficientes ou inadequadas sobre sua utilização e riscos (art. 12).

O Código de Defesa do Consumidor tem duas seções dedicadas à responsabilidade civil: (i) a primeira seção trata da responsabilidade civil pelo fato do produto ou do serviço, configurando os chamados acidentes de consumo (arts. 12

Rev. 0149831-21.2006.8.26.0000, Rel. Des. Ruy Camilo, julgado em 23.10.2007 e, ainda, STJ, 4ª T., REsp 1.838.184/RS, Rel. Min. Luis Felipe Salomão, julgado em 5.10.2021.

[41] Marcelo Junqueira Calixto. *A responsabilidade civil do fornecedor de produtos pelos riscos do desenvolvimento*. Rio de Janeiro: Renovar, 2004. pp. 243 e segs. V., ainda, Antônio Herman de Vasconcellos Benjamin *et alii*. *Comentários ao Código de Proteção do Consumidor*. São Paulo: Saraiva, 1991; Carlos Alberto Menezes Direito e Sérgio Cavalieri Filho. *Comentários ao Novo Código Civil*. Rio de Janeiro: Forense, 2004. v. XIII. pp. 192 e segs.; Maria Cândida Pires Vieira do Amaral Kroetz; Luiz Augusto da Silva. Um prometeu "pós"-moderno? Sobre desenvolvimento, riscos e a responsabilidade civil nas relações de consumo. *Revista Brasileira de Direito Civil – RBDCivil*, vol. 9, 2016, p. 81-101. Na experiência brasileira, o caso do medicamento "talidomida" tornou-se emblemático. A droga, comercializada no Brasil entre 1957 e 1965 como remédio contra enjoos da gravidez, gerou diversos casos de má-formação dos fetos e, consequentemente, muitas pessoas nasceram com deficiência provocada pela ingestão do medicamento pela genitora.

[42] Jaime Santos Briz. *La responsabilidad civil*. Cit. p. 680.

284 | RESPONSABILIDADE CIVIL – *Caio Mário da Silva Pereira*

a 17); e (ii) a segunda seção regula a responsabilidade civil pelo vício do produto ou do serviço (arts. 18 a 25). Assim, paralelamente à responsabilidade por fatos do produto – associados aos defeitos que comprometem sua segurança –, o diploma consumerista prevê responsabilidade por vício do produto e do serviço. Os fornecedores respondem solidariamente pelos vícios de qualidade ou de quantidade que os tornem impróprios ou inadequados ao consumo a que se destinam ou lhes diminuam o valor, assim como aqueles decorrentes de disparidade, com as indicações constantes da oferta (art. 18).

Com essa divisão, o legislador especial rompeu com a clássica dicotomia que divide a responsabilidade civil em contratual e extracontratual, afastando-se, neste aspecto, do Código Civil. Para além disso, o art. 17 do Código de Defesa do Consumidor estabelece que, para efeito de acidente de consumo, "equiparam-se aos consumidores todas a vítimas do evento", estendendo a proteção do código para qualquer pessoa atingida pelo fato do produto ou serviço, independentemente da posição jurídica que ocupe.

A distinção entre "responsabilidade civil pelo fato do produto ou do serviço" e "responsabilidade civil pelo vício do produto ou do serviço" mostra-se relevante. A primeira tem lugar no caso de acidente de consumo, com danos para o consumidor ou terceiros (art. 17 do CDC), ou seja, quando (pelo fato do produto ou do serviço) há dano decorrente de inconformidade, que se traduz na ruptura da legítima expectativa do consumidor em relação às características do produto ou serviço. Daí falar-se em vício de segurança. Em contrapartida, o consumidor pode valer-se da segunda hipótese se o produto ou serviço, em si considerado, mostra-se inadequado. O vício de qualidade ou quantidade revela-se no próprio produto ou serviço, facultando-se ao consumidor, nesse caso, exigir o conserto do produto, a troca por outro em perfeitas condições ou a devolução do preço. Enquanto na responsabilidade civil do fornecedor por acidente de consumo o foco do legislador é a segurança dos produtos e serviços, na responsabilidade pelo vício, a sua atenção se volta para a adequação dos produtos e serviços às suas finalidades próprias (assim, por exemplo, a faca deve cortar, o rádio deve emitir sons, a batedeira precisa bater a massa do bolo e assim por diante).

Além de unificar os sistemas de responsabilidade civil, o Código de Defesa do Consumidor também estabeleceu a responsabilidade objetiva como regra, trazendo o risco como fundamento do dever de indenizar. Assim, presentes os pressupostos da responsabilidade (defeito, dano e nexo de causalidade), não é dado ao responsável legal eximir-se do dever de indenizar com base na prova de ausência de culpa. O consumidor limita-se a ter que provar o dano e o nexo de causalidade – sendo certo que, nos termos do art. 6º, VIII, do CDC, pode o juiz inverter o ônus da prova a seu favor, desde que verossímil a alegação ou em se tratando de consumidor hipossuficiente –, porque, em relação ao defeito, o Código de Defesa do Consumidor estabelece uma presunção *iuris tantum* de sua existência.

No Código de Defesa do Consumidor, o dever de reparação é atribuído a todos os participantes do processo de fabricação e distribuição dos produtos,

Cap. XIII · RESPONSABILIDADE CIVIL DO FABRICANTE | **285**

de forma solidária e a prescindir de vínculo contratual entre estes e a vítima do dano. Em se tratando de responsabilidade civil, portanto, a disciplina do Código de Defesa do Consumidor é bem diferente da prevista no Código Civil. Vê-se, assim, que o Direito Positivo se tem adaptado às exigências econômicas. Além disso, na falta de identificação do produtor ou de identificação clara sua no produto, o comerciante é responsável (art. 13 do CDC).

Discute-se, ainda, acerca da possibilidade de se considerar a culpa concorrente do ofendido como causa de atenuação da responsabilidade por acidentes de consumo. A discussão decorre do fato de o Código de Defesa do Consumidor não se referir à culpa concorrente do consumidor, mas tão somente à sua culpa exclusiva (CDC, arts. 12, § 3º, III, e 14, § 3º, II). Segundo tal entendimento, somente se o dano pudesse ser imputado integralmente à atuação culposa do consumidor afastar-se-ia o dever de indenizar por parte do fornecedor.

Diante do texto legal, *a contrario sensu*, há quem defenda a insuficiência da alegação de culpa concorrente do consumidor para fins de mitigação da responsabilidade do fornecedor, justamente por não ter sido expressamente contemplada pelo legislador no elenco das excludentes[43]. Entretanto, por conta da teoria da causalidade, parece difícil afastar a atuação concorrente da vítima como causa de atenuação da responsabilidade do fornecedor, tendo o legislador considerado a culpa exclusiva do consumidor como causa excludente[44].

---

[43]   Luiz Antônio Rizzatto Nunes. *Comentários ao Código de Defesa do Consumidor*: direito material (arts. 1º a 54). São Paulo: Saraiva, 2000, p. 196; Antônio Herman de Vasconcellos e Benjamin. In: Juarez de Oliveira (coord.). *Comentários ao Código de Proteção do Consumidor*. São Paulo: Saraiva, 1991, p. 66; Zelmo Denari. In: Ada Pellegrini Grinover et al. *Código brasileiro de defesa do consumidor*: comentado pelos autores do anteprojeto. 5. ed. Rio de Janeiro: Forense Universitária, 1998, p. 153.

[44]   Gustavo Tepedino. A responsabilidade civil por acidentes de consumo na ótica civil-constitucional. *Temas de direito civil*. 4. ed. Rio de Janeiro: Renovar, 2008; Gisela Sampaio da Cruz. *O problema do nexo causal na responsabilidade civil*. Rio de Janeiro: Renovar, 2005, p. 174; Arruda Alvim et al. *Código do consumidor comentado*. 2. ed. São Paulo: Revista dos Tribunais, 1995, p. 126; James Marins. *Responsabilidade da empresa pelo fato do produto*. São Paulo: Revista dos Tribunais, 1993, p. 152.

CAPÍTULO XIV
RESPONSABILIDADE CIVIL DO CONSTRUTOR

Sumário

Empreitada. Responsabilidade contratual. Recebimento pelo comitente. Vícios e defeitos ocultos. Empreitada de grandes obras. Responsabilidade excepcional. Jurisprudência liberal. Prescrição.

Bibliografia

Aguiar Dias. *Da responsabilidade civil*. Rio de Janeiro: Forense, 1994. v. 1; Alfredo de Almeida e Paiva. *Aspectos do contrato de empreitada*. Rio de Janeiro: Revista Forense, 1955; Carlos Maximiliano. *Hermenêutica e aplicação do direito*. Rio de Janeiro: Forense, 1979; Clóvis Beviláqua. *Comentários ao Código Civil*. Rio de Janeiro: Francisco Alves, 1944-60; Cunha Gonçalves. *Tratado de Direito Civil*. São Paulo: Max Limonad, 1957. v. 7; E. V. de Miranda Carvalho. *Contrato de empreitada*. Rio de Janeiro: Freitas Bastos, 1953; Eduardo Espínola. *Dos contratos nominados no Direito brasileiro*. Rio de Janeiro: Gazeta Judiciária, 1953; Helly Lopes Meirelles. *Direito de construir*. São Paulo: Revista dos Tribunais, 1961; Henri De Page. *Traité*. Bruxelles: E. Bruylant, 1974. v. 2; Martinho Garcez Neto. *Prática da responsabilidade civil*. São Paulo: Saraiva, 1989; Nancy Andrighi et alli. In: Sálvio de Figueiredo Teixeira (coord.). *Comentários ao Novo Código Civil*. Rio de Janeiro: Forense, 2008. v. IX; Planiol, Ripert e Boulanger. *Traité élémentaire*. Paris: R. Pichon et R. Durnad-Auzias, 1946. v. 2; Pontes de Miranda. *Tratado de direito privado*. São Paulo: Revista dos Tribunais, 1973. v. 44; Ruggiero e Maroi. *Istituzioni di diritto privato*. Milano: Giuseppe Principato, 1937. v. 2; Sérgio Cavalieri Filho. *Programa de responsabilidade civil*. 6. ed. São Paulo: Malheiros, 2006; Silvio Rodrigues. *Direito Civil*. São Paulo: Saraiva, 1973-75. v. 3; Sourdat. *Traité général de la responsabilité*. Paris: Marchal et Billard, 1911. v. 1; Teresa Ancona Lopez. In: Antônio Junqueira de Azevedo (coord.). *Comentários ao Código Civil*. São Paulo: Saraiva, 2003. v. VII; Washington de Barros Monteiro. *Curso de Direito Civil*. São Paulo: Saraiva, 1952-76. v. 2; Yolanda Moreira Leite. Responsabilidade do construtor. In: *Responsabilidade civil*. Yussef Said Cahali (coord.). São Paulo: Saraiva, 1988.

168. O construtor, como todo aquele que realiza trabalho, é responsável pelo que produz.

Pela sua própria natureza a responsabilidade do construtor deve ser examinada sob duplo aspecto: em relação a quem lhe encomendou a obra e em relação a terceiros[1].

Em relação a terceiros, qualifica-se como aquiliana[2], e é objeto de considerações no lugar adequado: queda de uma coisa ou desabamento atingindo alguém (Capítulo VIII). Na forma do direito comum responde pelos danos, inclusive pelos que se originarem da conduta de seus empregados ou prepostos[3].

Dentro dessa ótica é que se levanta a questão de quem é a responsabilidade pela edificação em terreno impróprio para a construção. Contra a sustentação de ser responsável o dono da obra por ser aquele que escolheu o terreno, opõe-se a tese da responsabilidade do construtor que, por ser um profissional liberal, tem a autonomia suficiente para se não sujeitar às imposições do cliente, recusando edificar, se lhe não parece adequado o terreno. Demais disso, sendo um oficial conhecedor do seu ofício, não se pode escudar no fato de não ser ele o responsável pela escolha, e tanto mais que, estando em dúvida, ou em divergência com o interessado, facilmente recorrerá à empresa técnica ou ao profissional especializado. Ocorrendo dano proveniente de edificação levantada em lugar impróprio, a responsabilidade é do construtor[4]. Esta responsabilidade se positiva em caso de dano causado ao prédio vizinho pelo que está sendo construído, salvo se provada a culpa do dono da obra[5]. A tese da solidariedade do dono da obra com o construtor não é erma de amparo, pois foi sufragada pelo Supremo Tribunal Federal, em acórdão de que foi relator o ministro Prado Kelly, apontado por Aguiar Dias, que manifesta sua discordância Hely Lopes Meirelles, ao examinar o problema dos danos a terceiros, distingue: *se se trata de vizinhos*, haveria solidariedade entre o

---

[1] Sourdat. *Traité général de la responsabilité*. Paris: Marchal et Billard, 1911. v. 1, n. 675, p. 616.

[2] STJ, 3ª T., REsp 786.551/RS, Rel. Min. Nancy Andrighi, julgado em 27.05.2008.

[3] Eduardo Espínola. *Dos contratos nominados no Direito brasileiro*. Rio de Janeiro: Gazeta Judiciária, 1953. n. 143; Henri De Page. *Traité*. Bruxelles: E. Bruylant, 1974. v. 2, n. 714; Alfredo de Almeida e Paiva. *Aspectos do contrato de empreitada*. Rio de Janeiro: Revista Forense, 1955. n. 69; Washington de Barros Monteiro. *Curso de Direito Civil*. São Paulo: Saraiva, 1952-76. v. 2, p. 221; Yolanda Moreira Leite. Responsabilidade do construtor. In: *Responsabilidade civil*. Yussef Said Cahali (coord.). São Paulo: Saraiva, 1988. pp. 125 e segs.; Mário Moacir Porto. Responsabilidade civil do construtor. In: *Revista Forense*, Rio de Janeiro: Forense. pp. 303-7.

[4] Aguiar Dias. *Da responsabilidade civil*. Rio de Janeiro: Forense, 1994. v. 1, n. 141.

[5] Martinho Garcez Neto. *Prática da responsabilidade civil*. São Paulo: Saraiva, 1989. p. 145.

proprietário e o construtor, e seria independente da culpa de um e de outro[6]. Em relação ao terceiro "não vizinho", a responsabilidade é do construtor; o proprietário somente com ele se solidariza se houver confiado a obra a pessoa inabilitada para os trabalhos de Engenharia e Arquitetura[7].

169. Em relação à pessoa que lhe encomenda a obra, a responsabilidade é de natureza contratual, e é neste teor que deve ser estudada.

O construtor responde pela obra que lhe foi encomendada, obrigando-se pelos defeitos que possa apresentar. Em se tratando de obra realizada mediante contrato de prestação de serviços, sob a administração e fiscalização do dono, nada há de especial. Onde os problemas se avolumam é na realização do contrato de empreitada.

Cumpre, então, oferecer como pressuposto básico o conceito de empreitada, que é o contrato em que "o locador se obriga a fazer ou mandar fazer certa obra mediante retribuição determinada ou proporcional ao trabalho executado"[8]. Muito embora seus pontos de similitude, a empreitada (*locatio operis*) distingue-se do contrato de prestação de serviços (*locatio operarum*), pelo fato de neste último a execução ser dirigida e fiscalizada pelo locador, enquanto que na empreitada a direção e fiscalização competem ao empreiteiro que contrata e despede os operários indispensáveis[9]. De minha parte, e depois de mostrar que num e noutro contrato existe um ponto de aproximação que é prestação de uma atividade, indico que ambos se distinguem em que a empreitada se caracteriza pela circunstância de considerar o resultado final e não a atividade como objeto da relação contratual[10].

Tomando a seu cargo a realização de uma obra, o empreiteiro obriga-se pela sua boa execução (*obrigação de resultado e não de meios*) e, conseguintemente, é responsável pelos vícios e defeitos que possa acusar. Tem de cumprir o contrato fielmente, observando os planos e projetos empenhando a técnica da profissão e empregando os materiais adequados[11].

---

[6] Helly Lopes Meirelles. *Direito de construir*. São Paulo: Revista dos Tribunais, 1961. p. 335. Atualmente, o STJ determina a solidariedade entre o dono da obra e o empreiteiro pelos danos causados aos prédios vizinhos: STJ, REsp 43.906, 2ª T., Rel. Min. Ari Pargendler, julgado em 20.05.1996; e REsp 180.355, 3ª T., Rel. Min. Carlos Alberto Menezes Direito, julgado em 14.10.1999.

[7] Helly Lopes Meirelles. *Direito de construir*. Cit. p. 330.

[8] Clóvis Beviláqua. *Comentários ao Código Civil*. Rio de Janeiro: Francisco Alves, 1944-60. Observação ao art. 1.237.

[9] Washington de Barros Monteiro. *Curso de Direito Civil*. Cit. v. 5, p. 189.

[10] Caio Mário da Silva Pereira. *Instituições de Direito Civil*. 11. ed. Rio de Janeiro: Renovar, 2003. v. 3, n. 242.

[11] Hely Lopes Meirelles. *Direito de construir*. Cit. p. 259.

Cap. XIV · RESPONSABILIDADE CIVIL DO CONSTRUTOR | 291

170. Na conformidade do que dispunham o art. 1.239 e seguintes do Código Civil de 1916, correspondentes ao art. 612 e seguintes do Código Civil de 2002, ambas as partes têm os seus direitos e deveres definidos na lei e no contrato.

Se o empreiteiro forneceu somente a mão de obra, os riscos em que não tiver culpa correrão por conta do dono (art. 612). Se a coisa perecer antes de entregue, sem mora do dono nem culpa do empreiteiro, e a empreitada for somente de lavor, perderá o empreiteiro o salário, ao não provar que a perda resultou de defeito dos materiais, e que em tempo reclamou contra a sua quantidade e qualidade (art. 613).

Onde o problema oferece peculiaridades merecedoras de atenção é no surgimento de defeitos ou imperfeições após a entrega da coisa.

Como obrigação legal, o dono da obra é obrigado a recebê-la se concluída de acordo com o ajuste ou o costume do lugar. A fim de apurar a concordância com os planos e cláusulas do ajuste, o dono inspeciona a obra. Estando conforme, recebe-a e dá quitação ao empreiteiro, pagando o preço na forma combinada. Em caso contrário, abre-se-lhe a alternativa de enjeitá-la ou recebê-la, mesmo defeituosa, se ainda lhe for prestada, porém, neste caso, com abatimento no preço (art. 616) proporcionalmente ao que corresponder às suas deficiências[12].

171. Pode ocorrer, todavia, que, no momento da entrega, a obra esteja aparentemente perfeita e, no entanto, ocorra a existência de vícios ou defeitos que, por serem ocultos, somente com o tempo venham a ser notados. Aqui se insinua a teoria dos vícios redibitórios, reportando-me eu, neste passo, ao que expus no Capítulo anterior, ao tratar da "Responsabilidade Civil do Fabricante".

Acusando vícios ocultos a coisa entregue pelo empreiteiro, tais como infiltrações, vazamentos, defeitos nas instalações elétricas e/ou hidráulicas, o comitente pode enjeitá-la (Código Civil, art. 441), uma vez que a tornem imprópria ao uso a que é destinada ou lhe diminuam o valor *(actio redhibitoria)*. Em vez de rejeitar a coisa (art. 442), pode o dono da obra reclamar abatimento no preço *(actio quanti minoris)*. Comutativo que é o contrato de empreitada, a teoria se lhe aplica, devendo ser adaptada às suas peculiaridades. Como dificilmente ocorre a conveniência, para o dono da obra, de enjeitá-la, a ação *quanti minoris* teria como objeto a redução parcial no preço, se ainda não estiver totalmente pago; ou a indenização do dano causado, a ser paga pelo empreiteiro.

Para se defender o comitente contra a alegação de que o recebimento da obra envolve aceitação plena, admite-se seja provisória para verificação, caso em que

---

[12] Sobre os direitos e obrigações dos contratantes, ver: Washington de Barros Monteiro. *Curso de Direito Civil*. Cit. v. 5, pp. 189 e segs.; Silvio Rodrigues. *Direito Civil*. São Paulo: Saraiva, 1973-75. v. 3, pp. 258 e segs.; Eduardo Espínola. *Dos contratos nominados no Direito Civil brasileiro*. Cit. pp. 284 e segs.; Caio Mário da Silva Pereira. *Instituições de Direito Civil*. Cit. v. 3, n. 243.

se considera suscetível de confirmação ou rejeição ulterior[13]. Demonstrado que o defeito ou vício da coisa é efetivamente oculto, não pode prevalecer a presunção de que a obra foi aceita, em decorrência do recebimento.

172. A responsabilidade civil do empreiteiro oferecia peculiaridade no tocante à construção de grandes obras, tais como edifícios, pontes, viadutos e outros, sob amparo do art. 618 do Código Civil (art. 1.245 do Código de 1916), atraindo a atenção da doutrina, com repercussão na jurisprudência.

O primeiro aspecto a considerar, no plano doutrinário, reside na determinação precisa do destinatário da aludida normal legal. Noutros termos: na vigência do Código Civil de 1916, ao invocar o art. 1.245, o adquirente de unidade devia saber a quem a lei civil impunha a responsabilidade pela solidez e segurança da obra. Quem recebia unidade construída, e nela encontrava defeitos, precisava saber que remédio legal deveria usar, para obrigar quem lhe fez a entrega a responder civilmente ou sanar a irregularidade.

Neste passo a colocação topográfica da norma já era suficiente para uma definição. O art. 1.245 estava situado na Seção III do Capítulo destinado à *disciplina do contrato de empreitada*. Bastaria esta consideração para sugerir raciocínio esclarecedor. Se o art. 1.245 integrava o complexo de normas atinentes ao contrato de empreitada, somente a esta seria aplicável[14].

Em seguida, a leitura do artigo indica que tal responsabilidade era imposta a quem contratava obra sob regime de empreitada. Era o próprio texto que o dizia:

> "O arquiteto, ou construtor, que, por empreitada, se incumbir de executar uma obra..."

Não era, portanto, a responsabilidade do art. 1.245 estatuída em razão de qualquer contrato; ou estabelecida em favor de quem adquiria uma obra qualquer, porém somente no caso de o ser em virtude de um "contrato de empreitada", e especificamente a de fornecimento de materiais e mão de obra.

Este procedimento exegético encontrava amparo na melhor doutrina. A começar de Clóvis Beviláqua, o grande mestre, em *Comentário* ao referido artigo:

> "Não cabe, porém, esta responsabilidade excepcional a qualquer empreiteiro e, sim, àquele que fornece os materiais e o trabalho"[15].

---

[13] Eduardo Espínola. *Dos contratos nominados no Direito Civil brasileiro*. Cit. n. 412; Henri de Page. *Traité élémentaire*. Parte 1ª. Cit. v. 4, n. 805.

[14] Eduardo Espínola. *Dos contratos nominados no Direito Civil brasileiro*. Cit. p. 281, nota 30.

[15] Veja-se Planiol, Ripert e Boulanger. *Traité élémentaire*. Paris: R. Pichon et R. Durnad--Auzias, 1946. v. 2, n. 3.003; Mazeaud, Mazeaud e Mazeaud. *Cours*. Paris: Montchrestien,

A todas as luzes, portanto, a responsabilidade definida no art. 1.245 somente tinha lugar no *contrato de empreitada*.

Estabelecendo o art. 1.245 a responsabilidade do empreiteiro que se incumbe de levantar um edifício ou outra construção considerável, teria aplicação ao contrato de empreitada, e não a outro qualquer contrato.

Tratava-se de uma responsabilidade com características próprias que era delimitada em um preciso campo de atuação.

Logo de plano, os autores caracterizavam-na como "responsabilidade excepcional". A excepcionalidade consistia em que, normalmente, quem recebia uma obra encomendada liberava a pessoa que a entregara. A aceitação importava, em princípio, cessar a responsabilidade. Com o art. 1.245 não se dava o mesmo. Este dispositivo, diz Beviláqua, abria "uma exceção à regra de que cessa, com a aceitação da obra, a responsabilidade do empreiteiro"[16].

Silvio Rodrigues, ao assinalar os efeitos e a incidência do art. 1.245, fala abertamente no que qualifica como "responsabilidade excepcional do empreiteiro"[17].

Miranda Carvalho, em sólida monografia, abre um título (p. 216) com esta epígrafe: *Da responsabilidade excepcional do empreiteiro*.

Alfredo de Almeida Paiva, outro monografista de destaque, usa linguagem idêntica:

> *"O Código Civil incluiu na responsabilidade excepcional do art. 1.245..."*[18].

No tocante à aplicação das normas jurídicas, é pacífico que as disposições de cunho *excepcional* não comportam interpretação ampliativa, nem podem ser estendidas por analogia. Vem do direito romano que as leis de exceção interpretam-se estritissimamente – *Exceptiones sunt strictissimae interpretationis*.

A propósito, Carlos Maximiliano, na sua obra clássica, ensina:

> *As disposições excepcionais são estabelecidas por motivos ou considerações particulares, contra outras normas jurídicas, ou contra o Direito comum; por isso não se estendem além dos casos e tempos que designam expressamente*[19].

1955. v. 2, n. 1.367; Hely Lopes Meirelles. *Direito de construir*. Cit. p. 317; Clóvis Beviláqua. *Comentários ao Código Civil*. Cit. Observação 1 ao art. 1.245.

[16] Clóvis Beviláqua. *Comentários ao Código Civil*. Cit. Observação 1 ao art. 1.245.
[17] Sílvio Rodrigues. *Direito Civil*. Cit. p. 260.
[18] Alfredo de Almeida Paiva. *Aspectos do contrato de empreitada*. Cit. n. 58, p. 88.
[19] Carlos Maximiliano. *Hermenêutica e aplicação do direito*. Rio de Janeiro: Forense, 1979. n. 272, p. 227.

172-A. Assentado o caráter excepcional do art. 618, cumpre, então, esclarecer em que consiste a excepcionalidade. Ela cinge a aplicação desta norma a três situações: a) somente se aplica ao contrato de empreitada com fornecimento de materiais; b) somente tem cabida na construção de obras de vulto; c) somente é invocada quando o defeito ou falha da construção ameace a solidez e segurança da obra.

Examinarei os três itens em seguida.

173. Quando uma pessoa adquire uma coisa, por qualquer outra via contratual – compra e venda, permuta, promessa irretratável de venda –, a lei lhe oferece garantia, que é a geral concedida a todo adquirente por contrato oneroso. Mas, em nenhum desses casos tem aplicação a responsabilidade excepcional do art. 618. Em abono desta afirmação, podem citar-se numerosos autores e arestos, dentre os quais aponto, por amostragem, estes, em referência ao antigo 1.245 do Código Civil de 1916:

> *O art. 1.245 constitui, pois, uma exceção àquele princípio geral e, portanto, é "excepcional", com todos os consectários desta qualificação, a responsabilidade por ele atribuída ao empreiteiro, resultando aliás de seus próprios termos, que ele não se aplica a todos os empreiteiros, a todas as construções etc., mas é, por sua natureza, de aplicação restrita à única hipótese nele figurada[20].*

Carvalho Santos, no cunho prático que imprimiu a seu livro, além de assinalar que o art. 1.245, atual art. 618, somente tem aplicação ao contrato de empreitada, ainda esclarece:

> *"Bem se vê por aí que a responsabilidade excepcional a que alude o texto supra não se aplica a todo e qualquer empreiteiro, mas tão somente àquele que fornece os materiais e o trabalho"[21].*

174. Não é a qualquer obra que tal responsabilidade se aplica. Somente às construções de vulto, exemplificadas no artigo com "edifícios ou outras construções consideráveis". Em meu livro, em torno do mencionado no artigo, lembrei toda espécie de grandes trabalhos, como pontes, viadutos, edifícios de toda espécie[22].

Espínola enfatiza que o Código, aludindo a construções consideráveis, "exclui da responsabilidade as pequenas empreitadas que, na verdade, ou constituem subempreitadas, ou não são confiadas a empresas organizadas"[23].

---

[20] E. V. de Miranda Carvalho. *Contrato de empreitada*. Rio de Janeiro: Freitas Bastos, 1953. p. 220.

[21] J. M. de Carvalho Santos. Cit. p. 348.

[22] *Instituições de Direito Civil*. Cit. v. 3, n. 243.

[23] Eduardo Espínola. *Dos contratos nominados no Direito Civil brasileiro*. Cit. p. 287, nota 30.

Em esclarecimento de grande utilidade, Hely Lopes Meirelles sustenta que a alusão a obras de "grande vulto" não se aplica restritivamente a "edifícios", porque para estes "não se exige a vultosidade"[24].

O conceito também abrange obras de menor duração, como as destinadas a eventos temporários.

175. Em terceiro lugar, não cobre a responsabilidade do art. 618 o aparecimento de qualquer defeito, pois que em toda obra humana não se pode impor o requisito da perfeição. Somente aqueles que põem em risco a solidez e segurança da obra contratada. Tal exigência há de condizer com a ideia oposta de ruína ou ameaça de ruína. Somente está em risco a solidez e segurança do edifício ou da construção, quando surge defeito que por sua natureza importe em ruína, esboroamento, destruição, perecimento, sejam efetivamente já verificados, ou que ameacem ocorrer[25].

Estabelecendo o art. 618 a responsabilidade do empreiteiro que se incumbe de levantar um edifício ou outra construção considerável, tem aplicação ao contrato de empreitada, e não a outro qualquer contrato.

Trata-se de uma responsabilidade com características próprias que é delimitada em um preciso campo de atuação. Pontes de Miranda, com a solenidade de suas proposições, alude à "solidez" como ligada ao "objeto" da construção. E refere-se à segurança aliada ao desabamento, excluídas como causas o incêndio, a umidade, os gases, as condições anti-higiênicas[26].

Veja-se ainda Carvalho Santos:

> *O prazo de cinco anos, a contar da ultimação da obra, é o tempo que a lei fixa para a demonstração da solidez e segurança da obra. Se, no curso desse prazo, a obra ameaça ou vem a ruir, sem que seja consequência de um caso fortuito, como um incêndio, terremoto, inundação etc., a causa do desabamento não pode ser outra senão defeito na construção ou vício do solo, não se podendo explicar de outra forma como possa um edifício, ou outra construção, destinada a uma longa existência, vir a ruir em tão breve lapso de tempo*[27].

Note-se que o autor fala em "ruir", em "desabamento", vocábulos que bem traduzem o conceito de *perecimento* ou de *ameaça de perecimento*.

176. O enorme surto de construções ocorrente no país tem levado aos tribunais litígios em que se invoca art. 618, mesmo fora dos casos de ruína ou ameaça

---

[24] Helly Lopes Meirelles. *Direito de construir*. Cit. p. 318.

[25] *Revista do Tribunal de Justiça do Rio Grande do Sul*. v. 84, p. 411.

[26] Pontes de Miranda. *Tratado de direito privado*. São Paulo: Revista dos Tribunais, 1973. v. 44, p. 410.

[27] J. M. de Carvalho Santos. Cit. p. 348.

de ruína, procurando atrair para sua órbita a ocorrência de defeitos tais como infiltrações, obstruções na rede de esgotos e outros. E não tem faltado a essas invocações acolheita jurisprudencial[28].

É certo que decisões têm sido proferidas, tendendo a estender a responsabilidade, que é necessariamente restrita, em razão da excepcionalidade, para além dos limites legais da solidez e segurança. Trata-se de uma tendência adstrita que é a aplicação da lei. Esta lei tem caráter hermético, e de estritíssima interpretação. A ocorrência de tal alargamento já foi observada e criticada com autoridade. Foi o que fez, ainda à luz do sistema anterior, o professor Silvio Rodrigues:

> *Entretanto, encontram-se entre nós opiniões e julgados sustentando que o art. 1.245 do Código Civil pode ser invocado quando se tratar de defeitos graves, embora estes não ameacem a segurança e a solidez da obra. Tal entendimento que seria admissível nos direitos italiano e português, cujos novos Códigos expressamente o acolheram (italiano, art. 1.969; português, art. 1.222, §1º), certamente não o é entre nós, onde a lei não foi alterada. Só em caso de ruína ou ameaça de ruína do edifício é que emerge a responsabilidade consignada no art. 1.245 do Código Civil[29].*

Com efeito a contribuição do Direito Comparado socorre esta jurisprudência, chamada liberal. O Código Civil italiano de 1942, no art. 1.669, ao tratar da responsabilidade do empreiteiro de grandes obras, acusando estas vício do solo ou defeito de construção, que importem ruína ou perigo evidente de ruína, acrescenta a hipótese de "graves defeitos". Ruggiero e Maroi salientam o caráter excepcional do art. 1.669, referindo-se aos "graves defeitos", desde que não sejam conhecidos no momento da verificação. E, neste caso, admite que a lei italiana reconhece ao comitente um direito à indenização[30].

Princípio semelhante vigora no direito português, com aplicação do art. 1.225 do Código Civil de 1967, que adita à ruína total ou parcial a hipótese de a obra "apresentar defeitos graves".

Não comportando o art. 618 estas alternativas em princípio, o que tem inspirado essa "jurisprudência liberal" é o alargamento do conceito de "solidez e segurança", para considerar uma e outra "ameaçadas" como aparecimento de defeitos que, por sua natureza, e *stricto sensu*, não seriam de molde a ameaçá-las[31].

---

[28]   *Revista do Tribunal de Justiça do Rio Grande do Sul*. v. 90, p. 318.

[29]   Silvio Rodrigues. *Direito Civil*. Cit. p. 261.

[30]   Ruggiero e Maroi. *Istituzioni di diritto privato*. Milano: Giuseppe Principato, 1937. v. 2, § 147, p. 274.

[31]   A postura jurisprudencial se mantém. Confira-se, nesse sentido: STJ, 3ª T., REsp 1534831/DF, Rel. Min. Ricardo Villas Bôas Cueva, Rel. p/ Acórdão Min. Nancy Andrighi, julgado em 20.2.2018; STJ, 3ª T., REsp 1172331/RJ, Rel. Min. João Otávio de Noronha, julgado em 24.9.2013.

Cap. XIV · RESPONSABILIDADE CIVIL DO CONSTRUTOR | 297

177. Na ausência de regra específica, afirmava-se sob a égide do Código Civil de 1916 que a prescrição no caso de vícios redibitórios era de seis meses (art. 178, § 5º, IV) a contar da entrega da obra.

A aplicação do art. 1.245 do Código Civil de 1916 suscitava um tormentoso problema: dizendo a lei que o empreiteiro responderia durante cinco anos pela solidez e segurança da obra, fazia cessar a responsabilidade ao fim do quinquênio, ou compreendia todo defeito que surgia dentro nele? Em resposta, a doutrina entendia que se tratava de um prazo de decadência; escoado ele, extinguia-se toda obrigação, devendo a ação ser ajuizada no limite dos cinco anos[32]. O construtor respondia, então, pelos defeitos durante cinco anos[33].

Entendia, contudo, Hely Lopes Meirelles que o prazo de cinco anos era "de garantia". Desde que a falta se apresentasse dentro dos cinco anos a ação do dono da obra somente prescreveria no prazo comum de vinte anos do Código Civil de 1916[34].

Ao elaborar o Projeto de Código de Obrigações de 1965, fiz constar o prazo de garantia de cinco anos, estabelecendo que a ação deveria ajuizar-se nos seis meses que se seguirem ao aparecimento do defeito (art. 510).

---

[32] Eduardo Espínola. *Dos contratos nominados no Direito Civil brasileiro.* Cit.; Cunha Gonçalves. *Tratado de Direito Civil.* São Paulo: Max Limonad, 1957. v. 7; Henri De Page. *Traité.* Cit. n. 903; Alfredo de Almeida Paiva. *Aspectos do contrato de empreitada.* Cit. n. 69.

[33] *Revista dos Tribunais*, v. 78, p. 172.

[34] Hely Lopes Meirelles. *Direito de construir.* Cit. p. 319. A jurisprudência interpretava o dispositivo de maneira semelhante: "O prazo de 5 (cinco) anos do art. 1.245 do Código Civil, relativo à responsabilidade do construtor pela solidez e segurança da obra efetuada, é de garantia e não de prescrição ou decadência. Apresentados aqueles defeitos no referido período, o construtor poderá ser acionado no prazo prescricional de 20 (vinte) anos" (STJ, 4ª T., REsp 215.832/PR, Rel. Min. Sálvio de Figueiredo Teixeira, julgado em 06.03.2003). O Superior Tribunal de Justiça, inclusive, sumulou o entendimento no Enunciado 194: "Prescreve em vinte anos a ação para obter, do construtor, indenização por defeitos da obra". Passando a ser de 10 anos o prazo geral, o Tribunal chegou a determinar, na linha da jurisprudência sumulada da Corte, que, ocorrendo o evento danoso no prazo previsto no art. 618 do Código Civil, o construtor poderá ser acionado no prazo prescricional de 10 anos (STJ, 3ª T., AgRg no Ag 1.208.663, Rel. Min. Sidnei Beneti, julgado em 18.11.2010). Durante algum tempo, a jurisprudência do STJ admitiu a extensão do prazo trienal à responsabilidade contratual (STJ, 3ª T., REsp 1.632.842/RS, Rel. Min. Paulo de Tarso Sanseverino, julgado em 12.09.2017; STJ, 3ª T., AgInt no AREsp 893.943/SP, Rel. Min. Paulo de Tarso Sanseverino, julgado em 08.08.2017; STJ, 3ª T., REsp 1.281.594/SP, Rel. Min. Marco Aurélio Bellizze, julgado em 12.09.2017). Contudo, os precedentes mais recentes perfilham o entendimento de que, ressalvados os prazos específicos, a responsabilidade contratual se submete ao prazo prescricional geral de 10 anos, enquanto que, na responsabilidade extracontratual, o prazo é trienal, conforme previsto no art. 206, § 3º, inciso V, do Código Civil de 2002 (STJ, 2ª S., REsp 1.303.374/ES, Rel. Min. Luis Felipe Salomão, julgado em 30.11.2021; STJ, 4ª T., AgInt no AREsp 1786760/DF, Rel. Min. Antonio Carlos Ferreira, julgado em 16.8.2021; STJ, 2ª S., EREsp 1.280.825/RJ, Rel. Min. Nancy Andrighi, julgado em 27.6.2018).

298 | RESPONSABILIDADE CIVIL – *Caio Mário da Silva Pereira*

O Código Civil, além de manter o prazo quinquenal, inovou ao estabelecer, no parágrafo único do art. 618, prazo de 180 dias, a contar do aparecimento do defeito, após o qual o dono da obra decairá de seu direito se "não propuser a ação contra o empreiteiro"[35].

Verificado o defeito, possui o dono da obra prazo de 180 dias para denunciá-lo. O exercício do direito de ação, portanto, poderá ocorrer após cinco anos, dentro do prazo decadencial acima referido, desde que o aparecimento do defeito tenha sido identificado nos cinco anos.

De outra parte, destacando-se a irredutibilidade do prazo previsto no *caput* do art. 618, afirma-se que o prazo – de natureza decadencial[36] – se aplica apenas a algumas demandas do dono da obra, tais como a desconstituição do contrato ou o abatimento do preço ajustado. A pretensão ressarcitória, submetida a prazo prescricional, não restaria, todavia, fulminada[37]. Nesse ponto, inaugura-se nova contenda, entre os que defendem a aplicação do prazo geral previsto no art. 205 do Código Civil e os que limitam a três anos o lapso temporal para o exercício desse direito, submetido ao prazo trienal para a pretensão de responsabilidade civil, com base no art. 206, § 3º, V[38].

Caso se configure relação de consumo, aplicar-se-ão, além da garantia in-derrogável do art. 618, as normas de proteção contratual ao consumidor (arts. 46 e segs. do CDC) e de responsabilidade pelo fato do serviço ou produto (arts. 12 e segs., também do CDC).

---

[35] Enunciado n. 181 da III Jornada de Direito Civil, organizada pelo Conselho da Justiça Federal: "O prazo referido no art. 618, parágrafo único, do Código Civil refere-se unicamente à garantia prevista no *caput*, sem prejuízo de poder o dono da obra, com base no mau cumprimento do contrato de empreitada, demandar perdas e danos".

[36] "Não há de se falar, outrossim, que a natureza jurídica do prazo previsto no art. 618, parágrafo único, seja prescricional, uma vez haver menção expressa ao decaimento do direito à redibição" (TJ/SP, 2ª C.D.Priv., Ap. Cív. 0022729-84.2007.8.26.0451, Rel. Des. Rosangela Telles, julgado em 26.05.2015).

[37] Nesse sentido, confira-se: Nancy Andrighi *et al*. In: Sálvio de Figueiredo Teixeira (coord.). *Comentários ao Novo Código Civil*. Rio de Janeiro: Forense, 2008. v. IX. pp. 316-319; Teresa Ancona Lopez. In: Antônio Junqueira de Azevedo (coord.). *Comentários ao Código Civil*. São Paulo: Saraiva, 2003. v. 7. p. 300.

[38] Teresa Ancona Lopez. In: Antônio Junqueira de Azevedo (coord.). *Comentários ao Código Civil*. São Paulo: Saraiva, 2003. v. 7. p. 300.

Capítulo XV
Responsabilidade em Meios de Transporte

Sumário

Ferrovias. Carris urbanos. Ônibus. Automóveis. Motocicletas. Aeronaves.

Bibliografia

Agostinho Alvim. *Da inexecução das obrigações*. São Paulo: Saraiva, 1980; Aguiar Dias. *Da responsabilidade civil*. Rio de Janeiro: Forense, 1994. v. 2; Antonio Chaves. *Tratado de Direito Civil*. São Paulo: Revista dos Tribunais, 1983. v. 3; Gustavo Tepedino. *Comentários ao Novo Código Civil*. Rio de Janeiro: Forense, 2008. v. X; Henri Lalou e P. Azard. *Responsabilité civile*. Paris: Dalloz, 1955; Jaime dos Santos Briz. *La responsabilidad civil*. Madrid: Montecorvo, 1981; Mazeaud e Mazeaud. *Responsabililé civile*. Paris: Montchrestien, 1955. v. 2; Philippe Le Tourneau. *La responsabilité civile*. Paris: Dalloz, 1972; Pontes de Miranda. *Tratado de direito privado*. São Paulo: Revista dos Tribunais, 1973. v. 54; Silvio Rodrigues. *Direito Civil*. São Paulo: Saraiva, 1973-75. v. 4; Ulderico Pires dos Santos. *A responsabilidade civil na doutrina e na jurisprudência*. Rio de Janeiro: Forense, 1984; Wilson Melo da Silva. *Da responsabilidade automobilística*. São Paulo: Saraiva, 1980; Wilson Melo da Silva. *Responsabilidade sem culpa*. Belo Horizonte: Bernardo Alvares, 1962; Yves Chartier. *La réparation du prejudice dans la responsabilité civile*. Paris: Dalloz, 1983.

178. Tomou rumos novos e constitui um setor especial a responsabilidade civil por ocorrências com os meios de transporte. Os princípios gerais revelaram-se insuficientes para toda espécie de reparações de danos a pessoas e coisas, em razão e em consequência da utilização empresarial e unipessoal das várias espécies de veículos de transporte.

O progresso material e o desenvolvimento técnico atingiram níveis muito elevados que superaram enormemente a imaginação legislativa e as normas de direito positivo.

A elaboração pretoriana, em nosso país como em outros sistemas jurídicos, contribuiu decisivamente para a construção dogmática dessa responsabilidade, e a elaboração doutrinária formulou conceitos que em boa parte já foram absorvidos pela legislação. Boa mostra desta postura é a *Súmula* do STF (verbete 187), estabelecendo que a responsabilidade contratual do transportador, pelo acidente com passageiro, não é elidida por culpa de terceiro, contra o qual tem ação regressiva. Com certa razão, Santos Briz entende que a responsabilidade do possuidor do veículo motorizado, prescindindo da culpa, desloca-se para a teoria do risco, pelo simples fato da sua utilização[1]. Neste rumo assentou o Superior Tribunal de Justiça que "é objetiva a responsabilidade dos concessionários de transporte público"[2].

No presente capítulo acompanharei de perto esta evolução, procurando, quanto possível, retratar a situação jurídica desta área da responsabilidade civil.

179. *Ferrovias.* Em o direito brasileiro um passo avançado ocorreu com o Decreto n. 2.681, de 7 de dezembro de 1912, em relação à responsabilidade das estradas de ferro. O princípio capital foi enunciado no art. 26, quando diz: "*As estradas de ferro responderão por todos os danos que a exploração de suas linhas causar aos proprietários marginais*". A preocupação inicial dizia respeito a incêndios nas plantações, depósitos de mercadorias, edificações, guarda de gado, escavações ou o que quer que seja, provocados por fagulhas desprendidas de locomotivas, àquele tempo utilizando propulsão a vapor, acionadas por carvão ou lenha.

Enunciou a lei a presunção de responsabilidade, somente ilidível mediante a prova de infração, por parte do proprietário, de alguma disposição legal ou regulamentar.

A primeira questão atinente à aplicação desta lei envolveu matéria de direito intertemporal, com a indagação de sua sobrevivência ao império do Código Civil

---

[1] Jaime dos Santos Briz. *La responsabilidad civil*. Madrid: Montecorvo, 1981. p. 523.
[2] STJ, 2ª T., AgInt nos EDcl no REsp 1.838.972/PR, Rel. Min. Herman Benjamin, julgado em 20.09.2021; STJ, 4ª T., AgInt nos EDcl no AREsp 1.115.349/SP, Rel.ª Min.ª Maria Isabel Gallotti, julgado em 07.12.2017; STJ, 4ª T., REsp 974.138/SP, Rel. Min. Raul Araújo, julgado em 22.11.2016; STJ, 4ª T., AgRg no AREsp 530.822/PE, Rel. Min. Marco Buzzi, julgado em 24.04.2016.

de 1916, uma vez que este perfilhou a teoria subjetiva. A solução veio de forma positiva, por se entender que se trata de "lei especial", que na forma do disposto na Lei de Introdução ao Código Civil não é atingida pelo código, que é "lei geral"[3].

A aplicação do preceito sofreu interpretações controvertidas, o que deu azo ao Decreto n. 15.673/1922, proibindo o depósito de mercadorias de fácil combustão numa faixa de 50 metros ao longo do leito ferroviário. Com base nele, decisões houve exonerando ferrovias a pretexto de que a colocação de materiais inflamáveis a menos de 50 metros da linha seria infração do Decreto, e que o fato de lançar fagulhas não constitui responsabilidade para a estrada, embora provocasse incêndio, se o prejudicado o infringiu. Criticando-os, Aguiar Dias evidencia, na vigência do Código Civil de 1916, que a legislação especial fez abstração do conceito de culpa: a ferrovia é responsável pelo dano, e somente se exonera, mediante uma inversão do ônus da prova se logra convencer do procedimento culposo do proprietário marginal. O que é de se entender é que se exigirá, das empresas que exploram o serviço ferroviário, "a necessária diligência para não causar prejuízo a terceiro e, quando o causem, a necessária indenização que sua economia pode suportar"[4]. Exonera-se a empresa se logra comprovar o procedimento culposo da vítima, notadamente se a imprudência ou negligência for a causa do dano.

Dois outros aspectos ainda são de se considerarem no tocante à responsabilidade das ferrovias: *em relação às pessoas e coisas transportadas*, e em face de *terceiros*, ambos com notória repercussão no alargamento do conceito de responsabilidade.

No primeiro caso, trata-se de responsabilidade contratual, advinda do mesmo Decreto n. 2.681/1912. Recebendo o passageiro a sua bagagem, ou a mercadoria, a empresa assume a obrigação de conduzir uma ou outra do ponto de embarque ao ponto de destino, em toda incolumidade. A ferrovia é responsável por qualquer dano que venha a ocorrer. Aplicam-se por conseguinte as normas reguladoras do adimplemento do contrato de transporte (arts. 730 a 756 do Código Civil), sujeitando-se a contratante a reparar o prejuízo de maneira mais ampla: *damnum emergens* e *lucrum cessans*, compreendendo quanto às pessoas toda espécie de dano – ferimento, lesão corpórea, deformidade e morte (Decreto n. 2.681, arts. 17 e segs.). De um modo geral, a vítima terá direito a uma indenização correspondente ao prejuízo[5]. Na evolução jurisprudencial, mostra-se significativa a decisão do 1º Tribunal de Alçada Cível do Rio de Janeiro que considerou a estrada de ferro res-

---

[3] Pontes de Miranda. *Tratado de Direito Privado*. São Paulo: Revista dos Tribunais, 1973. v. 54, § 5.528; Aguiar Dias. *Da responsabilidade civil*. Rio de Janeiro: Forense, 1994. v. 2, n. 166.

[4] Aguiar Dias. *Da responsabilidade civil*. Cit. n. 166.

[5] Yves Chartier. *La réparation du préjudice dans la responsabilité civile*. Paris: Dalloz, 1983. n. 468.

ponsável pelos danos sofridos por passageiro atingido por objeto lançado de fora do vagão (*Revista Forense*, v. 284, p. 274); inclusive por dano moral (STF, ADV, 1986, n. 29.396). No sistema atual, considera-se que "o ato de terceiro que colhe uma pedra do leito da ferrovia e arremessa contra um carro causando acidente e danos graves é estranho aos riscos e deveres inerentes à atividade desenvolvida pela estrada de ferro, não devendo por isso ser responsabilizada a ferrovia"[6].

Em relação a terceiros, a ferrovia responde nos termos do parágrafo único do art. 927, combinado com o art. 932, III, e art. 933, do Código Civil, observadas, ainda, o Código de Defesa do Consumidor, e as disposições especiais em lei e regulamento[7].

No mesmo sentido opina Pontes de Miranda, distinguindo que o dano aos proprietários marginais é de "direito civil e não comercial, extracontratual e não contratual... Os danos causados a terceiros – não passageiros, não proprietários marginais – regem-se pelo Código Civil, porque o art. 26 do Decreto n. 2.681 não cogita de outras pessoas. Somente se referiu ela a passageiros e proprietários marginais"[8]. Não se pode considerar que o usuário é dispensado de velar pela própria segurança; a responsabilidade da ferrovia é elidida se o acidente proveio de culpa do usuário[9].

Na apuração da responsabilidade, a justiça há de considerar que a ferrovia não só dispõe de condições superiores para a adoção de medidas capazes de evitar os danos, como está mais aparelhada que o particular para enfrentar a batalha judiciária. Em face destas considerações, os critérios de apuração devem ser mais severos no reconhecimento de excusativas. A frequência de composição ferroviária trafegar carregando "pingentes" não exclui a responsabilidade da transportadora[10]. Diante da disciplina da responsabilidade (objetiva) do transportador, admite-se, em regra, a culpa concorrente da vítima[11].

---

[6] STJ, 4ª T., AgRg no REsp 1.562.554/RJ, Rel. Min. Antonio Carlos Ferreira, julgado em 23.03.2020; STJ, 2ª Seção, EREsp 1.318.095/MG, Rel. Min. Raul Araújo, julgado em 22.02.2017.

[7] Aguiar Dias. *Da responsabilidade civil*. Cit. n. 167. Sobre a necessária harmonização entre o Código Civil e o Código Defesa do Consumidor, V. Gustavo Tepedino. Comentários ao Novo Código Civil. Rio de Janeiro: Forense, 2003. v. X, pp. 463 e segs.

[8] Pontes de Miranda. *Tratado de Direito Privado*. Cit. v. 54, § 5.528, p. 4.

[9] Philippe Le Tourneau. *La responsabilité civile*. Paris: Dalloz, 1972. n. 440 e 441.

[10] Confira-se: "Responsabilidade civil das estradas de ferro. Acidente vitimando passageiro, menor, que viajava 'na escada externa do trem' (pingente). Culpa concorrente, mas não exclusiva da vítima. É caso de responsabilidade da estrada de ferro, a teor do art. 17, II, do Decreto n. 2.681/1912" (STJ, 3ª T., REsp 39.873, Rel. Min. Nilson Naves, julgado em 23.08.1994). No mesmo sentido, v. STJ, 4ª T., AgInt nos EDcl no REsp 1.175.601/SP, Rel. Min. Luis Felipe Salomão, julgado em 16.11.2017.

[11] STJ, 2ª T., AgInt no REsp 1.689.049/RJ, Rel. Min. Assusete Magalhães, julgado em 07.06.2018; STJ, 4ª T., AgInt no AREsp 1.598.665/RJ, Rel. Min. Luis Felipe Salomão, julgado em 30.03.2020.

Hipótese distinta refere-se ao caso dos chamados surfistas ferroviários, comportamento caracterizador de culpa exclusiva da vítima, por contornar o sistema de segurança ferroviária, a afastar o nexo de causalidade[12].

180. *Carris urbanos.* A multiplicidade de acidentes com carris urbanos nas grandes cidades propendeu para atrair a aplicação do Decreto n. 2.681, de 7 de dezembro de 1912, com o argumento da paridade de condições operacionais entre as ferrovias e esta modalidade de transporte, guardada entretanto a circunstância de seu tráfego pelas vias urbanas.

Com esse raciocínio, os tribunais aplicaram o diploma especial aos acidentes ocorridos nos centros urbanos, tanto em relação aos danos causados aos passageiros quanto às pessoas e coisas postadas ao longo das linhas. Obviamente, como os veículos percorrem ruas e avenidas sem a existência da faixa marginal previsto no Decreto n. 2.681, levam-se em consideração as circunstâncias peculiares ao transporte na cidade. A empresa de carris urbanos responde pelos danos consequentes ao defeito de suas instalações, más condições de manutenção do material fixo ou rodante, como ainda das linhas de transmissão de energia elétrica[13]. É bem ilustrativa desta configuração, raiando pela teoria do risco, aresto do Tribunal de Justiça de São Paulo, in: *Revista dos Tribunais*, vol. 207, p. 98, condenando a empresa pelos efeitos do descarrilamento de um bonde elétrico, que vitimou um menor após arrastar-se por noventa metros, e em que a teoria da guarda fundamentou a indenização.

Reduzido, e quase abolido este meio de transporte, subsiste a matéria relativa aos carris urbanos como informação útil, seja nos poucos trajetos em que ainda é adotado, seja como exemplo jurisprudencial relativamente à utilização dos veículos de transporte coletivo (ônibus). A tendência à generalização de substituir o transporte de superfície pelo subterrâneo – "metrô" – e a utilização do denominado "metrô de superfície" trazem presentes os princípios extraídos do Decreto n. 2.681, e os conceitos advindos de sua aplicação jurisprudencial.

181. *Automóveis.* Onde a problemática da responsabilidade civil em função dos meios de transporte assumiu enormes proporções é no campo automobilístico. Por isso mesmo, a atividade jurisprudencial e doutrinária é a mais rica em

---

[12] Confira-se: "Responsabilidade civil. Acidente ferroviário. Queda de trem. 'Surfista ferroviário'. Culpa exclusiva da vítima. I – A pessoa que se arrisca em cima de uma composição ferroviária, praticando o denominado 'surf ferroviário', assume as consequências de seus atos, não se podendo exigir da companhia ferroviária efetiva fiscalização, o que seria até impraticável" (STJ, 3ª T., REsp 160.051, Rel. Min. Antônio de Pádua Ribeiro, julgado em 05.12.2002). Ver também: STJ, 4ª T., REsp 261.027, Rel. Min. Barros Monteiro, julgado em 19.04.2001; STJ, 4ª T., REsp 59.696, Rel. Min. Sálvio de Figueiredo Teixeira, julgado em 05.09.1995; STJ, 3ª T., REsp 60.929, Rel. Min. Paulo Costa Leite, julgado em 18.04.1995.

[13] Aguiar Dias. *Da responsabilidade civil.* Cit. n. 168 e 169.

conceitos e em soluções. A generalização de seu uso por profissionais e amadores, a produção em série atirando na circulação massa crescente de veículos, criaram situações cada dia mais variadas e complexas. Por isso mesmo tomou rumos novos, e veio a constituir um setor especial da responsabilidade civil o que advém de colisões, atropelamentos, utilização do veículo pelo proprietário, por preposto ou por terceiro não autorizado, furto de uso, roubo do carro, venda do veículo – tudo que se relaciona com os danos que eventualmente se lhe ligam.

A doutrina em torno da responsabilidade automobilística no direito francês teve por base o conceito de "guarda da coisa", em que foi buscar, assentada na jurisprudência, elementos no art. 1.384, § 1º, do Código Napoleão, o qual estabelece a obrigação de responder pelo fato das pessoas e das coisas. Aresto de grande significação, que se pode qualificar *leading case*, proferido pelas Câmaras Reunidas de 13 de fevereiro de 1930, deu uma solução definitiva: "O art. 1.384, § 1º, é aplicável aos automóveis em marcha sem a necessidade de averiguar se o acidente deveu-se ou não a um vício da máquina." Isto significa que o problema simplifica-se na determinação se o veículo foi a causa verdadeira do acidente[14].

O Direito brasileiro não se distancia, originariamente, desta tese, embora a dogmática da responsabilidade civil tenha-se orientado no rumo de construir todo um sistema com base na elaboração jurisprudencial.

Da observação do que vem ocorrendo num período relativamente curto, conclui-se que o progresso material e a utilização multifária do automóvel veio abrir novos roteiros, seja no campo da responsabilidade subjetiva, seja no da presunção de culpa, seja ainda no da teoria objetiva com incidência desenganada na doutrina do risco.

Uma análise acurada da elaboração pretoriana e das obras monográficas ou sistemáticas aponta dois campos de maior extensão: o do transporte de pessoas ou coisas, com caráter profissional ou não; e o da responsabilidade perante terceiros, pelos danos a pessoas ou coisas, e por veículo conduzido pelo proprietário ou por outrem, autorizado ou não autorizado.

Embora o argumento não se apresente ostensivo nos julgados, é inegável que os juízes e tribunais impressionam-se crescentemente com a multiplicidade dos acidentes de trânsito, nas vias públicas urbanas ou não, influenciando como causas latentes as decisões favoráveis às vítimas.

Segundo o testemunho de François Chabas, em conferência pronunciada na Faculdade de Direito da Universidade Federal do Rio de Janeiro, sob o patrocínio da Academia Brasileira de Letras Jurídicas, fator que tem influenciado as decisões é a circunstância de se achar vigente o seguro do veículo. Considerando que

---

[14] Mazeaud e Mazeaud. *Responsabilité civile*. Paris: Montchrestien, 1955. v. 2, n. 1.260.

nesse caso a condenação não atinge diretamente uma pessoa, porém dispersa-se na cobertura securitária, aumenta a convicção da justiça na reparação da vítima.

Cuidando em primeiro lugar da matéria referente ao transporte de coisas e pessoas, aí prevalece a ideia de responsabilidade contratual. Aquele que toma a seu cargo transportar pessoas ou coisas, assume a obrigação de tomá-las no ponto de origem e entregá-las incólumes no do destino. O motorista libera-se, provando que o acidente é devido à força maior[15]. Se o fato da vítima apresenta os caracteres da força maior, ele se considera a "causa exclusiva do dano", e o agente será liberado[16].

Em linhas gerais, transpõe-se para aqui o conceito que inspira o Decreto n. 2.681/1912, ao consagrar a *culpa presumida*. Com efeito, a mesma *ratio decidendi* que regula a responsabilidade das estradas de ferro, e se aplica às empresas de *carris urbanos*, estende-se a toda espécie de transporte oferecido ao público, seja unipessoal, seja empresarial. Tal a iteração dos julgados, que ninguém mais se abalança a sustentar tese contrária. Vigora, em toda extensão, o princípio de construção pretoriana, generalizando a responsabilidade civil das empresas de transporte, quaisquer que sejam elas[17].

Na ética do transporte individual, efetuado profissionalmente, o que impera é a tese da responsabilidade contratual, sendo o transportador obrigado pela incolumidade da coisa ou pessoa transportada. O Tribunal de Alçada Cível do Rio de Janeiro considerou irrelevante a cláusula de incolumidade (ADCOAS, 1985, n. 100.625).

A matéria tornou-se particularmente atualizada com a categoria do transportador autônomo (caminhoneiro, por exemplo) que recebe a mercadoria e responde pela sua entrega no destino. Exime-se mediante a prova de culpa do expedidor, em razão do mau estado da carga, ou do acondicionamento defeituoso. Exonera-se ainda pelo fortuito ou força maior, situação que merece considerada, tendo-se em vista a proliferação dos assaltos nas estradas, copiosamente noticiados pela imprensa. Até onde a alegação de assalto constitui exoneração de responsabilidade é matéria de fato, a ser apreciada à vista das circunstâncias, a saber se seria inevitável, ou se a desídia, negligência ou imprudência do transportador favoreceu a ação delituosa do assaltante. O Tribunal de Alçada Cível de São Paulo decidiu, entretanto, que o assalto e roubo do veículo com as coisas transportadas constitui motivo de força maior (*Revista Forense*, vol. 284, p. 255). O Tribunal de Alçada do Rio de Janeiro responsabiliza a oficina pelo furto de carro por empregado (ADCOAS, 1985, nº 101.250). O Tribunal do Paraná, responsabilidade do posto de serviço ao qual foi confiado o carro (ADV, 1985, nº 20.921).

---

[15] Philippe Le Tourneau. *La responsabilité civile*. Cit. n. 430.
[16] Philippe Le Tourneau. *La responsabilité civile*. Cit. n. 437.
[17] Silvio Rodrigues. *Direito Civil*. São Paulo: Saraiva, 1973-75. v. 4, nº 40.

Hipótese bastante controvertida é a da responsabilidade do transportador por assalto. A orientação dominante, adotada também pelo Superior Tribunal de Justiça, exclui o dever de reparar, por não se relacionar diretamente com a atividade exercida pelo transportador[18]. Contudo, observam-se algumas decisões que responsabilizam o transportador, baseadas na frequência dos assaltos em certas linhas, notadamente no âmbito do transporte de pessoas nas grandes cidades, o que atrairia a qualificação de fortuito interno[19].

O transporte unipessoal de pessoas, de natureza profissional, ainda que não empresarial (carro de aluguel ou táxi) está sujeito aos mesmos parâmetros, especialmente considerando-se que se trata de serviço público autorizado.

Nos termos do Código Civil, o transportador responde de forma objetiva pelos danos causados ao passageiro (arts. 734 e 735).

Em relação a terceiros, a responsabilidade sem culpa já se encontrava prevista para o transporte feito por prestadores de serviços públicos (CRFB, art. 37, § 6º) ou que configurasse relação de consumo (CDC, art. 14 c/c o art. 17).

182. Insere-se no contexto da responsabilidade civil do transportador o chamado "transporte gratuito, benévolo ou de cortesia", merecendo, contudo, exame destacado. A questão é posta, quando uma pessoa oferece ou admite transportar por favor ou cortesia. Noutras situações, tem havido o que se denomina "transporte solidário", na ocorrência de greve no transporte coletivo, ou quando surge deficiência na locomoção causada por crise no abastecimento de combustível, ou calamidade ou acidente (inundação, barreiras ou barricadas em vias públicas) ou outro qualquer motivo que interfere com a circulação dos veículos de grande porte.

Antes de mais nada, cumpre caracterizar o que juridicamente se deve entender como transporte gratuito ou benévolo. No parecer dos Mazeaud assim se define quando o condutor admite o transportado "ou ao menos tem conhecimento disto". É numa situação desta sorte que a responsabilidade desloca-se para o plano contratual. Fica, portanto, excluído o fato de uma pessoa introduzir-se em um veículo no desconhecimento do condutor, ou o viajante subir por fraude no trem[20].

É nítida a tendência jurisprudencial e doutrinária no sentido de considerar a situação como subordinada à *responsabilidade contratual*. O motorista, posto que gratuitamente, ao receber o passageiro no veículo, suporta as consequências do que venha a ocorrer durante o percurso, tal como se se tratasse de transpor-

---

[18] STJ, 4ª T., AgInt no AREsp 1.491.619/RJ, Rel. Min. Raul Araújo, julgado em 06.02.2020.

[19] STJ, 4ª T., AgRg no AREsp 271.862/SP, Rel. Min. Luis Felipe Salomão, julgado em 22.05.2014; STJ, 3ª T., REsp 1.136.885, Rel. Min. Nancy Andrighi, julgado em 28.02.2012.

[20] Mazeaud e Mazeaud. *Responsabilitécivile*. Cit. n. 1.275.

tador profissional. O que orienta nestes casos a responsabilidade do motorista é considerar que há, efetivamente, um contrato de transporte[21]. Não é, contudo, pacífico o conceito. Autores há que distinguem o *transporte gratuito* como de natureza contratual e o de simples cortesia no campo extracontratual com a respectiva consequência sobre a responsabilidade civil: contratual no primeiro caso e aquiliana no outro.

Procurando amenizar o rigor da tese, Silvio Rodrigues invocava o art. 1.057 do Código Civil de 1916, nele enxergando a referência aos "contratos unilaterais" como significando "contratos gratuitos", em oposição aos "onerosos". Com esta interpretação, considera que o motorista de favor somente responde se ficar provado que procedeu com dolo, porque na forma desse preceito legal somente responde por dolo o contratante a quem o contrato favoreça e por culpa aquele a quem aproveita[22].

A ideia do transporte gratuito como contrato, e consequente obrigação de indenizar, embora goze foros de aceitação, não deixa de encontrar resistência, porque a sua generalização em certos casos atenta contra a realidade.

Com efeito, não obstante a acolheita pretoriana, a mim pessoalmente me parece que a assimilação absoluta ofende o senso de justiça. Não me parece de boa fundamentação jurídica que o motorista que faz um obséquio sem auferir qualquer proveito e muitas vezes movido por puro altruísmo (como no caso de conduzir um ferido ou doente apanhado na rua e levado a um hospital) possa ser questionado pelo que venha a ocorrer com a pessoa transportada, e compelido a indenizar pelo dano sofrido pelo passageiro durante o trajeto.

Entendo eu que, com esse raciocínio, deve sustentar-se alteração conceitual, deslocando-se a ocorrência do terreno da responsabilidade contratual para a aquiliana, com aplicação do art. 186 do Código Civil, em vez de se invocar uma presunção de culpa, caso em que o condutor somente se eximiria com a prova da "não culpa". Caberia, portanto, ao prejudicado evidenciar que a lesão ocorreu por culpa do transportador.

Movido por ponderações semelhantes, o Superior Tribunal de Justiça sedimentou entendimento segundo o qual "no transporte desinteressado, de simples cortesia, o transportador só será civilmente responsável por danos causados ao transportado quando incorrer em dolo ou culpa grave"[23].

---

[21] Philippe Le Tourneau. *La responsabilité civile*. Cit. n. 102; Henri Lalou e P. Azard. *Responsabilité civile*. Paris: Dalloz, 1955. n. 465.
[22] Silvio Rodrigues. *Direito Civil*. Cit. v. 4, n. 40.
[23] Súmula n. 145; STJ, 3ª T., AgInt no AREsp 1.063.623/RS, Rel. Min. Marco Aurélio Bellizze, julgado em 05.12.2017.

A caracterização da "gratuidade do transporte" tem suscitado, ainda, indagação a saber se é "benévolo ou liberal" somente quando o condutor do veículo nada recebe em termos estritos, ou se se considera excluída a "cortesia" se o transportado concorre de alguma forma, como por exemplo pagando o combustível ou estabelecendo reciprocidade com o transportador em dias ou horas alternados.

Em hipóteses como estas ocorre o que se pode denominar "gratuidade aparente", uma vez que existe contrapartida que teria o efeito de uma paga indireta. Não se configurando, destarte, transporte de pura cortesia, porém assemelhado ao oneroso ou remunerado, caracterizar-se-ia a responsabilidade contratual, vigorando como nesta qualidade a "presunção de culpa" do motorista transportador ou "presunção de causalidade" como prefere dizer Aguiar Dias. Transporte a título gratuito não se considera, portanto, o dos empregadores quando conduzem empregado ao local do trabalho[24].

O art. 736 do Código Civil dispõe expressamente que "não se subordina às normas do contrato de transporte o feito gratuitamente, por amizade ou cortesia", excluindo dessa classificação aquele em que "o transportador auferir vantagens indiretas" (parágrafo único).

Enquanto o transportador responde objetivamente, nos termos do art. 734, pelos danos causados ao transportado, aquele que oferece carona apenas pode ser responsabilizado por atos culposos. A disciplina singular justifica-se por configurar a hipótese situação distinta do transporte oneroso. Sob a designação de "transporte gratuito", há, a rigor, relação contratual atípica que não pode receber o tratamento conferido ao contrato de transporte[25]. Como se afirmou em outra sede: "O terceiro, no momento em que é atingido pelo acidente, não tem qualquer relação com o transportador, uma vez que dele não se aproximou para se beneficiar do transporte. O carona, ao contrário, beneficiou-se da condução e assumiu o risco dos danos oriundos do deslocamento pretendido. Daí a necessária diferenciação dos regimes de responsabilidade"[26].

Suscita, igualmente, problema a indagação se a gratuidade assegurada na Constituição de 1988 (art. 230, § 2º) aos maiores de sessenta e cinco anos insere-se na categoria do "contrato gratuito" ora examinado. A essa situação descabe estender a doutrina da "responsabilidade contratual" uma vez que a obrigatoriedade

---

[24] Wilson Melo da Silva. *Da responsabilidade civil automobilística*. Cit. n. 57, p. 120. Nesse sentido, confira-se a seguinte decisão: STJ, 1ª T., AgInt no REsp 1.575.672/SP, Rel. Min. Regina Helena Costa, julgado em 23.08.2016.
[25] Com efeito, a onerosidade é da essência do contrato de transporte, como deixa expresso o parágrafo único do art. 736 (v. Gustavo Tepedino. *Comentários*. Cit. p. 522).
[26] Gustavo Tepedino. *Comentários*. Cit. p. 527.

a retira do campo negocial. Força é concluir, portanto, que a matéria sujeita-se à responsabilidade aquiliana, com incidência específica da "presunção de culpa" em ocorrendo dano ao passageiro transportado.

183. O outro aspecto da responsabilidade automobilística é em relação a terceiros. O terreno é fértil em acidentes de trânsito quando é atingida pessoa ou coisa, fora do âmbito do veículo transportador: *atropelamento ou colisão*.

A hipótese mais singela e frequente é a da aplicação da *teoria da culpa*, seja por fato próprio, seja por empregado ou preposto. Em face de um abalroamento ou atropelamento, e apurado o procedimento culposo do motorista, define-se a responsabilidade: marchar com excesso de velocidade, trafegar contramão, avançar sinal de trânsito, cruzar via pública sem a necessária atenção, violar em suma as normas regulamentares – constituem fatos que importam em imprudência ou negligência, implicando, portanto, em procedimento culposo, com incidência no art. 186 do Código Civil, em combinação, se for o caso, com art. 932, III (fato do empregado ou preposto), ou art. 932, I e II (fato do menor sob pátrio poder ou tutela). O trânsito por via preferencial não dispensa as cautelas regulares (*Revista Forense*, vol. 286, p. 342). Reversamente, considera-se que o estouro de pneu não constitui caso fortuito: TJ/RJ, 27ª C.C., Ap. Cív. 0016469-33.2012.8.19.0023, Rel. Des. Maria Luiza Carvalho, julgado em 28.09.2015; TJ/SP, 28ª C.D.Priv., Ap. Cív. 0002668-54.2000.8.26.0127, Rel. Des. Dimas Rubens Fonseca, julgado em 25.07.2015. Sendo, entretanto, a responsabilidade civil independente da criminal (Código Civil, art. 935), não se exime o agente de responder por perdas e danos se eventualmente houver logrado absolvição no juízo criminal, salvo naquelas hipóteses previstas no mesmo artigo: existência do fato ou quem seja o seu autor, quando estas questões se acharem decididas no crime.

A situação fática, todavia, pode assumir conotações diversas, com a introdução de elemento complicador, que sugira a invocação de doutrinas mais sofisticadas. A jurisprudência dos tribunais é farta de espécies concretas exigindo construções jurídicas mais complexas, ou adequadas às circunstâncias. Exemplo disso é a decisão do Tribunal de Justiça do Rio Grande do Sul, considerando responsável o veículo rebocador, e não imputável o dono do carro rebocado (*Revista Forense*, vol. 273, p. 211).

Observa-se, contudo, que não se pode excluir totalmente a responsabilidade da vítima[27]. Ao juiz cumpre avaliá-la, quer para eximir o motorista, quer para reduzir a reparação sob fundamento em *concorrência de culpa* (Código Civil, art. 945).

184. Um dos subsídios atuantes na determinação da responsabilidade é a *teoria da guarda*, à sua vez fragmentada em subespécies que influem nas decisões.

---

[27] Aguiar Dias. *Da responsabilidade civil*. Cit. n. 170.

A noção de *guarda*, como elemento caracterizador da responsabilidade, assume aspectos peculiares. Não pode objetivar-se na *"obrigação de vigiar."* Ripert esclarece bem a questão, ao observar que se deve tomar como noção nova, criada para definir obrigação legal que pesa sobre o possuidor em razão de deter a coisa. "Quem incumbe uma pessoa de assumir a *guarda* de uma coisa é para encarregá-la de um risco"[28]. Nestas condições, o responsável deve assumir o risco gerado pela utilização normal da coisa.

Muito impregnados da teoria da guarda, os Mazeaud consideram o fator subjetivo, o que permite conceituar na guarda, não o empenho de uma pessoa qualquer que simplesmente toma conta materialmente da coisa vigiada. Para eles, a conceituação jurídica de *guarda* envolve um certo grau de seleção, na escolha de quem efetivamente tenha qualidades para exercer o controle da coisa, ou um poder jurídico de comando: "este poder, corresponda ou não ao exercício de um direito, permite ou não permite senão, a ele só, exercer ou fazer exercer por outrem um controle sobre a coisa; somente ele é suscetível de cometer uma culpa na guarda"[29].

Argumentando com Jean Liebman, Aguiar Dias observa que "o poder de direção não garante a vigilância constante, de todos os instantes, sobre a coisa, de forma que impeça venha a causar danos". O guardião é responsável, "não em razão de um ilusório poder de direção, mas porque, tirando proveito da coisa, deve, em compensação, suportar-lhe os riscos"[30].

Deste conceito, Aguiar Dias desenvolve a sua tese, a dizer que o que constitui objeto de presunção é a causalidade, isto é, o nexo de causa e efeito entre o fato e o dano. Em consequência, sustenta que "a responsabilidade de quem se convencionou chamar *guardião* da coisa" na verdade o que revela é estabelecer quem é "o encarregado dos riscos dela decorrentes"[31].

No desdobramento dos conceitos abstratos, surgem situações concretas que jurisprudência e doutrina procuram resolver, e que muito frequentemente desafiam a argúcia dos juízes.

185. Um deles, e de grande repercussão social, é o do *furto ou roubo* do veículo, para cujo enquadramento é invocada a configuração da *teoria da guarda*: o proprietário, se não tem a *guarda material* do carro, não perde contudo a guarda *jurídica*, corolário de sua condição dominial sobre a coisa[32].

---

[28] Aguiar Dias. *Da responsabilidade civil*. Cit. n. 162.
[29] Mazeaud e Mazeaud. *Responsabilité civile*. Cit. n. 1.326.
[30] Aguiar Dias. *Da responsabilidade civil*. Cit. n. 162.
[31] Aguiar Dias. *Da responsabilidade civil*. Cit. n. 165.
[32] Aguiar Dias. *Da responsabilidade civil*. Cit. n. 162.

A multiplicidade dos *furtos de automóveis*, convertidos em verdadeira indústria organizada, com o deslocamento do veículo para outra cidade, outro Estado ou mesmo outro país, aconselha a meditar no assunto e reexaminá-lo à vista das novas circunstâncias. É fato positivo, concreto e comprovado que ocorrem furtos de carros em média superior a algumas centenas por mês, e sua crescente ocorrência nas grandes cidades, não obstante os esquemas defensivos utilizados pelo proprietário (trava na direção, sistema de alarme). Paralelamente as autoridades policiais confessam-se impotentes para identificar o delinquente e recuperar o veículo. A tese da *guarda jurídica* do proprietário está em flagrante briga com a realidade. A prevalecer sem restrições, o proprietário, que foi desapossado do carro, permanece, não obstante o registro da ocorrência na delegacia policial, sob a constante ameaça de responder por eventos em que o mesmo seja envolvido (colisão, atropelamento), por tempo indefinido e extensivo a locais onde jamais esteve. Obviamente não lhe pode ser imputada a vigilância efetiva, ou a *guarda* do carro.

Daí entender eu que a situação é de ser apreciada à vista das circunstâncias de cada caso. Se o proprietário não tomou as devidas cautelas, e com isto ensejou a subtração do carro, responderá porque faltou ao dever elementar de vigilância. Embora perca a *guarda material,* responde pela guarda jurídica e suporta a *presunção de causalidade,* com as consequentes perdas e danos. Wilson Melo da Silva lembra hipóteses de falta de vigilância como estacionamento em local deserto ou mal iluminado; na vizinhança de lugar visitado por marginais, ou situações análogas; nestas hipóteses, o dono do veículo responde perante terceiros pelo ato culposo do ladrão, como se ele próprio estivesse ao volante[33].

Se, ao revés, procedeu com as cautelas normais (veículo fechado, tranca na direção, estacionamento em local adequado, sistema de alarme etc.) não lhe pode ser increpada a responsabilidade causada a terceiro, pela utilização do automóvel após o furto ou o roubo. Verificado o desaparecimento do carro e o devido registro da ocorrência junto à autoridade competente, não é imputável ao dono a responsabilidade pela guarda. Embora não se justifique atribuir ao ladrão a *guarda jurídica,* o proprietário acoberta-se com a alegação de força maior, porque a realidade fática divorcia-se da qualificação do proprietário como guardião. A *guarda jurídica* pressupõe a existência de requisito subjetivo. Se este é afastado terminantemente, com a comprovação de que ao proprietário é recusada a possibilidade de conservá-la, a sua responsabilidade há de ser recusada, e conseguintemente o dever de reparação. O Tribunal de Alçada do Paraná entendeu não existir presunção de culpa do proprietário, em caso de furto do veículo (ADV, 1986, n. 28.913).

---

[33] Wilson Melo da Silva. *Da responsabilidade civil automobilística*. Cit. n. 101, p. 212.

A doutrina da *guarda jurídica*, sem embargo de seus opositores, oferece solução para numerosos problemas, em que a concepção tradicional da negligência não apresenta subsídio satisfatório.

Com efeito, a ideia de negligência assemelha-se, por parte do *dominus*, a um comportamento que quase raia pela participação no evento. Significa um descuido, um abandono, uma ausência de atenção. Neste sentido é definida por Mário Rotondi como falta de atenção a que uma pessoa é obrigada em uma determinada relação jurídica. Constitui a antítese da "diligência" e, na linguagem jurídica é sinônima de "culpa", geradora da imputabilidade da lesão ao direito alheio (cf. *Dizionario pratico di Diritto Privato*, de Scialoja, verbete "*negligenza*"). Mais objetivo, e até mesmo contundente, é o enunciado por José de Moura Rocha, a conceituar a negligência: "Do latim *negligentia*, significa desleixo, desmazelo, descuido, incúria, falta de cuidado, indiferença, inércia". Mais adiante: "A negligência, ao lado da imprudência e da imperícia, surge como um dos elementos integrativos da culpa. Mister distingui-los: de fato, constituem-se conceitos distintos, separados" (cf. *Enciclopédia Saraiva de Direito*, vol. 54, verbete "negligência").

A *teoria da guarda* é muito frequentemente invocada na solução de questões ventiladas na Justiça, como suporte doutrinário para decisões de casos que se apresentam com relativa frequência. Em sua estrutura essencial considera-se que não basta ao acusado provar que não se omitiu nos cuidados e na vigilância normais que toda pessoa tem de dedicar às coisas que eventualmente possam gerar danos. O que fundamentalmente decorre desta concepção doutrinária é que o *guardião* (proprietário, possuidor ou mesmo detentor) não se exime de responder por eventuais prejuízos a outrem, se não provar que para eles concorreu a culpa da vítima. Este é o sentido das decisões em que é repelida a defesa de terem sido tomadas as cautelas normais. Assim foi com uma decisão do antigo Tribunal de Justiça da Guanabara, em que expressamente se alude a que não basta a alegação de não ter sido omisso nos cuidados de vigilância para eximir o agente do dever de reparar o dano (*Revista dos Tribunais*, vol. 565, p. 285). Outro, ainda, em que o motorista foi obrigado a ressarcir o dano causado a um transeunte, que caiu em um buraco na via pública, a fim de evitar ser atropelado pelo carro (*Revista dos Tribunais*, vol. 342, p. 149).

Os Mazeaud aludem a um tipo de acidente que não é muito raro: pedras ou cascalhos projetados por automóveis em marcha, e que vão ferir transeuntes ou quebrar vitrines de lojas. A questão seria se o prejudicado devia provar a culpa ou valer-se da presunção de responsabilidade. As dúvidas que se levantavam nos tribunais franceses residiam em enfocar os pedregulhos lançados pelo veículo em marcha. Tendo em vista, a *obrigação de guarda*, o que se entendeu foi que o veículo é que está em jogo. O que orienta a solução, dizem esses autores, é a circunstância de fato: se o automóvel rodava em alta velocidade, ou se a pedra, pelo seu volume, podia ser evitada, há responsabilidade do condutor; se, ao revés, são de pequeno porte o veículo em marcha normal, o acidente pode ser qualificado como fortuito. Daí concluírem, como que enunciando uma regra: "salvo em situações excepcionais, o arremesso de um pedregulho constitui fortuito"[34]. Circunstância semelhante ocorreu aqui, em caso noticiado pela imprensa: de um caminhão em marcha, desprendeu-se uma roda que prosseguiu na direção em que vinha o veículo, indo atingir uma vitrine mais abaixo. A meu ver, com a *teoria da guarda* condena-se o condutor, salvo se se demonstrar que o desprendimento da roda foi devido a uma causa estranha e inevitável para o motorista. Ver a aplicação da "teoria da guarda" nos casos de furto de veículo em estacionamentos (Capítulo XVI).

Tipo de questão que percute na Justiça é em referência a saber de quem é a responsabilidade, quando o proprietário deixa o carro em oficina mecânica e um empregado o retira, causando um dano, pessoal ou material. A questão não pode ser resolvida em termos absolutos. Se o veículo foi confiado a uma empresa concessionária ou oficina de grande porte, assumiu ela a sua *guarda* e responde pelo que ocorrer[35]. O mesmo não se dá quando o proprietário entrega o carro a um mecânico para reparos. O responsável é o proprietário, porque conserva a guarda jurídica da coisa, não obstante sua detenção pelo consertador (ver ADCOAS, 1978. p. 55, n. 54.766).

Situação análoga a esta hipótese é relatada por Aguiar Dias, referindo alguns casos concretos, ilustrados por decisões de tribunais: 1) responsabilidade do condomínio pelos danos causados por prepostos ou estranhos, a carros sob a guarda daqueles na garagem do edifício; 2) responsabilidade pela retirada de veículo confiado a uma garagem, e que lhe causou danos; 3) responsabilidade de um posto de gasolina pelo furto de um automóvel recebido para guardar durante a noite; 4) responsabilidade do proprietário que deixa a chave de ignição no veículo, e alguém se apossa dele cometendo atropelamento ou abalroamento; 5) responsabilidade do proprietário que se afasta do veículo (exemplo lembrado pelos Mazeaud) deixando-o mal freado, e em consequência ele se desloca sem o condutor, causando acidente[36]. Ulderico Pires dos Santos examina o caso de responsabilidade do condomínio pelo furto ou outros danos causados a terceiros e aos próprios condôminos[37]. Na mesma obra, a responsabilidade dos administradores de garagens em condomínio[38].

186. Situação que envolve problemas de grande frequência é a que envolve a pessoa que *vende automóvel* em relação a fato do comprador. É comum nesta nego-

---

[34] Mazeaud e Mazeaud. *Responsabilité civile*. Cit. v. 2, n. 1.262.
[35] TJRJ, 23ª C.C., Ap. Cív. 0085019-83.2011.8.19.0001, Rel. Des. Alcides da Fonseca Neto, julgado em 22.04.2015.
[36] Aguiar Dias. *Da responsabilidade civil*. Cit. n. 165-170.
[37] Ulderico Pires. *Responsabilidade civil na doutrina e na jurisprudência*. Rio de Janeiro: Forense, 1984. n. 58, p. 98.
[38] Ulderico Pires. *Responsabilidade civil na doutrina e na jurisprudência*. Cit. n. 153, p. 412.

ciação o vendedor assinar o recibo-padrão impresso, referente à venda, e entregá-lo ao adquirente para que o preencha, e cumpra as formalidades complementares: inscrição no Registro de Títulos e Documentos, transferência no Departamento de Trânsito. São medidas que o comprador habitualmente deixa de tomar, especialmente se adquire o carro para revenda, ou se age como simples intermediário.

A questão tem sido ventilada na Justiça, quando a vítima de colisão ou atropelamento demanda reparação, procedendo judicialmente contra o antigo proprietário. Chamado a pronunciar-se, o Supremo Tribunal Federal reconhece a responsabilidade do alienante, que somente se eximiria com a certidão passada pelo cartório do Registro de Títulos e Documentos (súmula da jurisprudência do STF, verbete 489). Confirma-o decisão do Supremo Tribunal Federal, em caso de acidente de trânsito por veículo cuja alienação não foi registrada (ADV, 1986, n. 29.719). O Tribunal de Alçada do Rio Grande do Sul proferiu decisão aplicando a Súmula 489, em caso de acidente de trânsito (ADV, 1985, n. 25.017).

Não obstante tratar-se de jurisprudência dominante, entendo eu que a presunção de culpa do alienante pode ser elidida, mediante a prova inequívoca de haver o veículo sido transferido. Nesse caso, a guarda material confirmada por outros elementos probatórios pressupõe a guarda jurídica. A matéria é de apreciação difícil e delicada. De um lado, a realidade quotidiana confirma a praxe corriqueira de se efetuar a transmissão da posse sem o preenchimento das exigências legais da transferência da propriedade, e, neste caso, a posição do vendedor merece o amparo da Justiça. Mas de outro lado, não é raro também que o agente de um ato danoso, na perspectiva de ser demandado por perdas e danos, simula a venda do carro antedatando o recibo, muitas vezes a uma pessoa sem nenhuma resistência econômica, deixando o lesado a descoberto. É a tese pretoriana, consagrada na aludida Súmula, que vem em socorro da vítima. Por tudo isto, cada caso tem de ser apreciado à vista das circunstâncias, que exigem bom senso do julgador e conhecimento da realidade.

A orientação jurisprudencial não mais prevalece. Reconheceu-se, ainda no âmbito do Supremo Tribunal Federal, que o alienante não poderia ser chamado a responder exclusivamente por não proceder ao registro. Alegou-se que não haveria culpa a ele imputável (STF, 2ª T., RE 105.187, Rel. Min. Aldir Passarinho, julgado em 30.08.1985) e que os casos que resultaram na elaboração do verbete não se referiam à responsabilidade civil do alienante (STF, 1ª T., RE 111.444, Rel. Min. Sydney Sanches, julgado em 03.03.1989). A posição consolidou-se e restou pacificada pelo Superior Tribunal de Justiça na Súmula n. 132, *in verbis*: "A ausência de registro de transferência não implica a responsabilidade do antigo proprietário por dano resultante do acidente que envolva veículo alienado"[39].

---

[39] Ver também: STJ, 4ª T., AgRg no Ag 823.567/DF, Rel. Min. Maria Isabel Gallotti, julgado em 22.09.2015.

Se o proprietário de veículo usado vale-se de agência especializada, a quem entrega o carro para ser vendido, a agência, em relação a terceiros, procede em seu próprio nome, e não como um preposto, e, conseguintemente, responde pelos danos a terceiros ao ensejo de testes de rua, causados por seus empregados[40].

187. A proliferação das empresas locadoras de automóveis gerou um aspecto especial de responsabilidade: a empresa locadora responde solidariamente com o locatário pelos danos causados a terceiros, no uso do carro locado (*Súmula da Jurisprudência do STF,* verbete 492)[41], o que de certo modo é amenizado por Aguiar Dias, quando ressalva a hipótese de não se ter verificado que o locatário tem habilitação restrita para dirigir veículo[42]. Wilson Melo da Silva, citando numerosas decisões (inclusive do STF), refere-se à corresponsabilidade da empresa locadora, se o acidente é imputável à culpa do condutor do carro. Acrescenta o caso de preposição, equiparado o ato do preposto ao do próprio locatário[43].

A solução é distinta no caso de arrendamento mercantil, em que a empresa arrendadora não responde pelos danos causados pelo veículo por tratar o *leasing* de operação financeira[44].

Situação idêntica é a da empresa de táxi, que entrega o veículo a motorista em regime de arrendamento[45]. A responsabilidade será, contudo, da empresa, se contrata o motorista como empregado.

A frequência dos acidentes automobilísticos gerou a exigência do *seguro obrigatório*, que passou entre nós por uma variação que o desfigurou. Criado a princípio para cobrir toda espécie de dano – pessoal quanto material – acabou

---

[40] Wilson Melo da Silva. *Da responsabilidade civil automobilística*. Cit. n. 117, p. 245.
[41] O Superior Tribunal de Justiça mantém a orientação: STJ, 3ª T., AgRg no AREsp 491.644, Rel. Min. João Otávio de Noronha, julgado em 25.08.2015; STJ, 4ª T., AgRg nos EDcl no AREsp 649.340, Rel. Min. Antonio Carlos Ferreira, julgado em 07.05.2015.
[42] Aguiar Dias. *Da responsabilidade civil*. Cit. n. 170.
[43] Wilson Melo da Silva. *Da responsabilidade civil automobilística*. Cit. p. 239. No Superior Tribunal de Justiça também prevalece o entendimento que considera a empresa locadora solidariamente responsável com o locatário: "Agravo regimental. Recurso especial. Indenização. Acidente de trânsito. Responsabilidade solidária da locadora de veículos. Súmula n. 492/STF. Empresa locadora de veículos responde solidariamente por danos causados a terceiros por locatário no uso de automóvel locado. Aplicação da Súmula n. 492/STF. Agravo regimental improvido" (STJ, 4ª T., AgRg no REsp 1.050:663, Rel. Min. João Otávio de Noronha, julgado em 07.05.2009). V. também: STJ, 3ª T., REsp 302.462, Rel. Min. Carlos Alberto Menezes Direito, julgado em 15.10.2001; e STJ, 4ª T., REsp 284.536, Rel. Min. Cesar Asfor Rocha, julgado em 14.08.2001.
[44] STJ, 2ª T., REsp 1.725.404/SP, Rel. Min. Herman Benjamin, julgado em 19.04.2018.
[45] Wilson Melo da Silva, *Da responsabilidade civil automobilística*. Cit. p. 242.

reduzido ao dano pessoal exclusivamente. O prejuízo material, resultante da colisão, permanece a cargo de cada proprietário, ou sujeito a seguro facultativo, ou aos princípios de direito comum, o que me parece um retrocesso. Igualmente é a limitação do valor da indenização, contra a qual Wilson Melo da Silva insurge-se, salientando ainda a morosidade das liquidações[46]. A falta de renovação do seguro obrigatório levou-o a decidir pela responsabilidade do proprietário, pelos danos causados, independentemente de culpa (cf. Aguiar Dias, n. 170). O Tribunal de Justiça do Rio de Janeiro decidiu que na falta de seguro obrigatório o dono do veículo responde até o limite do seguro, mesmo sem culpa (*Revista Forense*, vol. 250, p. 273)[47].

A *doutrina da guarda*, como fundamento da condenação em perdas e danos, invocada com enorme frequência, parece encaminhar as soluções para subordinação à doutrina do *risco criado*[48].

E, na verdade, é esta teoria, já perfilhada no Projeto de Código de Obrigações de 1965 e também no Código Civil de 2002 que transmuda o fundamento da responsabilidade automobilística.

No mundo inteiro os acidentes de trânsito constituem problema a exigir das autoridades, dos estudiosos em geral, como das entidades privadas, medidas que visem a disciplinar o tráfego de veículos.

O Brasil ocupa lamentavelmente posição de vanguarda nesses trágicos acontecimentos, quer nas cidades quer nas estradas.

O que se pode proclamar é que os acidentes, na sua grande maioria, são devidos ao fato humano, em que predominam a imprudência e a negligência dos condutores: velocidade excessiva, inobservância das regras de trânsito, especialmente tráfego contramão, ultrapassagens perigosas, veículos em mau estado de conservação. A problemática transcende do aspecto individual, para assumir caráter de natureza social. Todos sentem a necessidade de se adotarem providências até hoje não satisfatórias, quer de melhoria das condições viárias, quer principalmente de contenção no comportamento dos motoristas. Não bastam medidas repressivas, na verdade ineficazes. É preciso reformular a questão, e urgentemente, já que o Código de Trânsito omite-se quanto à responsabilidade pelos danos limitando-se "às regras que devem ser obedecidas para evitá-la"[49]. E eu completaria: evitá-lo muito deficientemente.

---

[46] Wilson Melo da Silva. *Da responsabilidade civil automobilística*. Cit. n. 157.
[47] No mesmo sentido decidiu o Superior Tribunal de Justiça: STJ, 4ª T., REsp 337.083, Rel. Min. Sálvio de Figueiredo Teixeira, julgado em 13.11.2001; STJ, 3ª T., REsp 218.418/SP, Rel. Min. Nancy Andrighi, julgado em 02.08.2001.
[48] Silvio Rodrigues. *Direito Civil*. Cit. v. 4, n. 42.
[49] Aguiar Dias. *Da responsabilidade civil*. Cit. v. 2, p. 170.

188. O problema da responsabilidade civil, no campo automobilístico, atrai a atenção para um outro aspecto, que foi considerado por Santos Briz: *danos nos veículos* por acidentes de circulação. Assenta ele, como dado fundamental para o seu desenvolvimento, a ideia de que a reparação do dano colima o objetivo de reintegrar o veículo no estado anterior ao evento[50].

Enfoca, no primeiro plano, o caso de perda total, cuja reparação consiste em abonar-se ao proprietário "o seu preço". Neste ponto, e tendo em vista a situação brasileira a braços com a invencível inflação, eu prefiro substituir o vocábulo "preço" pela palavra "valor"; abonar-se-lhe o seu valor, na acepção de "valor atual", ou seja, o que o veículo tem no momento da *solutio*, pois que em o mercado automobilístico os preços oscilam ao sabor de numerosas injunções.

Se o veículo não ficou destruído, porém e tão somente deteriorado, impõe-se ao causador do dano o encargo da reparação. Cabe aqui ponderar duas circunstâncias: de um lado, a depreciação causada pelo fato mesmo do abalroamento, pois na hora de vender, o proprietário terá de enfrentar a circunstância do carro "já ter sido acidentado". Em contrapartida (e este argumento é de Santos Briz), a substituição de peças velhas por novas proporciona ao veículo o benefício correspondente.

A reparação mediante a entrega de novo carro ou conserto integral, que Santos Briz "repetidamente" alude como "*restituição in natura*", não representa o ressarcimento integral. Há que levar em consideração os gastos que o prejudicado suportou, ficando privado dele: perda das vantagens de seu uso, necessidade de alugar outro, privação dos rendimentos se se trata de profissional (taxista, por exemplo). Sugere ele, então, uma indenização pecuniária suplementar[51]. As decisões, pela Justiça brasileira, têm em conta estas circunstâncias, calculando o *lucrum cessans*, inclusive abonando ao prejudicado uma "diária" estimada conforme os usos do lugar e outros elementos complementares.

O mesmo autor considera ainda duas hipóteses: a do proprietário do veículo danificado repará-lo, ele próprio, caso em que serão computados os gastos; outra, da superposição de danos, pelo fato da oficina de consertos trazer novos prejuízos ao dono do carro, ou cometer abusos que não são tão raros[52].

189. *Motocicletas.* A utilização cada vez mais frequente da motocicleta, na cidade ou na estrada, proporciona o crescimento de acidentes com este veículo. Não há razão para tratar estas máquinas de maneira diversa dos automóveis,

---

[50] Santos Briz. *La responsabilidad civil.* Cit. pp. 338 e segs.
[51] Santos Briz. *La responsabilidad civil.* Cit. p. 344.
[52] Santos Briz. *La responsabilidad civil.* Cit. pp. 348 e 349.

quando causadoras de danos[53]. O que há a considerar são as peculiaridades de sua utilização, e a circunstância dramática de ser o motociclista, as mais das vezes vitimado na colisão.

190. *Lanchas e outras embarcações.* O condutor é responsável pelo acidente quando a embarcação se desloca dirigida. O proprietário também o é, se ela se desprende da poita ou da âncora, por se achar mal-amarrada. Exonera-se, contudo, se se desgarra ou desgoverna por força de um temporal, cujos efeitos foram imprevisíveis, caracterizando o caso fortuito.

191. *Aviões.* Os elementos com que se conta para estabelecer os critérios da responsabilidade causada pela utilização de *aeronaves* são mais restritos do que os referentes aos automóveis, embora se tenha conseguido, no plano internacional, como no nacional, elaborar estatutos definidores, o que em relação aos automóveis não se logrou obter de modo satisfatório. A construção dogmática da *responsabilidade aeronáutica* sofreu a influência negativa de duas forças. De um lado, a ausência de uma sedimentação de princípios, devido ao tempo relativamente curto de exploração da aeronave como veículo comercial. De outro lado, a menor ocorrência de elaboração jurisprudencial. Isto não obstante, o Direito francês editou a Lei de 31 de maio de 1924, conhecida como "Código do Ar", e o Brasil elaborou diploma relativo à navegação aérea, denominado "Código Brasileiro do Ar". Não obstante o tempo ainda exíguo, já se antevê uma doutrina bem estruturada.

Os monumentos básicos são a Convenção de Varsóvia de 1929; a Convenção de Budapeste de outubro de 1930, e a Convenção de Roma, de 29 de maio do mesmo ano, que recebeu aprovação no Brasil pelo Decreto-Lei n. 3.931, de 11 de abril de 1939; a Convenção de Haia de 1955; e o Protocolo Adicional de Montreal de 1975.

As mudanças inauguradas pelo Código Civil também alteraram substancialmente a responsabilidade civil do transportador aéreo. A questão torna-se particularmente sensível na análise dos limites indenizatórios previstos nos tratados internacionais sobre a matéria, como se verá adiante.

Na responsabilidade aeronáutica são dois os aspectos a considerar: os danos causados a pessoas e coisas transportadas; e os danos a terceiros em terra e no ar.

A reparação dos prejuízos sofridos por pessoas e coisas transportadas subordina-se aos princípios da responsabilidade contratual, e está regulada pelo Código Brasileiro de Aeronáutica (Lei n. 7.565/1986). Seu art. 256, em sentido semelhante o art. 97 do revogado Código Brasileiro do Ar, proclama a responsabilidade pelo

---

[53] Mazeaud e Mazeaud. *Responsabilitécivile*. Cit. v. 2, n. 1.264.

acidente com a aeronave em voo ou na superfície, ocorrido a bordo ou em operação de embarque ou desembarque. Mas, em seguida, abre ensanchas à defesa, eximindo a empresa no caso de a morte ou lesão resultar exclusivamente do estado de saúde do passageiro ou se o acidente decorrer de sua culpa exclusiva. Tendo em vista que o passageiro pouco ou nada pode fazer, melhor seria consagrar puramente a teoria objetiva. A empresa que opera o transporte aéreo, a seu proveito, deverá assumir o risco pelos danos causados às pessoas e coisas transportadas, eximindo-se exclusivamente por força maior ou caso fortuito[54].

Nesse aspecto, a Lei n. 14.034/2020 acrescentou o § 3º ao art. 256 do Código Brasileiro de Aeronáutica (Lei n. 7.565/86), reconhecendo-se, expressamente, que as restrições ao pouso ou à decolagem decorrentes de condições meteorológicas constituem caso fortuito externo, a romper o nexo de causalidade e eximir o transportador do dever de indenizar os danos sofridos pelos passageiros.

Outra discussão interessante diz respeito aos limites do dever de indenizar. Diante da vedação às cláusulas exoneradoras de responsabilidade no transporte de pessoas levada a cabo pelo Código Civil (art. 734), discutiu-se se permaneciam em vigor os limites indenizatórios previstos nos tratados internacionais sobre transporte aéreo internacional (Convenções de Varsóvia e de Montreal). O Supremo Tribunal Federal, no julgamento conjunto do RE 636.331 e do ARE 766.618, afirmou a prevalência das normas e tratados internacionais limitadores da responsabilidade das transportadoras aéreas de passageiros sobre o Código de Defesa do Consumidor. De acordo com a Corte, o mandamento constitucional de proteção ao consumidor (C.R., art. 5º, XXXII) deve ser lido conjuntamente com o art. 178 da Constituição da República, segundo o qual "a lei disporá sobre a ordenação dos transportes aéreo, aquático e terrestre, devendo, quanto à ordenação do transporte internacional, observar os acordos firmados pela União, atendido o princípio da reciprocidade".

A tese gera repercussões práticas relevantes, como a alteração do prazo prescricional, que na Convenção de Montreal é de dois anos (art. 35, § 1º), em contraposição ao prazo quinquenal anteriormente reconhecido na jurisprudência com base no art. 27 do CDC[55], bem como no que diz respeito ao valor das indenizações,

---

[54] Agostinho Alvim. *Da inexecução das obrigações*. São Paulo: Saraiva, 1980. n. 196 e segs.; Antonio Chaves. *Tratado de Direito Civil*. São Paulo: Revista dos Tribunais, 1983. v. 3, pp. 67 e segs.; Wilson Melo da Silva. *Responsabilidade sem culpa*. Belo Horizonte: Bernardo Alvares, 1962. n. 111; José da Silva Pacheco. *ADV, Advocacia Dinâmica*. Seleções Jurídicas, 1987. pp. 8 e segs.

[55] Ilustrativamente, v. STJ, 4ª T., AgInt no REsp 1.944.539/RS, Rel. Min. Luis Felipe Salomão, julgado em 22.11.2021; STJ, 3ª T., AgRg nos EDcl no AREsp 418.875, Rel. Min. João Otávio de Noronha, julgado em 17.05.2016; STJ, 3ª T., AgRg no AREsp 747.355, Rel. Min. Marco Aurélio Bellizze, julgado em 15.12.2015.

limitadas tanto na Convenção de Montreal (arts. 21 e 22), quanto na Convenção de Varsóvia (arts. 17-22). Vale destacar que tal posicionamento, aprovado por maioria no STF, contou com ressalvas de Ministros, as quais indicam a permanência da controvérsia quanto à extensão da prevalência dos tratados, como, por exemplo, na hipótese das limitações de responsabilidade por danos morais[56].

Quando a aeronave é explorada por outrem, que não o seu dono, a proteção contra a insolvência de quem explora o transporte é assegurada pelo princípio da solidariedade.

A matéria relativa à responsabilidade quanto a terceiros é extracontratual. São vários tipos de ocorrências a cogitar. Em voo, posto que mais raramente, a fatalidade das colisões dificulta sobremaneira a apuração do responsável. Isto não obstante, cabe ao juiz, com base nos exames periciais que obrigatoriamente se realizam, determinar qual dos aviões colidentes responde pela reparação, considerando todavia que a responsabilidade do piloto e da empresa rege-se pelo direito comum[57].

O transportador responde pelo atraso no transporte aéreo (cf. Floriano Aguiar Dias. In: *ADV* 1987. Seleções Jurídicas, p. 6), indenizando o passageiro que tinha confirmação de reserva (1º Tribunal de Alçada do Rio de Janeiro, 3ª Câmara, Apelação n. 7.010/84, in ADV, n. 20.056, 1985; STJ, 4ª T., REsp 257.100/SP, Rel. Min. Ruy Rosado de Aguiar, julgado em 22.08.2000, v. u., *DJ* de 05.04.2004, p. 266). No caso de transporte internacional, o primeiro transportador emitente do bilhete é responsável por todo o percurso, ainda quando trechos subsequentes estejam a cargo de outra companhia (acórdão do STF, no Recurso Extraordinário n. 96.864, do Rio de Janeiro, in: *ADV*, 1983. n. 11.368). Sua responsabilidade não exclui a da empresa que efetuou os serviços intermediários, que, de acordo com a atual disciplina do contrato de transporte, responde solidariamente pelos danos causados (Código Civil, art. 733; Código Brasileiro de Aeronáutica, art. 259; e Código de Defesa do Consumidor, art. 18).

Acidentes ocorridos com o passageiro antes da partida são de responsabilidade do transportador, salvo se ocorrer caso fortuito ou força maior[58].

---

[56] Como assinalado, apesar da decisão do Supremo Tribunal Federal, o tema afigura-se ainda controverso, sobretudo no que diz respeito ao alcance das limitações previstas nas convenções internacionais. Além disso, o Superior Tribunal de Justiça possui posição consolidada no sentido de "afastar a indenização tarifada prevista na Convenção de Varsóvia (e subsequentes), no caso da responsabilidade civil do transportador aéreo pelo extravio de carga, sendo facultado ao magistrado estabelecer indenização a maior ou menor, consoante a apreciação dos fatos e das provas dos autos" (STJ, 3ª T., AgInt no AREsp 1.062.534, Rel. Min. Marco Aurélio Bellizze, julgado em 20.06.2017).

[57] Mazeaud e Mazeaud. *Responsabilité civile*. Cit. v. 2, n. 1.383.

[58] José da Silva Pacheco. *ADV – Advocacia Dinâmica*. Seleções Jurídicas. Cit. pp. 8 e segs.

A maioria dos acidentes em terra são ocasionados por manobras em campo de pouso; aterragem forçada; voo a baixa altitude; queda de aparelho, danificado ou em pane, sobre a propriedade alheia. O princípio geral, expresso no art. 275 do Código Brasileiro de Aeronáutica, é que os oriundos de abalroamento ou colisão estão sujeitos à teoria subjetiva, mediante verificação de *culpa*, muitas vezes de apuração difícil. Sujeitam-se ao disposto no art. 186 do Código Civil (*Revista dos Tribunais*, vol. 450, p. 65). Não havendo dolo, a indenização é limitada (*Revista dos Tribunais*, vol. 576, p. 114).

A *teoria da guarda* pode ser invocada subsidiariamente e a presunção de culpa abre melhores horizontes. Mas o que, todavia, deveria inspirar a definição da responsabilidade seria a *doutrina objetiva*: quem explora serviço aéreo deve responder pelo *risco criado*. Não lhe socorreria a alegação de que tomou todas as medidas tendentes a oferecer segurança. Motivo de escusabilidade ficaria adstrito à força maior e caso fortuito. A aplicação, contudo, da lei especial conduz muitas vezes a soluções que não atendem ao anseio de justiça, tanto mais que o referido código somente qualifica como abalroação a colisão de duas ou mais aeronaves em movimento ou manobras de superfície.

Na esteira de tais considerações, o Código Civil estabeleceu a responsabilidade objetiva do transportador, de acordo com a redação do art. 734: "O transportador responde pelos danos causados às pessoas transportadas e suas bagagens, salvo motivo de força maior, sendo nula qualquer cláusula excludente da responsabilidade".

Não é estranho ao problema da responsabilidade aeronáutica o *furto* do avião, e em consequência o dano a terceiro. Reportando-me ao que escrevi acima sobre o *furto de automóvel*, entendo que os mesmos princípios são aqui aplicáveis[59]. O Tribunal de Justiça do Rio de Janeiro apreciou espécie que versava furto de aeronave (*ADV*, 1986. n. 29.295).

192. *Ultraleve*. O "ultraleve" é uma aeronave simplificada, aplicando-se, no que couber, os princípios da responsabilidade aeronáutica.

---

[59] Cf. Aguiar Dias. *Da responsabilidade civil*. Cit. v. 2, n. 172.

CAPÍTULO XVI
RESPONSABILIDADE CIVIL PELO FURTO DE AUTOMÓVEL EM ESTABELECIMENTOS COMERCIAIS E ANÁLOGOS

Sumário

Em garagens, estabelecimentos de ensino, postos de gasolina, restaurantes e hotéis, supermercados, *shopping centers*. Teoria da guarda. Contrato de depósito. Responsabilidade por culpa aquiliana.

Bibliografia

Aguiar Dias. *Da responsabilidade civil*. Rio de Janeiro: Forense, 1994. v. 2; Alex Weill e François Terré. *Droit Civil*: les obligations. Paris: Dalloz, 1972; Alvino Lima. *Culpa e risco*. São Paulo: Revista dos Tribunais, 1963; Caio Mário da Silva Pereira. *Shopping centers*. Organização econômica e disciplina jurídica. In: *Revista dos Tribunais*, São Paulo: Revista dos Tribunais, v. 580; Carlos Alberto Menezes Direito. Anotações sobre a responsabilidade civil por furto de automóveis em *shopping centers*. In: *Revista dos Tribunais*, São Paulo: Revista dos Tribunais, jan./1990. v. 79, n. 651, pp.235-9; Clóvis Beviláqua. *Comentários ao Código Civil*. Rio de Janeiro: Francisco Alves, 1944-60; Colin e Capitant. *Cours de Droit Civil*. Paris: Librairie Dalloz, 1945. v. 2; Darcy Bessone. Problemas jurídicos do *shopping center*. In: *Revista dos Tribunais*, São Paulo, out./1990. v. 79, n. 660; Darcy Bessone. O *shopping* na lei de inquilinato. In: *Revista dos Tribunais*, São Paulo, jun./1992. v. 81, n. 680; Eduardo Espínola. *Dos contratos nominados no Direito brasileiro*. Rio de Janeiro: Gazeta Judiciária, 1953; Fábio Konder Comparato. As cláusulas de não concorrência para *shopping centers*. In: *Revista de Direito Mercantil, Industrial, Econômico e Financeiro*, São Paulo, jan.-mar./1995. v. 34, n. 97; Geneviève Viney. *Traité de droit civil*: les obligations, a cargo de Jacques Ghestin. Paris: Librairie Générale de Droit et de Jurisprudence, 1965; Georges Ripert. *Le regime démocratique et le Droit Civil moderne*. Paris: Pichon, 1948; Henri de Page. *Traité*. Bruxelles: E. Bruylant, 1974. v. 2, 1ª parte; Humberto Theodoro Júnior. Locações em *shopping centers* e teoria da imprevisão. In: *Revista Forense*, Rio de Janeiro: Forense, jul.-set./1992. v. 88, n. 319; Ives Gandra da Silva Martins. A natureza jurídica das locações comerciais dos *shopping centers*. In: *LEX*: Jurisprudência dos Tribunais de Alçada Civil de São Paulo, nov.-dez./1988. v. 22, n. 112; Landislau Karpac. *Shopping centers*: manual jurídico. 2. ed. Rio de Janeiro: Forense, 1999; Luiz Gastão Paes de Barros Leães. *Shopping center*: convenção impediente de novo estabelecimento. In: *Revista de Direito Imobiliário*, São Paulo, mai.-ago./1996. v. 19, n. 38; Marty e Raynaud. *Droit Civil*: les obligations. Paris: Sirey, 1967. v. 1; Mazeaud, Mazeaud e Mazeaud. *Leçons de Droit Civil*. Paris: Montchrestien, 1956. v. 2; Mazeaud e Mazeaud. *Responsabilité civile*. Paris: Montchrestien, 1955. v. 2; Philippe Le Tourneau. *La responsabilité civile*. Paris: Dalloz, 1972; Planiol, Ripert e Boulanger. *Traité élémentaire de Droit Civil*. Paris: R. Pichon et R. Durnad-Auzias, 1946. v. 2; Ricardo Pereira Lira. Breves notas sobre o negocio jurídico *shopping center*. In: *Revista Forense*, Rio de Janeiro: Forense, jan.-mar./1997. v. 93, n. 337; Ricardo Pereira Lira. Sobre a indivisibilidade do negócio jurídico: *shopping center* (parecer). In: *Revista Trimestral de Direito Civil* (RTDC), Rio de Janeiro: Padma, jan.-mar./2000. v. 1, n. 1; Ricardo Pereira Lira. *Shopping center* – edifício em condomínio – impossibilidade para um condomínio, de promover-lhe a extinção (parecer). In: *Revista Forense*, Rio de Janeiro: Forense, mar.-abr./2002. v. 98, n. 360; Roger Decottignies. *Les présomptions en droit privé*. Paris: Librairie Générale de Droit et de Jurisprudence, 1950; Sílvio de Salvo Venosa. Alguns aspectos da locação nos *shopping centers*. In: *Revista do Advogado*, São Paulo, jun./2001. n. 63; Silvio Rodrigues. *Direito Civil*. São Paulo: Saraiva, 1984. v. 4, n. 44; Washington de Barros Monteiro. *Curso de Direito Civil*. São Paulo: Saraiva, 1952-76. v. 5.

194. Fundamento da responsabilidade. Já tenho examinado o problema da responsabilidade civil pelos danos causados pelas coisas inanimadas. Em particular, no campo automobilístico. A doutrina, nossa e alheia, é de certo modo fértil, na determinação da pessoa responsável pelo dano provocado pelo veículo, esteja ele em poder de seu dono, ou confiado a terceiros, sem cogitar da preposição, porque no caso do preposto prevalece a regra do art. 932, III, do Código Civil. Cogita-se especialmente de quem seja a responsabilidade quando o carro é confiado a uma oficina mecânica, ou a um garagista, ou a um terceiro por contrato de locação, ou comodato ou depósito (cf. Capítulo XV).

O que não foi, ainda, devidamente esclarecido pela doutrina, e tem sido objeto de parcos pronunciamentos judiciais, é a hipótese reversa: quem é responsável pelo furto de carro em estacionamento público, ou em estacionamento privado, ou em pátio de estabelecimento de ensino ou em áreas de restaurantes, ou em posto de gasolina, ou em supermercado ou *shopping center*.

Acontece que a onda de furtos de veículos tem crescido assustadoramente, consistindo em verdadeira indústria, marcada pela audácia cada vez maior dos malfeitores.

As situações fáticas são diversas: a) em se tratando de responsabilidade pelos prejuízos causados "pelo veículo" no caso de não estar este na posse do proprietário; e b) de sofrer o dono o prejuízo em razão do veículo ser furtado quando estacionado em prédio alheio. Há, contudo, certos princípios que por analogia podem ser invocados, como elementos orientadores. Um fato existe, que é presente em todas as situações: *um dano*. E em correlação com este, há que determinar quem é responsável pela sua reparação.

Uma análise mais detida do que um raciocínio simplista permite uma aproximação que tem sido feita empiricamente, mas reclama aprofundamento.

O ponto de aproximação entre as hipóteses reside nesta pergunta: por que o proprietário do veículo é responsável pelo dano causado a terceiros? Qual o fundamento jurídico dessa responsabilidade? Por que seria responsável o estabelecimento (público ou particular) pelo dano causado ao proprietário cujo veículo é furtado de estacionamento mantido por aquele? Qual o fundamento jurídico dessa responsabilidade?

195. Teoria da guarda. Na raiz da responsabilidade, num como noutro caso, vai centrar-se a meu ver a ideia fundamental *da guarda*. O proprietário do carro causador do dano é responsável porque (ou quando) tem a sua guarda. O estabelecimento de onde o veículo é furtado será responsável, quando tem a sua *guarda*.

Como o conceito de "guarda" e de "guardião" é desenvolvido na situação do dano causado pelo veículo, a terceiro, é aí que vou buscar também a obrigação de vigilância (que pressupõe a "guarda"), em relação a veículo que se encontra em estacionamento de que foi roubado. A meu ver, o elo, que não tem sido devidamente enfocado, reside aí. Num como noutro caso, o que importa, em primeiro plano, é proclamar que na "guarda" reside a ideia-força, ou elemento ontológico da responsabilidade.

Cumpre, portanto, assentar o conceito de "guarda". Ou responder à pergunta já uma vez formulada por De Page: "*qu'est-ce que la garde?*" Indagação a que ele mesmo responde, aconselhando que se "tome a expressão, não em seu sentido estrito ou *material*, porém no sentido jurídico", envolvendo a um só tempo um poder de direito ou de fato, que uma pessoa exerce a seu proveito[1].

À mesma pergunta, responde Ripert que o vocábulo "guarda" não é tomado no sentido vulgar de "posse de fato de uma coisa com a faculdade de se servir dela e obrigação de vigiar". A palavra, acrescenta ele, adquiriu uma feição nova, em que se insere uma "obrigação legal, que pesa sobre o guardião, em razão de deter a coisa"[2].

A doutrina brasileira, com Aguiar Dias e com Silvio Rodrigues, entre outros, detém-se na sua caracterização. Mas é sobretudo na doutrina francesa (a que vão buscar subsídios) que os melhores elementos se encontram.

Lá, por muito tempo, discutiu-se a propósito da distinção entre a "guarda material" e a "guarda jurídica". Esta controvérsia, entretanto, cessou, em função de decisões da Corte de Cassação, que acabaram por fixar a noção básica, segundo a qual "guardião é aquele que tem o uso, o controle e a direção da coisa inanimada"[3].

Em nosso direito percute a abolição da diferença ou distinção entre guarda jurídica e guarda material, como se vê em Silvio Rodrigues:

> *A distinção entre a guarda jurídica e a guarda material não tem fundamento sólido e é contrária à própria significação da palavra guarda que supõe um poder de vigilância sobre a coisa e meios de evitar que esta venha a causar danos a terceiros. Não se compreende guarda quando o controle da coisa se torna impossível de ser exercido: Desde o momento em que o proprietário perdeu a direção da coisa, deixa, evidentemente, de ser o guardião (Capitant, D. P., 1936. pp. 81 e segs.)*[4].

De tais arestos brotou uma ideia prática: "a jurisprudência presume que é o proprietário da coisa inanimada, que tem o seu uso, o controle e a guarda"[5].

---

[1] Henri de Page. *Traité*. Bruxelles: E. Bruylant, 1974. v. 2, 1ª parte, n. 1.012.
[2] Georges Ripert. *Le régime démocratique et le Droit Civil moderne*. Paris: Pichon, 1948. n. 174.
[3] *Nouveau répertoire*, verbete "responsabilité civile". Paris: Dalloz. v. 3, n. 112.
[4] Silvio Rodrigues. *Direito Civil*. São Paulo: Saraiva, 1984. v. 4, n. 44, p. 125.
[5] *Nouveau répertoire*, verbete "responsabilité civile". Cit. n. 113.

Ainda com fulcro na jurisprudência, assentou-se, também, a possibilidade de ser a guarda *transferida*, "quando a coisa se encontra na posse de uma pessoa que dela se utiliza, por si ou por seus prepostos, um uso livre e interessado" (verb. cit. n. 114).

Segundo esses *leading cases*, é fácil acompanhar a doutrina, no que é característico da responsabilidade. O proprietário, como "guarda presuntivo", é o responsável; esta responsabilidade, contudo, pode ser transferida, *mas somente na ocorrência de um fato ou de um negócio jurídico*.

É o que vou acompanhar, percorrendo a rota dos mestres da responsabilidade civil.

Ponto de partida é a "presunção de guarda", enunciada pelos Mazeaud:

> *"Puisque dans la situation normale, c'est le propriétaire qui a le pouvoir de commandement, il faut décider, et la conséquence mérite d'être soulignée, qu'une 'présomption de garde' pèse sur le propriétaire"*[6].

Daí tiram alguns a consequência imediata de ser o proprietário o "presumido guardião", ressalvada entretanto prova em contrário:

> *"L'accord s'est assez vite réalisé pour admettre que la simple détention matérielle d'une chose ne suffit pas à caractériser le gardien. La responsabilité s'attache non à la garde matérielle mais à la garde juridique. (...) L'autorité, le pouvoir de direction autonome découlent normalement de la propriété ou d'un droit réel exercé sur la chose. Le propriétaire est même présumé gardien jusqu'à preuve du contraire"*[7].

Dentro do que normalmente acontece, é o proprietário, dizem ainda os Mazeaud, quem tem o uso da coisa. Daí dizerem que o "guardião" é aquele que tem, materialmente, a direção dela. E a direção intelectual é o poder de dar as ordens, relativamente à coisa, exercendo o poder de comando sobre ela:

> *"La direction intellectuelle est le pouvoir de donner des ordres relativement à la chose, le pouvoir de commandement relativement à la chose"*[8].

---

[6] Mazeaud e Mazeaud. *Responsabilité civile*. Paris: Montchrestien, 1955. v. 2, n. 1.163.
[7] Marty e Raynaud. *Droit Civil*: les obligations. Paris: Sirey, 1967. v. 1, n. 435.
[8] Mazeaud, Mazeaud e Mazeaud. *Leçons de Droit Civil*. Paris: Montchrestien, 1956. v. 2, n. 518.

Este mesmo conceito ligado ao poder de comando encontra-se registrado em Le Tourneau, para quem o "guardião" de uma coisa inanimada atua da mesma forma que o de um animal:

> *"c'est celui qui, en fait, jouit d'un pouvoir de commandement"*[9].

O mesmo Le Tourneau, no entanto, admite que, sendo a guarda "alternativa" e não "cumulativa", pode ser transferida a outrem. Para que isso ocorra, é necessário que opere a transmissão efetiva, compreendendo o direito de fazer uso da coisa, com "uma independência suficiente, a uma só vez material e econômica". E conclui:

> *"Il s'agit donc d'une transmission d'un droit d'utiliser la chose, à la fois juridique et matérielle, en ce sens que la transmission de droit doit avoir été effectivement réalisée en pratique"*[10].

Com aquela clareza que advém de toda obra com base em Planiol, vem o raciocínio: o proprietário é o "guardião" da coisa; podendo ela ser temporariamente *confiada a outrem*, este se torna o seu "guarda", desde que possa servir-se dela, ainda que no interesse do proprietário:

> *"En règle générale, c'est le propriétaire qui a la garde de la chose. (...) Quand la chose est temporairement confiée à une personne en vue d'un usage... ou d'une réparation, celui qui la détient et peut s'en servir librement... même si c'est dans l'intérêt du propriétaire, en devient le gardien, ainsi le garagiste qui se charge d'une automobile pour remorquage ou réparation"*[11].

Os modernos Weill e Terré examinam em profundidade o conceito de "guarda", tendo como ponto de partida o proprietário. Este, todavia, pode deixar de ser o guardião. Mas, para que tal ocorra, é necessário que, embora sem perda da condição de dono, o proprietário *transfira a guarda* da coisa por força de um contrato, como o de locação, de empréstimo, de depósito, de transporte, caso em que a guarda incumbe, entre outros, ao depositário:

> *"De cette formule qui tend à définir un certain corpus on doit, en premier lieu, déduire que la garde coincidera très souvent avec le droit réel de propriété. Leur parenté est d'ailleurs si naturelle que le propriétaire est presumé gardien de la*

---

[9] Philippe Le Tourneau. *La responsabilité civile*. Paris: Dalloz, 1972. n. 1.367.
[10] Philippe Le Tourneau. *La responsabilité civile*. Cit. n. 1.291.
[11] Planiol, Ripert e Boulanger. *Traité élémentaire de Droit Civil*. Paris: R. Pichon et R. Durnad--Auzias, 1946. v. 2, n. 1.070.

chose, ce qui ne l'empêche de se dégager en prouvant par tous moyens qu'au moment de l'accident il avait cessé d'être gardien.

L'on doit, en deuxième lieu, observer que le propriétaire de la chose peut perdre sa qualité de gardien sans perdre celle de propriétaire. Ainsi en est-il, notamment, dans tous les cas de transfert de la garde d'une chose inanimée, par l'effet de contrats de location, prêt, dépôt, transport de marchandises, etc., la garde incombant alors à l'emprunteur, au dépositaire, au transporteur"[12].

Aprofundando a questão, com a minúcia que a torna em uma das maiores autoras em matéria de responsabilidade civil, Geneviève Viney cogita da *transferência da guarda* por via do contrato de depósito. E faz uma distinção da maior importância entre o depósito "profissional" e o depósito "gratuito". Somente o primeiro implica transferência da guarda. O depósito gratuito não tem, normalmente, o efeito de transferir a guarda que, conseguintemente, *continua com o proprietário*[13].

No ordenamento brasileiro, o art. 627 do Código Civil não adota tal distinção, estatuindo simplesmente que "pelo contrato de depósito recebe o depositário um objeto móvel, para guardar, até que o depositante o reclame".

196. *Aplicação da teoria da guarda*. A aplicação destes princípios, tomados de empréstimo à responsabilidade pelo fato das coisas inanimadas, constitui notável subsídio para a solução dos problemas advindos do furto de automóvel, que se encontre em estacionamentos a isto destinados, em hotéis, ou em pátios de supermercados, ou de colégios, ou de *shopping centers*.

A ideia básica é esta: se a guarda, que normalmente pertence ao proprietário, é transferida, e em que condições pode-se considerar que tenha sido.

Esta noção de guarda, que já vimos merecer a atenção dos especialistas da responsabilidade civil, é muito bem explicada e desenvolvida por Aguiar Dias, que, de igual que no direito estrangeiro, também se lhe afigura como uma "noção nova", não se traduzindo na "obrigação de vigiar"[14].

Se sob o aspecto do dano causado, ela constitui "uma obrigação legal que pesa sobre o possuidor", não se desfigura em sua essência, quando eu a examino sob um enfoque diverso, mas igualmente sério, a saber: quem tem a obrigação legal de

---

[12] Alex Weill e François Terré. *Droit Civil*: les obligations. Paris: Dalloz, 1972. n. 720, pp. 722-723.

[13] Geneviève Viney. *Traité de droit civil*: les obligations, a cargo de Jacques Ghestin. Paris: Librairie Générale de Droit et de Jurisprudence, 1965. n. 690, p. 799: "*À la différence du dépôt professionnel qui, nous l'avons vu, emporte normalement transfert de la garde au dépositaire, le dépôt gratuit n'a pas normalement cet effet*".

[14] Aguiar Dias. *Da responsabilidade civil*. Rio de Janeiro: Forense, 1994. v. 2, n. 162.

resguardar a própria coisa, protegendo-a da ação de quem quer que possa lesar o direito do proprietário, seja ao danificá-la, seja ao apossar-se dela.

A ideia-força, em torno da qual gira o conceito, é a "propriedade". Guardião da coisa, na palavra segura e reiteradamente repetida pelos doutos, é o proprietário. Esta mesma noção ocorre quando o dono deixa o seu automóvel em lugar a isto destinado. Sendo ele a pessoa que tem o "poder de comando" (Mazeaud), ou quem tem o "direito de utilizar" (Le Tourneau), ou a faculdade de "se servir livremente do automóvel" (Planiol, Ripert e Boulanger), o proprietário é quem tem a guarda da coisa, no sentido jurídico da expressão.

Certo é, entretanto, que o proprietário pode "transferir" a guarda, normalmente por via de um contrato, como a locação, o comodato, o transporte de mercadoria. Especificamente, a "transferência" da guarda pode dar-se pelo "contrato de depósito" (Weill e Terré). A configuração do depósito merece, contudo, a distinção se se trata do contrato de depósito típico (depósito profissional) ou, ao revés, não reveste aquelas características, surgindo na figura muito usual do "depósito gratuito" (Geneviève Viney).

Ao enfrentar o problema do furto de automóvel em estacionamento, a jurisprudência brasileira, para definir a responsabilidade pelo evento, cogitou a princípio da figura do "depósito", o que bem demonstra que, sem se ter aprofundado na ideia de "guarda", chegava a esse mesmo resultado. Atualmente, como se procurará demonstrar, a configuração do contrato de depósito não se afigura imprescindível para a imposição de responsabilidade nos casos em que o proprietário possua legítima confiança de que seu bem está seguro e livre de sofrer ou causar danos.

197. *Contrato de depósito*. Cumpre, de todo modo, precisar a figura contratual do "depósito", que Beviláqua define: "o contrato pelo qual uma pessoa recebe um objeto móvel alheio, com a obrigação de guardá-lo e restituí-lo". A sua característica essencial é bem nítida, e salientada pelo grande mestre:

> *"O depósito é contrato real; perfaz-se com a tradição do objeto"*[15].

Marchando na mesma trilha, Espínola, depois de reiterar a natureza "real", adita ainda:

> *"O depósito se constitui pelo consentimento das partes e entrega da coisa ao depositário".*

---

[15] Clóvis Beviláqua. *Comentários ao Código Civil*. Rio de Janeiro: Francisco Alves, 1944-60. Observação 2 ao art. 1.265.

Deixando bem claro o requisito da *traditio*, Espínola critica o Direito francês, cujo Código, embora exija a tradição da coisa como necessária a sua formação, dispensa a entrega efetiva, esclarecendo que em nosso direito descabe a ideia de "tradição ficta", ou meramente simbólica[16].

Tem voz no capítulo Washington de Barros Monteiro, em explanação minuciosa:

> *Entrega da coisa. O contrato de depósito exige, em primeiro lugar, a entrega da coisa pelo depositante ao depositário. O depósito é assim, antes de mais nada, contrato real, porque não pode existir sem a tradição da coisa depositada; sem o recebimento desta pelo depositário, o contrato não se aperfeiçoa e não produz qualquer efeito*[17].

No mesmo tom, Silvio Rodrigues enfatiza a tradição. Depois de dizer que é "contrato real", porque só se aperfeiçoa pela entrega da coisa, acrescenta que o "acordo" para a celebração não é depósito, "pois este só se completa com a entrega do objeto a ser depositado"[18].

Também eu, ao conceituar o depósito, enunciei, entre os seus elementos etiológicos, a entrega, dizendo que o contrato "somente se perfaz com a *traditio* efetiva da coisa"[19].

Assentados, pois, estes dois pressupostos – *obrigação de guarda* e *transferência desta através do contrato de depósito* – o que cumpre é examinar, em cada um dos casos de eventual furto de automóvel, em estacionamento destinado a esta finalidade, de que maneira ocorre, e como se prova, a entrega do veículo, para determinação de responsabilidade.

Cogitarei aqui da responsabilidade do restaurante, do hotel, da garagem, do estabelecimento de ensino, do supermercado, do *shopping center*.

O assunto, muito debatido sob a égide da codificação anterior, simplificou-se com o advento do Código de Defesa do Consumidor. No passado, a responsabilidade desses estabelecimentos por furto de veículo dependia da caracterização do contrato de depósito no âmbito do estacionamento, a deflagrar o ilícito contratual,

---

[16] Cf. Eduardo Espínola. *Dos contratos nominados no Direito brasileiro*. Rio de Janeiro: Gazeta Judiciária, 1953. n. 150, nota 5.
[17] Washington de Barros Monteiro. *Curso de Direito Civil*. São Paulo: Saraiva, 1952-76. v. 5, p. 219.
[18] Silvio Rodrigues. *Direito Civil*. Cit. v. 3, n. 115.
[19] Caio Mário da Silva Pereira. *Instituições de Direito Civil*. 11. ed. Rio de Janeiro: Forense, 2003. v. 3, n. 247.

ou de identificação de culpa *in vigilando* do preposto do estabelecimento comercial, para que se invocasse a responsabilidade extracontratual[20].

No cenário de tutela do consumidor, contudo, a jurisprudência passou a atribuir aos fornecedores em geral o dever de guarda do veículo estacionado em suas dependências ou em locais oferecidos aos clientes para este fim. Dessa maneira, independentemente da caracterização do contrato de depósito, atribuiu-se a responsabilidade por furto a veículos aos supermercados e demais estabelecimentos comerciais, considerados fornecedores de produtos ou serviços, entendimento que originou a Súmula n. 130 do STJ[21]. O raciocínio funda-se no fato de que os fornecedores de serviço granjeiam vantagem econômica com o oferecimento de estacionamento, cada vez mais importante para atração de clientela em áreas urbanas. Por isso mesmo, seja a título gratuito ou oneroso, considera-se o estacionamento compreendido no âmbito operacional do estabelecimento[22].

---

[20] Nessa direção, v. STJ, 3ª T., REsp 4.582/SP, Rel. Min. Waldemar Zveiter, julgado em 16.10.1990.

[21] Eis o teor do Enunciado: "A empresa responde, perante o cliente, pela reparação de dano ou furto de veículo ocorridos em seu estacionamento".

[22] Confira-se: "A empresa que fornece estacionamento aos veículos de seus clientes responde objetivamente pelos furtos, roubos e latrocínios ocorridos no seu interior, uma vez que, em troca dos benefícios financeiros indiretos decorrentes desse acréscimo de conforto aos consumidores, o estabelecimento assume o dever – implícito em qualquer relação contratual – de lealdade e segurança" (STJ, 4ª T., REsp 1.269.691/PB, Rel. p/ Acórdão Min. Luis Felipe Salomão, julgado em 21.11.2013). Ilustrativamente, v. o entendimento do Superior Tribunal de Justiça nas seguintes hipóteses: furto de veículo em instituição de ensino (STJ, 3ª T., AgRg no REsp 1.408.498, Rel. Min. Marco Aurélio Bellizze, julgado em 01.12.2015; STJ, 3ª T., AgRg no AREsp 590.239, Rel. Min. João Otávio de Noronha, julgado em 05.03.2015; STJ, 3ª T., AgRg no REsp 1.249.104, Rel. Min. Sidnei Beneti, julgado em 16.06.2011; STJ, 3ª T., REsp 1.606.360/SC, Rel.ª Min.ª Nancy Andrighi, julgado em 19.10.2017); furto de veículo em estacionamento oferecido aos empregados da empresa (STJ, 3ª T., REsp 1.484.908, Rel. Min. Marco Aurélio Bellizze, julgado em 10.03.2015; STJ, 4ª T., AgRg no AREsp 781.454/RN, Rel. Min. Antonio Carlos Ferreira, julgado em 10.05.2016); furto de veículo em estacionamento de supermercado (STJ, 3ª T., AgInt no AREsp 1.352.950/MG, Rel. Min. Ricardo Villas Bôas Cueva, julgado em 25.03.2019); arrombamento de veículo em garagem de hotel (STJ, 3ª T., AgRg no REsp 402.442, Rel. Min. Vasco Della Giustina, Desembargador convocado do TJ/RS, julgado em 15.04.2010); tentativa de roubo em cancela de *shopping* (STJ, 4ª T., REsp 1.269.691, Rel. p/ Acórdão Min. Luis Felipe Salomão, julgado em 21.11.2013). Na mesma direção se posiciona o Tribunal de Justiça do Rio de Janeiro, segundo o qual, mesmo em se tratando de estacionamento gratuito e desprovido de qualquer comprovante ou registro de entrada e saída de veículos, o estabelecimento é obrigado a indenizar pelo furto, com fundamento na teoria do risco do empreendimento (TJ/RJ, 24ª C. Con., Ap. Cív. 0030464-61.2012.8.19.0202, Rel. Des. Regina Lucia Passos, julgado em 02.09.2015; TJ/RJ, 16ª C.C., Ap. Cív. 0059110-64.2010.8.19.0004, Rel. Des. Eduardo Gusmão Alves de Brito, julgado em 02.07.2015; TJ/RJ, 24ª C. Con., Ap. Cív. 0196574-96.2008.8.19.0038, Rel. Des. Tereza C. S. Bittencourt Sampaio, julgado em 09.06.2015). Nessa linha, bastam à instrução do pleito ressarcitório elementos probatórios como a nota fiscal e o boletim de ocorrência (TJ/RJ, 8ª CC, Ap. Cív. 2009.001.17755, Rel. Des. Mônica Costa Di Pietro, julgado em 28.09.2010).

Além disso, de acordo com o art. 25 do Código de Defesa do Consumidor, é vedada, em relação à responsabilidade do fornecedor, "a estipulação contratual de cláusula que impossibilite, exonere ou atenue a obrigação de indenizar". Sendo assim, são nulas as cláusulas que afastem ou atenuem a responsabilidade do dono do estacionamento (cláusulas excludentes ou limitativas do dever de indenizar), seja as que se expressam por meio de avisos nos estacionamentos, seja as que são impressas no tíquete comprobatório do depósito[23].

A rigor, cuida-se de hipótese de responsabilidade objetiva do fornecedor de serviço defeituoso nos termos do art. 14 do CDC[24], vez que se frustra a expectativa de segurança que o consumidor possui ao se valer do serviço. Tal assertiva prevalecerá em todas as hipóteses analisadas nos próximos itens, alterando radicalmente a orientação doutrinária e jurisprudencial.

198. *Transferência da guarda: restaurante e hotel.* É costume, nas grandes cidades, o cliente do restaurante deixar o seu carro com um empregado da casa, que o recebe contra a entrega de um *ticket*, e o conduz, devolvendo-o ao dono quando termina este a refeição.

A tradição do veículo é caracterizada por dois elementos determinantes: o *ticket* com que o proprietário identifica o veículo; e permanecerem as chaves com o "guardador", ou colocadas em um painel, de onde são retiradas por este, para ser de novo movimentado e devolvido. Ocorre ainda que o veículo é dirigido ou manobrado da porta do restaurante até o local onde é deixado, e, vice-versa, trazido de volta para entregar ao dono por preposto da casa.

Este conjunto de fatos evidencia o "depósito" do veículo, e em consequência a responsabilidade do restaurante.

O proprietário, sem deixar de sê-lo, transfere momentaneamente a guarda do veículo, mediante a relação contratual do depósito, ficando o restaurante, como depositário, sujeito a reparar o dano, no caso de ser o veículo furtado.

A *transferência da guarda* para o restaurante consiste no fato de o guardador ou manobrador ser um "preposto", mesmo que não inscrito no quadro de empregados.

A analogia de situação com o hotel leva a examiná-la em conjunto, em face do que tem sido julgado.

Com efeito, na mesma responsabilidade incorre o hotel, que recebe o carro de seu hóspede, guardando-o no recinto do próprio estabelecimento ou

---

[23] STJ, 4ª T., REsp 8.754P, Rel. Min. Athos Carneiro, julgado em 30.04.1991.
[24] A natureza objetiva da responsabilidade é reconhecida pela jurisprudência. Confira-se, a título exemplificativo: STJ, 4ª T., REsp 1.487.050/RN, Rel. Min. Luis Felipe Salomão, julgado em 05.11.2019; STJ, 4ª T., AgRg no AREsp 603.026/SP, Rel. Min. Raul Araújo, julgado em 12.02.2015.

em estacionamento a seu cargo, independentemente de cobrar uma qualquer remuneração a esse título.

O que caracteriza o depósito é a "entrega" do carro pelo hóspede, e o seu "recebimento" pelo estabelecimento. Essa orientação foi proclamada, em algumas ocasiões, pelo Superior Tribunal de Justiça: "A entrega de veículo em confiança a manobrista de restaurante caracteriza contrato de depósito e, como tal, atrai a responsabilidade do estabelecimento comercial pelo furto, ainda que na via pública, impondo-lhe o dever de indenizar o proprietário pelos prejuízos daí decorrentes"[25]. Prevaleceu tal orientação, ainda, no caso de transferência da guarda de veículo em estabelecimento hoteleiro[26].

A situação é bem diversa, seja no caso do restaurante como no do hotel, de ser deixado o carro nas imediações da casa, pelo próprio dono e confiada a vigilância a uma pessoa não vinculada ao estabelecimento, figura que no jargão da atividade se apelida de "um flanelinha". Neste caso não há transferência da guarda, e inexiste depósito da coisa.

198-A. *Oficina mecânica.* Quando o proprietário do veículo o confia a uma oficina mecânica para revisão ou reparos ou quando o recolhe a um posto de gasolina que o recebe para guardar, ocorre o depósito e consequente responsabilidade do estabelecimento. O proprietário, sem deixar de sê-lo, transfere a guarda da coisa, e, com esta, o dever de vigilância, determinante da responsabilidade do garagista, ou do proprietário da oficina, ou do posto, pelo furto do veículo. A hipótese está na situação análoga mencionada por Planiol, Ripert e Boulanger na passagem acima citada, e já foi objeto de cogitação na Justiça, *ut* decisão do STJ, 4ª T., REsp 218.470/SP, Rel. Min. Aldir Passarinho Junior, julgado em 27.03.2001[27].

---

[25] STJ, 4ª T., REsp 419.465, Rel. Min. Aldir Passarinho Junior, julgado em 25.02.2003.
[26] STJ, 3ª T., AgRg no REsp 402.442, Rel. Min. Vasco Della Giustina (Desembargador convocado do TJ/RS), julgado em 15.04.2010.
[27] Na mesma direção se encontra a jurisprudência do Tribunal de Justiça do Rio de Janeiro (TJ/RJ, 24ª C. Con., Ap. Cív. 0004931-28.2011.8.19.0011, Rel. Des. Eduardo Gusmão Alves de Brito, julgado em 02.07.2015). Posicionou-se o TJ/RJ, ainda, pela responsabilidade de concessionária de serviços automotivos por furto de peças de veículo deixado sob sua guarda (TJ/RJ, 19ª C.C., Ap. Cív. 0004182-77.2007.8.19.0002, Rel. Des. Marcos Alcino de Azevedo Torres, julgado em 03.07.2012). Situação diversa ocorre quando o proprietário deixa, por sua conta e risco, o veículo no estabelecimento comercial fora do horário de funcionamento. Nessa hipótese não haverá, conforme já decidiu o STJ ao apreciar hipótese em que o proprietário do veículo estacionara em posto de gasolina que se encontrava fechado, contrato de depósito (STJ, 4ª T., REsp 195.092, Rel. Min. Barros Monteiro, julgado em 20.11.2001). Da mesma forma, é possível que haja atenuação da responsabilidade do estabelecimento em caso de concorrência de culpa do proprietário do veículo, caso haja, conforme caso tratado pelo STJ, negligência em sua conduta ao estacionar o

Normalmente, o dono do carro recebe um *ticket*, ou um canhoto da ordem de serviço, ou outro qualquer documento, posto que informal, como prova. Independentemente desta, a evidência do depósito, mediante o fato da entrega, poderá ser feita por qualquer outro modo. E, em havendo, estará caracterizado o depósito para efeito da responsabilidade pelo furto, da qual o empreendedor somente se libera, demonstrando a devolução da coisa ao seu proprietário.

199. *Colégio e Universidade*. A situação dos colégios ou outros estabelecimentos de ensino merece exame à parte. Como se tem visto, a essência da responsabilidade está no binômio *obrigação de guarda* e *contrato de depósito*.

Toda a questão reside, portanto, na produção de prova da entrega da coisa, como elemento etiológico do contrato de depósito. Sem a verificação da *traditio* inocorre o *depósito*, e por via da consequência a *obrigação de guarda*. É, portanto, uma *quaestio facti* a ser apurada em cada caso. Sirva de exemplo o fato de uma universidade ter uma área destinada aos veículos de seus professores e alunos, que ali entram deixando os carros, e saem levando-os. Não há falar em depósito, porque o veículo não é "entregue" ao estabelecimento; suas chaves permanecem com "o proprietário".

Exemplificativamente, v. as seguintes hipóteses em que a jurisprudência reconheceu a responsabilidade objetiva da instituição de ensino: furto em estacionamento de instituição de ensino que, assim como os estabelecimentos estritamente comerciais, devem indenizar os proprietários de veículos furtados quando referido ato ilícito tenha ocorrido em seu estacionamento, independentemente de ser o estacionamento gratuito ou oneroso e de haver controle da entrada ou da saída dos veículos ali estacionados[28]; furto de automóvel em estacionamento que, embora não esteja localizado nas dependências da faculdade, possuía placa e monitoramento em nome da própria instituição[29]; furto de automóvel em estacionamento localizado nas dependências da universidade, mesmo inexistindo qualquer controle de permanência dos automóveis[30]; furto de automóvel nas dependências de instituição de ensino, já que, mesmo sendo o estacionamento gratuito, criou-se para o consumidor a expectativa legítima de que o local era se-

---

veículo sem sequer informar ao estabelecimento que o deixaria sob sua custódia (STJ, 4ª T., REsp 545.752, Rel. Min. Raul Araújo, julgado em 17.12.2015).

[28] STJ, 3ª T., AgRg no REsp 1.408.498, Rel. Min. Marco Aurélio Bellizze, julgado em 01.12.2015; STJ, 3ª T., AgRg no AREsp 590.239, Rel. Min. João Otávio de Noronha, julgado em 05.03.2015.

[29] TJ/SP, 6ª C. D. Priv., Ap. Cív. 4002369-76.2013.8.26.0604, Rel. Des. Ana Lucia Romanhole Martucci, julgado em 11.09.2015.

[30] TJ/SP, 30ª C. D. Priv., Ap. Cív. 003230-98.2013.8.26.0453, Rel. Des. Maria Lúcia Pizzotti, julgado em 29.07.2015.

guro, já que a entrada e a saída eram controladas por cancela e o estacionamento não era aberto ao público[31].

Conseguintemente não há transferência de guarda, e portanto não ocorre responsabilidade.

Não se define a situação como um "contrato de depósito", uma vez que por nenhum elemento material ou pessoal determinam-se os seus extremos. Situação desta ordem foi apreciada pelo Supremo Tribunal Federal no julgamento do RE n. 69.923, do Paraná, de que foi relator o Ministro Djaci Falcão, 1ª T., julgado em 01.09.1970, *DJ* de 02.10.1970.

Nesse particular, decidiu o Superior Tribunal de Justiça que o Poder Público deve assumir a guarda e responsabilidade do veículo quando este ingressa em área de estacionamento pertencente a estabelecimento público desde que haja serviço especializado com esse fim[32].

200. *Supermercado*. A situação dos supermercados oferece peculiaridades de acordo com as duas hipóteses de estacionamento normalmente oferecidas aos clientes e que hoje, como abaixo se examinará, recebem tratamento uniforme pela jurisprudência.

A primeira delas é a que se aproxima dos estabelecimentos de ensino, particularmente das universidades e faculdades. O supermercado oferece uma área de estacionamento, teoricamente destinada a seus clientes, embora possam quaisquer pessoas usá-la. O proprietário nela ingressa com seu veículo, escolhendo o local de sua conveniência. Normalmente deixa-o trancado, guardando consigo a chave, e retirando-o quando lhe apraz.

Não efetua a *entrega* do carro, não recebe *ticket*, não se sujeita a controle de nenhuma espécie. O estabelecimento mantém um preposto seu como vigilante, sem contudo investi-lo de poder de comando e sem a faculdade de uso, que continuam com o proprietário.

É certo que este não permanece no carro, nem ao menos junto a ele, mas por nenhum ato externo se desapossa do veículo, nem transfere sua guarda à empresa, por qualquer das atitudes que os autores citados descrevem, características do contrato de depósito, ou de transmissão da guarda.

A segunda hipótese é a do supermercado que mantém uma área de estacionamento em recinto fechado, no qual o proprietário ingressa recebendo um

---

[31] STJ, 3ª T., REsp 1.606.360/SC, Rel.ª Min.ª Nancy Andrighi, julgado em 19.10.2017.
[32] STJ, 1ª T., REsp 1.081.532, Rel. Min. Luiz Fux, julgado em 10.03.2009. No mesmo sentido: STJ, 2ª T., REsp 1718906/SP, Rel. Min. Herman Benjamin, julgado em 17.4.2018. Sobre a natureza da responsabilidade do Estado, v. item 105, *supra*.

ticket de identificação, que devolve na saída. Também neste caso, se o proprietário utiliza o estacionamento sem efetuar a *entrega do carro*, e, portanto, sem transferir a guarda, inocorre o contrato de depósito. Reversamente, existirá esta se, pelo jogo das circunstâncias, houver entrega, e consequente transferência de guarda.

Verifica-se tendência jurisprudencial hodierna no sentido de reconhecer a responsabilidade objetiva do supermercado, não acolhendo os argumentos de caso fortuito ou força maior para excluir sua responsabilidade por furto de veículo ocorrido no estacionamento[33].

201. *Shopping center*. O caso do *shopping center* merece consideração especial, relativamente à integração do estacionamento no *mix* do *center*, e por essa razão exige mais detido exame, especialmente por sua importância na evolução histórica da jurisprudência.

Para melhor configuração da espécie, cumpre aviventar a tipologia contratual do *shopping*, que ainda não tem as suas linhas perfeitamente sedimentadas, posto que merecedoras de pesquisas. Oferecendo multiface ao exame, ainda leva juristas a algumas incertezas, refletindo inevitavelmente na jurisprudência.

A par das figuras de criação recente na moderna tipologia contratual (*leasing*, alienação fiduciária, *franchising*, *engineering*, agência e distribuição, *joint-venture*, *hedging*, *factoring*), que estudei em artigo publicado sob a epígrafe "Nova tipologia contratual no Direito brasileiro"[34], inscreve-se o *shopping center* como nova modalidade de empreendimento operando "revolução tecnológica de caráter tipicamente organizacional" (Carlos Geraldo Langoni). Tendo recebido nos Estados Unidos excepcional desenvolvimento no campo do *marketing*, foi recebido no Brasil, a princípio com algumas desconfianças e resistências, porém conquistando aos poucos o público consumidor. Pode-se hoje considerar uma organização econômica e jurídica em expansão, implantada não apenas nas grandes capitais, porém também em centros de menor projeção econômica.

Estudos especializados (sobretudo divulgados pela Abrasce) acusam a presença de juristas e economistas, enfocando os seus vários aspectos na vida social, jurídica e econômica. Em referência que posso qualificar de amostragem, pois que outros nomes se lhe aditarão, menciono: Carlos Geraldo Langoni, Mario

---

[33] Exemplificativamente: STJ, 3ª T., AgRg no AREsp 828.527, Rel. Min. Moura Ribeiro, julgado em 17.11.2016; STJ, 3ª T., AgRg no AREsp 725.984, Rel. Min. Moura Ribeiro, julgado em 23.06.2016; STJ, 3ª T., AgRg no AREsp 841.921, Rel. Min. Marco Aurélio Bellizze, julgado em 05.05.2016; STJ, 4ª T., AgRg no AREsp 386.277, Rel. Min. Maria Isabel Gallotti, julgado em 15.03.2016; STJ, 4ª T., AgRg no AREsp 850.198/RN, Rel. Min. Marco Buzzi, julgado em 12.09.2017.

[34] *Revista Forense*, v. 281, p. 1; *Revista do Instituto Luso Brasileiro de Direito Comparado*, v. I, p. 107.

Henrique Simonsen, João Paulo dos Reis Veloso, Rubens Requião, Washington de Barros Monteiro, Orlando Gomes, Alfredo Buzaid, Luís Antonio de Andrade, João Carlos Pestana de Aguiar, Nascimento Franco, Caio Mário da Silva Pereira, Penalva Santos.

Na sua configuração externa não é uma loja ou um conjunto de lojas como já se praticava com as lojas de departamento (*store magazines*) em voga no Brasil há mais de meio século. Foge da estrutura mercadológica tradicional. Reveste o aspecto de um edifício de grandes proporções, integrado de numerosos salões, arranjados com muito gosto e até certo luxo, distribuídos estrategicamente por vários pavimentos, porém selecionados e localizados de modo a atrair a atenção da clientela sobre marcas e denominações de maior atração ("lojas-âncoras"), distribuídas segundo um prévio plano de zoneamento e em atenção a uma preferência técnica (*mix*).

Sem desprezar o aspecto arquitetônico, que é cuidadosamente observado, o *shopping* procura ao mesmo tempo atender à clientela atual, como também atrair uma possível clientela potencial, oferecendo, em paralelo com os salões e lojas, centros de atração como cinemas, teatros, rinques de patinação, áreas de lazer, restaurantes, lanchonetes, parque de diversões para crianças, um complexo, enfim, que representa atrações e atrativos destinados a um público heterogêneo e multitudinário[35].

Um dos aspectos que o estudo de viabilidade do *shopping* não pode descurar é o que se refere a sua localização topográfica. Procurando livrar a clientela dos inconvenientes inevitáveis dos pontos de maior concentração urbana, preferencialmente constroem-se em bairros afastados do centro comercial e mesmo na periferia das cidades.

Levando, ainda, em consideração a circunstância de que sua freguesia mais numerosa compõe-se de pessoas de classe média, que usa para sua locomoção o carro unipessoal ou unifamiliar, o *shopping center* oferece ampla área de estacionamento para veículos.

A responsabilidade civil pelo furto do automóvel nos parqueamentos dos *shopping centers* nem constitui um capítulo à parte da doutrina legal brasileira da responsabilidade civil, nem se desvia dos princípios dominantes nos demais casos que acima analisei: colégios, garagens, supermercados etc. Por isso mesmo, após acalorado debate doutrinário, acabou por merecer evolução jurisprudencial semelhante às demais hipóteses de estacionamento oferecidos por estabelecimentos comerciais, submetidos, como visto acima, ao Código de Proteção do Consumidor.

---

[35] Caio Mário da Silva Pereira. *Shopping centers*. Organização econômica e disciplina jurídica. In: *Revista dos Tribunais*, São Paulo: Revista dos Tribunais, v. 580, p. 15.

Na atualidade, porém, o oferecimento de área para estacionamento não mais se configura gesto de pura cortesia do *shopping*, seja porque, no comum dos casos, o consumidor é cobrado pelo serviço, seja porque, como acima exposto (v. item 198, *supra*), as comodidades oferecidas a clientes configuram mecanismo de captação de clientela, que se incluem no custo operacional da atividade empresarial.

Por tudo isso, o Superior Tribunal de Justiça assentou que, nesses casos, "a responsabilidade pela indenização não decorre de contrato de depósito, mas da obrigação de zelar pela guarda e segurança dos veículos estacionados no local, presumivelmente seguro"[36]. A jurisprudência, contudo, faz ressalva em relação ao estacionamento que, embora utilizado com frequência por clientes do *shopping*, é público e, portanto, não se inclui na área pela qual o centro comercial deve zelar[37].

---

[36] STJ, 3ª T., REsp 1.129.533, Rel. Min. Sidnei Beneti, julgado em 14.09.2010; STJ, 4ª T., AgRg no Ag 1.087.661, Rel. Min. Maria Isabel Gallotti, julgado em 02.12.2010.

[37] STJ, 3ª T., REsp 1.642.397/DF, Rel. Min. Ricardo Villas Bôas Cueva, julgado em 20.03.2018.

Capítulo XVII
Responsabilidade Aquiliana e Responsabilidade Contratual

Sumário

Responsabilidade aquiliana e contratual. Abuso de direito. Teoria dos atos emulativos.

Bibliografia

Agostinho Alvim. *Inexecução das obrigações*. São Paulo: Saraiva, 1980; Aguiar Dias. *Da responsabilidade civil*. Rio de Janeiro: Forense, 1994. v. 1; Alex Weill e François Terré. *Droit civil:* les obligations. Paris: Dalloz, 1972; Alfredo Colmo. *Obligaciones*. Buenos Aires: Editorial Guillermo Kraft, 1944; Anderson Schreiber. *A proibição de comportamento contraditório:* tutela da confiança e *venire contra factum proprium*. Rio de Janeiro: Renovar, 2005; Atilio Anibal Alterini. *Responsabilidad civil*. Buenos Aires: Abeledo-Perrot, 1974; Barassi. *La teoria generale delle obbligazioni*. Milano: Giuffre, 1946. v. 2; Boris Starck. *Responsabilité civile*. Paris: L. Rodstein, 1947; Bruno Lewicki. Panorama da boa-fé objetiva. In: Gustavo Tepedino (org.). *Problemas de direito civil-constitucional*. Rio de Janeiro: Renovar, 2000. pp. 55 e segs.; Carbonnier. *Droit civil:* les obligations. Paris: Presses Universitaires France, 1979; Carlos Edison do Rêgo Monteiro Filho. *Responsabilidade contratual e extracontratual:* contrastes e convergências no direito civil contemporâneo. Rio de Janeiro: Processo, 2016; Carvalho Santos. *Código Civil brasileiro interpretado*. Rio de Janeiro: Freitas Bastos, 1943. v. 3; Clóvis Beviláqua. *Comentários ao Código Civil*. Rio de Janeiro: Francisco Alves, 1944-60; Colin e Capitant. *Droit civil*. Paris: Librairie Dalloz, 1945. v. 2; De Cupis. *Il danno*. Milano: Giuffre, 1966; De Page. *Traité élémentaire*. Bruxelles: E. Bruylant, 1974. v. 1; De Page. *Traité élémentaire*. Bruxelles: E. Bruylant, 1974. v. 2; Demogue. *Obligations*. Paris: Rousseau, 1923-33. v. 1; Duguit. *Trai-*

té de droit constitutionnel. Paris: E. de Boccard, 1927. v. 1; Eduardo Bonasi Benucci. *La responsabilité civile*. Milano: Giuffre, 1965. v. 1; Emílio Betti. *Diritto romano*. Padova: Cedam, 1935; Eugène Gaudemet. *Théorie générale des obligations*. Paris: Librairie du Recueil Sirey, 1937; Gaston Jèze. *Principios generales de derecho administrativo*. Madrid: Reus, 1928. v. 1; Fernando Augusto Cunha de Sá. *Abuso do direito*. Lisboa: Petrony, 1973; Geneviève Viney. *Traité de droit civil*: les obligations, a cargo de Jacques Ghestin. Paris: Librairie Générale de Droit et de Jurisprudence. 1965; Georges Durry. Obligations spéciales. In: *Revue Trimestrielle de Droit Civil*. Paris: Dalloz, 1976; Georges Ripert. *La règle morale dans les obligations civiles*. Paris: Librairie Générale de Droit et de Jurisprudence, 1949; Georges Ripert. *Le régime democratique et le droit civil moderne*. Paris: Pichon, 1948; Giorgio Giorgi. *Obligazione*. Torino: Ute, 1930. v. 3; Gustavo Tepedino; Aline de Miranda Valverde Terra; Gisela Sampaio. *Fundamentos do direito civil*. 2. ed. Rio de Janeiro: Forense, 2021. v. 4; Gustavo Tepedino. Novos princípios contratuais e a teoria da confiança: a exegese da cláusula *to the best knowledge of the sellers*. In: *Temas de Direito Civil*. Rio de Janeiro: Renovar, 2006. t. II, pp. 241-274; Gustavo Tepedino. Prazos prescricionais e segurança jurídica. In: Editorial. *Revista Brasileira de Direito Civil – RBDCivil*, vol. 10, 2016; Gustavo Tepedino. Prescrição aplicável à responsabilidade contratual: crônica de uma ilegalidade anunciada. In: Editorial. *Revista Trimestral de Direito Civil*, vol. 27, 2009; Heloísa Carpena. O abuso de direito no Código Civil de 2002. In: Gustavo Tepedino (org.). *A parte geral do Novo Código Civil:* estudos na perspectiva civil-constitucional. 3. ed. Rio de Janeiro: Renovar, 2007. pp. 377-396; Henri Capitant. *Les grands arrêts de la jurisprudence civile*. Paris: Librairie Dalloz, 1970; Hubert de Mussué. Responsabilité contractuelle et responsabilité delictuelle, sous la notion de l'abus du droit. In: *Revue Trimestrielle de Droit Civil*. Paris: Dalloz, 1948; Humberto Theodoro Júnior. In: Sálvio de Figueiredo Teixeira (coord.). Comentários ao novo Código Civil. 3. ed. Rio de Janeiro: Forense, 2005. v. 3, t. II; Judith Martins-Costa. *A boa-fé no direito privado:* critério para sua aplicação. São Paulo: Marcial Pons, 2015; Judith Martins Costa. Responsabilidade contratual: prazo prescricional de dez anos. Revista dos Tribunais, v. 979, São Paulo: Revista dos Tribunais, maio 2017, pp. 215-241; Lalou. *Traité pratique de la responsabilité civile*. Paris: Dalloz, 1955; Louis Josserand. *De l'esprit des droits et de leur relativité*. Paris: Dalloz, 1939; Luiz Edson Fachin. Contratos e ordem pública. In: *Questões do Direito Civil brasileiro contemporâneo*. Rio de Janeiro: Renovar, 2008. 23-25; M. I. Carvalho de Mendonça. *Teoria e prática das obrigações*. Rio de Janeiro: Revista Forense, 1956. v. 2; Marcel Planiol. *Traité élémentaire*. Paris: R. Pichon Et R. Durnad-Auzias,

1946. v. 2; Martinho Garcez Neto. *Prática da responsabilidade civil*. São Paulo: Saraiva, 1989; Marty e Raynaud. *Droit civil*: les obligations. Paris: Sirey, 1967. v. 1; Mazeaud e Mazeaud. *Leçons de droit civil*. Paris: Montchrestien, 1955. v. 2; Mazeaud e Mazeaud. *Responsabilité civile*. Paris: Montchrestien, 1955. v. 1; Messineo. *Dottrina generale del contrato*. Milano: Giuffrè, 1948; Paul Esmein. Le fondement de la responsabilité civile rapprochée de la responsabilité delictuelle. In: *Revue Trimestrielle de Droit Civil*. Paris: Dalloz, 1933; Philippe Le Tourneau. *La responsabilité civile*. Paris: Dalloz, 1972; Philippe Malaurie e Laurent Aynès. *Cours de droit civil*: les obligations. Paris: Cujas, 1990; Planiol e Ripert, com o concurso de Esmein. *Traité pratique de droit civil*. Paris: R. Pichon Et R. Durnad-Auzias, 1946. v. 6; Planiol, Ripert e Boulanger. *Traité élémentaire de droit civil*. Paris: R. Pichon Et R. Durnad-Auzias, 1946. v. 2; Pontes de Miranda. In: *Manual Lacerda*. São Paulo: Revista dos Tribunais, 1973. t. I, v. 16, 3ª parte; René David e John N. Hazard. *Le droit soviétique*. Paris: Librairie Générale de Droit et de Jurisprudence, 1954. v. 1; Rosalice Fidalgo Pinheiro. *O abuso do Direito e as relações contratuais*. Rio de Janeiro: Renovar, 2002; Serpa Lopes. *Curso de Direito Civil*. Rio de Janeiro: Freitas Bastos, 1960. v. 1; Silvio Rodrigues. *Direito Civil*. São Paulo: Saraiva, 1984. v. 4; Van Ryn. *Responsabilité aquilienne et contrats*. Paris: Recueil Sirey, 1932.

202. Ao desenvolver o tema da responsabilidade civil, enfatizei que a teoria subjetiva repousa fundamentalmente no conceito de culpa. E esta, na essência, tem por pressuposto a infração de uma norma preestabelecida (ver Capítulo V, *supra*).

A teoria geral das fontes de direito salienta que o vocábulo "fonte" pode ser empregado no sentido histórico designando a origem de qualquer instituto jurídico, isto é, os monumentos ou documentos onde o pesquisador encontra os elementos de seu estudo. Nesta acepção o doutrinador faz referência à "fonte histórica". Num outro sentido, a palavra "fonte" designa as diferentes maneiras de realização do direito objetivo, e, numa forma sintética, diz-se então *"fonte criadora ou fonte formal"*.

A moderna teoria das fontes de direito parte do pressuposto de que o comportamento individual na sociedade não é pautado somente pela lei, porém por outras manifestações ou situações objetivas que obrigam da mesma forma que o comando estatal. Com esta significação, a *fonte de direito* é um ato jurídico em sentido amplo. Fonte formal de direito vai, em última análise, repousar em uma declaração de vontade. Pode ser a declaração de vontade do Estado, por meio de seus órgãos competentes. Pode ser, também, a declaração de vontade individual. No primeiro plano situam-se a lei, o regulamento administrativo, o provimento judicial. No segundo, encontra-se o contrato, ou a declaração unilateral de vontade.

O que representa, em derradeira análise, a raiz das fontes de direito é a vontade, que é expressa no âmbito publicístico, pela manifestação dos Poderes estatais; e no campo privatístico pela declaração emanada do querer individual, manifestada na conformidade do que estabelece a ordem jurídica[1].

Controvertem os romanistas a propósito da determinação de como surgiu a responsabilidade contratual, a saber se a precedência foi da delitual de que a contratual foi uma consequência; ou ao revés se foi o contrato a fonte primeira da obrigação, seguindo-se-lhe mais tarde a responsabilidade delitual. Considerada a mais clássica, a tese dualista da precedência da responsabilidade contratual sobre a delitual tem levado, nas obras de direito civil, a tratar a contratual a propósito do efeito dos contratos, e as perdas e danos entre os efeitos das obrigações[2]. Levada ao extremo a tese da dualidade, Sainctelett insurge-se contra o conceito de responsabilidade contratual, preferindo considerá-la como "garantia", ideia que revive em Starck, para quem a garantia é modalidade da responsabilidade civil[3-4].

---

[1] Gaston Jèze. *Princípios generales de Derecho Administrativo*. Madrid: Reus, 1928. v. 1, pp. 29 e segs.; Duguit. *Traité de droit constitutionnel*. Paris: E. de Boccard, 1927. v. 1, § 30 e segs.; Brethe de la Gressay e Laborde Lacoste. *Introduction générale à l'étude du Droit Civil*. n. 207 e segs.; Ant. Carlo. *Il contratto preliminare associativo*. Serpa Lopes. *Curso de Direito Civil*. Rio de Janeiro: Freitas Bastos, 1960. v. 1, n. 18; Caio Mário da Silva Pereira. *Instituições de Direito Civil*. 20. ed. Rio de Janeiro: Forense, 2004. v. 1, n. 9.

[2] Marty e Raynaud. *Droit Civil*: les obligations. Paris: Sirey, 1967. v. 1, n. 362.

[3] Sainctellet. *De la responsabilité et de la garantie*.

[4] Boris Starck. *Responsabilité civile*. Paris: L. Rodstein, 1947. p. 37.

Fato certo, todavia, é que a obrigação vinculava originariamente a pessoa mesma do devedor ao credor – *nexum* – e no caso de descumprimento do obrigado pagava ele com seu corpo. Foi a *Lex Poetelia Papiria*, do ano 429 antes de Cristo que, revolucionando essencialmente os conceitos, deslocou o objeto da responsabilidade da pessoa para os bens do devedor: *pecuniae creditae bona debitoris, non corpus obnoxium esse*[5]. Foi sem dúvida um grande passo na dogmática da responsabilidade civil o ter admitido que, tal qual ocorria em relação aos *delicta*, a *conventio*, em sentido amplo, gerava para o *reus credendi* o direito de exigir do devedor o cumprimento da *obligatio*.

Sem cogitar da prioridade cronológica, mas partindo de que a obrigação podia originar-se da vontade, tal como do delito, a responsabilidade do devedor pelo cumprimento do *pactum conventum*, tornando a prestação exigível, deu origem à responsabilidade contratual paralelamente à delitual.

Assentado, então, que a declaração de vontade é fonte de direito, e, portanto, que a conduta humana há de ser por ela pautada, fica estabelecido que todo indivíduo deve observar a norma preestabelecida, seja ela emanada de um órgão estatal, seja emitida por via de declaração individual de vontade.

Nesta conformidade, se a *culpa* implica um procedimento que contravém ao disposto em uma norma jurídica, dir-se-á que o procedimento antijurídico se qualificará como culposo, ou constituindo conduta culposa, dês que afronte o disposto em qualquer tipo de norma jurídica. A culpa tanto pode configurar-se infração ao comando legal, quanto ao arrepio da declaração de vontade individual. Em qualquer das duas hipóteses existe uma norma de comportamento estabelecida, de um lado pela lei (em sentido genérico) e de outro lado pela declaração volitiva individual. Operando a vontade ao arrepio da norma de conduta, existe culpa. E é neste sentido que eu admito, como tantos outros, o princípio da unidade da culpa[6]. Para a tese da unidade da responsabilidade, as diferenças técnicas entre as duas responsabilidades seriam apenas aparentes e sem importância[7].

---

[5] Emílio Betti. *Diritto Romano*. Padova: Cedam, 1935. p. 482; Lepointe e Monier. *Les obligations en Droit Romain*. p. 79.

[6] Cf. Colin e Capitant. *Droit Civil*. Paris: Librairie Dalloz, 1945. v. 2, n. 368 e segs.; Mario Rotondi. In: *Rivista di Diritto Comerciale*. 1917. 1ª parte, p. 282; Marcel Planiol. *Traité élémentaire*. Paris: R. Pichon Et R. Durnad-Auzias, 1946. v. 2, n. 863; Alfredo Colmo. *Obligaciones*. Buenos Aires: Editorial Guillermo Kraft, 1944. n. 113; Mazeaud e Mazeaud. *Leçons de Droit Civil*. Paris: Montchrestien, 1955. v. 2, n. 391; Van Ryn. *Responsabilité aquilienne et contrats*. Paris: Recueil Sirey, 1932. n. 19 e segs.; Paul Esmein. Le fondement de la responsabilité civile rapprochée de la responsabilité délictuelle. In : *Revue Trimestrielle de Droit Civil*. Paris: Dalloz, 1933. n. 3, p. 627; Carvalho Santos. *Código Civil brasileiro interpretado*. Rio de Janeiro: Freitas Bastos, 1943. v. 3, p. 317; Aguiar Dias. *Da responsabilidade civil*. Rio de Janeiro: Forense, 1994. v. 1, n 67; Pontes de Miranda. In: *Manual Lacerda*. São Paulo: Revista dos Tribunais, 1973. t. I, v. 16, 3ª parte, p. 485; Caio Mário da Silva Pereira. *Instituições de Direito Civil*. Cit. v. 2, n. 175.

[7] Marty e Raynaud. *Droit Civil*. Cit. n. 363.

Não têm razão os que procuram encontrar distinção ontológica entre culpa contratual e culpa aquiliana. Como se verá mais adiante, uma e outra apresentam pontos diferenciais no que diz respeito à matéria de prova e à extensão dos efeitos. São, porém, aspectos acidentais. O que sobreleva é a unicidade ontológica. Numa e noutra, há de estar presente a contravenção a uma norma, ou, como se exprime Pontes de Miranda: "A culpa é a mesma para infração contratual e para delitual".[8]

Una que é, em sua essência, constitui objeto de dupla configuração, quando a doutrina faz a distinção entre "culpa contratual" e "culpa extracontratual" também chamada "aquiliana" por se remontar à *Lex Aquilia*.

O princípio legal definidor da culpa aquiliana é o art. 186 do Código Civil. O Código Civil de 1916 não enunciava em relação à culpa contratual uma regra de cunho genérico, o que em verdade é desnecessário, uma vez que o indivíduo vinculado por um contrato incide em culpa, se procede em contrariedade às suas cláusulas.

Culpa contratual e culpa extracontratual sujeitam o contraventor a responder civilmente pelos prejuízos causados. Embora se confundam ontologicamente (repito) e nos seus efeitos, a distinção subsiste no tocante às exigências probatórias. Na culpa extracontratual, incumbe ao queixoso demonstrar todos os elementos etiológicos da responsabilidade: o dano, a infração da norma e o nexo de causalidade entre um e outra. Na culpa contratual inverte-se o *onus probandi*, o que torna a posição do lesado mais vantajosa[9].

Quando há contrato, existe um dever positivo do contratante, dever específico relativamente à prestação, o que só por si lhe impõe a responsabilidade. Basta ao demandante trazer a prova da infração, para que se estabeleça o efeito, que é a responsabilidade do faltoso, uma vez que os demais extremos derivam do inadimplemento mesmo, pressupondo-se o dano e nexo causal, a não ser que o acusado prove a razão jurídica do seu fato, ou a escusativa da responsabilidade.

Na culpa contratual há um dever positivo de adimplir o que é objeto da avença. Na culpa aquiliana, é necessário invocar o dever negativo ou obrigação de não prejudicar, e, comprovado o comportamento antijurídico, evidenciar que ele percutiu na órbita jurídica do paciente, causando-lhe um dano específico[10].

---

[8] Marty e Raynaud. Cit. n. 363.
[9] Von Tuhr. *Obligaciones*. v. 2, p. 98; M. I. Carvalho de Mendonça. *Teoria e prática das obrigações*. Rio de Janeiro: Revista Forense, 1956. v. 2, n. 449; Silvio Rodrigues. *Direito Civil*. São Paulo: Saraiva, 1984. v. 4, p. 9; Caio Mário da Silva Pereira. *Instituições de Direito Civil*. Cit.
[10] Mazeaud e Mazeaud. *Responsabilité civile*. Paris: Montchrestien, 1955. v. 1, n. 338 e segs.; Van Ryn. *Responsabilité aquilienne et contrats*. Cit. n. 19 e segs.; De Cupis. *Il danno*. Milano: Giuffre, 1966. pp. 61 e segs.; Leonardo Colombo. *Culpa aquiliana*. Cit. pp. 43 e segs.; Agos-

203. O conceito genérico da culpa contratual vai assentar suas raízes na conjugação de dois fatores: a formação do contrato e a sua obrigatoriedade.

Em primeiro lugar, vigora a liberdade de contratar. Cada um é livre de contratar e de não contratar. É um conceito apriorístico e plenamente reconhecido. Uma pessoa tem o direito de não celebrar dado contrato, segundo suas conveniências ou seus interesses, muito embora as injunções sociais e as exigências econômicas levem-na frequentemente a ter de procurar no seu relacionamento humano a satisfação das imposições que a vida em sociedade impõe. Admitida, contudo, a liberdade de policiar as exigências, o indivíduo pode decidir pela contratação ou pela não contratação.

Num segundo passo, tem a liberdade de escolher o seu cocontratante, e, nestas condições, é livre de celebrar a avença com a pessoa que lhe convenha. Salvo casos que se considerem excepcionais, a eleição da pessoa com quem contratar é uma decorrência da própria liberdade individual.

Em terceiro lugar, vencidas as duas primeiras etapas (contratar e com quem contratar) resta a escolha do conteúdo do contrato, a saber: os contratantes têm a liberdade de estabelecer as cláusulas que consultem aos seus interesses. Ressalvadas também as imposições da ordem pública, naquelas situações em que o interesse coletivo colide com a autonomia da vontade, o contrato espelha o resultado das conveniências dos convenentes.

Uma vez celebrado o contrato, as partes estão vinculadas ao seu contexto. É o que se compreende como *princípio da obrigatoriedade*. O contrato obriga os contraentes, que, em consequência, não têm o poder de se liberarem unilateralmente. Não tem cada contratante o poder de se arrepender do avençado. Nem mesmo o juiz, salvo nos casos expressamente autorizados em lei ou que firam algum dos novos princípios, tem a faculdade de revogar o contrato, ou alterar as suas consequências. Nascido da vontade livre dos contratantes, e formado com observância das normas jurídicas, o princípio da força obrigatória significa a irreversibilidade da palavra empenhada[11]. A ordem jurídica afirma-se no sentido de compelir os contratantes ao cumprimento do avençado. Reversamente, e tendo em vista a situação pessoal dos contraentes, cada um deles é sujeito a cumprir aquilo a que se obrigou. A vontade que foi livre de obrigar-se, até o momento em que se obrigou, gera os efeitos de uma fonte de direito para a outra parte, correspectiva da própria *Obligatio*[12]. Quando

---

tinho Alvim. *Inexecução das obrigações*. São Paulo: Saraiva, 1980, n. 168 e segs; Eduardo Bonasi Benucci. *La responsabilité civile*. Milano: Giuffre, 1965. v. 1, n. 19; René Rodière. *La responsabilité civile*. pp. 27 e segs.

[11] Cf. minhas *Instituições de Direito Civil*. Cit. v. 3, n. 185.
[12] Saleilles. *Théorie générale des obligations*. p. 147; Demogue. *Obligations*. Paris: Rousseau, 1923-33. v. 1, n. 18 e segs.; Planiol, Ripert e Boulanger. *Traité élémentaire de Droit Civil*.

os contraentes estabelecerem o conteúdo do seu contrato, não podem eles aditar ou variar o que escreveram ("When they have put into writing the whole of their contract they cannot add to or vary it by parol evidence").[13]

Os autores divergem na determinação do fundamento da obrigatoriedade do contrato. Se para a escola naturalista, com Hugo Grotius e Puffendorf, sua explicação vai assentar em um hipotético "contrato social"; se para a doutrina utilitarista de Jeremy Bentham, repousa na conveniência dos próprios contratantes; se para a concepção do amor à verdade (Giorgi, Vico, Fries, Belim, Tissot) a obrigatoriedade do contrato aceita como suporte a decorrência da lei natural que leva o homem a dizer a verdade; se para a escola positivista, com Kelsen, o contrato obriga simplesmente porque a lei lhe atribui obrigatoriedade; se, para o conceito da liberdade individual, com Kant, Boistel, Messineo, a obrigatoriedade tem por fundamento a própria liberdade de contratar; se com Ruggiero e Maroi, a obrigatoriedade do contrato justifica-se com a regra da unidade da aceitação pelos contratantes – o certo é que, independentemente da variedade de fundamentação teórica, um ponto reúne a unanimidade dos autores: o contrato, uma vez regularmente formado, impõe-se à vontade dos contratantes e se ampara em dois suportes: o ordenamento jurídico que a reconhece e a faculdade reconhecida aos contraentes de mobilizar o poder cogente do Estado para impor a observância ao pactuado, sob determinadas cominações.

Os princípios contratuais citados (autonomia privada, relatividade e obrigatoriedade dos pactos) sofreram verdadeiro redimensionamento em razão da previsão de três novos princípios: função social dos contratos, boa-fé objetiva e equilíbrio econômico dos pactos, inspirados, por sua vez, nos preceitos constitucionais da dignidade da pessoa humana, isonomia substancial e solidariedade social[14].

Sendo, portanto, o contrato uma fonte formal de direito, posto que reduzida em sua extensão às partes contratantes (*les conventions légalement formées tiennent lieu de loi à ceux qui les ont faites* – Código francês, art. 1.134), a contravenção às suas cláusulas importa em sujeitar o inadimplente a responder por sua infração.

Paris: R. Pichon Et R. Durnad-Auzias, 1946. v. 2, n. 56; Giorgio Giorgi. *Obligazione*. Torino: Ute, 1930. v. 3, n. 14; Messineo. *Dottrina generale del contratto*. Milano: Giuffre, 1948. n. 7; Serpa Lopes. *Curso de Direito Civil*. Cit. v. 3, n. 4.

[13] Sir William R. Anson. *Principles of the English law of contract*. p. 289.
[14] Sobre o tema, v. Gustavo Tepedino. *Novos princípios contratuais e a teoria da confiança*: a exegese da cláusula *to the best knowledge of the sellers*. In: *Temas de Direito Civil*. Rio de Janeiro: Renovar, 2006. t. II. pp. 241 e segs.; e, ainda, v. Luiz Edson Fachin. Contratos e ordem pública. In: *Questões do Direito Civil brasileiro contemporâneo*. Rio de Janeiro: Renovar, 2008. Sobre boa-fé objetiva, v., por todos, Judith Martins-Costa. *A boa-fé no direito privado*: critérios para a sua aplicação. São Paulo: Marcial Pons, 2015.

204. A *responsabilidade contratual*, em paralelo com a responsabilidade extracontratual ou aquiliana, está sujeita aos mesmos extremos desta: a contrariedade à norma, o dano, a relação de causalidade entre uma e outra. Ontologicamente, portanto, as duas modalidades confundem-se e se identificam nos seus efeitos, como visto acima. A responsabilidade contratual pressupõe, necessariamente, a existência de um contrato já formado[15]. Em princípio, portanto, a responsabilidade do contratante assenta no fato de não ter executado o contrato. Como observa De Page, cumpre estabelecer o fundamento da responsabilidade contratual, a qual no direito comum, ou seja, no regime do Código Civil, se funda na ideia de culpa. Quer dizer: há responsabilidade, "quando a inexecução é imputável ao fato do devedor"[16].

Difere uma da outra mais no campo da prova: a vítima, na responsabilidade extracontratual, tem de demonstrar a existência de todos os elementos, ao passo que, na contratual, fica estabelecida *ex re ipsa* a culpa, o que significa ser a posição do credor mais vantajosa[17]. Uma vez que o contrato traça a norma de conduta para os convenentes, incorre em culpa aquele que se desvia do pactuado: a norma convencional já define o comportamento dos contratantes que estão adstritos em sua observância a um dever específico. Diversamente, na culpa aquiliana, o lesado tem necessidade de demonstrar a existência de uma norma de comportamento, e, consequentemente, a sua infração. O infrator da cláusula contratual responde pelos efeitos de sua inadimplência. Em contraposição ao dever de obediência ao avençado, o cocontratante adquire um direito, e o infrator responde pelo dano causado.

Na culpa contratual, portanto, a equação geradora da responsabilidade civil acha-se reduzida aos termos mais simples, porque a demonstração do dever violado situa-se na infração ao avençado, sendo os demais extremos a consequência: o dano e a relação de causalidade entre este e o inadimplemento.

Reversamente, a defesa do acusado consiste primariamente na demonstração de que não foi infiel ao pactuado. Poderá eximir-se, também, comprovando que o seu procedimento tem amparo legal: *feci sed iure feci*, ou evidenciando uma escusa de responsabilidade, que será objeto de Capítulo à parte (Capítulo XX, *infra*).

Uma vez verificada a ocorrência de responsabilidade contratual, o lesado, a par do direito de promover a resolução do contrato, fica com a faculdade de obter

---

[15] Geneviève Viney. *Traité de droit civil*: les obligations, a cargo de Jacques Ghestin. Paris: Librairie Générale de Droit et de Jurisprudence, 1965. n. 182, p. 211.
[16] De Page. *Traité élémentaire*. Bruxelles: E. Bruylant, 1974. v. 2, n. 583, p. 547. Ver, ainda, Planiol e Ripert. *Traité pratique*. Cit. v. 6, n. 377; Colin e Capitant. *Cours de Droit Civil*. Cit. v. 2, n. 75.
[17] M. I. Carvalho de Mendonça. *Doutrina e prática das obrigações*. Cit. v. 2, n. 499; Andreas Von Tuhr. *Obligaciones*. Cit. v. 2, n. 98.

o ressarcimento do dano, tal como ocorre com a responsabilidade extracontratual. É o que dispõem os arts. 395 e 475 do Código Civil em relação aos danos decorrentes, respectivamente, do inadimplemento relativo e do inadimplemento absoluto. Segundo o art. 395, "responde o devedor pelos prejuízos a que sua mora der causa, mais juros, atualização dos valores monetários segundo índices oficiais regularmente estabelecidos, e honorários de advogado". O art. 475, por sua vez, estabelece que "a parte lesada pelo inadimplemento pode pedir a resolução do contrato, se não preferir exigir-lhe o cumprimento, cabendo, em qualquer dos casos, indenização por perdas e danos".

No plano da distinção das duas responsabilidades, a doutrina levanta duas questões, merecedoras de atenção.

205. A primeira é que, se se distingue a responsabilidade contratual da aquiliana, podem ser acumuladas na mesma demanda? A questão que é colocada pela jurisprudência francesa se situa na indagação se tem cabimento a invocação do art. 1.382 e seguintes (definidores da responsabilidade delitual) nos casos submetidos à responsabilidade contratual. A mesma questão, transposta para o nosso direito, envolveria apurar se a regra do art. 186 do Código Civil poderia ser aplicada aos casos de responsabilidade contratual. A Corte de Cassação, na França, proclama a regra da não acumulação, embora sujeita a numerosas exceções. Em nosso direito a matéria não oferece relevância maior, porque, no processo francês, o defendente pode opor o *"fin de non recevoir"*, num caso ou noutro; obviando a esta dificuldade processual, o demandante ingressa com o pedido sem precisar o fundamento de sua demanda. No Direito brasileiro, se o autor planta a pretensão no art. 186 do Código Civil, está-se posicionando no terreno da responsabilidade aquiliana, e, desta sorte, não se funda em culpa contratual. Uma orientação desta ordem não esbarra na prejudicial de carência de ação; conseguintemente, no desenvolvimento desta, a falta de prova do fato essencial implicará a improcedência do pedido, que será decidida em sentença de mérito. O que não pode o juiz é faltar à sua missão de distribuir justiça, baseado em motivação puramente técnica. O que evidentemente não é possível é que o demandante receba dupla indenização: uma a título de responsabilidade contratual e outra fundada na delitual (Alex Weill e François Terré).

A tendência moderna diz respeito à extensão do domínio da responsabilidade delitual, "notadamente em proveito dos terceiros que se prevalecem da inexecução das obrigações nascidas de um contrato"[18].

---

[18] Sobre a acumulação das responsabilidades, ver Geneviève Viney. Cit. n. 216 e segs.; Alex Weill e François Terré. *Droit Civil*: les obligations. n. 758 e 759; Atilio Anibal Alterini. *Responsabilidad civil*. p. 54.

Há ainda quem atribua à vítima, nas hipóteses de concorrência de responsabilidade, o poder de escolha entre a tutela extracontratual e a tutela contratual, especialmente nos casos mais duvidosos[19].

Em outro sentido, distinguem-se na responsabilidade contratual dois objetos: de um lado, o equivalente da prestação devida, e, sob este aspecto, ela se distingue fundamentalmente da responsabilidade aquiliana; de outro lado, tem como finalidade reparar o mal que o inadimplemento causa ao credor, e, sob este aspecto, ela se aproxima da responsabilidade aquiliana.[20]

Existe uma tendência moderna, no sentido de se afastar a responsabilidade civil desta dicotomização em contratual e aquiliana[21]. Alguns autores, em verdade, detêm-se numa terceira categoria, ou num *tertium genus*, considerando com caráter autônomo a responsabilidade profissional (transportadores, médicos, fabricantes, construtores, notários) que assumiria condições de um tipo especial de "responsabilidade legal", porque regida por legislação especial[22].

Contemporaneamente, a incidência dos denominados "novos princípios contratuais", como a boa-fé objetiva, concorre para a criação de deveres de conduta impostos aos contratantes, ao lado dos deveres decorrentes da autonomia privada. Desse modo, "a distinção entre responsabilidade contratual e aquiliana deixa de tomar por base a fonte do dever violado – autonomia privada ou lei, respectivamente –, e a passa a se assentar na preexistência de relação contratual válida entre as partes, bem como no fato de o dano resultar do descumprimento

---

[19] Nesse sentido, segue precedente do Superior Tribunal de Justiça de Portugal, em que se discute a responsabilidade médica: "Na actuação do médico, o não cumprimento pelo mesmo dos deveres de cuidado e protecção a que está obrigado, pode ser causa de responsabilidade contratual, na medida em que viola deveres laterais a que contratualmente está obrigado, mas também de responsabilidade delitual, na medida em que a referida violação represente igualmente um facto ilícito extracontratual. (...) Embora com limitações (desde logo as que resultarem de eventuais acordos das partes, dentro do princípio da liberdade contratual), tem-se entendido que o lesado poderá optar pela tutela contratual ou extracontratual, consoante a que julgue mais favorável em concreto" (STJ, 1ª S., Proc. n. 01A0008, Rel. Antônio Pinto Monteiro, julgado em 19.06.2001).

[20] Philippe Malaurie e Laurent Aynès. *Cours de Droit Civil*: les obligations. Paris: Cujas, 1990. n. 463, p. 321.

[21] Observa-se que, "no direito brasileiro, as semelhanças são quantitativamente maiores do que as diferenças de regime que se possam identificar entre as espécies de responsabilidade em cotejo" (Carlos Edison do Rêgo Monteiro Filho. *Responsabilidade contratual e extracontratual*: contrastes e convergências no direito civil contemporâneo. Rio de Janeiro: Processo, 2016. p. 78).

[22] Geneviève Viney. *Traité de Droit Civil* sob a direção de Jacques Ghestin. *Les obligations, la responsabilité civile*. Cit. n. 243 e 244; Philippe Malaurie e Laurent Aynès. *Cours de Droit Civil*: les obligations. Cit. n. 464.

de dever oriundo daquele vínculo, independentemente de este dever decorrer de fonte autônoma ou heterônoma"[23].

A distinção possui efeitos relevantes, inclusive no que se refere aos prazos prescricionais para o exercício da pretensão de reparação civil. Discute-se, basicamente, se a pretensão à reparação de danos decorrente da violação de um contrato estaria sujeita ao prazo prescricional de três anos previsto no art. 206, § 3º, V, do Código Civil, relativo à reparação civil[24], ou se, diversamente, se enquadraria na regra geral, que prevê o prazo prescricional de dez anos, nos termos do art. 205 do Código Civil, ressalvadas as hipóteses em que a lei prevê prazo especial para determinadas espécies de contratos[25]. O Superior Tribunal de Justiça, em julgados recentes, consolidou o entendimento de que as pretensões de responsabilidade contratual se submetem ao prazo geral de 10 anos previsto no art. 205 do Código Civil, sob o argumento de que "a expressão 'reparação civil' empregada pelo seu art. 206, § 3º, V, refere-se unicamente à responsabilidade civil aquiliana"[26].

206. A teoria do abuso de direito é um dos campos em que campeia a mais viva controvérsia, compreendendo três aspectos diferentes: a) se é possível admitir que a ordem jurídica reprima o exercício abusivo do direito; b) até onde será possível estabelecer que o exercício do direito pelo seu titular pode ser considerado passível de repressão e/ou ressarcimento; c) se a teoria do abuso de direito é um aspecto particular da repressão ao ato ilícito ou se deve ser tratada como instituto autônomo.

A primeira questão, que ocupou os juristas num passado relativamente próximo, acha-se hoje superada. Foi levantada na França por Marcel Planiol, que na expressão mesma "abuso de direito" enxergou uma contradição nos próprios termos, uma *contradictio in adiectio*, argumentando que a ideia de abuso constitui a negação do direito e envolve uma logomaquia. Se alguém usa de seu direito, o

---

[23] Gustavo Tepedino; Aline de Miranda Valverde Terra; Gisela Sampaio. *Fundamentos do Direito Civil*. 2. ed. Rio de Janeiro: Forense, 2021. vol. 4, p. 12.

[24] Gustavo Tepedino. Prescrição aplicável à responsabilidade contratual: crônica de uma ilegalidade anunciada. In: Editorial. *Revista Trimestral de Direito Civil*, vol. 27, 2009; Gustavo Tepedino. Editorial. Prazos prescricionais e segurança jurídica. *Revista Brasileira de Direito Civil – RBDCivil*, vol. 10, 2016.

[25] Na linha dos 10 anos: Humberto Theodoro Júnior. In: Sálvio de Figueiredo Teixeira (coord.). *Comentários ao novo Código Civil*. 3. ed. Rio de Janeiro: Forense, 2005. vol. 3, t. II, p. 333-334; Judith Martins Costa. Responsabilidade contratual: prazo prescricional de dez anos. *Revista dos Tribunais*, São Paulo: RT, 2017, vol. 979, p. 215-241.

[26] STJ, 2ª S., EREsp 1.280.825/SP, Rel. Min. Nancy Andrighi, julgado em 27.06.2018; e STJ, Corte Especial, EREsp 1.281.594/SP, Rel. p/ acórdão Min. Felix Fischer, julgado em 15.05.2019. Sobre o tema, v. Gustavo Tepedino. Editorial. Prazos prescricionais e segurança jurídica. *Revista Brasileira de Direito Civil – RBDCivil*, 2016, v. 10, p. 6-8.

ato é *lícito*; se for *ilícito*, é porque ultrapassa o direito, procedendo o agente sem *direito, iniuria*, como dizia a *Lex Aquilia*. "O direito cessa onde começa o abuso". Não se poderia, portanto, falarem uso abusivo de um qualquer direito, pois um ato não pode, a um só tempo, "ser conforme no direito e contrário ao direito"[27]. No mesmo sentido raciocina Barassi, ao considerar a fórmula intimamente contraditória em si mesma[28].

A doutrina francesa, não obstante a autoridade de Planiol, cerrou em torno do tema, desenvolvendo-o devidamente. Os autores que se estenderam em torno da obra de Planiol, retomando embora a ideia de imprecisão das expressões, salientam que os direitos subjetivos não são ilimitados, porém sujeitos a não causar o seu exercício um dano a outrem quando inspirado na intenção de prejudicar[29]. Na falta de texto legal expresso, trata-se de explicar como a responsabilidade pode nascer do exercício de um direito e determinar as condições de existência dessa responsabilidade[30].

No depoimento de Philippe Le Tourneau, a teoria do abuso de direito adquiriu atualidade "porque a penúria rural se fez sentir em certas regiões, enquanto vastos terrenos são improdutivos e são explorados abusivamente por proprietários animados pelo fanatismo da acumulação"[31].

No propósito de apresentar o problema, René de Page começa por assentar que o exercício dos direitos é condicionado a certas "regras fundamentais de polícia jurídica". Sem dúvida de que todo direito enseja uma faculdade ou prerrogativa ao seu titular, mas ao mesmo tempo reconhece que tal prerrogativa deve ser exercida na conformidade do objetivo que a lei teve em vista ao concedê-la ao indivíduo. Referindo-se ao conteúdo filosófico do direito no século XIX, lembra que o princípio da liberdade assegurado na Declaração Universal proclamada pela Revolução Francesa era o "evangelho" então dominante. Reproduzia-se, desta sorte, o adágio *Nullus videtur dolo facere qui suo iure utitur* (Digesto, Liv. 50, Tít. 17, fr. 55). Hoje, todavia, está reconhecido que o princípio *neminem laedit qui iure suo utitur* está subordinado a certos limites, que se contêm na destinação normal, seja econômica seja social, do próprio direito. Recorda que em Roma já se pressentia a necessidade de impedir que o titular de um direito o desviasse de sua finalidade. São testemunho disto adágios e parêmias que o refletem. Assim é que se condenava o uso absoluto do direito ao dizer *summum ius summa iniuria*

---

[27] Marcel Planiol. *Traité élémentaire de Droit Civil*. Cit. v. 1, n. 871.
[28] Barassi. *La teoria generale delle obbligazioni*. Milano: Giuffre, 1946. v. 2, p. 695.
[29] Planiol e Ripert, com o concurso de Esmein. *Traité pratique de Droit Civil*. Paris: R. Pichon Et R. Durnad-Auzias, 1946. v. 6, n. 573 e segs.
[30] Planiol, Ripert e Boulanger. *Traité élémentaire de Droit Civil*. Cit. v. 2, n. 975 e segs.
[31] Philippe Le Tourneau. *La responsabilité civile*. Paris: Dalloz, 1972. n. 1.029, p. 403.

ou *malitiis non est indulgendum*; ou quando Paulus afirmava *Non omne quod licet honestum est*, e Gaius dizia *Male enim nostro iure uti non debemus*[32].

O extremo individualismo do direito no século passado não se compadecia com a aposição de limites ao exercício dos direitos. Foi, então, em nosso século, que os juristas repensaram o problema do exercício dos direitos, a princípio no da propriedade e depois em outras províncias, como o de família ou dos contratos. E daí veio efetivamente nascer a teoria do *abuso do direito*. Como assinalou Orozimbo Nonato, em notável conferência pronunciada no Instituto dos Advogados Brasileiros e publicada na *Revista Forense*, sob o título "Aspectos do Modernismo Jurídico e o elemento moral na culpa objetiva", vol. 56, pp. 5 e segs., "são novas as fórmulas, mas o princípio que consagram já é velho como a lei escrita e os seus vestígios se rastreiam no direito romano", quando proclamava, no dizer de Gaius, que "não devemos nos desmedir no exercício de nossos direitos" – *male enim nostro iure uti non debemus*.

Foi através da construção jurisprudencial, a partir do século passado, que os autores franceses se fixaram na aceitação da teoria, respondendo à indagação se uma pessoa pode ser responsabilizada pelo mal que eventualmente cause a outrem, quando procede no exercício de seu próprio direito. Em outros sistemas jurídicos medrou o conceito, e acabou por encontrar quase universal aceitação. Destarte, pode-se hoje dizer que a primeira questão, que ocupou a atenção dos juristas, acha-se superada.

Analisada a tese em seus elementos mais profundos, esboça-se um conflito entre aquelas decisões que sustentam o princípio da liberdade individual que reconhece ao indivíduo a faculdade de exercer livremente todos os direitos que a lei lhe assegura; e de outro lado os que "colocam o interesse geral do grupo social acima dos interesses individuais, procurando limitar os direitos do indivíduo por seus deveres, como sustentam Josserand e Duguit"[33].

O problema ligado ao limite do exercício do direito além do qual poderá ser abusivo constitui, portanto, a essência da teoria do abuso de direito. Colocou-o muito bem Eugène Gaudemet quando sustenta que os direitos existem em razão de uma certa finalidade social e devem ser exercidos na conformidade deste objetivo. Todo direito se faz acompanhar de um dever, que é o de se exercer perseguindo a harmonia das atividades. "A contravenção a este dever constitui abuso do direito"[34].

Na noção fundamental de direito subjetivo insere-se a ideia de que se constitui para proporcionar benefícios, vantagens ou utilidades ao seu titular, seja na concepção de que é um interesse juridicamente protegido (Von

---

[32] De Page. *Traité élémentaire*. Bruxelles: E. Bruylant, 1974. v. 1, n. 111/112.
[33] Cf. Mazeaud e Mazeaud. *Responsabilité civile*. Paris: Montchrestien, 1955. v. 1, n. 553.
[34] Eugène Gaudemet. *Théorie générale des obligations*. Paris: Librairie du Recueil Sirey, 1937. p. 318.

Jhering), ou é um poder de vontade para satisfação de interesses humanos em conformidade com a ordem jurídica (Ruggiero e Maroi), ou ainda um poder de ação assegurado pela ordem jurídica (Windscheid). A ideia de direito é associada a uma faculdade assegurada ao titular, mas condicionada à sua percussão na órbita jurídica alheia[35].

207. Na expressão dos irmãos Mazeaud a caracterização da figura do abuso de direito toma forma quando o autor do dano exerceu um direito definido, mas além dos limites das prerrogativas que lhe são conferidas. Quando alguém se contenta em exercer estas prerrogativas estará usando o seu direito. Comete abuso quando as excede. Exemplificam: o proprietário tem direito de levantarem seu terreno um tapume, mas se o eleva de maneira a causar sombra na casa de seu vizinho; ou se um demandista, usando de todos os recursos, retarda o encerramento de um processo – consideram que, não obstante exerçam um direito, fazem-no de forma a causar dano a outrem, e cometem abuso de direito, pelo qual serão obrigados a reparar o dano[36]. Igualmente, lembra o exemplo, tirado da jurisprudência, de um proprietário que ergueu em seu terreno postes de grande altura, terminados por ponteiras de metal, impedindo que o vizinho usasse o seu imóvel para aterragem de balões[37].

Com efeito, em grande número de vezes, o uso normal de um direito causa incômodos ou contraria interesses alheios: quando o locador pede ao locatário que lhe restitua o imóvel alugado, cria-lhe o incômodo de obrigá-lo a procurar outra moradia; quando o credor leva a protesto um título cambial, impõe ao devedor uma situação de constrangimento. Em qualquer desses casos, como na enorme variedade dos que a vida quotidiana conhece, o exercício do direito, posto que imponha a outrem um desconforto, não pode ser considerado abusivo, porque o sujeito o exerce nos limites de suas prerrogativas. Se, contudo, o pedido do imóvel ou o protesto do título vêm animados do propósito maléfico de privar o locatário de moradia, ou de desacreditar o devedor, o exercício do direito, aparentemente normal, é abusivo. Em minha atividade profissional deparei-me com uma situação desta ordem: uma pessoa tem o direito de requerer a falência de um seu devedor comerciante, e se o faz está simplesmente "usando o seu direito". Mas se o credor (como no caso concreto ocorria) promoveu reiterados pedidos de falência, comete abuso de direito, como sustentei em defesa perante o Tribunal de Minas Gerais, escrevendo que o seu procedimento revelava manifesto propósito de prejudicar o devedor e abalar o crédito deste, levando-o à ruína (meu *Parecer*. In: *Revista Forense*, v. 159, p. 106).

---

[35] Cf. Caio Mário da Silva Pereira. *Instituições de Direito Civil*. Cit. v. 1, n. 5.
[36] Mazeaud e Mazeaud. *Responsabilité civile*. Cit. v. 1, n. 550.
[37] Mazeaud e Mazeaud. *Responsabilité civile*. Cit. v. 1, n. 111.

São numerosas as hipóteses lembradas em doutrina: o uso da propriedade no propósito exclusivo de prejudicar o vizinho; ou o demandista cuja ação na Justiça é animada de má-fé ou erro grosseiro[38].

Como norma de convivência social, a ordem jurídica assegura ao indivíduo exercer o seu direito subjetivo sem que o seu exercício possa causar a alguém um mal desnecessário. O problema existe quando se procura estabelecer o limite da regularidade, ou a linha demarcatória entre o *uso do direito e o abuso do direito*.

Os tribunais franceses foram os que melhor trataram o assunto. A título de exemplo Henri Capitant registra decisões da Corte de Cassação, nas quais sobressai a ideia de abuso, quando o titular ultrapassa as obrigações ordinárias de vizinhança, ou a utilização, por um médico, de aparelhos de radiotermia que emitia ondas prejudiciais à atividade de um vizinho, comerciante de aparelhos de rádio[39].

Da jurisprudência passou-se à doutrina. No primeiro plano Josserand, em obra que se tornou clássica sobre o espírito das leis e sua relatividade define o abuso de direito como procedimento culposo. Para ele,

> *os direitos se realizam, não em uma direção qualquer, mas em uma ambiência social, em função de sua missão e na conformidade destes princípios que são, como se disse, subjacentes à legalidade, e constituem, em seu conjunto, um direito natural de conteúdo variável e como uma superlegalidade.*

Fixando a finalidade da teoria do abuso de direito, acrescenta: "É a teoria do abuso de direito que o mantém em seu caminho, e o impede de se afastar dele, conduzindo-o assim num impulso seguro até a finalidade a atingir"[40].

Admitindo a teoria do abuso de direito, Georges Ripert discorda da fundamentação de Josserand, porque não aceita a ideia do "direito-função", a que opõe o conceito de "direito-poder". Colocando a questão em termos de observância da regra moral, e depois de se estender sobre os diversos aspectos do exercício dos direitos, e de proclamar que a moral exige algo mais do que a ação inutilmente prejudicial, acrescenta Ripert, não basta alegar que agiu sem dolo; é preciso demonstrar que procedeu para fins legítimos[41].

208. Num terceiro plano, é de se estabelecer que o exercício abusivo do direito situa-se no fato de seu titular pretender extrair dele faculdades ou vantagens que

---

[38] Philippe Malaurie e Laurent Aynès. *Droit Civil*: les obligations. Cit. n. 56, p. 54.
[39] Henri Capitant. *Les grands arrêts de la jurisprudence civile*. Paris: Librairie Dalloz, 1970. pp. 323-327.
[40] Louis Josserand. *De l'esprit des droits et de leur rélativité*. Paris: Dalloz, 1939. p. 415.
[41] Georges Ripert. *La règle morale dans les obligations civiles*. Paris: Librairie Générale de Droit et de Jurisprudence, 1949. n. 103.

importem em malefício para outrem. É a ideia que com maior vigor predomina, e que se pode designar como doutrina subjetivista, porque considera a intenção do titular. Para esta doutrina, se uma pessoa entrou no exercício normal e habitual de seu direito, pode-se acobertar com o adágio *neminem laedit qui suo iure utitur* (já acima examinado). Mas se este uso vem inspirado no desejo de prejudicar, a intenção altera o caráter do ato, e transforma o uso em abuso do direito[42]. Este é o conceito de Carbonnier, quando diz que existe abuso de direito "quando o titular o exerce com a finalidade única de prejudicar outrem, sem interesse sério para si mesmo"[43]. Nesta mesma concepção inscrevem-se Alex Weill e François Terré, quando atestam que "a jurisprudência subordina a condenação por abuso de direito à existência de uma intenção de prejudicar ou à má-fé patente"[44].

Afastando-se desta concepção subjetivista ou da intenção, vem a tese segundo a qual o abuso pode caracterizar-se, ainda, na ausência desse propósito de malfazer, porém quando age sem um real interesse[45]. Não difere desta posição Lalou, quando afirma que pode haver abuso de direito em duas hipóteses: 1°) exercício de um direito unicamente para prejudicar a outrem ou sem motivo legítimo; e 2°) exercício de um direito de maneira incorreta ou infundada independentemente da intenção de prejudicar[46].

A terceira questão, tal como acima enunciada, provém de sua caracterização como instituto autônomo.

Em sua maioria, os autores situam a teoria do abuso de direito no campo da responsabilidade civil por ato ilícito, atentando em que na noção fundamental deste reside o procedimento contrário ao direito. Argumenta-se, então, que o titular de um direito subjetivo deve conduzir-se no seu exercício até o ponto em que não o transforme em causa de prejuízo a outrem, desnecessário à sua utilização, ou ultrapassando os seus limites regulares. Para que, então, se repute abusivo o exercício de um direito, é necessário aditar-lhe um outro fator que possa descaracterizá-lo como uso normal ou regular. Nos exemplos por mim figurados e nos demais retirados pelos autores alheios e nossos, a conduta do titular do direito descamba para a ilegitimidade e insere o abuso de direito no campo do ilícito.

---

[42] Saleilles. De l'abus de droit. In : *Bulletin de la Societé d'Études Législatives,* 1905. pp. 339 e segs.
[43] Carbonnier. *Droit Civil*: les obligations. Paris: Presses Universitaires France, 1979. § 96, p. 337.
[44] Alex Weill e François Terré. *DroitCivil*: les obligations. Cit. n. 642, p. 654.
[45] Cf. Josserand. *De l'esprit des droits et de leur rélativité*. Cit. n. 287 e segs.; Planiol e Ripert. *Traité pratique de Droit Civil*. Cit. v. 6, n. 575.
[46] Lalou. *Traité pratique de la responsabilité civile*. Paris: Dalloz, 1955. n. 877.

Independentemente deste fator, é comum situar a teoria do abuso de direito no campo do ato ilícito, pela similitude de efeitos, e, não encontrando outra localização adequada, procura-se partir de que, se o abuso de direito gera para o agente o dever de reparar o dano, da mesma forma que o ato ilícito, a aproximação dos efeitos leva a justificar a classificação de um dentro na doutrina legal do outro. É neste sentido que Marty e Raynaud definem o abuso de direito como "culpa no uso do direito"[47]. Assumindo uma posição mais pragmática, Mazeaud e Mazeaud sustentam que, se os tribunais são chamados a enfrentar a questão do abuso de direito, não se lhes pede que apreciem a finalidade social deste, mas "somente examinem se uma pessoa sensata teria demonstrado maior prudência no exercício de seus direitos". Em sua aplicação jurisprudencial, e dispensada a pesquisa da intenção má, "para os arestos a culpa quase delitual, imprudência ou negligência, cometida no exercício do direito, empenha a responsabilidade do agente"[48].

A tendência que se observa, contudo, é no sentido de que, à medida que os sistemas jurídicos vão marchando no rumo de determinar um fundamento legal para a responsabilidade civil pelo exercício abusivo do direito, vai-se esboçando esta teoria com os lineamentos de um instituto autônomo.

209. No Direito brasileiro, o movimento inicia-se com o art. 160, I, do Código Civil de 1916 (que Aguiar Dias considera ter sido melhorado pelo Código Civil), recebendo uma interpretação construtiva, a saber: se se estabelece que não constitui ato ilícito o praticado no exercício regular de um direito reconhecido, é de se entender, a *contrario sensu*, que o exercício anormal dele é ilícito, e, em consequência, constitui abuso de direito[49]. Já o art. 3º do Código de Processo Civil de 1939 configurava a repressão ao abuso de direito no exercício da demanda, punindo com perdas e danos a parte que procedesse em juízo, como autor, por espírito de emulação, mero capricho ou erro grosseiro; e, como réu, opusesse injustificada resistência ao andamento do processo, como decidiu o Tribunal de Justiça do Rio de Janeiro, impondo condenação a indenizar por abuso de direito ao subinquilino de imóvel que retardou injustificadamente a execução de despejo[50]. O mesmo propósito repressivo subsiste no Código de Processo Civil de 1973, art. 16 (correspondente ao art. 79 do CPC/2015), impondo ao *improbus litigator* a responsabilidade por perdas e danos, e definindo

---

[47] Marty e Raynaud. *Droit Civil:* les obligations. Cit. n. 417-*bis*, p. 415.
[48] Mazeaud e Mazeaud. *Responsabilité civile*. Cit. v. I, n. 522.
[49] Cf. Clóvis Beviláqua. *Comentários ao Código Civil*. Rio de Janeiro: Francisco Alves, 1944-60. No respectivo *Comentário*.
[50] Cf. Martinho Garcez Neto. *Prática da responsabilidade civil*. São Paulo: Saraiva, 1989. p. 238, verb. n. 6.

no art. 17 (reproduzido no art. 80 do CPC/2015) a conduta que qualifica como "litigante de má-fé". Igualmente a Lei de Falências (parágrafo único do art. 20 do Decreto-Lei n. 7.661, de 21 de junho de 1945, reproduzido parcialmente no § 2º do art. 101 da Lei n. 11.101/2005) erige o pedido abusivo de falência em ato que gera indenização.

No direito estrangeiro, ocupa lugar de destaque o art. 226 do BGB, ao vedar o exercício de um direito quando tenha por finalidade causar dano a outrem. O Código Civil suíço estabelece no art. 2º o dever de exercer os direitos e executar as obrigações segundo as regras da boa-fé, acrescentando que "o abuso manifesto de um direito não é protegido pela lei". O Código Civil soviético assegura a proteção dos direitos, salvo na medida em que sejam exercidos em sentido contrário à sua destinação econômica e social (art. 5º), o que levou Josserand a ver aí a consagração da teoria do abuso de direito[51], embora René David haja observado que o conceito, no Direito soviético, reprime o abuso no sentido econômico, diversamente do que se dá com o Código suíço, que cogita do aspecto moral[52]. O Código Civil português (art. 334) dispõe que é ilegítimo o exercício de um direito, quando o titular excede manifestamente os limites impostos pela boa-fé, pelos bons costumes ou pelo fim social ou econômico desse direito. O Código Civil da Tchecoslováquia consagra-o nos arts. 6º e 7º.

Ao elaborar o Projeto de Código de Obrigações de 1965, fiz consignar nele a teoria do abuso de direito, estabelecendo a obrigação de reparar o dano causado por aquele que abusar de seu direito (art. 857).

O Código Civil (art. 187) declara que "também comete ato ilícito o titular de um direito que, ao exercê-lo, excede manifestamente os limites impostos pelo seu fim econômico e social, pela boa fé ou pelos bons costumes", consagrando a teoria do abuso de direito em termos que se aproximam do Código Civil português.

Vê-se, pois, que em direito positivo, nosso e alheio, ingressou a teoria do abuso de direito, autorizando proclamar que assumirá a categoria de um instituto autônomo.

Não obstante o art. 187 do Código Civil equiparar o abuso do direito a ato ilícito, considera-se que o legislador tenha se referido à ilicitude em sentido lato, a significar ato contrário ao direito. Em outros termos, atribui-se à categoria papel autônomo na ciência jurídica, desvinculado da noção de ato ilícito (*scricto sensu*) prevista no artigo 186[53].

---

[51] Josserand. *Cours de Droit Civil positif français*. Cit. v. 11, n. 437.
[52] René David e John N. Hazard. *Le Droit soviétique*. Paris: Librairie Générale de Droit et de Jurisprudence, 1954. v. 1, p. 133.
[53] A respeito da autonomia do abuso do direito, confira-se: Fernando Augusto Cunha de Sá. *Abuso do Direito*. Lisboa: Petrony, 1973. p. 121. Sobre o conteúdo do art. 187 do Código Civil, v. Rosalice

O que ainda predomina, na atualidade de seus elementos etiológicos, é o caráter subjetivo de sua apuração. O que, na maioria dos autores e dos arestos, sobreleva, é a determinação do *animus* do titular, ou seja, o exercício do direito com o propósito de causar dano a outrem. Com o tempo, entretanto, e num segundo estágio, bastará verificar se o agente procedeu com a consciência do mal causado.

Num estágio final, é de se prever que, estruturada a teoria do abuso de direito como instituto autônomo, marchar-se-á para o critério de apuração objetiva. Responderá por perdas e danos o titular do direito que o exercer além dos limites da normalidade ou regularidade, causando dano a outrem, independentemente de penetrar no psiquismo do sujeito, e indagar de seu propósito ou de sua consciência do dano causado. Bastará, então, verificar se o titular do direito o exerceu excedendo os limites impostos pela destinação econômica ou social dele. Com esta conotação, Philippe Le Tourneau sustenta que o abuso de direito não impõe uma falta intencional; bastaria "o exercício anormal de um direito, em condições diferentes daquelas com que se conformam os indivíduos prudentes e diligentes"[54].

Diante da atual configuração do abuso do direito no ordenamento brasileiro, compreende-se que "a aferição de abusividade no exercício de um direito deve ser exclusivamente objetiva, ou seja, deve depender tão somente da verificação de desconformidade concreta entre o exercício da situação jurídica e os valores tutelados pelo ordenamento civil-constitucional"[55].

A teoria do abuso de direito expande-se, quando se considera a sua incidência no *domínio contratual*. Tal ocorre no caso de um contratante exercer abusivamente o direito oriundo de um contrato, equiparando-se a sua conduta às espécies de responsabilidade delitual. Geneviève Viney, que o menciona, reporta-se à decisão da Corte de Cassação num caso em que um segurador exerce o direito de opor uma perempção ao segurado. Lembra, ainda, o abuso

---

Fidalgo Pinheiro. *O abuso do Direito e as relações contratuais*. Rio de Janeiro: Renovar, 2002. *passim*; e, ainda, Heloísa Carpena. O abuso de direito no Código Civil de 2002. In: Gustavo Tepedino (org.). *A parte geral do Novo Código Civil*: estudos na perspectiva civil-constitucional. 3. ed. Rio de Janeiro: Renovar, 2007. p. 415. V., ainda, Eduardo Nunes de Souza. Abuso do direito: novas perspectivas entre a licitude e o merecimento de tutela. In: *Revista Trimestral de Direito Civil*, 2012. v. 50, pp. 35-91, em que o autor analisa, ao lado da ilicitude e da abusividade, o controle de merecimento de tutela das situações jurídicas, como categoria autônoma destinada a verificar, por viés positivo, mediante a técnica da ponderação, a promoção direta de valores consagrados na tábua axiológica constitucional.

54 Philippe Le Tourneau. *La responsabilité civile*. Cit. n. 1.031.
55 Gustavo Tepedino, Heloísa Helena Barboza, Maria Celina Bodin de Moraes et al. *Código Civil interpretado conforme a Constituição da República*. Cit. p. 346.

ao romper um contrato, quando a faculdade de o fazer não encontra suporte no contrato, porém na lei[56-57].

Georges Durry, aponta alguns arestos em que a responsabilidade contratual é tratada como delitual, tendo em vista o comportamento do contratante como resistência abusiva ao cumprimento de obrigação contratual[58]. Hubert de Mussué examina à vista de decisão da Câmara Social da Corte de Cassação a atitude de empresa que, em face de relação contratual, causa dano ao contratante, submetida ao art. 1.382 do Código Civil, que define a responsabilidade delitual e quase delitual[59]. Demogue, depois de se estender sobre o abuso de direito em matéria extracontratual, depõe que a jurisprudência a consagra em matéria contratual a propósito da formação, da execução e do rompimento dos contratos[60]. Lembra-se, como exemplo, o mandante que revoga o mandato intempestivamente e sem motivo sério[61].

---

[56] Genéviéve Viney. *Droit Civil* a cargo de René Ghestin. *Les obligations, la responsabilité*. Cit. n. 195, p. 228.
[57] No mesmo sentido Philippe Le Tourneau. *La responsabilité civile*. Cit. n. 1.033.
[58] Georges Durry. Obligations spéciales. In: *Revue Trimestrielle de Droit Civil*. Paris: Dalloz, 1976. p. 781
[59] Hubert de Mussué. Responsabilité contractuelle et responsabilité delictuelle, sous la notion de l'abus du Droit. In: *Revue Trimestrielle de Droit Civil*. Paris: Dalloz, 1948. pp. 27 e segs.
[60] Demogue. *Traité des obligations em général*. Cit. v. 4, n. 636.
[61] Malaurie e Aynès. *Droit Civil*: les obligations. Cit. n. 56.

Capítulo XVIII
Responsabilidade Objetiva

Sumário

Invocação da culpa contratual. Adelgaçamento do conceito de culpa. Teoria do risco. Os extremos da responsabilidade na doutrina objetiva. Convivência da teoria da culpa com a do risco, em termos gerais e no Direito brasileiro.

Bibliografia

Aguiar Dias. *Da responsabilidade civil*. Rio de Janeiro: Forense, 1994. v. 1; Alvino Lima. *Culpa e risco*. São Paulo: Revista dos Tribunais, 1963; Antônio Chaves. *Tratado de Direito Civil*. São Paulo: Revista dos Tribunais, 1985. v. 3; Aubry et Rau. *Cours de Droit Civil français*. Paris: Marchal et Billard, 1897-1922. v. 6; Baudry-Lacantiérie. *Précis de Droit Civil*. Paris: Sirey, 1908. v. 2; Agostinho Alvim. *Da inexecução das obrigações*. São Paulo: Saraiva, 1980; Clóvis Beviláqua. *Comentários ao Código Civil*. Rio de Janeiro: Francisco Alves, 1944-60; Colin e Capitant. *Cours de Droit Civil*. Paris: Librairie Dalloz, 1945. v. 2; De Page. *Traité*. Bruxelles: E. Bruylant, 1974. v. 2; Demogue. *Obligations*. Paris: Rousseau, 1923-33. v. 5, n. 826; Domat. *Les lois civiles dans leur ordre naturel*. Paris: Sirey, 1766; Eugene Gaudemet. *Théorie générale des obligations*. Paris: Librairie du Recueil Sirey, 1937; Gaston Morin. *La revolte dudroit contre le Code*. Paris: Sirey, 1945; Georges Ripert. *Le régime démocratique et le Droit Civil moderne*. Paris: Pichon, 1948; Gustavo Tepedino, Aline de Miranda Valverde Terra e Gisela Sampaio. *Fundamentos do Direito Civil*. 2. ed. Rio de Janeiro: Forense, 2021. v. 4; Gustavo Tepedino. A evolução da responsabilidade civil no Direito brasileiro e suas controvérsias na atividade estatal. *Temas de Direito Civil*. 4. ed. Rio de Janeiro: Renovar, 2008; Gustavo Tepedino, Maria Celina Bodin de Moraes, Heloísa Helena Barboza et al. (coord.). *Código Civil interpretado conforme a Constituição da República*. Rio de Janeiro: Renovar, 2006. v. 2; Jean Carbonnier. *Droit Civil, les obligations*. Paris: Presses Universitaires France, 1979; Josserand. *Cours de Droit Civil positif français*.

Paris: Recueil Sirey, 1932. v. 2; Lalou. *Traité pratique de responsabilité civile*. Paris: Dalloz, 1955; Maria Celina Bodin de Moraes. Risco, solidariedade e responsabilidade objetiva. *Revista dos Tribunais*, vol. 854, 2006, pp. 11-37; **Mazeaud e Mazeaud.** *Responsabilité civile*. Paris: Montchrestien, 1955. v. 1; Paul Esmein. La faute et sa place dans la responsabilité civile. In: *Revue Trimestrielle de Droit Civil*. Paris: Dalloz, 1949; Philippe Malaurie e Laurent Aynès. *Cours de Droit Civil, les obligations*. Paris: Cujas, 1990; Pierre Dominique Ollier. *La responsabilité civile des pères et mères*. Paris: Librairie Générale de Droit et de Jurisprudence, 1961; Planiol, Ripert e Boulanger. *Traité*. Paris: R. Pichon Et R. Durnad--Auzias, 1946. v. 2; Planiol. *Traité élémentaire de Droit Civil*. Paris: R. Pichon Et R. Durnad--Auzias, 1946. t. II; René Savatier. *Traité de la responsabilité civile*. Paris: Librairie Générale de Droit et de Jurisprudence, 1939; Ripert. *La règle morale dans les obligations civiles*. Paris: Librairie Générale de Droit et de Jurisprudence, 1949; Silvio Rodrigues. *Direito Civil*. São Paulo: Saraiva, 1984. v. 4; Washington de Barros Monteiro. *Curso de Direito Civil*. São Paulo: Saraiva, 1952-76. v. 5; Wilson Melo da Silva. *Responsabilidade sem culpa*. Belo Horizonte: Bernardo Alvares, 1962.

210. Tal como desenvolvido no Capítulo II, *supra*, o princípio da responsabilidade civil fundou-se, de início, essencialmente na *doutrina da culpa*. Seus elementos foram devidamente estudados nos Capítulos seguintes.

Reconhecendo a penetração da *doutrina objetiva* em nosso direito positivo, e a tendência à sua aceitação pela legislação extravagante, e no Projeto de Código de Obrigações de 1965, bem como no Código Civil, cabe agora determinar a sua caracterização e os seus extremos.

No propósito pedagógico de bem situar a questão, é de bom alvitre resumir o surgimento e enunciar a preceituação em que se funda a doutrina do risco em nosso direito.

211. Glosadores e pós-glosadores, como os grandes romanistas da Idade Média e da Renascença passaram sobre os textos originais, sem que se enunciasse um conceito preciso de culpa, como fundamento da responsabilidade civil. Somente na Idade Moderna do Direito, com Domat e Pothier, ficou assentada a regra geral que impõe ao culpado indenizar a vítima[1].

Foi em verdade o Código Napoleão, cuja parte das Obrigações costuma-se dizer que é Pothier enunciado em forma de preceitos, que estabeleceu no art. 1.382 o alicerce de toda a teoria da responsabilidade civil assentada na regra segundo a qual o fato humano culposo sujeita o agente a reparar o dano. Posto que já referida, convém reproduzi-la aqui: "*Tout fait quelconque de l'homme qui cause à autrui un dommage oblige celui, par la faute de qui il est arrivé, à le réparer*".

"Nenhuma hesitação", diz Philippe Le Tourneau, "é permitida ao intérprete do Código: não há responsabilidade sem culpa provada ou legalmente presumida, tal é o princípio"[2].

Esta concepção da responsabilidade civil, decorrente de procedimento culposo, expandiu-se pela generalidade dos sistemas jurídicos ocidentais no século passado e neste século.

Referindo-me ao Direito brasileiro, repito a disposição do art. 159 do Código Civil de 1916: "*Aquele que, por ação ou omissão voluntária, negligência ou imprudência violar direito, ou causar prejuízo a outrem, fica obrigado a reparar o dano.*

A verificação da culpa e a avaliação da responsabilidade regulam-se pelo disposto neste Código, arts. 1.521 a 1.532 e 1.542 a 1.553*"*.

O Projeto de Código de Obrigações de 1965 e o Código Civil reproduziram o mesmo conceito, *mutatis mutandis*, nos arts. 854 e 186, respectivamente.

---

[1] Domat. *Les lois civiles dans leur ordre naturel*. Paris: Sirey, 1766. liv. II, tít. VIII, sect. IV, p. 153.

[2] Philippe Malaurie e Laurent Aynès. *Cours de Droit Civil, les obligations*. Paris: Cujas, 1990. n. 1, p. 2.

O sistema atual abrigou, ao lado da cláusula geral de responsabilidade subjetiva, prevista no art. 186, reproduzida no *caput* do art. 927, a cláusula geral de responsabilidade objetiva, nos termos do parágrafo único do art. 927. Dessa forma, estabeleceu-se sistema dualista de responsabilidade civil, a invocar as teorias subjetiva, ou da culpa, e objetiva, ou do risco, de acordo com a presença de seus respectivos pressupostos de incidência[3].

212. O surgimento da responsabilidade objetiva ficou esclarecido em o Capítulo II, com referência aos grandes civilistas que desde o final do século XIX e os albores deste século delinearam com precisão os seus contornos.

A insatisfação com a teoria subjetiva tornou-se cada vez maior, e evidenciou-se a sua incompatibilidade com o impulso desenvolvimentista de nosso tempo. A multiplicação das oportunidades e das causas de danos evidenciaram que a responsabilidade subjetiva mostrou-se inadequada para cobrir todos os casos de reparação. Esta, com efeito, dentro na doutrina da culpa, resulta da vulneração de norma preexistente, e comprovação de nexo causal entre o dano e a antijuridicidade da conduta do agente. Verificou-se, como já ficou esclarecido, que nem sempre o lesado consegue provar estes elementos. Especialmente a desigualdade econômica, a capacidade organizacional da empresa, as cautelas do juiz na aferição dos meios de prova trazidos ao processo nem sempre logram convencer da existência da culpa, e em consequência a vítima remanesce não indenizada, posto se admita que foi efetivamente lesada.

Impressionados com esta situação, juristas da maior envergadura se rebelaram contra os termos restritivos do art. 1.382 do Código Napoleão (Gaston Morin, Saleilles, Josserand, Georges Ripert), e por via de processo hermenêutico entraram a buscar técnicas hábeis a desempenhar mais ampla cobertura para a reparação do dano. E assim veio a nascer a doutrina objetiva, cujo surgimento foi historiado no Capítulo II. Essas circunstâncias que revelaram a insuficiência da teoria da culpa são referidas por todos os autores, como Agostinho Alvim menciona[4].

Não se pode, porém, proclamar que sua penetração e aceitação se fizeram em um só momento e de uma só maneira, como se fosse nova Minerva que já nasceu armada da cabeça de Júpiter. Nem se dirá que seguiu rota uniforme ou gradativa

---

[3] Acerca do atual papel do risco na responsabilidade objetiva, v. Anderson Schreiber. *Novos paradigmas da responsabilidade civil*: da erosão dos filtros de reparação à diluição dos danos. São Paulo: Atlas, 2011. *passim.*

[4] Agostinho Alvim. *Da inexecução das obrigações*. São Paulo: Saraiva, 1980. n. 196, p. 293; Antônio Chaves. *Tratado de Direito Civil*. São Paulo: Revista dos Tribunais, 1985. v. 3, n. 67; Wilson Melo da Silva. *Responsabilidade sem culpa*. Belo Horizonte: Bernardo Alvares, 1962. n. 9 e segs.

até atingir o estado atual. Obedeceu à linha evolutiva dos acontecimentos naturais, que segundo a velha parêmia enuncia que *natura non facit saltus*.

No enunciado destas etapas evolutivas não se pode estabelecer rigorosa ordem cronológica, senão apresentar os aspectos mais marcantes, que no seu conjunto ou na sua ordem sequencial, chegaram a culminar no conceito atual. Nem se pode afirmar seja este o marco derradeiro ou definitivo. Ao revés, sendo o princípio da responsabilidade a província civilista que maior desenvolvimento vem encontrando em nosso e alheio direito, é de se supor que mais amplos horizontes encontrará pela frente, a serem percorridos em tempo mais ou menos próximo.

Uma situação de contraste já foi muito bem assinalada, e não há mal que se repise, pois como apregoava Afrânio Peixoto, "a repetição é uma força". Por um lado, o aumento populacional, o crescimento dos eventos danosos, a multiplicação dos acidentes, o número crescente de ações indenizatórias em que a vítima, sem deixar de ser vítima, sucumbe à míngua de elementos probatórios. Por outro lado, a rigidez e relativa imobilidade do direito positivo levantando obstáculos à realização da justiça ideal e provocando o desequilíbrio. Tudo isto tem levado a jurisprudência e a doutrina a suprimir, ou ao menos atenuar este desequilíbrio que é uma realidade flagrante, que somente a espaços e com certa timidez é enfrentado pelo legislador.

Face a essas características, De Page assinala a tendência moderna ao "alargamento da responsabilidade", no problema da repartição das perdas no sentido de um aumento de situação do autor do dano. Em consequência, eclodiram "processos étnicos" a que os modernos vêm recorrendo para combater o imobilismo dos Códigos[5].

212-A. Um desses meios técnicos, ou um dos aspectos que se identifica como representativos da marcha no sentido da doutrina objetiva, é a teoria da "culpa presumida". Tratava-se de uma espécie de solução transacional ou escala intermédia, em que se considerava não perder a culpa a condição de suporte da responsabilidade civil, embora aí já se deparassem indícios de sua degradação como elemento etiológico fundamental da reparação, e aflorassem fatores de consideração da vítima como centro da estrutura ressarcitória, para atentar diretamente para as condições do lesado e a necessidade de ser indenizado.

A jurisprudência e a doutrina em França estabeleceram seus sólidos fundamentos, na interpretação das disposições do velho Código Civil de 1804, em referência à responsabilidade por fato de outrem. Em face do que estatui o art. 1.384, § 2º, novas conotações desenvolveram-se no contexto da responsabilidade dos pais pelos danos causados pelo filho. Os redatores do Código, dizem os

---

[5] De Page. *Traité*. Bruxelles: E. Bruylant, 1974. v. 2, n. 931.

Mazeaud, quiseram facilitar a ação da vítima. Em princípio, argumentam eles, a vítima, para obter a reparação, deveria provar a ocorrência da culpa na conduta do filho. Mas o art. 1.384, § 2º, inverte o ônus da prova, dispensando o lesado de demonstrar a culpa dos genitores. "Uma presunção de responsabilidade é estabelecida pela lei; compete aos pais fazê-la cair". Com fundamento no § 5º, os pais serão responsáveis, salvo se provarem que "não puderam impedir o fato que dá lugar a esta responsabilidade".

Na determinação de como se compreendia esta presunção, desdobrou-se o seu alcance: se era necessário provar que os pais deram ao filho educação conveniente, e se mantiveram condições de vigilância hábeis a conter o procedimento do filho. Contra a opinião de Demogue[6], para quem a presunção não se estendia à deficiência na educação, os Mazeaud entendiam que para elidir a *praesumptio* de culpa dos pais, deveriam estes "não somente exercer vigilância sobre o filho, mas ainda provar que lhes deram uma boa educação porque, se não o fizeram, permitiram a ocorrência do dano[7]. Para escaparem à responsabilidade deveriam os pais produzir a prova contrária. E, não sendo *iuris et de iure* a presunção, "a prova contrária era possível". Fundados na jurisprudência esclareciam que a responsabilidade estabelecida no art. 1.382, § 2º, era "baseada nos deveres que decorrem do pátrio poder". Não seria necessário, portanto, que "provem força maior, a impossibilidade de prever o dano e de o impedir". Bastaria a demonstração de que não incorreram em falta de vigilância ou falharam na educação devida ao filho[8].

Sem abandonar a teoria da culpa, mas por um subterfúgio conseguido por via de interpretação, atingiu-se um efeito que seria próprio da teoria objetiva: a responsabilidade dos pais pelos danos causados pelo filho sem a comprovação da culpa daqueles. O que predominava era a prova do fato danoso, fluindo o dever ressarcitório da "presunção de culpa", que somente poderia ser elidida mediante a prova contrária.

O problema, embora posto em termos abstratos, não era tão simples quando transposto para o terreno prático. Como desenvolvia Pierre Dominique Ollier, a ideia de culpa presumida dos pais era insuficiente para solucionar todos os casos. Seria, então, preciso procurar em que medida ela se impõe indiscutivelmente. Haveria que indagar em que condições sua condenação poderia ser considerada como a consequência de uma culpa presumida[9].

---

[6] Demogue. *Obligations*. Paris: Rousseau, 1923-33. v. 5, n. 826.
[7] Mazeaud e Mazeaud. *Responsabilité civile*. Paris: Montchrestien, 1955. v. 1, n. 767.
[8] Mazeaud e Mazeaud. *Responsabilité civile*. Cit. v. 1, n. 772.
[9] Pierre Dominique Ollier. *La responsabilité civile des pères et mères*. Paris: Librairie Générale de Droit et de Jurisprudence, 1961. n. 199, p. 189.

No desenvolvimento do tema, lembrava o autor que a responsabilidade dos pais pelos danos causados pelos filhos que se encontram *in potestate* coincidiria com as falhas ocorridas no pátrio poder em dois pontos: falta de vigilância e má-educação. No encadeamento dos acontecimentos que ligam o dano à atitude dos pais, a falta de vigilância apareceria como causa imediata, ao passo que a causalidade entre a culpa do menor e sua educação seria frequentemente mais problemática (p. 198). O defeito na vigilância poderia ser detectado em cada um dos atos sucessivos do filho. O mesmo não ocorreria, entretanto, nas falhas da educação. Ela se refletiria no comportamento do menor de maneira mais remota e indireta, porque atuaria de modo geral, mediante regras de conduta teórica ou princípios abstratos, sem relação concreta com determinada manifestação precisa de sua atividade (p. 200).

Daí a conclusão enunciada por Carbonnier: a vítima para invocar a responsabilidade dos pais não necessitaria de demonstrar a falta cometida na educação e na vigilância. Invocaria a presunção legal. Mas esta presunção não seria irrefragável; poderia ser ilidida com a demonstração de que não puderam impedir o fato danoso[10].

> No sistema atual, a discussão se encontra superada, pois o art. 1.384 do *Code* passou a ser interpretado como hipótese de responsabilidade objetiva. Nessa direção já se manifestou a *Cour de Cassassion*, ao afirmar que *"pour que la responsabilité de plein droit des père et mère exerçant l'autorité parentale sur un mineur habitant avec eux puisse être recherchée, il suffit que le dommage invoqué par la victime ait été directement causé par le fait, même non fautif, du mineur",* e *"que seule la cause étrangère ou la faute de la victime peut exonérer les père et mère de cette responsabilité"* (Cour de Cassassion, Arrêt n. 332, Deuxième chambre civile, du 17 février 2011 (10-30.439); v. também Arrêt n. 1988, Deuxième chambre civile, du 4 novembre 2010 (09-65.947)).

No Direito brasileiro, a presunção de culpa definidora da responsabilidade dos pais já foi examinada no Capítulo VII, *supra*, paralelamente à responsabilidade do empregador por ato do empregado, quando mostrei que a jurisprudência e a doutrina, contornando a disposição do art. 1.523 do Código Civil de 1916, assentavam o princípio da presunção de culpa, a qual foi em definitivo consagrada na Súmula da Jurisprudência do Supremo Tribunal Federal, verbete 341, *in verbis*: "É presumida a culpa do patrão ou comitente pelo ato culposo do empregado ou preposto."

Este conceito, estudado em sua extensão do Capítulo VII, *supra*, constituiu passo largo no rumo da aceitação da responsabilidade sem culpa. O Código Civil, em seu art. 933, estabeleceu a responsabilidade objetiva para disciplinar o dever de reparar dano por fato de outrem, aí incluindo tanto a responsabilidade do

---

[10] Jean Carbonnier. *Droit Civil, les obligations*. Paris: Presses Universitaires France, 1979. n. 99, p. 349.

patrão por ato do empregado ou preposto como o dever de reparar dos pais ou responsáveis por atos danosos praticados por filhos menores (cf. STJ, 3ª T., REsp 427.582/MS, Rel. Min. Castro Filho, julgado em 28.10.2004). Nessa direção, a Corte Superior tem perfilhado o entendimento de que o fato de o genitor não possuir a guarda do menor não o isenta de responsabilidade, sendo o poder familiar o fator determinante a ser investigado (cf. STJ, 3ª T., REsp 777.327/RS, Rel. Min. Massami Uyeda, julgado em 17.11.2009)[11].

Foi, portanto, o reconhecimento da *presunção de culpa* um dos instrumentos técnicos que se utilizaram para a extensão dela e para abertura de caminho para a aceitação da doutrina objetiva, apontada ao lado da teoria do abuso de direito e da culpa negativa[12].

A presunção de culpa podia variar de intensidade. Ou assumia as características de uma *praesumptio iuris et de iure*, quando a lei a estabelecia em termos peremptórios, fazendo crer que abraçava sem rebuços a doutrina objetiva, o que ocorria em alguns casos já examinados de responsabilidade pelo fato das coisas (v. *supra*, capítulo VIII); ora permanecia no campo da presunção *iuris tantum*, partindo da indicação de um responsável cuja culpa era presumida, porém admitindo que podia ele trazer elementos de prova convincentes de sua ausência de culpa[13].

Como visto aqui, na tese da *presunção de culpa* subsistia o conceito genérico de culpa como fundamento da responsabilidade civil. Onde se distanciava da concepção subjetiva tradicional é no que concerne ao *ônus da prova*. Dentro na teoria clássica da culpa, a vítima tem de demonstrar a existência dos elementos fundamentais de sua pretensão, sobressaindo o comportamento culposo do demandado. Ao se encaminhar para a especialização da culpa presumida, ocorria uma inversão do *onus probandi*. Em certas circunstâncias, presumia-se o comportamento culposo do causador do dano, cabendo-lhe demonstrar a ausência de culpa, para se eximir do dever de indenizar. Foi um modo de afirmar a responsabilidade civil, sem a necessidade de provar o lesado a conduta culposa do agente, mas sem repelir o pressuposto subjetivo da doutrina tradicional.

Em determinadas circunstâncias era a lei que enunciava a presunção. Em outras, era a elaboração jurisprudencial que, partindo de uma ideia tipicamente assentada na culpa, invertia a situação impondo o dever ressarcitório, a não ser que o acusado demonstrasse que o dano tinha sido causado pelo comportamento da própria vítima.

---

[11] Ao propósito, vale mencionar o posicionamento da Corte quanto à responsabilidade da avó com quem residia o menor, considerando haver, na hipótese, delegação de guarda (STJ, 4ª T., REsp 1.074.937/MA, Rel. Min. Luis Felipe Salomão, julgado em 01.10.2009).

[12] Alvino Lima. *Culpa e risco*. São Paulo: Revista dos Tribunais, 1963. n. 8, p. 43.

[13] Cf. De Page. *Traité*. Bruxelles: E. Bruylant, 1974. v. 2, n. 932-A.

213. Em face da dificuldade já proclamada que muitas vezes encontra a vítima para demonstrar a antijuridicidade da conduta do agente, encontrou foros de cidade entre os autores a *transmudação da responsabilidade aquiliana em contratual*. Imaginou-se, então, que em determinadas circunstâncias dá-se ênfase a uma situação em que ocorre um dano, que se enquadraria na culpa aquiliana, mas que se desfigura como tal e se apresenta como oriunda de um contrato, o que a faz incidir no conceito de culpa contratual. Substitui-se a responsabilidade aquiliana pela contratual, e, desta sorte, consegue-se dilargar a responsabilidade civil[14].

Em alguns casos, alicerça-se em texto de lei. Foi assim que nasceu a obrigação de indenizar a vítima de um acidente no trabalho, antes que este dever assumisse as veras de um instituto autônomo. Imaginou-se, diz De Page, que no contrato de trabalho ocorre a "obrigação de seguridade". Sobrevindo o acidente, o empregador tem o dever de indenizar, como efeito de uma obrigação contratual[15].

Com idêntico fundamento, imaginou-se que no transporte de pessoas está presente "uma obrigação de seguridade consentida pela parte devedora". Antes, diz Gaston Morin, o viajante, vítima de um acidente devia, para obter reparação, provar a culpa da companhia. Com o pressuposto de uma obrigação contratual de seguridade, a vítima é dispensada daquela prova, na consideração de que o acidente que a atingiu "constitui em si mesmo uma falta contratual geradora da responsabilidade civil do transportador, a não ser que demonstre que a inexecução do contrato provém de uma causa estranha a ele não imputável: caso fortuito, força maior, culpa da vítima"[16]. De início, acrescenta Morin, esta tese prevalecia no transporte marítimo, mas passou depois para o terrestre. Generalizou-se a ideia de que uma pessoa, ao ingressar em um veículo, adere a um contrato de transporte, celebrado com o proprietário ou a empresa proprietária do veículo. Ocorrendo um acidente, o prejudicado busca a reparação numa cláusula contratual (imaginária ou real) sob alegação de que o transportador se obrigara a conduzi-lo incólume até o ponto de destino[17].

214. Além da *culpa presumida* e da *conversão da culpa aquiliana em contratual*, De Page aponta ainda, como fator determinante da conquista de espaço pela teoria objetiva, sem que haja sido abandonada a doutrina subjetiva, o *adelgaçamento* da própria noção de culpa. Observa que os juízes aplicam com maior rigor o velho adágio *In lege Aquilia, et levissima culpa venit*. Desta sorte, entendem que "a mais mínima culpa é bastante para gerar a responsabilidade"[18]. Foi neste pressuposto que

---

14   Josserand. *Cours de Droit Civil positif français*. Paris: Recueil Sirey, 1932. v. 2, n. 486 e segs.
15   De Page. *Traité*. Cit. v. 2, n. 932-B.
16   Gaston Morin. *La révolte du Droit contre le Code*. Paris: Sirey, 1945. p. 62.
17   Silvio Rodrigues. *Direito Civil*. São Paulo: Saraiva, 1984. v. 4, n. 55.
18   De Page. *Traité*. Cit. v. 2.

se desenvolveu a culpa na guarda, a que já fiz referência nos Capítulos VIII e XVI, bem como a noção de culpa coletiva, da culpa desconhecida, da culpa anterior[19].

Dentro neste movimento, cada vez maior e mais absorvente, foi que se esboçou e tomou corpo a teoria da *responsabilidade sem culpa*. A jurisprudência, e com ela a doutrina, convenceu-se de que a responsabilidade civil fundada na culpa tradicional não satisfaz para a solução de numerosos casos. A exigência de provar a vítima o erro de conduta do agente deixa o lesado sem reparação, em grande número de casos. Com esta conotação, a responsabilidade, segundo a corrente objetivista, "deve surgir exclusivamente do fato"[20].

Com efeito, se no campo da responsabilidade contratual, é fácil determinar a infração do dever preexistente, como em o Capítulo XVII, *supra,* demonstrei, o mesmo não ocorre no da responsabilidade extracontratual. E o que assinala Agostinho Alvim, ao dizer da dificuldade de "sistematizar os deveres, cuja violação constitui o elemento objetivo da culpa"[21].

Daí entenderem os autores, dentre os quais o grande mestre Eugene Gaudemet, que ao conceito de culpa falta precisão, dada a dificuldade de arrolar as obrigações cuja violação dá ao fato o caráter de iliceidade. A culpa é insuficiente na prática, porque impõe à vítima provar a falta do agente.

Foram argumentos desta ordem que levaram certos autores a "modificar completamente o fundamento da responsabilidade"[22]. Indo mais longe, Gaudemet generaliza, a dizer que "toda manifestação de atividade implica um risco, expõe a lesar interesses". Desenvolvendo a ideia, propõe ele substituir a velha fórmula "cada um é responsável pelo dano causado por sua falta", por esta outra: "cada um deve suportar o risco do dano causado por um fato seu"[23].

Outros autores, opinadíssimos no Direito francês, Colin e Capitant, e de reconhecida autoridade entre nós, mostram que em doutrina tentou-se demonstrar que a interpretação do art. 1.382 do Código Napoleão não seria incompatível com a teoria objetiva, pois que este inciso alude a "qualquer fato humano" (*tout fait quelconque*), não aparecendo o vocábulo "culpa" (*faute*) no seu contexto. Embora não abracem a teoria do risco, são testemunho de como ela prosperou na interpretação de disposições do Código[24].

---

[19] Alvino Lima. *Culpa e risco*. Cit. pp. 47 e segs.
[20] Alvino Lima. *Culpa e risco*. Cit. p. 121.
[21] Alvino Lima. *Culpa e risco*. Cit. p. 294.
[22] Eugène Gaudemet. *Théorie générale des obligations*. Paris: Librairie du Recueil Sirey, 1937. p. 310.
[23] Eugène Gaudemet. *Théorie générale des obligations*. Cit. p. 311.
[24] Colin e Capitant. *Cours de Droit Civil*. Paris: Librairie Dalloz, 1945. v. 2, n. 183.

Desta sorte, e pouco a pouco, a responsabilidade civil marchou a passos largos para a doutrina objetiva, que encontra maior supedâneo na "doutrina do risco". A matéria é controvertida desde a origem, e ainda o é na atualidade.

De um lado os que mantinham estrita fidelidade à teoria da responsabilidade subjetiva, repelindo à *outrance* a doutrina do risco. Pela sua autoridade e pelo prestígio de sua obra, os irmãos Mazeaud podem ser apontados como os campeões na luta contra a doutrina do risco. No centro de sua crítica, figura o conceito de justiça social. A par de outros argumentos, sustentam que é falso considerar o indivíduo como um ser "abstrato e isolado". Se é certo que é finalidade do direito "regular as relações dos homens vivendo em sociedade e porque vivem em sociedade", certo é também que esta constatação não o reduz a consideração do interesse social exclusivamente. Pode-se concentrar sua argumentação em que a sociedade é um conjunto de seres vivos e a cada indivíduo é de ser assegurada a liberdade necessária ao desenvolvimento de sua atividade pessoal"[25]. Seguem em sua argumentação, tecendo longos comentários na defesa da subsistência da doutrina da culpa. Em seu libelo, invocam amiúde a lição de Henri Capitant, a cuja obra largamente se reportam. Em desdobramento de suas considerações os Mazeaud raciocinam que as duas teses – da culpa e do proveito – têm um fundamento moral elevado, sem que uma delas sobreleve à outra: "A equidade quer que aquele que retira os proveitos suporte os riscos, mas ela quer também que aquele cuja conduta é irreprochável não possa ser inquietado"[26-27].

De outro lado, os que abraçavam a *doutrina do risco*, considerando-a o substitutivo da *teoria da culpa*, que seria insatisfatória e superada, e à qual passarei em seguida, nos seus fundamentos e no seu suporte doutrinário.

Em terceiro lugar, sem ser propriamente eclética, a posição dos que admitiam (como é o meu caso) a convivência das duas doutrinas: a *culpa* exprimiria a noção básica e o princípio geral definidor da responsabilidade, aplicando-se a doutrina

---

[25] Mazeaud e Mazeaud. *Responsabilité civile*. Cit. v. 1, n. 352.
[26] Capitant. *Introduction à l'étude du Droit Civil*. p. 353.
[27] Ao lado dos Mazeaud, e por eles mencionados, arrolam-se além de outros, como adversários da teoria do risco: Planiol. *Traité élémentaire de Droit Civil*. Paris: R. Pichon Et R. Durnad-Auzias, 1946. t. II, n. 883-ter; Colin e Capitant. *Cours élémentaire de Droit Civil français*. 2. Cit. n. 293; Baudry-Lacantiérie. *Précis de Droit Civil*. Paris: Sirey, 1908. v. 2, n. 702; Lalou. *Traité pratique de responsabilité civile*. Paris: Dalloz, 1955. n. 122 e segs.; Aubry et Rau. *Cours de Droit Civil français*. Paris: Marchal et Billard, 1897-1922. v. 6, § 446, texto e nota 3; Ripert. *La règle morale dans les obligations civiles*. Paris: Librairie Générale de Droit et de Jurisprudence, 1949. n. 116; Nast. Le problème de la responsabilité civile. In: *Revue Critique de Législation et Jurisprudence*, 1932. pp. 384 e 386; Paulo Esmein. In: *Revue Critique de Législation et Jurisprudence*, 1932. pp. 458 e segs.; Hauriou. *La jurisprudence administrative de 1892 à 1929*. t. I, pp. 529 e segs.

do risco nos casos especialmente previstos, ou quando a lesão provém de situação criada por quem explora profissão ou atividade que expôs o lesado ao risco do dano que sofreu. Em seguida, neste Capítulo trago o depoimento de grandes mestres da responsabilidade civil, defensores da convivência das doutrinas *da culpa* e *do risco,* convivência que ocupará a sua parte final.

215. Nasceu a doutrina objetiva no século XIX, sob os auspícios de Saleilles e Josserand. Campeão da *teoria do risco,* Saleilles a desenvolve principalmente sob o título "Les accidents du travail et la responsabilité civile" (in: *Essaie d'une théorie objective de la responsabilité delictuelle*). Josserand em diversos ensaios, como *De la responsabilité des choses inanimées.* Paris, 1897, expõe-na com maior segurança na referência intitulada "Evolutions et actualités", que foi divulgada no Brasil pela tradução de Raul Lima, publicada em *Revista Forense,* v. 86, p. 548. Procurando conciliar a responsabilidade objetiva com o art. 1.382 do Código Napoleão, tem em vista fundamentalmente o dano em si mesmo, bem como a vítima que não deve ser sacrificada pela exigência de uma comprovação que frequentemente lhe escapa das mãos, ou não está mesmo ao seu alcance (ver Capítulo II, *supra*).

Conquistou uma corte de adeptos, pretendendo alterar a equação tradicional da responsabilidade civil, podendo-se mencionar o grande François Gény, o procurador Leclerq, os obrigacionistas Gaudemet e Demogue, além de Sauzet e o belga Sainctelette, Teisserie, Veniamin e Emmanuel Levy.

A doutrina objetiva, ao invés de exigir que a responsabilidade civil seja a resultante dos elementos tradicionais (culpa, dano, vínculo de causalidade entre uma e outro) assenta na equação binária cujos polos são o dano e a autoria do evento danoso. Sem cogitar da imputabilidade ou investigar a antijuridicidade do fato danoso, o que importa para assegurar o ressarcimento é a verificação se ocorreu o evento e se dele emanou o prejuízo. Em tal ocorrendo, o autor do fato causador do dano é o responsável. Com a teoria do risco, diz Philippe Le Tourneau, o juiz não tem de examinar o caráter lícito ou ilícito do ato imputado ao pretenso responsável: as questões de responsabilidade transformam-se em simples problemas *objetivos* que se reduzem à pesquisa de uma relação de causalidade[28].

Entre nós, precursor objetivista foi Alvino Lima, na tese com que se apresentou a concurso na Faculdade de Direito da Universidade de São Paulo, em 1938, com o título *Da culpa ao risco,* reeditada em 1960 sob nova epígrafe *Culpa e risco,* em que não apenas defende a doutrina objetivista como responde aos argumentos dos adversários. Outro propugnador da responsabilidade objetiva foi Wilson Melo da Silva, também em tese para concurso (este na Faculdade de Direito da Universidade Federal de Minas Gerais), com proposição básica que é o próprio objeto do livro:

---

[28] Philippe Le Tourneau. *La responsabilité civile.* Cit. n. 2, p. 4.

Responsabilidade sem culpa. O grande mestre *Da responsabilidade civil* em nosso direito, Aguiar Dias, trazendo ao conhecimento do público especializado a obra sistemática e segura de G. Marton – *Les fondements de la responsabilité civile*. Paris, 1938 – que é apontado como o campeão da doutrina objetiva em nosso direito.

216. Como sói acontecer, especialmente no surgimento de uma nova doutrina, logo se multiplicaram os seus extremos. Daí surgiram, em torno da ideia central do *risco* – configurações que se identificam como certas modalidades ou especializações. Assim é que, para alguns, responsável é aquele que tira o proveito, raciocinando que onde está o ganho aí reside o encargo – *ubi emolumentum ibi onus*. Esta concepção batizou-se com o nome de teoria do *risco proveito*. Para outros o que prevalece é o *risco profissional*, considerando o dever de indenizar quando o fato prejudicial é uma decorrência da atividade ou profissão do lesado. Num outro sentido, dá-se realce à ideia segundo a qual a reparação é devida quando o dano é consequência de um *risco excepcional*, que escapa da craveira comum da atividade da vítima, ainda que estranho ao trabalho que normalmente exerça. No campo do direito público, e enfocando a responsabilidade civil do Estado, enfrentou-se a teoria da culpa e do mau funcionamento do serviço público (teoria do acidente administrativo) que assumiu as preferências, inclusive ganhando o nosso direito positivo constitucional (como demonstrei no Capítulo X) tomou maiores proporções a teoria do *risco integral*, como o meio de repartir por todos os membros da coletividade os danos atribuídos ao Estado.

A meu ver, o conceito de *risco* que melhor se adapta às condições de vida social é o que se fixa no fato de que, se alguém põe em funcionamento uma qualquer atividade, responde pelos eventos danosos que esta atividade gera para os indivíduos, independentemente de determinar se em cada caso, isoladamente, o dano é devido à imprudência, à negligência, a um erro de conduta, e assim se configura a *teoria do risco criado*.

Fazendo abstração da ideia de culpa, mas atentando apenas no fato danoso, responde civilmente aquele que, por sua atividade ou por sua profissão, expõe alguém ao risco de sofrer um dano.

Entusiasta da teoria do risco, Jean Carbonnier alinha as razões de sua receptividade. Além do desenvolvimento da máquina e a correspectiva multiplicidade de acidentes e dos acidentes anônimos cuja causa não se pode atribuir a qualquer ação humana, acresce a circunstância de que, para quem vive de seu trabalho o acidente corporal significa a miséria. É, então, preciso organizar a reparação. Em terceiro lugar, Carbonnier coloca o fato de menor resignação das vítimas e maior piedade por estas, da parte dos espectadores, associada a uma sensibilidade mais viva pela desgraça alheia. Finalmente o desenvolvimento da técnica comercial e financeira do seguro, atuando como efeito e como causa: ao mesmo tempo que limita a exigência de uma prova prévia da culpa – age como elemento acelerador, levando os tribunais a não hesitar na condenação daquele que eles sabem achar-se segurado[29]. Na mesma linha, Philippe Le Tourneau. *La responsabilité civile*. Cit. n. 3, p. 5; Geneviève Viney. *Le déclin de la responsabilité individuelle*. Paris, 1965. A exacerbação da teoria da culpa havia gerado uma espécie de separação de categorias sociais: trabalhadores contra patrões; pedestres contra: automobilistas. O problema que era originariamente jurídico converte-se em político, provocando um sentimento de desigualdade social[30].

Sem embargo à receptividade com que foi acolhida, a doutrina do risco entrou em certo desfavor na doutrina, como afirmam Planiol, Ripert e Boulanger[31], lembrando em abono da proposição: Planiol, Colin e Capitant, Demogue, Ripert, Lalou, Esmein, Savatier, Henri e Leon Mazeaud. No mesmo sentido, Geneviève Viney afirma que "paradoxalmente... a doutrina começou a perder adeptos e enfrentou verdadeira hostilidade"[32].

Não tem, contudo, o mérito de substituir inteiramente a doutrina subjetiva. Não lhe falta, mesmo, quem afirme a sua "marcada regressão"[33]. Os defensores da doutrina subjetiva atacam a teoria da responsabilidade sem culpa ao argumento de que, em razão da demasiada atenção à vítima, acaba por negar o princípio da justiça social, impondo cegamente o dever de reparar, e levando-o a equiparar o comportamento jurídico e o injurídico do agente. E, numa extremada profissão de fé objetivista, ataca a doutrina do risco em termos enérgicos, que merecem reproduzidos, ao dizer que não acompanhou o Código a audácia dos inovadores que proclamam que a marcha da responsabilidade no rumo da responsabilidade sem culpa seria um retorno aos primeiros tempos do direito e à rudeza primeva das XII Tábuas.

Por seu lado, os corifeus da responsabilidade objetiva, embora reconhecendo a existência de críticas que lhes são endereçadas, proclamam que ela "tem ao menos o mérito de se inteirar daquele equívoco. Corresponde, em termos científicos, à necessidade de resolver casos de danos que pelo menos com acerto técnico não seriam reparados pelo critério clássico da culpa"[34]. "É visível o erro das soluções encontradas pelos partidários da doutrina tradicional, e notória a artificialidade de suas construções"[35].

---

[29] Carbonnier. *Droit Civil. Les obligations*. Cit. v. 4, p. 298.
[30] Georges Ripert. *Le régime démocratique et le Droit Civil moderne*. Paris: Pichon, 1948. n. 167 e segs.
[31] Planiol, Ripert e Boulanger. *Traité*. Paris: R. Pichon Et R. Durnad-Auzias, 1946. v. 2, n. 922.
[32] Geneviève Viney. *Le déclin de la responsabilité individuelle*. Paris, 1965. n. 50, p. 66.
[33] Ripert, *Traité*. Cit. v. 2, n. 934.
[34] Aguiar Dias. *Da responsabilidade civil*. Rio de Janeiro: Forense, 1994. v. 1, n. 21.
[35] Aguiar Dias. *Da responsabilidade civil*. Cit. v. 1, n. 21.

A conciliação das duas correntes, entretanto, tem os seus mais conspícuos advogados. Com efeito.

Em estrita fidelidade à regra moral, Georges Ripert volta suas vistas para a edição de novas leis em que predomina o conceito de risco. Aqueles que sustentam estas ideias, diz ele, foram inspirados pelo desejo de não deixar dano sem reparação. É um pensamento generoso. O mal, acrescenta, foi procurar alargar a responsabilidade despojando-a da única ideia que a pode explicar, a ideia de culpa[36].

Savatier, no Livro II, de seu admirável *Traité de la responsabilité civile*, desenvolvendo a teoria do risco (v. I, n. 280, *Le risque principe de responsabilité*) diz: "Se uma responsabilidade fundada sobre o risco se justifica perfeitamente em direito moderno é preciso ainda não lhe atribuir nem função única, nem mesmo primeiro lugar". Numa proposição que apresenta vezes de uma profissão de fé, sustenta que à culpa "deve sempre ser reservado um valor humano mais que uma causalidade física. Porque a sociedade civil deve estabelecer a ordem e o equilíbrio, é uma sociedade humana". Em termos que não devem perder o vigor do texto original, acrescena: "*Or la responsabilité fondée sur la faute a cette vertu éssentielle (v. supra n. 161) de faire écho à la liberté humaine d'entretenir chez l'homme la conscience de son intérêt primordial à bien user de cette liberté, et de lui faire toucher du doigt les sanctions qu'il encourt quand il en use mal, négligemment et imprudemment*" (Savatier. Cit. v. I, n. 280). Posto que partidário da teoria do risco, o mesmo Savatier considera que substituir sistematicamente a teoria da culpa, ou deixar de reconhecer a sua primazia sobre a responsabilidade fundada no risco, "seria consagrar o triunfo da matéria sobre o espírito". Atenuando embora a importância da culpa em confronto com a do risco, Savatier mostra que ambas devem conviver. Geneviève Viney, autora moderna, acrescenta que a maioria dos autores sentiram não ser possível manter um único fundamento no direito positivo para a solução dos problemas de reparação dos danos. Ao lado de Esmein[37], e do próprio Savatier, considera a coexistência do "risco" e da "culpa", como fundamentos do dever de reparação[38]. Os clássicos Mazeaud salientam que os adversários da concepção tradicional não a combatem abertamente, admitindo ora a responsabilidade baseada na culpa ora apoiada no risco, o que designam eles como teorias mistas[39]. Foi neste sentido que eu mesmo, ao desenvolver a doutrina objetiva em meu livro-texto, proclamei que não substitui ela a teoria da culpa,

---

[36] Ripert. *La règle morale dans les obligations civiles*. Cit. n. 123.
[37] Paul Esmein. La faute et sa place dans la responsabilité civile. In: *Revue Trimestrielle de Droit Civil*. Paris: Dalloz, 1949. p. 489.
[38] Geneviève Viney. *Le déclin de la responsabilité individuelle*. Cit. n. 53, p. 70.
[39] Mazeaud e Mazeaud. *Responsabilité civile*. Cit. v. 1, n. 356 e segs.

porém deve viver a seu lado[40]. Assim argumentando, não omitirei Demogue, quando propõe a conciliação das duas doutrinas, repartindo entre a vítima e o agente os encargos da reparação, de maneira um tanto empírica e que ele próprio considera complicada na prática[41].

É por isso que Georges Ripert, ao prefaciar a obra de Savatier, aponta como sendo "o grande mérito" deste o fato de ter promovido a distinção da culpa e do risco como "fontes de reparação" e acrescenta que Savatier "mostra admiravelmente que a ideia de culpa deve guardar primazia no direito, não podendo ser substituída pelo risco"[42].

A consulta aos mais opinados autores mostra que, se efetivamente a teoria do risco criado conquistou seus mais valiosos créditos, não abandonam os corifeus da doutrina subjetiva o campo da luta.

Uma visão sobre o impacto das duas doutrinas na órbita pragmática leva à conclusão de que ambas podem e devem conviver no objetivo superior de conduzirem à solução das questões e dos litígios.

Se no plano doutrinário os bons doutrinadores o defendem, penso eu que em termos dogmáticos a conciliação está feita. Em consequência (e este tem sido o meu esforço, na modéstia de minhas contribuições), o direito positivo não podia desconhecer esta tendência. De fato, como já se destacou, o Código Civil inaugurou sistema dualista de responsabilidade, em que a cláusula geral de responsabilidade subjetiva (arts. 186 e 927, *caput*) convive com a cláusula geral de responsabilidade objetiva (art. 927, parágrafo único).

217. Não obstante o grande entusiasmo que a *teoria do risco* despertou nos meios doutrinários, o certo é que não chegou (como visto acima) a substituir a da *culpa* nos sistemas jurídicos de maior expressão. O que se observa é a convivência de ambas: a *teoria da culpa* impera como direito comum ou a regra geral básica da responsabilidade civil, e a *teoria do risco* ocupa os espaços excedentes, nos casos e situações que lhe são reservados, cada vez mais frequentes.

Uma comparação de ambas, no plano ontológico evidencia que o conceito de responsabilidade civil baseado na demonstração da culpa do agente importa em derradeira análise, no reconhecimento de que a conduta antijurídica recebe a punição civil, sujeitando o infrator a reparar o dano causado, em razão precisamente de haver-se comportado ao arrepio da norma jurídica A sua abolição total, e

---

[40] Caio Mário da Silva Pereira. *Instituições de Direito Civil*. 20. ed. Rio de Janeiro: Forense, 2004. v. 1, n. 115.
[41] Demogue. *Obligations*. Cit. v. 3, n. 283.
[42] Georges Ripert. Prefácio ao *Traité de la responsabilité civile* de René Savatier. Paris: Librairie Générale de Droit et de Jurisprudence, 1939. p. XII.

substituição integral pela *teoria do risco* implica desatender, sob o aspecto moral, à qualificação boa ou má da conduta, sujeitando sempre o causador do dano a indenizar a vítima, independentemente de apurar se o comportamento foi contraveniente à norma ou obediente ao seu mandamento. Ripert que o sustenta, completa seu pensamento, a dizer que quando a teoria do risco entende que a responsabilidade civil deriva da lei da causalidade, destrói a ideia moral, "*la seule qui peut justifier la responsabilité*"[43].

No plano prático, e tendo em consideração a pessoa do lesado, a *teoria do risco* é defendida com o argumento de que permite sempre reparar o dano sofrido, mesmo naqueles casos em que, por um motivo qualquer, o lesado não logra estabelecer a relação causal entre o seu prejuízo e a culpa do causador deste.

É a convivência dos dois conceitos – subjetivo e objetivo – que deve inspirar a manutenção de preceitos que atendam às duas tendências, não obstante as reservas que os objetivistas fazem a esta convivência. Entendo eu que, se no plano teórico ela é aconselhável, igualmente será no direito positivo. Tal a orientação do Código Civil.

218. Com vistas ao Direito brasileiro, é uma realidade a convivência das duas teorias. O princípio geral é enunciado em termos de predomínio da teoria da culpa em direito privado. Assim se exprimia o art. 159 do Código Civil de 1916, enunciando preceito já tantas vezes repetido, segundo o qual o agente responde por sua culpa e está sujeito a reparar o dano. Nas mesmas pegadas, o Projeto de Código de Obrigações de 1965, preferindo estruturar a responsabilidade civil numa e mesma continuidade preceitual (ao contrário do Código Civil de 1916 que dela cuidava na Parte Geral com a definição do ato ilícito e, na Parte Especial, com a reparação do dano) enunciou no art. 854 que "fica obrigado à reparação todo aquele que, por culpa, causar dano a outrem". O Código Civil, por sua vez, enuncia no art. 186 o conceito genérico de ato ilícito, com inserção da ideia de culpa, dizendo que comete ato ilícito aquele que, por ação ou omissão voluntária, negligência ou imprudência, violar direito e causar dano a outrem. E, na Parte Especial, completa o conteúdo do art. 186, enunciando que o agente do ato ilícito é obrigado a reparar o dano, e estabelece, no parágrafo único do art. 927, uma cláusula geral de responsabilidade objetiva.

O direito civil brasileiro estabelece que o princípio geral da responsabilidade civil, em direito privado, não *repousa apenas na culpa*, mas também agora *no risco*. Isto não obstante, em alguns setores, já imperasse a teoria do risco. Assim é que a legislação sobre acidentes no trabalho é nitidamente objetiva; a que regula os transportes em geral (estradas de ferro, aeronáutica) invoca-a; mais recentemente

---

[43] Ripert. *La règle morale dans les obligations civiles*. Cit. n. 117.

a responsabilidade civil dos bancos marcha para a teoria do risco (ver Capítulo IX); responsabilidade por fato das coisas (ver Capítulo VIII).

Em relação à responsabilidade civil do Estado, o princípio da culpa, contido no art. 15 do Código Civil sofreu enorme abalo, conforme examinado no Capítulo X, desaguando na disposição do art. 107 da Constituição (Emenda Constitucional nº 1, de 1969) que se manteve fiel à Carta de 1946 (art. 194) e à Constituição de 1967 (art. 105), e veio culminar no art. 37, XXII, § 6º, da Constituição de 1988. Estabelece, com efeito, a norma constitucional que o Estado responde pelos danos causados ao particular, com direito de regresso contra o servidor se este houver procedido culposamente. Assim dispondo, adota a doutrina do *risco integral*. A apuração da culpa somente se procederá para que o Estado, mediante ação de *in rem verso*, possa ressarcir-se contra o funcionário causador do prejuízo, havendo a Constituição de 1988 compreendido expressamente no mesmo inciso a responsabilidade das pessoas jurídicas de direito privado que prestam serviços públicos.

O Projeto de Código de Obrigações de 1965, seguido nesta parte pelo Código Civil, estabeleceu a convivência das duas teorias. Abriu passagem para a *doutrina do risco* a par da *teoria da culpa*. Com efeito, o Projeto de Código de Obrigações estatuiu no art. 854: "Fica obrigado à reparação todo aquele que, por culpa, causar dano a outrem". Em seguida (art. 855): "Independentemente de culpa, o causador do dano sujeita-se à reparação nos casos estabelecidos em lei". E mais adiante (art. 872) abraça desenganadamente a *teoria do risco, in verbis*: "Aquele que, em razão de sua atividade ou profissão, cria um perigo, está sujeito à reparação do dano que causar, salvo prova de haver adotado todas as medidas idôneas a evitá-lo".

O Código Civil definiu, no art. 186, a figura do ato ilícito assentado na doutrina subjetiva. No parágrafo único do art. 927 estabelece: "*Haverá obrigação de reparar o dano, independentemente de culpa, nos casos especificados em lei, ou quando a atividade normalmente desenvolvida pelo autor do dano implicar, por sua natureza, risco para os direitos de outrem*".

Admitiram, portanto, ambos o duplo fundamento para a responsabilidade civil: o primeiro, alicerçando na *culpa* e sujeito aos extremos já amplamente desenvolvidos da responsabilidade subjetiva; o segundo, com abstração da ideia de culpa, não só naqueles casos que a lei prevê, independentemente de culpa, e especificamente com fundamento na doutrina do *risco criado*, mas também, de forma mais ampla, na já mencionada cláusula geral de responsabilidade objetiva.

No primeiro caso, a reparação origina-se da relação causal entre o dano e o comportamento culposo do agente; no segundo, proclama-se que a indenização provém de uma relação entre o fato danoso e o seu autor, sem se indagar se aquele fato foi ou não causado pela contraveniência a uma norma de conduta predeterminada, porém, advindo de atividade ou profissão que, por sua natureza, gera um risco para outrem.

Sendo, entretanto, a verificação da culpa originalmente a regra geral, e a responsabilidade sem culpa enunciada em caráter de exceção, vigora esta nos casos legalmente previstos e especificamente enunciados, ou nas hipóteses em que o dano provém da *criação de um risco*, a que foi exposta a vítima em razão da atividade ou profissão do agente, tal como prevê o parágrafo único do art. 927 do Código Civil. É, porém, certo que esta última fórmula permitirá o alargamento da obrigação de reparar o dano.

Atualmente, o Superior Tribunal de Justiça, ao analisar a responsabilidade civil do Estado, adota a teoria do risco administrativo – em que se admitem excludentes –[44], não já a teoria do risco integral – que não admite excludentes de responsabilidade. Sustenta-se que o ordenamento jurídico, na hipótese de danos advindos de atendimento em hospitais públicos, não abre exceção para admitir a modalidade de risco integral. Aplica-se aqui a Teoria do Risco Administrativo. A Teoria do Risco Administrativo, aliada ao mandamento básico de responsabilidade civil do Estado, determina que o Estado será responsável pelo ressarcimento do dano, uma vez reconhecido o nexo causal e o dano, independentemente de culpa ou dolo do agente. Admitem-se, entretanto, as excludentes de responsabilidade, tais como culpa exclusiva da vítima, força maior e caso fortuito"[45].

No tratamento do dano ambiental, o STJ efetivamente aplica a teoria do risco integral, afirmando ser descabida a invocação, pela empresa responsável pelo dano ambiental, de excludentes de responsabilidade civil para afastar sua obrigação de indenizar[46].

219. Uma vista d'olhos sobre o direito positivo convence de que, no Código Civil e na legislação extravagante, o Direito brasileiro já consagra vários casos de responsabilidade sem culpa, e, na perspectiva do que será o direito futuro, à vista do Código Civil, é de se prever a ampliação crescente da doutrina do risco.

Ao lado das hipóteses específicas de aplicação da teoria do risco, o codificador estabeleceu a cláusula geral de responsabilidade objetiva (CC, art. 927, parágrafo único), *in verbis*: "Haverá obrigação de reparar o dano, independentemente de culpa, nos casos especificados em lei, ou quando a atividade normalmente desenvolvida pelo autor do dano implicar, por sua natureza, risco para os direitos de outrem". Tal previsão ensejou a extraordinária ampliação dos casos de responsabilidade civil objetiva[47].

---

44 STJ, 2ª T., REsp 1.655.034, Rel. Min. Herman Benjamin, julgado em 06.04.2017.
45 STJ, 2ª T., REsp 1.299.900/RJ, Rel. Min. Humberto Martins, julgado em 03.03.2015.
46 STJ, 2ª S., REsp 1.374.284, Rel. Min. Luis Felipe Salomão, julgado em 27.08.2014; STJ, 1ª S., REsp 1.347.136, Rel. Min. Eliana Calmon, julgado em 11.12.2013.
47 Sobre o exame da cláusula geral de responsabilidade objetiva, v. Maria Celina Bodin de Moraes. Risco, solidariedade e responsabilidade objetiva. *Revista dos Tribunais*, vol. 854, 2006, pp. 11-37.

A inovação atribui ao intérprete o dever de avaliar as hipóteses de incidência da responsabilidade sem culpa, cabendo-lhe definir as atividades de risco a partir de alguns parâmetros identificados pelo legislador. Assim, há que valorar se a atividade danosa (i) representa risco acima da normalidade e (ii) é desenvolvida habitualmente pelo ofensor.

A noção de atividade de risco pressupõe uma atividade – e, portanto, uma série contínua e coordenada de atos, não já um ato isoladamente perigoso – que, apesar de lícita, ostenta potencialidade lesiva de grau superior ao normal, o que pode ser aferido, por exemplo, por critérios estatísticos, pela existência de regulamentação pública para o exercício da atividade em virtude de seus riscos, ou pelo valor do prêmio do seguro.[48]

Passarei em revista, em seguida, as situações em que prevalece a responsabilidade civil independentemente de apuração da culpa do agente.

O caso mais flagrante de aplicação da *doutrina do risco* é o da indenização por *acidente no trabalho*. Historicamente, assenta na concepção doutrinária enunciada por Sauzet na França, e por Sainctelette na Bélgica, com a observação de que na grande maioria dos casos os acidentes ocorridos no trabalho ou por ocasião dele, restavam não indenizados. A desigualdade econômica, a força de pressão do empregador, a menor disponibilidade de provas por parte do empregado levavam frequentemente à improcedência da ação de indenização. Por outro lado, nem sempre seria possível vincular o acidente a uma possível culpa do patrão, porém causada direta ou indiretamente pelo desgaste do material ou até pelas condições físicas do empregado, cuja exaustão na jornada de trabalho e na monotonia da atividade proporcionava o acidente. A aplicação da teoria da culpa levava bastas vezes à absolvição do empregador. Em tais hipóteses, muito numerosas e frequentes, a aplicação dos princípios jurídicos aceitos deixava a vítima sem reparação, contrariamente ao princípio ideal de justiça, embora sem contrariedade ao direito em vigor. Observava-se, portanto, um divórcio entre o legal e o justo.

No Brasil, a legislação especial disciplinadora da indenização por acidentes no trabalho teve início com o Decreto n. 3.724, de 15 de janeiro de 1919, e depois veio subordinada ao Decreto n. 24.637, de 10 de julho de 1934, seguido pelo Decreto-Lei n. 7.036, de 10 de novembro de 1944 e pela Lei n. 5.316, de 14 de setembro de 1967 (esta reguladora do Seguro de Acidentes no Trabalho), regulamentada pelo Decreto n. 61.784, de 28 de novembro de 1967 (ver Capítulo II). Atualmente, encontra-se em vigor a Lei n. 8.213, de 24 de julho de 1991, alterada, nos arts. 19 e 22, relativos aos acidentes do trabalho, pela Lei Complementar n. 150, de 1º de junho de 2015.

---

[48] Sobre o tema, v. Gustavo Tepedino; Aline de Miranda Valverde Terra; Gisela Sampaio. *Fundamentos do direito civil*. 2. ed. Rio de Janeiro: Forense, 2021. v. 4, p. 135-137.

Esta legislação especial é subordinada à *teoria do risco*. Em ocorrendo o acidente, o empregado tem direito a ser indenizado por qualquer dano à sua pessoa ocorrido no trabalho ou por ocasião dele. O empregado terá de provar, simplesmente, a ocorrência do acidente e a relação de emprego. A lei assegura o direito à indenização, salvo se o evento teve como causa o dolo do próprio acidentado ou sua desobediência às ordens expressas do empregador, ou ainda à verificação de força maior não proveniente de fenômenos naturais determinados ou agravados pelas instalações do estabelecimento ou pela natureza do serviço.

Segundo a legislação especial, o empregado será indenizado com fundamento na teoria do risco, estabelecido contudo um parâmetro indenizatório que consta de tabela instituída na própria lei, tendo em vista a lesão e o seu efeito, em função da incapacidade total ou parcial para o trabalho.

Prevenindo a eventualidade de insolvência do empregador, a empresa é obrigada a efetuar o seguro coletivo, caso em que para a seguradora é transferido o encargo de efetuar a indenização.

220. Embora não abrace francamente a teoria do risco a Lei n. 2.681, de 7 de dezembro de 1912, estatuiu que as *estradas de ferro* responderão por todos os danos que a exploração de suas linhas causar aos proprietários marginais, bem como aos passageiros que utilizarem este meio de transporte.

Numa interpretação ampliativa, os tribunais estenderam o princípio da responsabilidade das estradas de ferro às *companhias de carris urbanos*, considerando a natureza similar do meio de transporte.

Os tribunais, com amparo na Jurisprudência predominante no Supremo Tribunal Federal, consideram inoperante a cláusula de não indenizar no contrato de transporte (*Súmula*, verbete n. 161), e entendem que a culpa de terceiro não ilide a responsabilidade do transportador, a quem é assegurada tão somente ação regressiva para recobrar o dispendido (*Súmula*, verbete n. 187)[49].

Na disciplina unitária do contrato de transporte positivada no Código Civil, expandiu-se a teoria do risco a toda modalidade de transporte (ver Capítulo XV, *supra*).

221. Não obstante o Código Civil fundar a responsabilidade civil na teoria da culpa e em cláusula geral de responsabilidade sem culpa, consagra algumas hipóteses específicas de responsabilidade objetiva.

---

[49] Confira-se, ilustrativamente: TJDF, 3ª T.C., Ap. Cív. 0049311-34.2013.8.07.0001, Rel. Des. Alfeu Machado, julgado em 25.03.2015; TJSP, 15ª C.D.Priv., Ap. Cív. 0217324-69.2007.8.26.0100, Rel. Des. Luiz Arcuri, julgado em 04.12.2015; TJMG, 12ª C.C., Ap. Cív. 10145095370774001, Rel. Des. Domingos Coelho, julgado em 25.09.2013.

Assim é que o dono do animal ressarcirá o dano causado por este, provada que seja a existência do prejuízo. Somente ilide esta responsabilidade provando o dono do animal culpa da vítima ou força maior (artigo 936)[50].

Considera-se, todavia, que esta responsabilidade não se estende a animais soltos numa propriedade ou em estado de natureza em razão de não existir sobre eles tutela ou vigilância (Clóvis Beviláqua). Não se distingue no mesmo dever de ressarcir o dano a indagação se se trata de animal doméstico ou selvagem; o que prevalece é o fato de estar na posse ou detenção de alguém[51].

Independentemente de apuração de culpa, responde o habitante de prédio pelos danos provenientes das coisas que dela caírem ou forem lançadas em lugar indevido (Código Civil, art. 938). Não há mister procurar uma culpa, ainda que presumida. O que informa o princípio é o fato em si de vir a coisa a cair ou ser lançada, da mesma forma que se não exime o habitante com a alegação de que o fato é devido a um visitante, ainda que eventual (ver Capítulo VIII).

Também incorre em responsabilidade civil o dono de um edifício ou construção pelos danos que resultarem de sua ruína, se esta provier de falta de reparos, cuja necessidade fosse manifesta (artigo 937). O Código Civil poderia ter adotado orientação mais segura. Reproduzindo preceito do Código Civil de 1916 subordina esta responsabilidade à circunstância da necessidade manifesta de reparos. A ruína do edifício ou construção deve constituir fato de comprovação objetiva, de que o dono somente poderia eximir-se em caso fortuito ou de força maior. A subordinação à necessidade manifesta de reparos constitui abertura pela qual o dono pode quase sempre escapar, uma vez que está sujeita à apreciação subjetiva do juiz. O princípio deve ser positivo, resguardando o responsável com a ação regressiva contra o construtor ou arquiteto no caso de defeito ou falha técnica, ou contra o locatário se os reparos constituírem obrigação contratual deste[52].

---

[50] Nesse sentido, decisão do TAMG, 7ª C.C., Ap. Cív. 418.617-8, Rel. Juiz Guilherme Luciano Baeta Nunes, julgado em 24.04.2005, segundo a qual "cabe ao dono de qualquer animal doméstico, independentemente de considerá-lo dócil ou não, conservá-lo preso no ambiente em que é criado, devendo tomar as necessárias cautelas para não deixá-lo fugir, impedindo-o de realizar qualquer ataque a transeunte, esteja este acompanhado ou não de outro animal". Ilustrativamente, v. decisão do TJRJ, 23ª C. Con., Ap. Cív. 0003976-14.2008.8.19.0007, Rel. Des. Fábio Uchôa Montenegro, julgado em 09.09.2015, na qual se assentou que "o artigo 936 não mais admite ao dono ou detentor do animal afastar sua responsabilidade alegando apenas que não teve culpa. Agora, a responsabilidade só poderá ser afastada se o dono ou detentor do animal provar fato exclusivo da vítima ou força maior".

[51] Washington de Barros Monteiro. *Curso de Direito Civil*. São Paulo: Saraiva, 1952-76. v. 5, p. 440.

[52] René Rodiére. *La responsabilité civile*. Cit. n. 1.586.

Caso de responsabilidade objetiva é o daquele que em legítima defesa ou estado de necessidade, ou no exercício regular de um direito, danifica coisa alheia. Nesses casos não se pode inculpar o agente. Na estrita aplicação da teoria da culpa, o causador do dano estaria forro do dever de ressarcir, porque lhe caberia invocar defesa no sentido de que assim procedeu amparado pela regra jurídica *feci sed fure feci*. Não obstante a ausência de culpa, a responsabilidade baseia-se na relação entre o fato e o dano. Esboça-se aí um conflito de dois direitos: o de quem danifica a coisa alheia e o de quem sofre o dano em coisa sua. A ordem jurídica sem considerações de natureza subjetiva condena o primeiro a ressarcir o prejuízo. O limite reside em que o causador do dano não exceda a razoabilidade que atesta a relevância social de seu direito[53]. Não se cogita de culpa, mas haverá obrigação de indenizar.

O Código Civil também considera objetivamente responsáveis as pessoas enumeradas no art. 932, disciplinadas no sistema anterior como casos de responsabilidade por presunção de culpa. O legislador previu, ainda, outra hipótese de responsabilidade objetiva no art. 931, segundo o qual "ressalvados outros casos previstos em lei especial, os empresários individuais e as empresas respondem independentemente de culpa pelos danos causados pelos produtos postos em circulação" (sobre o artigo, ver item 168, *supra*).

O explorador de aeronave responde pelos danos causados a pessoas em terra, por coisas que dela caírem ou em consequência de manobras, salvo no caso de culpa concorrente ou exclusiva da vítima (Código Brasileiro de Aeronáutica, art. 268).

Além dos casos acima referidos, Aguiar Dias registra a evolução legislativa em que ocorre a filiação à doutrina objetiva, sem embargo de subsistir no art. 186 do Código Civil o suporte subjetivista (cit. vol. I, n. 36). A eles me reporto: Decreto-Lei n. 7.036, de 10 de novembro de 1944; Lei n. 6.367, de 19 de outubro de 1976; Decreto-Lei n. 483, de 8 de junho de 1938; Decreto-Lei n. 32, de 18 de novembro de 1966, com as alterações do Decreto-Lei n. 234, de 28 de fevereiro de 1967; Lei n. 5.710, de 7 de outubro de 1971; Lei n. 6.298, de 15 de dezembro de 1975; Lei n. 6.350, de 7 de julho de 1976; Lei n. 6.833, de 30 de setembro de 1980; Lei n. 6.997, de 7 de junho de 1982; arts. 1.519 e 1.520, parágrafo único, e 1.529 do Código Civil de 1916; Código da Mineração aprovado pelo Decreto-Lei n. 227, de 28 de fevereiro de 1967; Código Brasileiro da Aeronáutica (Lei n. 7.565, de 19 de dezembro de 1986).

A Lei n. 8.078, de 11 de setembro de 1990 (*de defesa do consumidor*), também proclamou a responsabilidade, independentemente de culpa, na reparação de

---

[53] Clóvis Beviláqua. *Comentários ao Código Civil*. Rio de Janeiro: Francisco Alves, 1944-60. Comentário ao art. 1.519 do Código Civil.

danos ao consumidor, seja contra o fabricante ou produtor, seja contra o construtor ou importador, seja contra o comerciante, na falta de identificação de uns e outros (art. 12). O comerciante é igualmente responsável quando o fabricante ou importador não puder ser identificado ou não conservar adequadamente o produto (art. 13).

Os diplomas e disposições acima, consagrando a teoria do risco, já demonstram a convivência, em nosso sistema jurídico, das duas teorias: subjetiva e objetiva. Não aberra, pois, dos bons princípios, a tese da convivência que propugnei no Projeto de Código de Obrigações de 1965, seguido pelo Código Civil.

Cabe, então, apresentar em suas linhas gerais, a doutrina objetiva na sua caracterização aceita de teoria do risco criado que, em nossa opinião, foi a adotada pelo Código. É o que constitui o objeto do Capítulo seguinte.

Capítulo XIX
Risco, um Conceito Genérico

Sumário: Teoria do risco na responsabilidade civil. Sua exposição e seu desenvolvimento. Espécies. Risco-proveito. Teoria dos atos anormais. Doutrina da garantia. Risco criado. Socialização dos riscos. Declínio da responsabilidade individual. Subsistência da responsabilidade civil na culpa e no risco.

Bibliografia: Aguiar Dias. *Da responsabilidade civil*. Rio de Janeiro: Forense, 1994; Alex Weill e François Terré. *Droit Civil, les obligations*. Paris: Dalloz, 1972; Alvino Lima. *Culpa e risco*. São Paulo: Revista dos Tribunais, 1963; Anderson Schreiber. Novas tendências da responsabilidade civil brasileira. In: *Revista Trimestral de Direito Civil*. Rio de Janeiro: Renovar, abr./jun. 2005. n. 22; Boris Starck. Domaine et fondement de la responsabilité sans faute. In: *Revue Trimestrielle de Droit Civil*. Paris: Dalloz, 1958; Boris Starck. *Essai d'une théorie de la responsabilité civile considérée en sa fonction de garantie et de peine privée*. Paris: L. Rodstein, 1947; Eugene Gaudemet. *Théorie générale des obligations*. Paris: Librairie du Recueil Sirey, 1937; Eugène Louis Bach. Réflexions sur le problème du fondement de la responsabilité civile en Droit français. In: *Revue Trimestrielle de Droit Civil*. Paris: Dalloz, 1977; Gisela Sampaio da Cruz. *O problema do nexo causal na responsabilidade civil*. Rio de Janeiro: Renovar, 2005; Gustavo Tepedino, Aline de Miranda Valverde Terra, Gisela Sampaio. *Fundamentos do direito civil*. 2. ed. Rio de Janeiro: Forense, 2021. v. 4; Mazeaud e Mazeaud. *Responsabilité civile*. Paris: Montchrestien, 1955. v. 1; Mazeaud, Mazeaud e Mazeaud. *Leçons de Droit Civil*. Paris: Montchrestien, 1955. v. 2; Philippe Malaurie e Laurent Aynès. *Droit Civil, les obligations*. Paris: Cujas, 1990; Savatier. *Responsabilité civile*. Paris: Librairie Générale de Droit et de Jurisprudence, 1939. v. 1; Sergio Cavalieri Filho. *Programa de responsabilidade civil*. 6. ed. São Paulo: Malheiros, 2006; Serpa Lopes. *Curso de Direito Civil*. Rio de Janeiro: Freitas Bastos, 1960. v. 5; Wilson Melo da Silva. *Responsabilidade sem culpa*. Belo Horizonte: Bernardo Alvares, 1962.

222. No vocabulário jurídico, a palavra "risco" é um conceito polivalente. Várias são as acepções em que se emprega, umas relativamente próximas, outras bem diferenciadas.

Em termos gerais, risco é o perigo a que está sujeito o objeto de uma relação jurídica de perecer ou deteriorar-se. Neste sentido o art. 492 do Código Civil a empregou, acrescentando Beviláqua que, nesse caso, a eventualidade será devida ao caso fortuito ou de força maior, para atribuir ao vendedor os *riscos da coisa* até o momento da tradição e os do preço por conta do comprador. No mesmo sentido o art. 611 alude aos riscos no *contrato de empreitada,* por conta do empreiteiro ou do dono da obra, em função da mora de uma ou de ambas as partes.

Noutro sentido, o *risco* é elemento essencial no *contrato aleatório,* para distingui-lo do comutativo, definindo-o como aquele em que a prestação não é precisamente conhecida e suscetível de estimativa prévia, inexistindo equivalência com a da outra parte[1].

No *contrato de seguro* proporciona-se ao segurado ou a terceiro uma indenização pelos prejuízos resultantes de *riscos* futuros (Código Civil, art. 757).

Em termos de *responsabilidade civil,* risco tem sentido especial, e sobre ele a doutrina civilista, desde o século passado vem-se projetando, com o objetivo de erigi-lo em fundamento do dever de reparar, com visos de exclusividade, ou como extremação da teoria própria, oposta à culpa.

Mesmo em termos de responsabilidade civil, "por muito tempo considerou-se que o dano não resultante de culpa alheia constituía um risco, comparável ao acontecimento fortuito, e que deveria ser suportado por quem o sofreu"[2].

223. O nascimento da ideia de "risco" como fundamento da responsabilidade civil, e sua convivência com a doutrina da "culpa" já foram objeto de cogitações no Capítulo II e no Capítulo anterior. Cabe agora expor as suas linhas estruturais, não deixando de registrar que subordinada a esta denominação pode-se agrupar toda concepção "daqueles para os quais a responsabilidade civil é independente da ideia de culpa"[3].

Assentado que, para o legislador de 1916, a base do dever ressarcitório é a culpa, como violação de um dever preexistente, quase toda a doutrina tradicional se limitava a desenvolver os seus extremos (ver Capítulo III, *supra*). Na medida em que o conceito de risco insinua-se na doutrina da responsabilidade civil, foi-se

---

[1] Caio Mário da Silva Pereira. *Instituições de Direito Civil.* 11. ed. Atualização de Regis Fichtner. Rio de Janeiro: Forense, 2003. v. 3, n. 194.
[2] Philippe Malaurie e Laurent Aynès. *Droit Civil, les obligations.* Paris: Cujas, 1990. n. 37, p. 38.
[3] Mazeaud e Mazeaud. *Responsabilité civile.* Paris: Montchrestien, 1955. v. 1, n. 67.

tornando necessário adentrar nos pressupostos da teoria objetiva. Foi o que fez de modo pioneiro Alvino Lima[4]; é o que fez com profundidade Wilson Melo da Silva[5]; é o que fez de maneira decisiva Aguiar Dias[6]; é o que fazem todos quantos, em obra sistemática ou de cunho monográfico, de maneira mais ou menos aprofundada, têm cuidado do problema da reparação do dano causado.

Mais do que nunca é necessário dedicar-se o escritor à exposição da teoria do risco juntamente com a doutrina subjetiva. É que em qualquer circunstância quem se dedica à responsabilidade civil deve ter presentes duas fontes: *legislativa*, pois que o dever ressarcitório há que se fundar basicamente em a norma definida no direito positivo; e a *jurisprudencial*, pois que na decisão dos casos de espécie, mesmo nos sistemas de direito escrito como é o nosso, encontrar-se-ão elementos que concorrem para atualizar a hermenêutica das normas legais aplicáveis e adminículos seguros e úteis para acompanhar o desenvolvimento dos princípios. Marchando na frente do Código Civil de 1916 (desenganadamente partidário da teoria da culpa), o Projeto de Código de Obrigações de 1965 (por mim elaborado) e o Código Civil esposaram a convivência das duas teorias. Proclamando a responsabilidade por culpa, como princípio geral, aceitam que, além desta, pode o agente estar sujeito a reparar o dano, independentemente da culpa, nos casos especificados em lei, ou quando a atividade normalmente desenvolvida pelo autor do dano implicar, por sua natureza, risco para os direitos de outrem (Código Civil, art. 927, parágrafo único).

Além de outras disposições especiais, já arroladas no Capítulo anterior, a presença de uma norma com as características acima exige que uma obra destinada à *responsabilidade civil* cogite de forma específica à *teoria do risco* desenvolvendo as suas linhas mestras, e mencionando as perspectivas de seu desenvolvimento em futuro mais ou menos próximo.

224. A fim de melhor apresentar em suas linhas estruturais a teoria do risco, cumpre cuidar em sinopse apertada das diversas modalidades que a seu turno inspiraram os autores, gerando nos seus vários aspectos o que, de forma realmente exagerada, proporcionou a formação de subespécies intitulando-as como se fossem outras tantas teorias, e que levaram muitas vezes a desacreditar a concepção objetiva da responsabilidade civil: risco integral, risco proveito, risco profissional, risco criado[7].

---

[4] Alvino Lima. *Da culpa ao risco*. Tese ulteriormente reeditada sob a epígrafe *Culpa e risco*. São Paulo: Revista dos Tribunais, 1963.
[5] Wilson Melo da Silva. *Responsabilidade sem culpa*.
[6] Aguiar Dias. *Da responsabilidade civil*. Rio de Janeiro: Forense, 1994.
[7] Caio Mário da Silva Pereira. *Instituições de Direito Civil*. Cit. v. 3, n. 282.

No primeiro plano, e forte em concepção filosófica mais ampla, emerge a ideia de que a responsabilidade civil não deve assentar em um conceito positivo. Abolindo a ideia de culpa, proclama-se que qualquer fato, culposo ou não culposo, deve impor ao agente a reparação desde que cause um dano. Trata-se de uma tese puramente negativista. Não cogita de indagar como ou porque ocorreu o dano. É suficiente apurar se houve o dano, vinculado a um fato qualquer, para assegurar à vítima uma indenização. É a denominada doutrina do *risco integral*, que no campo do direito privado não fez escola, uma vez que os mais extremados objetivistas, procuram sempre subordinar a ideia de ressarcimento a um critério que retire o princípio da responsabilidade civil do universo incontrolável do ambiente aleatório. Sujeitando-se por isto às críticas mesmo dos partidários do risco, não prosperou no direito privado. Subsiste, contudo, no direito público ou da responsabilidade civil do Estado, com apoio em Pedro Lessa, em Amaro Cavalcanti, em Orozimbo Nonato, e que desenvolvi em minhas *Instituições de Direito Civil*, v. I, n. 116, e constitui objeto do Capítulo X, *supra*. Seu suporte no direito positivo é a disposição constitucional (*Emenda* n. 1 de 1969, art. 107; Constituição de 1988, art. 37, § 6º).

225. Outro aspecto, ou outra subespécie é *risco profissional* que não cogita da ideia de culpa, e sujeita o empregador a ressarcir os acidentes ocorridos com seus empregados, no trabalho ou por ocasião dele, e que em nosso direito repousa na legislação especial, a que já aludi em o Capítulo XVIII, *supra*.

226. Encontrou enorme repercussão a teoria do *risco proveito* (ver o Capítulo XVIII, supra), cujo suporte doutrinário é a ideia de que é sujeito à reparação aquele que retira um proveito ou vantagem do fato causador do dano – *ubi emolumentum, ibi onus*. A ideia, aparentemente sedutora, esbarra em uma indagação conceitual que dispersa os expositores. É o que os Mazeaud resumem em uma indagação capital: que se deve entender como "proveito"? Noutros termos, em que casos ou em que condições se pode dizer que "uma pessoa retira um proveito de sua atividade"? Em resposta, eles mesmos argumentam que compreendida a expressão em sentido amplo, a "teoria do risco proveito é puramente negativa; ela se confunde com a teoria integral do risco"[8]. *Lato sensu*, esta doutrina poderia compreender qualquer atividade, pois que somente um insensato, como objeta Savatier[9], realiza atos sem ser guiado por um interesse de cunho pecuniário ou moral. Para colocar a teoria num terreno mais realista, cumpriria entender o vocábulo "proveito" em acepção mais restrita, a saber: aliada a uma "fonte de riqueza"[10], ou em contraposição ao funcionamento de um organismo capaz de gerar prejuízo (Josserand).

---

[8] Mazeaud e Mazeaud. *Responsabilité civile*. Cit. n. 349.
[9] Savatier. *Responsabilité civile*. Paris: Librairie Générale de Droit et de Jurisprudence, 1939. v. 1, n. 274.
[10] Mazeaud e Mazeaud. *Responsabilité Civile*. Cit.

Neste sentido, a responsabilidade assente na teoria do *risco proveito* ficaria restrita aos comerciantes ou industriais, o que lhe retiraria o valor de fundamento da responsabilidade civil porque restringiria sua aplicação a determinadas classes, uma vez que somente seriam responsáveis aqueles "que tiram proveito da exploração de uma atividade" (Mazeaud).

Quando se procura adentrar no âmago da teoria, encontra-se a dúvida levantada por Wilson Melo da Silva ao indagar como se conceituar o *proveito*: "de maneira ampla, envolvendo toda espécie de ganho ou, de maneira estrita, implicando apenas ganhos de natureza econômica"[11]. Como que respondendo à indagação, Bach proclama que a noção de "proveito" é, em verdade, "uma noção econômica". Numa espécie de demonstração de sua insuficiência para fundamentar a responsabilidade civil, o autor lembra a situação dos pais pelo fato de seus filhos menores; a dos comitentes quando os tribunais acreditam poder encontrar as condições e um vínculo familiar ou puramente afetivo; a do proprietário de um automóvel que recorria aos serviços benévolos de uma pessoa de suas relações; ao caso de responsabilidade pelo fato das coisas, quando a coisa causadora do dano não é fonte de ganho[12].

Mais longe vão ainda Malaurie e Aynès, quando sugerem que o alcance prático da teoria pode levar a uma comparação do proveito que cada um dos participantes extraiu de sua atividade; desta sorte, "permite atribuir a responsabilidade àquele que obtém o proveito mais elevado"[13].

227. Na concepção particular de alguns, como Starck, o problema da responsabilidade civil não deve ser colocado nem no plano da culpa, nem do risco, porém na ideia de garantia[14]. O que parece a Starck é que toda ideia de responsabilidade civil está presa a que uma pessoa é obrigada a indenizar a vítima "ou porque cometeu uma falta", ou, então, "porque tira proveito do ato praticado". Isto, porém, é inexato. É preciso, diz ele, "integrar um terceiro fator na equação, o da *seguridade da vítima*, de seus próprios direitos e liberdades". Para melhor fixar o conceito de responsabilidade civil é preciso não esquecer que a atividade humana "não se exerce em uma ilha deserta, porém em um meio social, e que os homens são investidos não somente de diversas liberdades de ação, mas também do direito de desfrutar pacificamente de sua vida e de seus bens". Todo mundo admite, acrescenta Starck,

---

[11] Wilson Melo da Silva. *Responsabilidade sem culpa*. Belo Horizonte: Bernardo Alvares, 1962. n. 27, p. 59.
[12] Eugène Louis Bach. Réflexions sur le problème du fondement de la responsabilité civile en Droit français. In: *Revue Trimestrielle de Droit Civil*. Paris: Dalloz, 1977. p. 229.
[13] Philippe Malaurie e Laurent Aynès. *Droit Civil, les obligations*. Cit. n. 40, p. 41.
[14] E é este propriamente o título de sua tese: Boris Starck. *Essai d'une théorie de la responsabilité civile considérée en sa fonction de garantie et de peine privée*. Paris: L. Rodstein,1947.

que a culpa ou o risco não bastam para criar a responsabilidade; um dano é necessário também. Hoje em dia, os danos causados a outrem "não deixam aparecer a culpabilidade do autor". O que se defronta "são os direitos de uma e de outra parte, que entraram em conflito". Para resolvê-lo, é indispensável estabelecer entre eles uma certa hierarquia. "A ordem e a paz social estão neste preço". A ação "é a lei do homem, mas a necessidade de segurança é então seu instinto de conservação". Não cabe, portanto, opor a *liberdade à seguridade*. "Estudar a responsabilidade sob o ângulo de um conflito de direitos opondo o autor do dano e a vítima, para o efeito de saber em que medida a ordem jurídica positiva garante aos homens suas liberdades e sua seguridade, tal é o objeto próprio da teoria da garantia" (este é o resumo apertado da ideia básica da tese de Starck, exposta às pp. 37 a 43 do mencionado livro).

No desenvolvimento da teoria, advertem os autores que o direito à seguridade integra o complexo de faculdades que a vida social há de oferecer ao indivíduo. A fim de assegurá-lo, há de existir em proveito da vítima uma garantia objetiva, sem que seja necessário evidenciar que o autor do dano cometeu uma falta. A doutrina da garantia "tende a imaginar direitos subjetivos novos e mais abrangentes do que poderá oferecer a doutrina subjetiva". Por outro lado, se a doutrina da garantia exerce controle sobre os excessos que a teoria objetiva pode proporcionar, por outro lado abriga com maior exatidão a reparação do dano moral[15].

Embora ofereça aspectos positivos, a doutrina da garantia não encontra correspondência na prática, tendo em vista que aos tribunais faltará um critério para sopesar de que maneira os inconvenientes excessivos da vizinhança (por exemplo) não se convertam em direito de prejudicar reconhecido ao autor do dano (Starck). Na realidade, como o resume o próprio Starck, a *teoria da garantia* pretende que o fundamento da responsabilidade sem culpa reside em que, todos os casos em que o legislador ou a jurisprudência condene o autor do dano a repará-lo, com abstração da culpabilidade, o dano sofrido constitui um atentado aos direitos da vítima, protegidos por si mesmos, como o é o direito de propriedade, o direito ao nome, os direitos à "propriedade intelectual", e bem assim outros direitos objetivamente assegurados, independentemente da culpa do defendente[16].

228. No campo da responsabilidade objetiva insere-se a teoria dos *atos anormais*. Seu fundamento é a distinção entre o *ato normal* e o *ato anormal*, somente este último criando a responsabilidade civil de quem o pratica. Para fazê-la, é de se estabelecer o que Demogue entende (invocando Durkheim) um tipo social

---

[15] Cf. Alex Weill e François Terré. *Droit Civil, les obligations*. Paris: Dalloz, 1972. n. 592, p. 606.
[16] Boris Starck. Domaine et fondement de la responsabilité sans faute. In: *Revue Trimestrielle de Droit Civil*. Paris: Dalloz, 1958. p. 502.

representativo do padrão médio da sociedade. Na sua aparente simplicidade, a teoria vai enfrentar o problema da caracterização da *anormalidade* do ato, ou no estabelecimento de uma barreira separando um do outro.

Os irmãos Mazeaud, com um exemplo e uma pergunta projetam esta diferença: "o fato de circular em um automóvel é anormal?". Penetrando na análise do ato, defendem que "anormal" é um ato em si mesmo "perigoso"[17]. E os mesmos autores, em seu curso, proclamam que tal distinção, em definitivo, vai ter na pesquisa se o ato é ou não culposo[18]. Tal concepção representa uma curva de cento e oitenta graus: procurando contraditar a doutrina subjetiva, acaba por assentar a responsabilidade civil em um suporte que é a sua essência mesma. Objeta, entretanto, Gaudemet que, se a vítima tem de provar o caráter anormal do ato, não se retorna à concepção clássica da culpa, de que difere em dois pontos: A) A culpa clássica supõe um ato ilícito, enquanto que o ato socialmente anormal não é aquele que se cumpre na conformidade do estado atual dos usos e costumes. B) A culpa clássica supõe elementos subjetivos, enquanto que o ato anormal aprecia-se objetivamente, independentemente de toda consideração relativa à vontade ou ao estado de espírito de seu autor[19].

229. Das modalidades de risco, eu me inclino pela subespécie que deu origem à teoria do *risco criado*. Como já mencionei (Capítulo XVIII, *supra*), ao elaborar o Projeto de Código de Obrigações de 1965, defini-me por ela, no que fui seguido pelo Código Civil. Depois de haver o art. 927 deste Código enunciado o dever ressarcitório fundado no conceito subjetivo, seu parágrafo único esposa doutrina do risco criado, a dizer que, independentemente da culpa, e dos casos especificados em lei, haverá obrigação de reparar o dano "quando a atividade normalmente desenvolvida pelo autor do dano implicar, por sua natureza, risco para os direitos de outrem"[20].

Apreciando a matéria em termos genéricos, Serpa Lopes considera esta concepção de maior amplitude do que a do risco proveito, dizendo: "Pelo próprio fato de agir, o homem frui todas as vantagens de sua atividade, criando riscos de

---

[17] Mazeaud e Mazeaud. *Responsabilité civile*. Cit. n. 348.
[18] Mazeaud, Mazeaud e Mazeaud. *Leçons de Droit Civil*. Paris: Montchrestien, 1955. v. 2, n. 430.
[19] Eugène Gaudemet. *Théorie générale des obligations*. Paris: Librairie du Recueil Sirey, 1937. p. 313.
[20] Na jurisprudência, a doutrina do risco criado também encontra aplicação. Ilustrativamente, v. STJ, 4ª T., REsp 1.308.438, Rel. Min. Luis Felipe Salomão, julgado em 27.08.2013; STJ, 3ª T., AgRg no AREsp 72.790, Rel. Min. Sidnei Beneti, julgado em 22.05.2012; STJ, 2ª T., REsp 1.140.387, Rel. Min. Herman Benjamin, julgado em 13.04.2010; STJ, 2ª T., REsp 669.258, Rel. Min. Humberto Martins, julgado em 27.02.2007; TJ/RJ, 16ª CC, Ap. Cív. 0002868-88.2007.8.19.0037, Rel. Des. Marco Aurélio Bezerra de Melo, julgado em 04.08.2015.

prejuízos para os outros de que resulta o justo ônus dos encargos"[21]. Na opinião de Bach a teoria do risco criado desperta duas tentativas intelectuais diferentes, posto que interligadas: a utilidade social do princípio segundo o qual quem causa um dano a outrem deve repará-lo independentemente da ideia de culpa; a segunda aproximada do proveito. No primeiro caso, cabe à vítima provar o vínculo de causalidade entre a atividade do agente e o dano causado. Neste caso, acrescenta ele, o risco é uma resposta de ordem geral às *condições desejáveis* da responsabilidade civil[22].

De logo, é de se extremar a teoria do *risco criado* relativamente ao *risco proveito* e a dos *atos anormais*. Em relação à teoria do *risco proveito*, a distinção é que nela se não cogita do fato de ser o dano correlativo de um proveito ou vantagem para o agente. É óbvio que se supõe que a atividade pode ser proveitosa para o responsável. Mas não se subordina o dever de reparar ao pressuposto da vantagem. O que se encara é a atividade em si mesma, independentemente do resultado bom ou mau que dela advenha para o agente, o que será analisado em seguida. Em relação à teoria dos *atos anormais*, embora se objetive a atividade em si mesma, não há mister qualificá-la sob esse aspecto. Uma *atividade anormal* sem dúvida fundamentará a obrigação de indenizar. Não é, porém, dependente esta da anormalidade do ato. Uma atividade normal, exercida por alguém, pode ser a causa da reparação, desde que em si mesma cause dano à vítima. A ideia fundamental da *teoria do risco* pode ser simplificada, ao dizer-se que "cada vez que uma pessoa, por sua atividade, cria um risco para outrem, deveria responder por suas consequências danosas". Vai nisto um problema de *causalidade*. "Se se pretende que cada um suporte as consequências de sua atividade, é ainda preciso que o dano seja causado por ela: uma atividade obrigaria a reparar um dano, não na medida em que seja culposa, porém na medida em que ela foi causal"[23].

A teoria do *risco criado* importa em ampliação do conceito do *risco proveito*. Aumenta os encargos do agente; é, porém, mais equitativa para a vítima, que não tem de provar que o dano resultou de uma vantagem ou de um benefício obtido pelo causador do dano. Deve este assumir as consequências de sua atividade. O exemplo do automobilista é esclarecedor: na doutrina do risco proveito a vítima somente teria direito ao ressarcimento se o agente obtivesse proveito, enquanto que na do risco criado a indenização é devida mesmo no caso de o automobilista estar passeando por prazer[24].

A teoria do risco criado foi adotada pelo parágrafo único do art. 927 do Código Civil, atribuindo-se àquele que cria risco elevado de dano com sua atividade o ônus de arcar com os prejuízos por ela causados, independentemente de ter incorrido

---

[21] Serpa Lopes. *Curso de Direito Civil*. Rio de Janeiro: Freitas Bastos, 1960. v. 5, n. 155.
[22] Eugène Louis Bach. Réflexions sur le problème du fondement de la responsabilité civile en Droit français. In: *Revue Trimestrielle de Droit Civil*. Cit. p. 229.
[23] Philippe Malaurie e Laurent Aynès. *Droit Civil, les obligations*. Cit. n. 39, p. 41.
[24] Cf. Alex Weill e François Terré. *Droit Civil, les obligations*. Cit. n. 590, p. 605.

ou não em culpa. Desse modo, o agente internaliza o custo em sua atividade de risco, preservando-se a posição da vítima, em homenagem ao princípio da solidariedade social.

230. Uma vez definida a tendência de nosso direito positivo pela teoria do risco criado, na perspectiva de sua convivência com a doutrina subjetiva (*Projeto de Código de Obrigações de 1965*, art. 872; Código Civil, art. 927 e seu parágrafo único) cumpre estabelecer os *requisitos* da responsabilidade civil, dentro deste contexto.

Desde logo exclui-se a ideia de *anormalidade* do ato danoso, uma vez que o Código cogita de vincular a obrigação ressarcitória a uma "atividade normalmente desenvolvida" pelo causador do dano.

Encarada, pois, a questão sob esse aspecto, ou seja, tendo em vista tratar-se de *ato normal*, o que se leva em conta, no primeiro plano, é que a vítima não necessita de provar se o agente estava ou não estava no exercício de sua atividade habitual, ou se procedia dentro dos usos e costumes do ambiente social em que opera.

Por outro lado, descabe para o causador do dano a escusativa de não haver incidido em um comportamento excessivo.

A eliminação destas qualificações retira, portanto, a doutrina do risco criado de qualquer influência da teoria subjetiva.

O primeiro requisito do dever de indenizar, dentro da teoria do risco criado é o dano. A este propósito, é totalmente construtiva e útil a invocação do que a propósito deste elemento – dano – se diz na teoria subjetiva. O fator dano não difere nos seus lineamentos básicos do que a seu propósito todos os autores se referem. E não há mister deter-me sobre ele, podendo conseguintemente reportar-me ao que desenvolvi em o Capítulo XVIII, *supra*, e ainda no Capítulo IV.

Quem postula uma reparação deve provar a existência de um dano, pois que, na conformidade do que já explanei, o princípio da responsabilidade civil resta como enunciado abstrato, ou caracterizado como mera potencialidade enquanto se não concretiza o prejuízo, que justifica a sua invocação, e o converta em direito da vítima e em dever do agente.

Onde se apresenta o elemento específico da doutrina do risco criado é na eliminação do elemento subjetivo, e aí é que se extrema a doutrina objetiva. Se é certo que na teoria da culpa é fundamental verificar a existência do erro de conduta ou infração de uma norma preexistente, na doutrina do risco este fator é ausente. Não há cogitar do bom ou mau comportamento do agente. O que se evidencia é o fato do agente, causador do prejuízo.

É, então, que eclode o segundo e substancial requisito da responsabilidade civil na doutrina do *risco criado*. E este fator assume o caráter de uma *relação de causalidade*. Os autores exprimem-no, a dizer haverá indenização se o dano for causado pela *atividade do agente*. Nesta apuração, cumpre extremá-la da doutrina subjetiva: se nesta a reparação é devida à atividade "culposa" do autor do dano, na doutrina objetiva elimina-se a qualificação culposa da atividade.

O elemento assim visado deve ser determinado em função de ser em decorrência da atividade (ainda que normal) do agente. É preciso, então, como dizem Malaurie e Laurent determinar a "função causal" de cada uma das atividades, do autor e da vítima do dano, o que de certo modo não é possível. Onde se situa, portanto, a presença deste elemento é na comprovação de que "o dano deve-se deduzir de uma apreciação objetiva das circunstâncias do acidente"[25].

Neste ponto, duas distinções necessariamente têm de ser feitas. De um lado, o que sobreleva é a função econômica da atividade, como se exprime Veniamin, para extremar a responsabilidade dentro da doutrina do risco, em relação à teoria subjetiva. Nesta, deixa-se de considerar o fator econômico para se cogitar do comportamento do agente; na doutrina objetiva, não há cogitar da contraveniência a uma norma preestabelecida, porém analisa-se a atividade do agente, indagando se o dano foi causado em razão dela, para se concluir que o risco oriundo dessa atividade é o suficiente para estabelecer o dever de reparar o prejuízo[26]. A maior parte dos arestos, diz ele, tem em vista a presunção da má escolha ou falta de vigilância por parte do agente; a doutrina tradicional obriga a reparação ainda nos casos em que não se pôde impedir o mal. A culpa não se concebe fora da pessoa do autor. Esta concepção, raciona Veniamin, "vai de encontro aos dados da vida econômica, que impõe fundar este domínio da responsabilidade civil sobre a ideia do risco, mas ela é também moral. Presumir um indivíduo em culpa e condená-lo por este fundamento sem lhe permitir prova contrária é impedir todo exame de consciência" (p. 428).

De outro lado, muito embora a ideia de proveito haja influenciado de maneira marcante a teoria do risco, a meu ver é indispensável eliminá-la, porque a demonstração, por parte da vítima, de que o mal foi causado não porque o agente empreendeu uma atividade geradora do dano, porém porque desta atividade ele extraiu um proveito, é envolver, em última análise, uma influência subjetiva na conceituação da responsabilidade civil.

Veja-se, por exemplo, a responsabilidade civil pelo fato das coisas inanimadas. No direito francês, com todas as influências da doutrina subjetiva, a pressão dos fatos econômicos foi tal que o império de uma concepção puramente subjetiva parece ter diminuído (diz Veniamin); a evolução da jurisprudência nessa matéria correspondia sem dúvida às necessidades da vida econômica moderna (p. 437).

230-A. Ao estudar os extremos da responsabilidade civil, dediquei, como tantos outros, um Capítulo ao exame da relação de causalidade (Capítulo VI, *supra*), entre a culpa e o dano.

---

[25] Philippe Malaurie e Laurent Aynès. *Droit Civil, les obligations*. Cit. n. 39, p. 41.
[26] Virgile L. Veniamin. *Essai sur les donnés économiques dans l'obligation civile*. Paris, 1931.

A mesma ideia há de subsistir ao cogitar agora da doutrina do risco criado. O fenômeno é, em tese, o mesmo. Como se expressa Rodière, "todo sistema de responsabilidade requer uma relação de causa e efeito". Mas é aí que surge a diferenciação, que o mestre assinala, entre as duas doutrinas: "Se é fundado na culpa, o vínculo deve unir a culpa ao dano sofrido; se é fundado no risco, o vínculo deve conduzir do fato gerador do risco ao dano cuja reparação é pleiteada"[27]. Com efeito, acrescenta ele, nossa mentalidade lógica, em oposição a dos primitivos, "impõe-nos como uma necessidade inelutável que o efeito danoso somente pode ser reparado pelo autor de um fato antecedente". Para satisfação deste impulso necessário o jurista responde com a determinação de uma exigência causal[28].

Assentando, então, a responsabilidade civil na teoria do risco criado, a mesma ideia de causalidade, que traz um fundamento filosófico, sobrevive. Mas aqui variam os dados do problema. Não é uma relação de causalidade entre o dano e o erro de conduta. Mas não é, também, um vínculo causal entre um fato qualquer e o dano; ou entre um proveito ou vantagem do agente e o prejuízo causado.

O que predomina na doutrina do risco criado é a relação causal entre o dano sofrido pela vítima e a atividade desenvolvida pelo causador do dano. E isto ocorre tanto na responsabilidade pelo fato próprio, como por fato alheio, como ainda quando se cogita da responsabilidade pelo fato das coisas inanimadas.

Na responsabilidade pelo fato próprio, dentro da doutrina subjetiva, o vínculo causal vai procurar suporte no art. 186 do Código Civil. O procedimento injurídico de um indivíduo gera o dever de indenizar; é a culpa o fundamento da responsabilidade civil. Na teoria do risco criado, prescinde-se da ideia de culpa ou de violação de uma norma preexistente. O que fundamenta a obrigação de reparar o dano é a existência de uma atividade desenvolvida ou posta em jogo por alguém que causa a obrigação de ressarcir, quando essa atividade por si mesma, e independentemente de todo fator anímico, traz o efeito danoso.

Na responsabilidade por fato alheio é ainda mais fácil fundar a responsabilidade na teoria do risco criado, porque toda a fenomenologia desfechada no art. 932 já encontrou seus rumos evolutivos sem a preocupação de determinar a culpa do obrigado a reparar o dano. Sem necessidade de retornar ao assunto, já devidamente estudado no lugar próprio (Capítulo VII, *supra*), é bastante recordar as hipóteses previstas no referido artigo.

Nessa direção, o Superior Tribunal de Justiça, seguindo a orientação do Código Civil de 2002, passou a dispensar a demonstração de culpa para a atribuição da responsabilidade por fato de terceiro, com fundamento na teoria da responsabilidade objetiva[29].

---

[27] René Rodière. *La responsabilité civile*. n. 1.612, p. 230.
[28] René Rodière. *La responsabilité civile*. Cit. n. 1.612, p. 230.
[29] STJ, 3ª T., REsp 1.433.566/RS, Rel. Min. Nancy Andrighi, julgado em 23.05.2017.

Como ficou estabelecido, com fundamento na tese sustentada por Aguiar Dias, o que é preciso aceitar, entre nós, é a presunção de causalidade. Entre o fato dos filhos, dos pupilos, dos curatelados, do empregado, relativamente à responsabilidade dos pais, dos tutores, dos empregadores, não se cogita de indagar se houve um comportamento culposo, porém se ocorreu uma atividade, e em consequência dela houve um dano. Em tal havendo, advém a responsabilidade.

231. Na teoria esposada pelo Código Civil, a responsabilidade civil não se restringiu à conceptualística da culpa nem abraçou na sua totalidade a ideia do risco. Ao revés, o que era de se prever – e que de fato aconteceu no Código Civil – era a associação dos conceitos, da culpa e do risco, tal como lancei em meu Projeto de Código de Obrigações de 1965, e defendi em o Capítulo XVIII, *supra*.

Diante da alteração, tem-se a responsabilidade por fato de terceiro na linha do que foi desenvolvido em Capítulo referido, evidentemente influenciado pela teoria do risco criado, em todas as situações de sua incidência.

Onde mais sensivelmente ocorre é na responsabilidade dos empregadores ou comitentes, relativamente aos fatos dos empregados ou prepostos. É aí, e muito particularmente na responsabilidade das pessoas jurídicas, que mais de perto se faz sentir a teoria do risco criado.

Todo aquele (pessoa física ou jurídica) que empreende uma atividade que, por si mesma, cria um risco para outrem, responde pelas suas consequências danosas a terceiros. Não haverá cogitar se houve um procedimento do comitente na escolha ou na vigilância do preposto, isto é, faz-se abstração da culpa *in eligendo* ou *in vigilando*. Não haverá, também, de indagar se o empregado procedeu culposamente, para que o empregador responda pelos danos que cause a terceiros.

O Superior Tribunal de Justiça, ao examinar a responsabilidade do empregador pelos atos do empregado, recorre também à chamada teoria da substituição, segundo a qual o empregado ou preposto representa seu empregador ou aquele que dirige o negócio, atuando como sua *longa manus* e substituindo-lhe no exercício das funções que lhes são próprias[30].

Por outro lado, não cabe apurar se a atividade do proponente (pessoa física ou jurídica) auferiu um proveito da atividade que empreendeu. Ter-se-á, apenas, de verificar a existência da atividade em si mesma, para daí extrair a consequência ressarcitória.

---

[30] STJ, 3ª T., REsp 1.433.566/RS, Rel. Min. Nancy Andrighi, julgado em 23.05.2017.

O conteúdo da "atividade de risco" referida no parágrafo único do art. 927 do Código Civil, por ser um conceito aberto, precisa ser esclarecido pela doutrina e jurisprudência. Registre-se, nessa linha, o Enunciado n. 448 da V Jornada de Direito Civil, de 2012, que pretendeu dar um norte à questão: "A regra do art. 927, parágrafo único, segunda parte, do CC aplica-se sempre que a atividade normalmente desenvolvida, mesmo sem defeito e não essencialmente perigosa, induza, por sua natureza, risco especial e diferenciado aos direitos de outrem. São critérios de avaliação desse risco, entre outros, a estatística, a prova técnica e as máximas de experiência".

No que tange à atividade de instituições financeiras, o STJ considera que a responsabilidade pelos danos causados por fraudes ou delitos praticados por terceiros decorre do risco do empreendimento, que, por caracterizar fortuito interno, deflagra a responsabilização objetiva da instituição[31]. Nessa direção, a Súmula n. 479 do STJ: "As instituições financeiras respondem objetivamente pelos danos gerados por fortuito interno relativo a fraudes e delitos praticados por terceiros no âmbito de operações bancárias".

Em recente precedente, contudo, o STJ afastou a responsabilidade de instituição financeira em hipótese em que a operação fraudulenta foi arquitetada por preposto da suposta vítima. Segundo a Corte Superior, faz-se necessário distinguir tal hipótese para fins de incidência da Súmula n. 479 do STJ, tendo em vista "a culpa exclusiva da vítima, notadamente porque o procedimento escuso fora cometido por funcionário/preposto da própria pessoa jurídica".[32]

Da mesma forma, em relação à atividade exercida por empresa de ônibus, o STJ entende que os acidentes ocorridos em autoestradas, mesmo que por culpa exclusiva de terceiros, configuram fortuitos internos, incapazes, como tal, de afastar a responsabilidade civil do transportador[33].

232. Cabe, todavia, não levar ao extremo de considerar que todo dano é indenizável pelo fato de alguém desenvolver uma atividade. Aqui é que surge o elemento básico, a que já acima me referi: a relação de causalidade. Da mesma forma que, na doutrina subjetiva, o elemento causal é indispensável na determinação da responsabilidade civil, também na doutrina objetiva fenômeno idêntico há de ocorrer. A obrigação de indenizar existirá como decorrência natural entre o dano e a atividade criada pelo agente. O vínculo causal estabelecer-se-á entre uma e outro. Num dos extremos está o dano causado. No outro, a atividade do agente causadora do prejuízo.

---

[31] STJ, 3ª T., AgInt no AREsp 1.061.237, Rel. Min. Marco Aurélio Bellizze, julgado em 27.06.2017.
[32] STJ, 4ª T., REsp 1.463.777/MG, Rel. Min. Marco Buzzi, julgado em 13.10.2020.
[33] STJ, 3ª T., AgRg nos EDcl no REsp 1.318.095/MG, Rel. Min. Sidnei Beneti, julgado em 19.06.2012.

Como já se procurou demonstrar, no âmbito da responsabilidade objetiva o nexo de causalidade assume particular relevo, a evitar exageros na aplicação da teoria do risco (v. item 64, *supra*)[34].

Quando se recorre à teoria do risco nas diversas aplicações práticas que pode comportar, salientam-se algumas circunstâncias particularmente apreciáveis. Na situação mais comum da preposição, a ideia ocorrente à primeira vista é a relação de emprego, ou em termos gerais a existência de um contrato entre o comitente e o preposto. Mas nem sempre isto ocorre. Não elimina a ideia de preposição, e, portanto de vínculo causal, o fato de uma pessoa assumir situações geradoras de risco criado, sem a ocorrência de uma relação contratual. Rodière lembra o caso de um amigo, ou mesmo da esposa, a quem o automobilista confia a direção do veículo. Acrescenta, então, que a preposição é uma situação de direito resultante de fatos e não necessariamente de atos jurídicos[35].

233. Tem surgido na atualidade a ideia de *socialização dos riscos*, cujo aparecimento obedece a três etapas de desenvolvimento, a que aludem Malaurie e Aynès. Numa *primeira fase*, ocorre a extensão da responsabilidade pela prática do seguro que distribui o risco entre os segurados: "o seguro é a complementação da responsabilidade". Na *segunda fase* a socialização dos riscos é assegurada diretamente pela seguridade social, a cargo de organismos coletivos que assumem os riscos sociais: "a responsabilidade é o complemento da seguridade social". Na terceira fase, a vítima somente pode reclamar da seguridade social que não obtém reembolso contra o responsável. "A repartição coletiva dos riscos exclui, então, a responsabilidade"[36].

Animada dessas ideias, Geneviève Viney, que tantas vezes tenho invocado em seu volume (*Les Obligations*) no *Traité de Droit Civil* sob a direção de Jacques Ghestin, escreveu alentado volume sob o título "*Le déclin de la responsabilité individuelle*"[37]. No prefácio com que o abre, André Tunc admite que a responsabilidade individual entrou em declínio. Partindo de que os autores do Código Civil assentaram que a culpa "provada ou presumida devia normalmente ser o critério da reparação de um

---

[34] Sobre o tema, v. Gisela Sampaio da Cruz. O problema do nexo causal na responsabilidade civil. Rio de Janeiro: Renovar, 2005; Gustavo Tepedino; Aline de Miranda Valverde Terra; Gisela Sampaio. Fundamentos do direito civil. 2. ed. Rio de Janeiro: Forense, 2021. v. 4, p. 83-103; Gustavo Tepedino. Nexo de causalidade: conceito, teorias e aplicação na jurisprudência brasileira. In: Otavio Luiz Rodrigues Junior, Gladston Mamede, Maria Vital da Rocha (orgs.). *Responsabilidade civil contemporânea*. São Paulo: Atlas, 2011. pp. 106-119.

[35] René Rodière. *La responsabilité civile*. Cit. n. 1.474-1, p. 105.

[36] Philippe Malaurie e Laurent Aynès. *Droit Civil, les obligations*. Cit. n. 37, p. 39.

[37] Geneviève Viney, que tantas vezes tenho invocado em seu volume (*Les obligations*), no *Traité de Droit Civil* sob a direção de Jacques Ghestin, escreveu alentado volume sob o título "*Le déclin de la responsabilité individuelle*".

dano causado" reconhece que o movimento piedoso, a partir do século passado, engendrou a ideia de que a vítima seja parcialmente indenizada por outrem – a seguridade social. Daí entender que o conceito de "socialização" parece impor "uma revisão total do direito da responsabilidade civil". Embora admita ser "difícil subscrever sem reserva a conclusão fundamental da obra", considera a contribuição da autora uma valiosa contribuição para a solução do problema da reparação do dano, cada vez mais premente na sociedade moderna.

O livro de Genéviève Viney, rico de conceitos e de análises de situações concretas e arestos das cortes francesas, chega todavia à conclusão que vai aqui resumida. Mostra ela que até o fim do século XIX a responsabilidade civil guardava o monopólio da reparação dos danos, para a qual mecanismos de indenização coletiva lhe faziam concorrência. Na época contemporânea esta preeminência foi rebaixada pela aparição e o desenvolvimento rápido das técnicas de socialização dos riscos, ulteriormente duplicada de prerrogativas destinadas à sanção dos atos danosos. Numa visão otimista da realidade contemporânea, preconiza orientar diretamente a fase de responsabilidade individual para a sanção e a prevenção das faltas[38].

No mesmo rumo da seguridade social, Wilson Melo da Silva, em seu grande livro *Responsabilidade sem culpa*, depois de desenvolver as doutrinas conhecidas, chega à conclusão subordinada ao conceito da "socialização dos riscos" que ele entende ser o que "melhor atende aos reais reclamos da consciência coletiva"[39]. Observa que, como consequência da objetivação da culpa, e paralelamente com ela, os seguros de responsabilidade foram se ampliando[40]. Numa visão futurológica, antevê que "nesse futuro remoto ou próximo, a socialização dos riscos, sem dúvida deverá ir produzindo, na responsabilidade civil, todos aqueles bons frutos que, dela, seria lícito esperar"[41]. E encerra a sua obra considerando que "a socialização dos riscos, pois, oferece perspectivas promissoras"[42].

234. Sem dúvida, é notória a tendência moderna no sentido da cobertura da reparação dos danos por via de mecanismos que a desviam da responsabilidade individual. O mais antigo, entre nós, e de maior amplitude, é sem dúvida a legislação sobre acidentes no trabalho, transferindo da responsabilidade do empregador a reparação do dano. O seguro obrigatório acoplado ao licenciamento do veículo automotor. O seguro das empresas aéreas na cobertura dos acidentes pessoais e nos casos de perda ou extravio de bagagens dos passageiros. A par do seguro de vida, que tem sofrido o impacto da corrosão inflacionária, prosperou o mecanismo

---

[38] Genéviéve Viney. Cit. pp. 380-385.
[39] Wilson Melo da Silva. *Responsabilidade sem culpa*. Cit. n. 119.
[40] Wilson Melo da Silva. *Responsabilidade sem culpa*. Cit. n. 120.
[41] Wilson Melo da Silva. *Responsabilidade sem culpa*. Cit. n. 123.
[42] Wilson Melo da Silva. *Responsabilidade sem culpa*. Cit. n. 124, p. 203.

do seguro de saúde objeto de contratação individual. Recebeu enorme difusão o seguro coletivo promovido pelas empresas em prol de seus servidores, através de critério de contribuição módica que pouco ou quase nada pesa no salário.

235. Não obstante o que há de sedutor nos programas de socialização dos riscos, o princípio da responsabilidade civil sobrevive, e não há perspectiva de sua abolição. Como por várias vezes tenho repetido, o fundamento na teoria da culpa deixou de atender às exigências sociais, deixando em grande número de vezes a vítima ao desamparo. Foi nesse propósito que prosperou a doutrina do risco.

Não se deve entender, todavia, que se substitui integralmente por ela a concepção subjetiva da responsabilidade civil. Dizem-no em termos muito precisos Malaurie e Aynès: "Hoje, é unanimemente admitido que o risco não é um princípio geral de responsabilidade substituindo a culpa: resta a saber como ele se combina com ela"[43]. Na explicação, formulam eles uma espécie de "hierarquia": o risco seria um princípio autônomo, porém inferior à culpa. Ou, como se exprime Savatier: "Se uma responsabilidade fundada no risco se justifica perfeitamente em direito moderno, não se lhe deve atribuir uma função única, nem mesmo prioritária". Em seguida: "a responsabilidade fundada na culpa tem esta virtude essencial de fazer eco à liberdade humana, de entreter no homem a consciência de seu interesse primordial de bem usar esta liberdade, suportando as sanções em que incorre quando a utiliza mal, negligentemente ou imprudentemente"[44].

Passado cerca de um século das teses de Saleilles e Josserand, e da penetração da doutrina objetiva na responsabilidade civil, cumpre voltar as vistas para a teoria subjetiva, e meditar se deve ser abolida a culpa no dever de reparação do dano causado, ou, ao revés, se deve ser mantida como seu elemento ontológico.

No plano do direito positivo, a sua subsistência é uma realidade. O Código Napoleão, com todo o esforço jurisprudencial que o tem mantido em plena atualidade, e com todos os impactos legislativos que o têm modernizado, ostenta na base da responsabilidade civil o art. 1.382. Sobre o Código Civil brasileiro tem passado o permanente sopro de renovação. Não obstante numerosas disposições que consagram a doutrina do risco (ver Capítulo XVIII), a culpa sobrevive no Anteprojeto de Código de Obrigações de 1941; no meu Projeto de Código de Obrigações de 1965; no Projeto de Código Civil de 1975 e, finalmente, no Código Civil. Esta capacidade de sobrevivência atesta a sua vitalidade.

No campo doutrinário, não são despiciendas as obras que ainda a desenvolvem, sem desprimorar os defensores da responsabilidade objetiva.

---

[43] Philippe Malaurie e Laurent Aynès. *Droit Civil, les obligations*. Cit. n. 43, p. 42.
[44] Savatier. *Responsabilité civile*. Paris: Librairie Générale de Droit et de Jurisprudence, 1939. v. 1, n. 280, p. 361.

Levado, talvez, por essa inspiração, Philippe Le Tourneau, autor consagrado na matéria, oferece estudo recente sob esta epígrafe significativa: "*La verdeur de la faute dans la responsabilité civile (ou de la relativité de son declin)*", estampado na *Revue Trimestrielle de Droit Civil*, Paris: Dalloz, 1988. pp. 505 e segs. Nesta exposição, Le Tourneau defende a doutrina subjetiva por motivos éticos e por algumas razões de ordem prática.

No plano moral, parte do conceito segundo o qual "a responsabilidade civil é fundada sobre uma visão humanista da sociedade, em que cada agente social é livre". Assumindo sua liberdade e sua responsabilidade, erige um verdadeiro dogma: "*Liberdade e responsabilidade são dois conceitos complementares e indissociáveis*". Estes conceitos são os substratos de nossa sociedade, concitando a pensar na conduta e afastando as faltas e os descaminhos.

Do ponto de vista prático, "o art. 1.382 permite proteger as vítimas de qualquer dano, inclusive os mais inéditos, suscitados pelos desenvolvimentos técnicos, enquanto aguardam uma eventual intervenção legislativa".

Após defender o melhor desenvolvimento da culpa, informada por uma concepção simples e flexível, defende Le Tourneau a permanência da responsabilidade por culpa, no direito civil como no direito administrativo, e conclui sustentando tratar-se de um conceito crescente, cada vez mais vivo e renascente.

Partilhando desta convicção, tenho sustentado em minha obra doutrinária, como nas oportunidades que me ocorreram de contribuir para a reformulação da ordem jurídica, a convivência das duas doutrinas: subjetiva e objetiva (Capítulo XVIII, *infra*). Tenho defendido o primado moral da doutrina da culpa, não obstante a necessidade de procurar soluções práticas, que permitam favorecer a vítima, naquelas situações em que a desigualdade econômica ou social levanta obstáculo à reparação do dano causado.

Esta a minha orientação, que registro neste modesto livro.

Foi sob esta inspiração que redigi o *Projeto de Código de Obrigações de 1965*, estabelecendo a culpa como fundamento capital da responsabilidade civil, e em segundo plano a teoria do risco (art. 872). Foi com este mesmo propósito que o Projeto de Código Civil de 1975 (Projeto 634-B) determinou a preeminência da culpa e secundariamente o risco (art. 929), no que foi seguido pelo Código Civil.

Uma vez estabelecido o conceito básico, o que se segue é determinar a causalidade entre o fato e o dano, e daí extrair o dever ressarcitório, que prevalece, a não ser que ocorra uma causa escusativa de responsabilidade. E é isto que será objeto do Capítulo seguinte.

235-A. Sem embargo dessa tendência marcante da concepção evolutiva da responsabilidade em obediência ao binômio "fato-dano", cada vez mais avulta a ideia da seguridade social.

Esses objetivos, no entanto, permanecem no campo das perspectivas futuras. Em estudo publicado na *Revue Internationale de Droit Comparé* (julho/setembro de 1989, pp. 711-725), subordinado ao título "La responsabilité civile aux Etats Unis", o grande mestre André Tunc, professor emérito da Universidade de Paris I, apresenta observações de grande relevância, a propósito do tema da socialização do seguro. Baseado em relatórios de grande número de especialistas, volta suas vistas para a "crise da responsabilidade civil" que se abateu sobre os Estados Unidos nos anos 1984/1986, que ele considera "incontestável". E conclui: não obstante as condições excepcionais desse país ("recursos econômicos consideráveis, 700.000 juristas, faculdades de Direito que o mundo inveja, país em que a pesquisa jurídica atingiu um grau de requinte e sofisticação sem igual"), é de se esperar que "mais tarde, em período de menor austeridade orçamentária, venha a ser possível aumentar progressivamente a proteção social".

235-B. A evolução da teoria da responsabilidade por danos corporais tende a alargar-se, sendo de se prever, em consequência, as noções de acidente no trabalho e das doenças profissionais, marchando no sentido de abranger indenização a novas eventualidades de origem não profissional, por já se considerar insuficiente a responsabilidade civil (Michel Vorimin. "De la responsabilité civile à la sécurité sociale pour la réparation des dommages corporels: extension ou disparation de la branche. Accidents du travail?". In: *Revue Internationale du Droit Comparé*, julho-setembro de 1979, pp. 549 e segs.).

Capítulo XX
Excludentes de Responsabilidade Civil

Sumário

Legítima defesa. Exercício regular de direito. Estado de necessidade. Fato da vítima: exclusivo ou concorrente. Fato de terceiro. Caso fortuito ou de força maior. Cláusula de não indenizar: Renúncia à indenização.

Bibliografia

Agostinho Alvim. *Inexecução das obrigações*. São Paulo: Saraiva, 1980; Aguiar Dias. *Cláusula de não indenizar*. Rio de Janeiro: Forense, 1980; Aguiar Dias. *Da responsabilidade civil*. Rio de Janeiro: Forense, 1994. v. 2; Alberto Trabucchi. *Istituzioni di Diritto Civile*. Padova: Cedam, 1964; Alex Weill e François Terré. *Droit Civil, les obligations*. Paris: Dalloz, 1972; Alfredo Colmo. *Obligaciones*. Buenos Aires: Editorial Guillermo Kraft, 1944; André Tunc. Force majeure et absence de faute en matière contractuelle. In: *Revue Trimestrielle de Droit Civil*. Paris: Dalloz, 1945; Arnoldo Medeiros da Fonseca. *Caso fortuito e teoria da imprevisão*. Rio de Janeiro: Revista Forense, 1980; Clóvis Beviláqua. *Comentários ao Código Civil*. Rio de Janeiro: Francisco Alves, 1944-60; Colin e Capitant. *Droit Civil*. Paris: Librairie Dalloz, 1945. v. 2; Esmein. Le fondement de la responsabilité. In: *Revue Trimestrielle de Droit Civil*. Paris: Dalloz, 1933; Geneviève Viney. *Traité de Droit Civil*: les obligations, a cargo de Jacques Ghestin. Paris: Librairie Générale de Droit et de Jurisprudence, 1965; Gisela Sampaio da Cruz. *O problema do nexo causal na responsabilidade civil*. Rio de Janeiro: Renovar, 2005; Gisela Sampaio da Cruz. As excludentes de ilicitude no Código Civil de 2002. In: Gustavo Tepedino (coord.). *A parte geral do novo Código Civil*. 2. ed. Rio de Janeiro: Renovar, 2003; Gustavo Tepedino, Aline de Miranda Valverde Terra e Gisela Sampaio. *Fundamentos do direito civil*. 2. ed. Rio de Janeiro: Forense, 2021. v. 4; Gustavo Tepedino, Heloisa Helena Barboza e Maria

Celina Bodin de Moraes (coord.). *Código Civil interpretado conforme a Constituição da República*. 2. ed. Rio de Janeiro: Renovar, 2007. v. I; Gustavo Tepedino, Milena Donato Oliva e Antônio Pedro Dias. A proteção do consumidor em tempos de pandemia: a atualidade dos remédios previstos no Código de Defesa do Consumidor. In: Antônio Herman Benjamin, Claudia Lima Marques e Bruno Miragem (org.). *O direito do consumidor no mundo em transformação*. São Paulo: Revista dos Tribunais, 2020. v. 1; Jaime dos Santos Briz. *La responsabilidad civil*. Madrid: Montecorvo, 1981; Lalou. *Traité pratique de la responsabilité civile*. Paris: Dalloz, 1955; M. I. Carvalho de Mendonça. *Teoria e prática das obrigações*. Rio de Janeiro: Revista Forense, 1956. v. 2; Marty e Raynaud. *Droit Civil*: les obligations. Paris: Sirey, 1967. v. 2; Mazeaud e Mazeaud. *Responsabilité civile*. Paris: Montchrestien, 1955. v. 2; Philippe Le Tourneau. *La responsabilité civile*. Paris: Dalloz, 1972; Philippe Malaurie e Laurent Aynès. *Cours de Droit Civil, les obligations*. Paris: Cujas, 1990; Planiol e Ripert, com o concurso de Esmein. *Traité pratique de Droit Civil*. Paris: R. Pichon Et R. Durnad-Auzias, 1946. v. 6; Robert Bouillene. *La responsabilité civile devant l'evolution du Droit*. Bruxelles: Bruylant. 1947; Ruggiero e Maroi. *Istituzioni di diritto privato*. Milano: Giuseppe Principato, 1937. v. 2; Sergio Cavalieri Filho. *Programa de responsabilidade civil*. 6. ed. São Paulo: Malheiros, 2006; Serpa Lopes. *Curso de Direito Civil*. Rio de Janeiro: Freitas Bastos, 1960. v. 1; Silvio Rodrigues. *Direito Civil*. São Paulo: Saraiva, 1984. v. 4; Sourdat. *Traité de la responsabilité civile*. Paris: Marchal & Godde, 1911. v. 1; Van Ryn. *Responsabilité aquilienne et contrats*. Paris: Recueil Sirey, 1932; Yves Chartier. *La réparation du prejudice dans la responsabilité civile*. Paris: Dalloz, 1983.

236. Se é certo que, dentro da doutrina subjetiva, o princípio da responsabilidade civil tem como fundamento a existência de um dano e a relação de causalidade entre este e a culpa do agente, e dentro na doutrina objetiva, a comprovação do dano e sua autoria, certo é também que a lei excepciona algumas situações em que, não obstante o dano, o agente é forro do dever de indenizar. No presente Capítulo, passarei em revista essas diversas situações, enumeradas na sua epígrafe. Posto não tenham ligações diretas umas com as outras, aproximam-se, contudo, em função da sua finalidade ou dos seus efeitos finais, que são a isenção da obrigação ressarcitória. Ligam-se, contudo, em razão de que importam em rompimento do nexo causal, ou alteração deste.

Após enunciar o Código Civil, no art. 186, o conceito de ato ilícito, enumera o art. 188, hipóteses em que ocorre ação voluntária do agente, e se verifica o dano, sem que se lhe siga o efeito indenizatório. Diz o art. 188 do Código Civil que não constitui ilícito o ato praticado em *legítima defesa* ou no *exercício regular de um direito*, bem como o praticado em *estado de necessidade*. Consequentemente, nessas hipóteses exime-se o agente de reparar o dano causado.

237. *Legítima defesa*. Embora a civilização jurídica tenha eliminado a faculdade de fazer o indivíduo justiça por suas próprias mãos, reconhece, contudo, situações em que pode repelir, pela força, a agressão ou a ameaça de agressão: *vim vi repellere licet*. Não seria a legítima defesa um direito individual, observa Beviláqua, citando Kohler, porém "uma faculdade que emana, diretamente, da personalidade"[1]. A lei civil dispensa-se de definir em que consiste a legítima defesa. Toma de empréstimo o conceito que é corrente no direito criminal. Em face de uma agressão injusta, dirigida contra a própria pessoa ou de seus familiares, ou contra os seus bens, o indivíduo adota medida defensiva com que repelirá o agressor. São extremos da legítima defesa: 1) a iniciativa da agressão por parte de outrem, isto é, que do agente não tenha partido provocação; 2) que a ameaça de dano seja atual ou iminente; 3) que a reação não seja desproporcional à agressão – *moderamen inculpatae tutelae*. Como dizem Malaurie e Aynès: as duas condições para que o agente se exima sob invocação da legítima defesa são: 1) que a agressão seja injusta; 2) que a defesa seja proporcional ao ataque[2].

Nos termos do art. 25 do Código Penal, "entende-se em legítima defesa quem, usando moderadamente dos meios necessários, repele injusta agressão, atual ou iminente, a direito seu ou de outrem". Sendo assim, para a caracterização dessa excludente de ilicitude a jurisprudência faz referência aos seguintes requisitos: a)

---

[1] Clóvis Beviláqua. *Comentários ao Código Civil*. Rio de Janeiro: Francisco Alves, 1944-60. Observação 2 ao art. 160.
[2] Philippe Malaurie e Laurent Aynès. *Cours de Droit Civil, les obligations*. Paris: Cujas, 1990. n. 58, p. 57.

que haja uma agressão atual ou iminente; b) que ela seja injusta; c) que os meios empregados sejam proporcionais à agressão. A ausência de quaisquer desses requisitos exclui a legítima defesa[3].

Do mesmo modo que não constitui ato ilícito a legítima defesa da pessoa, também se qualifica como tal a dos bens do ofendido. A lei oferece todo um sistema processual de defesa da posse, mediante recurso à autoridade judicial para manter o possuidor nesta condição, ou reintegrá-lo se a ação injusta o privou do uso e gozo da coisa. Considera, todavia, lícita a autotutela da posse, quando o possuidor repele pessoalmente a agressão, contanto que o faça logo – *desforço incontinenti* (Código Civil, art. 1.210, § 1º), dês que não exceda o indispensável à manutenção ou restituição da posse.

Se, na legítima defesa da pessoa ou dos bens, o agente causa dano a outrem, não tem o dever de ressarci-lo, porque o seu comportamento *ex vi* do disposto no art. 188, alínea I, do Código Civil, não constitui ato ilícito. Dentro do conceito amplo de legítima defesa, compreendem-se não somente os bens materiais. Igualmente justifica-se a defesa dos valores morais, a honra, a boa fama do agredido, subordinada aos mesmos e enunciados extremos.

O art. 930 do Código Civil[4] contempla a hipótese de legítima defesa, possibilitando ação regressiva contra aquele em defesa de quem se praticou o dano. Assim é que, se em legítima defesa de terceiro, alguém causa dano a outra pessoa que não o agressor, fica obrigado a ressarcir o prejuízo. Nesta hipótese, o Código Civil atribui ao que agiu em legítima defesa ação regressiva contra aquele que foi beneficiado pelo ato, ou seja, aquele que foi defendido.

238. *Exercício regular de um direito.* O fundamento moral da escusativa encontra-se no enunciado do mesmo adágio: *qui iure suo utitur neminem laedit*, ou seja, quem usa de um direito seu não causa dano a ninguém. Em a noção de ato ilícito insere-se o requisito do procedimento antijurídico ou da contravenção a uma norma de conduta preexistente, como em mais de uma oportunidade tive ensejo de afirmar. Partindo deste princípio, não há ilícito, quando inexiste procedimento contra direito. Daí a alínea I do art. 188 do Código Civil, enunciar a inexistência de ato ilícito quando o dano é causado no exercício regular de direito.

A regularidade do exercício do direito deve ser apreciada pelo juiz com o seu *arbitrium boni viri* – o arbítrio de homem leal e honesto. Só assim equilibra-se

---

[3] STJ, 4ª T., REsp 170.563, Rel. Min. Sálvio de Figueiredo Teixeira, julgado em 16.03.1999.
[4] "Art. 930. No caso do inciso II do art. 188, se o perigo ocorrer por culpa de terceiro, contra este terá o autor do dano ação regressiva para haver a importância que tiver ressarcido ao lesado. Parágrafo único. A mesma ação competirá contra aquele em defesa de quem se causou o dano (art. 188, inciso I)".

o subjetivismo contido na escusativa do agente que, não obstante causar dano, exime-se de repará-lo.

Ao desenvolver o tema do *abuso de direito* já me referi ao assunto, para assentar que o indivíduo, no exercício de seu direito, deve conter-se no âmbito da razoabilidade. Se o excede e, embora exercendo-o, causa um mal desnecessário ou injusto, equipara o seu comportamento ao ilícito e, ao invés de excludente de responsabilidade, incide no dever ressarcitório (cf. Capítulo XVII).

Cabe, portanto, ao juiz, com o seu bom senso, distinguir as duas figuras que são separadas por uma barreira muito tênue e distinguir do exercício regular do direito e do abuso de direito. A apuração da abusividade exige que se verifique, à luz de dados materiais e objetivos, se o ato danoso transborda efetivamente a justa medida que o titular do direito deve observar por ocasião de seu exercício, já que o exercício regular do direito não significa apenas observar a sua estrutura formal, mas também cumprir o fundamento axiológico-normativo que constitui esse mesmo direito, segundo o qual se afere a validade de seu exercício.[5]

No Código Civil, o exercício abusivo ou irregular do direito encontra-se expressamente disciplinado no art. 187, não mais se mostrando necessário extraí-lo de interpretação *a contrario sensu* do art. 188, I.

239. *Estado de necessidade.* Encontra, também, justificativa para o mal causado a outrem a deterioração ou destruição de coisa alheia, a fim de remover *perigo iminente.* Esboça-se, nesta hipótese, um conflito de direitos ou de interesses. Um indivíduo, ante a perspectiva de lesão a um direito seu, ofende direito alheio. Na iminência de perigo a que vê exposta coisa sua, o agente causa dano a coisa alheia. A situação é análoga à legítima defesa, embora ofereça alguns aspectos diferenciais. Na primeira, há uma agressão dirigida à pessoa ou aos bens. No *estado de necessidade* não se configura uma agressão, porém desenha-se uma situação fática, em que o indivíduo vê uma coisa sua na iminência de sofrer um dano. A fim de removê-lo ou evitá-lo, sacrifica a coisa alheia. Embora as situações se distingam, há uma similitude ontológica, no dano causado a outrem, para preservação de seus próprios bens.

De acordo com o art. 24 do Código Penal, "considera-se em estado de necessidade quem pratica o fato para salvar de perigo atual, que não provocou por sua vontade, nem podia de outro modo evitar, direito próprio ou alheio, cujo sacrifício, nas circunstâncias, não era razoável exigir-se". Assim, destacam-se como requisitos objetivos do estado de necessidade: (i) perigo atual, não provocado voluntariamente

---

[5] Gustavo Tepedino; Aline de Miranda Valverde Terra; Gisela Sampaio. *Fundamentos do direito civil.* 2. ed. Rio de Janeiro: Forense, 2021. v. 4, p. 305.

pelo agente; (ii) impossibilidade de evitar por outro modo o perigo; (iii) razoável inexigibilidade de sacrifício do direito ameaçado; (iv) não ter o agente o dever legal de enfrentar o perigo[6].

Na escusativa fundada no estado de necessidade, existe um ato que seria ordinariamente ilícito. No entanto, a lei o justifica eximindo o agente do dever de indenizar, tendo em vista preservar os bens mediante a remoção de perigo iminente. Planiol, Ripert e Esmein somente admitem a escusativa fundada em estado de necessidade, quando o prejuízo resulta "de um ato indispensável para afastar o dano, do qual seria impossível que seu autor ou um terceiro se preservem de outra maneira"[7]. Com efeito, na mesma linha doutrinária, marcha o nosso direito positivo, entendendo que não é arbitrário o procedimento daquele que assim age. O próprio art. 188, em parágrafo único, somente legitima a deterioração ou destruição de coisa alheia quando as circunstâncias o tornarem absolutamente necessário, não excedendo os limites do indispensável para a remoção do perigo. O agente vê-se colocado numa alternativa irrefugível e, para preservar a coisa própria, tem de optar pelo sacrifício da alheia.

Contestando Chironi, argumenta Aguiar Dias que quem age por necessidade, assim como aquele que procede em legítima defesa, "não quer o mal, nem estaria em condições de evitá-lo, mediante maior atenção, prudência ou diligência. O dano é o único meio de que dispõe para escapar ao perigo"[8], ou de outra forma dito, quando o único meio de escapar a um mal é causar a outrem um mal menor[9].

A escusativa de responsabilidade contida no princípio de *estado de necessidade* vem temperada pelo conteúdo dos arts. 929 e 930 do Código Civil. O art. 929 do Código Civil determina que, "se a pessoa lesada, ou o dono da coisa, no caso do inciso II do art. 188, não forem culpados do perigo, assistir-lhes-á direito à indenização do prejuízo que sofreram". Por sua vez, o art. 930 dispõe que, "se o perigo ocorrer por culpa de terceiro, contra este terá o autor do dano ação regressiva para haver a importância que tiver ressarcido ao lesado". Observa-se que, embora o ato seja lícito, ao mesmo tempo provoca o dano injusto, razão pela qual o ordenamento impõe o dever de indenizar.

Não obstante a oposição manifestada por João Luís Alves[10], a doutrina civilista concilia a preceituação. João Luís Alves, com efeito, argumenta, à luz do Código Civil de 1916, que, se o art. 160 (art. 188 do Código Civil de 2002) não

---

[6] Gisela Sampaio da Cruz. As excludentes de ilicitude no Código Civil de 2002. In: Gustavo Tepedino (coord.). *A parte geral do novo Código Civil*. 2. ed. Rio de Janeiro: Renovar, 2003, p. 410.
[7] Planiol, Ripert e Esmein. *Traité pratique de Droit Civil*. Paris: R. Pichon Et R. Durnad--Auzias, 1946. v. 6, n. 567.
[8] Aguiar Dias. *Da responsabilidade civil*. Rio de Janeiro: Forense, 1994. v. 2, n. 217.
[9] Philippe Malaurie e Laurent Aynès. *Droit Civil, les obligations*. Cit. n. 55, p. 53.
[10] *Código Civil interpretado*. Comentário ao art. 1.519. p. 1.061.

qualifica como ato ilícito a deterioração ou destruição de coisa alheia, em estado de necessidade, seria uma incongruência do Código assegurar indenização ao dono da coisa, se não for ele culpado do perigo (art. 1.519, correspondente ao art. 929 do Código Civil de 2002). Clóvis Beviláqua, entretanto, justifica a doutrina legal, assentando que todo dano deve ser reparado, independentemente de culpa ou dolo. No caso de ser um terceiro o culpado, incumbe a este indenizar o prejuízo (art. 1.520, correspondente ao art. 930 do Código Civil de 2002). Tal tese quadra melhor na doutrina do risco ou de responsabilidade objetiva.

Como se depreende do art. 929 do Código Civil, impõe-se ao agente, na hipótese em que o perigo não tenha sido causado pelo dono da coisa ou pessoa lesada, a reparação do prejuízo a que deu causa, ainda que tenha atuado em estado de necessidade. A indenização, nesse caso, se justifica pelo fato de que a situação danosa, originalmente, estava dirigida ao necessitado, não sendo justo que o terceiro, sobre o qual recai o resultado do ato necessário, sofra o prejuízo para permitir que dele se livre aquele a quem o dano foi dirigido. Trata-se de hipótese de responsabilidade civil por ato lícito, com fundamento na ideia de equidade e solidariedade.[11]

Sob a regência da codificação anterior, discutia-se qual a solução para o caso de danos causados em estado de necessidade à pessoa, não já a seus bens. A redação do inc. II do art. 188 afasta de vez tais dúvidas, ao aduzir expressamente às lesões à pessoa, corrigindo a omissão anterior e acolhendo orientação majoritária em doutrina.

240. *Fato da vítima: exclusivo ou concorrente.* Embora o Código Civil de 1916 não se lhe refira, a elaboração pretoriana e doutrinária construiu uma hipótese de escusativa de responsabilidade fundada na culpa da vítima para o evento danoso, como em direito romano se dizia: *quo quis ex culpa sua damnum sentit, non intelligitur damnum sentire*. Como observa Aguiar Dias, a conduta da vítima como fato gerador do dano "elimina a causalidade". Com efeito, se a vítima contribui com ato seu na construção dos elementos do dano, o direito não se pode conservar estranho a essa circunstância. Da ideia de culpa exclusiva da vítima, chega-se à concorrência de culpa, que se configura quando ela, sem ter sido a causadora única do prejuízo, concorreu para o resultado. De qualquer forma, argumenta-se que a culpa da vítima "exclui ou atenua a responsabilidade, conforme seja exclusiva ou concorrente"[12]. Consequentemente ao apurar-se a responsabilidade, deve ser levada em consideração a parte com que a vítima contribuiu, e, na liquidação

---

[11] Gustavo Tepedino; Aline de Miranda Valverde Terra; Gisela Sampaio. *Fundamentos do direito civil*. 2. ed. Rio de Janeiro: Forense, 2021. v. 4, p. 308-311.

[12] Aguiar Dias. *Da responsabilidade civil*. Cit. n. 221.

do dano, calcular-se-á proporcionalmente a participação de cada um, reduzindo em consequência o valor da indenização. O Projeto de Código de Obrigações de 1965 converteu em preceito esta ideia (art. 880), no que foi seguido pelo Código Civil, no art. 945.

Quando se verifica a culpa exclusiva da vítima, *tollitur quaestio*. Inocorre indenização. Inocorre igualmente se a concorrência de culpas do agente e da vítima chegam ao ponto de, compensando-se, anularem totalmente a imputabilidade do dano. O que importa, no caso, como observam Alex Weill e François Terré, é apurar se a atitude da vítima teve o efeito de suprimir a responsabilidade do fato pessoal do agente[13].

Na qualificação do resultado danoso, em face da culpa concorrente é que sobrevém a dificuldade, com controvérsia doutrinária. Em verdade, *doctores certant*, e a jurisprudência sofre a correspondente vacilação.

Os irmãos Mazeaud, recordando o que os antigos autores denominavam *iudicium rusticorum*, porque foi esta a sentença do Rei Salomão, no caso das duas mães, inclinavam-se pela divisão igualitária, isto é, sustentavam que autor e vítima suportariam as perdas em partes iguais. E acrescentavam que, se o agente responde por sua culpa, mas se a vítima concorreu para o evento, não cabe indagar da proporcionalidade. "O princípio da partilha por metade, ou, mais exatamente pela parte viril, está então acorde com os princípios; é a ele que conduz necessariamente a análise do vínculo de causalidade"[14]. No plano do fato da vítima, insere-se o consentimento da vítima, que em princípio tem por efeito interditar-lhe demandar a reparação do dano[15]. O problema reside na indagação se a vítima consentiu efetivamente no dano ou se aceitou correr certos riscos como no caso das atividades esportivas[16], senão para excluir, ao menos para levar à partilha da reparação. A aceitação do dano material pode ser acolhida como defesa – *volenti non fit iniuria*. O mesmo não se dá em relação ao *dano corporal*, quando é de se apurar se o consentimento tem causa justificada, como no caso de ser consequente a uma intervenção cirúrgica ou uma transfusão de sangue. Não havendo causa justa (como em um duelo) impera o princípio da responsabilidade civil[17]. Sobre os efeitos da responsabilidade médica, v. o que escrevo no Capítulo XI.

---

[13] Alex Weill e François Terré. *Droit Civil, les obligations*. Paris: Dalloz, 1972. n. 635, p. 647; Malaurie e Aynès. *Droit Civil, les obligations*. Cit. n. 59, p. 57.
[14] Mazeaud e Mazeaud. *Responsabilité civile*. Paris: Montchrestien, 1955. v. 2, n. 1.511.
[15] Yves Chartier. *La reparation du prejudice dans la responsabilité civile*. Paris: Dalloz, 1983. p. 8.
[16] Philippe Le Tourneau. *Responsabilitécivile*. Paris: Dalloz, 1972. n. 486.
[17] Malaurie e Aynès. *Droit Civil, les obligations*. Cit. n. 61, p. 58.

Planiol, Ripert e Esmein, fundados em decisões da Corte de Cassação, deixam ao juiz a livre apreciação da parte do dano que deve ser atribuída à vítima. Acrescentam que os tribunais inspiram-se na repartição do dano segundo a maior ou menor proximidade do fato culposo em relação ao prejuízo, mas sobretudo a gravidade das respectivas culpas[18].

Aguiar Dias, louvando-se em numerosas decisões, assenta que, se a culpa da vítima concorre para a produção do dano, influi na decisão, "contribuindo para a repartição proporcional dos prejuízos"[19]. Ou, como argumenta Santos Briz, o causador do dano e o prejudicado hão de suportar os danos e hão de sofrer os seus efeitos na proporção em que hajam contribuído para a sua causação conjunta[20].

A solução ideal, portanto, é especificar matematicamente a contribuição da culpa da vítima para o efeito danoso. Se for possível determinar, na estimativa da situação fática, qual o grau de participação da vítima no resultado danoso, cabe ao juiz estabelecer a proporcionalidade na reparação. Não sendo possível, como na maioria dos casos não o é, calcula-se essa contribuição, e uma vez determinado que para o dano concorreu o fato da vítima; sem quantificar a causa, somente resta a partilha por igual, reduzindo a indenização à metade. Milita neste rumo a teoria da equivalência das condições (Capítulo VI), segundo a qual "os antecedentes do dano constituíram o encadeamento indispensável das causas"[21].

Nessa análise, examina-se a eficácia causal da conduta da vítima para a verificação do dano (v. item 75, *supra*).

O fato de terceiro na responsabilidade pelo evento culposo "não exclui a situação do risco criado pelo principal agente causador do dano originário, como ainda pelo próprio prejudicado, dando lugar aos danos de maior importância"[22]. Este conceito envolve, portanto, a participação do fato de terceiro no campo da doutrina objetiva.

241. *Fato de terceiro*. O fato de terceiro, em termos de responsabilidade civil, atua de forma diversa e oposta. Pode importar em responsabilidade, como pode implicar excludente desta. Não vai nisto uma *contradictio in adiectio*, porém a apreciação de circunstâncias diferentes, em que ocorre a interferência de pessoa diversa do agente e da vítima.

---

[18] Planiol, Ripert e Esmein. *Traité pratique de Droit Civil*. Cit. v. 6, n. 570.
[19] Aguiar Dias. *Da responsabilidade civil*. Cit. v. 2, n. 221.
[20] Jaime Santos Briz. *La responsabilidad civil*. Madrid: Montecorvo, 1981. p. 109.
[21] Planiol, Ripert e Esmein. *Traité pratique de Droit Civil*. Cit. v. 6, n. 570.
[22] Jaime Santos Briz. *La responsabilidad civil*. Cit. p. 113.

Como *fato determinante* de responsabilidade civil por fato de terceiro já foi estudado em Capítulo VII, no qual desenvolvi a responsabilidade dos pais pelos atos dos filhos, do tutor pelos do pupilo, do patrão, amo ou comitente pelos do empregado, serviçal ou preposto etc.

No presente Capítulo cogito do fato de terceiro, como excludente de responsabilidade. Não posso deixar, contudo, de observar que se trata de matéria tormentosa – *vexata quaestio* – que percute nos tribunais, encontrando soluções não raro contraditórias. No desenvolvimento do tema, há que estabelecer com precisão dois conceitos fundamentais, quais sejam: 1) quem deve ser considerado terceiro, em matéria de responsabilidade civil; 2) qual a natureza e extensão do *comportamento* de terceiro, em relação ao evento danoso. Assentados esses dois pontos, os demais aspectos fluem com relativa facilidade.

Na definição de quem é terceiro, reporto-me inicialmente à *relação negocial*. Nesta, considera-se terceiro quem não é parte no negócio jurídico, mas sofre os seus efeitos ou altera o resultado. Por exemplo, a *coação*, ainda que exercida por terceiro, vicia o ato (Código Civil, art. 154); na *fraude contra credores*, cabe a estes, como terceiros, a ação pauliana. Na relação negocial a atitude do terceiro é *passiva*, quando não participa do ato, ou pode ser *ativa* quando modifica a equação da declaração de vontade.

Conceitua-se em termos mais sutis a caracterização do *terceiro como excludente de responsabilidade civil*. Esta se decompõe, nos dois polos ativo e passivo: as pessoas do *agente* e da *vítima*. Considera-se, então, terceiro *qualquer outra pessoa*, estranha a este binômio, que influi na responsabilidade pelo dano. Mas para que seja excludente, é mister que por sua conduta atraia os efeitos do fato prejudicial e, em consequência, não responda o agente, direta ou indiretamente, pelos efeitos do dano. Exemplifica-se, como não sendo terceiros, os filhos, os tutelados, os empregados, os aprendizes, os discípulos, os executores de um contrato etc.[23].

Ao dizê-lo em termos sintéticos, a conduta do terceiro é ativa, porque é o seu comportamento que implica a realização do fato danoso.

O segundo aspecto relevante é a *determinação do comportamento do terceiro*, na etiologia da responsabilidade. Em linguagem estrita, ocorre nesse caso a excludente da responsabilidade, quando se pode estabelecer que o terceiro é o causador do dano.

A matéria desloca-se então para a análise dos extremos da responsabilidade civil, estabelecendo-se que a participação do terceiro altera a *relação causal*. Ocorre o dano, identifica-se o responsável aparente, mas não incorre este em responsa-

---

[23] Cf. Aguiar Dias. *Da responsabilidade civil*. Cit. v. 2, n. 218; Silvio Rodrigues. *Direito Civil*. São Paulo: Saraiva, 1984. v. 4, n. 61; Mazeaud e Mazeaud. *Responsabilité civile*. Cit. v. 2, n. 1.630; Marty e Raynaud. *Droit Civil. Obligations*. Paris: Sirey, 1967. v. 2, n. 492.

bilidade, porque foi a conduta do terceiro que interveio para negar a equação agente-vítima, ou para afastar do nexo causal o indigitado autor.

A participação da pessoa estranha na causação do dano pode ocorrer de maneira total ou parcial, isto é, o dano será devido exclusivamente ao terceiro; ou reversamente este foi apenas copartícipe, ou elemento concorrente no desfecho prejudicial. Apenas no primeiro caso é que se pode caracterizar a responsabilidade do terceiro, porque somente então estará eliminado o vínculo de causalidade entre o dano e a conduta do indigitado autor do dano. No dizer de Aguiar Dias, "todo fato que importe exoneração de responsabilidade tira esse efeito da circunstância de representar a negação da relação de causalidade"[24].

Por se tratar de relação de consumo, a culpa concorrente do terceiro estabelece apenas um regime de responsabilidade solidária perante a vítima (CDC, art. 7º, parágrafo único). Essa também é a solução dada pelo Direito comunitário europeu, nos termos do art. 8º da Diretiva n. 85/374/CEE: "Art. 8º (redução ou supressão da responsabilidade): 1. Sem prejuízo das disposições do direito nacional sobre o direito de regresso, a responsabilidade do produtor não é reduzida se o dano tiver sido causado conjuntamente por um defeito do produto ou pela intervenção de terceiro".

A similitude de elementos caracterizadores e de efeitos tem levado à confusão (a que não são imunes os tribunais) entre o *fato de terceiro e o motivo de força maior*, tendo em vista que o nosso direito positivo não cogitou especificamente do "fato de terceiro", porém alude o art. 393 do Código Civil ao caso fortuito ou de força maior como isentor de responsabilidade.

Na sua caracterização, em verdade, ambas as situações se assemelham tanto, que os Mazeaud formulam a indagação a propósito de saber se o fato de terceiro deve ser imprevisível e irresistível. A indagação, dizem eles, é muito relevante nos casos de *responsabilidade presumida*, mas em outras circunstâncias não seria tanto[25]. Fundamental é estabelecer se para o fato danoso o comportamento do terceiro é a *determinante exclusiva* do resultado danoso, como se expressam Josserand, Besson e Liebmann, invocados por Aguiar Dias, à p. 758.

Aliás, o problema do fato de terceiro na *responsabilidade presumida* apresenta dificuldades que se desdobram em hipóteses variadas, que Aguiar Dias estuda em minúcia, extraídas de decisões dos tribunais.

Em o nosso direito positivo, algumas situações legais impõem, efetivamente, a identificação com o caso fortuito ou de força maior. É o caso das estradas de ferro, cuja responsabilidade é definida (como visto acima, Capítulo XV), no Decreto n. 2.681/1912: em razão do silêncio a propósito do fato do terceiro, a exclusão

---

[24] Aguiar Dias. *Da responsabilidade civil*. Cit. v. 2, n. 218.
[25] Mazeaud e Mazeaud. *Responsabilité civile*. Cit. v. 2, n. 1.633.

de responsabilidade somente terá lugar "quando revestir as características de caso fortuito ou de força maior"[26]. Em outros casos isolados, que o mesmo autor lembra (arts. 1.525 e 1.528 do Código Civil de 1916; art. 100 do já revogado Código Brasileiro do Ar), há equiparação com o caso fortuito ou de força maior.

Fora dos casos concretos, um critério distintivo pode ser apontado. No *fato de terceiro*, excludente de responsabilidade, a exoneração terá lugar se for identificada a pessoa de cuja participação proveio o dano. No caso fortuito ou de força maior, o dano provirá de um "fato necessário, cujos efeitos não era possível evitar ou impedir" (art. 393, parágrafo único, do Código Civil). Di-lo Aguiar Dias, loc. cit.: "Se o dano não pode ser atribuído a alguém, nesse sentido de que se deva a ação humana, estranha aos sujeitos da relação vítima-responsável, não há fato de terceiro, mas caso fortuito ou de força maior"[27]. Nos seus efeitos, a excludente oriunda do fato de terceiro assemelha-se à do caso fortuito ou de força maior, porque, num e noutro, ocorre a exoneração.

Mas, para que tal se dê na excludente pelo fato de terceiro, é mister que o dano seja causado exclusivamente pelo fato de *pessoa estranha*. Se para ele tiver concorrido o agente, não haverá isenção de responsabilidade: ou o agente responde integralmente pela reparação, ou concorre com o terceiro na composição das perdas e danos.

É de se considerar, também, que se ação foi intentada contra o agente e a responsabilização do terceiro for reconhecida, sem, contudo, absolver-se o defendente, cabe a este ação regressiva contra o causador do dano. Diversamente, se for invocada a escusativa fundada em caso fortuito ou de força maior, e esta não for reconhecida, o defendente não tem ação de *in rem verso*, devendo suportar os efeitos da condenação.

A jurisprudência mostra-se rigorosa em não admitir o fato de terceiro como excludente de responsabilidade civil quando este for inerente ao contrato de transporte, na forma do enunciado da Súmula 187 do Supremo Tribunal Federal (1963), segundo a qual "a responsabilidade contratual do transportador, pelo acidente do passageiro, não é elidida por culpa de terceiro, contra o qual tenha ação regressiva".

Há casos, no entanto, em que os acidentes ocorrem por ato externo, não relacionado diretamente com o transporte. Nesses casos, a jurisprudência costuma equiparar o fato de terceiro ao caso fortuito ou de força maior (trata-se do chamado "fortuito externo"), podendo elidir a responsabilidade do transportador. O Superior Tribunal de Justiça tem entendido, por exemplo, que o roubo ocorrido

---

[26] Aguiar Dias. *Da responsabilidade civil*. Cit. v. 2, n. 218.
[27] Na jurisprudência, porém, não raras vezes o fato de terceiro é aproximado à força maior (nesse sentido: STJ, 4ª T., AgRg no AREsp 344.431, Rel. Min. Marco Buzzi, julgado em 21.05.2015, v.u.).

no transporte coletivo exclui a responsabilidade do transportador[28], assim como o arremesso de objetos em trens[29].

242. *Caso fortuito ou de força maior*. Nas diversas fases de elaboração legislativa, de *iure condito et de iure condendo*, o nosso direito positivo inscreve como escusativa de responsabilidade civil o fato que advém de caso fortuito ou de força maior. Assim tem sido no Decreto n. 2.681/1912 (responsabilidade das estradas de ferro), no Código Civil de 1916 (art. 1.058), no meu Projeto de Código de Obrigações de 1965 (art. 860), no Código Civil (art. 393).

No plano doutrinário desenvolvi o tema em linhas gerais em minhas *Instituições de Direito Civil*, v. II, n.177, a que me reporto, adaptando-o, no que couber, às peculiaridades da responsabilidade civil, aquiliana como contratual.

A tese central desta escusativa está em que, se a obrigação de ressarcimento não é causada pelo fato do agente mas em decorrência de acontecimento que escapa ao seu poder, por se filiar a um fator estranho, ocorre a isenção da própria obrigação de compor as perdas e danos. Neste sentido é que alguns autores somente consideram como escusativa a *força maior externa* (Philippe Le Tourneau, Agostinho Alvim). Por tal razão, não se enquadram na força maior os fatos que sejam direta ou indiretamente inerentes a ela, como a ruptura dos freios do veículo, o furo do pneu ou o rompimento da barra de direção[30]. Invocando a teoria inglesa da *frustration*, Malaurie e Aynès enunciam uma fórmula genérica para definir a força maior como um acontecimento irresistível, imprevisível e exterior[31], conceito expendido também por Philippe Le Tourneau[32].

A determinação do fundamento divide os autores em dois grupos, que formam duas escolas de certo modo adversas. De um lado, a *subjetivista* de Goldschmidt, que confunde a força maior com a ausência de culpa. De outro lado a *objetivista* de Exner, que sustenta a exoneração do devedor na hipótese de surgir um evento cuja fatalidade se evidencia, afastando a ideia de responsabilidade[33].

---

[28] STJ, 4ª T., REsp 974.138, Rel. Min. Raul Araújo, julgado em 22.11.2016.
[29] STJ, 4ª T., AgInt no AREsp 968.878, Rel. Min. Marco Buzzi, julgado em 09.03.2017.
[30] Alex Weill e François Terré. *Droit Civil, les obligations*. Cit. n. 731, p. 740.
[31] Malaurie e Aynès. *Droit Civil, les obligations*. Cit. n. 477.
[32] Philippe Le Tourneau. *Responsabilité civile*. Paris: Dalloz, 1972. n. 383, p. 157.
[33] Cf. sobre a caracterização da força maior: Agostinho Alvim. *Da inexecução das obrigações*. São Paulo: Saraiva, 1980. n. 207; Arnoldo Medeiros da Fonseca. *Caso fortuito e teoria da imprevisão*. Rio de Janeiro: Revista Forense, 1980. n. 89 e segs.; Aguiar Dias. *Da responsabilidade civil*. Cit. v. 2, n. 219 e 219-A; Silvio Rodrigues. *Direito Civil*. Cit. v. 4, n. 62; André Tunc. Force majeure et absence de faute en matière contractuelle. In: *Revue Trimestrielle de Droit Civil*. Paris: Dalloz, 1945. pp. 235 e segs.; Esmein. Le fondement de la responsabilité. In: *Revue Trimestrielle de Droit Civil*. Paris: Dalloz, 1933. pp. 627 e segs.; Mazeaud

O nosso direito consagra em termos gerais a escusativa de responsabilidade quando o dano resulta de caso fortuito ou de força maior. Em pura doutrina, distinguem-se estes eventos, a dizer que o *caso fortuito* é o acontecimento natural, derivado da força da natureza, ou o fato das coisas, como o raio, a inundação, o terremoto, o temporal. Na *força maior* há um elemento humano, a ação das autoridades (*factum principis*), como ainda a revolução, o furto ou roubo, o assalto ou, noutro gênero, a desapropriação[34]. Esmein enxerga na *força maior* o caráter invencível do obstáculo e no *caso fortuito* o caráter imprevisto[35]. Colin e Capitant caracterizam o *caso fortuito* como a "impossibilidade relativa" ou impossibilidade *para o agente,* enquanto que a *força maior* implica uma "impossibilidade absoluta" porque assim se apresenta para qualquer pessoa[36]. Agostinho Alvim, um tanto na linha de Colin e Capitant, vê no *caso fortuito* um impedimento relacionado com a pessoa do devedor enquanto que a *força maior* é um acontecimento externo[37]. Daí extrai conclusões de ordem prática: na *teoria da culpa* o caso fortuito exonera o agente, e com maioria de razão a força maior o absolverá. Para os que se atêm à *doutrina do risco,* o simples caso fortuito não exime o agente. Somente estará liberado este se ocorrer o acontecimento de força maior, ou seja, "o caso fortuito externo". Nesta hipótese, acrescenta ele, os fatos que exoneram vêm a ser: culpa da vítima, ordens das autoridades (*fait du prince*), fenômenos naturais (raio, terremoto) ou quaisquer outras impossibilidades de cumprir a obrigação por não ser possível evitar o fato derivado da força externa invencível: guerra, revolução etc. Adverte, entretanto, Agostinho Alvim que, mesmo nestes casos, "é preciso indagar se o fato não é devido a qualquer culpa do autor do dano, ainda que indireta ou remota, como no caso de morte pelo raio"[38].

Estes e outros critérios diferenciais adotados pelos escritores procuram extremar o caso fortuito da força maior. Preferível será, todavia, não obstante aceitar que abstratamente se diferenciem, admitir que na prática os dois termos

---

e Mazeaud. *Responsabilité civile.* Cit. v. 2, n. 1.552 e segs.; Alfredo Colmo. *Obligaciones.* Buenos Aires: Editorial Guillermo Kraft, 1944. n. 116 e segs.; Lalou. *Responsabilité civile.* Paris: Dalloz, 1955. n. 270 e segs.; Sourdat. *Traité général de la responsabilité civile.* Paris: Marchal & Godde, 1911. v. 1, n. 645; M. I. Carvalho de Mendonça. *Obrigações.* Rio de Janeiro: Revista Forense, 1956. v. 2, n. 640.

[34] Ruggiero e Maroi. *Istituzioni di Diritto Privato.* Milano: Giuseppe Principato, 1937. v. 2, § 131; Serpa Lopes. *Curso de Direito Civil.* Cit. v. 5, n. 197.

[35] Planiol, Ripert e Esmein. *Traité pratique de Droit Civil.* Cit. v. 6, n. 382.

[36] Colin e Capitant. *Cours élémentaire de Droit Civil français.* Paris: Librairie Dalloz, 1945. v. 2, n. 91.

[37] Agostinho Alvim. *Da inexecução das obrigações.* Cit. n. 208.

[38] Agostinho Alvim. *Da inexecução das obrigações.* Cit. n. 208.

correspondem a um só efeito, como observa Alfredo Colmo, que em última análise é a negação da imputabilidade[39].

Foi neste sentido que marchou o Código Civil, reunindo os dois conceitos em função da exoneração de responsabilidade, declarando no parágrafo único do art. 393 que o caso fortuito ou de força maior verifica-se no fato necessário, cujos efeitos não era possível evitar ou impedir. Tendo então em vista o significado negativo da responsabilidade, para o legislador brasileiro força maior e caso fortuito (*vis maior e damnum fatale*) são conceitos sinônimos.

Desta noção, decorrem os seus requisitos: 1) *Necessariedade*, pois não é qualquer acontecimento, por mais grave e ponderável, que libera o devedor, porém aquele que leva obrigatoriamente ao ato danoso. 2) *Inevitabilidade*. Para que se exima o agente, é mister que o evento não possa ser impedido nos seus efeitos. Alguns autores acrescentam ainda a *imprevisibilidade*.

Reportando-se à obra de Arnoldo Medeiros da Fonseca, e com amparo em precedentes jurisprudenciais, Aguiar Dias entende que os elementos da imprevisibilidade e inevitabilidade dos efeitos constituem matéria de fato, não havendo espaço para se discutir se ocorreu o mesmo no fato necessário, precisamente por ser necessário[40].

A meu ver, a *imprevisibilidade* não é requisito necessário, porque muitas vezes o evento, ainda que previsível, dispara como força indomável e irresistível. A imprevisibilidade é de se considerar quando determina a inevitabilidade. Para alguns autores, para que se considere como escusativa de responsabilidade somente se consideraria o fato "absolutamente imprevisível", que se distinguiria do que é "normalmente imprevisível"[41]. O que, então, importaria numa apuração em cada caso, a saber quando é "absoluta" e quando é "normal", recaindo-se então no requisito da *inevitabilidade*. Aliás, a imprevisibilidade é em geral combinada com a inevitabilidade[42].

Considerando os seus efeitos, os acontecimentos de força maior ou caso fortuito – *casus vel damnum fatale* – atuam como escusativa de responsabilidade quando se demonstra que o fato aconteceu de tal modo que as suas consequências danosas não puderam ser evitadas pelo agente, e destarte ocorreram necessariamente. Por tal razão, excluem-se como excludentes de responsabilidade os fatos que foram iniciados ou agravados pelo agente, caso em que este responde integralmente[43].

---

[39] Ver Alberto Trabucchi. *Istituzioni di Diritto Civile*. Padova: Cedam, 1964. n. 236.
[40] Arnoldo Medeiros da Fonseca. *Da responsabilidade civil*. Cit. v. 2, n. 219-A.
[41] Alex Weill e François Terré. *Droit Civil, les obligations*. Cit. n. 731, p. 741; Malaurie e Aynès. *Droit Civil, les obligations*. Cit. n. 479.
[42] Philippe Le Tourneau. *La responsabilité civile*. Cit. n. 387.
[43] Alex Weill e François Terré. *Droit Civil, les obligations*. Cit. n. 732.

Da mesma forma, ressalta-se que, em regra, o agente poderá responder por caso fortuito ou de força maior quando: (i) houver convenção prévia, nos termos do art. 393 do Código Civil, segundo o qual "o devedor não responde pelos prejuízos resultantes de caso fortuito ou força maior, se expressamente não se houver por eles responsabilizado"; e (ii) nos casos previstos expressamente em lei (como, por exemplo, o art. 399 do Código Civil e o art. 4º da Lei n. 6.453/1977).

A pandemia do novo coronavírus, iniciada em 2020, suscitou intensos debates doutrinários a respeito de sua qualificação como excludente de responsabilidade civil, notadamente no âmbito das relações contratuais. Para que se possa aludir à pandemia como circunstância de força maior ou de caso fortuito, contudo, mostra-se relevante apurar se, no caso concreto, a pandemia efetivamente ocasionou a impossibilidade do cumprimento da obrigação, fato inevitável. Se, ao contrário, não há impossibilidade de cumprimento, mas excessiva onerosidade ou mesmo a quebra da base objetiva do negócio, não se está diante de hipótese de força maior ou caso fortuito.[44]

243. Cláusula de não indenizar. Em minhas *Instituições de Direito Civil*, vol. II, n. 178, cogitei da "cláusula de não indenizar" como exoneração convencional do dever de reparar o dano. Cogitando do assunto nesta obra que trata da responsabilidade civil, cabe desde logo observar que a *cláusula de não indenizar*, que alguns impropriamente denominam "cláusula de irresponsabilidade", não tem cabida na responsabilidade aquiliana. Somente é admissível na responsabilidade contratual[45], como contrárias à ordem pública[46].

Controvertida sua aceitação, é conveniente desde logo precisar os casos em que não é admissível, para, só então, descer à sua análise e desenvolvimento. Assim é que a ela se opõe a passagem do *Digesto*, Liv. XVI, Tít. III, fr. 1, 37, que descartava a *conventio de dolo non praestando*, vale dizer, é inidônea para eximir o devedor dos efeitos de seu procedimento doloso. Daí se estende a proibição de sua estipulação em afronta aos princípios de ordem pública e contra os bons costumes e a boa-fé – *contra bonam fidem contraque bonos mores*[47].

---

[44] Sobre o tema, v. Gustavo Tepedino; Milena Donato Oliva; Antônio Pedro Dias. A proteção do consumidor em tempos de pandemia: a atualidade dos remédios previstos no Código de Defesa do Consumidor. In: Antônio Herman Benjamin; Claudia Lima Marques; Bruno Miragem (org.). *O direito do consumidor no mundo em transformação*. São Paulo: Revista dos Tribunais, 2020. v. 1, p. 301-316; Fábio Siebeneichler de Andrade. O impacto da pandemia da covid-19 para a teoria do contrato no direito civil brasileiro: uma oportunidade para um modelo solidarista de relação contratual? *Revista Brasileira de Direito Civil – RBDCivil*, v. 25, 2020, p. 427-429; Rogério Donnini. Pandemia, caso fortuito e imprevisão. *Revista de Direito Civil Contemporâneo*, v. 27, 2021, p. 33-43.

[45] Aguiar Dias. *Da responsabilidade civil*. Cit. v. 2, n. 216.

[46] Alex Weill e François Terré. *Droit Civil, les obligations*. Cit. n. 636, p. 647.

[47] Cf. Mazeaud e Mazeaud. *Responsabilité civile*. Cit. v. 3, n. 2.525; Planiol, Ripert e Esmein. *Traité pratique de Droit Civil*. Cit. v. 6, n. 405 e segs.; Giuseppe Manca. *Pactum de dolo*

A Súmula da Jurisprudência dominante no STF, verbete 161, declara inadmissível a cláusula no contrato de transporte. Neste sentido, com referência ao transporte de pessoas, ver Yves Chartier. *La réparation du préjudice*. n. 130, p. 175.

Como anteriormente ressaltado, apenas se admitem, no âmbito do contrato de transporte, cláusulas de não indenizar que se refiram a danos de natureza patrimonial (v. item 192, *supra*).

Vê-se, então, que o seu campo de ação é restrito em nosso direito, diversamente do sistema francês, em que os tribunais a acolhem com mais liberalidade.

Feitas essas considerações, e tendo em vista o seu cabimento restrito, em nosso direito, iluminado pelos bons conceitos doutrinários pode ser apresentado como o faço em seguida, sem me afastar do que já expendi em minhas *Instituições*, no lugar citado.

A cláusula de não indenizar pode ser estipulada bilateralmente, ou vir adjecta a um contrato de adesão, tendo em vista que a justaposição das vontades geradoras do negócio jurídico pode ocorrer momentaneamente, mediante aceitação manifestada ao que é previamente assentado pelo proponente[48]. Não pode, contudo, ser admitida quando violadora da vontade do aceitante, porque, assim, reveste a forma de uma imposição. Seria injurídico que nos casos em que a pessoa não tem a liberdade de deixar de contratar fosse adstrita a aceitar uma convenção contrária a seus interesses, sob fundamento de que o serviço foi livremente aceito[49]. Se em doutrina a admissibilidade da cláusula sofre restrições, cumpre observar, como faz Van Ryn, que ela contém na essência uma renúncia e por isso mesmo merece interpretação estrita[50].

Os seus efeitos consistem no afastamento da obrigação consequente ao *ato danoso*. Não contém apenas uma inversão do *onus probandi*. Dentro no campo de sua aplicação e nos limites de sua eficácia é uma excludente de responsabilidade[51]. Sua importância prática é, portanto, reduzida. Mas, onde é aceita, merece considerada em cada caso, mais do que um princípio de caráter geral.

O meu *Projeto de Código de Obrigações* de 1965 inseriu-a, admitindo-a quando bilateralmente avençada, e não importe em eximir o dolo do obrigado

---

non praestando. In: *Dizionario de Scialoja*; Yves Chartier. *La reparation du préjudice*. Cit. n. 490, p. 605.

[48] Alessandro Giordano. *I contratti per adesione*. p. 61.
[49] Aguiar Dias. *Cláusula de não indenizar*. Rio de Janeiro: Forense, 1980. n. 20 e 21; Henri Lalou. *Responsabilité civile*. Cit. n. 552.
[50] Van Ryn. *Responsabilité aquilienne et contrat*. Paris: Recueil Sirey, 1932. n. 227.
[51] Robert Bouillene. *La responsabilité civile devant l'évolution du Droit*. Bruxelles: Bruylant, 1947. p. 30.

e não contrariar a ordem pública, e os bons costumes. Declarou-a ineficaz na responsabilidade *ex delicto*.

244. Posto não se caracterize como excludente específica de responsabilidade civil, não será despiciendo aludir à *renúncia* da vítima à indenização pelo dano causado. Os princípios gerais atinentes à renúncia já foram objeto de consideração em minhas *Instituições de Direito Civil*, vol. I, n. 81. Na sua concepção, considerei que a renúncia constitui modalidade particularizada de extinção subjetiva de um direito. Determinei os seus elementos etiológicos na abdicação que o titular faz do seu direito, sem transferi-lo a outrem. É ato unilateral, e independente de suas consequências. Em termos mais simples, a renúncia, que como tal se qualifica de *abdicativa* (para se distinguir da *translativa* que envolve em verdade uma cessão de direitos), importa exclusivamente em destruição de um direito para o sujeito, sem correlativa criação de relação jurídica para outrem. Certo é, entretanto, que toda renúncia percute na esfera jurídica de alguém, seja em forma de acrescentamento, seja em termos de evitar uma diminuição patrimonial. No plano ainda de sua etiologia, é de se acrescentar que a renúncia envolve um interesse meramente privado de seu titular, e pressupõe a capacidade jurídica do renunciante. Vale dizer que são irrenunciáveis os direitos públicos, bem como os que envolvem matéria de ordem pública. Finalmente, a manifestação abdicativa do renunciante há de ser inequívoca e espontânea, além de informal, como se verá em seguida.

Na sua transposição para o campo da responsabilidade civil, há que considerar algumas peculiaridades, muito embora subsistam os lineamentos globais. Resumindo-lhe a natureza jurídica, Santos Briz alinha os dados essenciais: é ato unilateral, abdicativo, abstrato e irrevogável.

A *unilateralidade* nada tem de especial. O prejudicado enuncia a vontade de não receber a indenização a que tem direito. É um negócio jurídico liberatório, que não depende da aceitação por parte do causador do dano. A renúncia distingue-se da transação no fato de que esta se caracteriza pela mútua concessão que os interessados se façam, ao passo que na renúncia inexiste esse fator característico do negócio jurídico transacional.

O caráter *abdicativo* da renúncia, em termos de responsabilidade civil, significa o abandono puro e simples de um direito (posto que eventual), sem caráter translatício, vale dizer, sem que o ato de vontade vá gerar direito para outra pessoa. Sob tal aspecto, distingue-se a renúncia de uma cessão, que, onerosa ou gratuitamente, possa pretender efetuar o prejudicado. A declaração do renunciante é *não receptícia*, no sentido de que se não dirige a ninguém.

A renúncia, como tal, é um ato *abstrato*, no sentido de não ser causal. Fruto do querer individual do renunciante, descabe a indagação se foi inspirado no propósito de não onerar o agente do ato danoso, ou se teve em vista relações de parentesco ou amizade com este. Sua causa jurídica, para dizê-lo como faz Santos

Briz, é irrelevante. Permanece na motivação subjetiva do declarante, sem repercussão na sua validade.

Finalmente, a renúncia é *irrevogável*. Uma vez emitida a vontade abdicativa, prevalece para todos os efeitos, descabendo ao prejudicado ou a seus herdeiros reabrir o caso para pretender indenização.

Além destes caracteres, cabe ainda aditar que a renúncia é informal, não se exigindo para sua perfeição o requisito de forma. Pode revestir a forma pública como constar de instrumento particular. O agente não poderá, todavia, prevalecer-se de uma eventual declaração verbal da vítima, de que não pretende demandar a reparação, ainda que a pronuncie na presença de testemunhas.

De qualquer modo, a renúncia somente pode ter por objeto direito existente. Não vale em relação a direito futuro. Vale dizer: não terá validade a declaração de uma pessoa renunciando a eventuais direitos, na hipótese de vir a sofrer um dano. Somente depois de ocorrido este, quando tem nascimento a pretensão dedutível em juízo (*Anspruch*), será eficaz a declaração abdicativa do direito à reparação.

Capítulo XXI
Liquidação do Dano

Sumário

Na obrigação de dar e na de fazer. Restituição em espécie ou equivalente pecuniário. Liquidação das perdas e danos. Juros simples e juros compostos. Correção monetária. Liquidação do dano moral. Lesão corporal. Dano estético. Homicídio. Usurpação ou esbulho. Ofensa à liberdade corporal.

Bibliografia

Aguiar Dias. *Da responsabilidade civil*. Rio de Janeiro: Forense, 1994. v. 2; Alcides de Mendonça Lima. *Comentários ao Código de Processo Civil*. Rio de Janeiro: Forense, 1974. v. 6; Alex Weill e François Terré. *Droit Civil, les obligations*. Paris: Dalloz, 1972; Alfredo Minozzi. *Danno non patrimoniale*. Milano: Societá Editrice Libraria, 1917; Anderson Schreiber. Reparação não pecuniária dos danos morais. In: Gustavo Tepedino, Luiz Edson Fachin (orgs.). *Pensamento crítico do Direito Civil brasileiro*. Curitiba: Juruá, 2011; Andreas Von Tuhr. *Obligaciones*. Madrid: Reus, 1934. v. 2; António Joaquim de Matos Pinto Monteiro. *Cláusula penal e indemnização*. Coimbra: Almedina, 1999; Carvalho Santos. *Código Civil brasileiro interpretado*. Rio de Janeiro: Freitas Bastos, 1943. v. 21; Clóvis Beviláqua. *Comentários ao Código Civil*. Rio de Janeiro: Francisco Alves, 1944-60; Colin e Capitant. *Droit Civil*. Paris: Librairie Dalloz, 1945. v. 2; De Page. *Traité*. Bruxelles: E. Bruylant, 1974. v. 3; Gisela Sampaio da Cruz Guedes, *Lucros cessantes: do bom-senso ao postulado normativo da razoabilidade*. São Paulo: Revista dos Tribunais, 2011; Gustavo Tepedino, Aline de Miranda Valverde Terra e Gisela Sampaio. *Fundamentos do direito civil*. 2. ed. Rio de Janeiro: Forense, 2021. v. 4; João Monteiro. *Teoria de processo civil e comercial*. São Paulo: Duprat & Comp, 1925; Judith Martins-Costa. Do inadimplemento das obrigações. In: Sálvio de Figueiredo Teixeira (coord.). *Comentários ao novo Código Civil*. Rio de Janeiro: Forense, 2003. t. 2, v. 5, pp. 403-404; Karl Larenz. *Obligaciones*. Madrid: Revista de Derecho Privado, 1958. v. 1; Lalou. *Trai-

té pratique de la responsabilité civile. Paris: Dalloz, 1955; Leonardo Mattietto. Os juros legais e o art. 406 do Código Civil. In: *Revista Trimestral de Direito Civil*, Rio de Janeiro: Padma, 2003. n. 15, pp. 89-106; Lobão. *Tractado encyclopédico, prático, crítico, sobre as execuções que procedem por sentença.* Lisboa: Imprensa Nacional, 1817; Luiz Antonio Scavone Junior. *Juros*: no Direito brasileiro. São Paulo: Revista dos Tribunais, 2003; M. I. Carvalho de Mendonça. *Teoriae prática das obrigações.* Rio de Janeiro: Revista Forense, 1956. v. 2; Maria Celina Bodin de Moraes. *Dano à pessoa humana*: uma leitura civil-constitucional dos danos morais. Rio de Janeiro: Renovar, 2003; Marty e Raynaud. *Droit Civil*: les obligations. Paris: Sirey, 1967. v. 2; Mazeaud e Mazeaud. *Responsabilité civile.* Paris: Montchrestien, 1955. v. 2; Mazeaud e Tunc. *Traité de la responsabilité civile.* Paris: Montchrestien, 1955. v. 1; Mazeaud e Tunc. *Traité de la responsabilité civile.* Paris: Montchrestien, 1955. v. 1; Michel Vasseur. Le droit des clauses monétaires et les enseignements de l'économie politique. In: *Revue Trimestrielle de Droit Civil.* Paris: Dalloz, 1952; Paulo de Tarso Vieira Sanseverino. *Princípio da reparação integral.* São Paulo: Saraiva, 2010; Philippe Le Tourneau. *La responsabilité civile.* Paris: Dalloz, 1972; Philippe Malaurie e Laurent Aynès. *Cours de Droit Civil, les obligations.* Paris: Cujas, 1990; Pontes de Miranda. *Comentários ao Código de Processo Civil.* Rio de Janeiro: Forense, 1947. v. 9; Silvio Rodrigues. *Direito Civil.* São Paulo: Saraiva, 1984. v. 4; Wilson Melo da Silva. *O dano moral e sua reparação.* Rio de Janeiro: Revista Forense, 1955; Yves Chartier. *La réparation du prejudice dans la responsabilité civile.* Paris: Dalloz, 1983.

245. Seja por título judicial, seja por título extrajudicial, todo devedor tem, por efeito da obrigação, de pagar o devido. Se se trata de *coisa certa*, cumpre-lhe efetuar a *entrega*. Se de *quantia certa*, solvê-la mediante o pagamento da soma devida. Onde ocorre a indagação referente à *liquidação das obrigações* é se a *res debita* não é certa quanto à existência, e não é *determinada* quanto ao objeto.

Nas obrigações concentradas em título extrajudicial, a coisa ou quantia é líquida ou tem de se tornar líquida. Para que se cumpra coativamente, terá de passar por uma operação material ou objetiva.

Campo mais aberto à liquidação das obrigações ocorre naquelas representadas por título judicial, isto é, as que são objeto de uma condenação. E mais largo é o espaço, se se trata de ressarcimento de *perdas e danos,* quando se faz mister concretizar a *res debita* no seu equivalente pecuniário, transformando os itens da condenação em sua correspondência matemática.

Embora as vias judiciais sejam diversas, pois de um lado está a declaração de vontade do devedor criando um direito subjetivo para o credor, e de outro lado está o provimento jurisdicional (que é a manifestação de vontade do Estado) impondo ao *reus debendi* uma prestação em favor do *reus credendi* – existe um ponto de convergência para as duas vias: no momento da *solutio* é mister estabelecer o que efetivamente deve ser pago *quid, quale, quantum debetur*.

Feitas observações atinentes a certas peculiaridades que o legislador casuisticamente destacou, a *liquidação das obrigações* constitui matéria subordinada a critérios relativamente próximos. É um terreno em que concorre matéria processual com matéria cível, ou seja: a normação das operações que visam a conseguir a liquidez do devido associa preceitos do Código Civil e do Código de Processo Civil.

A primeira regra, e da maior importância, é que o devedor tem que solver o obrigado em espécie. Tem de cumprir a obrigação especificamente, mediante a entrega de uma coisa, ou a prestação de um fato ou o desfazimento do a que se deveria abster. O problema da reparação do dano em espécie leva em consideração alguns pressupostos significativos. Nas *obrigações de dar,* o agente pode ser condenado à entrega da própria coisa, ou outra idêntica. Se anui, cumpre a sentença com a sua *traditio*. Se discorda, pode ser imposta, em princípio, na responsabilidade contratual. Na aquiliana, depende das circunstâncias de cada caso, como por exemplo a demolição do que foi ilegalmente construído, ou a construção do que foi destruído pelo fato danoso, como *e.g.*, a consequência de um abalroamento, ou de alguém que demoliu coisa da vítima.

A reparação em espécie nem sempre é possível, ou mesmo viável, dependendo da natureza do dano. Ou pode não ser "concebível", como se exprime Yves Chartier, que lembra hipóteses de dano à pessoa da vítima (perda de um membro ou órgão do corpo), ou a destruição de coisa insubstituível (destruição de um Van Gogh). Em casos tais, não há falar em reparação em espécie[1].

Em certos casos, a reparação em espécie[2] pode dar-se, como nas hipóteses lembradas por Yves Chartier como por Philippe Malaurie: publicação da decisão condenatória, direito de resposta, difusão de desmentido pela televisão. Não sendo possível nem concebível a reparação em espécie, que muitas vezes pode implicar constrangimento pessoal, substitui-se o conceito de "restabelecer uma situação", pelo de proporcionar uma "compensação" à vítima[3]. Somente no caso de se não poder cumprirem espécie é que se converte a *res debita* em perdas e danos. Em se tratando de *obligatio dandi*, o princípio cardeal é o da *identidade* da coisa devida; o da *obligatio faciendi* é a prestação, positiva ou negativa, do próprio fato. Quando, por exemplo, a coisa devida não existe mais, é que se sub-roga no seu equivalente pecuniário. Quando a prestação consiste num *facere* e se impossibilita (não sendo fungível não pode ser realizada por outrem), e como de regra ninguém pode ser compelido coercitivamente à prestação – de um fato precisamente – *nemo ad factum recise cogi potest* – a consequência é a conversão do débito no *id quod interest*. Ao elaborar o Projeto de Código de Obrigações de 1965 fiz nele inserir (art. 91) o princípio segundo o qual respondem os bens do devedor por suas obrigações, salvo as limitações expressas em lei. Norma idêntica ressurge no Código de Processo Civil de 1973 (art. 591, com correspondência no art. 789 do CPC/2015) estabelecendo que o devedor responde, para o cumprimento de suas obrigações, com todos os seus bens presentes e futuros, salvo as restrições estabelecidas em lei. Nessa direção orientou-se o Código Civil, cujo art. 391 também determina que "pelo inadimplemento das obrigações respondem todos os bens do devedor". Cumpre, todavia, observar que a prestação devida e não cumprida *não se transforma* nas perdas e danos. Não se converte em alternativa, entre a prestação e as perdas e danos. O devido é o que constitui objeto da *obligatio*. Cabe ao credor perseguir a sua obtenção. Quando não é possível, ou quando não é mais possível, procura-se a *subrogatio*, ou seja, a substituição pelo equivalente pecuniário[4]. Em minhas *Instituições de Direito Civil*. v. I, n. 74, defini a sub-rogação, nos seus dois tipos. Dá-se a *sub-rogação pessoal* quando uma pessoa natural ou jurídica substitui outra na relação jurídica. A *sub-rogação real*, em que subsiste a mesma ideia de

---

[1] Ver, sobre o assunto, Yves Chartier. *La réparation du préjudice*. Paris: Dalloz, 1983, n. 376 e segs.

[2] Sobre o assunto: Anderson Schreiber. Reparação não pecuniária dos danos morais. In: Gustavo Tepedino, Luiz Edson Fachin (orgs.). *Pensamento crítico do Direito Civil brasileiro*. Curitiba: Juruá, 2011.

[3] Alex Weill e François Terré. *Droit Civil, les obligations*. Paris: Dalloz, 1972. n. 782, p. 809.

[4] De Page. *Traité élémentaire*. Bruxelles: E. Bruylant, 1974. v. 3, n. 93; Andreas Von Tuhr. *Obligaciones*. Madrid: Reus, 1934. v. 2, p. 78.

substituição, tem lugar quando um bem toma o lugar de outro, como objeto de direito. No particular da responsabilidade civil, a vítima tem direito a uma prestação, resultante do dano causado. Não sendo possível obter a *solutio* direta, mediante um *dare*, ou um *facere*, ou um *non facere* em espécie, dá-se a substituição por uma quantia em dinheiro, na qual a *res debita* se sub-roga, segundo o velho conceito dos glosadores: *pretium succedit in loco rei*.

Na sistemática do Código de Defesa do Consumidor, o art. 18, § 1º, estabelece que, no caso de vício do produto, não sendo este sanado no prazo máximo de 30 dias, o consumidor pode exigir, alternativamente e à sua escolha: I – a substituição do produto por outro da mesma espécie, em perfeitas condições de uso; II – a restituição imediata da quantia paga, monetariamente atualizada, sem prejuízo de eventuais perdas e danos; III – o abatimento proporcional do preço.

Se o devedor não cumprir a obrigação na espécie ajustada, substituir-se-á pelo seu valor, em moeda corrente, no lugar onde se execute a obrigação (Código Civil, art. 315). Para as obrigações exequíveis no Brasil, a liquidação consiste na estimativa do *quid debeatur* em uma soma expressa na moeda nacional.

Tendo a obrigação valor oficial no lugar do cumprimento, estabelece-se o quantitativo pela taxação na data do *pagamento*. Não sendo possível, tomar-se--á o meio-termo do preço ou da taxa, entre a data do vencimento e a da *solutio*, adicionando-se à importância encontrada os juros de mora. Quanto a estes, são três os critérios a seguir.

Na *falta de estipulação*, calculam-se os juros pelo Código Civil, isto é, "segundo a taxa que estiver em vigor para a mora do pagamento de impostos devidos à Fazenda Nacional" (art. 406).

Discute-se qual o índice aplicável aos juros legais. Por um lado, defende-se a incidência da taxa Selic – índice de remuneração de títulos da dívida federal estabelecido pelo Comitê de Política Monetária (Copom) – em função do art. 84 da Lei n. 8.981/1995. De outra parte, afirma-se que se aplica a taxa de 1% ao mês prevista pelo Código Tributário Nacional (art. 161, § 1º)[5].

A despeito da controvérsia doutrinária, a Corte Especial do Superior Tribunal de Justiça entendeu aplicável a taxa Selic[6].

Nessa esteira, o Superior Tribunal de Justiça decidiu, sob o rito dos recursos repetitivos, que não há violação à coisa julgada e ao art. 406 do Código Civil quando o título judicial exequendo, exarado em momento anterior ao CC/2002, fixa os juros

---

[5] Sobre o debate, v. Leonardo Mattietto. Os juros legais e o art. 406 do Código Civil. In: *Revista Trimestral de Direito Civil*, n. 15, pp. 89-106.
[6] STJ, Corte Especial, EREsp 727.842, Rel. Min. Teori Albino Zavascki, julgado em 08.09.2009.

de mora em 0,5% ao mês e, na execução do julgado, determina-se a incidência da taxa Selic a partir da lei nova[7].

Havendo *estipulação*, prevalecerá a cifra convencionada, com as limitações contidas em lei especial. Em se tratando de débito contraído com *instituição financeira* de qualquer natureza, não se aplicam as restrições contidas no Decreto n. 22.626/1933, prevalecendo, destarte, para a cobrança como para a fase de permanência até o efetivo pagamento, as taxas autorizadas pelo Banco Central do Brasil (Súmula do STF, verbete n. 596).

Regra era, em direito romano, que não corriam juros nas obrigações ilíquidas – *in illiquidis non fit mora*. O Código Civil de 1916, entretanto, amenizou o rigor do princípio, estabelecendo que correm juros, nas obrigações ilíquidas, desde a inicial (art. 1.536, § 2º). A orientação, que foi acolhida no art. 407 do Código Civil, ao aludir à fluência dos juros nas "prestações de outra natureza", deve ser mantida.[8]

Em ocorrendo crime, estabelecia o Código Civil de 1916 que fluíam os juros ordinários contados proporcionalmente ao valor do dano e desde a data em que aquele se perpetrou, compreendendo ainda os juros compostos (art. 1.544). O Código Civil não repetiu a previsão, a tornar incabível a cobrança de juros compostos na indenização por ilícitos ocorridos sob sua vigência.

Além dos juros (moratórios ou compensatórios) que couberem, o ofensor, está sujeito aos *honorários de advogado*. A matéria perdeu a consistência da polêmica em que se envolvia, em face do que dispõe o Código de Processo Civil que os inclui nos efeitos da *sucumbência*, *ex vi* do disposto no art. 20 (correspondente ao art. 85 do CPC/2015), e de acordo com os parâmetros estatuídos no § 3º deste artigo (o CPC/2015, no § 2º do art. 85, acrescentou novas bases de cálculo para a fixação dos honorários advocatícios).

Em qualquer hipótese, o montante da indenização *não pode ser inferior ao prejuízo*, em atenção ao princípio segundo o qual a reparação do dano há de ser integral[9]. Há de atentar para a gravidade da falta e as suas consequências, bem como para a natureza do dano. Por outro lado, tendo a indenização por objeto reparar o dano, o montante da indenização *não pode ser superior ao prejuízo*, pois se o for, as perdas e danos convertem-se em fonte de enriquecimento (*de lucro capiendo*), o que confronta o princípio da equivalência, rompendo o binômio

---

[7] STJ, 1ª S., REsp 1.112.746, Rel. Min. Castro Meira, julgado em 12.08.2009.
[8] Sobre o tema, v. Gustavo Tepedino e Francisco de Assis Viégas. Notas sobre o termo inicial dos juros de mora e o artigo 407 do Código Civil. *Scientia Iuris*, v. 21, n. 1, p. 55-86.
[9] Sobre o assunto: Paulo de Tarso Vieira Sanseverino. *Princípio da reparação integral*. São Paulo: Saraiva, 2011.

dano-indenização[10]. A este propósito lembra-se o fato de o valor da reparação não dever exceder ao da coisa danificada (*e.g.*, um prédio novo no lugar de um antigo, um automóvel novo em substituição a um usado[11]).

246. Havendo que proceder à liquidação das obrigações em juízo, aplica-se o disposto na Lei n. 6.899, de 8 de abril de 1981, regulamentada pelo Decreto n. 86.649, de 25 de novembro de 1981, segundo o qual a correção monetária incide sobre qualquer débito resultante de decisão judicial, inclusive custas e honorários de advogado. Sendo líquida e certa a dívida, a correção calcula-se a partir do vencimento. Nos demais casos, a partir do ajuizamento da ação, sendo que nas ações pendentes na data da Lei, a partir do início de sua vigência. De acordo com a Súmula do STF, verbete 562, na indenização por ato ilícito cabe atualização do valor, utilizando-se o índice de correção monetária. Este foi aliás, o voto de Aliomar Baleeiro[12]. Quanto à correção monetária sobre os valores devidos a título de indenização por dano moral, a Súmula do STJ, verbete 362, prevê como termo inicial a data do arbitramento.

Antes de se chegar à *correção monetária* nos termos dessa Lei, o reajuste dos débitos percorreu um curso bastante acentuado. Como estudo pioneiro, escrevi trabalho sobre "Cláusula de escala móvel nas obrigações em dinheiro" (*Revista dos Tribunais*. v. 234, pp. 10 e segs.). Pode-se dizer que a tese venceu fases bem significativas e definitivas. No *regime nominalista* do Código Civil de 1916, o art. 947, § 1º, estabelecia ser lícito ao devedor de quantia em dinheiro estipular que o pagamento se fizesse em certa e determinada espécie de moeda, nacional ou estrangeira. Em razão dos problemas suscitados pela depreciação monetária, o país marchou para o regime do *curso forçado*, que se distingue do *curso legal*. Este é o efeito liberatório nos pagamentos, que a lei atribui a uma determinada moeda em um país. Diz-se que a moeda tem *curso forçado* quando a lei determina que um certo padrão monetário dotado de curso legal tem de ser aceito obrigatoriamente pelo credor, não podendo seu poder liberatório ser recusado pela convenção das partes[13]. O *curso forçado* da moeda nacional foi instituído pelo Decreto n. 23.501, de 27 de novembro de 1933. Mais tarde sofreu as alterações provindas da Lei n. 28, de 15 de fevereiro de 1935; Decreto-Lei n. 236, de 2 de fevereiro de 1938; Decreto--

---

[10] Ver, a respeito, Yves Chartier. *La réparation du préjudice*. Cit. n. 468 e segs. e n. 495 e segs.; Philippe Malaurie e Laurent Aynès. *Cours de Droit Civil, les obligations*. Paris: Cujas, 1990. n. 130.

[11] Weill e Terré. *Droit Civil, les obligations*. Cit. n. 783; Malaurie e Aynès. *Droit Civil:* les obligations. Cit. n. 126, p. 118.

[12] *Revista Forense*, v. 233, p. 21.

[13] Cf. minhas *Instituições de Direito Civil*. Atualização de Luiz Roldão de Freitas Gomes. 20. ed. Rio de Janeiro: Forense, 2003. v. 2, n. 148.

-Lei n. 1.079, de 27 de janeiro de 1939; Decreto-Lei n. 6.650, de 29 de junho de 1944; Decreto-Lei n. 316, de 13 de março de 1967. Posteriormente, o Decreto-Lei n. 857, de 11 de setembro de 1969[14], revogou todos esses diplomas, consolidando os dispositivos referentes à moeda do pagamento e estabelecendo: são nulos de pleno direito todos os títulos e obrigações exequíveis no Brasil que estipulem pagamento em ouro ou moeda estrangeira, ou por qualquer forma restrinjam ou recusem, nos seus efeitos, o curso legal da moeda nacional. Não se aplicam, todavia, estas restrições: I) aos contratos e títulos referentes a importação ou exportação de mercadorias; II) aos contratos de financiamento ou de prestação de garantias relativas às operações de exportação de bens de produção nacional, vendidas a crédito para o exterior; III) aos contratos de compra e venda de câmbio em geral; IV) aos empréstimos e quaisquer outras obrigações, cujo credor ou devedor seja pessoa residente e domiciliada no exterior, excetuados os contratos de locação de imóveis situados em território nacional; V) aos contratos que tenham por objeto a cessão, transferência, delegação, assunção ou modificação das obrigações referidas no item anterior, ainda que ambas as partes contratantes sejam pessoas residentes ou domiciliadas no país[15].

Paralelamente a este sistema de política monetária, legislação especial, com projeção na jurisprudência placitou exceções: Lei n. 4.591, de 16 de dezembro de 1964, autorizou a correção monetária na incorporação de edifícios coletivos; Lei n. 4.380/1964, em empréstimos para aquisição de casa própria pelo Sistema Financeiro de Habitação; Lei n. 4.357/1964, nos débitos fiscais; Decreto-Lei n. 75/1966, posteriormente revogado pela Lei n. 8.177/1991, nas indenizações trabalhistas; Lei n. 8.245, de 18 de outubro de 1991, que dispõe sobre as locações de imóveis urbanos. Nas desapropriações foi admitida a correção monetária do preço (*Súmula* do STF, verbete n. 561). Nos débitos alimentares, independentemente de texto legal, já a jurisprudência entendia que o credor de alimentos tinha direito a corrigir as prestações. Na indenização de danos materiais decorrentes de ato ilícito cabe atualização de seu valor, utilizando-se, para esse fim, dentre outros critérios, dos índices de correção monetária (*Súmula* do STF, verbete n. 562).

Em termos gerais, e como técnica de orientação, o que se estabelece, e os tribunais reconhecem, é a distinção entre obrigações que representam *débito de dinheiro* e as *dívidas de valor*. No primeiro caso, o devedor libera-se mediante uma soma traduzida aritmeticamente em uma cifra; na *dívida de valor* o pagamento há de ser uma contraprestação obediente à oscilação da moeda. Neste caso, o credor

---

[14] Destaque-se que a Lei n. 14.286, publicada em dezembro de 2021, e que entra em vigor após um ano de sua publicação, estabeleceu no art. 28, inciso XIV, que fica revogado o Decreto-Lei n. 857.

[15] Cf. minhas *Instituições de Direito Civil*. Cit. v. 2, n. 148.

somente receberá a satisfação do débito se o devedor lhe fizer a *traditio* não de uma expressão matemática da dívida, porém de uma quantia que corresponda aos bens que vai adquirir, ou que já adquiriu. A distinção entre *debito de valore* e *debito di valuta* é o único meio de, numa época dominada pela onda inflacionária, proporcionar ao credor um pagamento que corresponda ao valor atualizado da obrigação. Em matéria de liquidação das obrigações oriundas da responsabilidade civil, o valor das *perdas e danos* é considerado como *dívida de valor*, e sendo assim, é sujeito à correção monetária.

247. Indexação. O critério de valoração dos créditos mediante indexação constitui técnica, a cada dia mais frequente, de se defender o credor contra o crescente aviltamento do poder aquisitivo da moeda, corroída pela inflação, com que o nosso país, como aliás outros de grande porte, vêm lutando como sendo o mal endêmico de nossa época[16].

248. Muito embora as mais ricas fontes versem a correção monetária nas obrigações convencionais, os mesmos princípios são aplicáveis nas que visam ao ressarcimento dos danos como expressão financeira na responsabilidade civil.

Sendo a obrigação resultante de sentença condenatória, sem que fique estabelecida precisamente a quantia a que está sujeito o devedor, há que proceder à sua liquidação, seguindo-se uma das modalidades prescritas no Código de Processo Civil: por cálculo do contador (arts. 509, § 2º, e 524, §§ 1º a 5º); por arbitramento (art. 509, I); por artigos (art. 509, II).

A liquidação por cálculo do contador, já extinta pelas sucessivas reformas operadas no CPC/1973, desde 1992, não foi reproduzida no CPC/2015, transferindo-se para o início da fase de cumprimento de sentença a apresentação de cálculos pelo credor, sob a forma de memória discriminada de sua composição[17].

---

[16] Cf. minhas *Instituições de Direito Civil*. Cit. v. 2, n. 148; Michel Vasseur. Le droit des clauses monétaires et les enseignements de l'économie politique. In: *Revue Trimestrielle de Droit Civil*. Paris: Dalloz, 1952. p. 413; Giuseppe Romano-Pavoni. Osservazioni sulle claosole monetaire e le obbligazioni che ne derivano. In: *Revista di Diritto Commerciale*. Parte I. v. 50, p. 378; Mario Rist. *L'echelle mobile dans les contrats et dans les jugements*. p. 106; Arthur Nussbaum. *Derecho monetario nacional e internacional*. pp. 201 e segs.; Paul Durand e outros. *Influence de la dépréciation monétaire sur la vie juridique privée*. passim; Lilian N. Gurfinkel de Mendy. *Depreciación monetária*. pp. 99 e segs.; Jean-Paul Doucet. L'indéxation. pp. 62 e segs.; Georges Hubrecht. *La dépréciation monétaire et l'exécution des contrats*. pp. 117 e segs.; Alex Weill e François Terré. *Droit civil, les obligations*. Cit. n. 787, p. 814.

[17] Nesta linha, v. Luiz Rodrigues Wambier. In: Fredie Didier Júnior, Teresa Arruda Alvim Wambier *et al.* (coords). *Breves comentários ao Novo Código de Processo Civil*. São Paulo: Revista dos Tribunais, 2015. p. 1.314, em que se afirma, a respeito do CPC/2015, que "a sentença para cujo cumprimento haja a necessidade de se apurar o valor da condenação por meio de cálculos, é, substancialmente, sentença líquida, que independe da ação de liquidação. Dessa maneira, a regra constante do § 2º

A segunda (*liquidação por arbitramento*), mais complexa, quando haja necessidade do auxílio de um perito que elabora o laudo, valendo-se de informações, de dados, de conhecimentos ou de elementos de aferição material, já conhecidos ou de obtenção direta (CPC, arts. 509, I, e 510).

Finalmente, no CPC/2015, há a previsão da "liquidação pelo procedimento comum" (arts. 509, II, e 511), correspondente à liquidação por artigos do CPC/1973[18]. Procede-se à *liquidação pelo procedimento comum* quando houver necessidade de alegar e provar *fato novo*, assumindo esta modalidade de liquidação, feições de um verdadeiro processo de conhecimento, com "a intimação do requerido, na pessoa de seu advogado ou da sociedade de advogados a que estiver vinculado, para, querendo, apresentar contestação no prazo de 15 (quinze) dias" (CPC, art. 511).

Tem cabida esta modalidade de liquidação, na responsabilidade civil quando o julgado na ação indenizatória estabelece as bases da condenação deixando, porém, a quantificação das perdas e danos na dependência de serem provados fatos novos como *e.g.*, o custo de restabelecimento do *status quo* da coisa deteriorada ou destruída.

249. *Perdas e danos*. Sobrepondo-se a qualquer modalidade de liquidação de obrigação, o Código Civil estatui a regra genérica dos efeitos da obrigação, que tanto se invocam nas que se definem *ex contractu*, quanto nas *ex delicto*.

O devedor sujeitando-se às perdas e danos, deve-as às inteiras, compreendendo o *damnum emergens* e o *lucrum cessans*. Na categoria do dano emergente situa-se aquilo que o ofendido efetivamente perdeu em consequência do fato danoso. Na classe do *lucro cessante*, aquilo que razoavelmente deixou de ganhar, e o jurisconsulto Paulus enunciava: *quantum mihi abest, quantunque lucrare potui* (*Digesto*, Liv. 46, Tít. VIII, fr. 13).

Acerca do dano pela perda de uma chance e a dificuldade de sua liquidação, v. item 37, *supra*.

Em qualquer caso, todavia, somente terá direito ao ressarcimento ao *dano direto e concreto*; e ao *dano indireto* somente se produzido por causalidade necessária. O dano *indireto ou remoto*, como o dano *hipotético*, não pode ser objeto de indenização, ainda que o fato gerador seja o procedimento doloso do *reus debendi*.

---

do art. 509 está situada nesse contexto apenas e tão somente para o fim de se deixar claro que, nesse caso, não há que se falar em liquidação de sentença".

[18] Sobre o tema, v. Teresa Arruda Alvim Wambier *et al.* (coords.). *Primeiros comentários ao Novo Código de Processo Civil*. São Paulo: Revista dos Tribunais, 2015, p. 838, em que se afirma, comentando o art. 511 do CPC/2015, que este "é justamente a antiga liquidação por artigos, adequada sempre que, para a apuração do valor ou da extensão da obrigação, deve ser alegado e provado fato novo".

É também princípio capital, em termos de liquidação das obrigações, que não pode ela *transformar-se em motivo de enriquecimento*. Apura-se o quantitativo do ressarcimento inspirado no critério de evitar o dano (*de damno vitando*), não porém para proporcionar à vítima um lucro (*de lucro capiendo*). Ontologicamente subordina-se ao fundamento de restabelecer o equilíbrio rompido, e destina-se a evitar o prejuízo. Há de cobrir a totalidade do prejuízo, porém limita-se a ele[19]. A razão está em que, no próprio étimo da "indenização", vem a ideia de colocar alguma coisa no lugar daquilo de que a vítima foi despojada, em razão do "dano". Se se ressarce o *dano*, não se lhe pode aditar mais do que pelo *dano* foi desfalcado o ofendido. No caso de a prestação em espécie ser viável (*res in loco rei*), cabe ao prejudicado persegui-la acrescida dos juros[20]. Não sendo possível a obtenção específica dares debita, a vítima faz jus a um valor que a substitua em toda plenitude.

Faz-se referência à possibilidade de as partes estipularem contratualmente cláusula penal[21]. Esta irá determinar a prefixação de indenização devida em caso de inexecução completa da obrigação, de alguma cláusula especial ou simplesmente de mora, podendo, assim, a cláusula penal ter caráter compensatório ou moratório (art. 409 do Código Civil). Ao estabelecer o valor das perdas e danos, a cláusula penal não poderá determinar valor maior do que o da obrigação principal (art. 412 do Código Civil), devendo a penalidade ser reduzida equitativamente pelo juiz se a obrigação principal tiver sido cumprida em parte, ou se o montante da penalidade for manifestamente excessivo, tendo-se em vista a natureza e a finalidade do negócio (art. 413 do Código Civil). Além disso, o parágrafo único do art. 416 do Código Civil ressalta que, "ainda que o prejuízo exceda ao previsto na cláusula penal, não pode o credor exigir indenização suplementar se assim não foi convencionado. Se o tiver sido, a pena vale como mínimo da indenização, competindo ao credor provar o prejuízo excedente"[22].

O Superior Tribunal de Justiça, ao analisar a cumulação de cláusula penal moratória com a indenização por perdas e danos, entende que a cobrança da multa não interfere na responsabilidade do devedor de indenizar os prejuízos a que sua mora der causa[23].

---

[19] Karl Larenz. *Obligaciones*. Madrid: Revista de Derecho Privado, 1958. v. 1, p. 194; De Page. *Traité*. Cit. v. 2, n. 1.092.

[20] De Page. *Traité*. Cit. n. 128; Lalou. *Responsabilité civile*. Paris: Dalloz, 1955. n. 62.

[21] Sobre o assunto, v. Antonio Joaquim de Matos Pinto Monteiro. *Cláusula penal e indemnização*. Coimbra: Almedina, 1999.

[22] V., sobre o tema, Caio Mário da Silva Pereira. *Instituições de direito civil*. Rio de Janeiro: Forense, 2016, vol. II, pp. 141-162.

[23] STJ, 3ª T., REsp 1.665.550, Rel. Min. Nancy Andrighi, julgado em 09.05.2017; STJ, 3ª T., AgInt no AREsp 685.199, Rel. Min. Paulo de Tarso Sanseverino, julgado em 16.02.2017.

Cumpre, todavia, observar que não se reconhece ao *reus credendi* uma faculdade de converter a obrigação em alternativa. O que constitui o *debitum* é o que está *in obligatione*. A liquidação consistirá em traduzir o dano em prestação pecuniária, e é o mais frequente, porque as mais das vezes não será viável a recomposição da coisa ou a prestação do fato especificamente.

Sobre isto, estabelecem-se algumas normas em torno das quais cabe formular observações especiais, como se fará mais adiante.

250. Entra aqui, desde logo, a *vexata quaestio da indenização do dano moral*. A responsabilidade civil por dano moral já foi objeto das considerações expendidas em o Capítulo IV. Cabe agora cogitar da sua *liquidação*.

Sustentando a tese da responsabilidade civil por dano moral, enunciei a diversidade conceitual relativamente a que a indenização por dano material consiste na ideia de sub-rogar a coisa no seu equivalente, ao passo que em se tratando de dano moral o que predomina é a finalidade compensatória. A dizê-lo noutros termos, na indenização por dano material, a ideia-força tem em vista que existe um "prejuízo" no correspectivo da diminuição ou do não incremento do patrimônio, enquanto a do dano moral repousa na existência de mágoa sofrida pela vítima[24]. À determinação do "prejuízo de afeição", cumpre ter em vista o limite do razoável, a fim de que não se enverede pelo rumo das pretensões absurdas. No tocante à própria vítima, a questão é mais simples cabendo ao juiz apreciar até onde o lesado é atingido além do dano material que sofreu. Onde a matéria se complica é quando um terceiro pretende a indenização por dano moral, em consequência da lesão sofrida por outrem (o pai em relação ao filho, deste em relação àquele, do marido quanto à mulher e vice-versa). O primeiro elemento a considerar é o grau do relacionamento entre a vítima e o demandante. O segundo, são as circunstâncias de fato, se os cônjuges, posto não legalmente separados, o estão de fato; se o filho é rompido com o pai; e outras circunstâncias de fato ponderáveis. Em terceiro lugar, o que inspira o juiz é a existência de "dor real e profunda" a que se referem Mazeaud e Tunc[25], circunstância esta que Yves Chartier qualifica como "necessariamente subjetiva"[26].

Deixando de lado a tese do cabimento da responsabilidade civil por dano moral, que constitui matéria de prova como se exprime Wilson Melo da Silva[27], os

---

[24] Cf. Wilson Melo da Silva. *O dano moral e sua reparação*. Rio de Janeiro: Revista Forense, 1955. n. 129 e segs.; Orozimbo Nonato. Voto proferido no STF. In: *Revista Forense*, v. 138, p. 452; Silvio Rodrigues. *Direito Civil*. São Paulo: Saraiva, 1984. v. 4, p. 207.

[25] Mazeaud e Tunc. *Traité de la responsabilité civile*. Paris: Montchrestien, 1955. v. 1, n. 324 e segs.

[26] Yves Chartier. *La réparation du préjudice*. Cit. n. 204, p. 255.

[27] Wilson Melo da Silva. *O dano moral e sua reparação*. Cit. n. 129 e segs.;

autores controvertiam em torno da reparação, desde a ideia de uma indenização meramente simbólica de "um franco"[28], até a concessão de quantia vultosa que propicie à vítima os meios de compensar o sofrimento. Não seria mesmo possível dizer que a uma dada ofensa corresponderia um certo padrão pecuniário, ou chegar-se à recusa de reparação pelo fato de não ser a dor conversível em dinheiro[29].

Como tenho sustentado em minhas *Instituições de Direito Civil* (vol. 2, n. 176), na reparação por dano moral estão conjugados dois motivos, ou duas concausas: I) punição ao infrator pelo fato de haver ofendido um bem jurídico da vítima, posto que imaterial; II) pôr nas mãos do ofendido uma soma que não é o *pretium doloris*, porém o meio de lhe oferecer a oportunidade de conseguir uma satisfação de qualquer espécie, seja de ordem intelectual ou moral, seja mesmo de cunho material[30] o que pode ser obtido "no fato" de saber que esta soma em dinheiro pode amenizar a amargura da ofensa e de qualquer maneira o desejo de vingança[31]. A isso é de acrescer que na reparação por dano moral insere-se a solidariedade social à vítima.

Na ausência de um padrão ou de uma contraprestação, que dê o correspectivo da mágoa, o que prevalece, é o critério de atribuir ao juiz o arbitramento da indenização. O Anteprojeto de Código de Obrigações de 1941, ao deixar ao juiz o poder de fixar a reparação, fazia-o acompanhar da recomendação de que seria "moderadamente arbitrada" (art. 181). Em meu Projeto de Obrigações de 1965 mantive o mesmo princípio segundo o qual no caso de dano simplesmente moral, o juiz *arbitrará moderada e equitativamente a indenização* (art. 879). O Código Civil, abrangendo no conceito amplo de ato ilícito o dano *ainda que exclusivamente moral* (art. 186), não cogita de sua limitação nem recomenda seja moderado o ressarcimento. Isto não impede que o juiz assim proceda, pois se é certo, como visto acima, que a indenização, em termos gerais, não pode ter o objetivo de provocar o enriquecimento ou proporcionar ao ofendido um avantajamento, por mais forte razão deve ser equitativa a reparação do dano moral para que se não converta o sofrimento em móvel de captação de lucro (*de lucro capiendo*).

Atualmente, algumas decisões do STJ têm aplicado o chamado método bifásico no arbitramento do dano moral, que, na determinação do *quantum debeatur*, parte numa primeira fase do patamar de indenização normalmente atribuído

---

[28] Mazeaud e Mazeaud. *Responsabilité civile*. Paris: Montchrestien, 1955. v. 2, n. 421.
[29] Jair Lins. *Observações ao Anteprojeto de Código de Obrigações de 1941*. p. 57.
[30] Mazeaud e Mazeaud. *Responsabilité civile*. Cit. n. 419; Alfredo Minozzi. *Dannononpatrimoniale*. Milano: Societa Editrice Libraria, 1917. n. 66.
[31] Von Tuhr. *Partie générale du Code Fédéral des Obligations*. v. 1, § 106, apud Silvio Rodrigues. *Direito Civil*. Cit.

àquele grupo de casos, para, já na segunda fase, ajustar a indenização com base nas circunstâncias do caso concreto e no interesse jurídico lesado[32].

Após a promulgação do Código de Processo Civil de 2015, de acordo com a previsão constante do art. 292, inc. V, o valor da causa, que deverá constar da petição inicial ou da reconvenção, será o valor pretendido na ação indenizatória, mesmo no caso de dano moral. Com essa mudança, o valor do dano moral, cuja estipulação usualmente se deixava a cargo do magistrado, deverá ser previamente estimado pelo autor da demanda, o que tem suscitado controvérsias, com decisões que admitem o pedido genérico de dano moral[33].

Além dos casos especiais de reparação do dano moral que examinarei em seguida, cabe lembrar que a jurisprudência dos tribunais por muito tempo se dividiu. Ora considerava que onde havia indenização por dano material descabia reparação de dano moral; ora admitia a acumulação; ora excluía a reparação pelo sofrimento se dele não decorresse nenhum dano material (STF. In: *Revista Forense*. vol. 138, p. 452); ora concedia indenização no caso em que o lesado não podia vincular o fato a qualquer ideia de prejuízo material (Súmula do STF, verbete n. 491, *in verbis*: "É indenizável o acidente que cause a morte de filho menor, ainda que não exerça trabalho remunerado"). O fundamento em hipótese desta natureza assenta em que o filho menor, posto não contribua para a economia doméstica, constitui um valor econômico em potencial (STF, Revista Trimestral de Jurisprudência, 42/378; 47/279). A não acumulação do dano material com dano moral foi por muito tempo sustentada na jurisprudência (STF. In: ADCOAS. 1985, n. 104.316).

Permite-se, na atualidade, a cumulação de indenizações por danos morais e materiais. A mudança de orientação resultou de gradativa evolução jurisprudencial, que culminou na edição da Súmula n. 37 do STJ, *in verbis*: "São cumuláveis as indenizações por dano material e dano moral oriundos do mesmo fato". Na mesma direção, quanto ao dano estético, eis a Súmula n. 387 do STJ: "É lícita a cumulação das indenizações de dano estético e dano moral". Em face do Código Civil de 1916, o grande escolho a que se apegavam os adversários da indenização por dano moral era a ausência de uma disposição genérica, que a conceda. Contra este argumento, insurgia-se Clóvis Beviláqua, com fundamento no art. 76, conforme visto e desenvolvido em o Capítulo IV, *supra*.

---

[32] STJ, 3ª T., AgRg no REsp 1.493.022, Rel. Min. Paulo de Tarso Sanseverino, julgado em 05.02.2015. Sobre o assunto: Paulo de Tarso Vieira Sanseverino. *Princípio da reparação integral*. São Paulo: Saraiva, 2011.

[33] Ilustrativamente, v. TJRJ, 24ª C.C.C., Ap. Cív. 0112794-63.2017.8.19.0001. Rel. Des. Ana Célia Montemor Soares Rios Gonçalves, julgado em 04.10.2017.

O argumento deixou de subsistir, uma vez que a Constituição de 1988 admitiu, em mais de uma passagem, o princípio da reparação do dano moral (art. 5º, alíneas V e X).

251. *Lesão corporal.* Cogita o Código Civil, no art. 949, de ferimento ou outra ofensa à saúde. Nesses casos, o ofensor responde pelas despesas de tratamento, compreendendo todas as despesas necessárias à obtenção da cura. Abrangerá, portanto, a assistência médica e hospitalar, e, se necessário, o custo de aparelhagem técnica destinada a suprir as deficiências causadas pela lesão.

A verba dos lucros cessantes é mais elástica e mais ampla. Abrange o que o ofendido deixou de ganhar até o fim da convalescença[34] inclusive os dias de serviço perdidos pelo empregado ou a expectativa de ganho do trabalhador autônomo[35].

Na indenização estará, ainda, compreendida a perda da *capacidade de trabalho* (plena ou parcial, conforme o caso; temporária ou definitiva, segundo o tempo da recuperação).

Para determinar o valor da indenização, o juiz terá de considerar se a vítima perdeu por inteiro a capacidade laborativa, especialmente em referência à sua profissão ou atividade normal. Não quer dizer que a perda total somente ocorrerá se o ofendido ficar paralítico. Total será a perda se o pintor perde a visão, ou o mecânico as mãos, ou o médico cirurgião, com a perda da vista, perde a aptidão profissional[36].

A perda parcial será estimada em função da diminuição da força de trabalho, dês que, não obstante a lesão, a vítima tem ainda capacidade para trabalhar, posto que em escala inferior ao *status quo ante.* Avalia-se em termos percentuais a diminuição laborativa, e concede-se a indenização proporcionalmente. Embora visando a situação específica, a tabela anexa à Lei de Acidentes no Trabalho constitui subsídio para a estimativa do *quantum* indenizatório. O Projeto de Código de Obrigações de 1965, no art. 881, alude ao fato de vir o defeito a reduzir a capacidade de trabalho do ofendido, e estatui que a indenização compreende pensão temporária ou vitalícia, conforme o caso. O Código Civil, menos explícito, abrange no art. 949 a redução da capacidade laborativa na fórmula genérica de "algum outro prejuízo que o ofendido pode haver sofrido".

O art. 950, muito minuciosamente, tem em vista a hipótese de resultar defeito pelo qual o ofendido não possa exercer seu ofício ou profissão, ou lhe

---

[34] Clóvis Beviláqua. *Comentários ao Código Civil.* Rio de Janeiro: Francisco Alves, 1944-60. Comentário ao art. 1.538.
[35] Silvio Rodrigues. *Direito Civil.* Cit. n. 74.
[36] Cf. Silvio Rodrigues. *Direito Civil.* Cit. n. 77.

diminua a capacidade de trabalho. É uma fórmula abrangente e, em consequência, a reparação compreenderá, além das despesas, uma pensão correspondente à importância do trabalho para que o ofendido se inabilitou, ou da depreciação que ele sofreu. A Súmula do STF faz referência à pensão em mais de um caso. O verbete n. 490 estabelece: "A pensão correspondente à indenização oriunda de responsabilidade civil deve ser calculada com base no salário mínimo vigente ao tempo da sentença e ajustar-se-á às variações ulteriores". O verbete n. 493 estabelece: "O valor da indenização, se consistente em prestações periódicas e sucessivas, compreenderá, para que se mantenha inalterável na sua fixação, parcelas compensatórias do imposto de renda, incidentes sobre o capital gravado ou caucionado, nos termos dos arts. 911 e 912 do Código de Processo Civil" (no caso era o CPC de 1939). Não existe um critério rígido para determinar o que seja a perda ou habilitação para o exercício da atividade normal da vítima. Uma cantora que perde a voz, pode trabalhar em outra atividade; um atleta que perde a destreza não está impedido de ser comentarista. Uma e outro, no entanto, sofrem a destruição inerente à sua atividade normal. A indenização a que fazem jus leva em consideração o prejuízo específico, uma vez que a procura de outro trabalho é uma eventualidade que pode ou não vir a ser.

É também de se cogitar se a incapacidade é *temporária* ou permanente. Diz-se temporária a incapacidade que atinge a vítima a partir do dia da lesão até que ocorra a completa recuperação para as suas atividades normais[37]. A incapacidade temporária pode ainda ser total ou parcial, conforme tenha a vítima, no período de sua duração, conservado aptidão para alguma atividade, ou fique impedido de exercer qualquer outra. Neste último caso, ela se diz total e temporária, e no outro parcial e temporária.

A incapacidade permanente tem em vista dois fatores ou dois aspectos: em relação ao passado, quando as sequelas do sinistro se estabilizaram; em relação ao futuro, quando inexiste toda "esperança razoável" de recuperação[38]. Em termos de incapacidade permanente, levar-se-á em consideração se esse estado atinge todas as atividades da vítima ou apenas uma parte delas.

Ao quantificar a reparação, o juiz terá de apreciar todas essas condições, de forma a condenar no que seja o ressarcimento integral do dano, sem constituir fonte de enriquecimento.

Não é de se desprezar a consequência psicológica do dano que pode atingir, também temporária ou definitivamente, a vítima incidindo em sua força de trabalho.

---

[37] Yves Chartier. *La réparation du préjudice*. Cit. n. 168, p. 217.
[38] Yves Chartier. *La réparation du préjudice*. Cit. n. 172.

O Código de Processo Civil, art. 533, disciplina em minúcia a prestação alimentar oriunda de indenização por ato ilícito. O juiz condenará o devedor a constituir um capital, cuja renda assegure o seu cabal cumprimento. Esse capital poderá constituir-se de imóveis ou títulos da dívida pública, e será inalienável e impenhorável durante a vida da vítima, ou falecendo a vítima em consequência de ato ilícito, enquanto durar a obrigação do devedor. O juiz poderá substituir a constituição do capital por caução fidejussória.

Embora a sentença que fixa a pensão passe em julgado, está ela subordinada a uma cláusula *rebus sic stantibus*, podendo ser alterada para mais ou para menos, se sobrevier modificação nas condições econômicas.

Tendo em vista a natureza transeunte da pensão alimentícia, a cláusula de inalienabilidade e impenhorabilidade que pesa sobre os bens, ou a caução fidejussória, cancelam-se por decisão judicial em vindo a cessar a obrigação respectiva.

O § 1º do art. 1.538 do Código Civil de 1916 continha disposição que podia ser traduzida como indenização por dano moral (Clóvis Beviláqua. *Comentário* respectivo) ao estabelecer que a soma seria duplicada, se do ferimento resultasse aleijão ou deformidade. Esta duplicação compreendia reparação compensatória do defeito, que atinge psicologicamente a vítima.

Em certos casos, a deformidade ou aleijão pode ser compreendida como dano direto, se a profissão ou atividade do ofendido depender de sua integridade física ou de sua aparência, como seria o caso de uma artista de televisão.

O art. 1.538 do Código Civil de 1916 mencionava ainda, como fator complementar da indenização por ferimento ou ofensa física "a multa no grau médio da pena criminal correspondente". Esta verba indenizatória foi muito discutida. Enquanto Beviláqua tentava interpretar a instituição de pena criminal para impô-la civilmente (*Comentário* ao art. 1.538), Carvalho Santos entendia que o Código não tinha aplicação nesta parte, uma vez que o Código Penal não estabelece pena pecuniária para os crimes de ofensa física, e não é admissível considerar em vigor no cível pena que no crime inexiste (Carvalho Santos. Código Civil interpretado, vol. XXI, p. 128; João Luís Alves, em comentário ao mesmo artigo; Silvio Rodrigues. Cit. 28).

O Código Civil não reproduziu os preceitos. A expressão "algum outro prejuízo" empregada no art. 949 possui o condão de substituir as previsões específicas, a atribuir ao alvedrio do julgador a fixação do *quantum* indenizatório.

252. *Dano estético.* Dentro na categoria do dano moral inscreve-se a *reparação do dano estético*, previsto no antigo art. 1.538, § 2º, do Código Civil de 1916, ao dizer que se o ofendido, aleijado ou deformado for mulher solteira ou viúva, ainda capaz de casar, a indenização consistirá em dotá-la, segundo as posses do ofensor, as circunstâncias do ofendido e a gravidade do defeito.

Quatro observações comportava o inciso.

A primeira era de caráter geral, por estar presente nas indenizações em geral: toda indenização está sujeita aos pressupostos da capacidade econômica do devedor, a condição pessoal da vítima e a natureza e extensão do defeito.

A segunda dizia respeito à condição pessoal da vítima: ser mulher solteira ou viúva. O Código de 1916 enunciava uma restrição injustificável. Não fazia sentido subordinar o dote ao estado civil da vítima. Devia ter direito ao dote a mulher qualquer que fosse o seu estado: não tinha cabida concedê-lo à mulher solteira ou viúva, e recusá-lo à casada, que tinha o mesmo direito à conservação de sua aparência física. Por força de interpretação analógica – *ubi eadem ratio ibi eadem legis dispositio* – o mesmo direito à compensação dotal era de ser estendido à mulher judicialmente separada, como à divorciada[39]. Dentro, porém, da boa compreensão dos princípios, era de se conceder a toda mulher, independentemente de seu estado civil.

A terceira era a alusão a ser a ofendida ainda "capaz de casar". Como observava Aguiar Dias, a circunstância de ser "capaz de casar" era totalmente subjetiva[40]. Pode-se ainda acrescentar, independentemente desta aptidão, que toda mulher, em qualquer idade, tem direito à preservação de sua aparência física. Especialmente na atualidade o trabalho da mulher fora do lar justifica a manutenção de sua presença estética. Cabe, ainda, referência à expressão usada pelo legislador de 1916, na alusão ao "dote". Não tinha em vista, aí, o conceito deste no direito de família, e especialmente no regime de bens, tanto mais que a tendência moderna é a extinção do regime dotal, pelo desuso em que incidiu. O que pretendeu o legislador foi que o ofensor propicie à vítima uma quantia em dinheiro, a título de reparação moral ou de compensação que se contrapõe ao desgosto trazido pelo aleijão ou deformidade[41].

A quarta observação era que o Código de 1916 dizia que, neste caso, a indenização "consistiria no dote". Em verdade, era de se compreender que a indenização "abrangeria o dote", uma vez que este não excluía a aplicação do contexto do artigo, quando se referia às despesas de tratamento e lucros cessantes até o fim da convalescença. Bastava atentar que no tratamento podia estar incluída cirurgia plástica, notoriamente dispendiosa. Se, não obstante ela, ainda restasse aleijão ou deformidade, seria devido dote.

Com a extinção do regime dotal, deixou de repetir o codificador referida regra. Todavia, reconhece-se amplamente a reparação pelo dano estético (v. item 34-A, *supra*).

---

[39] Silvio Rodrigues. *Direito Civil*. Cit. n. 76.
[40] Aguiar Dias. *Responsabilidade civil*. Rio de Janeiro: Forense, 1994. v. 2, n. 232.
[41] Aguiar Dias. *Responsabilidade civil*. Cit.; Silvio Rodrigues. *Direito Civil*. Cit.

253. *Homicídio*. A liquidação do dano em caso de homicídio está prevista no art. 948, e compreende: 1) pagamento das despesas com tratamento da vítima, seu funeral e o luto da família; 2) prestação de alimentos às pessoas a quem o defunto os devia, levando-se em conta a duração provável da vida da vítima.

Na primeira alínea, o artigo abrange todas as despesas: assistência médica e cirúrgica, internamento hospitalar, exames inclusive técnicos (radiografia, tomografia, ultrassom e quantos mais), medicamentos, remoções. Nesta mesma verba estará incluída utilização de aparelhagem especial como respiração artificial, hemodiálise, equipamento ortopédico etc.

As despesas de funeral que sempre se entenderam como o sepultamento, hoje suscitam uma nova questão, a saber se compreendem a remoção do corpo para outra localidade, especialmente tendo em vista que o transporte por via aérea diz respeito ao interesse dos parentes em que o corpo seja inumado no jazigo da família, e é obviamente dispendioso. Há que considerar no caso as circunstâncias peculiares, e na conformidade destas deve ser compreendido a cargo do ofensor.

A verba de alimentos, já muito trabalhada pela jurisprudência, é pacífica no sentido de que os dependentes são, normalmente, a viúva, os filhos, descendentes, ascendentes. O requisito de sua concessão está no próprio dispositivo legal: pessoas a quem o defunto os devia ou, como dizia Clóvis Beviláqua no *Comentário* respectivo, pessoas a quem o falecido teria de prestá-los se fosse vivo. Atualmente, atribui-se ao companheiro e a qualquer pessoa que dependa economicamente da vítima igual direito. Em linha evolutiva, o STJ concluiu que, diante de "circunstâncias peculiaríssimas" (idade avançada da alimentanda, além de patente dependência econômica, sendo sustentada ao longo de quarenta anos), mesmo na hipótese de término de relação familiar concomitante a casamento válido, é reconhecido o direito às verbas alimentares, considerando a precedência dos princípios da dignidade e solidariedade humanas[42].

Embora o princípio aponte como beneficiário o titular imediato da indenização, como acima referido, Karl Larenz lembra a hipótese, não excepcional, de uma pessoa que fosse credora de alimentos da vítima, em virtude de uma sentença condenatória, e que, pela morte do devedor, sofreu a sua perda. E entende que esse alimentando tem ação contra o ofensor, cujo fato ilícito privou-o da aptidão de prestá-los[43]. É o caso do "dano em ricochete" já examinado acima (Capítulo IV).

Na mesma linha de raciocínio cabe a indagação se a companheira da vítima pode acionar o ofensor, pelos alimentos que veio a perder. Não obstante decisões em contrário (sob fundamento de se tratar de dano indireto), a fórmula ampla do

---

[42] STJ, 3ª T., REsp 1.185.337, Rel. Min. João Otávio de Noronha, julgado em 17.03.2015.
[43] Karl Larenz. *Obligaciones*. Cit. v. 1, p. 215.

art. 948 pode levar a que se legitime a companheira para a ação indenizatória, se resultar provado que está no caso de ser credora de alimentos da vítima, ou se em vida desta era por ela mantida.

254. Onde *doctores certant* é na determinação do tempo de duração do dever alimentar, ou, mais precisamente, quando deve cessar.

Quanto aos filhos menores do sexo masculino, regra é que a pensão termina com a maioridade deles. Não é de rigor o princípio, porque, se a legislação do Imposto de Renda estende à idade de 24 anos a dependência fiscal para os que fazem curso superior, devida lhes será a pensão em provando esta circunstância.

Reconhece-se que, em relação às mulheres, cessam os alimentos com o casamento, ou mediante prova de terem constituído economia própria.

Não falta, porém, opinião sufragada jurisprudencialmente, no sentido de que, em atingindo a maioridade e estando em condições de trabalhar, a mulher perde o direito aos alimentos quando atinge a maioridade. O argumento ponderável é que a mulher, na atualidade normalmente trabalha, e a tese dos alimentos por tempo indefinido importa em estímulo à ociosidade[44].

255. *Vítima não exercendo atividade lucrativa*. Dentro no contexto literal do art. 948, a indenização por homicídio não tem cabimento quando a vítima não exerce profissão lucrativa: especificamente (e como exemplo) o pai pela morte de filho menor; o marido pela morte violenta da esposa. O Tribunal de Alçada do Rio de Grande do Sul admitiu indenização abrangendo dano material e moral por morte de filho menor (ADV, 1985. n. 24.564). Entendimento similar adotou o Superior Tribunal de Justiça[45].

Cumpre aqui destacar a reparação por dano moral, matéria à qual me reporto, e que tenho desenvolvido nos seus múltiplos aspectos, em mais de uma passagem desta obra, e que eu considero devida.

Na aplicação do art. 948, não padece dúvida a indenização pelas despesas de tratamento, funeral e luto.

O que desperta a atenção, e provoca debates são os alimentos. A negativa tem sido a constante: se tais pessoas não devem alimentos, o ofensor não pode ser compelido a prestá-los, nos estritos termos do art. 948.

---

[44] Cf. Silvio Rodrigues. *Direito Civil*. Cit. n. 69.
[45] STJ, 3ª T., REsp 1.201.244, Rel. Min. Ricardo Villas Bôas Cueva, julgado em 05.05.2015. Eis o teor da decisão: "Em se tratando de família de baixa renda, é devida a indenização por danos materiais, sob a forma de pensionamento mensal, em prol dos genitores de menor de idade falecido em decorrência de ato ilícito, independentemente da comprovação de que este exercia, quando em vida, atividade remunerada".

Um que outro julgado, no entanto, abre exceção. Quanto ao filho menor, indenização tem sido admitida, ao fundamento de que ele é um elemento econômico potencial, como se viu acima (Capítulo IV), com fundamento na *Súmula* 491, citada.

Morta a mulher, que seja dependente do marido e não presta alimentos à família, prospera a tese negativa. No entanto, é de se admitir indenização moderada, em se provando que, por sua atividade remunerada fora do lar, alivia o marido de parte de seus encargos, e, desta sorte, o ser privado desse concurso justifica pensão supletiva. No caso de não ter atividade remunerada, ainda assim os seus trabalhos domésticos, ou sejam as suas atividades *in domo* importam em contribuição indireta, cuja falta seria o fundamento razoável para que o ofensor seja condenado a uma pensão.

Claro que, num ou noutro caso, não se tem em vista a circunstância de concorrerem para a economia do lar, com salário ou produto de sua remuneração de outra espécie. Pois é óbvio que, em tal acontecendo, é devida indenização nos termos do direito comum[46].

Na esteira desse entendimento, afirmou o STJ que a falta de atividade lucrativa da mulher não obsta o pensionamento à família por sua morte[47].

256. *Esbulho ou usurpação do alheio.* Prevê o Código, no art. 952, o caso de esbulho ou usurpação do alheio, em que a indenização consiste "em pagar o valor das suas deteriorações e o devido a título de lucros cessantes". Se a coisa não existir, o seu equivalente pecuniário. Neste caso, cabe indenização patrimonial que é o valor da coisa, levando-se em consideração a reparação moral, que é o *valor de afeição*, limitado este ao valor da própria coisa, ou, conforme reza a disposição do Código, contanto que se lhe não avantaje. Sem um critério legal, o dano afetivo é o que "atinge o sentimento da vítima" que por fato alheio vem a perder determinada coisa a que dedica estima[48].

Se se trata de ocupação de imóvel por entidade pública, a elaboração pretoriana criou a figura da "desapropriação indireta", que veio a ser placitada pelo Supremo Tribunal Federal, ao cogitar do reconhecimento de direitos ao esbulhado (*Súmula*, verbete n. 345).

Na injúria ou calúnia, como ofensa à integridade moral do ofendido, estima-se a indenização, levando em conta o dano que representa. Num primeiro plano, o dano puramente material. Sob aspecto moral, o Código Civil de 1916 mandava

---

[46] Cf. Silvio Rodrigues. *Direito Civil*. Cit. Com fundamento em aresto do Tribunal de São Paulo. In: *Revista dos Tribunais*, v. 327, p. 218.
[47] STJ, 3ª T., REsp 293.159, Rel.ª Min.ª Nancy Andrighi, julgado em 17.05.2001.
[48] Aguiar Dias. *Da responsabilidade civil*. Cit. n. 235.

aplicar o dobro da multa no grau máximo da pena criminal, o que era absolutamente irrisório. O Código Civil, no art. 953, parágrafo único, determina que, se o ofendido não puder provar o prejuízo material, caberá ao juiz fixar, equitativamente, o valor da indenização, de acordo com as circunstâncias do caso. O Código de Telecomunicações de 1962 mandava reparar o dano, quando a calúnia ou injúria é cometida por via de radiodifusão, no mínimo de cinco e no máximo de dez vezes o maior salário mínimo vigente. Devida indenização *ex vi* do art. 5º, n. X, da Constituição.

257. Na indenização pela ofensa à liberdade pessoal, o Código Civil de 1916 (art. 1.548) reportava-se à multa criminal, mas o Código Civil manda que se arbitre uma indenização equitativamente. A privação da liberdade indeniza-se na forma do direito comum, mediante o ressarcimento do que a vítima efetivamente perdeu (*damnum emergens*) a mais os lucros cessantes com apuração do que deixou de ganhar. Para que seja completa, há de incluir a reparação dos danos morais que "consistem na inquietação e angústia causados à vítima"[49].

Sujeito passivo da relação processual na ação ressarcitória será o particular que manteve a vítima em cárcere privado (Código Civil, art. 954); a pessoa que promoveu a queixa e denúncia falsa e de má-fé; ou o Estado, se a privação da liberdade consistiu em prisão ilegal ou especificamente a pessoa jurídica de direito público responsável pelo cometimento do abuso.

258. Em minhas *Instituições de Direito Civil*. vol. II, n. 148, examinei a vigência do disposto no art. 947 do Código Civil de 1916, que estatuiu a liberdade monetária nos pagamentos em dinheiro, e sua derrogação em virtude da legislação que instituiu o curso forçado do padrão monetário nacional, instituído pelo Decreto n. 23.501, de 27 de novembro de 1933, alterado por diversos diplomas, e afinal todos revogados pelo Decreto-Lei n. 857, de 11 de setembro de 1969. Não aboliu este último o curso forçado, porém estatuiu a nulidade do pagamento em ouro, ou em moeda estrangeira, ou por qualquer forma restrinjam ou recusem, nos seus efeitos, o curso legal da moeda corrente. Abriu, entretanto, algumas exceções, segundo hipóteses em que não prevalece a restrição estabelecida (ver n. 248, *supra*).

No Código Civil, o art. 315 estabelece que "as dívidas em dinheiro deverão ser pagas no vencimento, em moeda corrente e pelo valor nominal, salvo o disposto nos artigos subsequentes", enquanto o art. 318 dispõe que "são nulas as convenções de pagamento em ouro ou em moeda estrangeira, bem como para compensar a diferença entre o valor desta e o da moeda nacional, excetuados os casos previstos na legislação especial".

---

[49] Aguiar Dias. *Da responsabilidade civil*. Cit. v. 2, n. 239.

Transposta a matéria para o plano da liquidação das obrigações decorrentes da responsabilidade civil, cabe aqui a indagação se poderá ser feita em moeda estrangeira. A resposta básica é negativa. Atentando em que podem, em certos casos, ser celebrados contratos liberados do curso forçado, ou existir situações não abrangidas pelo Decreto-Lei n. 857, de 1969, a ocorrência de liquidação de obrigações consequentes estará a cavaleiro da restrição. Em tais circunstâncias, será lícita a em moeda estrangeira.

Aguiar Dias dá notícia de hipótese estudada no Supremo Tribunal Federal, girando o problema da liquidação em torno de sentença que mandara se fizesse a conversão ao câmbio do dia em que transitara em julgado a sentença proferida na ação principal[50]. O Ministro Anibal Freire "adotou o critério da sentença". Discordando da tese, o Ministro Castro Nunes ponderou que "o momento em que se apura o prejuízo sofrido é o da liquidação, e, portanto, ao câmbio respectivo é que se devia dar a conversão".

Contra a opinião de Aguiar Dias, que em tese elogia os argumentos de Castro Nunes, faz-lhe restrições sob o princípio de que "a finalidade de reparação é repor o prejudicado na situação anterior".

Considerando que o devedor tem de pagar segundo o que for apurado na liquidação, de minha parte entendo, de acordo com Castro Nunes, que o devedor tem de pagar o que for apurado na data da liquidação. É nesse dia que se calculam os juros e se apura a correção monetária. Pela mesma razão, sendo o débito expresso em moeda estrangeira, o réu pagará segundo o câmbio do dia. Não há falar, a meu ver, em enriquecimento devido à indenização, porque a variação cambial é oscilante. Se a taxa cambial é variável, o valor da indenização é determinado pela sentença. Sua conversão é que obedece a uma taxa, e esta é a do pagamento segundo o câmbio do dia da liquidação.

---

[50] Aguiar Dias. *Da responsabilidade civil*. Cit. v. 2, n. 244.

Capítulo XXII
Ação de Indenização

Sumário

Sua natureza. Legitimidade ativa. Transmissibilidade aos herdeiros da vítima. Cessão. Terceiro interessado e litisconsórcio necessário. Legitimidade passiva. Direito de regresso. Ação contra o segurador. Revisão das indenizações. Extinção da ação: transação, renúncia, desistência, prescrição.

Bibliografia

Aguiar Dias. *Responsabilidade civil*. Rio de Janeiro: Forense, 1994. v. II; Alex Weill e François Terré. *Droit civil:* les obligations. Paris: Dalloz, 1971; Alfredo de Araújo Lopes da Costa. *Direito processual civil brasileiro*. v. I; Athos Gusmão Carneiro. Prescrição trienal e "reparação civil". In: *Revista de direito bancário e do mercado de capitais*. São Paulo: Revista dos Tribunais, jul./set. 2010. n. 49; **Aubry e Rau**. *Cours de Droit Civil français*. Paris: Librairie Générale de Jurisprudence, 1920. v. 6; Caio Mário da Silva Pereira. Cláusula de escala móvel. In: *Revista dos Tribunais*. v. 234; Caio Mário da Silva Pereira. *Condomínio e incorporações*. Rio de Janeiro: Forense, 1997; Caio Mário da Silva Pereira. *Instituições de Direito Civil*. Rio de Janeiro: Forense, 2001. v. II; Caio Mário da Silva Pereira. *Instituições de Direito Civil*. Rio de Janeiro: Forense, 2001. v. III; Caio Mário da Silva Pereira. *Instituições*. Rio de Janeiro: Forense, 2001. v. I; Caio Mário da Silva Pereira. *Reconhecimento de paternidade*. Campos Batalha. *Loteamentos e condomínios*. São Paulo: 1959; Carlos Maximiliano. *Condomínio*. Rio de Janeiro: Freitas Bastos, 1944; Celso Agrícola Barbi. *Comentários ao Código de Processo Civil*. Coleção Forense. Rio de Janeiro: Forense, 1988; Clóvis Beviláqua. *Comentários, observação ao art. 1.519*. Rio de Janeiro: Freitas Bastos; Cunha Gonçalves. *Da propriedade horizontal*. 1956; Giuseppe Chiovenda. *Principii di diritto processuale civile italiano*. Napoli: Jovene, 1923. v. I; Gustavo Tepedino, Aline de Miranda Valverde Terra e Gisela Sampaio. *Fundamentos do direito civil*. 2. ed. Rio de Janeiro: Forense, 2021. v. 4; Humberto Theodoro Júnior. In: Sálvio de Figueiredo Teixeira (coord.). *Comentários ao novo Código Civil*. 3. ed. Rio de Janeiro: Forense, 2005. v. 3, t. II; Jaime Santos Briz. *La responsabilidad civil*. Madrid: Montecorvo, 1981; Jean Carbonnier. *Droit Civil*. Obligations. Paris: Presses Universitaires de France, 1967. v. 4; José Frederico Marques. *Instituições de direito processual*. v. I; Judith Martins-Costa. *Comentários ao novo Código Civil*. 2. ed. Sálvio de Figueiredo Teixeira (coord.). Rio de Janeiro: Forense, 2009. v. 5, t. 2; Mário Moacir Porto. *Ação de responsabilidade civil e outros estudos*. São Paulo: Revista dos Tribunais, 1966; Mazeaud, Mazeaud e Mazeaud. *Leçons de Droit Civil*. Paris: Montchrestien, 1955. v. II; Moacyr Amaral Santos. *Primeiras linhas de direito processual*. v. I; Paul Oertmann. *Introducción al Derecho Civil*. Barcelona: Labor, 1933; Philippe Malaurie e Laurent Aynès. *Cours de Droit Civil*: les obligations. Paris: Cujas, 1990; Poirier. *Le proprietaite à appartement*; Pontes de Miranda. *Comentários ao Código de Processo Civil*. v. II; Sérgio Sahione Fadei. *Código de Processo Civil comentado*. 1974. v. I; Yves Chartier. *La réparation du préjudice dans la responsabilité civile*. Paris: Dalloz, 1983.

259. Teoricamente, o causador do dano deveria sujeitar-se à reparação em espécie. Esta, em verdade, somente pode verificar-se em algumas situações especiais, como sejam: a demolição de uma construção, a anulação de um ato fraudulento, a publicação da condenação em caso de dano causado por injúria ou difamação (v. n. XXI, *supra*), tal como considera a doutrina[1].

Fora daí, há de haver a conversão do prejuízo em um pagamento em dinheiro, submetido ao princípio do *ressarcimento integral*[2].

260. Ocorrido o evento, pode o agente concordar em reparar o dano diretamente, mediante a sua liquidação. A liquidação feita entre a vítima e o causador do dano; ou concertada com o segurador ou com um terceiro, ou ainda mediante negócio jurídico transacional obedece às regras que presidem à validade das convenções[3]. Deve neste caso preencher todos os requisitos subjetivos, objetivos e formais, e pode ser anulada por qualquer dos defeitos que inquinam de invalidade os negócios jurídicos. Não tira o caráter consensual da indenização o fato de ser precedida de parecer técnico de um árbitro. O que caracteriza a composição amigável é a circunstância de não haver o ajuizamento da pretensão.

Se a reparação consistir em alimentos, ficará estabelecida pensão ao alimentando, com a fixação do *quantum*, as datas e locais do pagamento, o modo de se efetuar a *solutio*, a subordinação a um índice de correção dos valores. Se o objeto ficar definido de outra maneira, será caracterizado em seus elementos essenciais e na definição dos critérios de pagamento, consista este em *obligatio dandi* ou em *obligatio faciendi* positiva ou negativa. De um modo ou de outro, a liquidação do dano efetua-se singelamente, sem tropeços e sem os percalços da via judicial.

261. Nem sempre (ou quase nunca) as coisas se passam assim. O que normalmente se verifica é a resistência ou a oposição do devedor, que somente paga se convencido judicialmente, e ao término de batalha judiciária que culmina em sua condenação.

Sob a regência do Código de Processo Civil de 1973, a ação indenizatória obedecia ao rito sumaríssimo (CPC/1973, art. 275), se o valor da causa não excedesse 20 (vinte) vezes o maior salário mínimo vigente no país (CPC/1973, art. 275, I), ou, independentemente do valor, em se tratando de danos em prédio urbano ou rústico (CPC/1973, art. 275, II, *d*); ou de dano causado em acidente de veículo (CPC/1973, art. 275, II, *c*). Fora dessas hipóteses, que têm caráter especial, a ação de perdas e danos obedece ao rito ordinário (CPC/1973, art. 282 e segs.). O CPC/2015 extingue a divisão do procedimento comum em ritos. Pela nova sistemática, não

---

[1] Jean Carbonnier. *Droit Civil*. Les obligations. v. IV, § 111.
[2] Carbonnier. Cit.
[3] Yves Chartier. *La réparation du préjudice*. n. 583

subsistem os ritos sumário e sumaríssimo, havendo apenas um procedimento comum, na forma disciplinada nos arts. 318 e segs.

Quanto à natureza, a ação classifica-se como *"condenatória"*. Dentro no quadro geral dos procedimentos, as ações podem ser: a) *constitutivas*, quando visam à criação ou alteração de uma situação jurídica, acusando a sentença certa semelhança com os atos jurídicos; b) *declaratórias*, nas quais a sentença tem por finalidade a declaração da existência ou inexistência de uma relação ou situação jurídica; c) *condenatórias*, que pressupõem um *vinculum iuris*, com fundamento em direito exigível, e cujo provimento jurisdicional consiste em impor ao vencido a realização de um ato[4].

A ação de perdas e danos é *condenatória*. Nela, o autor visa à apuração da existência dos requisitos da pretensão (existência do dano, a culpa, o nexo de causalidade entre uma e outro) e, como consequência, a imposição do efeito ressarcitório ao réu, com a finalidade específica, na conformidade do dano causado, de repor ao *statu quo ante*, reembolsar as despesas feitas, pagar uma pensão ou versar uma quantia que compense a ofensa ao bem jurídico atingido, ou em que se sub-rogue o dano causado.

Na inicial, o autor preencherá as exigências contidas em o art. 319 do Código de Processo Civil.

262. O primeiro problema que se apresenta é o que diz respeito à legitimação ativa e passiva para a ação, a saber: quem pode propô-la, e contra quem é de ser ajuizada.

Em princípio a *legitimatio* ativa envolve a indagação fundamental de quem tem o título ativo para movimentar o pedido ressarcitório. A regra geral é que o direito de ação compete a quem tem o interesse legítimo à pretensão[5].

Logo no primeiro plano coloca-se a vítima. O prejudicado pelo procedimento danoso tem o direito de ação. Sendo ele quem sofreu o dano (patrimonial ou moral) é o sujeito ativo da relação processual. A situação, nesse caso, não oferece dificuldade. Surge esta, entretanto, quando a vítima não pode, por si mesma, ingressar em juízo (menor ou incapaz, *e.g.*) a qual age por via de representante legal. Mas, se for este o responsável pelo dano, será nomeado um tutor ou curador *ad hoc*[6].

---

[4] Sobre a classificação das ações, ver: Giuseppe Chiovenda. *Principii di diritto processuale civile italiano*. v. I, p. 31; Alfredo de Araújo Lopes da Costa. *Direito processual civil brasileiro*. v. I, p. 73; José Frederico Marques. *Instituições de direito processual*. v. I, n. 279 e segs.; Moacyr Amaral Santos. *Primeiras linhas de direito processual*. v. I, n. 31 e segs.; Caio Mário da Silva Pereira. *Reconhecimento de paternidade*. n. 24.

[5] Yves Chartier. Cit. n. 591.

[6] Yves Chartier. n. 595.

Onde a questão se complica é no caso da morte da vítima. Impõe-se verificar a titularidade do direito à indenização. O princípio geral define-se com a resposta à indagação: quem é a pessoa diretamente atingida?

O primeiro na ordem dos prejudicados é o cônjuge supérstite, seja por um motivo de natureza econômica, seja por uma razão de ordem afetiva. O Tribunal de Justiça do Rio de Janeiro, pela sua 6ª Câmara Civil, concedeu indenização ao marido pela morte da mulher no julgamento da apelação n. 9.907.

Aos parentes, obviamente, assiste o direito de pleitear a indenização. Mas a expressão parentes é muito vaga e imprecisa. Melhor seria substituí-la por "os herdeiros". O que deve, em princípio, orientar a legitimação ativa é a ordem de vocação hereditária. Os filhos, como diretamente prejudicados, são os titulares natos para a ação. Em seguida os ascendentes, e em último lugar os colaterais. Ajuizado o pedido pelo cônjuge e pelos filhos (devidamente representados, se menores) não há mister demonstrar o prejuízo, uma vez que o só fato da morte induz a presunção do dano[7]. O mesmo se não dirá dos ascendentes e dos colaterais cuja *legitimatio* para a ação indenizatória depende da demonstração de que a perda do parente causou-lhes prejuízo.

A determinação da legitimidade ativa, informada pela ordem de vocação hereditária, não é tão simples assim. Se no direito sucessório os parentes excluem-se gradativamente, o mesmo não ocorre no caso da ação indenizatória. O dano que atinge o cônjuge sobrevivente pode alcançar simultaneamente os filhos. Em tal caso, o direito de ação compete cumulativamente a um e outros. Reversamente, pode ocorrer a disjunção, sendo titulares os filhos e excluído o cônjuge.

Na jurisprudência, o Superior Tribunal de Justiça confere aos parentes ampla legitimidade para pleitearem indenização por danos morais advenientes da morte da vítima[8]. Nessa direção, há precedente vinculante da Corte Superior, formalizado no Enunciado n. 642 da súmula de sua jurisprudência dominante: "O direito à indenização por danos morais transmite-se com o falecimento do titular, possuindo os herdeiros da vítima legitimidade ativa para ajuizar ou prosseguir a ação indenizatória".

Objetivada a reparação no direito alimentar, pode ser pleiteado por aqueles a quem o defunto os provia, ou a quem os devia. Assim é que podem caber, ou não, ao cônjuge sobrevivo. E são devidos aos filhos na faixa do dever de alimentos, ou excluídos se fora desta. É de se cogitar, ainda, se se incluem ou excluem os ascendentes, em face das circunstâncias de cada caso, a saber se seriam comprovadamente credores de alimentos.

---

[7] Aguiar Dias. *Responsabilidade civil*. v. II, n. 246.
[8] STJ, 2ª T., REsp 1.121.800, Rel. Min. Castro Meira, julgado em 18.11.2010; STJ, 4ª T., REsp 1.291.845, Rel. Min. Luis Felipe Salomão, julgado em 04.12.2014.

263. Matéria que tem sido debatida no pretório, é se os pais têm direito à indenização no caso de ser vitimado filho menor, que não contribua com seu trabalho para o orçamento doméstico; a Justiça reconhece aos genitores direito à reparação, conforme já esclareci no lugar próprio sob invocação da *Súmula* do STF, verbete n. 491. O Tribunal de Alçada concedeu indenização moral e patrimonial (ADV, 1985. n. 24.564). O entendimento consubstanciado no verbete do Supremo Tribunal Federal mantém-se na jurisprudência atual[9].

264. Questão que desafiava os tribunais consistia na indagação se a concubina teria legitimidade para pleitear a reparação pela morte do companheiro. Ainda que a relação concubinária não fosse reconhecida senão para certos e determinados efeitos e em face de situações especiais (*e.g.*, investigação de paternidade, dissolução da sociedade conjugal, proteção previdenciária), poderia a reparação ser concedida à concubina. Nesse caso inocorreria a presunção de dano, ao contrário do que se dava em relação ao cônjuge ou aos filhos. Para que fosse reconhecida a *legitimatio* à amásia, era mister demonstrasse ela que o desaparecimento da vítima importa em efetivo prejuízo, privando-a do amparo, do socorro ou do auxílio que lhe prestava. O Tribunal de Alçada Cível do Rio de Janeiro reconheceu direito a ser indenizada (ADCOAS, 1985. n. 104.469). No julgamento da Apelação n. 38.602, a 3ª Câmara Cível do Tribunal de Justiça do Rio de Janeiro concedeu indenização à companheira da vítima. O panorama modificou-se com a Constituição da República de 1988, que reconheceu a união estável como entidade familiar (art. 226, § 3º). Assim, a jurisprudência considera a companheira parte legítima na ação de reparação civil[10].

Os irmãos do falecido não gozam da presunção de terem sido prejudicados com o fato que o vitimou. Para que sejam admitidos a postular reparação, é de mister demonstrem o dano e o nexo causal.

Todas essas situações podem ser enfeixadas numa fórmula global ou num princípio genérico: têm legitimidade ativa para a ação indenizatória as pessoas prejudicadas pelo ato danoso[11].

---

[9] A título exemplificativo, v. STJ, 4ª T., AgRg no Ag 1.217.064/RJ, Rel.ª Min.ª Maria Isabel Gallotti, julgado em 23.04.2013.

[10] Citem-se como exemplo as seguintes decisões: STJ, 4ª T., AgRg no Ag 922.390/SP, Rel. Min. Aldir Passarinho Junior, julgado em 27.10.2009; STJ, 4ª T., REsp 686.486/RJ, Rel. Min. Luis Felipe Salomão, julgado em 14.04.2009; STJ, 3ª T., REsp 23.685, Rel. Min. Castro Filho, julgado em 02.04.2002; STJ, 1ª T., AgRg no Ag 750.798/RJ, Rel. Min. José Delgado, julgado em 18.05.2006; TJ/RJ, 10ª C.C., Ap. Cív. 0004694-60.2012.8.19.0204, Rel.ª Des.ª Patrícia Serra Vieira, julgado em 29.08.2015; TJ/RJ, 4ª C.C., Ap. Cív. 0018972-77.2009.8.19.0202, Rel. Des. Antônio Iloízio Barros Bastos, julgado em 11.03.2015).

[11] Aguiar Dias. Cit. n. 246.

Não basta, entretanto, como no lugar próprio já desenvolvi (Capítulo IV), um dano hipotético. Somente enseja a titularidade à pretensão exigível (*Anspruch*) quem diretamente sofra o prejuízo.

Esta regra comporta, entretanto, exceções, das quais a mais contundente é a teoria do *dano em ricochete* (Capítulo IV). Pessoa que não pode evidenciar dano direto, pode contudo arguir que o fato danoso nela reflete, e, assim, adquire legitimidade para a ação, com exclusividade ou cumulativamente com o prejudicado direto, ou em condição de assistente litisconsorcial. Se se reconhece a existência do *dano em ricochete*, não se pode recusar o direito de ação, esclarecendo desde logo que o direito da vítima mediata (reparação do dano material ou moral) é distinto do da vítima imediata[12]. Falecendo ou ficando gravemente ferida uma pessoa, o dano pode atingir outra pessoa que o morto ou ferido socorria ou alimentava; ou em caso de dano moral, aquela que pela vítima cultivava afeição, e que "sofreu os seus sofrimentos". Em verdade, contudo, o dano em ricochete está submetido ao princípio já mencionado com caráter de preceituação genérica: a legitimidade de seu interesse[13].

265. A pessoa jurídica tem ação de perdas e danos para o ressarcimento de prejuízo que sofrer. Para estar em juízo, são credenciados os seus órgãos, estatutariamente definidos com o poder de defender os direitos e interesses dela, em juízo ou fora dele. Na hipótese de não tomarem a iniciativa, deixando de agir como e quando lhes cumpre fazer, transfere-se essa titularidade ativa para os seus membros[14].

Em situação idêntica está o *condomínio*, que é representado ativa e passivamente pelo síndico. Ao propósito, cabe distinguir: para tudo aquilo que for de interesse da comunidade, o síndico tem o poder de agir em nome de todos, uma vez autorizado pela Assembleia, que é órgão deliberativo. Constitui procurador em nome da coletividade, dispensada que é a outorga de poderes individualmente conferidos pelos condôminos. No que diz respeito aos direitos e interesses individuais destes não pode proceder o síndico, cabendo a cada consorte estar em juízo, às custas e a riscos próprios[15].

266. Merece atenção o problema relativo ao *exercício coletivo* de ação, no caso, de se agruparem as vítimas para uma ação fundada em um mesmo fato e na defesa de seus interesses (Alex Weill e François Terré. Cit. n. 769). A doutrina aconselha ter em conta a natureza dos direitos: a) podem agir como no direito das

---

[12] Alex Weill e François Terré. *Droit Civil, les obligations*. n. 768.
[13] Mazeaud, Mazeaud e Mazeaud. *Leçons de Droit Civil*. v. II, n. 604.
[14] Yves Chartier. Cit. n. 599.
[15] Caio Mário da Silva Pereira. *Condomínio e incorporações*. n. 100; Cunha Gonçalves. *Da propriedade horizontal*. p. 66; Campos Batalha. *Loteamentos e condomínios*. v. II, n. 294; Carlos Maximiliano. *Condomínio*. n. 209; Poirier. *Leproprietaiteà appartement*. pp. 158, 193 e 204.

sociedades; b) pode ocorrer, também, que se trate de coproprietários de um imóvel. Neste último caso procede-se como acima aludi, em relação aos condôminos de um mesmo edifício (Yves Chartier. Cit. n. 606; Alex Weill e François Terré. Cit.).

267. No plano ainda da *legitimatio* ativa, é de se cogitar do direito de ação contra o *segurador*. Duas são as modalidades de ação.

A primeira ideia ocorrente é que a vítima tem *ação direta* contra o seu próprio segurador, e, em consequência tem este o dever de lhe pagar o ressarcimento do dano. Igual direito, e com idêntico fundamento têm os seus herdeiros, se a vítima falece, antes ou depois de iniciada a ação. Os sucessores procedem *iure suo*.

No desenvolvimento do seguro, a apólice pode cobrir, também, a responsabilidade contra terceiro. Embora o direito à indenização seja da vítima contra o causador do dano, o segurador do responsável pode ser chamado a repará-lo, se a vítima não o faz. A efetivação da garantia poderá verificar-se mediante chamamento do segurador à lide, como litisconsorte, quando demandado o causador do dano. Cabe, também, ação direta da vítima contra o segurador do responsável, porque se tem este o dever de ressarcir o dano, a vítima estaria desguarnecida na hipótese de um conluio entre aqueles, ou restaria não indenizada se o responsável é insolvente e não procede contra o segurador. Este direito de ação depende de dupla obrigatoriedade: a) do terceiro responsável para com a vítima; e b) do segurador contra o segurado (Yves Chartier. Cit. n. 615). Por outro lado, não é de se considerar a existência de ampla indenização, senão dentro nos limites do contrato de seguro (Yves Chartier. n. 619 e 620).

Se o segurado somente foi parcialmente atendido pelo segurador, tem direito ao complemento da indenização (Marty e Raynaud. *Droit Civil*. Les obligations. t. II, v. 1, n. 532).

Em qualquer caso, cabe ao interessado demonstrar os pressupostos da indenização: o dano, a responsabilidade do causador deste e o vínculo de causalidade (Yves Chartier. Cit. n. 616). Tal comprovação é admissível em ação autônoma, como também no correr da ação direta da vítima, em denunciação à lide.

A ação restaria frustra, entretanto, quando o autor do dano é desconhecido, ou no caso de insolvência do segurador[16].

Observa-se, contudo, que a ação contra o segurador depende dos pressupostos de efetivação da garantia: ingresso em juízo *opportuno tempore*; prazo prescricional da ação contra o segurador; condições de validade e eficácia do contrato; pagamento oportuno do prêmio[17].

---

[16] Philippe Malaurie e Laurent Aynès. *Droit Civil, les obligations*. n. 136.
[17] Yves Chartier. n. 618, 619 e 620.

268. Reversamente, o segurador, que paga, tem ação de *in rem verso* contra o causador do dano para se ressarcir do que despendeu. É um caso de sub-rogação no direito da vítima contra o agente danoso. O segurador pode intervir no processo intentado pela vítima ou tomar a iniciativa de ação autônoma[18], ainda que tenha liquidado o valor do sinistro extrajudicialmente.

269. A questão da legitimidade ativa para a ação indenizatória merece consideração específica em se tratando de *dano moral*. Conforme esclareci no lugar próprio, a indenização não tem o caráter propriamente ressarcitório, sendo antes *compensatório* (v. Capítulo IV). Reconhecido o direito à reparação do dano moral, os elementos que informam a liquidação diferem do caso do dano material.

Num, como noutro, o princípio genérico é o mesmo: tem *legitimatio* ativa a pessoa prejudicada pelo ato danoso. Na reparação do dano material, identifica-se facilmente o lesado. Na do dano moral certas sutilezas devem ser apontadas. No primeiro plano, considera-se lesada a própria vítima, por atingida nos seus bens jurídicos, posto que não materiais: sua honra, seu bom nome, seu conceito no ambiente social, sua integridade física e moral.

Em seguida, são de se cogitar as pessoas ligadas afetivamente ao ofendido: cônjuge, parentes o que deve ser ponderado cautelosamente, a fim de que a ação de indenização se não converta em fonte de aproveitamento ou de especulação com a dor alheia. Merece a maior cautela a ação intentada pelos pais, ao fundamento de que filho foi caluniado ou injuriado, se o próprio atingido pela calúnia, injúria ou difamação deixou de ingressar em juízo, quando podia fazê-lo. Como pessoa diretamente interessada é ele o único juiz de que o assunto seja objeto de debate público. Se não demandou, pode ter tido seus motivos.

Na hipótese de morte do parente, a ação pode ser proposta pelos pais ou pelos filhos da vítima. A pretensão deve ser insulada de toda postulação relativa ao dano material. Independentemente, ou conjuntamente com a vítima, reconhece-se legitimamente para a causa, aos parentes segundo o grau de afeição real ou presumida: ascendentes, descendentes, cônjuge.

Vem aí a indagação se na linha colateral o mesmo pode ocorrer, a saber se o irmão da vítima tem legitimidade para demandar a reparação do dano moral, no caso da morte daquele não lhe ter carreado dano material. O assunto já foi objeto de discussão na justiça, concluindo-se pela *legitimatio*, provado que seja o "prejuízo ou lesão", afetiva[19].

A mesma indagação pode ser formulada no caso de ser "um amigo" quem pretende a reparação do dano moral, ou dano de afeição pela morte "do amigo".

---

[18] Marty e Raynaud. Cit.
[19] Aguiar Dias. *Responsabilidade civil*. v. II, n. 250.

270. Levada mais longe a questão, examina-se a possibilidade jurídica de terem os *credores* ação de indenização pelo dano causado ao *devedor*. No tocante ao dano material, admite-se que sim, uma vez que o prejuízo causado pode atingir o estado de solvência do devedor, seja por morte dele ou deterioração ou perda de seus bens.

Dar-se-á o mesmo no caso de dano moral? Não tenho dúvida em responder pela afirmativa. Se o devedor foi atingido de forma a abalar a sua estrutura econômica, o credor tem ação contra quem o ofendeu, causando esse estado, ou concorrendo decisivamente para isto[20].

Questão que se levanta, e não erma de debates, na doutrina quanto na jurisprudência, é a que se centra na indagação se pode ser *transferida* a outrem. Vale dizer: tem cabida a *cessão*, gratuita ou onerosa, do direito à indenização?

271. Em princípio, os direitos são passíveis de ser transferidos, dês que não ocorra impedimento. Assim é que não podem ser cedidos os que envolvem matéria de ordem pública, bem como os personalíssimos. É exatamente aí que se situa o *punctum saliens* do problema, a saber se o direito à indenização, fundado em responsabilidade civil, é de cunho personalíssimo.

Está fora de discussão a hipótese de já ter sido iniciada a ação, e falecer o autor *pendente lite*. Seus herdeiros podem nela prosseguir, por força do princípio da substituição processual, reconhecido no art. 110 do Código de Processo Civil.

Em particular, cogita-se, então, de saber se os herdeiros da vítima podem intentar ação ressarcitória, por direito próprio[21]. A questão mereceu a atenção especial de Sourdat, que manda distinguir: quando a ação tiver por base os bens do defunto, os herdeiros são diretamente lesados, porque o dano atinge o que lhes caberia em sucessão. Se é a pessoa mesma da vítima que é atingida, "é preciso reconhecer-lhes o direito de intentar a ação como representantes dela, e continuadores de sua pessoa"[22]. A indenização devida em favor dos herdeiros da vítima tem por fundamento sua simples condição hereditária, e sem necessidade de outra qualquer prova, a não ser a existência do prejuízo. Quer dizer: a legitimação para a *actio* de perdas e danos há de ter por pressuposto haver sido o demandante prejudicado pelo fato danoso[23].

Afastada a questão da transmissibilidade do direito aos herdeiros da vítima, resta examinar a cessão a terceiros. Configurados os elementos caracterizadores

---

[20] Mazeaud e Mazeaud. *Responsabilité civile*. v. II, n. 1.875; Yves Chartier. Cit. n. 660; Alex Weill e François Terré. Cit. n. 766.
[21] Aguiar Dias. Cit. n. 251; Mário Moacir Porto. *Ação de responsabilidade civil outros estudos*. p. 11.
[22] Sourdat. *Traité général de la responsabilité civile*. 1911. v. I, n. 58, p. 42.
[23] Santos Briz. *La responsabilidad civil*. p. 883.

do direito à indenização, configura-se no titular um elemento ativo de seu patrimônio. Transferindo-o a um terceiro, este, na qualidade de cessionário, procederá *nomine suo*. Neste sentido a opinião de Alex Weill e François Terré. Cit. n. 765. Alguns autores, no entanto, ressalvam que, em se tratando de dano moral, descabe a cessão, por lhes parecer imoral a transferência à pretensão do *pretium doloris*[24].

272. Paralelamente à cessibilidade do direito à reparação, há que examinar a hipótese de se configurar na ação indenizatória a presença de um "terceiro interessado". Proposta a ação por quem tem a legitimidade ativa, questiona-se o caso de pretender um terceiro intervir no processo. O problema é mais de direito processual, e encontra desate na disposição do art. 119 do Código de Processo Civil, segundo o qual o terceiro, que tiver interesse jurídico, em que a sentença seja favorável a uma das partes, poderá intervir no processo para assisti-la. A intervenção assistencial, que tem cabida em qualquer dos tipos de procedimento e em todos os graus de jurisdição, depende de determinar o pressuposto básico que é a comprovação de um legítimo interesse jurídico[25].

273. A *legitimidade passiva* para a ação de indenização oferece igualmente aspectos relevantes.

O conceito genérico vai-se prender aos requisitos procedimentais. Intentada por quem tem legítimo interesse, é citado o réu para se defender (Código de Processo Civil, art. 238. Réu será, então aquele que é indigitado como causador do dano. E a matéria vai-se prender à indagação se o demandado responde por fato próprio, por ser o causador do dano ou ofensor do direito do autor; ou se responde por fato alheio.

O art. 245 da Constituição de 1988 dispõe que por lei especial o Poder Público dará assistência aos herdeiros e dependentes carentes de pessoas vitimadas por crime doloso, sem prejuízo da responsabilidade civil do autor do ilícito.

No primeiro caso, o demandante descreve o fato danoso e aponta o seu causador. No segundo, apresenta como responsável a pessoa que, por uma relação de direito, ou por uma circunstância fática tem o dever de indenizar, posto que o fato gerador da reparação seja materialmente imputado a outrem.

No primeiro plano, tenho em vista o fato do menor. Se está sob pátrio poder ou tutela, a titularidade passiva é do pai, mãe ou tutor, que é citado como repre-

---

[24] Mazeaud, Mazeaud e Mazeaud. *Leçons de Droit Civil*. Edição revista por Françoise Chabas. v. II, n. 608.
[25] Pontes de Miranda. *Comentários ao Código de Processo Civil*. v. II, p. 63; Celso Agrícola Barbi. *Comentários ao Código de Processo Civil*. Coleção Forense. 1988. v. I, p. 285; Sérgio Sahione Fadei. *Código de Processo Civil comentado*. v. I, p. 146.

sentante do incapaz. Ou, em se tratando de menor relativamente incapaz, deve comparecer como seu assistente.

Aqui sobreleva a indagação se os bens do menor podem responder pelo dano causado, o que mais detidamente será examinado ao se cogitar do *direito de regresso*, por parte de quem pagou a indenização.

274. Em caso definido como de responsabilidade solidária, o autor pode demandar indistintamente qualquer dos corresponsáveis, uma vez que é da noção mesma a solidariedade: o credor tem o direito de exigir e receber de um ou alguns dos devedores, parcial ou totalmente, a dívida comum – *totum et totaliter* (Código Civil, art. 275).

A determinação de quando ocorre a solidariedade é subordinada ao princípio segundo o qual ela não se presume: resulta da lei ou da vontade das partes (Código Civil, art. 265). Em termos de responsabilidade civil *ex delicto*, haverá solidariedade entre os coautores do ato danoso (Código Civil, art. 942, parágrafo único), e ao assunto me reporto, já referido acima (Capítulo VII).

A doutrina distingue, na pluralidade de causadores do dano, a hipótese em que, dentro no grupo, possa identificar-se o verdadeiro autor do ato. Neste caso, é de se entender que, determinado que seja, somente ele deve ser condenado[26].

Reversamente, se acusados todos os membros do grupo como causadores do prejuízo, e não for possível identificar o agente imediato, todos serão condenados, não tanto porque o silêncio do ofensor e dos comparsas implique "terem-se solidarizado com o autor direto" (Aguiar Dias), como porque na falta de determinação do culpado, ocorre a presunção de coautoria, e se aplica a regra contida no art. 942, parágrafo único, do Código Civil.

Para que se estabeleça a responsabilidade solidária dos coobrigados não é necessário o "concerto prévio" entre eles. Aliás, é praticamente inviável a comprovação do conluio delitual, quando se trata de "um ato conjunto meramente culposo, porque é da essência deste a ausência da intenção de prejudicar" mais configurativa do procedimento doloso[27]. Mesmo na concepção moderna de dolo, em que se dispensa o *animus nocendi* (intenção de causar o dano), a sua essência pressupõe a consciência do resultado[28].

Excluída a figura do comportamento doloso, a corresponsabilidade solidária assenta na coparticipação dos acusados no evento, sob o império do art. 942, parágrafo único, do Código Civil.

---

[26] Aguiar Dias. Cit. n. 252.
[27] Aguiar Dias. Cit. n. 252.
[28] Caio Mário da Silva Pereira. *Instituições de Direito Civil*. v. II, n. 175.

No caso de ser acusado um grupo de pessoas, e ser possível determinar a parte de cada um, a indenização será atribuída *pro numero virorum*, com exclusão dos que não participaram do evento, e, tanto quanto possível, distribuir-se-á o montante da reparação a cada responsável, caracterizando-se a obrigação, neste caso, como divisível, com aplicação do disposto no art. 257 do Código Civil, segundo o velho princípio *concursu partes fiunt*.

Ao revés, na pluralidade de acusados, sem possibilidade de identificar o responsável (ou os responsáveis) pelo dano, cada um será responsável pela dívida toda, independentemente do princípio da solidariedade, porque a situação equipara-se à obrigação indivisível com pluralidade de devedores, na conformidade do que estatui o art. 259 do Código Civil.

275. Citado para a ação o acusado de autoria do ato danoso, poderá denunciar a lide, na forma do que prescreve o art. 125, II, do Código de Processo Civil, a quem, por força de uma relação de direito possa ser demandado em *ação regressiva*, o prejuízo que possa vir a sofrer em consequência da condenação.

Demandado alguém como corresponsável solidário, tem direito a convocar para integrar a lide aqueles que seriam ou poderiam ser considerados devedores solidários da indenização, com fundamento nos arts. 130, III, e 131 do Código de Processo Civil.

Os convocados para integrar a lide acompanhariam o processo como litisconsortes, correndo em relação aos mesmos a sorte da demanda.

Cabe ao que pagar a indenização, por efeito da sentença condenatória, o *direito de regresso* contra quem der causa ao ressarcimento à vítima. Assim é que o patrão, amo ou comitente, condenado como incurso na disposição do art. 932, III, do Código Civil recobra do empregado, serviçal ou proposto, por cuja culpa for demandado. O mesmo, posto que menos frequente, nas diversas hipóteses do mesmo artigo.

O direito de regresso vem assegurado no art. 934 do Código Civil, o qual abre, todavia, uma exceção no caso de ser responsável direto o descendente absoluta ou relativamente incapaz de quem foi obrigado pela reparação.

A *ação regressiva* é, ainda, assegurada pelo art. 930 do Código Civil, em havendo deterioração ou destruição de coisa alheia a fim de remover perigo iminente (art. 188, II). Sem embargo da discussão se o ato fundado em estado de necessidade não se qualifica como ilícito, e, portanto, não geraria direito de indenização a esse título, a doutrina o justifica, dizendo que, no conflito de dois direitos, o titular daquele socialmente mais valioso poderá sacrificar o outro, desde que se detenha no limite do razoável[29].

---

[29] Clóvis Beviláqua. *Comentários*. Observação ao art. 1.519; Caio Mário da Silva Pereira. *Instituições de Direito Civil*. v. III, n. 282.

Esta hipótese, não obstante inexistir solidariedade, dá direito de regresso integral[30].

Ação regressiva é, ainda, reconhecida expressamente quando a pessoa jurídica de direito público é condenada a ressarcir o dano causado por preposto seu. Como visto, vigora em termos de responsabilidade civil do Estado a doutrina do risco integral[31]. O Estado responde sempre por atos de seus prepostos que nesta qualidade causem dano. A disposição que define a responsabilidade assegura, contudo, o *direito de regresso* contra o servidor por cuja culpa ocorreu a condenação.

Não estabelece a norma constitucional a solidariedade entre o Estado e o servidor, nem determina o litisconsórcio passivo deste último na ação indenizatória intentada contra a pessoa jurídica de direito público pelo particular lesado por ato do funcionário. A ação é proposta contra a União, o Estado ou o Município, como legitimado processualmente para o feito. Diversamente do que vigia sob o império da Constituição de 1934 e da Carta Constitucional de 1937, e na conformidade do disposto na Constituição de 1946 como de 1967, o que ficou assegurado foi a ação de *in rem verso* contra o servidor, no pressuposto de que o dano foi devido à culpa deste (veda-se a denunciação da lide por parte do Estado em face do servidor. V. item 105, supra). Tal princípio é expresso no art. 37, § 6º, da Constituição. Não obstante a definição da responsabilidade e da ação de regresso, no texto constitucional, nada impede que a "lei ordinária estabeleça os critérios procedimentais para a ação, ou estabeleça o litisconsórcio necessário ou voluntário, ou ainda a solidariedade e extensão subjetiva da eficácia executiva da sentença"[32].

276. Cabe, ainda, examinar a *revisão da sentença* proferida na ação de perdas e danos.

---

[30] Aguiar Dias. Cit. n. 523.

[31] O Superior Tribunal de Justiça, ao analisar a responsabilidade civil do Estado, tem aplicado a teoria do risco administrativo – em que se admite excludentes –, não já a teoria do risco integral – que não admite excludentes de responsabilidade (STJ, 2ª T., REsp 1.655.034/PR, Rel. Min. Herman Benjamin, julgado em 06.04.2017). Sustenta-se que "o ordenamento jurídico não excepciona os danos advindos de atendimento em hospitais públicos como modalidade de Risco Integral. Aplica-se aqui a Teoria do Risco Administrativo. A Teoria do Risco Administrativo, aliada ao mandamento básico de responsabilidade civil do Estado, determina que o Estado será responsável pelo ressarcimento do dano, uma vez reconhecido o nexo causal e o dano, independentemente de culpa ou dolo do agente. Admitem-se, entretanto, as excludentes de responsabilidade, tais como culpa exclusiva da vítima, força maior e caso fortuito" (STJ, 2ª T., REsp 1.299.900/RJ, Rel. Min. Humberto Martins, julgado em 03.03.2015).

[32] Pontes de Miranda, em comentário a preceito análogo – art. 105 – da Constituição de 1967. v. III, p. 521.

A sentença, como qualquer outra, faz coisa julgada. Não obstante, é admitida a sua revisão, mesmo nas hipóteses em que a conclusão não estabeleça a correção monetária.

A natureza da obrigação resultante do provimento jurisdicional nesse caso representa uma "dívida de valor", porque tem por finalidade repor o lesado no *statu quo ante*, ou procurar-lhe uma compensação pelo sofrimento que padeceu.

Quando a condenação se concretiza numa *pensão alimentícia*, estará ela sujeita a atualização, *ex vi* do disposto no art. 1.699 do Código Civil. Se, fixados os alimentos, sobrevier mudança na fortuna de quem os supre ou na de quem os recebe, caberá exoneração, redução ou agravação do encargo, conforme as circunstâncias. O Tribunal de Justiça do Rio de Janeiro admitiu-a no julgamento de Apelação n. 89.488 do 4º grupo e Apelação n. 91.632 da 7ª Câmara. O Tribunal de Alçada Cível do Rio de Janeiro também a admitiu como se vê em *Revista Forense*, vol. 265, p. 286.

Por força de extensão, o mesmo princípio deve prevalecer se por condições de depreciação monetária, ou por outra qualquer causa, ocorrer o de perecimento ou aviltamento do poder aquisitivo da moeda, implicando em que o pensionado vem a sofrer, indiretamente, agravação nas suas necessidades fundamentais. A reposição dos valores de compra somente será obtida mediante correção que o reajuste às condições de atualidade[33].

Condenado o agente a indenizar o dano causado, a sentença tem em vista repará--lo em face das circunstâncias que envolveram o ambiente econômico no momento da liquidação. Se o país vivesse um clima de plena estabilidade monetária, a quantia fixada teria caráter definitivo. Sendo, ao contrário, insoluto o problema ligado ao valor extrínseco da moeda, é inevitável o defasamento entre o quantitativo da condenação e a expressão econômica do dano que teve ela em vista reparar. Caberá, então, em face dos novos elementos conjunturais, atualizar o valor da condenação, adequando-o à realidade econômica superveniente. A reparação tem por finalidade restabelecer o estado anterior à lesão[34]. Apurado que o decurso do tempo trouxe a consequência de não mais corresponder a verba condenatória ao verdadeiro ressarcimento do dano, sugere a equidade que se reveja, para obter o justo contrapasso entre o dano e a condenação[35]. O que é relevante é saber, em caso de *flutuação monetária*, qual a data em que se deve colocar o juiz para, na avaliação do dano, caracterizar as perdas e danos como dívida de valor, para determinar a reparação[36].

---

[33] Caio Mário da Silva Pereira. Cláusula de escala móvel. In: *Revista dos Tribunais*. v. 234, pp. 3 e segs.
[34] Aguiar Dias. Cit. n. 225.
[35] Aguiar Dias. n. 245.
[36] Alex Weill e François Terré. Cit. n. 787; Jean Carbonnier. *Droit Civil*. Les obligations. v. IV, § 112, p. 412.

Reversamente, poderá ocorrer que a força das circunstâncias aconselhe a redução do valor indenizatório. A mesma razão de equidade que justifica o agravamento da reparação fundamentaria a revisão *ad minus*, não obstante opinados civilistas o recusarem[37].

Circunstâncias, também, de ordem subjetiva poderiam conduzir a idêntico resultado. Aguiar Dias, ao propósito, lembra o fato de ter sido o réu condenado no suposto de que a vítima sofreu lesões graves, mas o tempo demonstrou serem leves. Não teria cabimento manter a mesma condenação. Pela mesma razão que o agravamento das lesões justificaria a elevação do *quantum* ressarcitório, a hipótese contrária seria de molde a impor a diminuição, para que se não converta em fonte de enriquecimento.

277. O direito à indenização pode *extinguir-se* por variados motivos, como transação, renúncia, desistência, prescrição[38].

Tratando-se de valor patrimonial de caráter privado, é suscetível de renúncia. Neste caso, há que atender às condições subjetivas do renunciante, em atenção particularmente à sua capacidade e à titularidade do direito.

Aqui se cogita da *renúncia abdicativa*, unilateral, que se completa como a só vontade do declarante[39], que não se confunde com a translativa, que é modalidade de cessão e vem tratada no lugar próprio deste Capítulo (n. XX, *supra*). É de se observar que a renúncia só terá validade se tiver por objeto os efeitos do dano já ocorrido. Seria inválida uma declaração abdicativa de eventual dano futuro. Noutros termos, a renúncia deve ter por objeto *direito atual* do renunciante[40], e não envolver a vontade de alienar, por parte do renunciante, a qual traduz em verdade a aceitação do beneficiado[41].

Não se deve, também, confundir a renúncia com a cláusula de não indenizar, que já foi considerada em o Capítulo XX, *supra*.

278. Causa extintiva do direito é ainda a *transação* entre o agente e a vítima, a qual, de modo geral, pode envolver a renúncia. A transação é subordinada aos princípios gerais que a regem (Código Civil, art. 1.025 e segs.): pode ser realizada depois de ajuizada a ação, por termo nos autos ou por escrito público ou particular; pode ser formalizada sem que exista pretensão já formalizada judicialmente (Código Civil, arts. 1.028 e 1.029).

---

[37] Alex Weill e François Terré. n. 786. Fundados em decisão da Corte de Cassação.
[38] Yves Chartier. Cit. n. 627; Alex Weill e François Terré. Cit. n. 767.
[39] Santos Briz. *La responsabilidad civil*. p. 964.
[40] Santos Briz. p. 966.
[41] Oertmann. *Introducciónal Derecho Civil*. § 33; Caio Mário da Silva Pereira. *Instituições*. v. I, n. 81.

Independentemente de transação, tem lugar ainda, como forma extintiva do direito à reparação, a *desistência* formulada pelo demandante, à qual se aplicam as regras processuais da oportunidade, da anuência do demandado, bem como da homologação e efeitos subsequentes.

279. Finalmente é de se cogitar da *prescrição*. Salvo nos casos de disposição especial em contrário (como caso de acidente no trabalho) vigorava em matéria de responsabilidade civil a prescrição *longi temporis*, subordinada ao princípio segundo o qual as ações pessoais prescrevem ordinariamente em 20 (vinte) anos (art. 177 do Código Civil de 1916). No Direito francês, vigora idêntico princípio, asseverando Aubry e Rau que a ação de perdas e danos prescreve em geral em trinta anos[42]. O problema da prescrição fora enfrentado pelo STF (ADCOAS, 1985. n. 102.632), havendo o mesmo Tribunal decidido pela vintenária (ADV, 1985. n. 20.705).

A ação de indenização, que não é de ordem pública, deve ser desvinculada da ação pública de punição do ato lesivo; prevalece então naquele direito a prescrição trintenária, cujo ponto de partida é o dia da realização do dano[43]. O mesmo se poderia dizer dirá da prescrição vintenária entre nós.

O Código Civil prevê prazo específico de três anos para a reparação civil no art. 206, § 3º, V. A inovação reduz o prazo vintenário em homenagem à segurança jurídica, tendo se tornado injustificado, diante das novas tecnologias da informação, os prazos dilatados da codificação anterior. A despeito de algumas vozes em sentido contrário[44], o dispositivo refere-se tanto à responsabilidade contratual como à aquiliana[45].

---

[42] Aubry e Rau. *Cours de Droit Civil français*. 1920. v. VI, § 445, p. 355.

[43] Yves Chartier. Cit. n. 629, p. 759.

[44] A posição atual do STJ é no sentido de que à pretensão decorrente de responsabilidade civil contratual deve ser aplicado o prazo de dez anos: STJ, 3ª T., AgRg no REsp 1.416.118/MG, Rel. Min. Paulo de Tarso Sanseverino, julgado em 23.06.2015; STJ, 3ª T., AgRg no REsp 1.485.344/SP, Rel. Min. Marco Aurélio Bellizze, julgado em 05.02.2015; STJ, 4ª T., AgRg no AREsp 477.387/DF, Rel. Min. Raul Araújo, julgado em 21.10.2014; STJ, 3ª T., AgRg no REsp 1.411.828/RJ, Rel.ª Min.ª Nancy Andrighi, julgado em 07.08.2014; STJ, 3ª T., REsp 1.176.320/RS, Rel. Min. Sidnei Beneti, julgado em 19.02.2013. Mesmo sentido, na doutrina: Humberto Theodoro Júnior. In: Sálvio de Figueiredo Teixeira (coord.). *Comentários ao Novo Código Civil*. 3. ed. Rio de Janeiro: Forense, 2005. v. 3. t. II; Judith Martins-Costa. Comentários ao Novo Código Civil. 2. ed. Sálvio de Figueiredo Teixeira (coord.). Rio de Janeiro: Forense, 2009. v. 5. t. 2; Athos Gusmão Carneiro. Prescrição trienal e "reparação civil". In: *Revista de direito bancário e do mercado de capitais*. São Paulo: Revista dos Tribunais, jul./set. 2010. n. 49.

[45] Sobre o tema, v. Gustavo Tepedino. Prescrição aplicável à responsabilidade contratual: crônica de uma ilegalidade anunciada. In: *Revista Trimestral de Direito Civil*. n. 37. Seguindo tal orientação encontra-se o Enunciado n. 419, aprovado na V Jornada de Direito Civil, do Conselho de Justiça Federal: "O prazo prescricional de três anos para a pretensão de reparação civil aplica-se tanto à

No caso de ocorrerem danos continuados, porém subordinados a uma causa única, o prazo prescricional inicia-se quando se completar a lesão. Ao revés, em se tratando de fatos danosos autônomos, a pretensão objetiva-se em relação a cada um deles e, consequentemente, a prescrição.

Sem prejuízo do prazo prescricional, não se pode deixar de atentar para a circunstância de que, objetivando a indenização o débito alimentar, vigora a velha regra, segundo a qual *in praeteritum non vivitur*. Quer dizer: os alimentos poderão ser pedidos a partir do ingresso em juízo. Não teria cabimento o autor intentar ação para pleitear alimentos para o passado. No entanto, se alguém os prestou, no lugar de quem os devia, pode pedir reembolso do despendido, com fundamento no art. 871 do Código Civil (sobre direito a alimentos, ver: Trabucchi. *Istituzioni di Diritto Civile*. n. 106; Ruggiero e Maroi. *Istituzioni di diritto privato*. v. I, § 50; Planiol, Ripert e Boulanger. *Traité élémentaire de Droit Civil*. v. I, n. 1.668 e segs.; Melchiore Quartarone. *Il diritto agli alimenti e le azioni alimentarie*. Torino: Fratelli Bocca, 1884).

A ação contra as pessoas jurídicas de direito público prescreve em cinco anos (Decreto n. 20.190 de 6 de janeiro de 1932), ficando contudo suspenso o prazo prescricional enquanto corre o processo administrativo.

279-A. *Influência da sentença criminal sobre a ação de indenização.* O art. 935 do Código Civil dispõe que a responsabilidade civil "é independente da criminal, não se podendo questionar mais sobre a existência do fato, ou sobre quem seja o seu autor, quando estas questões se acharem decididas no juízo criminal". Não há, contudo, uma independência absoluta entre os juízos cível e criminal.

A sentença criminal de natureza condenatória, uma vez transitada em julgado, pode ser executada no juízo cível, sem a necessidade de prévio ajuizamento de ação de indenização, para fins de reparação de danos decorrentes do fato apurado no juízo criminal, que deve, inclusive, fixar o "valor mínimo para reparação dos danos causados pela infração, considerando os prejuízos sofridos pelo ofendido" (Código de Processo Penal, arts. 63 e 387, IV).

Em se tratando de sentença criminal absolutória, sua influência sobre o juízo cível dependerá do fundamento para a absolvição. Nas hipóteses em que a sentença criminal reconhecer a inexistência do fato, a ausência de autoria pelo réu ou uma excludente de ilicitude,[46] a ação de indenização se torna inviável, haja

---

responsabilidade contratual quanto à responsabilidade extracontratual". Na jurisprudência, na mesma direção, v. TJ/MG, 8ª CC, Ap. Cív. 1.0027.06.092398-7/001, Rel. Min. Bitencourt Marcondes, julgado em 24.03.2011.

[46] Ressalva-se, na hipótese de absolvição por excludente de ilicitude, a possibilidade de responsabilidade civil por ato lícito, como a responsabilidade fundada no art. 929 do Código Civil, caso

vista a necessidade de coerência e segurança jurídica na atividade jurisdicional. Nas hipóteses em que a absolvição estiver fundada na ausência de provas, na atipicidade da conduta e, de modo geral, em qualquer causa que não afaste a autoria, a existência e a ilicitude do fato, não há óbice ao ajuizamento da ação de indenização pela vítima (Código de Processo Penal, arts. 65, 66 e 67).

Em regra, a sentença civil não repercute sobre o juízo criminal, salvo se a própria apuração da existência do ilícito penal depender da prévia solução de controvérsia cível relacionada, por exemplo, ao estado civil das pessoas, como dispõe o art. 92 do Código de Processo Penal.

Não há óbice, a princípio, à tramitação concomitante da ação de indenização e da ação criminal que tratem dos mesmos fatos. O Código de Processo Penal, contudo, faculta ao juiz que suspenda a ação de indenização caso seja ajuizada ação penal sobre os mesmos fatos discutidos perante o juízo cível, a fim de que seja aferido perante o juízo criminal se o fato efetivamente ocorreu, se há excludentes de ilicitude e quem foi o autor do fato. Caso não seja determinada a suspensão da ação de indenização, há risco de que sejam proferidas decisões conflitantes dos juízos cível e criminal quanto à ocorrência do fato, sua autoria e ilicitude. Ainda assim, o Superior Tribunal de Justiça tem rejeitado a possibilidade de ação rescisória em tais hipóteses.[47]

---

em que fica resguardada a pretensão indenizatória a despeito da sentença criminal que afirme a excludente de ilicitude.
[47] STJ, 2ª T., REsp 1.645.864/MS, Rel. Min. Herman Benjamin, julgado em 07.03.2017.

Capítulo XXIII
Responsabilidade Civil e Novas Tecnologias

Sumário

Desafios à tutela da pessoa humana diante do advento das novas tecnologias. Responsabilidade civil no Marco Civil da Internet (Lei n. 12.965/2014). Responsabilidade dos provedores de aplicações por danos decorrentes de conteúdo gerado por terceiros. Responsabilidade civil na Lei Geral de Proteção de Dados Pessoais (Lei n. 13.709/2018). Responsabilidade civil do controlador e do operador.

Bibliografia

Danilo Doneda e Laura Schertel Mendes. Reflexões iniciais sobre a nova Lei Geral de Proteção de Dados. *Revista de Direito do Consumidor*, São Paulo: Revista dos Tribunais, v. 120, nov.-dez. 2018; Gustavo Tepedino. Desafios na sociedade da tecnologia (Editorial). *Revista Trimestral de Direito Civil*, Rio de Janeiro, v. 19, 2004; Gustavo Tepedino. Editorial à *Revista Brasileira de Direito Civil*, v. 26, out.-dez. 2020; Gustavo Tepedino. Regime jurídico dos bens no Código Civil. In: Sílvio de Salvo Venosa, Rafael Villar Gagliardi e Paulo Magalhães Nasser (org.). *Dez anos do Código Civil*: desafios e perspectivas. São Paulo: Atlas, 2012; Gustavo Tepedino e Milena Donato Oliva. Tratamento de dados de crianças e adolescentes na LGPD e o sistema de incapacidades do Código Civil. In: Priscilla Laterça, Elora Fernandes, Chiara de Teffé e Sérgio Branco (coords.). *Privacidade e proteção de dados de crianças e adolescentes*. Rio de Janeiro: Obliq Livros, 2021; Gustavo Tepedino e Rodrigo da Guia Silva (Coord.). *O direito civil na era da inteligência artificial*. São Paulo: Thomson Reuters Brasil, 2020; Gustavo Tepedino e Rodrigo da Guia Silva. Desafios da inteligência artificial em matéria de responsabilidade civil. *Revista Brasileira de Direito Civil*, v. 21, jul.-set. 2019; Gustavo Tepedino, Aline de Miranda Valverde Terra e Gisela Sampaio da Cruz Guedes. *Fundamentos do direito civil*. 2. ed. Rio de Janeiro: Forense, 2021. v. 4.; Gustavo Tepedino, Aline de Miranda Valverde Terra e Gisela Sampaio da Cruz Guedes. *Fundamentos do direito civil*. 2. ed. Rio de Janeiro:

Forense, 2021. v. 4; Gustavo Tepedino, Ana Frazão e Milena Donato Oliva (Coord.). *Lei Geral de Proteção de Dados Pessoais e suas repercussões no direito brasileiro*. São Paulo: Thomson Reuters Brasil, 2019; Milena Donato Oliva e Francisco de Assis Viégas. Tratamento de dados para a concessão de crédito. In: Gustavo Tepedino, Ana Frazão e Milena Donato Oliva (Coord.). *Lei Geral de Proteção de Dados Pessoais e suas repercussões no direito brasileiro*. São Paulo: Thomson Reuters Brasil, 2019; Stefano Rodotà. *A vida na sociedade da vigilância*: a privacidade hoje. Rio de Janeiro: Renovar, 2008; Stefano Rodotà. Entrevista com o professor Stefano Rodotà. *Revista Trimestral de Direito Civil*, v. 3, n. 11, jul.-set. 2002.

280. O Professor Stefano Rodotà costumava dizer que a tecnologia salvou o direito civil, assim como a ética salvara a filosofia[1]. Anunciava, com essa síntese que se tornaria célebre, o ressurgimento do direito civil por conta da revolução tecnológica, que deflagra verdadeira reconstrução de seus conceitos elementares, a partir de novos bens jurídicos, princípios e paradigmas interpretativos[2].

De fato, as novas tecnologias suscitaram uma multidão de controvérsias no âmbito do Direito Civil, em geral, e da Responsabilidade Civil, em particular. Nesse contexto, alguns fenômenos assumem particular destaque, sem embargo de tantos outros que provocaram verdadeira reconstrução da Responsabilidade Civil[3]. De uma parte, verifica-se o potencial danoso extraordinário aportado pelos novos meios de transporte e de comunicação, com particular destaque para a irreversível consolidação da internet e das redes sociais para as comunicações, os negócios etc. De outra parte, assiste-se ao constante agravamento do risco à proteção dos dados pessoais, em boa hora compreendida como a nova dimensão da privacidade.

281. A consolidação da internet e das redes sociais no cotidiano da sociedade contemporânea faz emergirem inúmeras controvérsias cujo adequado equacionamento depende da atuação atenta da comunidade jurídica. Estabelecem-se redes de trocas e informações que propiciam o aparente paradoxo: ao mesmo tempo que incrementam as liberdades individuais, a internet e as redes sociais agravam a potencialidade de produção de danos à autonomia existencial das próprias pessoas[4].

---

[1] Stefano Rodotà. Entrevista com o professor Stefano Rodotà. *Revista Trimestral de Direito Civil*, v. 3, n. 11, jul.-set. 2002, p. 251.

[2] Gustavo Tepedino e Rodrigo da Guia Silva. Apresentação. In: Gustavo Tepedino e Rodrigo da Guia Silva (Coord.). *O direito civil na era da inteligência artificial*. São Paulo: Thomson Reuters Brasil, 2020, p. 5-8.

[3] Assim, por exemplo, as discussões acerca da responsabilidade civil por danos decorrentes de negativação indevida, bem como danos causados por sistemas de inteligência artificial. A propósito, v., respectivamente, Milena Donato Oliva e Francisco de Assis Viégas. Tratamento de dados para a concessão de crédito. In: Gustavo Tepedino, Ana Frazão e Milena Donato Oliva (Coord.). *Lei Geral de Proteção de Dados Pessoais e suas repercussões no direito brasileiro*. São Paulo: Thomson Reuters Brasil, 2019, *passim*; e Gustavo Tepedino e Rodrigo da Guia Silva. Desafios da inteligência artificial em matéria de responsabilidade civil. *Revista Brasileira de Direito Civil*, v. 21, jul.-set. 2019, *passim*.

[4] Gustavo Tepedino. Regime jurídico dos bens no Código Civil. In: Sílvio de Salvo Venosa; Rafael Villar Gagliardi; Paulo Magalhães Nasser (org.). *Dez anos do Código Civil*: desafios e perspectivas. São Paulo: Atlas, 2012. p. 50: "Com a velocíssima evolução tecnológica e científica, surgem a cada dia novos bens, deixando outros simplesmente de existir. Elementos da natureza, como o ar, o oceano, as camadas de águas profundas conhecidas como pré-sal; os rios, os animais selvagens, antes considerados como inaptos a despertar interesse jurídico, tornam-se a cada dia mais indispensáveis à humanidade, sendo igualmente objeto de direito as diversas formas de energia,

Entre outros desafios relevantes para a tutela da pessoa humana, tem-se a dificuldade de identificação dos danos incutidos à pessoa humana no contexto da internet e das redes sociais[5]. No mais das vezes, as aplicações possibilitam a criação de *perfis* pelos quais o usuário se comunica na rede sem que se possa assegurar que os *perfis* efetivamente correspondem às pessoas humanas alegadamente responsáveis por eles. A isso se somam os episódios – lamentavelmente, cada vez mais frequentes – de criação de usuários falsos, não raramente impulsionados por sistemas automatizados. Tais circunstâncias fazem com que a vítima do dano injusto no ambiente virtual tenha acentuada dificuldade de identificar o verdadeiro autor do dano.

282. Nesse contexto, indaga-se sobre a possibilidade de se imputar aos provedores de aplicações de internet a responsabilidade civil por danos decorrentes de conteúdo gerado por terceiros[6]. À míngua de legislação específica, desenvolveram-se, sobretudo jurisprudencialmente, teses dirigidas a regular e dar respostas concretas às inúmeras controvérsias derivadas das relações estabelecidas em espaço virtual[7], buscando-se construir padrão de comportamento exigível na internet[8]. Antes do advento do Marco Civil da Internet (Lei n. 12.965/2014), a jurisprudência fez prevalecer a responsabilidade civil subjetiva dos provedores de aplicações, com base no entendimento de que não incide a "responsabilidade objetiva com base no art. 927 do CC, mas sim a responsabilidade subjetiva, a qual só se configura quando o provedor não

---

como a eletricidade, o gás, o vapor. Na mesma vertente, alguns direitos se tornam bens jurídicos – como serviços de provedores de internet, assim como a informação em si mesma considerada, o software, o know-how etc.".

[5] A propósito, remete-se a Gustavo Tepedino, Aline de Miranda Valverde Terra e Gisela Sampaio da Cruz Guedes. *Fundamentos do direito civil*. 2. ed. Rio de Janeiro: Forense, 2021. v. 4, capítulo 4.

[6] Art. 5º, VII, do Marco Civil da Internet: "Para os efeitos desta Lei, considera-se: (...) VII – aplicações de internet: o conjunto de funcionalidades que podem ser acessadas por meio de um terminal conectado à internet; (...)".

[7] A título de exemplo, o Superior Tribunal de Justiça decidiu que: "uma vez notificado de que determinado texto ou imagem possui conteúdo ilícito, o provedor deve retirar o material do ar no prazo de 24 (vinte e quatro) horas, sob pena de responder solidariamente com o autor direto do dano, em virtude da omissão praticada" (STJ, 3ª T., REsp 1.323.754/RJ, Rel. Min. Nancy Andrighi, julgado em 19.06.2012).

[8] À época, o STJ determinou, ainda, a incidência, no espaço virtual, do Enunciado n. 221 de sua Súmula, em matéria de liberdade de imprensa, segundo o qual: "são civilmente responsáveis pelo ressarcimento de dano, decorrente de publicação pela imprensa, tanto o autor do escrito quanto o proprietário do veículo de divulgação". Considerou-se que o provedor de informação, titular de blog ou página virtual em que são vinculadas as informações poderia ser responsabilizado solidariamente com o autor da opinião causadora do dano injusto (STJ, 3ª T., REsp 1.381.610/RS, Rel. Min. Nancy Andrighi, julgado em 03.09.2013).

age rapidamente para retirar o conteúdo ofensivo ou não adota providências para identificar o autor do dano"[9].

Desse modo, assentava-se relevante distinção entre a operatividade do regime de responsabilidade subjetiva incidente sobre o autor do conteúdo ofensivo e sobre o provedor da plataforma. O autor do conteúdo responderia diretamente pelos danos decorrentes da sua publicação, ao passo que o provedor responderia apenas se, após devidamente notificado pela vítima, não adotasse as medidas necessárias para a exclusão do conteúdo. Imputar-se-ia ao provedor o dever de indenizar, portanto, caso não houvesse tornado indisponível o conteúdo infrator após notificação pela vítima[10].

283. A matéria viria a ser objeto de regulação específica a partir da edição do mencionado Marco Civil da Internet. Sob influência da construção jurisprudencial pretérita, essa norma estabelece o regime subjetivo de responsabilidade civil, em seus artigos 18 e 19. O diploma preceitua que o provedor de conexão à internet[11] "(...) não será responsabilizado civilmente por danos decorrentes de conteúdo gerado por terceiros" (art. 18), ao passo que o provedor de aplicações – que disponibiliza aplicações para que terceiros produzam o conteúdo que ali será veiculado, como é o caso das redes sociais – "somente poderá ser responsabilizado civilmente por danos decorrentes de conteúdo gerado por terceiros se, após ordem judicial específica, não tomar as providências para, no âmbito e nos limites técnicos do seu serviço e dentro do prazo assinalado,

---

[9] STJ, 4ª T., REsp 1.501.187/RJ, Rel. Min. Marco Buzzi, julgado em 16.12.2014.

[10] Nesse sentido, acerca do padrão de conduta considerado exigível aos provedores de aplicações: "Ao ser comunicado de que determinado texto ou imagem possui conteúdo ilícito, deve o provedor agir de forma enérgica, retirando o material do ar imediatamente, sob pena de responder solidariamente com o autor direto do dano, em virtude da omissão praticada. Ao oferecer um serviço por meio do qual se possibilita que os usuários externem livremente sua opinião, deve o provedor de conteúdo ter o cuidado de propiciar meios para que se possa identificar cada um desses usuários, coibindo o anonimato e atribuindo a cada manifestação uma autoria certa e determinada. Sob a ótica da diligência média que se espera do provedor, deve este adotar as providências que, conforme as circunstâncias específicas de cada caso, estiverem ao seu alcance para a individualização dos usuários do site, sob pena de responsabilização subjetiva por culpa *in omittendo*. Ainda que não exija os dados pessoais dos seus usuários, o provedor de conteúdo, que registra o número de protocolo na internet (IP) dos computadores utilizados para o cadastramento de cada conta, mantém um meio razoavelmente eficiente de rastreamento dos seus usuários, medida de segurança que corresponde à diligência média esperada dessa modalidade de provedor de serviço de internet" (STJ, 3ª T., REsp 1.193.764/SP, Rel. Min. Nancy Andrighi, julgado em 14.12.2010).

[11] Art. 5º, V, do Marco Civil da Internet: "Para os efeitos desta Lei, considera-se: (...) V – conexão à internet: a habilitação de um terminal para envio e recebimento de pacotes de dados pela internet, mediante a atribuição ou autenticação de um endereço IP; (...)".

tornar indisponível o conteúdo apontado como infringente, ressalvadas as disposições legais em contrário" (art. 19).

A ordem judicial de que trata o *caput* do art. 19 deverá conter, "sob pena de nulidade, identificação clara e específica do conteúdo apontado como infringente, que permita a localização inequívoca do material" (art. 19, § 1º). Com isso, pode-se dizer que a responsabilidade do provedor se dá por omissão sua, decorrente de ato próprio seu, pelo descumprimento do dever de retirada de conteúdo imposto por ordem judicial – e não se traduz, portanto, em hipótese de responsabilidade por fato de terceiro.

Em que pese a controvérsia instaurada a respeito da constitucionalidade da previsão do descumprimento a uma prévia "ordem judicial específica"[12] como condição para a deflagração da responsabilidade civil dos provedores de aplicação, sem que seja suficiente a notificação pela vítima[13], a opção legislativa, ao restringir a responsabilização às hipóteses de prática de ilícito, submetidas a controle judicial, prestigia a liberdade de expressão. Evita-se, assim, indevida restrição da livre-iniciativa do provedor e das liberdades indi-

---

[12] Segundo entendimento do STJ, a "ordem judicial específica" prevista no art. 19 significa indicação de URL, de modo que não poderia a vítima requerer a exclusão de todo conteúdo ofensivo de forma genérica, sendo necessária, ao revés, a indicação do respectivo localizador URL do conteúdo apontado como infringente. Nessa direção: "Recurso Especial. Civil e processual civil. Ação de obrigação de fazer. Internet. Retirada de anúncios online. Plataforma de intermediação 'mercado livre'. Necessidade de identificação clara e precisa do conteúdo digital a ser removido. Ausência de indicação dos localizadores URL. Demonstração da ilegalidade do conteúdo a ser removido. Ausência. Recurso não provido. (...) 2. O propósito recursal consiste na determinação da legalidade da ordem de retirada de anúncios de venda na plataforma de vendas on-line mantida pela recorrente. 3. Para a remoção de conteúdo digital na internet, deve haver a indicação pelo requerente do respectivo localizador URL do conteúdo apontado como infringente. Precedentes. (...) 7. Recurso especial conhecido e provido" (STJ, 3ª T., REsp 1.654.221/SP, Rel. Min. Paulo de Tarso Sanseverino, Rel. p/ acórdão Min. Nancy Andrighi, julgado em 22.10.2019).

[13] Há na doutrina quem entenda no sentido de que o mecanismo adotado pelo Marco Civil acaba potencializando a lesão e, eventualmente, até alargando a extensão do dano indenizável, na medida em que o dispositivo subordina o dever de agir do provedor à obtenção, pela vítima, de providência jurisdicional, nem sempre célere. Para análise crítica do dispositivo, cfr. Anderson Schreiber. A responsabilidade civil por dano derivado de conteúdo geral por terceiro. In: Newton de Lucca; Adalberto Simão Filho; Cíntia Rosa Pereira Lima (org.). *Direito e Internet III*: Marco Civil da Internet (Lei 12.965/2014). São Paulo: Quartier Latin, 2015. v. 1, t. II, pp. 277-304. Diz-se, também em doutrina, que, além de violar o art. 5º, X, da Constituição da República, que assegura o "direito a indenização pelo dano material ou moral" decorrente da violação dos direitos fundamentais à intimidade, privacidade, honra e imagem, o art. 19 da Lei privilegiaria a tutela patrimonial dos direitos autorais em detrimento da tutela da pessoa humana da pessoa lesada, sobretudo diante do que dispõe seu § 2º. Nesse sentido: João Quinelato Queiroz. *Responsabilidade civil na rede*: danos e liberdade à luz do Marco Civil da Internet. Rio de Janeiro: Processo, 2019. pp. 147-153.

viduais dos usuários, que poderiam sofrer os efeitos da remoção de conteúdo sem a prévia deliberação judicial. Além disso, poderia restar comprometido o desenvolvimento de novas alternativas de exploração e comunicação na rede, uma vez que se observasse a subjetividade de critérios que poderiam vir a ser usados pelos provedores para a remoção do conteúdo na internet, de forma que a intervenção do Poder Judiciário parece oferecer maior segurança jurídica sobre o conteúdo que se posta na rede, diminuindo possíveis arbitrariedades, que repercutiriam diretamente na proteção da liberdade de expressão.

Em sede jurisprudencial, a inconstitucionalidade do art. 19 do Marco Civil da Internet já foi declarada por meio do controle difuso de constitucionalidade[14]. Em meio a essa controvérsia, ainda, dois recursos extraordinários foram interpostos, o RE 1.0572.58/MG e o RE 1.037.396/SP, e tiveram a sua repercussão geral reconhecida pelo Supremo Tribunal Federal, encontrando-se ambos em debate, com previsão de retornar à pauta do Tribunal.

284. O legislador teve a cautela de dispensar regime mais rigoroso de responsabilidade às hipóteses atinentes à "violação da intimidade decorrente da divulgação, sem autorização de seus participantes, de imagens, de vídeos ou de outros materiais contendo cenas de nudez ou de atos sexuais de caráter privado" (art. 21 da Lei n. 12.965/2014).

Nesses casos, de acentuada gravidade, estabelece-se a imputação, ao provedor de aplicações, do dever de indenizar por danos decorrentes de conteúdo gerado por terceiros se, "após o recebimento de notificação pelo participante ou seu representante legal, deixar de promover, de forma diligente, no âmbito e nos limites técnicos do seu serviço, a indisponibilização desse conteúdo" (art. 21 da Lei n. 12.965/2014). Exige-se, de todo modo, que a notificação por parte do interessado contenha, "sob pena de nulidade, elementos que permitam a identificação específica do material apontado como violador da intimidade do participante e a verificação da legitimidade para apresentação do pedido" (art. 21, parágrafo único, da Lei n. 12.965/2014).

285. Outra questão instigante diz respeito à proteção de dados pessoais. A importância e a gravidade do tema se acentuam à medida que proliferam as novas tecnologias e a sua disseminação no cotidiano. De fato, com o estrondoso desenvolvimento eletrônico das relações humanas, amplia-se mais e mais o

---

[14] A título de exemplo, o Tribunal de Justiça de São Paulo, por exemplo, já declarou o dispositivo inconstitucional, entendendo violar o art. 5º, X e XXXV, da Constituição da República, destacando que ele acabaria por transformar a ação judicial em novo requisito para a atribuição de responsabilidade civil ao provedor (TJSP, 1ª CDPriv., AC 1011391-95.2015.8.26.0005, Rel. Des. Francisco Loureiro, julgado em 07.06.2016).

fornecimento de dados, cujo tratamento e circulação ameaçam a privacidade e a igualdade. Intensificou-se, assim, a demanda por normas nacionais, regionais e internacionais voltadas a disciplinar os novos desafios tecnológicos e que estabeleçam mecanismos efetivos para a proteção e reparação das pessoas, assim como deveres e responsabilidades para agentes de tratamento de dados pessoais[15].

286. Tem-se afirmado que a proteção dos dados pessoais encerra aspecto fundamental de uma nova face da liberdade – a liberdade informática, na feliz expressão de Vittorio Frosini –, a revigorar a compreensão da privacidade. Assim, ao "right to be left alone" (tributário do desenvolvimento Warren e Brandeis no final do séc. XIX) se conjuga "o direito de manter o controle sobre suas próprias informações", na feliz síntese de Stefano Rodotà[16].

287. Nesse contexto, a promulgação da Lei n. 13.709/2018 (Lei Geral de Proteção de Dados Pessoais – LGPD), lei específica a disciplinar a matéria, tem o mérito de trazer a lume a urgência de impor cuidados ao tratamento dos dados pessoais[17]. Além disso, traduz promissora política legislativa de equilíbrio entre a lógica da eficiência econômica e a preservação dos direitos fundamentais[18]. Inspirada, em larga medida, no modelo europeu de proteção de dados, amparado na Convenção do Conselho da Europa 108, de 1981, na Diretiva 46/95/CE e, principalmente, no Regulamento 2016/679, conhecido como Regulamento

---

[15] Acerca da difusão dos dados e de seus reflexos na atividade jurisdicional, já se afirmou que o processo de internacionalização das relações econômicas tende a desencadear dificuldades na prestação jurisdicional. Nesse sentido, "Menos atenção, todavia, vem sendo dedicada a aspecto igualmente inquietante, consistente na incapacidade dos órgãos judicantes em decidir questões mais sofisticadas, que extrapolam o saber jurídico ordinário para enveredar em nuances técnicas, as quais dependem não apenas do recurso a matérias atinentes a outras áreas do conhecimento mas pressupõem, ainda, o domínio de ramos especializados do direito interno ou comparado. (...) A observação, ao revés, sublinha simplesmente o fato de que uma realidade sempre mais complexa tem sido levada ao Judiciário, daí decorrendo a necessidade não apenas de esclarecimento isentos quanto aos fatos controvertidos, mas também quanto ao direito aplicável" (Gustavo Tepedino. Desafios na sociedade da tecnologia (Editorial). *Revista Trimestral de Direito Civil*, Rio de Janeiro, v. 19, 2004, p. iii).

[16] Stefano Rodotà. *A vida na sociedade da vigilância*: a privacidade hoje. Rio de Janeiro: Renovar, 2008. p. 15.

[17] Segundo as definições apresentadas pela LGPD, "dado pessoal" é toda "informação relacionada a pessoa natural identificada ou identificável" (art. 5º, I), e "tratamento" consiste em "toda operação realizada com dados pessoais, como as que se referem a coleta, produção, recepção, classificação, utilização, acesso, reprodução, transmissão, distribuição, processamento, arquivamento, armazenamento, eliminação, avaliação ou controle da informação, modificação, comunicação, transferência, difusão ou extração" (art. 5º, X).

[18] Gustavo Tepedino. Editorial à *Revista Brasileira de Direito Civil*, v. 26, out.-dez. 2020.

Geral de Proteção de Dados ou "GDPR"[19], a promulgação da LGPD eleva o Brasil a uma posição semelhante à de diversos outros países que já possuíam regras específicas sobre o tema[20].

288. A disciplina da proteção de dados pessoais tem como fundamentos, segundo o art. 2º da LGPD: (i) o respeito à privacidade; (ii) a autodeterminação informativa; (iii) a liberdade de expressão, de informação, de comunicação e de opinião; (iv) a inviolabilidade da intimidade, da honra e da imagem; (v) o desenvolvimento econômico e tecnológico e a inovação; (vi) a livre-iniciativa, a livre concorrência e a defesa do consumidor; e (vii) os direitos humanos, o livre desenvolvimento da personalidade, a dignidade e o exercício da cidadania pelas pessoas naturais.

Entre outros pontos dignos de nota, a LGPD enuncia os princípios a serem observados pelas atividades de tratamento de dados pessoais (art. 6º), os requisitos para o tratamento de dados pessoais, com particular destaque para o papel do consentimento pelo titular (art. 7º e ss.), os requisitos específicos para o tratamento de dados pessoais sensíveis (art. 11 e ss.) e dados pessoais de crianças e adolescentes (art. 14), bem como os direitos do titular (art. 17 e ss.)[21].

Em cenário de elevada circulação de informações, foram estabelecidas pela lei ferramentas específicas em favor do titular. Dentre elas, destaca-se o consentimento, caracterizado como livre, informado, inequívoco e direcionado a uma finalidade determinada, como disposto no art. 5º, XII, da LGPD[22]. Por livre, entende-se a manifestação de vontade não viciada, garantindo-se ao titular que possa escolher entre aceitar ou recusar a utilização de seus dados, sem sofrer interferências de situações que viciem o seu consentimento. Por outro lado, também deve o consentimento ser inequívoco, ou seja, não ambíguo, evidente e claro; além de ser direcionado a finalidade determinada, isto é, vedando-se sua utilização de maneira abusiva, em respeito à necessária relação entre os dados colhidos e a finalidade perseguida pelo agente. O cuidado e a atenção confe-

---

[19] Danilo Doneda e Laura Schertel Mendes. Reflexões iniciais sobre a nova Lei Geral de Proteção de Dados. *Revista de Direito do Consumidor*, São Paulo: Revista dos Tribunais, v. 120, nov.-dez. 2018, p. 469.

[20] A propósito, foi aprovada pelo Congresso Nacional a EC n. 115/2022, que inclui a proteção de dados pessoais no rol de direitos e garantias fundamentais da Constituição da República.

[21] Para uma análise individualizada de tais temas, remete-se aos estudos reunidos em Gustavo Tepedino, Ana Frazão e Milena Donato Oliva (Coord.). *Lei Geral de Proteção de Dados Pessoais e suas repercussões no direito brasileiro*. São Paulo: Thomson Reuters Brasil, 2019.

[22] Segundo dispõe o inciso XII do art. 5º da LGPD, o consentimento significa "manifestação livre, informada e inequívoca pela qual o titular concorda com o tratamento de seus dados pessoais para uma finalidade determinada".

ridos ao consentimento pelo legislador revelam a preocupação com a efetiva participação do indivíduo no fluxo de suas informações pessoais, exigindo-se, por outro lado, atuação responsável e prudente por parte do agente que realiza o tratamento dos dados[23].

Aspecto particularmente polêmico na tutela de dados pessoais refere-se aos dados sensíveis. Nos termos da LGPD, trata-se de informações relativas à origem étnica, à convicção religiosa ou política, à orientação religiosa ou sexual, a indicadores genéticos ou biométricos[24]. Diante da característica peculiar desse tipo de informação, dispõe a LGPD que o tratamento de dados pessoais sensíveis só poderá ocorrer em hipóteses específicas[25]. A propósito, cumpre dizer que informações aparentemente inofensivas ou meramente estatísticas, uma vez transferidas, cruzadas ou organizadas, podem resultar em dados sensíveis e propiciadores de discriminação informativa. O simples domicílio ou o prenome, em certo contexto, pode se tornar dado sensível para fins de tutela da igualdade. Por isso mesmo, a previsão legal de dados sensíveis não deve ser considerada taxativa, somente sendo possível caracterizar certa informação pessoal como dado não sensível tendo-se em conta o tratamento a ser efetuado, seu contexto e a finalidade a que se destina.

Em particular, a LGPD dispensa regime específico ao tratamento de dados de crianças e adolescentes. A lei determina, no art. 14, § 1º, que o tratamento de

---

[23] V. Gustavo Tepedino; Chiara Spadaccini de Teffé. O consentimento na circulação de dados pessoais. *Revista Brasileira de Direito Civil*, v. 25, n. 3, 2020, p. 83-116.

[24] De acordo com o inciso II do art. 5º da LGPD, o dado sensível se identifica enquanto "dado pessoal sobre origem racial ou étnica, convicção religiosa, opinião política, filiação a sindicato ou a organização de caráter religioso, filosófico ou político, dado referente à saúde ou à vida sexual, dado genético ou biométrico, quando vinculado a uma pessoa natural".

[25] LGPD: "Art. 11. O tratamento de dados pessoais sensíveis somente poderá ocorrer nas seguintes hipóteses: I – quando o titular ou seu responsável legal consentir, de forma específica e destacada, para finalidades específicas; II – sem fornecimento de consentimento do titular, nas hipóteses em que for indispensável para: a) cumprimento de obrigação legal ou regulatória pelo controlador; b) tratamento compartilhado de dados necessários à execução, pela administração pública, de políticas públicas previstas em leis ou regulamentos; c) realização de estudos por órgão de pesquisa, garantida, sempre que possível, a anonimização dos dados pessoais sensíveis; d) exercício regular de direitos, inclusive em contrato e em processo judicial, administrativo e arbitral, este último nos termos da Lei nº 9.307, de 23 de setembro de 1996 (Lei de Arbitragem); e) proteção da vida ou da incolumidade física do titular ou de terceiro; f) tutela da saúde, exclusivamente, em procedimento realizado por profissionais de saúde, serviços de saúde ou autoridade sanitária; ou (Redação dada pela Lei 13.853/19); g) garantia da prevenção à fraude e à segurança do titular, nos processos de identificação e autenticação de cadastro em sistemas eletrônicos, resguardados os direitos mencionados no art. 9º desta Lei e exceto no caso de prevalecerem direitos e liberdades fundamentais do titular que exijam a proteção dos dados pessoais. (...)".

dados pessoais de crianças deverá ser realizado com o consentimento específico e destacado de pelo menos um dos pais ou pelo responsável legal. Pelo fato de o dispositivo não se referir expressamente ao adolescente, tem-se debatido sobre a necessidade da participação do representante ou assistente para efeitos de manifestação do consentimento para uso de seus dados, entendendo-se que o consentimento dos maiores de 12 anos dispensa representação ou assistência. Entretanto, não se pode confundir as regras atinentes ao consentimento para a proteção de dados, disciplinado pela LGPD, com a normativa do Código Civil referente ao sistema de incapacidades. A rigor, a autorização para o tratamento dos dados pessoais do adolescente, que deve ser dada por ele de forma livre, informada e esclarecida, dispensa de fato a presença de seu representante legal, se tiver entre 12 e 16 anos, ou do seu assistente, se entre 16 e 19 anos. Isso não afasta, todavia, as regras do Código Civil, que exige, para a validade dos contratos celebrados pelos mesmos adolescentes, no ambiente eletrônico ou analógico, a representação ou a assistência, conforme o caso[26].

289. Discussão que se encontra na ordem do dia diz respeito à natureza da responsabilidade civil na LGPD, que regula, em quatro dispositivos (do art. 42 ao art. 45), o dever de reparar dos agentes de tratamento de dados pessoais, seja o controlador e o operador, seja o encarregado pelo tratamento dos dados indicados pelo controlador. Nos termos do art. 5º da LGPD, controlador é a pessoa a quem competem as decisões referentes ao tratamento de dados pessoais (inciso VI); já o operador é pessoa que realiza o tratamento de dados pessoais em nome do controlador, devendo realizar o tratamento segundo instruções do controlador (art. 5º, inciso VII c/c art. 39).

290. Tal controvérsia em torno da natureza da responsabilidade civil dos agentes que promovem o tratamento de dados na LGPD, se subjetiva ou objetiva, tem sido objeto de debate. De um lado, existem aqueles que defendem tratar-se de responsabilidade objetiva[27], com base, por exemplo, em analogias feitas com o Código de Defesa do Consumidor[28]. Todavia, a LGPD parece ter

---

[26] Nessa direção, cfr. Gustavo Tepedino e Milena Donato Oliva. Tratamento de dados de crianças e adolescentes na LGPD e o sistema de incapacidades do Código Civil. In: Priscilla Laterça, Elora Fernandes, Chiara de Teffé e Sérgio Branco (coords.). *Privacidade e proteção de dados de crianças e adolescentes*. Rio de Janeiro: Obliq Livros, 2021. pp. 287-314.

[27] Nessa direção: Danilo Doneda e Laura Schertel Mendes. Reflexões inicias sobre a nova Lei Geral de Proteção de Dados. *Revista de Direito do Consumidor*, São Paulo: Revista dos Tribunais, v. 120, nov.-dez. 2018, p. 473.

[28] A título de exemplo, estabelece-se a possibilidade de o juiz inverter o ônus da prova (art. 42, § 2º, da LGPD); além do fato de que o texto de alguns dispositivos da LGPD é muito similar àquele adotado pelo Código de Defesa do Consumidor em diversas passagens, como quando se comparam o art. 43 da LGPD e art. 12 do Código de Defesa do Consumidor.

adotado a responsabilidade subjetiva[29], nos termos do art. 43, II, segundo o qual: "Os agentes de tratamento só não serão responsabilizados quando provarem: (...) II – que, embora tenham realizado o tratamento de dados pessoais que lhes é atribuído, não houve violação à legislação de proteção de dados". A rigor, a estrutura da LGPD confirma esse entendimento, por se encontrar pautada, toda ela, na fixação de deveres, cujo descumprimento deflagra o dever de reparar.

O diploma consagrou autêntico *standard* de conduta que deve ser seguido pelos agentes de tratamento de dados para evitar incidentes de segurança, dedicando-se na Seção II à conduta dos agentes, assim como ao cumprimento de programas, políticas internas, procedimentos, mecanismos de supervisão (internos e externos), padrões técnicos etc.[30]. Assim, apesar de a LGPD não ser explícita em relação à natureza da responsabilidade dos agentes de tratamento de dados, como é o Código de Defesa do Consumidor ao adotar a responsabilidade objetiva, a interpretação sistemática da LGPD demonstra que o regime adotado por este diploma foi mesmo o da responsabilidade subjetiva.

O processo legislativo fornece dado relevante para a interpretação da lei no que diz respeito ao regime de responsabilidade civil adotado: o único dispositivo da redação originária do projeto de lei que remetia à responsabilidade civil objetiva foi suprimido antes da promulgação do diploma em sua redação final. Assim, a LGPD foi promulgada sem qualquer referência expressa à responsabilidade objetiva.

Ainda a corroborar o reconhecimento da adoção da responsabilidade subjetiva pela LGPD, tem-se que o seu art. 42 contém a expressão "em violação à legislação de proteção de dados pessoais", ao que se soma, entre outros pontos, o inteiro capítulo dedicado à "segurança e boas práticas" (Capítulo VII), com uma série de deveres que devem ser observados pelos agentes de tratamento de dados, bem como o art. 6º da LGPD, que estabelece como princípios que deverão ser observados na atividade de tratamento de dados a "responsabilização" e a "prestação de contas". Ou seja, não haveria razão para o legislador fixar com tamanha precisão um padrão de conduta exigido de tais agentes, se fosse para responsabilizá-los, independentemente de terem incorrido ou não em culpa na sua atuação. Além disso, pode-se extrair do art. 43, II, mais um relevante indicativo da adoção do regime subjetivo de responsabilidade civil: o dispositivo prevê que os agentes de tratamento só não serão responsabili-

---

[29] Gustavo Tepedino, Aline de Miranda Valverde Terra e Gisela Sampaio da Cruz Guedes. *Fundamentos do direito civil*. 2. ed. Rio de Janeiro: Forense, 2021. v. 4, pp. 285-293.

[30] Gustavo Tepedino, Aline de Miranda Valverde Terra e Gisela Sampaio da Cruz Guedes. *Fundamentos do direito civil*. 2. ed. Rio de Janeiro: Forense, 2021. v. 4, pp. 285-293.

zados quando provarem, entre outras possíveis circunstâncias, "que, embora tenham realizado o tratamento de dados pessoais que lhes é atribuído, não houve violação à legislação de proteção de dados".

Em síntese, os agentes de tratamento não responderão em toda e qualquer situação em que causarem danos a terceiros, mas apenas quando isso ocorrer em violação à legislação de proteção de dados pessoais, ou seja, quando a sua conduta não se adequar ao *standard* estabelecido pelo próprio legislador.

291. A propósito, a adoção da responsabilidade subjetiva, que tem o mérito de separar a boa prática do comportamento antijurídico, de modo algum arrefece a proteção às vítimas. Em primeiro lugar, porque, em caso de dano, há inequívoca presunção de culpa dos agentes econômicos, nos termos do mencionado art. 43, II, da LGPD. Além disso, o juiz poderá "inverter o ônus da prova a favor do titular dos dados quando, a seu juízo, for verossímil a alegação; houver hipossuficiência para fins de produção de prova ou quando a produção de prova pelo titular resultar-lhe excessivamente onerosa" (art. 42, § 2º).

292. De outra parte, o art. 45 remete ao Código de Defesa do Consumidor e, portanto, ao regime da responsabilidade objetiva, sempre que for caracterizada relação de consumo. Nos termos do art. 45: "As hipóteses de violação do direito do titular no âmbito das relações de consumo permanecem sujeitas às regras de responsabilidade previstas na legislação pertinente".

O dispositivo, por um lado, confirma a incontornável incidência do Código de Defesa do Consumidor, com todos os seus mecanismos protetivos, a favor do titular de dados, seja no que tange ao afastamento de cláusulas abusivas, seja na proteção contra vícios dos produtos e serviços, seja em relação à proteção processual. Por outro lado, corrobora a adoção pela LGPD da responsabilidade subjetiva nas relações paritárias, já que estabeleceu expressamente a deflagração da responsabilidade objetiva nas relações de consumo (ressalvada, por certo, a responsabilidade dos profissionais liberais, que depende da apuração de culpa *ex vi* do art. 14, § 4º, do CDC). O preceito, que não se justificaria se toda a lei fosse submetida ao mesmo regime de responsabilidade, retira a importância que se pretendeu atribuir ao debate acerca da natureza da responsabilidade, já que assegura ampla proteção ao consumidor, a confirmar a atenção diferenciada e coerente do legislador para o cenário de vulnerabilidade e assimetria informativa.